欧阳哲生 编

胡适文集 5

胡适文存四集
人权论集
南游杂忆

北京大学出版社
PEKING UNIVERSITY PRESS

胡适1933年摄于北平,此时他担任北京大学文学院院长。

胡适任中国公学校董时摄。

上左:1930年1月《人权论集》由上海新月书店出版。

上右:1930年12月《神会和尚遗集》由上海亚东图书馆出版。

下:胡适(左二)、江冬秀(右一)夫妇与赵元任(左一)、杨步伟(右二)等合影。

上：1935年初，胡适在广西旅游时与广西大学的朋友们合影。
下：1933年5月，胡适出席加拿大太平洋国际学会前与欧美同学会同人在北京大学子民图书室门前合影。

上左：1935年10月《南游杂忆》由上海国民出版社出版。

上右：1935年12月《胡适论学近著》第一集由上海商务印书馆出版。

下：1936年胡适（右一）与顾颉刚（右二）、徐芳（右四）、魏建功（二排右一）、罗常培（二排左二）等摄于北平。

第五册说明

本卷收入《胡适文存四集》、《人权论集》和《南游杂忆》。

《胡适文存四集》原为《胡适论学近著》第一集，1935年12月由上海商务印书馆出版，分平装（两册）、精装（一册）两种，四开本。1936年出第二版。《胡适论学近著》第一集所收的文章，除个别在此前未发表外，大都已在报刊杂志上发表，或作为序跋收入已出书籍，时间大致在1930年至1935年。1953年12月，台北远东图书公司印行《胡适文存》四集合印本时，将《胡适论学近著》第一集易名为《胡适文存四集》，删去《我们走那条路？》的附录和《人权论集》序。1986年7月，台北远流出版公司出版《胡适作品集》时，其中第15册至第18册收入《胡适文存》第四集，部分文章补入了胡适晚年所加的批语、按语。

《人权论集》为胡适、罗隆基、梁实秋三人合著。1930年1月上海新月书店出版，当年印了四版。此书出版后，即遭国民党当局查禁。胡适只将政治色彩稍淡一点的《名教》和书前序文分别收入《胡适文存三集》、《胡适论学近著》第一集。考虑到《人权论集》特有的思想价值和文献价值，这里我们将该集（包括罗隆基、梁实秋的文章）收入本册，以免读者搜求的困难。

《南游杂忆》一文原载《独立评论》第141号（1935年3月10日）、第142号（1935年3月17日）、第145号（1935年4月7日）。1935年10月由上海国民出版社出版单行本。

《胡适文存四集》和《人权论集》结集出版时，均无文章发表的原始出处，现将每篇文章的出处，括注说明，供读者参考。

目　录

胡适文存四集
自序/1

卷一
说儒/5
　附录一　周东封与殷遗民　傅斯年/61
　附录二　毛西河论三年之丧为殷制/67
　附录三　三年丧服的逐渐推行/70
评论近人考据《老子》年代的方法/77
　附录一　与钱穆先生论《老子》问题书/94
　附录二　致冯友兰先生书/96
校勘学方法论(序陈垣先生的《元典章校补释例》)/99

卷二
论《牟子理惑论》(寄周叔迦先生书两封)/113
陶弘景的《真诰》考/116
《四十二章经》考/131
　附录一　寄陈援庵先生书/137
　附录二　陈援庵先生来书/138
　附录三　答陈援庵先生书/141
楞伽宗考/145
《楞伽师资记》序/176
荷泽大师神会传/182

《神会和尚遗集》序/214
《坛经》考之一(跋《曹溪大师别传》)/216
《坛经》考之二(记北宋本的《六祖坛经》)/224

卷三
辨伪举例(蒲松龄的生年考)/239
《醒世姻缘传》考证/246
　后记一/283
　后记二/284
　附录一　柳泉蒲先生墓表　张元/285
　附录二　跋张元的《柳泉蒲先生墓表》/287
跋乾隆庚辰本《脂砚斋重评〈石头记〉》钞本/292
跋《四游记》本的《西游记传》/301
《日本东京所见中国小说书目提要》序/304
《西游记》的第八十一难/308

卷四
我们走那条路/319
　附录一　敬以请教胡适之先生　梁漱溟/330
　附录二　答梁漱溟先生/338
《王小航先生文存》序/340
惨痛的回忆与反省/342
信心与反省/348
再论信心与反省/354
三论信心与反省/360
悲观声浪里的乐观/365
写在孔子诞辰纪念之后/369
领袖人才的来源/375
论六经不够作领袖人才的来源(答孟心史先生)/380
赠与今年的大学毕业生/384

教育破产的救济方法还是教育/389
所谓"中小学文言运动"/393
我们今日还不配读经/399
大众语在那儿/404
试评所谓"中国本位的文化建设"/407
充分世界化与全盘西化/411

卷五
论《春秋》答钱玄同/417
　附录　钱先生来书/418
司马迁替商人辩护/420
谈谈《诗经》/425
论《诗经》答刘大白/433
　附录　刘大白先生来书/434
论观象制器的学说与颉刚书/436
明成祖御制《佛曲》残本跋/440
读王小徐先生的《佛法与科学》/442
《参同契》的年代/445
《辞通》序/448
赵万里《校辑宋金元人词》序/455
董康《书舶庸谭》序/458
《人权论集》序（已收入本册《人权论集》，此处存目）
《四十自述》自序（已收入第1册《四十自述》，此处存目）
介绍我自己的思想（《胡适文选》自序）/461

人权论集
序/475
人权与约法/476
《人权与约法》的讨论/481
我们什么时候才可有宪法？（对于《建国大纲》的疑问）/484

论人权　罗隆基/489

论思想统一　梁实秋/505

告压迫言论自由者(研究党义的心得)　罗隆基/512

新文化运动与国民党/524

知难,行亦不易(孙中山先生的"行易知难说"述评)/535

专家政治　罗隆基/545

名教(已收入《胡适文集》第4册,此处存目)

南游杂忆

一、香港/555

二、广州/560

三、广西/568

四、广西的印象/578

五、尾声/585

附录　粤桂写影　胡政之/586

自 序

这里收集的一些文字大都是最近五年内随时写的,其中偶有三四篇是五年前写的。这些文字差不多全是在各种刊物上发表过的。没有发表过的只有这几篇:

《〈四十二章经〉考》 和附录三件

《论六经不够作领袖人才的来源》

《论〈春秋〉——答钱玄同》

《论〈诗经〉——答刘大白》

《明成祖御制〈佛曲〉残本跋》

《〈参同契〉的年代》

这一集本是《胡适文存》第四集的一部分。因为有许多讨论政治的文字——尤其是我这三四年来讨论国际政治的文字,——在这个时候不便收集印行,所以我把其中关于学术思想的一部分抽出来,编成这一集《论学近著》。

这一集分五卷。第一卷只有三篇文字:《说儒》一篇提出中国古代学术文化史的一个新鲜的看法,我自信这个看法,将来大概可以渐渐得着史学家的承认,虽然眼前还有不少怀疑的评论。此外两篇都是讨论治学方法的:《老子》年代一篇是考证学的方法论;校勘学一篇是校勘学的方法论。

第二卷全是整理佛教史料的文字。只有《真诰考》一篇是关于道教史料的,因为《真诰》牵涉到《四十二章经》,所以我把这一篇也收在这里,第三卷全是整理小说史料的文字。《〈西游记〉的第八十一难》是一篇游戏之作,收在第三卷里作个附录。

第四卷是我近年对于国内几个重要的思想问题发表的文字。青年的读者若嫌这一集的考据文字太沉闷了,他们最好是先读这一卷。这一卷的文字最容易读;并且这里提出的一些思想问题,也都是值得大家平心静气的想想的。

第五卷是一些杂文,只可算是全集的一个附录。

五年之中,只有这一点讲学成绩,我自己很感觉惭愧。如果这几十篇文字可以引起国内外学者的讨论和批评,那是我最欢迎的。

二十四,十,二十九日

胡适文存四集　卷一

说儒

（一）问题的提出。

（二）论儒是殷民族的教士；他们的衣服是殷服，他们的宗教是殷礼，他们的人生观是亡国遗民的柔逊的人生观。

（三）论儒的生活：他们的治丧相礼的职业。

（四）论殷商民族亡国后有一个"五百年必有王者兴"的预言；孔子在当时被人认为应运而生的圣者。

（五）论孔子的大贡献：（1）把殷商民族的部落性的儒扩大到"仁以为己任"的儒；（2）把柔懦的儒改变到刚毅进取的儒。

（六）论孔子与老子的关系；论老子是正宗的儒。附论儒与墨者的关系。

1 二十多年前，章太炎先生作《国故论衡》，有《原儒》一篇，说"儒"有广狭不同的三种说法：

> 儒有三科，关"达"，"类"，"私"之名（《墨子·经上》篇说名有三种：达，类，私。如"物"是达名，"马"是类名，"舜"是私名）：
>
> 达名为儒。儒者，术士也（《说文》）。太史公《儒林列传》曰，"秦之季世阬术士"，而世谓之阬儒。司马相如言"列仙之儒居山泽间，形容甚臞"。（《汉书·司马相如传》语。《史记》儒作传，误。）……王充《儒增》，《道虚》，《谈天》，《说日》，《是应》，举"儒书"，所称者有鲁般刻鸢，由基中杨，李广射寝石矢没羽，……黄帝骑龙，淮南王犬吠天上鸡鸣云中，日中有三足乌，月中有兔蟾蜍。是诸名籍道、墨、刑法、阴阳、神仙之伦，旁有杂家

> 所记,列传所录,一谓之儒,明其皆公族。"儒"之名盖出于"需",需者云上于天,而儒亦知天文,识旱潦。何以明之?鸟知天将雨者曰鹬(《说文》),舞旱暵者以为衣冠。鹬冠者亦曰术氏冠(《汉·五行志》注引《礼图》),又曰圜冠。庄周言儒者冠圜冠者知天时,履句屦者知地形,缓佩玦者事至而断。(《田子方》篇文。《五行志》注引《逸周书》文同。《庄子》圜字作鹬。《续汉书·舆服志》云:"鹬冠前圜。")明灵星舞子吁嗟以求雨者谓之儒。……古之儒知天文占候,谓其多技,故号遍施于九能,诸有术者悉赅之矣。
>
> 类名为儒。儒者知礼乐射御书数。《天官》曰,"儒以道得民"。说曰,"儒,诸侯保氏有六艺以教民者"。《地官》曰,"联师儒"。说曰,"师儒,乡里教以道艺者"。此则躬备德行为师,效其材艺为儒。……
>
> 私名为儒。《七略》曰,"儒家者流,盖出于司徒之官,助人君顺阴阳明教化者也。游文于六经之中,留意于仁义之际,祖述尧舜,宪章文武,宗师仲尼,以重其言,于道为最高"。周之衰,保氏失其守,史籀之事,商高之算,蜂门之射,范氏之御,皆不自儒者传。故孔子……自诡鄙事,言君子不多能,为当世名士显人隐讳。及《儒行》称十五儒,《七略》疏晏子以下五十二家,皆粗明德行政教之趣而已,未及六艺也。其科于《周官》为师,儒绝而师假摄其名。……
>
> 今独以传经为儒,以私名则异,以达名类名则偏。要之题号由古今异,儒犹道矣。儒之名于古通为术士,于今专为师氏之守。道之名于古通为德行道艺,于今专为老聃之徒。

太炎先生这篇文章在当时真有开山之功,因为他是第一个人提出"题号由古今异"的一个历史见解,使我们明白古人用这个名词有广狭不同的三种说法。太炎先生的大贡献在于使我们知道"儒"字的意义经过了一种历史的变化,从一个广义的,包括一切方术之士的"儒",后来竟缩小到那"祖述尧舜,宪章文武,宗师仲尼"的狭义的"儒"。这虽是太炎先生的创说,在大体上是完全可以成立的。《论语》记孔子对他的弟子说：

> 女为君子儒，毋为小人儒。

这可见当孔子的时候，"儒"的流品是很杂的，有君子的儒，也有小人的儒。向来的人多蔽于成见，不能推想这句话的涵义。若依章太炎的说法，当孔子以前已有那些广义的儒，这句话就很明白了。

但太炎先生的说法，现在看来，也还有可以修正补充之处。他的最大弱点在于那"类名"的儒（其实那术士通称的"儒"才是类名）。他在那最广义的儒之下，另立一类"六艺之人"的儒。此说的根据只有《周礼》的两条郑玄注。无论《周礼》是否可信，《周礼》本文只是一句"儒以道得民"和一句"联师儒"，这里并没有儒字的定义。郑玄注里说儒是"有六艺以教民者"，这只是一个东汉晚年的学者的说法，我们不能因此就相信古代（周初）真有那专习六艺的儒。何况《周礼》本身就很可疑呢？

太炎先生说"儒之名于古通为术士"，此说自无可疑。但他所引证都是秦汉的材料，还不曾说明这个广义的儒究竟起于什么时代，他们的来历是什么，他们的生活是怎样的，他们同那狭义的孔门的儒有何历史的关系，他们同春秋、战国之间的许多思想潮流又有何历史的关系。在这些问题上，我们不免都感觉不满足。

若如太炎先生的说法，广义的儒变到狭义的儒，只是因为"周之衰，保氏失其守"，故书算射御都不从儒者传授出来，而孔子也只好"自诡鄙事，言君子不多能，为当世名士显人隐讳"。这种说法，很难使我们满意。如果《周礼》本不可信，如果"保氏"之官本来就是一种乌托邦的制度，这种历史的解释就完全站不住了。

太炎先生又有《原道》三篇，其上篇之末有注语云：

> 儒家、法家皆出于道，道则非出于儒也。

若依此说，儒家不过是道家的一个分派，那么，"儒"还够不上一个"类名"，更够不上"达名"了。若说这里的"儒"只是那狭义的私名的儒，那么，那个做儒法的共同源头的"道"和那最广义的"儒"可有什么历史关系没有呢？太炎先生说，"儒法者流削小老氏以为省"（《原道上》），他的证据只有一句话：

>　　孔父受业于征藏史,韩非传其书。(《原道上》)

姑且假定这个渊源可信,我们也还要问:那位征藏史(老聃)同那广义的"儒"又有什么历史关系没有呢?

为要补充引申章先生的说法,我现今提出这篇尝试的研究。

2

"儒"的名称,最初见于《论语》孔子说的

>　　女为君子儒,毋为小人儒。

我在上文已说过,这句话使我们明白当孔子时已有很多的儒,有君子,有小人,流品已很杂了。我们要研究这些儒是什么样的人。

我们先看看"儒"字的古义。《说文》:

>　　儒,柔也,术士之称。从人,需声。

术士是有方术的人;但为什么"儒"字有"柔"的意义呢?"需"字古与"耎"相通;《广雅·释诂》:"耎,弱也。"耎即是今"軟"字,也写作"软"字。"需"字也有柔软之意;《考工记》:"革,欲其荼白而疾瀚之,则坚;欲其柔滑而腥脂之,则需。"郑注云:"故书,需作擩。郑司农云:'擩读为柔需之需,谓厚脂之韦革柔需。'"《考工记》又云:"厚其帤则木坚,薄其帤则需。"此两处,"需"皆与"坚"对举,需即是柔耎之耎。柔软之需,引伸又有迟缓濡滞之意。《周易·象传》:"需,须也。"《杂卦传》:"需,不进也。"《周易》"泽上于天"(☰☱)为夬,而"云上于天"(☰☵)为需;夬是已下雨了,故为决断之象,而需是密云未雨,故为迟待疑滞之象。《左传》哀六年:"需,事之下也。"又哀十四年:"需,事之贼也。"

凡从需之字,大都有柔弱或濡滞之义。"嚅,弱也。""孺,乳子也"。"懦,驽弱者也。"(皆见《说文》)《孟子》有"是何濡滞也"。凡从耎之字,皆有弱义。"偄,弱也。"(《说文》)段玉裁说偄即是懦字。稻之软而黏者为"稬",即今糯米的糯字。《广雅·释诂》:"媆,弱也。"大概古时"需"与"耎"是同一个字,古音同读如弩,或如糯。朱骏声把从耎之字归入"乾"韵,从"需"之字归入"需"韵,似是后起的区别。

"儒"字从需而训柔,似非无故。《墨子·公孟》篇说:

> 公孟子戴章甫,搢忽,儒服而以见子墨子。

又说:

> 公孟子曰,君子必古言服,然后仁。

又《非儒》篇说:

> 儒者曰,君子必古言服,然后仁。

《荀子·儒效》篇说:

> 逢衣浅带(《韩诗外传》作"博带"),解果其冠,……是俗儒者也。

大概最古的儒,有特别的衣冠,其制度出于古代(说详下),而其形式——逢衣,博带,高冠,搢笏——表出一种文弱迂缓的神气,故有"儒"之名。

所以"儒"的第一义是一种穿戴古衣冠,外貌表示文弱迂缓的人。

从古书所记的儒的衣冠上,我们又可以推测到儒的历史的来历。《墨子》书中说当时的"儒"自称他们的衣冠为"古服"。周时所谓"古",当然是指那被征服的殷朝了。试以"章甫之冠"证之。《士冠礼记》云:

> 章甫,殷道也。

《礼记·儒行》篇记孔子对鲁哀公说:

> 丘少居鲁,衣逢掖之衣;长居宋,冠章甫之冠。丘闻之也:君子之学也博,其服也乡。丘不知儒服。

孔子的祖先是宋人,是殷王室的后裔,所以他临死时还自称为"殷人"(见《檀弓》)。他生在鲁国,生于殷人的家庭,长大时还回到他的故国去住过一个时期(《史记·孔子世家》不记他早年居宋的事。但《儒行》篇所说无作伪之动机,似可信)。他是有历史眼光的人,他懂得当时所谓"儒服"其实不过是他的民族和他的故国的服制。儒服只是殷服,所以他只承认那是他的"乡"服,而不是什么特别的儒服。

从儒服是殷服的线索上,我们可以大胆的推想:最初的儒都是殷人,都是殷的遗民,他们穿戴殷的古衣冠,习行殷的古礼。这是儒的第二个古义。

我们必须明白,殷商的文化的中心虽在今之河南,——周之宋卫(卫即殷字,古读殷如衣,郼韦古音皆如衣,即殷字)——而东部的齐鲁皆是殷文化所被,殷民族所居。《左传》(《晏子春秋》外篇同)昭公二十年,晏婴对齐侯说:"昔爽鸠氏始居此地,季萴因之,有逢伯陵因之,蒲姑氏因之。而后太公因之。"依《汉书·地理志》及杜预《左传注》,有逢伯陵是殷初诸侯,蒲姑氏(《汉书》作薄姑氏)是殷周之间的诸侯。鲁也是殷人旧地。《左传》昭公九年,周王使詹桓伯辞于晋曰:"……及武王克商,蒲姑、商奄,吾东土也。"孔颖达《正义》引服虔曰:"蒲姑,齐也;商奄,鲁也。"又定公四年,卫侯使祝佗私于苌弘曰:"……昔武王克商,成王定之。……分鲁公以大路大旂,夏后氏之璜,封父之繁弱(大弓名),殷民六族——条氏,徐氏,萧氏,索氏,长勺氏,尾勺氏,——使帅其宗氏,辑其分族,将其类丑(丑,众也),以法则周公,用即命于周;是使之职事于鲁,以昭周公之明德;分之土田陪敦,祝宗卜史,备物典策,官司彝器,因商奄之民,命以伯禽,而封于少皞之虚。"这可见鲁的地是商奄旧地,而又有新徙来的殷民六族。所以鲁有许多殷人遗俗,如"亳社"之祀,屡见于《春秋》。傅斯年先生前几年作《周东封与殷遗民》(附录)一文,证明鲁"为殷遗民之国"。他说:

> 《春秋》及《左传》有所谓"亳社"者,是一件很重要的事。"亳社"屡见于《春秋经》。以那样一个简略的二百四十年间之"断烂朝报",所记皆是戎祀会盟之大事,而亳社独占一位置,则亳社在鲁之重要可知。且《春秋》记"亳社(《公羊》作"蒲社")灾"在哀公四年,去殷商之亡已六百余年(姑据《通鉴外纪》),……亳社犹有作用,是甚可注意之事实。且《左传》所记亳社,有两事尤关重要。哀七年,"以邾子益来,献于亳社"。……邾于殷为东夷,此等献俘,当与宋襄公"用鄫子于次睢之社,欲以属东夷"一样,周人谄殷鬼而已。又定六年,"阳虎又盟公及三桓于周社,盟国人于亳社"。这真清清楚楚指示我们:鲁之统治者是周人,而鲁之国民是殷人。殷亡六七百年后之情形尚如此!

傅先生此论,我认为是最有见地的论断。

从周初到春秋时代,都是殷文化与周文化对峙而没有完全同化的时代。最初是殷民族仇视那新平定殷朝的西来民族,所以有武庚的事件,在那事件之中,东部的薄姑与商奄都加入合作。《汉书·地理志》说:

> 齐地,……汤时有逄公柏陵,殷末有薄姑氏,皆为诸侯,国此地。至周成王时,蒲姑氏与四国共作乱,成王灭之,以封师尚父,是为太公(《史记·周本纪》也说:"东伐淮夷,残奄,迁其君薄姑。"《书序》云:"成王既践奄,将迁其君于薄姑。周公告召公,作《将蒲姑》。"但皆无灭蒲姑以封太公的事)。

《史记》的《周本纪》与《齐太公世家》都说太公封于齐是武王时的事。《汉书》明白的抛弃那种旧说,另说太公封齐是在成王时四国乱平之后。现在看来,《汉书》所说,似近于事实。不但太公封齐在四国乱后;伯禽封鲁也应该在周公东征四国之后。"四国"之说,向来不一致:《诗毛传》以管,蔡,商,奄为四国;孔颖达《左传正义》说杜注的"四国"为管,蔡,禄父(武庚),商奄。《尚书·多方》开端即云:

> 惟五月丁亥,王来自奄,至于宗周。周公曰:"王若曰:猷告尔四国多方:惟尔殷侯尹民,……"

此时武庚、管、蔡已灭,然而还用"四国"之名,可见管、蔡、武庚不在"四国"之内。"四国"似是指东方的四个殷旧部,其一为殷本部,其二为商奄(奄有大义,"商奄"犹言"大商",犹如说"大罗马"、"大希腊"),其三为薄姑,其四不能确定,也许即是"徐方"。此皆殷文化所被之地。薄姑灭,始有齐国;商奄灭,始有鲁国。而殷本部分为二:其一为宋,承殷之后,为殷文化的直接继承者;其一为卫,封给康叔,是新朝用来监视那残存的宋国的。此外周公还在洛建立了一个成周重镇。

我们现在读《大诰》,《多士》,《多方》,《康诰》,《酒诰》,《费誓》等篇,我们不能不感觉到当时的最大问题是镇抚殷民的问题。在今文《尚书》二十九篇中,这个问题要占三分之一的篇幅(《书序》百篇之中,有《将蒲姑》,又有《亳姑》)。其问题之严重,可以想见。看现在的零碎材料,我们可以看出两个步骤:第一步是倒殷之后,还立武庚,又承认东部之殷旧国。第二步是武庚四国叛乱之后,周室的领袖决心用武力东征,灭殷四国,建立了太公的齐国,周公的鲁国。同时又在殷虚建立了卫国,在洛建立了新洛邑。然而周室终不能不保留一个宋国,大概还是承认那个殷民问题的严重性,所以不能不在周室宗亲(卫与鲁)、外戚(齐)的包围监视之下保存一个殷民族文化的故国。

所以在周初几百年之间,东部中国的社会形势是一个周民族成了统治阶级,镇压着一个下层被征服被统治的殷民族。傅斯年先生说"鲁之统治者是周人,而鲁之国民是殷人"(引见上文)。这个论断可以适用于东土全部。这形势颇像后世东胡民族征服了中国,也颇像北欧的民族征服了罗马帝国。以文化论,那新起的周民族自然比不上那东方文化久远的殷民族,所以周室的领袖在那开国的时候也不能不尊重那殷商文化。《康诰》最能表示这个态度:

> 王曰,呜呼,封,汝念哉!……往敷求于殷先哲王,用保乂民。汝丕远惟商耇成人,宅心知训。……

同时为政治上谋安定,也不能不随顺着当地人民的文化习惯。《康诰》说:

> 汝陈时臬司,师兹殷罚有伦。……
> 汝陈时臬事,罚蔽殷彝,用其义刑义杀。

此可证《左传》定公四年祝佗说的话是合于历史事实的。祝佗说成王分封鲁与卫,"皆启以商政,疆以周索";而他封唐叔于夏虚,则"启以夏政,疆以戎索"。(杜注:"皆,鲁卫也。启,开也。居殷故地,因其风俗,开用其政。疆理土地以周法。索,法也。")但统治者终是统治者,他们自有他们的文化习惯,不屑模仿那被征服的民族的文化。况且新兴的民族看见那老民族的灭亡往往由于文化上有某种不适于生存的坏习惯,所以他们往往看不起征服民族的风俗。《酒诰》一篇便是好例:

> 王曰,封,我西土……尚克用文王教,不腆于酒,故我至于今,克受殷之命。

这是明白的自夸西土民族的胜利是因为没有堕落的习惯。再看

他说:
> 古人有言曰:"人无于水监,当于民监。"今惟殷坠厥命,我其可不大监抚于时。

这就是说:我们不要学那亡国民族的坏榜样!但最可注意的是《酒诰》的末段对于周的官吏,有犯酒禁的,须用严刑:
> 汝勿佚,尽执拘以归于周,予其杀。

但殷之旧人可以不必如此严厉办理:
> 又惟殷之迪诸臣惟工,乃湎于酒,勿庸杀之,姑惟教之。

在这处罚的歧异里,我们可以窥见那统治民族一面轻视又一面放任那被征服民族的心理。

但殷民族在东土有了好几百年的历史,人数是很多的;虽没有政治势力,他们的文化的潜势力是不可侮视的。孔子说过:
> 周因于殷礼,所损益可知也。

这是几百年后一个有历史眼光的人的估计,可见周朝的统治者虽有"所损益",大体上也还是因袭了殷商的制度文物。这就是说,"殪戎殷"之后,几百年之中,殷商民族文化终久逐渐征服了那人数较少的西土民族。

殷、周两民族的逐渐同化,其中自然有自觉的方式,也有不自觉的方式。不自觉的同化是两种民族文化长期接触的自然结果,一切民族都难逃免,我们不用说他。那自觉的同化,依我们看来,与"儒"的一个阶级或职业很有重大的关系。

在那个天翻地覆的亡国大变之后,昔日的统治阶级沦落作了俘虏,作了奴隶,作了受治的平民。《左传》里祝佗说:
> 分鲁公以……殷民六族——条氏,徐氏,萧氏,索氏,长勺氏,尾勺氏,——使帅其宗氏,辑其分族,将其类丑,以法则周公,用即命于周;是使之职事于鲁,以昭周公之明德。分之土田陪敦,祝宗卜史,备物典策,官司彝器。……分康叔以……殷民七族——陶氏,施氏,繁氏,锜氏,樊氏,饥氏,终葵氏。

这是殷商亡国时的惨状的追述。这十几族都有宗氏,都有分族类丑,自然是胜国的贵族了;如今他们都被分给那些新诸侯去"职事"于鲁卫，——这就是去做臣仆。那些分封的彝器是战胜者的俘获品，那些"祝宗卜史"是亡国的俘虏。那战胜的统治者吩咐他们道：

> 多士，昔朕来自奄，予大降尔四国民命。我乃明致天罚，移尔遐逖，比事臣我宗，多逊！……今予惟不尔杀，……亦惟尔多士攸服奔走臣我多逊，尔乃尚有尔土，尔乃尚宁干止。尔克敬，天惟畀矜尔。尔不克敬，尔不啻不有尔土，予亦致天之罚于尔躬！（《多士》；参看《多方》）

这是何等严厉的告诫奴虏的训词！这种奴虏的生活是可以想见的了。

但我们知道，希腊的智识分子做了罗马战胜者的奴隶，往往从奴隶里爬出来做他们的主人的书记或家庭教师。北欧的野蛮民族打倒了罗马帝国之后，终于被罗马天主教的长袍教士征服了，倒过来做了他们的徒弟。殷商的智识分子，——王朝的贞人，太祝，太史，以及贵族的多士，——在那新得政的西周民族之下，过的生活虽然是惨痛的奴虏生活，然而有一件事是殷民族的团结力的中心，也就是他们后来终久征服那战胜者的武器，——那就是殷人的宗教。

我们看殷虚（安阳）出土的遗物与文字，可以明白殷人的文化是一种宗教的文化。这个宗教根本上是一种祖先教。祖先的祭祀在他们的宗教里占一个很重要的地位。丧礼也是一个重要部分（详下）。此外，他们似乎极端相信占卜：大事小事都用卜来决定。如果《鸿范》是一部可信的书，那么，占卜之法到了殷商的末期已起了大改变，用龟卜和用兽骨卜之法之外，还有用蓍草的筮法，与卜并用。

这种宗教需用一批有特别训练的人。卜筮需用"卜筮人"；祭祀需用祝官；丧礼需用相礼的专家。在殷商盛时，祝宗卜史自有专家。亡国之后，这些有专门知识的人往往沦为奴虏，或散在民间。因为他们是有专门的知识技能的，故往往能靠他们的专长换得衣食之资。他们在殷人社会里，仍旧受人民的崇敬；而统治的阶级，为了要安定民众，也许还为了他们自己也需要这种有知识技能的人，所以只须那些"多士攸服奔走臣我多逊"，也就不去过分摧残他们。这一些人和他们的子孙，就在那几百年之中，自成了一个特殊阶级。他们不是那新朝的"士";"士"是一种能执干戈以卫社稷的武士阶级,是新朝统治阶级的下层。他们只是"儒"。他们负背着保存故国文化的遗风,故在那几百年社会骤变,民族混合同化的形势之中,他们独能继续保存殷商的古衣冠,——也许还继续保存了殷商的古文字言语。(上文引的《墨子·公孟》篇与《非儒》篇,都有"古言服"的话。我们现在还不明白殷、周民族在语言文字上有多大的区别。)在他们自己民族的眼里,他们是"殷礼"(殷的宗教文化)的保存者与宣教师。在西周民族的眼里,他们是社会上多材艺的人,是贵族阶级的有用的清客顾问,是多数民众的安慰者。他们虽然不是新朝的"士",但在那成周、宋、卫、齐、鲁诸国的绝大多数的民众之中,他们要算是最高等的一个阶级了。所以他们和"士"阶级最接近,西周统治阶级也就往往用"士"的名称来泛称他们。《多士》篇开端就说:

> 惟三月,周公初于新邑洛,用告商王士。
> 王若曰:尔殷遗多士!……

下文又说:

> 王若曰:尔殷多士!……
> 王曰:告尔殷多士!

《多方》篇有一处竟是把"殷多士"特别分开来了:

> 王曰:呜呼,猷告尔有方多士,暨殷多士。

《大雅·文王》之诗更可以注意。此诗先说周士:

> 陈锡哉周,侯(维)文王孙子。文王孙子,本支百世。凡周之士,不显亦世。世之不显,厥犹翼翼。思皇多士,生此王国。王国克生,维周之桢。济济多士,文王以宁。

次说殷士:

> 商之孙子,其丽不亿。上帝既命,侯(维)于周服。侯服于周,天命靡常。
>
> 殷士肤敏,祼将于京。厥作祼将,常服黼冔。王之荩臣,无念尔祖。

前面说的是新朝的士,是"文王孙子,本支百世"。后面说的是亡国的士,是臣服于周的殷士。看那些漂亮的,手腕敏捷的殷士,在那王朝大祭礼里,穿戴着殷人的黼冔,(《士冠礼记》:"周弁,殷冔,夏收。")捧着鬯酒,替主人送酒灌尸。这真是一幕"青衣行酒"的亡国惨剧了!(《毛传》以"殷士"为"殷侯",殊无根据。《士冠礼记》所谓"殷冔",自是士冠。)

大概周士是统治阶级的最下层,而殷士是受治遗民的最上层。一般普通殷民,自然仍旧过他们的农工商的生活,如《多方》说的"宅尔宅,畋尔田"。《左传》昭十六年郑国子产说,"昔我先君桓公与商人皆出自周,庸次比耦,以艾杀此地,斩之蓬蒿藜藋,而共处之。世有盟誓,以相信也,曰:'尔无我叛,我无强贾,毋或匄夺;尔有利市宝贿,我勿与知。'恃此质誓,故能相保,以至于今"。徐中舒先生曾根据此段文字,说:"此'商人'即殷人之后而为商贾者。"又说,"商贾之名,疑即由殷人而起。"(《国学论丛》一卷一号,页一一一)此说似甚有理。"商"之名起于殷贾,正如"儒"之名起于殷士。此种遗民的士,古服古言,自成一个特殊阶级;他们那种长袍大帽的酸样子,又都是彬彬知礼的亡国遗民,习惯了"犯而不校"的不抵抗主义,所以得着了"儒"的浑名。儒是柔懦之人,不但指那逢衣博带的文绉绉的样子,还指那亡国遗民忍辱负重的柔道人生观。(傅斯年先生疑心"儒"是古代一个阶级的类名,亡国之后始沦为寒士,渐渐得着柔懦的意义。此说亦有理,但此时尚未有历史证据可以证明"儒"为古阶级。)

柔逊为殷人在亡国状态下养成的一种遗风,与基督教不抵抗的训条出于亡国的犹太民族的哲人耶稣,似有同样的历史原因。《左传》昭公七年所记孔子的远祖正考父的鼎铭,虽然是宋国的三朝佐命大臣的话,已是很可惊异的柔道的人生观了。正考父曾"佐戴、武、宣"三朝;据《史记·十二诸侯年表》,宋戴公元年当周宣王二十九年(前799),武公元年当平王六年(前765),宣公元年当平王二十四年(前747)。他是西历前八世纪前半的人,离周初已有三百多年了。他的鼎铭说:

　　一命而偻,再命而伛,三命而俯,循墙而走,亦莫余敢侮。饘于是,鬻于是,以糊余口。

这是殷民族的一个伟大领袖的教训。儒之古训为柔,岂是偶然的吗?

不但柔道的人生观是殷士的遗风,儒的宗教也全是"殷礼"。试举三年之丧的制度作一个重要的例证。十几年前,我曾说三年之丧是儒家所创,并非古礼;当时我曾举三证:

(1)《墨子·非儒》篇说儒者之礼曰:"丧父母三年。……"此明说三年之丧是儒者之礼。

(2)《论语》记宰我说三年之丧太久了,一年已够了。孔子弟子中尚有人不认此制合礼,可见此非当时通行之俗。

(3)孟子劝滕世子行三年之丧,滕国的父兄百官皆不愿意,说道:"吾宗国鲁先君莫之行,吾先君亦莫之行也。"鲁为周公之国,尚不曾行过三年之丧。(《中国哲学史大纲》上,页一三二)

我在五六年前还信此说,所以在《三年丧服的逐渐推行》(《武汉大学文哲季刊》第一卷二号)一篇里,我还说"三年之丧只是儒家的创制"。我那个看法,有一个大漏洞,就是不能解释孔子对宰我说的

夫三年之丧,天下之通丧也。

如果孔子不说谎,那就是滕国父兄百官扯谎了。如果"鲁先君莫之行",如果滕国"先君亦莫之行",那么,孔子如何可说这是"天下之通丧"呢?难道是孔子扯了谎来传教吗?

傅斯年先生前几年作《周东封与殷遗民》,他替我解决了这个矛盾。他说:

孔子之"天下",大约即是齐、鲁、宋、卫,不能甚大。……三年之丧,在东国,在民间,有相当之通行性,盖殷之遗礼,而非周之制度。当时的"君子(即统治者)三年不为礼,礼必坏;三年不为乐,乐必崩",而士及其相近之阶级则渊源有自,"齐以殷政"者也。试看关于大孝,三年之丧,及丧后三年不做事之代表人物,如太甲,高宗,孝己,皆是殷人。而"君薨,百官总己以听于冢宰者三年",全不见于周人之记载。

傅先生的说法,我完全可以接受,因为他的确解答了我的困难。我从前说的话,有一部分是不错的,因为三年之丧确是"儒"的礼;但我因为滕鲁先君不行三年丧制,就不信"天下之通丧"之说,就以为是儒

家的创制,而不是古礼,那就错了。傅先生之说,一面可以相信滕鲁的统治阶级不曾行此礼,一面又可以说明此制行于那绝大多数的民众之中,说它是"天下之通丧"也不算是过分的宣传。

我可以替傅先生添一些证据。鲁僖公死在他的三十三年十一月乙巳(十二日),次年(文公元年)夏四月葬僖公,又次年(文公二年)冬"公子遂如齐纳币",为文公聘妇。《左传》说,"礼也"。《公羊传》说,"讥丧娶也。娶在三年之外,则何讥乎丧娶?三年之内不图昏"。此可证鲁侯不行三年丧。此一事,《左传》认为"礼也",杜预解说道:"僖公丧终此年十一月,则纳币在十二月也。"然而文公死于十八年二月,次年正月"公子遂如齐逆女;三月,遂以夫人妇姜至自齐"。杜预注云:"不讥丧娶者,不待贬责而自明也!"此更是鲁侯不行三年丧的铁证了。《左传》昭公十五年,

> 六月乙丑,王太子寿卒。
>
> 秋八月戊寅,王穆后崩。
>
> 十二月,晋荀跞如周葬穆后。籍谈为介。既葬,除丧,以文伯(荀跞)宴,樽以鲁壶。王曰,"伯氏,诸侯皆有以镇抚王室,晋独无有,何也?"……籍谈归,以告叔向,叔向曰,"王其不终乎?吾闻之,所乐必卒焉。今王乐忧。……王一岁而有三年之丧二焉。(杜注:"天子绝期,唯服三年,故后虽期,通谓之三年。")于是乎以丧宾宴,又求彝器,乐忧甚矣。……三年之丧,虽贵遂服,礼也。王虽弗遂,宴乐以早,亦非礼也"

这可证周王朝也不行三年丧制。《孟子》所记滕国父兄百官的话可算是已证实了。

周王朝不行此礼,鲁滕诸国也不行此礼,而孔子偏大胆的说,"三年之丧,天下之通丧也。"《论语》记子张问"书云,'高宗谅阴,三年不言'。何谓也?"孔子直对他说:"何必高宗?古之人皆然。君薨,百官总己以听于冢宰,三年。"《檀弓》有这样一段:

> 子张之丧,公明仪为志焉。褚幕,丹质,蚁结于四隅,殷士也。

孔子、子张都是殷人,在他们的眼里嘴里,"天下"只是那大多数的殷

商民众,"古之人"也只是殷商的先王。这是他们的民族心理的自然表现,其中自然也不免带一点殷人自尊其宗教礼法的宣传意味。到了孟子,他竟说三年丧是"自天子达于庶人,三代共之"的了。到《礼记·三年问》的作者,他竟说三年丧"是百王之所同,古今之所壹也,未有知其所由来者也!"果然,越到了后来,越"未有知其所由来者也",直到傅斯年先生方才揭破了这一个历史的谜!

三年之丧是"儒"的丧礼,但不是他们的创制,只是殷民族的丧礼,——正如儒衣儒冠不是他们的创制,只是殷民族的乡服。《孟子》记滕国的父兄百官反对三年之丧时,他们说:

> 且志曰,"丧祭从先祖,曰,吾有所受之也"。

这句话当然是古政治家息事宁人的绝好原则,最可以解释当时殷周民族各自有其丧祭制度的政治背景。统治阶级自有其周社,一般"国人"自有其亳社;前者自行其"既葬除服"的丧制,后者自行其"天下之通丧"。

3

我们现在要看看"儒"的生活是怎样的。

孔子以前,儒的生活是怎样的,我们无从知道了。但我疑心《周易》的"需"卦,似乎可以给我们一点线索。儒字从需,我疑心最初只有一个"需"字,后来始有从人的"儒"字。需卦之象为云上于天,为密云不雨之象,故有"需待"之意(《彖传》:需,须也)。《象传》说此卦象为"君子以饮食宴乐"。《序卦传》说:"需者,饮食之道也。"《彖传》说:

> 需,须也,险在前也。刚健而不陷,其义不困穷矣。

程颐《易传》说此节云:

> 以险在于前,未可遽进,故需待而行也。以乾之刚健,而能需待不轻动,故不陷于险,其义不至于困穷也。

这个卦好像是说一个受压迫的人,不能前进,只能待时而动,以免陷于危险;当他需待之时,别的事不能做,最好是自糊其口,故需为饮食之道。这就很像殷商民族亡国后的"儒"了。这一卦的六爻是这样的:

> 初九,需于郊,利用恒,无咎。
> 《象》曰:"需于郊",不犯难行也。"利用恒,无咎",未失常也。
> 九二,需于沙,小有言,终吉。
> 《象》曰:"需于沙",衍(愆)在中也。虽"小有言",以吉终也。
> 九三,需于泥,致寇至。
> 《象》曰:"需于泥",灾在外也。自我"致寇",敬慎不败也。
> 六四,需于血,出自穴。
> 《象》曰:"需于血",顺以听也。
> 九五,需于酒食,贞吉。
> 《象》曰:"酒食贞吉",以中正也。
> 上六,入于穴,有不速之客三人来,敬之,终吉。
> 《象》曰:"不速之客来,敬之,终吉",虽不当位,未大失也。

这里的"需",都可作一种人解;此种人的地位是很困难的,是有"险在前"的,是必须"刚健而不陷"的。儒在郊,完全是在野的失势之人,必须忍耐自守,可以无咎。儒在沙,是自己站不稳的,所以说"衍(愆)在中也"。儒在泥,是陷在危险困难里了,有了外侮,只有敬慎,可以不败。儒在血,是冲突之象,他无力和人争,只好柔顺的出穴让人,故《象传》说为"顺以听也"。儒在酒食,是有饭吃了,是他最适宜的地位。他回到穴里去,也还有麻烦,他还得用敬慎的态度去应付。——"需"是"须待"之象,他必须能忍耐待时;时候到了,人家"须待"他了,彼此相"需"了,他就有饭吃了。

《周易》制作的时代,已不可考了。《系辞传》有两处试提出作《易》年代的推测:一处说:

> 《易》之兴也,其当殷之末世,周之盛德邪?当文王与纣之事邪?是故其辞危。危者使平,易者使倾。其道甚大,百物不废,惧以终始,其要无咎。此之谓《易》之道也。

又一处说:

> 《易》之兴也,其于中古乎?作《易》者其有忧患乎?是故

"履",德之基也;"谦",德之柄也;"复",德之本也;"恒",德之固也;"损",德之修也;"益",德之裕也;"困",德之辨也;"井",德之地也;"巽",德之制也。"履"和而至,"谦"尊而光,"复"小而辨于物,"恒"杂而不厌,"损"先难而后易,"益"长裕而不设,"困"穷而通,"井"居其所而不迁,"巽"称而隐。"履"以和行,"谦"以制礼,"复"以自知,"恒"以一德,"损"以远害,"益"以兴利,"困"以寡怨,"井"以辩义,"巽"以行权。

《易》卦爻辞已有"箕子之明夷"(《明夷》五爻),"王用享于岐山"(《升》四爻)的话,似乎不会是"文王与纣"的时代的作品。"文王因居羑里而作《易》"的说法,也是更后起之说。《系辞》还是猜度的口气,可见得《系辞》以前尚没有文王作《易》的说法。《系辞》的推测作《易》年代,完全是根据于《易》的内容的一种很明显的人生观,就是"其辞危","惧以终始,其要无咎"。从第一卦的"君子终日乾乾夕惕若厉,无咎",到第六十四卦的"有孚于饮酒,无咎",全书处处表现一种忧危的人生观,教人戒惧修德,教人谦卑巽顺,其要归在于求"无咎",在于"履虎尾不咥人"。《系辞》的作者认清了这一点,所以推测"作《易》者其有忧患乎?"这个观察是很有见地的。我们从这一点上也可以推测《易》的卦爻辞的制作大概在殷亡之后,殷民族受周民族的压迫最甚的一二百年中。书中称"帝乙归妹"(《泰》五爻),"高宗伐鬼方,三年克之",更可见作者是殷人。所谓"周易",原来是殷民族的卜筮书的一种。经过了一个不短的时期,方才成为一部比较最通用的筮书。《易》的六十四卦,每卦取自然界或人事界的一个现象为题,其中无甚深奥的哲理,而有一些生活常识的观察。"需"卦所说似是指一个受压迫的智识阶级,处在忧患险难的环境,待时而动,谋一个饮食之道。这就是"儒"。("蒙"卦的初爻说:"发蒙,利用刑人,用说〔脱〕桎梏以往,吝。"这里说的也很像希腊的俘虏在罗马贵族家里替他的主人教儿子的情形。)

孔子的时候,有"君子儒",也有"小人儒"。我们先说"小人儒"的生活是怎样的。

《墨子·非儒》篇有一段描写当时的儒:

> 夫(夫即彼)繁饰礼乐以淫人,久丧伪哀以谩亲;立命缓贫而高浩居(毕沅据《孔子世家》,解浩居为傲倨),倍本弃事而安怠傲。贪于饮食,惰于作务,陷于饥寒,危于冻馁,无以违(避)之。是若人气,貑鼠藏,而羝羊视,贲彘起(贲即奔字)君子笑之,怒曰,"散人焉知良儒!"
>
> 夫(彼)□□□□(孙诒让校,此处疑脱"春乞□□"四字),夏乞麦禾。五谷既收,大丧是随,子姓皆从,得厌饮食。毕治数丧,足以至□矣。因人之家贜(财)以为□,恃人之野以为尊。富人有丧,乃大说喜曰,"此衣食之端也!"

这虽然是一个反儒的宗派说的话,却也有儒家自己的旁证。《荀子·儒效》篇说:

> 逢衣浅(《韩诗外传》作博)带,解果其冠,(杨倞注引《说苑》淳于髡述"邻圃之祠田,祝曰,蟹螺者宜禾,污邪者百车"。"蟹螺盖高地也,今冠盖亦比之。")略法先王而足乱世术;缪学杂举,不知法后王而壹制度,不知隆礼义而杀诗书。……呼先王以欺愚者,而求衣食焉。得委积足以掩其口,则扬扬如也。随其长子,事其便辟,举(王念孙云:举读为相与之与)其上客,愞然若终身之虏而不敢有他志。——是俗儒者也。

用战国晚期荀卿的话来比较墨子的话,我们可以相信,在春秋时期与战国时期之间,已有这种俗儒,大概就是孔子说的"小人儒"。

从这种描写上,我们可以看出他们的生活有几个要点:第一,他们是很贫穷的,往往"陷于饥寒,危于冻馁";这是因为他们不务农,不作务,是一种不耕而食的寄生阶级。第二,他们颇受人轻视与嘲笑,因为他们的衣食须靠别人供给;然而他们自己倒还有一种倨傲的遗风,"立命,缓贫,而高浩居",虽然贫穷,还不肯抛弃他们的寄食——甚至于乞食——的生活。第三,他们也有他们的职业,那是一种宗教的职业:他们熟悉礼乐,人家有丧祭大事,都得请教他们。因为人们必须请他们治丧相礼,所以他们虽然贫穷,却有相当崇高的社会地位。骂他们的可以说他们"因人之野以为尊";他们自己却可以说是靠他们的知识做"衣食之端"。第四,他们自己是实行"久丧"之制的,而他们最重要的谋生技能是替人家"治丧"。他们正是那殷民族的祖先教的教士,这是儒的本业。

从这种"小人儒"的生活里,我们更可以明白"儒"的古义:儒是殷民族的教士,靠他们的宗教知识为衣食之端。

其实一切儒,无论君子儒与小人儒,品格尽管有高低,生活的路子是一样的。他们都靠他们的礼教的知识为衣食之端,他们都是殷民族的祖先教的教士,行的是殷礼,穿的是殷衣冠。在那殷周民族杂居已六七百年,文化的隔离已渐渐泯灭的时期,他们不仅仅是殷民族的教士,竟渐渐成了殷周民族共同需要的教师了。

《左传》昭公七年记孟僖子自恨不能相礼,"乃讲学之。苟能礼者,从之。"《左传》又说,孟僖子将死时,遗命要他的两个儿子何忌与说去跟着孔子"学礼焉以定其位"。孔子的职业是一个教师,他说:

> 自行束脩以上,吾未尝无诲焉。

束脩是十脡脯,是一种最薄的礼物。《檀弓》有"古之大夫,束脩之问不出竟"的话,可证束脩是赠礼。孔子有"博学"、"知礼"的名誉,又有"学而不厌,诲人不倦"的精神,故相传他的弟子有三千之多。这就是他的职业了。

孔子也很注重丧祭之礼,他作中都宰时,曾定制用四寸之棺,五寸之椁(见《檀弓》有若的话)。他承认三年之丧为"天下之通丧",又建立三年之丧的理论,说这是因为"子生三年然后免于父母之怀"(《论语》十七)。这都可表示他是殷民族的宗教的辩护者,正是"儒"的本色。《檀弓》记他临死之前七日,对他的弟子子贡说:

> 夏后氏殡于东阶之上,则犹在阼也。殷人殡于两楹之间,则与宾主夹之也。周人殡于西阶之上,则犹宾之也。而丘也,殷人也。予畴昔之夜,梦坐奠于两楹之间。夫明王不兴,而天下其孰能宗予?予殆将死也?

看他的口气,他不但自己临死还自认是殷人,并且还有"天下宗予"的教主思想(看下章)。

他和他的大弟子的生活,都是靠授徒与相礼两种职业。大概当

时的礼俗,凡有丧事,必须请相礼的专家。《檀弓》说:

> 杜桥之母之丧,宫中无相,君子以为沽也(《七经考文》引古本足利本,有"君子"二字,他本皆无)。

"沽"是寒贱之意。当时周民族已与殷民族杂居了六百年,同化的程度已很深了,所以鲁国的大夫士族也传染到了注重丧礼的风气。有大丧的人家,孝子是应该"昏迷不复自知礼"了,所以必须有专家相导。这正是儒的"衣食之端"。杜桥之母之丧,竟不用"相",就被当时的"君子"讥为寒伧了。

孔子为人相丧礼,见于《檀弓》(参看下文第六章引《曾子问》记孔子"从老聃助葬"):

> 国昭子之母死,问于子张曰:"葬及墓,男子妇人安位?"子张曰:"司徒敬子之丧,夫子相,男子西乡,妇人东乡。"

据《檀弓》,司徒敬子是卫国大夫。孔子在卫,还为人相丧礼,我们可以推想他在鲁国也常有为人家相丧礼的事。① 《檀弓》说:

> 孔子之故人曰原壤,其母死,夫子助之沐椁。原壤登木曰:"久矣予之不托于音也。"歌曰:
>
> 狸首之斑然,
> 执女手之卷然。
>
> 夫子为弗闻也者而过之。从者曰,"子未可以已乎?"夫子曰:"丘闻之,亲者毋失其为亲也,故者毋失其为故也。"

这一个不守礼法的朋友好像不很欢迎孔二先生的帮忙;但他顾念故人,还要去帮他治椁。

他的弟子为人家相礼,《檀弓》记载最多。上文引的国昭子家的母丧,即是子张为相。《檀弓》说:

> 有若之丧,悼公吊焉。子游摈,由左。

摈即是相。又说:

> 子蒲卒,哭者呼"灭!"子皋曰,"若是野哉!"哭者改之。

---

① 编者按:"远流本"此处补有胡适按语:"适按,伪书《家语》也采孔子相司徒敬子之丧的故事。"

这似是因为子皋相礼,所以他纠正主人之失。《檀弓》又记:

> 孔子之丧,公西赤为志焉。饰棺墙,置翣,设披,周也。设崇,殷也。绸练设旐,夏也。
>
> 子张之丧,公明仪为志焉。褚幕丹质,蚁结于四隅,殷士也。

按《士丧礼》的《既夕礼》,饰柩,设披,都用"商祝"为之。可见公西赤与公明仪为"志",乃是执行《士丧礼》所说的"商祝"的职务(郑玄注,"志谓章识"。当参考《既夕礼》,可见郑注不确)。从此点上,可以推知当时的"儒"不但是"殷士",其实又都是"商祝"。《墨子·非儒》篇写那些儒者靠为人治丧为衣食之端,此点必须和《檀弓》与《士丧礼》、《既夕礼》合并起来看,我们方才可以明白。《士丧礼》与《既夕礼》(即《士丧礼》的下篇)使我们知道当时的丧礼须用"祝",其职务最繁重。《士丧礼》二篇中明说用"商祝"凡十次,用"夏祝"凡五次,泛称"祝"凡二十二次。旧注以为泛称"祝"者都是"周祝",其说甚无根据。细考此两篇,绝无用周祝之处;其泛称"祝"之处,有一处确指"夏祝"("祝受巾巾之"),有两处确指"商祝"("祝又受米,奠于贝北";又下篇"祝降,与夏祝交于阶下")。其他不明说夏与商之处,大概都是指"商祝",因为此种士丧礼虽然偶有杂用夏、周礼俗之处,其根本的礼节仍是殷礼,故相礼的祝人当然以殷人为主。明白了当时丧礼里"商祝"的重要,我们才可以明白《檀弓》所记丧家的"相",不仅是宾来吊时的"傧者"(《士丧礼》另有"傧者"),也不仅是指导礼节的顾问。其实还有那最繁重的"祝"的职务。因为这种职务最繁重,所以那些儒者可以靠此为"衣食之端"。

在《檀弓》里,我们已可以看见当孔子的大弟子的时代,丧礼已有了不少的争论。

(一)小敛之奠,子游曰,"于东方。"曾子曰,"于西方。"

(二)卫司徒敬子死,子夏吊焉,主人未小敛,绖而往。子游吊焉,主人既小敛,子游出,绖而反哭。子夏曰,"闻之也欤?"曰,"闻诸夫子:主人未改服,则不绖。"

(三)曾子袭裘而吊,子游裼裘而吊。曾子指子游而示人曰,"夫夫也,为习于礼者,如之何其裼裘而吊也!"主人既小敛,袒,括发,子游趋而出,袭裘带绖而入。曾子曰,"我过矣,我过矣;夫夫是也。"

（四）曾子吊于负夏,主人既祖,填池（郑注,填池当为奠彻,声之误也）,推柩而反之,降妇人而后行礼。从者曰,"礼与?"曾子曰,"夫祖者,且也。且,胡为其不可以反宿也?"从者又问诸子游曰,"礼与?"子游曰,"饭于牖下,小敛于户内,大敛于阼,殡于客位,祖于庭,葬于墓,所以即远也。故丧事有进而无退。"

（五）公叔木有同母异父之昆弟死,问于子游,子游曰,"其大功乎?"狄仪有同母异父之昆弟死,问于子夏,子夏曰,"我未之前闻也。鲁人则为之齐衰。"狄仪行齐衰。今之齐衰,狄仪之问也。

我们读了这些争论,真不能不起"累寿不能尽其学,当年不能行其礼"的感想。我们同时又感觉这种仪节上的斤斤计较,颇不像孔子的学风。孔子自己是能了解"礼之本"的,他曾说:

礼,与其奢也,宁俭。丧,与其易也,宁戚（"易"字旧说纷纷,朱子根据《孟子》"易其田畴"一句,训易为治,谓"节文习熟"）。

《论语》的记者似乎没有完全了解这两句话,所以文字不大清楚。但一位心粗胆大的子路却听懂了,他说:

吾闻诸夫子:丧礼,与其哀不足而礼有余也,不若礼不足而哀有余也。祭礼,与其敬不足而礼有余也,不若礼不足而敬有余也。（《檀弓》）

这才是孔子答林放问的"礼之本"。还有一位"堂堂乎"的子张也听懂了,他说:

士见危授命,见得思义,祭思敬,丧思哀,其可已矣。（《论语》十九）

"祭思敬,丧思哀",也就是"礼之本"。我们看孔子对子路说:"啜菽饮水尽其欢,斯之谓孝;敛手足形,还葬而无椁,称其财,斯之谓礼"（《檀弓》;同书里,孔子答子游问丧具,与此节同意）;又看他在卫国时,遇旧馆人之丧,"一哀而出涕",就"脱骖而赙之",——这都可见他老人家是能见其大的,不是拘泥仪文小节的。最可玩味的是《檀弓》记的这一件故事:

> 孔子在卫(也是一个殷文化的中心),有送葬者,而夫子观之,曰,"善哉!足以为法矣。……其往也如慕,其反也如疑。"子贡曰,"岂若速反而虞乎?"(既葬,"迎精而反,日中祭之于殡宫,以安之"为虞祭。)子曰,"小子识之,我未之能行也。"

孔子叹赏那人的态度,而他的弟子只能计较仪节的形式。所以他那些大弟子,都是"习于礼者",只能在那些达官富人的丧事里,指手画脚的评量礼节,较量袭裘与裼裘的得失,辩论小敛之奠应在东方或在西方。《檀弓》所记,已够使人厌倦,使人失望,使人感觉孔子的门风真是及身而绝了!

我们读了这种记载,可以想像那些儒者的背景。孔子和这班大弟子本来都是殷儒商祝,孔子只是那个职业里出来的一个有远见的领袖,而他的弟子仍多是那个治丧相礼的职业中人,他们是不能完全跳出那种"因人之野以为尊"的风气之外的。孔子尽管教训他们:

> 女为君子儒,毋为小人儒。

但"君子"、"小人"的界限是很难画分的。他们既须靠治丧相礼为"衣食之端",就往往不能讲气节了。如齐国国昭子之母之丧,他问子张:

> 丧及墓,男子妇人安位?

子张说:

> 司徒敬子之丧,夫子相,男子西乡,妇人东乡。

可是主人不赞成这个办法,他说:

> 噫,毋曰我丧也斯沾。(此句郑玄读:"噫,毋!曰我丧也斯沾。"说曰:"噫,不痛之声。毋者,禁止之辞。斯,尽也。沾读曰觇。觇,视也。国昭子自谓齐之大家,有事人尽视之。"陈澔从郑说。郝敬与姚际恒读"我丧也斯沾尔专之"为一句,释"沾尔"为沾沾尔,见杭大宗《续礼记集说》。我不能赞成旧说,改拟如此读法。他好像是说:"噫,别叫人说咱家的丧事那么贫样!"沾

当是"沽"的小误。《檀弓》说:"杜桥之母之丧,宫中无相,君子以为沽也。")尔专之。宾为宾焉,主为主焉。妇人从男子,皆西乡。

主人要那么办,"夫子"的大帽子也压不住,那位"堂堂乎张也"也就没有法子,只好依着他去做了。其实这班大儒自己也实在有招人轻侮之道。《檀弓》又记着一件很有趣的故事:

> 季孙之母死,哀公吊焉。曾子与子贡吊焉。阍人为君在,弗内也。曾子与子贡入于其厩而修容焉。子贡先入,阍人曰,"乡者已告矣"。曾子后入,阍人辟之。涉内溜,卿大夫皆辟位,公降一等而揖之。——君子言之曰:"尽饰之道,斯其行者远矣。"

季孙为当时鲁国的最有权力的人,他的母丧真可说是"大丧"了。这两位大儒巴巴的赶来,不料因国君在内,阍人不让他们进去,他们就进季孙的马厩里去修容;子贡修饰好了,还瞒不过阍人,不得进去;曾子装饰得更好,阍人不敢拦他,居然混进去了。里面的国君与大夫,看见此时有吊客进来,料想必是尊客,都起来致敬,国君还降一等揖客。谁想这不过是两位改装的儒者赶来帮主人治丧相礼的呵!我们看了这种圣门的记载,再回想《墨子·非儒》篇描写的"五谷既收,大丧是随,子姓皆从,得厌饮食","富人有丧,乃大说喜"的情形,我们真不能不感觉到"君子儒"与"小人儒"的区别是很微细的了![①]

以上记"儒"的生活,我们只用那些我们认为最可信的史料。有意毁谤儒者,而描写不近情理的材料,如《庄子》记"大儒以诗礼发冢"的文字,我们不愿意引用。如果还有人觉得我在上文描写"儒"的生活有点近于有心毁谤孔门圣贤,那么,我只好请他平心静气想想孔子自己说他的生活:

> 出则事公卿,入则事父兄;丧事不敢不勉,不为酒困,——何有于我哉?(《论语》九)

---

① 编者按:"远流本"此处补有"《先进篇》'赤尔何如'一段,赤所谓'端章甫,愿为小相焉',也是'相礼'之一例。《乡党篇》有'君君使摈'一章,也是'相礼'之一例。适之(1953,10,7)"。

在这里，我们可以看见一个"儒"的生活的概略。纵酒是殷民族的恶习惯（参看前章引《酒诰》一段），《论语》里写孔子"不为酒困"，"唯酒无量，不及乱"，还可见酗酒在当时还是一个社会问题。"丧事不敢不勉"，是"儒"的职业生活。"出则事公卿"，也是那个不学稼圃的寄生阶级的一方面。

4 在前三章里，我们说明了"儒"的来历。儒是殷民族的礼教的教士，他们在很困难的政治状态之下，继续保存着殷人的宗教典礼，继续穿戴着殷人的衣冠。他们是殷人的教士，在六七百年中渐渐变成了绝大多数人民的教师。他们的职业还是治丧，相礼，教学；但他们的礼教已渐渐行到统治阶级里了，他们的来学弟子，已有周鲁公族的子弟了（如孟孙何忌，南宫适）；向他们问礼的，不但有各国的权臣，还有齐鲁卫的国君了。

这才是那个广义的"儒"。儒是一个古宗教的教师，治丧相礼之外，他们还要做其他的宗教职务。《论语》记孔子的生活，有一条说：

乡人傩，"孔子"朝服而立于阼阶。

傩是赶鬼的仪式。《檀弓》说：

岁旱，穆公召县子而问焉，曰，"天久不雨，吾欲暴尪而奚若？"曰，"天久不雨而暴人之疾子，毋乃不可与？""然则吾欲暴巫而奚若？"曰，"天则不雨而望之愚妇人，于以求之，毋乃已疏乎？""徙市则奚若？"曰，"天子崩，巷市七日。诸侯薨，巷市三日。为之徙市，不亦可乎？"

县子见于《檀弓》凡六次，有一次他批评子游道："汰哉叔氏，专以礼许人！"这可见县子大概也是孔子的一个大弟子。（《史记·仲尼弟子传》有县成，字子祺。《檀弓》称县子琐）。天久不雨，国君也得请教于儒者。这可见当时的儒者是各种方面的教师与顾问。丧礼是他们的专门，乐舞是他们的长技，教学是他们的职业，而乡人打鬼，国君求雨，他们也都有事，——他们真得要无所不知无所不能的了。《论语》记达巷党人称孔子"博学而无所成名"，孔子对他的弟子说：

吾何执？执御乎？执射乎？吾执御矣。

《论语》又记：

> 大宰问于子贡曰，"夫子圣者欤？何其多能也？"子贡曰，"固天纵之将圣，又多能也"。子闻之曰，"大宰知我乎？吾少也贱，故多能鄙事。君子多乎哉？不多也"。

儒的职业需要博学多能，故广义的"儒"为术士的通称。

但这个广义的，来源甚古的"儒"，怎样变成了孔门学者的私名呢？这固然是孔子个人的伟大成绩，其中也有很重要的历史原因。孔子是儒的中兴领袖，而不是儒教的创始者。儒教的伸展是殷亡以后五六百年的一个伟大的历史趋势；孔子只是这个历史趋势的最伟大的代表者，他的成绩也只是这个五六百年的历史运动的一个庄严灿烂的成功。

这个历史运动是殷遗民的民族运动。殷商亡国之后，在那几百年中，人数是众多的，潜势力是很广大的，文化是继续存在的。但政治的势力都全在战胜的民族的手里，殷民族的政治中心只有一个包围在"诸姬"的重围里的宋国。宋国的处境是很困难的；我们看那前八世纪宋国一位三朝佐命的正考父的鼎铭："一命而偻，再命而伛，三命而俯，循墙而走，"这是何等的柔逊谦卑！宋国所以能久存，也许是靠这种祖传的柔道。周室东迁以后，东方多事，宋国渐渐抬头。到了前七世纪的中叶，齐桓公死后，齐国大乱，宋襄公邀诸侯的兵伐齐，纳齐孝公。这一件事成功（前642）之后，宋襄公就有了政治的大欲望，他想继承齐桓公之后作中国的盟主。他把滕子、婴齐捉了；又叫邾人把鄫子捉了，用鄫子来祭次睢之社，"欲以属东夷"。用人祭社，似是殷商旧俗。《左传》昭公十年，"季平子伐莒，取郠，献俘，始用人于亳社"。这样恢复一个野蛮的旧俗，都有取悦于民众的意思。宋襄公眼光注射在东方的殷商旧土，所以要恢复一个殷商宗教的陋俗来巴结东方民众。那时东方无霸国，无人与宋争长；他所虑者只有南方的楚国。果然，在盂之会，楚人捉了宋襄公去，后来又放了他。他还不觉悟，还想立武功，定霸业。泓之战（前638），楚人大败宋兵，宋襄公伤股，几乎做了第二次的俘虏。当泓之战之前，

> 大司马固谏（大司马是公子目夷，即子鱼。"固"是形容

"谏"字的副词。杜预误解"固"为公孙固,《史记·宋世家》作子鱼谏,不误)曰:"天之弃商久矣。君将兴之,弗可赦也已。"(杜预误读"弗可。赦也已。"此五字当作一句读。子鱼先反对襄公争盟。到了将战,他却主张给楚兵一个痛快的打击,故下文力主趁楚师未既济时击之。丁声树先生说"弗"字乃"不之"二字之合。此句所含"之"字,正指敌人。既要做中兴殷商的大事,这回不可放过敌人了。)

这里忽然提出复兴殷商的大问题来,可见宋襄公的野心正是一个复兴民族的运动。不幸他的"妇人之仁"使他错过机会;大败之后,他还要替自己辩护,说,

> 君子不重伤,不禽二毛。……寡人虽亡国之余,不鼓不成列。

"亡国之余",这也可见殷商后人不忘亡国的惨痛。三百年后,宋君偃自立为宋王,东败齐,南败楚,西败魏,也是这点亡国遗憾的死灰复燃,也是一个民族复兴的运动。但不久也失败了。殷商民族的政治的复兴,终于无望了。

但在那殷商民族亡国后的几百年中,他们好像始终保存着民族复兴的梦想,渐渐养成了一个"救世圣人"的预言,这种预言是亡国民族里常有的,最有名的一个例子就是希伯来(犹太)民族的"弥赛亚"(Messiah)降生救世的悬记,后来引起了耶稣领导的大运动。这种悬记(佛书中所谓"悬记",即预言)本来只是悬想一个未来的民族英雄起来领导那久受亡国苦痛的民众,做到那复兴民族的大事业。但年代久了,政治复兴的梦想终没有影子,于是这种预言渐渐变换了内容,政治复兴的色彩渐渐变淡了,宗教或文化复兴的意味渐渐加浓了。犹太民族的"弥赛亚"原来是一个复兴英雄,后来却变成了一个救世的教主,这是一变;一个狭义的,民族的中兴领袖,后来却变成了一个救度全人类的大圣人,这一变更远大了。我们现在观察殷民族亡国后的历史,似乎他们也曾有过一个民族英雄复兴殷商的悬记,也曾有过一个圣人复起的预言。

我们试撇开一切旧说,来重读《商颂》的《玄鸟》篇:

> 天命玄鸟,降而生商,宅殷土芒芒。古帝命武汤,正域彼四方。
>
> 方命厥后,奄有九有。商之先后,受命不殆,在武丁孙子。
>
> 武丁孙子——武王靡不胜。龙旂十乘,大糦是承。
>
> 邦畿千里,维民所止。肇域彼四海,四海来假。
>
> 来假祁祁,景员维河。殷受命咸宜,百禄是何。

此诗旧说以为是祀高宗的诗。但旧说总无法解释诗中的"武丁孙子"。也不能解释那"武丁孙子"的"武王"。郑玄解作"高宗之孙子有武功有王德于天下者,无所不胜服"。朱熹说:"武王,汤号,而其后世亦以自称也。言武丁孙子,今袭汤号者,其武无所不胜。"这是谁呢?殷自武丁以后,国力渐衰;史书所载,已无有一个无所不胜服的"武王"了。我看此诗乃是一种预言:先述那"正域彼四方"的武汤,次预言一个"肇域彼四海"的"武丁孙子——武王"。"大糦"旧说有二:《韩诗》说糦为"大祭",郑玄训糦为"黍稷",都是臆说(朱骏声《说文通训定声》误记《商颂·烈祖》有"大糦是承",训黍稷;又《玄鸟》有"大糦是承",《韩诗》训为大祭。其实《烈祖》无此句)。我以为"糦"字乃是"囏"字,即是"艰"字。艰字籀文作 𦤚 ,字损为糦。《周书·大诰》,"有大艰于西土,西土人亦不静"。"大艰"即是大难。这个未来的"武王"能无所不胜,能用"十乘"的薄弱武力,而承担"大艰";能从千里的邦畿而开国于四海。这就是殷民族悬想的中兴英雄。(郑玄释"十乘"为"二王后,八州之大国",每国一乘,故为十乘!)

但世代久了,这个无所不胜的"武王"始终没有出现,宋襄公中兴殷商的梦是吹破的了。于是这个民族英雄的预言渐渐变成了一种救世圣人的预言。《左传》(昭公七年)记孟僖子将死时,召其大夫曰:

> 吾闻将有达者,曰孔丘,圣人之后也,而灭于宋。其祖弗父何以有宋而授厉公。及正考父佐戴武宣,三命兹益共,故其鼎铭云:"一命而偻,再命而伛,三命而俯。循墙而走,亦莫敢余侮。饘于是,鬻于是,以糊余口。"其共也如是。臧孙纥有言曰:"圣

人有明德者,若不当世,其后必有达人。"今其将在孔丘乎?

孟僖子死在昭公二十四年(纪元前518),其时孔子已是三十四岁了。如果这种记载是可信的,那就可见鲁国的统治阶级那时已注意到孔子的声望,并且注意到他的家世;说他是"圣人之后",并且说他是"圣人之后"的"达者"。① 孟僖子引臧孙纥的话,臧孙纥自己也是当时人称为"圣人"的,《左传》(襄公二十二年)说:

> 臧武仲雨过御叔,御叔在其邑将饮酒,曰,"焉用圣人!我将饮酒而已。雨行,何以圣为!"

臧孙纥去国出奔时,孔子只有两岁。他说的"圣人有明德者,若不当世,其后必有达人",当然不是为孔丘说的,不过是一种泛论。但他这话也许是受了当时鲁国的殷民族中一种期待圣人出世的预言的暗示。这自然只是我的一个猜想;但孟僖子说,"吾闻将有达者曰孔丘",这句话的涵义是说:"我听外间传说,将要有一位达人起来,叫做孔丘。"这可见他听见了外间民众纷纷说到这个殷商后裔孔丘,是一位将兴的达者或圣人;这种传说当然与臧孙纥的预言无关,但看孟僖子的口气,好像民间已有把那个三十多岁的孔丘认做符合某种悬记的话,所以他想到那位不容于鲁国的圣人臧孙纥的悬记,说,"今其将在孔丘乎"? 这就是说:这个预言要应在孔丘身上了。这就是说:民间已传说这个孔丘是一位将兴的达者了,臧孙纥也有过这样的话,现在要应验了。

所以我们可以假定,在那多数的东方殷民族之中,早已有一个"将有达者"的大预言。在这个预言的流行空气里,鲁国"圣人"臧孙纥也就有一种"圣人之后必有达者"的预言。我们可以猜想那个民间预言的形式大概是说:"殷商亡国后五百年,有个大圣人出来。"我们试读《孟子》,就可以知道"五百年"不是我的瞎说。孟子在他离开齐国最不得意的时候,对他的弟子充虞说:

---

① 编者按:"远流本"此处补有胡适按语:"适按,《论语》十二,'子张问,士何如斯可谓之达矣? 子曰,何哉尔所谓达者? 子张对曰,在邦必闻,在家必闻。……'此可以解释'达者''达人'的普通意象。"

> 五百年必有王者兴,其间必有名世者。由周而来,七百有余岁矣。以其数则过矣;以其时考之则可矣。夫天未欲平治天下也。如欲平治天下,当今之世,舍我其谁也?(《公孙丑》下)

在这一段话里,我们可以看出"五百年必有王者兴"乃是古来一句流行的预言,所以孟子很诧异这个"五百年"的预言何以至今还不灵验。但他始终深信这句五百年的悬记。所以《孟子》最后一章又说:

> 由尧舜至于汤,五百有余岁。……由汤至于文王,五百有余岁。……由文王至于孔子,五百有余岁。……由孔子而来,至于今,百有余岁。去圣人之世若此其未远也,近圣人之居若此其甚也,然而无有乎尔,则亦无有乎尔!(《尽心》下)

这样的低徊追忆不是偶然的事,乃是一个伟大的民族传说几百年流行的结果。

孔子生于鲁襄公二十二年(前551),上距殷武庚的灭亡,已有五百多年。大概这个"五百年必有王者兴"的预言由来已久,所以宋襄公(泓之战在前638)正当殷亡后的第五世纪,他那复兴殷商的野心也正是那个预言之下的产儿。到了孔子出世的时代,那预言的五百年之期已过了几十年,殷民族的渴望正在最高度。这时期,忽然殷宋公孙的一个嫡系里出来了一个聪明睿知的少年,起于贫贱的环境里,而贫贱压不住他;生于"野合"的父母,甚至于他少年时还不知道其父的坟墓,然而他的多才多艺,使他居然战胜了一个当然很不好受的少年处境,使人们居然忘了他的出身,使他的乡人异口同声的赞叹他:

> 大哉孔子!博学而无所成名!

这样一个人,正因为他的出身特别微贱,所以人们特别惊异他的天才与学力之高,特别追想到他的先世遗泽的长久而伟大。所以当他少年时代,他已是民间人望所归了;民间已隐隐的,纷纷的传说:"五百年必有圣者兴,今其将在孔丘乎!"甚至于鲁国的贵族权臣也在背后议论道:"圣人之后,必有达者,今其将在孔丘乎!"

我们可以说,孔子壮年时,已被一般人认作那个应运而生的圣人了。这个假设可以解决《论语》里许多费解的谈话。如云:

> 子曰：天生德于予，桓魋其如予何？

如云：

> 子畏于匡，曰：文王既没，文不在兹乎？天之将丧斯文也，后死者不得与于斯文也。天之未丧斯文也，匡人其如予何？

如云：

> 子曰：凤鸟不至，河不出图，吾已矣夫！

这三段说话，我们平时都感觉难懂。但若如上文所说，孔子壮年以后在一般民众心目中已成了一个五百年应运而兴的圣人，这些话就都不难懂了。因为古来久有那个五百年必有圣者兴的悬记，因为孔子生当殷亡之后五百余年，因为他出于一个殷宋正考父的嫡系，因为他那出类拔萃的天才与学力早年就得民众的崇敬，就被人期许为那将兴的达者，——因为这些原故，孔子自己也就不能避免一种自许自任的心理。他是不满意于眼前社会政治的现状的，

> 斗筲之人，何足算也！

他是很有自信力的，

> 苟有用我者，期月而已可也，三年有成。

他对于整个的人类是有无限同情心的，

> 鸟兽不可与同群，吾非斯人之徒与，而谁与？天下有道，丘不与易也。

所以他也不能不高自期许，把那五百年的担子自己挑起来。他有了这样大的自信心，他觉得一切阻力都是不足畏惧的了："桓魋其如予何！""匡人其如予何！""公伯寮其如命何！"他虽不能上应殷商民族歌颂里那个"肇域彼四海"的"武王"，难道不能做一个中兴文化的"文王"吗！

凤鸟与河图的失望，更可以证明那个古来悬记的存在。那个"五百年必有王者兴"的传说当然不会是那样干净简单的，当然还带着许多幼稚的民族神话。"天命玄鸟，降而生商"，正是他的祖宗的"感生帝"的传说。凤鸟之至，河之出图，麒麟之来，大概都是那个五百年应运圣人的预言的一部分。民众当然深信这些；孔子虽然"不语怪力乱神"，但他也不能完全脱离一个时代的民族信仰。他到了

晚年,也就不免有时起这样的怀疑:

> 凤鸟不至,河不出图,吾已矣夫!

"《春秋》绝笔于获麟",这个传说,也应该作同样的解释。《公羊传》说:

> 有以告者曰,"有麏而角者。"孔子曰:"孰为来哉!孰为来哉!"反袂拭面,涕沾袍。颜渊死,子曰,"噫,天丧予!"子路死,子曰,"噫,天祝予!"西狩获麟,孔子曰,"吾道穷矣!"

《史记》节取《左传》与《公羊传》,作这样的记载:

> 鲁哀公十四年春,狩大野,叔孙氏车子鉏商获兽,以为不祥。仲尼视之,曰,"麟也"。取之。曰,"河不出图,雒不出书,吾已矣夫!"颜渊死,孔子曰,"天丧予!"及西狩见麟,曰,"吾道穷矣!"

孔子的谈话里时时显出他确有点相信他是受命于天的。"天生德于予","天之未丧斯文也","天丧予","下学而上达,知我者其天乎!"此等地方,若依宋儒"天即理也"的说法,无论如何讲不通。若用民俗学的常识来看此等话语,一切就都好懂了。《檀弓》记孔子将死的一段,也应该如此看法:

> 孔子蚤作,负手曳杖,消摇于门,歌曰:
>
> 泰山其颓乎?
> 梁木其坏乎?
> 哲人其萎乎?
>
> 既歌而入,当户而坐。子贡闻之,曰:"泰山其颓,则吾将安仰?梁木其坏,哲人其萎,则吾将安放?夫子殆将病也。"遂趋而入。夫子曰:"赐,尔来何迟也!夏后氏殡于东阶之上,则犹在阼也。殷人殡于两楹之间,则与宾主夹之也。周人殡于西阶之上,则犹宾之也。而丘也,殷人也。予畴昔之夜,梦坐奠于两楹之间。夫明王不兴,而天下其孰能宗予,予殆将死也。"盖寝疾七日而殁。

看他将死之前,明知道那"天下宗予"的梦想已不能实现了,他还自比于泰山梁木。在那"明王不兴,天下其孰能宗予"的慨叹里,我们还可以听见那"五百年必有王者兴"的古代悬记的尾声,还可以听见一位自信为应运而生的圣者的最后绝望的叹声。同时,在这一段话里,我们也可以看见他的同时人,他的弟子,和后世的人对他的敬仰的一个来源。《论语》记那个仪封人说:

> 二三子何患于丧(丧是失位,是不得意)乎?天下之无道也久矣。天将以夫子为木铎。

《论语》又记一件很可玩味的故事:

> 南宫适问于孔子曰:"羿善射,奡荡舟,俱不得其死焉。禹稷躬稼,而有天下。"孔子不答。南宫适出,子曰:"君子哉若人!尚德哉若人!"

南宫适是孟僖子的儿子,是孔子的侄女婿。他问这话,隐隐的表示他对于某方面的一种想望。孔子虽不便答他,却很明白他的意思了。再看《论语》记子贡替孔子辩护的话:

> 仲尼,日月也。……人虽欲自绝,其何伤于日月乎?多见其不知量也。

> 夫子之不可及也,犹天之不可阶而升也。夫子之得邦家者,所谓立之斯立,道之斯行,绥之斯来,动之斯和;其生也荣,其死也哀:——如之何其可及也!

这是当时的人对他的崇敬。一百多年后,孟子追述宰我、子贡、有若赞颂孔子的话,宰我说:

> 以予观于夫子,贤于尧舜远矣!

子贡说:

> 见其礼而知其政,闻其乐而知其德,由百世之后,等百世之王,莫之能违也。自生民以来,未有夫子也。

有若说:

> 岂惟民哉?麒麟之于走兽,凤皇之于飞鸟,太山之于丘垤,河海之于行潦,类也。圣人之于民,亦类也。出于其类,拔乎其萃,自生民以来,未有盛于夫子也。

孟子自己也说:

> 自生民以来,未有孔子也。

后来所谓"素王"之说,在这些话里都可以寻出一些渊源线索。孔子自己也曾说过:

> 文王既没,文不在兹乎?

这就是一个无冠帝王的气象。他自己担负起文王以来五百年的中兴重担子来了,他的弟子也期望他像"禹、稷耕稼而有天下",说他"贤于尧舜远矣",说他为生民以来所未有,这当然是一个"素王"了。

孔子是一个热心想做一番功业的人,本来不甘心做一个"素王"的。我们看他议论管仲的话:

> 管仲相桓公,霸诸侯,一匡天下,民到于今受其赐。微管仲,吾其被发左衽矣。岂若匹夫匹妇之为谅也,自经于沟渎而莫之知也?

这一段话最可以表示孔子的救世热肠,也最可以解释他一生栖栖皇皇奔走四方的行为。《檀弓》记他的弟子有若的观察:

> 昔者夫子失鲁司寇,将之荆,盖先之以子夏,又申之以冉有。以斯知不欲速贫也。

《论语》里有许多同样的记载:

> 子欲居九夷。或曰,"陋,如之何?"子曰,"君子居之,何陋之有?"

> 子曰,"道不行,乘桴浮于海,从我者其由欤?"

《论语》里记着两件事,曾引起最多的误解。一件是公山弗扰召孔子的事:

> 公山弗扰以费畔,召,子欲往。子路不说,曰,"末之也已,何必公山氏之之也?"子曰:"夫召我者,而岂徒哉? 如有用我者,吾其为东周乎?"

一件是佛肸召孔子的事:

> 佛肸召,子欲往。子路曰:"昔者由也闻诸夫子曰:'亲于其身为不善者,君子不入也。'佛肸以中牟畔(佛肸是晋国赵简子的中牟邑宰,据中牟以畔),子之往也,如之何?"子曰:"然,有是言也。不曰坚乎,磨而不磷? 不曰白乎,涅而不缁? 吾岂匏瓜也哉? 焉能系而不食?"

后世儒者用后世的眼光来评量这两件事,总觉得孔子决不会这样看重两个反叛的家臣,决不会这样热中。疑此两事的人,如崔述(《洙泗考信录》卷二),根本不信此种记载为《论语》所有的;那些不敢怀疑《论语》的人,如孔颖达(《论语正义》十七),如程颐、张栻(引见朱熹《论语集注》九),都只能委曲解说孔子的动机。其实孔子的动机不过是赞成一个也许可以尝试有为的机会。从事业上看,"吾其为东周乎?"这就是说,也许我可以造成一个"东方的周帝国"哩。从个人的感慨上说,"吾岂匏瓜也哉?焉能系而不食?"这就是说,我是想做事的,我不能像那串葫芦,挂在那儿摆样子,可是不中吃的。这都是很近情理的感想,用不着什么解释的。(王安石有《中牟》诗:"颓城百雉拥高秋。驱马临风想圣丘。此道门人多未悟,尔来千载判悠悠。")

他到了晚年,也有时感慨他的壮志的消磨。最动人的是他的自述:

> 甚矣吾衰也!久矣吾不复梦见周公!

这寥寥两句话里,我们可以听见一个"烈士暮年,壮心未已"的长叹。周公是周帝国的一个最伟大的创始者,东方的征服可说全是周公的大功。孔子想造成的"东周",不是那平王以后的"东周"(这个"东周"乃是史家所用名称,当时无用此名的),乃是周公平定四国后造成的东方周帝国。但这个伟大的梦终没有实现的机会,孔子临死时还说:

> 夫明王不兴,而天下其孰能宗予,予殆将死也?

不做周公而仅仅做一个"素王",是孔子自己不能认为满意的,但"五百年必有王者兴"的悬记终于这样不满意的应在他的身上了。

犹太民族亡国后的预言,也曾期望一个民族英雄出来,"做万民的君王和司令"(《以赛亚书》五五章,四节),"使雅各众复兴,使以色列之中得保全的人民能归回,——这还是小事,——还要作外邦人的光,推行我(耶和华)的救恩,直到地的尽头"(同书,四九章,六节)。但到了后来,大卫的子孙里出了一个耶稣,他的聪明仁爱得了民众的推戴,民众认他是古代先知预言的"弥赛亚",称他为"犹太人的王"。后来他被拘捕了，罗马帝国的兵"给他脱了衣服，穿上一件朱红色袍子，用荆棘编作冠冕，戴在他头上，拿一根苇子放在他右手里；他们跪在他面前，戏弄他说：'恭喜犹太人的王阿！'"戏弄过了，他们带他出去，把他钉死在十字架上。犹太人的王"使雅各众复兴，使以色列归回"的梦想，就这样吹散了。但那个钉死在十字架上的殉道者，死了又"复活"了："好像一粒芥菜子，这原是种子里最小的，等到长起来，却比各样菜都大，且成了一株树，天上的飞鸟来宿在他的枝上。"他真成了"外邦人的光，直到地的尽头"。

孔子的故事也很像这样的。殷商民族亡国以后，也曾期望"武丁孙子"里有一个无所不胜的"武王"起来，"大糦是承"，"肇域彼四海"。后来这个希望渐渐形成了一个"五百年必有王者兴"的悬记，引起了宋襄公复兴殷商的野心。这一次民族复兴的运动失败之后，那个伟大的民族仍旧把他们的希望继续寄托在一个将兴的圣王身上。果然，亡国后的第六世纪里，起来了一个伟大的"学而不厌，诲人不倦"的圣人。这一个伟大的人不久就得着了许多人的崇敬，他们认他是他们所期待的圣人；就是和他不同族的鲁国统治阶级里，也有人承认那个圣人将兴的预言要应在这个人身上。和他接近的人，仰望他如同仰望日月一样；相信他若得着机会，他一定能"立之斯立，道之斯行，绥之斯来，动之斯和"。他自己也明白人们对他的期望，也以泰山梁木自待，自信"天生德于予"，自许要作文王、周公的功业。到他临死时，他还做梦"坐奠于两楹之间"。他抱着"天下其孰能宗予"的遗憾死了，但他死了也"复活"了："人能弘道，非道弘人"，他打破了殷周文化的藩篱，打通了殷周民族的畛域，把那含有部落性的"儒"抬高了，放大了，重新建立在六百年殷周民族共同生活的新基础之上：他做了那中兴的"儒"的不祧的宗主；他也成了"外邦人的光"，"声名洋溢乎中国，施及蛮貊，舟车所至，人力所通，……凡有血气者莫不尊亲。"

5 孔子所以能中兴那五六百年来受人轻视的"儒"，是因为他认清了那六百年殷周民族杂居，文化逐渐混合的趋势，他知道那个富有部落性的殷遗民的"儒"是无法能拒绝那六百年来统治中国的周文化的了,所以他大胆的冲破那民族的界限,大胆的宣言:"吾从周!"他说:

> 夏礼,吾能言之,杞不足征也。殷礼,吾能言之,宋不足征也。文献不足故也。足,则吾能征之矣。

这就是说,夏殷两个故国的文化虽然都还有部分的保存,——例如《士丧礼》里的夏祝商祝,——然而民族杂居太长久了,后起的统治势力的文化渐渐湮没了亡国民族的老文化,甚至于连那两个老文化的政治中心,杞与宋,都不能继续保存他们的文献了。杞国的史料现在已无可考。就拿宋国来看,宋国在那姬周诸国包围之中,早就显出被周文化同化的倾向来了。最明显的例子是谥法的采用。殷人无谥法,《檀弓》说:

> 幼名,冠字,五十以伯仲,死谥,周道也。

今考《宋世家》,微子启传其弟微仲,微仲传子稽,稽传丁公申,丁公申传湣公共,共传弟炀公熙,湣公子鲋弑炀公而自立,是为厉公。这样看来,微子之后,到第四代已用周道,死后称谥了。——举此一端,可见同化的速度。在五六百年中,文献的丧失,大概是由于同化久了,虽有那些保存古服古礼的"儒",也只能做到一点抱残守缺的工夫,而不能挽救那自然的趋势。可是那西周民族却在那五六百年中充分吸收东方古国的文化;西周王室虽然渐渐不振了,那些新建立的国家,如在殷商旧地的齐鲁卫郑,如在夏后氏旧地的晋,都继续发展,成为几个很重要的文化中心。所谓"周礼",其实是这五六百年中造成的殷周混合文化。旧文化里灌入了新民族的新血液,旧基础上筑起了新国家的新制度,很自然的呈显出一种"粲然大备"的气象。《檀弓》有两段最可玩味的记载:

> 有虞氏瓦棺,夏后氏堲周,殷人棺椁,周人墙置翣。周人以殷人之棺椁葬长殇,以夏后氏之堲周葬中殇下殇,以有虞氏之瓦棺葬无服之殇。

> 仲宪言于曾子曰:"夏后氏用明器……殷人用祭器,……周人兼用之……。"

这都是最自然的现象。我们今日看北方的出殡，其中有披麻带孝的孝子，有和尚，有道士，有喇嘛，有军乐队，有纸扎的汽车马车，和《檀弓》记的同时有四种葬法，是一样的文化混合。孔子是个有历史眼光的人，他认清了那个所谓"周礼"并不是西周人带来的，乃是几千年的古文化逐渐积聚演变的总成绩，这里面含有绝大的因袭夏殷古文化的成分。他说：

> 殷因于夏礼，所损益，可知也。周因于殷礼，所损益，可知也。

这是很透辟的"历史的看法"。有了这种历史见解，孔子自然能看破，并且敢放弃那传统的"儒"的保守主义。所以他大胆的说：

> 周监于二代，郁郁乎文哉！吾从周。

在这句"吾从周"的口号之下，孔子扩大了旧"儒"的范围，把那个做殷民族的祝人的"儒"变做全国人的师儒了。"儒"的中兴，其实是"儒"的放大。

孔子所谓"从周"，我在上文说过，其实是接受那个因袭夏殷文化而演变出来的现代文化。所以孔子的"从周"不是绝对的，只是选择的，只是"择其善者而从之，其不善者而改之"。《论语》里说：

> 颜渊问为邦，子曰："行夏之时，乘殷之辂，服周之冕。乐则韶舞。放郑声，远佞人；郑声淫，佞人殆。"

这是很明显的折衷主义。《论语》又记孔子说：

> 麻冕，礼也；今也纯。俭，吾从众。拜下，礼也；今拜乎上，泰也。虽违众，吾从下。

这里的选择去取的标准更明显了。《檀弓》里也有同类的记载：

> 孔子曰："拜而后稽颡，颓乎其顺也。（郑注，此殷之丧拜也。）稽颡而后拜，颀乎其至也。（郑注，此周之丧拜也。）三年之丧，吾从其至者。"

> 殷既封而吊，周反哭而吊。孔子曰："殷已悫，吾从周。"

> 殷练而祔，周卒哭而祔。孔子善殷。

这都是选择折衷的态度。《檀弓》又记：

> 孔子之丧，公西赤为志焉：饰棺墙，置翣，设披，周也。设崇，

殷也。绸练设旐,夏也。

> 子张之丧,公明仪为志焉:褚幕丹质,蚁结于四隅,殷士也。

这两家的送葬的礼式不同,更可以使我们明了孔子和殷儒的关系。子张是"殷士",所以他的送葬完全沿用殷礼。孔子虽然也是殷人,但他的教义早已超过那保守的殷儒的遗风了,早已明白宣示他的"从周"的态度了,早已表示他的选择三代礼文的立场了,所以他的送葬也含有这个调和三代文化的象征意义。

孔子的伟大贡献正在这种博大的"择善"的新精神。他是没有那狭义的畛域观念的。他说:

> 君子周而不比。

又说:

> 君子群而不党。

他的眼光注射在那整个的人群,所以他说:

> 君子之于天下也,无适也,无莫也,义之与比。

他认定了教育可以打破一切阶级与界限,所以曾有这样最大胆的宣言:

> 有教无类。

这四个字在今日好像很平常,但在二千五百年前,这样平等的教育观必定是很震动社会的一个革命学说。因为"有教无类",所以孔子说:"自行束脩以上,吾未尝无诲焉。"所以他的门下有鲁国的公孙,有货殖的商人,有极贫的原宪,有在缧绁之中的公冶长。因为孔子深信教育可以摧破一切阶级的畛域,所以他终身"为之不厌,诲人不倦"。

孔子时时提出一个"仁"字的理想境界。"仁者人也",这是最妥贴的古训。"井有仁焉"就是"井有人焉"。"仁"就是那用整个人类为对象的教义。最浅的说法是

> 樊迟问仁,子曰,"爱人。"

进一步的说法,"仁"就是要尽人道,做到一个理想的人样子,这个理想的人样子也有浅深不同的说法:

> 樊迟问仁,子曰,"居处恭,执事敬,与人忠:虽之夷狄,不可

弃也。"

这是最低限度的说法了。此外还有许多种说法:

> 樊迟问仁,子曰,"仁者先难而后获,可谓仁矣"。(比较孔子在别处对樊迟说的"先事后得"。)
>
> 司马牛问仁,子曰,"仁者其言也讱。为之难,言之得无讱乎?"
>
> 颜渊问仁,子曰,"克己复礼为仁。"
>
> 仲弓问仁,子曰,"出门如见大宾,使民如承大祭。己所不欲,勿施于人。在邦无怨,在家无怨。"

其实这都是"居处恭,执事敬,与人忠"引伸的意义。仁就是做人。用那理想境界的人做人生的目标,这就是孔子的最博大又最平实的教义。我们看他的大弟子曾参说的话:

> 士不可以不弘毅:任重而道远。仁以为己任,不亦重乎?死而后已,不亦远乎?

"仁以为己任",就是把整个人类看作自己的责任。耶稣在山上,看见民众纷纷到来,他很感动,说道:"收成是好的,可惜做工的人太少了。"曾子说的"任重而道远",正是同样的感慨。

从一个亡国民族的教士阶级,变到调和三代文化的师儒;用"吾从周"的博大精神,担起了"仁以为己任"的绝大使命,——这是孔子的新儒教。

"儒"本来是亡国遗民的宗教,所以富有亡国遗民柔顺以取容的人生观,所以"儒"的古训为柔懦。到了孔子,他对自己有绝大信心,对他领导的文化教育运动也有绝大信心,他又认清了那六百年殷周民族同化的历史实在是东部古文化同化了西周新民族的历史,——西周民族的新建设也都建立在那"周因于殷礼"的基础之上——所以他自己没有那种亡国遗民的柔逊取容的心理。"士不可以不弘毅:任重而道远",这是这个新运动的新精神,不是那个"一命而偻,再命而伛,三命而俯"的柔道所能包涵的了。孔子说:

> 志士仁人,无求生以害仁,有杀身以成仁。

他的弟子子贡问他:伯夷、叔齐饿死在首阳山下,怨不怨呢?孔子答道:

> 求仁而得仁,又何怨?

这都不是柔道的人生哲学了。这里所谓"仁",无疑的,就是做人之道。孟子引孔子的话道:

> 志士不忘在沟壑,勇士不忘丧其元。

我颇疑心孔子受了那几百年来封建社会中的武士风气的影响,所以他把那柔懦的儒和杀身成仁的武士合并在一块,造成了一种新的"儒行"。《论语》说:

> 子路问成人,子曰:"若臧武仲之知,公绰之不欲。卞庄子之勇,冉求之艺,文之以礼乐,亦可以为成人矣。"曰:"今之成人者何必然。见利思义,见危授命,久要不忘平生之言,亦可以为成人矣。"

"成人"就是"成仁",就是"仁"。综合当时社会上的理想人物的各种美德,合成一个理想的人格,这就是"君子儒",这就是"仁"。但他又让一步,说"今之成人者"的最低标准,这个最低标准正是当时的"武士道"的信条。他的弟子子张也说:

> 士见危致命,见得思义,祭思敬,丧思哀,其可已矣。

曾子说:

> 可以托六尺之孤,可以寄百里之命,临大节而不可夺也。君子人欤?君子人也。

这就是"见危致命"的武士道的君子。子张又说:

> 执德不弘,信道不笃,焉能为有?焉能为亡?

子张是"殷士",而他的见解已是如此,可见孔子的新教义已能改变那传统的儒,形成一种弘毅的新儒了。孔子曾说:

> 刚毅木讷近仁。

又说:

> 巧言令色,鲜矣仁。

他提倡的新儒行只是那刚毅勇敢,担负得起天下重任的人格。所以说:

> 仁者己欲立而立人,己欲达而达人。

又说:

> 君子……修己以敬,……修己以安人,……修己以安百姓。

这是一个新的理想境界,绝不是那治丧相礼以为衣食之端的柔懦的儒的境界了。

孔子自己的人格就是这种弘毅的人格。《论语》说:

> 子曰:"君子道者三,我无能焉:仁者不忧,知者不惑,勇者不惧。"子贡曰,"夫子自道也。"

> 子曰:"不怨天,不尤人,下学而上达。知我者其天乎!"

> 叶公问孔子于子路,子路不对。子曰:"汝奚不曰,'其为人也,发愤忘食,乐以忘忧,不知老之将至云尔?'"

《论语》又记着一条有风趣的故事:

> 子路宿于石门,晨门曰,"奚自?"子路曰,"自孔氏"。曰,"是知其不可而为之者欤?"

这是当时人对于孔子的观察。"知其不可而为之",是孔子的新精神。这是古来柔道的儒所不曾梦见的新境界。

但柔道的人生观,在孔门也不是完全没有相当地位的。曾子说:

> 以能问于不能,以多问于寡;有若无,实若虚;犯而不校:昔者吾友尝从事于斯矣。

这一段的描写,原文只说"吾友",东汉的马融硬说"友谓颜渊",从此以后,注家也都说是颜渊了(现在竟有人说道家出于颜回了)。其实"吾友"只是我的朋友,或我的朋友们,二千五百年后人只可以"阙疑",不必费心去猜测。如果这些话可以指颜渊,那么,我们也可以证明这些话是说孔子。《论语》不说过吗?

> 子入太庙,每事问。或曰:"孰谓鄹人之子知礼乎?入太庙,每事问!"子闻之曰,"是礼也。"

这不是有意的"以能问于不能,以多问于寡"吗?这不是"有若无,实若虚"吗?

> 子曰,"吾有知乎哉?无知也。有鄙夫问于我,空空如也。我叩其两端而竭焉。"

这不是"以能问于不能,以多问于寡;有若无,实若虚"吗?《论语》又记孔子赞叹"伯夷、叔齐不念旧恶,怨是用希",这不是"犯而不校"吗?为什么我们不可以说"吾友"是指孔子呢?为什么我们不可以说"吾友"只是泛指曾子"昔者"接近的某些师友呢?为什么我们不可以说这是孔门某一个时期("昔者")所"尝从事"的学风呢?

大概这种谦卑的态度,虚心的气象,柔逊的处世方法,本来是几百年来的儒者遗风,孔子本来不曾抹煞这一套,他不过不承认这一套是最后的境界,也不觉得这是唯一的境界罢了。(曾子的这一段话的下面,即是"可以托六尺之孤"一段;再下面,就是"士不可以不弘毅"一段。这三段话,写出三种境界,最可供我们作比较。)在那个标举"成人"、"成仁"为理想境界的新学风里,柔逊谦卑不过是其一端而已。孔子说得好:

> 恭而无礼则劳,慎而无礼则葸,勇而无礼则乱,直而无礼则绞。

恭与慎都是柔道的美德,——孟僖子称正考父的鼎铭为"共(恭)",——可是过当的恭慎就不是"成人"的气象了。《乡党》一篇写孔子的行为何等恭慎谦卑!《乡党》开端就说:

> 孔子于乡党,恂恂如也,似不能言者。其在宗庙朝廷,便便言,唯谨尔。(郑注:便便,辩也。)

《论语》里记他和当时的国君权臣的问答,语气总是最恭慎的,道理总是守正不阿的。最好的例子是鲁定公问一言可以兴邦的两段:

> 定公问:"一言而可以兴邦,有诸?"
>
> 孔子对曰:"言不可以若是其几也。人之言曰,'为君难,为臣不易'。如知为君之难也,不几乎一言而兴邦乎?"
>
> 曰:"一言而丧邦,有诸?"
>
> 孔子对曰:"言不可以若是其几也。人之言曰,'予无乐乎为君,唯其言而莫予违也'。如其善而莫之违也,不亦善乎?如不善而莫之违也,不几乎一言而丧邦乎?"

他用这样婉转的辞令,对他的国君发表这样独立的见解,这最可以代表孔子的"温而厉","与人恭而有礼"的人格。

《中庸》虽是晚出的书,其中有子路问强一节,可以用来做参考资料:

> 子路问强。子曰:"南方之强欤?北方之强欤?抑而强欤?
> "宽柔以教,不报无道,南方之强也。君子居之。
> "衽金革,死而不厌,北方之强也。而强者居之。
> "故君子和而不流,强哉矫。中立而不倚,强哉矫。国有道,不变塞焉,强哉矫。国无道,至死不变,强哉矫。"

这里说的话,无论是不是孔子的话,至少可以表示孔门学者认清了当时有两种不同的人生观,又可以表示他们并不菲薄那"宽柔以教,不报无道"(即是"犯而不校")的柔道。他们看准了这种柔道也正是一种"强"道。当时所谓"南人",与后世所谓"南人"不同。春秋时代的楚与吴,虽然更南了,但他们在北方人的眼里还都是"南蛮",够不上那柔道的文化。古代人所谓"南人"似乎都是指大河以南的宋国、鲁国,其人多是殷商遗民,传染了儒柔的风气,文化高了,世故也深了,所以有这种宽柔的"不报无道"的教义。

这种柔道本来也是一种"强",正如《周易·象传》说的"谦尊而光,卑而不可逾"。一个人自信甚坚强,自然可以不计较外来的侮辱;或者他有很强的宗教信心,深信"鬼神害盈而福谦",他也可以不计较偶然的横暴。谦卑柔逊之中含有一种坚忍的信心,所以可说是一种君子之强。但他也有流弊。过度的柔逊恭顺,就成了懦弱者的百依百顺,没有独立的是非好恶之心了。这种人就成了孔子最痛恨的"乡原";"原"是谨愿,乡愿是一乡都称为谨愿好人的人。《论语》说:

> 子曰:"乡原,德之贼也。"

《孟子》末篇对这个意思有很详细的说明:

> 孟子曰:"……孔子曰:'过我门而不入我室,我不憾焉者,其惟乡原乎?乡原,德之贼也。'"
> 万章曰:"何如斯可谓之乡原矣?"
> 曰:"何以是嘐嘐也!言不顾行,行不顾言,则曰,'古之人!古之人!行何为踽踽凉凉?生斯世也,为斯世也,善斯可矣'。

阉然媚于世也者,是乡原也。"

万章曰:"一乡皆称原人焉,无所往而不为原人,孔子以为德之贼,何哉?"

曰:"非之,无举也;刺之,无刺也。同乎流俗,合乎污世。居之似忠信,行之似廉洁。众皆悦之,自以为是,而不可与入尧舜之道。故曰德之贼也。孔子曰:'恶似而非者。恶莠,恐其乱苗也。恶佞,恐其乱义也。恶利口,恐其乱信也。恶郑声,恐其乱乐也。恶紫,恐其乱朱也。恶乡原,恐其乱德也。'"

这样的人的大病在于只能柔而不能刚;只能"同乎流俗,合乎污世","阉然媚于世",而不能有踽踽凉凉的特立独行。

孔子从柔道的儒风里出来,要人"柔而能刚","恭而有礼"。他说:

众好之,必察焉。众恶之,必察焉。

乡原决不会有"众恶之"的情况的。凡"众好之"的人,大概是"同乎流俗,合乎污世"的人。《论语》另有一条说此意最好:

子贡问曰:"乡人皆好之,何如?"

子曰,"未可也"。

"乡人皆恶之,何如?"

子曰,"未可也。不如乡人之善者好之,其不善者恶之"。

这就是《论语》说的"君子和而不同";也就是《中庸》说的"君子和而不流,中立而不倚"。这才是孔子要提倡的那种弘毅的新儒行。

《礼记》里有《儒行》一篇,记孔子答鲁哀公问《儒行》的话,其著作年代已不可考,但其中说儒服是鲁宋的乡服,可知作者去古尚未远,大概是战国早期的儒家著作的一种。此篇列举《儒行》十六节,其中有一节云:

儒有衣冠中,动作慎;其大让如慢,小让如伪;大则如威(畏),小则如愧;其难进而易退也,粥粥若无能也。

这还是儒柔的本色。又一节云:

儒有博学而不穷,笃行而不倦,……礼之以和为贵,……举贤而容众,毁方而瓦合,其宽裕有如此者。

这也还近于儒柔之义。但此外十几节,如云,

> 爱其死以有待也,养其身以有为也。
>
> 非时不见,非义不合。
>
> 见利不亏其义,见死不更其守。其特立有如此者。
>
> 儒有可亲而不可劫也,可近而不可迫也,可杀而不可辱也。其过失可微辨而不可面数也。其刚毅有如此者。
>
> 身可危也,而志不可夺也。虽危,起居竟信(伸)其志,犹将不忘百姓之病也。其忧思有如此者。
>
> 患难相死也,久相待也,远相致也。
>
> 儒有澡身而浴德,陈言而伏。……世治不轻,世乱不沮。同弗与,异弗非也。其特立独行有如此者。
>
> 儒有上不臣天子,下不事诸侯,慎静而尚宽,强毅以与人,……砥厉廉隅。虽分国,如锱铢。……其规为有如此者。

这就都是超过那柔顺的儒风,建立那刚毅威严,特立独行的新儒行了。

以上述孔子改造的新儒行:他把那有部落性的殷儒扩大到那"仁以为己任"的新儒;他把那亡国遗民的柔顺取容的殷儒抬高到那弘毅进取的新儒。这真是"振衰而起懦"的大事业。

6

我们现在可以谈谈"儒"与"道"的历史关系了。同时也可以谈谈孔子与老子的历史关系了。

"道家"一个名词不见于先秦古书中,在《史记》的《陈平世家》,《魏其武安侯列传》,[①]《太史公自序》里,我们第一次见着"道家"一个名词。司马谈父子所谓"道家",乃是一个"因阴阳之大顺,采儒墨之善,撮名法之要"的混合学派。因为是个混合折衷的学派,他的起源当然最晚,约在战国的最后期与秦汉之间。这是毫无可疑的历史事实。(我别有论"道家"的专文。)

最可注意的是秦以前论学术派别的,没有一个人提到那个与儒

---

① 编者注:"商务本"原作《封禅书》,现据"远流本"改。

墨对立的"道家"。孟子在战国后期论当时的学派，只说"逃墨必归于杨，逃杨必归于儒"。韩非死在秦始皇时，他也只说"世之显学，儒墨也"。

那么，儒、墨两家之外，那极端倾向个人主义的杨朱可以算是自成一派，其余的许多思想家，——老子，庄周，慎到，田骈，驺衍等，——都如何分类呢？

依我的看法，这些思想家都应该归在儒、墨两大系之下。

宋轻、尹文、惠施、公孙龙一些人都应该归于"墨者"一个大系之下。宋轻(宋钘)、尹文主张"见侮不辱，救民之斗；禁攻寝兵，救世之战"，他们正是墨教的信徒，这是显而易见的。惠施主张"泛爱万物"，又主张齐、梁两国相推为王，以维持中原的和平；公孙龙到处劝各国"偃兵"，这也是墨教的遗风。至于他们的名学和墨家的名学也有明显的渊源关系，那更是容易看出的。

其余的许多思想家，无论是齐鲁儒生，或是燕齐方士，在先秦时代总称为"儒"，都属于"儒者"的一大系。所以齐宣王招致稷下先生无数，而《盐铁论》泛称为"诸儒"；所以秦始皇坑杀术士，而世人说他"坑儒"。《庄子·说剑》篇(伪书)也有庄子儒服而见赵王的传说。

老子也是儒。儒的本义为柔，而《老子》书中的教义正是一种"宽柔以教，不报无道"的柔道。"弱之胜强，柔之胜刚，天下莫不知，莫能行"，"上善若水，水利万物而不争"，"夫唯不争，故天下莫与之争"，"报怨以德"，"强梁者不得其死"，"曲则全，枉则直，洼则盈"。……这都是最极端的"犯而不校"的人生观。如果"儒，柔也"的古训是有历史意义的，那么，老子的教义正代表儒的古义。

我们试回想到前八世纪的正考父的鼎铭，回想到《周易》里"谦"、"损"、"坎"、"巽"等等教人柔逊的卦爻词，回想到曾子说的"昔者吾友尝从事"的"犯而不校"，回想到《论语》里讨论的"以德报怨"的问题，——我们不能不承认这种柔逊谦卑的人生观正是古来的正宗儒行。孔子早年也从这个正宗儒学里淘炼出来，所以曾子说：

> 以能问于不能，以多问于寡；有若无，实若虚；犯而不校：昔者吾友尝从事于斯矣。

后来孔子渐渐超过了这个正统遗风,建立了那刚毅弘大的新儒行,就自成一种新气象。《论语》说:

> 或曰:"以德报怨,何如?"
>
> 子曰:"何以报德?——以直报怨;以德报德。"

这里"或人"提出的论点,也许就是老子的"报怨以德",也许只是那个柔道遗风里的一句古训。这种柔道,比"不报无道"更进一层,自有大过人处,自有最能感人的魔力,因为这种人生观的基础是一种大过人的宗教信心,——深信一个"无为而无不为"、"不争而善胜"的天道。但孔子已跳过了这种"过情"的境界,知道这种违反人情的极端教义是不足为训的,所以他极力回到那平实中庸的新教义:"以直报怨,以德报德。"

这种讨论可以证明孔子之时确有那种过情的柔道人生观。信《老子》之书者,可以认为当时已有《老子》之书或老子之教的证据。即有尚怀疑《老子》之书者,他们若平心想想,也决不能否认当时实有"犯而不校"的柔道,又实有"以德报怨"的更透进一层的柔道。如果连这种重要证据都要抹煞,硬说今本《老子》里的柔道哲学乃是战国末年世故已深时宋钘、尹文的思想的余波,那种人的固执是可以惊异的,他们的理解是不足取法的。

还有那个孔子问礼于老聃的传说,向来怀疑的人都学韩愈的看法,说这是老子一派的人要自尊其学,所以捏造"孔子,吾师之弟子也"的传说(姚际恒《礼记通论》论《曾子问》一篇,说,"此为老庄之徒所作无疑")。现在依我们的新看法,这个古传说正可以证明老子是个"老儒",是一个殷商老派的儒。

关于孔子见老子的传说,约有几组材料的来源:

(1)《礼记》的《曾子问》篇,孔子述老聃论丧礼四事。

(2)《史记·孔子世家》记南宫敬叔与孔子适周问礼,"盖见老子云"一段。

(3)《史记·老庄申韩列传》,"孔子适周,将问礼于老子,老子曰……"一段。

(4)《庄子》中所记各段。

我们若依这个次序比较这四组的材料,可以看见一个最可玩味的现象,就是老子的人格的骤变,从一个最拘谨的丧礼大师,变到一个最恣肆无礼的出世仙人。最可注意的是《史记》两记此事,在《孔子世家》里老子还是一个很谦恭的柔道学者,而在《老子列传》里他就变做一个盛气拒人的狂士了。这个现象,其实不难说明。老子的人格变化只代表各时期的人对于老子的看法不同。作《曾子问》的人绝对不曾梦见几百年后的人会把老聃变成一个谩骂无礼的狂士,所以他只简单的记了老聃对于丧礼的几条意见。这个看法当然是最早的;因为,如果《曾子问》真是后世"老庄之徒所作",请问,这班"老庄之徒"为什么要把老子写成这样一个拘谨的丧礼专门大师呢?若如姚际恒所说,《曾子问》全书是"老庄之徒所作无疑",那么,这班"老庄之徒"捏造了这五十条丧礼节目的讨论,插入了四条老聃的意见,结果反把老聃变成了一个儒家丧礼的大师,这岂不是"赔了夫人又折兵"的大笨事吗?——这类的说法既说不通了,我们只能承认那作《曾子问》的人生在一个较早的时期,只知道老子是一位丧礼大师,所以他老老实实的传述了孔子称引老聃的丧礼意见。这是老、孔没有分家的时代的老子。

司马迁的《孔子世家》是《史记》里最谨慎的一篇,所以这一篇记孔子和老子的关系也还和那最早的传说相去不远:

〔孔子〕适周问礼,盖见老子云。辞去,而老子送之曰:"吾闻富贵者送人以财,仁人者送人以言。吾不能富贵,窃仁人之号,送子以言曰:'聪明深察而近于死者,好议人者也。博辩广大危其身者,发人之恶者也。为人子者,毋以有己。为人臣者,毋以有己。'"

这时代的人已不信老子是个古礼专家了,所以司马迁说"适周问礼,盖见老子云",这已是很怀疑的口气了。但他在这一篇只采用了这一段临别赠言,这一段话还把老子看作一个柔道老儒,还不是更晚的传说中的老子。

到了《老庄列传》里,就大不同了!

孔子适周,将问礼于老子。老子曰:"子所言者,其人与骨皆已朽矣。独其言在耳。……"

这就是说，孔子"将"要问礼，就碰了一个大钉子，开不得口。这就近于后世传说中的老子了。

至于《庄子》、《列子》书中所记孔子见老子的话，离最古的传说更远，其捏造的时代更晚，更不用说了。如果老子真是那样一个倨傲谩骂的人，而孔子却要借车借马远道去"问礼"，他去碰钉子挨骂，岂非活该！

总之，我们分析孔子问礼于老子的传说，剥除了后起的粉饰，可以看出几个要点：

（1）古传说认老子为一个知礼的大师。这是问礼故事的中心，不可忽视。

（2）古传说记载老子是一位丧礼的专家。《曾子问》记孔子述他的礼论四条，其第二条最可注意：

> 孔子曰：昔者吾从老聃助葬于巷党，及堩，日有食之，老聃曰："丘止柩就道右，止哭以听变，既明反而后行。"曰，"礼也"。反葬而丘问之曰："夫柩不可以反者也。日有食之，不知其已之迟数，则岂如行哉？"老聃曰："诸侯朝天子，见日而行，逮日而舍奠。大夫使，见日而行，逮日而舍。夫柩不蚤出，不莫宿。见星而行者，唯罪人与奔父母之丧者乎？日有食之，安知其不见星也？且君子行礼，不以人之亲痁患。"吾闻诸老聃云。

这种议论，有何必要而须造出一个老师的权威来作证？岂非因为老聃本是一位丧礼的权威，所以有引他的必要吗？

（3）古传说里，老子是周室的一个"史"：《老子列传》说他是"周守藏室之史"，《张汤列传》说他是"柱下史"。史是宗教的官，也需要知礼的人。

（4）古传说又说他在周，成周本是殷商旧地，遗民所居。（古传说又说他师事商容，——一作常枞，汪中说为一人——可见古说总把他和殷商文化连在一块，不但那柔道的人生观一项而已。）

这样看来，我们更可以明白老子是那正宗老儒的一个重要代表了。

聪明的汪中（《述学》补遗，《老子考异》）也承认《曾子问》里的

老聃是"孔子之所从学者,可信也"。但他终不能解决下面的疑惑:

> 夫助葬而遇日食,然且以见星为嫌,止柩以听变,其谨于礼也如是。至其书则曰:"礼者,忠信之薄而乱之首也。"下殇之葬,称引周、召、史佚,其尊信前哲也如是(此一条也见《曾子问》)。而其书则曰:"圣人不死,大盗不止。"彼此乖违甚矣。故郑注谓"古寿考者之称",黄东发《日钞》亦疑之,而皆无以辅其说。(汪中列举三疑,其他二事不关重要,今不论。)

博学的汪中误记了《庄子》伪书里的一句"圣人不死,大盗不止",硬说是《老子》里的赃物!我们不能不替老子喊一声冤枉。《老子》书里处处抬高"圣人"作个理想境界,全书具在,可以覆勘。所以汪中举出的两项"乖违",其一项已不能成立了。其他一项,"礼者,忠信之薄,而乱之首",正是深知礼制的人的自然的反动,本来也没有可疑之处。博学的汪中不记得《论语》里的同样主张吗?孔子也说过:

> 人而不仁,如礼何?人而不仁,如乐何?

又说过:

> 礼云,礼云,玉帛云乎哉?乐云,乐云,钟鼓云乎哉?

《论语》又有两条讨论"礼之本"的话:

> 林放问礼之本。子曰:"大哉问!礼,与其奢也,宁俭。丧,与其易也,宁戚。"(说详上文第三章)

> 子夏问曰:"'巧笑倩兮,美目盼兮,素以为绚兮',何谓也?"子曰:"绘事后素。"曰:"礼后乎?"子曰:"启予者商也,始可与言诗已矣。"

《檀弓》述子路引孔子的话,也说:

> 丧礼,与其哀不足而礼有余也,不若礼不足而哀有余也。祭礼,与其敬不足而礼有余也,不若礼不足而敬有余也。

这样的话,都明明的说还有比"礼"更为根本的在,明明的说礼是次要的("礼后"),正可以解释老子"礼者忠信之薄而乱之首"的一句话。老子、孔子都是深知礼意的大师,所以他们能看透过去,知道"礼之本"不在那礼文上。孔子看见季氏舞八佾,又旅于泰山,也跳起来,叹口气说:"呜呼!曾谓泰山不如林放乎!"后世的权臣,搭起禅让台来,欺人寡妇孤儿,抢人的天下,行礼已毕,点头赞叹道:"舜禹之事,吾知之矣!"其实那深知礼意的老聃、孔丘早已看透了!《檀弓》里还记一位鲁人周丰对鲁哀公说的话:

> 殷人作誓而民始畔,周人作会而民始疑。苟无礼义忠信诚悫之心以莅之,虽固结之,民其不解乎?

这又是老子的话的注脚了。

总之,依我们的新看法,老子出在那个前六世纪,毫不觉得奇怪。他不过是代表那六百年来以柔道取容于世的一个正统老儒;他的职业正是殷儒相礼助葬的职业,他的教义也正是《论语》里说的"犯而不校"、"以德报怨"的柔道人生观。古传说里记载着孔子曾问礼于老子,这个传说在我们看来,丝毫没有可怪可疑之点。儒家的书记载孔子"从老聃助葬于巷党",这正是最重要的历史证据,和我们上文说的儒的历史丝毫没有矛盾冲突。孔子和老子本是一家,本无可疑。后来孔、老的分家,也丝毫不足奇怪。老子代表儒的正统,而孔子早已超过了那正统的儒。老子仍旧代表那随顺取容的亡国遗民的心理,孔子早已怀抱着"天下宗予"的东周建国的大雄心了。老子的人生哲学乃是千百年的世故的结晶,其中含有绝大的宗教信心——"常有司杀者杀","天网恢恢,疏而不失"——所以不是平常一般有血肉骨干的人所能完全接受的。孔子也从这种教义里出来。他的性情人格不容许他走这条极端的路,所以他渐渐回到他所谓"中庸"的路上去,要从刚毅进取的方面造成一种能负荷全人类担子的人格。这个根本上有了不同,其他教义自然都跟着大歧异了。

那个消极的柔儒要"损之又损,以至于无";而这个积极的新儒要"学如不及,犹恐失之","学而不厌,诲人不倦"。那个消极的儒对那新兴的文化存着绝大的怀疑,要人寡欲绝学,回到那"无知无欲"的初民状态;而这个积极的儒却讴歌那"郁郁乎文哉"的周文化,大胆的宣言:"吾从周!"那个消极的儒要人和光同尘,泯灭是非与善恶的执着;而这个刚毅的新儒却要人"无求生以害仁,有杀身以成仁",要养成一种"笃信好学,守死善道","造次必于是,颠沛必于是"的人格。

在这个新儒的运动卓然成立之后,那个旧派的儒就如同满天的星斗在太阳的光焰里,存在是存在的,只是不大瞧得见了。可是,我们已说过,那柔道的儒,尤其是老子所代表的柔道,自有他的大过人处,自有他的绝坚强的宗教信心,自有他的深于世故的人生哲学和政治态度。这些成分,初期的孔门运动并不曾完全抹煞:如孔子也能欣赏那"宽柔以教,不报无道"的柔道,也能尽量吸收那倾向自然主义的天道观念,也能容纳那无为的政治理想。所以孔、老尽管分家,而在外人看来,——例如从墨家看来——他们都还是一个运动,一个宗派。试看墨家攻击儒家的四大罪状:

> 儒之道足以丧天下者四政焉:儒以天为不明,以鬼为不神,天鬼不说,此足以丧天下。又厚葬久丧,……此足以丧天下。又弦歌鼓舞,习为声乐,此足以丧天下。又以命为有,贫富,寿夭,治乱,安危有极矣,不可损益也。为上者行之,必不听治矣;为下者行之,必不从事矣。此足以丧天下。(《墨子·公孟》篇)

我们试想想,这里的第一项和第四项是不是把孔、老都包括在里面?所谓"以天为不明,以鬼为不神",现存的孔门史料都没有这种极端言论,而《老子》书中却有"天地不仁","其鬼不神"的话。儒家(包括孔、老)承认天地万物都有一定的轨迹,如老子说的自然无为,如孔子说的"天何言哉?四时行焉,百物生焉",这自然是社会上的常识积累进步的结果。相信一个"无为而无不为"的天道,即是相信一个"莫之为而为"的天命:这是进一步的宗教信心。所以老子、孔子都是一个知识进步的时代的宗教家。但这个进步的天道观念是比较的太抽象了,不是一般民众都能了解的,也不免时时和民间祈神事鬼的旧宗教习惯相冲突。既然相信一个"独立而不改,周行而不殆"的天道,当然不能相信祭祀事神可以改变事物的趋势了。孔子说:

> 获罪于天,无所祷也。

又说:

> 敬鬼神而远之。

老子说:

> 以道莅天下,其鬼不神。

《论语》又记一事最有意味:

> 子疾病,子路请祷。子曰:"有诸?"子路对曰:"有之。诔曰:'祷尔于上下神祇。'"子曰:"丘之祷久矣。"

子路尚且不能了解这个不祷的态度,何况那寻常民众呢?在这些方面,对于一般民间宗教,孔、老是站在一条战线上的。

我们在这里,还可以进一步指出老子、孔子代表的儒,以及后来分家以后的儒家与道家,所以都不能深入民间,都只能成为长袍阶级的哲学,而不能成为影响多数民众的宗教,其原因也正在这里。

汪中曾怀疑老子若真是《曾子问》里那个丧礼大师,何以能有"礼者忠信之薄而乱之首"的议论。他不曾细细想想,儒家讲丧礼和祭礼的许多圣贤,可曾有一个人是深信鬼神而讲求祭葬礼文的?我们研究各种礼经礼记,以及《论语》、《檀弓》等书,不能不感觉到一种最奇怪的现状:这些圣人贤人斤斤的讨论礼文的得失,无论是拜上或拜下,无论是麻冕或纯冕,无论是经裘而吊或袭裘而吊,甚至于无论是三年之丧或一年之丧,他们都只注意到礼文应该如何如何,或礼意应该如何如何,却全不谈到那死了的人或受吊祭的鬼神!他们看见别人行错了礼,只指着那人嘲笑道:

> 夫夫也!为习于礼者!

他们要说某项节文应该如何做,也只说:

> 礼也。

就是那位最伟大的领袖孔子也只能有一种自己催眠自己的祭祀哲学:

> 祭如在;祭神如神在。

这个"如"的宗教心理学,在孔门的书里发挥的很详尽。《中庸》说:

> 斋明盛服以承祭祀,洋洋乎如在其上,如在其左右。

《祭义》说的更详细:

> 斋之日,思其居处,思其笑语,思其志意,思其所乐,思其所嗜。斋三日,乃见其所为斋者。祭之日,入室,僾然必有见乎其位;周还出户,肃然必有闻乎其容声;出户而听,忾然必有闻乎其

叹息之声。

这是用一种精神作用极力催眠自己,要自己感觉得那受祭的人"如在"那儿。这种心理状态不是人人都训练得到的,更不是那些替人家治丧相礼的职业的儒所能做到的。所以我们读《檀弓》所记,以及整部《仪礼》、《礼记》所记,都感觉一种不真实的空气,《檀弓》里的圣门弟子也都好像《士丧礼》里的夏祝、商祝,都只在那里唱戏做戏,台步一步都不错,板眼一丝都不乱,——虽然可以博得"吊者大悦",然而这里面往往没有一点真的宗教感情。就是那位气度最可爱的孔子,也不过能比一般职业的相礼祝人忠厚一等而已:

> 子食于有丧者之侧,未尝饱也。
> 丧事不敢不勉,不为酒困。
> 子于是日哭,则不歌。

这种意境都只是体恤生人的情绪,而不是平常人心目中的宗教态度。

所以我们读孔门的礼书,总觉得这一班知礼的圣贤很像基督教《福音书》里耶稣所攻击的犹太"文士"(Scribes)和"法利赛人"(Pharisees)。("文士"与"法利赛人"都是历史上的派别名称,本来没有贬意。因为耶稣攻击过这些人,欧洲文字里就留下了不能磨灭的成见,这两个名词就永远带着一种贬意。我用这些名词,只用他们原来的历史意义,不含贬议。)①犹太的"文士"和"法利赛人"都是精通古礼的,都是"习于礼"的大师,都是犹太人的"儒"。耶稣所以不满意于他们,只是因为他们熟于典礼条文,而没有真挚的宗教情感。中国古代的儒,在知识方面已超过了那民众的宗教,而在职业方面又不能不为民众做治丧助葬的事,所以他们对于丧葬之礼实在不能有多大的宗教情绪。老子已明白承认"礼者忠信之薄而乱之首"了,然而他还是一个丧礼大师,还不能不做相丧助葬的职业。孔子也能看透"丧与其易也宁戚"了,然而他也还是一个丧礼大师,也还是"丧事不敢不勉"。他的弟子如"堂堂乎"的子张也已宣言"祭思敬,丧思

---

① 编者按:"远流本"此处补有"天主教新译的'福音'皆译作'经师'和'法利塞人'。'经师'之名远胜于'文士'。适之。"

哀,其可已矣"了,然而他也不能不替贵族人家做相丧助葬的事。苦哉！苦哉！这种智识与职业的冲突,这种理智生活与传统习俗的矛盾,就使这一班圣贤显露出一种很像不忠实的俳优意味。

我说这番议论,不是责备老、孔诸人,只是要指出一件最重要的历史事实。"五百年必有圣者兴",民间期望久了,谁料那应运而生的圣者却不是民众的真正领袖：他的使命是民众的"弥赛亚",而他的理智的发达却接近那些"文士"与"法利赛人"。他对他的弟子说：

> 未能事人,焉能事鬼？
>
> 未知生,焉知死？

他的民族遗传下来的职业使他不能不替人家治丧相礼,正如老子不能不替人家治丧相礼一样。但他的理智生活使他不能不维持一种严格的存疑态度：

> 知之为知之,不知为不知,是知也。

这种基本的理智的态度就决定了这一个儒家运动的历史的使命了。这个五百年应运而兴的中国"弥赛亚"的使命是要做中国的"文士"阶级的领导者,而不能直接做那多数民众的宗教领袖。他的宗教只是"文士"的宗教,正如他的老师老聃的宗教也只是"文士"的宗教一样。他不是一般民众所能了解的宗教家。他说：

> 君子不忧不惧。内省不疚,夫何忧何惧！

他虽然在那"吾从周"的口号之下,不知不觉的把他的祖先的三年丧服和许多宗教仪节带过来,变成那殷周共同文化的一部分了,然而那不过是殷周民族文化结婚的一份赔嫁妆奁而已。他的重大贡献并不在此,他的心也不在此,他的历史使命也不在此。他们替这些礼文的辩护只是社会的与实用的,而不是宗教的："慎终追远,民德归厚矣。"所以他和他的门徒虽然做了那些丧祭典礼的传人,他们始终不能做民间的宗教领袖。

民众还得等候几十年,方才有个伟大的宗教领袖出现。那就是墨子。

墨子最不满意的就是那些儒者终生治丧相礼,而没有一点真挚的尊天信鬼的宗教态度。上文所引墨者攻击儒者的四大罪状,最可

以表现儒墨的根本不同。《墨子·公孟》篇说:

> 公孟子曰:"无鬼神。"又曰:"君子必学祭祀。"

这个人正是儒家的绝好代表:他一面维持他的严格的理智态度,一面还不能抛弃那传统的祭祀职业。这是墨子的宗教热诚所最不能容忍的。所以他驳他说:

> 执无鬼而学祭礼,是犹无客而学客礼也,是犹无鱼而为鱼罟也。

懂得这种思想和"祭如在"的态度的根本不同,就可以明白墨家所以兴起和所以和儒家不相容的历史的背景了。

二十三,三,十五开始写此文
二十三,五,十九夜写成初稿
(原载 1934 年《国立中央研究院历史语言
研究所集刊》第四本第三分)

附录一　周东封与殷遗民

傅斯年

　　此我所著《古代中国与民族》一书中之一章也。是书经始于五年以前,至民国二十年夏,写成者将三分之二矣。日本侵辽东,心乱如焚,中辍者数月。以后公私事纷至,继以大病,至今三年,未能杀青,惭何如之!此章大约写于十九年冬,或二十年春,与其他数章于二十年十二月持以求正于胡适之先生。适之先生谬为称许,嘱以送刊于北大《国学季刊》。余以此文所论多待充实,逡巡未果。今春适之先生已于同一道路上作成丰伟之论文,此文更若爝火之宜息矣。而适之先生勉以同时刊行,俾读者有所参考。今从其命,并志同声之欣悦焉。

二十三年六月

　　商朝以一个六百年的朝代,数千里的大国,在其亡国前不久帝乙时,犹是一个强有兵力的组织,而初亡之后,王子禄父等依然能一次一次的反抗周人,何以到周朝天下事大定后,封建者除区区二三百里之宋,四围以诸姬环之,以外,竟不闻商朝遗民尚保存何部落,何以亡得那么干净呢?那些殷商遗民,除以"顽"而迁洛邑者外,运命是怎么样呢?据《逸周书·世俘》篇,"武王遂征四方,凡憝国九十有九国,馘磨亿有十万七千七百七十有九,俘人三亿万有二百三十,凡服国六百五十有二"。果然照这样子"憝"下去,再加以周公、成王之"善继人之志,善述人之事",真可以把殷遗民"憝"完。不过那时候的农业还不曾到铁器深耕的时代,所以绝对没有这么许多人可"憝",可以"馘磨",所以这话竟无辩探的价值,只是战国人的一种幻想而已。且佶屈聱牙的《周诰》上明明记载周人对殷遗是用一种相当的怀柔政策,而近发见之《白懋父敦盖》(中央研究院历史语言研究所藏器)记"王命伯懋父以殷八自征东夷。"然则周初东征的部队中当不少有范文虎、留梦炎、洪承畴、吴三桂一流的汉奸。周人以这样一个"臣妾之"之政策,固速成其王业,而殷民藉此亦可延其不尊荣之生存。《左传》定四年记周以殷遗民作东封,其说如下:

  昔武王克商,成王定之,选建明德,以藩屏周。故周公相王室,以尹天下,于周为睦。分鲁公以大路大旂,夏后氏之璜,封父之繁弱,殷民六族:条氏,徐氏,萧氏,索氏,长勺氏,尾勺氏,使帅其宗氏,辑其分族,将其类丑,以法则周公,用即命于周。是使之职事于鲁,以昭周公之明德。分之土田陪敦,祝宗卜史,备物典策,官司彝器。因商奄之民,命以伯禽,而封于少皞之虚。分康叔以大路,少帛,綪茷,旃旌,大吕,殷民七族:陶氏,施氏,繁氏,锜氏,樊氏,饥氏,终葵氏。封畛土略,自武父以南,及圃田之北竟,取于有阎之土,以共王职,取于相土之东都,以会王之东蒐。聃季授土,陶叔授民。命以《康诰》,而封于殷虚。皆启以商政,疆以周索。分唐叔以大路,密须之鼓,阙巩,沽洗,怀姓九宗,职官五正。命以《唐诰》,而封于夏虚。启以夏政,疆以戎索。

可见鲁卫之国为殷遗民之国,晋为夏遗民之国,这里说得清清楚楚。所谓"启以商政疆以周索"者,尤显然是一种殖民地政策,虽取其统治权,而仍其旧来礼俗,故曰"启以商政疆以周索"。这话的绝对信实更有其他确证。现分述鲁、卫、齐三国之情形如下。

  鲁 《春秋》及《左传》有所谓"亳社"者,是一件很重要的事。

"亳社"屡见于《春秋经》。以那样一个简略的二百四十年间之"断烂朝报",所记皆是戎祀会盟之大事,而"亳社"独占一位置,则"亳社"在鲁之重要可知。且《春秋》记"亳社(《公羊》作蒲社)灾"在哀四年,去殷商之亡已六百余年,已与现在去南宋之亡差不多。(共和前无确切之纪年,姑据《通鉴外纪》,自武王元年至哀四年为六百三十一年。宋亡于祥兴二年〔1279〕,去中华民国二十年〔1931〕凡六百五十二年。相差甚微。)"亳社"在殷亡国后六百余年犹有作用,是甚可注意之事实。且《左传》所记"亳社"中有两事尤关重要。哀七,"以邾子益来献于亳社",杜云,"以其亡国与殷同"。此真谬说。邾于殷为东夷,此等献俘,当与宋襄公"用鄫子于次睢之社,欲以属东夷"一样,周人诒殷鬼而已。又定六年,"阳虎又盟公及三桓于周社,盟国人于亳社"。这真清清楚楚指示我们:鲁之统治者是周人,而鲁之国民是殷人。殷亡六七百年后之情形尚如此,则西周时周人在鲁不过仅是少数的统治者,犹钦察汗金骑之于俄罗斯诸部,当更无疑问。

说到这里,有一件很重要的事当附带着说。孔子所代表之儒家,其地理的及人众的位置在何处,可以借此推求。以儒家在中国文化进展上的重要,而早年儒教的史料仅仅《论语》、《檀弓》、《孟子》、《荀子》几篇,使我们对于这个宗派的来源不明了,颇是一件可惜的事。孙星衍重修之《孔子集语》,材料虽多,几乎皆不可用。《论语》与《檀弓》在语言上有一件特征,即"吾"、"我"、"尔"、"汝"之分别颇显,此为胡适之先生之重要发现。(《庄子·齐物》等篇亦然。)《檀弓》与《论语》既为一系,且看《檀弓》中孔子自居殷人之说于《论语》有证否。

> (《檀弓》)孔子蚤作,负手曳杖,消摇于门,歌曰,"泰山其颓乎?梁木其坏乎?哲人其萎乎?"既歌而入,当户而坐。子贡闻之,曰:"泰山其颓,则吾将安仰?梁木其坏,哲人其萎,则吾将安放?夫子殆将病也。"遂趋而入。夫子曰:"赐,尔来何迟也?夏后氏殡于东阶之上,则犹在阼也。殷人殡于两楹之间,则与宾主夹之也。周人殡于西阶之上,则犹宾之也。而丘也,殷人也。予畴昔之夜,梦坐奠于两楹之间。夫明王不兴,而天下其孰能宗

予？予殆将死也！"盖寝疾七日而殁。

这话在《论语》上虽不曾重见（《檀弓》中有几段与《论语》同的），然《论语》、《檀弓》两书所记孔子对于殷周两代之一视同仁态度是全然一样的。

（《论语》）行夏之时，乘殷之辂，服周之冕，乐则韶舞。

殷因于夏礼，所损益可知也；周因于殷礼，所损益可知也；其或继周者，虽百世可知也。

周监于二代，郁郁乎文哉！吾从周。

夏礼，吾能言之，杞不足征也。殷礼，吾能言之，宋不足征也。文献不足故也。足，则吾能征之矣。

（《檀弓》）殷既封而吊，周反哭而吊。孔子曰："殷已悫，吾从周。"

殷练而祔，周卒哭而祔。孔子善殷。（此外《檀弓》篇中记三代异制而折衷之说甚多，不备录。）

这些话都看出孔子对于殷周一视同仁，殷为胜国，周为王朝，却毫无宗周之意。所谓从周，正以其"后王灿然"之故，不曾有他意。再看孔子是否有矢忠于周室之心。

（《论语》）公山弗扰以费畔，召，子欲往。子路不说，曰，"末之也已，何必公山氏之之也？"子曰："夫召我者，而岂徒哉？如有用我者，吾其为东周乎？"（《阳货》章。又同章，佛肸召，子欲往。）

子畏于匡，曰，"文王既没，文不在兹乎？天之将丧斯文也，后死者不得与于斯文也。天之未丧斯文也，匡人其如予何？"

这话直然要继衰周而造四代。虽许多事要以周为师，却绝不以周为宗。公羊家义所谓"故宋"者，证以《论语》，当是儒家之本原主义。然则孔子之请讨弑君，只是欲维持当时的社会秩序，孔子之称管仲，只是称他曾经救了文明，免其沉沦，所有"丕显文武"一类精神的话语不曾说过一句，而明说"其或继周者"（曾国藩一辈人传檄讨太平天国，只是护持儒教与传统之文明，无一句护持满洲，颇与此类）。又孔子但是自比于老彭，老彭是殷人，又称师挚，亦殷人，称高宗不冠以殷商字样,直曰"书曰":称殷三仁,尤有余音绕梁之趣,颇可使人疑其有"故国旧墟"、"王孙芳草"之感。此皆出于最可信的关于孔子之史料,而这些史料统计起来是这样,则孔子儒家与殷商有一种密切之关系可以晓然。

尤有可以证成此说者,即三年之丧之制。如谓此制为周之通制,则《左传》、《国语》所记周人之制毫无此痕迹。孟子鼓动滕文公行三年之丧,而滕国卿大夫说:"吾先君莫之行,吾宗国鲁先君亦莫之行也。"这话清清楚楚证明三年之丧非周礼。然而《论语》上记孔子曰:"夫三年之丧,天下之通丧也。"这话怎讲?孔子之天下,大约即是齐、鲁、宋、卫,不能甚大,可以"登泰山而小天下"为证。然若如"改制托古"者之论,此话非删之便须讳之,实在不是办法。惟一可以解释此困难者,即三年之丧,在东国,在民间,有相当之通行性,盖殷之遗礼,而非周之制度。当时的"君子(即统治者),三年不为礼,礼必坏;三年不为乐,乐必崩";而士及其相近之阶级则渊源有自,齐以殷政者也。试看关于大孝,三年之丧,及丧后三年不做事之代表人物,如太甲,高宗,孝己,皆是殷人。而"君薨,百官总己以听于冢宰者三年",全不见于周人之记载。说到这里,有《论语》一章,向来不得其解者,似可以解之:

> 子曰:"先进于礼乐,野人也;后进于礼乐,君子也。如用之,则吾从先进。"

此语作何解?汉、宋诂经家说皆迂曲不可通。今释此语,须先辩其中名词含义若何。"野人"者,今俗用之以表不开化之人。此为甚后起之义。《诗》"我行其野,芃芃其麦",明野为农田。又与《论语》同时书之《左传》记僖二十三年"晋公子重耳……出于五鹿,乞食于野人。野人与之块"。然则野人即是农夫,孟子所谓"齐东野人"者亦当是指农夫。彼时齐东开辟已甚,已无荒野。且孟子归之于齐东野人之尧与瞽叟北面朝舜,舜有惭色之一件文雅传说,亦只能是田亩间的故事,不能是深山大泽中的神话。孟子说到"与木石居,与鹿豕游",便须加深山于野人之上方足以尽之。(《孟子·尽心》章"其所以异于深山之野人者几希"。)可见彼时所谓野人,非如后人用之以对"斯文"而言。《论语》中君子有二义：一谓卿大夫阶级，即统治阶级；二谓合于此阶级之礼度者。此处所谓君子者，自当是本义。先进后进自是先到后到之义。礼乐自是泛指文化，不专就玉帛钟鼓而言。名词既定，试翻做现在的话如下：

> 那些先到了开化的程度的，是乡下人；那些后到了开化程度的，是"上等人"。如问我何所取，则我是站在先开化的乡下人一边的。

先开化的乡下人自然是殷遗，后开化的上等人自然是周宗姓婚姻了。

宋　卫　宋为商之转声，卫之名卫由于豕韦。宋为商之宗邑，韦自汤以来为商属。宋之立国始于微子，固是商之子遗。卫以帝乙、帝辛之王都，康叔以殷民七族而立国。此两处人民之为殷遗，本不待论。

齐　齐民之为殷遗有二证。一，《书序》，"成王既践奄，将迁其君于蒲姑。周公告召公，作《将蒲姑》。"《左传》昭九，"王使詹桓伯辞于晋曰，'薄姑、商奄，吾东土也'"。又昭二十，晏子对景公曰："昔爽鸠氏始居此地，季荝因之，有逢伯陵因之，蒲姑氏因之，而后太公因之。"《汉书·地理志》云："齐地殷末有薄姑氏，至周成王时，薄姑与四国共作乱，成王灭之，以封师尚父。"二，请再以齐宗教为证。王静安曰："曰'贞方帝卯一牛之南□'，曰'贞⺄叀于东'，曰'己巳卜王叀于东'，曰'叀于西'，曰'贞叀于西'，曰'癸酉卜中贞三牛'。曰'方帝'，曰'东'曰'西'，曰'中'，疑即五方帝之祀矣。"（增订《殷墟书契考释》下六十叶。）然则荀子所谓"按往旧造说谓之五行"者，其所由来久远，虽是战国人之推衍，并非战国人之创作，此一端也。周人逐纣将飞廉于海隅而戮之。飞廉在民间故事中曰黄飞虎，黄飞虎之祀，至今在山东与玄武之祀同样普遍。太公之祀不过偶然有之，并且是文士所提倡，不与民间信仰有关系。我们可说至今山东人仍祭商朝的文信国、郑延平，此二端也。至于亳之在山东，泰山之有汤迹，前章中已详论，今不更述。

然则商之宗教，其祖先崇拜在鲁独发展，而为儒学，其自然崇拜在齐独发展，而为五行方士，各得一体，派衍有自。试以西洋史为比：

西罗马之亡,帝国旧土分为若干蛮族封建之国。然遗民之数远多于新来之人,故经千余年之紊乱,各地人民以方言之别而成分化,其居意大利,法兰西,西班牙半岛,意大利西南部二大岛,以及多脑河北岸,今罗马尼亚国者,仍成拉丁民族,未尝为日耳曼人改其文化的,语言的,民族的系统。地中海南岸,若非因亚拉伯人努力其宗教之故,恐至今仍在拉丁范围中。遗民之不以封建改其民族性也如是。商朝本在东方,西周时东方或以被征服而暂衰,入春秋后文物富庶又在东方,而鲁宋之儒、墨、燕、齐之神仙,惟孝之论,五行之说,又起而主宰中国思想者二千余年。然则谓殷商为中国文化之正统,殷遗民为中国文化之重心,或非孟浪之言。战国学者将一切神话故事充分的伦理化,理智化,于是不同时代不同地方之宗神,合为一个人文的"全神堂",遂有"皋陶谟"一类君臣赓歌的文学。在此全神堂中,居"敬敷五教"之任者,偏偏不是他人,而是商之先祖契,则商人为礼教宗信之寄象,或者不是没有根据的吧。

(原载 1934 年《国立中央研究院历史语言
研究所集刊》第四本第三分)

附录二　毛西河论三年之丧为殷制

　　我的朋友丁声树先生替我校读《说儒》的初印本,用力最勤。今年夏间,他读《毛西河合集》,发现毛西河有三年丧为殷制之说,他很高兴,写信告诉我。我因他的指示,遍翻《毛西河合集》和《四书改错》,把他讨论这个问题的几条文字全抄出来,做一个附录。

二十四,十,十四夜

一　孟子定三年之丧(见毛奇龄《四书賸解》卷一)

　　岁癸未(康熙四十二年,1703)春,陈缄庵编修以母丧请予作题主陪事。坐客各问丧礼。予曰:"仆亦有一问。滕文公以然友反命,定为三年之丧,岂三年丧制定自孟子耶?"

　　少顷,孝廉马素庵曰:"以战国久不行,而今行之,似更定也。"曰:"不然。据父兄百官皆不欲,曰'吾宗国鲁先君莫行',是周公、伯禽不行也。'吾先君亦莫行',是滕叔绣亦不行也。此明指周初,非战国也。然且喈喈曰'至于子之身而反之',曰'丧祭从先祖',一似乎叛朝典,乱祖制者。岂狂言乎?"时一堂十二席五十余人,各嘿然如喑者。

次日,坐客有踵门来,复谓鲁先君不行,是近代先君,不是周公、伯禽也。不知此又出高头讲章之言,然亦非是也。鲁自春秋至战国,无不行三年丧者,僖公三十三年薨,文公二年纳币,相距再期,然犹以丧娶讥之。成公三年丧毕然后朝晋,胡氏犹以不朝周刺其非礼。昭公居三年丧不哀,叔向曰,"有三年之丧而无一日之戚"。则近代先君何尝不行?

且本文明曰,"丧祭从先祖"。先祖者,始祖,非近代祖也。

二　滕文公问孟子始定为三年之丧(见毛奇龄《四书剩言》卷三)

滕文公问孟子,始定为三年之丧,固是可怪。岂战国诸侯皆不行三年丧乎?若然,则齐宣欲短丧,何欤?然且曰"吾宗国鲁先君不行,吾先君亦不行",则是鲁周公、伯禽、滕叔绣并无一行三年丧者。注者固瞆瞆,特不知天下学人何以皆耐之而并不一疑?此大怪事也。

予尝谓学贵通经,以为即此经可通彼经也。往读《论语》,子张问"高宗三年不言",夫子曰:"何必高宗?古之人皆然。"遂疑子张此问,夫子此答,其在周制,当必无此事可知。何则?子张以高宗为创见,而夫子又云"古之人",其非今制昭然也。

及读《周书·康王之诰》,成王崩方九日,康王遽即位,冕服出命令,诰诸侯,与三年不言绝不相同。

然犹曰此天子事耳。后读《春秋传》,晋平初即位,即改服命官而通列国盟戒之事,始悟孟子所定三年之丧引三年不言为训,而滕文奉行,即又曰,"五月居庐,未有命戒",皆是商以前之制,并非周制,周公所制礼,并无有此。故侃侃然曰,周公不行,叔绣不行,悖先祖,违授受,历历有词。而世读其书而通不察也。盖其云"定三年之丧",谓定三年之丧制也。

然则孟子何以使行商制?曰,使滕行助法,亦商制也。

三　定为三年之丧（见毛奇龄《四书改错》卷九）

《孟子·滕文公》篇《滕定公薨》章,朱子注云:

> 谓二国不行三年之丧者,乃其后世之失,非周公之法本然也。……引志之言而释其意,以为所以如此者,盖为上世以来有所传受,虽或不同,不可改也。然志所言,本谓先王之世,旧俗所传,礼文小异,而可以通行者耳。不谓后世失礼之甚者也。

此则周章之甚者。以三年之丧而谓定自孟子,则裁闻此语,便该吃惊。况父兄百官亦已多人,一齐曰,鲁先君莫行,滕先君莫行,则以周公造礼之人,与其母弟叔绣裁封国行礼之始,而皆莫之行,则无此礼矣。乃茫然不解,忽委其罪于后君,曰"后世之失"。夫后世,则春秋战国尽之矣。战国齐宣欲短丧,犹且不敢。若春秋则鲁僖以再期纳币,即讥丧聘。昭公居丧不哀,叔向便责其有三年之丧而无一日之戚。谁谓三年不行起于后世?况明曰"先君",且明曰"从先祖"。先祖者,始祖也。

乃又依回其词,谓"上世以来,虽或不同;旧俗相传,礼文小异。"夫此无容有不同有小异者。试问其所云不同与小异者是几年与几个月,且是何等礼文,当分明指定。

尝于康熙癸未岁在杭州陈编修家作题主陪事,座客论丧礼,以此询之,一堂十二席,嘿若喑者。最后录其说入《四书索解》中,遍索解人,而终无一应。

不知此在本文自晓,读书者总为此注本作锢蔽耳。本文明云"君薨,听于冢宰,即位而哭",而世子之行之者,即曰"五月居庐,未有命戒",此非周制也。子张问"高宗谅阴,三年不言",而不知所谓,则必近世无此事;而夫子告之以"古之人",其非今制可知矣。及读《周书·康王之诰》,成王崩方九日,康王遽即位,冕服出命令,告诸侯,然且居翼室而并不居庐与谅阴,与三年不言之制绝不相同。然犹曰此天子事耳。后读《春秋传》,晋平初即位,即改服命官,遽会溴梁,与列国通盟戒之事,始悟孟子所言与滕文所行皆是商以前之制,并非周制,在周公所制礼并无有此。故侃侃然曰,周公不行,叔绣不行,悖先典,违授受,历历有词。而世惑传注而总不察也。盖其云

"定三年之丧",谓定三年之丧制也。

然则孟子何以使行商制？曰,使滕行助法,亦商制也。

四　章甫(附)(见毛奇龄《四书改错》卷六)

朱子注《论语·端章甫》云:"章甫,礼冠。"

章甫,《注疏》谓诸侯朝服,固大错。《集注》谓是礼冠,亦错。考章甫,商冠也。以质素而反言曰章。孔子冠章甫而衣缝掖,《荀子·哀公问》儒者服章甫绚履,皆以弇陋为言。故《庄子》孔子冠枝木之冠,即章甫也。夫章甫何以为枝木？古者丧冠厌而不邸,惟吉冠必邸,如皮弁邸象类。今章甫邸以木枝,则弇陋已极,可谓之礼冠乎？然则赤之举此,正以夫子哂由故而谦言之也。

或曰,冠必与服配。端章甫者,以冠配服之称,犹衮衣配冕曰"衮冕",玄端配委貌冠曰"端委"也。冠既配端,岂非礼冠？曰,不然,端无配前代冠者。毋追,夏冠；委貌,周冠。冠必配昭代。故凡言配冠,必是委貌。泰伯端委而治吴,晏平仲端委立虎门,晋侯端委以入武宫,皆是也。世无称端毋追者,而端配章甫,则遍考诸书,惟此一称。得毋公西谦言或假前代冠以为不必然之事乎？如此,则直曰商冠已矣,何礼为？

附录三　三年丧服的逐渐推行

胡　适

汉初几十年中,帝国的宗教上有一个最重大的变化,就是"以孝治天下"的观念成为国教的一部分。汉帝国的创立者多是无赖粗人,其中虽有天才的领袖,但知道历史掌故制度的人却不多。在这个当儿,叔孙通便成了一个极有用的人才。叔孙通制定了汉帝国的朝仪,又制定了宗庙仪法；他是孝惠帝的师傅,孝惠帝特别请他专管先帝园陵寝庙的事,故他所定的宗庙仪法和改定的汉朝"诸仪法",很是含有儒家伦理的色彩。他的朝仪是"辨上下,定民志"的制度,而他的宗庙仪法是"以孝治天下"的制度。如皇帝谥法上加一个"孝"字,大概即是叔孙通的创制。《汉书》六八《霍光传》说,霍光召丞相御史将军列侯中二千石大夫博士,会议昌邑王的事,田延年前离席按剑曰,"……汉之传谥,常为'孝'者,以长有天下,令宗庙血食也"。

谥法用"孝"字的意义,只在这里有明文。《史记》说:

惠帝为东朝长乐宫(太后所居),及间往,数跸烦民(跸是清道止人行),乃作复道,方筑武库南。叔孙生奏事,因请问,曰:"陛下何自筑复道?高寝衣冠月出游高庙,高庙汉太祖,奈何令后世子孙乘宗庙道上行哉?"(旧注:《三辅黄图》,高寝在高庙西。高祖衣冠藏在高寝,月出游于高庙,其道值所作复道,故言乘宗庙道上行。)孝惠帝大惧曰,"急坏之"。叔孙生曰,"人主无过举。今已作,百姓皆知之。今坏此,则示有过举。愿陛下为原庙渭北,衣冠月出游之。益广多宗庙,大孝之本也。"上乃诏有司立原庙。原庙起以复道故。

孝惠帝曾春出游离宫,叔孙生曰,"古者有春尝果。方今樱桃熟,愿陛下出,因取樱桃献宗庙。"上许之。诸果献由此兴。(《史记》九九,参《汉书》四三)

这都是这位"汉家儒宗"建立的"孝"的宗教的内容的一斑。

这个孝的宗教在汉朝很有势力。如袁盎说汉文帝之孝:

陛下居代时,太后尝病三年,陛下不交睫,不解衣,汤药非陛下口所尝弗进。夫曾参以布衣犹难之,今陛下亲以王者修之。过曾参孝远矣。(《史记》一〇一)

三年目不交睫,这是绝不可能的事。但在这段谈话里,我们可以看出当时已有曾参等孝子的故事在社会上作"孝的宗教"的宣传品,略如后世的"二十四孝"故事。我们看后世出土的汉人坟墓里有曾参等孝子故事的壁画,也可以见当日孝的宗教的流行。

孝的宗教包括养生送死的种种仪节,在汉朝都渐渐成为公认的制度。如丧服一项,在古代本无定制。三年之丧只是儒家的创制;孔子的弟子宰我便有反对的言论;(《论语》十七)墨家很明白的说三年之丧是儒者之礼(《墨子·非儒篇》);孟子劝滕文公行三年之丧,滕国的父兄百官皆不赞成,说"吾宗国鲁先君莫之行。吾先君亦莫之行也"。但儒家的宗教传到的地方,三年之丧渐有人行。这是儒教的一种宗教仪式，还不能行于儒家以外的人家。《淮南·齐俗训》说：

> 夫三年之丧，是强人所不及而以伪辅情也。三月之服，是绝哀而迫切之性也。夫儒、墨不原人情之终始，而务以行相反之制。

可见淮南王时代的人都知道三年之丧是儒家的服制，三月之服是墨者的服制。汉文帝虽是个孝子，他的窦后却是个道家信徒，大概很能明白叔孙通所定丧礼有种种不近人情地方，故文帝遗诏说：

> 朕闻，盖天下万物之萌生，靡不有死。死者天地之理，物之自然，奚为甚哀？当今之时，世咸嘉生而恶死，厚葬以破业，重服以伤生。吾甚不取。

这可见其时在儒生所定的国丧礼制上已有"重服"的规定了。遗诏又说：

> 且朕既不德，无以佐百姓，今崩又使重服久临，以罹寒暑之数，哀人之父子，伤长幼之志，损其饮食，绝鬼神之祭祀，以重吾不德也。

在这几句话里，我们可以看出叔孙通所定的"宗庙仪法"的野蛮不近人情。叔孙通已把儒家的丧礼定为国教了。汉文帝、窦后等决心反抗，取消旧制中一切最不合理的办法：

> 令天下吏民，令到，出临三日，皆释服。毋禁取妇嫁女，祠祀，饮酒食肉者。自当给丧事服临者，皆无跣；绖带无过三寸；毋布车及兵器。毋发人男女哭临宫殿。

这里面所谓"毋"的，都是叔孙通的野蛮仪法的内容。遗诏又规定短丧之制：

> 宫殿中当临者，皆以旦夕十五举声，礼毕罢。……已下，（柩已下葬）服大红十五日，小红十四日，纤七日，释服。（红是以红为领缘。纤是细布衣。此制共服三十六日。）他不在令中者，皆以此令比率从事。

这个三十六日的服制真是一大改革。以后更垂为定制。《霍光传》记昌邑王居丧时的罪过，也只说他：

> 居道上不素食;……始至谒见,常私买鸡豚食;……大行在前殿,击鼓歌吹作俳倡;会下(下葬)还,上前殿,击钟磬,鼓吹歌舞,悉奏众乐。……诏太官上乘舆食如故。食监奏,未释服,未可御故食。复诏太官趣具,无关食监。太官不敢具,即使从官出买鸡豚,诏殿门内(纳)以为常。

昌邑王立仅二十七日,故未满三十六日释服之期。三十六日之后,此种限制都可免除了。

至于私家服制,也绝少行三年之丧的。公孙弘的后母死,他服丧三年(《史记》一一二,《汉书》五八),这是儒生自行其教,并非通行的风俗,故史家特记其事。公孙弘为博士时,年已六十,故后母之丧当在他贫贱时。汉朝定制,官吏都不得告假持丧服。故翟方进作丞相(纪元前15)时,

> 后母终,既葬三十六日,除服,起视事。以为身备汉相,不敢逾国家之制。(《汉书》八四)

翟方进的前任丞相薛宣也不主张三年丧服。《薛宣传》说:

> 初,宣有两弟修、明。……后母常从修居官,宣为丞相时(纪元前20—16),修为临菑令;宣迎后母,修不遣。后母病死,修去官持服。宣谓修,"三年服少能行之者。兄弟相驳不可"。修遂竟服。由是兄弟不和。(《汉书》八三)

这件事很可以注意。一家之中,兄弟主张可以不同,弟去官持三年丧,兄仍可继续做丞相,可见在当时这个问题完全由个人自由决定。薛宣说"三年服少能行之者",这也是重要史实。薛宣、翟方进两个宰相都不行三年丧;薛宣本不是儒生,故他的兄弟尽管行此礼,而他可以不行。翟方进是经学大师,他不行三年服,便觉得有点不好看,故必须声明"身备汉相,不敢逾国家之制"。这便可见元帝、成帝时代儒者当国,儒教的势力已很大,久丧之制已渐渐有人行了。

薛宣不赞成他的兄弟薛修行三年丧服,以致弟兄不和。这点嫌隙后来竟闹成一件大案子:

> 久之,哀帝初即位(前6),博士申咸给事中,毁宣不供养行丧服,薄于骨肉。……宣子况为右曹侍郎,数闻其语,赇客杨明,

> 欲令创咸面目，使不居位。会司隶缺，况恐咸为之，遂令明遮斫咸宫门外，断鼻唇，身八创。事下有司，御史中丞众等奏，"……明当以重论，及况皆弃市"。廷尉真以为……况以父见谤，发忿怒，无他大恶。……明当以贼伤人不直，况与谋者，皆"有"爵，减完为城旦。……况竟减罪一等，徙敦煌。宣坐免为庶人。

不行丧服便要受博士们的毁谤，这已是儒教势力之下的新风气了。哀帝从小受儒家教育，他的大臣孔光、师丹等又多是经学大师，故申咸逢迎意旨，用十多年前的事来毁谤薛宣。试看哀帝即位之年即有诏曰：

> 河间王良丧太后三年，为宗室仪表，益封万户。……博士弟子父母死，予宁三年（宁是告假回家。予宁即后世的丁忧）。

这便是有意提倡三年丧服了。但行三年之丧而可得万户的褒赏，还可见当时行此礼者实在很难得。博士弟子是服习儒教经典的，故此诏准他们丁忧三年。博士是冷官闲曹，故可行此制。其他官吏还不在此例。

直到王莽专政时代，儒教经典都成了王莽诈欺的工具，儒教的丧制也被他用作欺世盗国的钓钩。他毒杀了汉平帝（纪元 5 年），然后征召"明礼者宗伯凤等"，来定死皇帝的新丧服：

> 定天下吏六百石以上，皆服丧三年。（《汉书》九九）

这是完全推翻汉文帝的短丧制度。但过了几年之后（纪元 8 年），王莽的母亲功显君死了，他正在兴高采烈的想做真皇帝，很不愿意回家去做三年孝子，于是令太皇太后下诏议他的服制，于是刘歆与博士诸儒七十余人议曰：

> 礼，庶子为后，为其母缌。传曰，与尊者为礼，不敢服其私亲也。摄皇帝（王莽）以圣德承天之命，受太后之诏，居摄践阼，奉汉大宗之后，上有天地社稷之重，下有元元万机之忧，不得顾其私亲。……摄皇帝当为功显君缌，缘弁而加麻环绖。（《汉书》九九）

王莽自己遂行此礼，却令他的孙子新都侯王宗代他主丧，服丧三年。

光武帝中兴之后，新经大乱，国政多趋向简易方便，故有诏大臣不许"告宁",故三年丧制无从实行(《后汉书》列传三六)。直到安帝元初三年(纪元116),邓太后临朝,始又提倡三年丧制。《后汉书·刘恺传》说:

> 旧制,公卿二千石刺史不得行三年丧,由是内外众职并废丧礼。元初中,邓太后诏:长吏以下不为亲行服者,不得典城选举。
>
> 时有上言,牧守宜同此制。诏下公卿,议者以为不便。恺独议曰:"……刺史一州之表,二千石千里之师,……尤宜尊重典礼,以身先之。而议者不寻其端,至于牧守,则云不宜。是犹浊其源而望流清,曲其形而欲影直,不可得也。"太后从之。(《后汉书》列传二九)

故又有诏:大臣得行三年丧,服阕还职(《后汉书》列传三六)。汉律有"不为亲行三年服,不得选举"之文,见应劭注《汉书·扬雄传》,此当是邓太后时的诏令,而成为律文的。邓太后的丧制,不久也就废止了。《后汉书·陈忠传》说:

> 建光中(121),尚书令祝讽,尚书孟布等奏,以为孝文皇帝定约礼之制,光武皇帝绝告宁之典,贻则万世,诚不可改,宜复建武故事。

陈忠上疏力争,但

> 宦竖不便之,竟寝忠奏,而从讽布议,遂著于令。(《后汉书》列传三六)

后世学者(如何焯,如近人程树德先生)都以为汉制但不许大官告宁丁忧,而士人小吏却都行三年之丧。他们的意思似乎以为一般民人更容易行丧礼了。但我们看上文所引各条记载,可以看出历史演进的痕迹并不如此。三年之丧在西汉晚年还是绝希有的事。光武以后,不准官吏丁忧,此制更无法行了。直到二世纪上半,邓太后始著于诏令,长吏不为父母行服者不得典城,不得选举;又有诏许大臣行三年丧。但久丧实在太不方便,故几年之后,大官丁忧之制仍取消了。只剩"不行三年服,不得选举"一条律文,汉末的应劭还引此文。大官既不行此礼,小吏士人也必须用禁令去消极鼓励,小百姓自然不行此礼了。久丧不便于做官,更不便于力田行商的小百姓。刘恺不曾说吗？"浊其源而望流清,曲其形而欲影直,不可得也。"但安帝以后,三年之丧已成为选举的一种资格,故久而久之,渐成为风俗,这是《淮南王书》所谓"以伪辅情"的结果。千百年后,风气已成,人都忘了历史演变沿革的事实,遂以为三年之丧真是"天下之通丧",真是"三代共之"的古礼了！殊不知这种制度乃是汉朝四百年的儒教徒逐渐建立的呵！

我举此一端,以表见"孝的宗教"在汉朝逐渐推行的历史。

十九年七月

（原载 1930 年 7 月《武汉大学文哲季刊》第 1 卷第 2 期）

评论近人考据《老子》年代的方法

1 近十年来,有好几位我最敬爱的学者很怀疑老子这个人和那部名为《老子》的书的时代。我并不反对这种怀疑的态度;我只盼望怀疑的人能举出充分的证据来,使我们心悦诚服的把老子移后,或把《老子》书移后。但至今日,我还不能承认他们提出了什么充分的证据。冯友兰先生说的最明白:

> 不过我的主要的意思是要指明一点:就是现在所有的以《老子》之书是晚出之诸证据,若只举其一,则皆不免有逻辑上所谓"丐辞"之嫌。但合而观之,则《老子》一书之文体,学说,及各方面之旁证,皆可以说《老子》是晚出,此则必非偶然也。(二十年六月八日《大公报》)

这就是等于一个法官对阶下的被告说:

> 现在所有原告方面举出的诸证据,若逐件分开来看,都"不免有逻辑上所谓'丐辞'之嫌"。但是"合而观之",这许多证据都说你是有罪的,"此则必非偶然也"。所以本法庭现在判决你是有罪的。

积聚了许多"逻辑上所谓'丐辞'",居然可以成为定案的证据,这种考据方法,我不能不替老子和《老子》书喊一声"青天大老爷,小的有冤枉上诉!"聚蚊可以成雷,但究竟是蚊不是雷;证人自己已承认的"丐辞",究竟是"丐辞",不是证据。

2

我现在先要看看冯友兰先生说的那些"丐辞"是不是"丐辞"。在论理学上,往往有人把尚待证明的结论预先包含在前提之中,只要你承认了那前提,你自然不能不承认那结论了:这种论证叫做丐辞。譬如有人说:"灵魂是不灭的,因为灵魂是一种不可分析的简单物质。"这是一种丐辞,因为他还没有证明(1)凡不可分析的简单物质都是不灭的,(2)灵魂确是一种不可分析的简单物质。

又如我的朋友钱玄同先生曾说过:"凡过了四十岁的人都该杀。"假如有人来对我说:"你今年四十一岁了,你该自杀了",这也就成了一种丐辞,因为那人得先证明(1)凡过了四十岁的人在社会上都无益而有害,(2)凡于社会无益而有害的人都该杀。

丐辞只是丐求你先承认那前提;你若接受那丐求的前提,就不能不接受他的结论了。

冯友兰先生提出了三个证据,没有一个不是这样的丐辞。

(一)"孔子以前无私人著述之事",所以《老子》书是孔子以后的作品。

你若承认孔子以前果然无私人著述之事,自然不能不承认《老子》书是晚出的了。但是冯先生应该先证明《老子》确是出于孔子之后,然后可以得"孔子以前无私人著述"的前提。不然,我就可以说:"孔子以前无私人著述,《老子》之书是什么呢?"

(二)"《老子》非问答体,故应在《论语》、《孟子》后。"这更是丐辞了。这里所丐求的是我们应该先承认"凡一切非问答体的书都应在《论语》、《孟子》之后"一个大前提。《左传》所引的史佚周任《军志》的话,《论语》所引周任的话,是不是问答体呢?《论语》本身的大部分,是不是问答体呢?(《论语》第一篇共十六章,问答只有两章;第四篇共二十六章,问答只有一章;第七篇共三十七章,问答只有七章。其余各篇,也是非问答体居多数。)《周易》与诗三百篇似乎也得改在《论语》、《孟子》之后了。

(三)"《老子》之文为简明之'经'体,可见其为战国时之作品。"这更是丐辞了。这里所丐求的是我们先得承认"凡一切简明之'经'体都是战国时的作品"一个大前提。至于什么是简明的"经"

体,更不容易说了。"道可道,非常道;名可名,非常名"是"经"体。那么,"道之以政,齐之以刑,民免而无耻;道之以德,齐之以礼,有耻且格",这就不是"简明之经体"了吗?所以这里还有一个丐辞,就是我们还得先承认,"《论语》虽简明而不是'经'体;《左传》所引《军志》周任的话虽简明而也不是'经'体;只有《老子》一类的简明文体是战国时产生的'经'体"。我们能不能承认呢?

3 还有许多所谓证据,在逻辑上看来,他们的地位也和上文所引的几条差不多。我现在把他们总括作几个大组。

第一组是从"思想系统"上,或"思想线索"上,证明《老子》之书不能出于春秋时代,应该移在战国晚期。梁启超,钱穆,顾颉刚诸先生都曾有这种论证。这种方法可以说是我自己"始作俑"的,所以我自己应该负一部分的责任。我现在很诚恳的对我的朋友们说:这个方法是很有危险性的,是不能免除主观的成见的,是一把两面锋的剑可以两边割的。你的成见偏向东,这个方法可以帮助你向东;你的成见偏向西,这个方法可以帮助你向西。如果没有严格的自觉的批评,这个方法的使用决不会有证据的价值。

我举一个最明显的例。《论语》里有孔子颂赞"无为而治"的话,最明白无疑的是:

无为而治者,其舜也欤?夫何为哉?恭己正南面而已矣。
(《论语》十五)

这段话大概是梁、钱、顾诸先生和我一致承认为可靠的。用这段话作出发点,可以得这样相反的两种结论:

(1)《论语》书中这样推崇"无为而治",可以证明孔子受了老子的影响。——这就是说,老子和《老子》书在孔子之前。(胡适《中国哲学史大纲》页七九注)

(2)顾颉刚先生却得着恰相反的结论:"《论语》的话尽有甚似《老子》的。如《颜渊》篇中季康子的三问(适按,远不如引《卫灵公》篇的"无为而治"一章),这与《老子》上的'以正治国'……'我无为而民自化'……'民之难治,以其上之有为,是以难治'何等相

像! ……若不是《老子》的作者承袭孔子的见解,就是他们的思想偶然相合。"(《史学年报》第四期,页二八)

同样的用孔子说"无为"和《老子》说"无为"相比较,可以证《老子》在孔子之前,也可以证《老子》的作者在三百年后承袭孔子!所以我说,这种所谓"思想线索"的论证法是一把两面锋的剑,可以两边割的。

钱穆先生的《关于〈老子〉成书年代之一种考察》(《燕京学报》第七期),①完全是用这种论证法。我曾指出他的方法的不精密(《清华周刊》卷三七,第九——十期,页1094—1095),如他说:

> 以思想发展之进程言,则孔、墨当在前,老、庄当在后。否则老已先发道为帝先之论,孔、墨不应重为天命天志之说。何者?思想上之线索不如此也。

我对他说:

> 依此推断,老、庄出世之后,便不应有人重为天命天志之说了吗?难道这二千年中之天命天志之说,自董仲舒、班彪以下,都应该排在老、庄以前吗?这样的推断,何异于说,"几千年来人皆说老在庄前,钱穆先生不应说老在庄后。何者?思想上之线索不如此也?"

思想线索是最不容易捉摸的。如王充在一千八百多年前,已有了很有力的无鬼之论;而一千八百年来,信有鬼论者何其多也!如荀卿已说"天行有常,不为尧存,不为桀亡",而西汉的儒家大师斤斤争说灾异,举世风靡,不以为妄。又如《诗经》的小序,经宋儒的攻击,久已失其信用;而几百年后的清朝经学大师又都信奉毛传及序,不复怀疑。这种史事,以思想线索来看,岂不都是奇事?说的更大一点,中国古代的先秦思想已达到很开明的境界,而西汉一代忽然又陷入幼稚迷信的状态;希腊的思想已达到了很高明的境界,而中古的欧洲忽然又长期陷入黑暗的状态;印度佛教也达到了很高明的境界,而大乘的末流居然沦入很黑暗的迷雾里。我们不可以用后来的幼稚来怀

---

① 编者按:"远流本"此处补有胡适按语:"适按,June,1930"。

疑古代的高明,也不可以用古代的高明来怀疑后世的堕落。

最奇怪的是一个人自身的思想也往往不一致,不能依一定的线索去寻求。十余年前,我自己曾说,《老子》书里不应有"天地相合以降甘露"一类的话,因为这种思想"不合老子的哲学!"(《哲学史》页六一注)我也曾怀疑《论语》里不应有"凤鸟不至,河不出图,吾已矣夫!"一类的话。十几年来,我稍稍阅历世事,深知天下事不是这样简单。现代科学大家如洛箕(Sir Oliver Lodge),也会深信有鬼,哲学大家如詹姆士(W. James)也会深信宗教。人各有最明白的地方,也各有最懵懂的地方;在甲点上他是新时代的先驱者,在乙点上他也许还是旧思想的产儿。所以梭格拉底(Socrates)一生因怀疑旧信仰而受死刑,他临死时最后一句话却是托他的弟子向医药之神厄斯克勒比(Asclepias)还一只鸡的许愿。

我们明白了这点很浅近的世故,就应该对于这种思想线索的论证稍稍存一点谨慎的态度。寻一个人的思想线索,尚且不容易,何况用思想线索来考证时代的先后呢?

4

第二组是用文字,术语,文体等等来证明《老子》是战国晚期的作品。这个方法,自然是很有用的,孔子时代的采桑女子不应该会做七言绝句,关羽不应该会吟七言律诗,这自然是无可疑的。又如《关尹子》里有些语句太像佛经了,决不是佛教输入以前的作品。但这个方法也是很危险的,因为(1)我们不容易确定某种文体或术语起于何时;(2)一种文体往往经过很长期的历史,而我们也许只知道这历史的某一部分;(3)文体的评判往往不免夹有主观的成见,容易错误。试举例子说明如下:

梁启超先生曾辨《牟子理惑论》为伪书,他说:

> 此书文体,一望而知为两晋、六朝乡曲人不善属文者所作,汉贤决无此手笔,稍明文章流别者自能辨之。(《梁任公近著》第一辑,中卷,页二二)

然而《牟子》一书,经周叔迦先生(《牟子丛残》)和我(《论牟子书》,《北平图书馆馆刊》五卷四号)的考证,证明是汉末的作品,决无可疑。即以文体而论,我没有梁先生的聪明,不能"一望而知";但我细读此书,才知道此书的"文字甚明畅谨严,时时作有韵之文,也都没有俗气。此书在汉、魏之间可算是好文字"。同是一篇文字,梁启超先生和我两人可以得这样绝相反的结论,这一件事不应该使我们对于文体的考证价值稍稍存一点敬慎的态度吗?

梁先生论《牟子》的话,最可以表明一般学者轻易用文体作考证标准的危险。他们预先存了一种主观的谬见,以为"汉贤"应该有何种"手笔",两晋人应该作何种佳文,六朝人应该有何种文体,都可以预先定出标准来。这是根本的错误。我们同一时代的人可以有百十等级的"手笔";同作古文,同作白话,其中都可以有能文不能文的绝大等差。每一个时代,各有同样的百十等级的手笔。班固与王充同时代,然而《论衡》与《汉书》何等不同!《论衡》里面也偶有有韵之文,比起《两都赋》,又何等不同! 所谓"汉贤手笔",究竟用什么作标准呢? 老实说来,这种标准完全是主观的。完全是梁先生或胡某人读了某个某个作家而悬想的标准。这种标准是没有多大可靠性的。

假如我举出这两句诗:

历览前贤国与家,成由勤俭败由奢。

你们试猜,这是什么时代的诗? 多数人一定猜是明末的历史演义小说里的开场诗。不知道此诗的人决不会猜这是李商隐的诗句。又如寒山、拾得的白话诗,向来都说是初唐的作品,我在十年前不信此说,以为这种诗体应该出在晚唐。但后来发现了王梵志的白话诗,又考出了王梵志是隋唐间人,我才不敢坚持把寒山、拾得移到晚唐的主张了(《白话文学史》上,页二四二——二四九)。近年敦煌石窟所藏的古写本书的出现,使我们对于文体的观念起一个根本的变化。有好些俗文体,平常认为后起的,敦煌的写本里都有很早出的铁证。如敦煌残本《季布歌》中有这样的句子:

季布惊忧而问曰:只今天使是何人?
周氏报言官御史,姓朱名解受皇恩。

如敦煌残本《昭君出塞》有这样的句子:

昭军(君)昨夜子时亡,突厥今朝发使忙。

> 三边走马传胡命,万里非(飞)书奏汉王。

这种文体,若无敦煌写本作证,谁不"一望而知"决不是"唐贤手笔"。

总而言之,同一个时代的作者有巧拙的不同,有雅俗的不同,有拘谨与豪放的不同,还有地方环境(如方言之类)的不同,决不能由我们单凭个人所见材料,悬想某一个时代的文体是应该怎样的。同时记梭格拉底的死,而柏拉图记的何等生动细致,齐诺芬(Xenophon)记的何等朴素简拙!我们不能拿柏拉图来疑齐诺芬,也不能拿齐诺芬来疑柏拉图。

闲话少说,言归《老子》。冯友兰先生说《老子》的文体是"简明之经体",故应该是战国时作品(说见上)。但顾颉刚先生说"《老子》一书是用赋体写出的;然而赋体固是战国之末的新兴文体呵!"(《史学年报》第四期,页二四,参看页一九)同是一部书,冯先生侧重那些格言式的简明语句,就说他是"经体";顾先生侧重那些有韵的描写形容的文字,就可以说他是"用赋体写出的"。单看这两种不同的看法,我们就可以明白这种文体标准的危险性了。

我们可以先看看顾先生说的"赋体"是个什么样子。他举荀卿的《赋篇》(《荀子》第二十六)作例,《赋篇》现存五篇,其题为礼,知,云,蚕,箴。总观此五篇,我们可以明白当时所谓"赋",只是一种有韵的形容描写,其体略似后世的咏物诗词,其劣者略似后世的笨谜。顾先生举荀卿的《云赋》作例,他举的语句如下:

> 忽兮其极之远也,攭兮其相逐而反也,卬卬兮天下之咸蹇也。德厚而不捐,五采备而成文。往来惛惫,通于大神。出入甚极,莫知其门。天下失之则灭,得之则存。

这是荀子的"赋体"。顾先生说:

> 此等文辞实与《老子》同其型式。

他举《老子》第十五章和二十章作例:

> 豫焉(河上公本作与兮)若冬涉川,犹兮若畏四邻,俨兮其若容(河上公本作客),涣兮若冰之将释,敦兮其若朴,旷兮其若谷,浑兮其若浊。(《老子》十五)
>
> 我独泊兮其未兆,如婴儿之未孩;儽儽兮若无所归。……澹

>兮其若海,飂兮若无止。……(《老子》二十)

这是《老子》的"赋体"。

顾先生又说,《老子》这两章的文体又很像《吕氏春秋》的《士容》和《下贤》两篇,我们也摘抄那两篇的一部分:

> 故君子之容,……淳淳乎谨慎畏化而不肯自足,乾乾乎取舍不悦而心甚素朴。(《士容》)

> 得道之人,狠乎其诚自有也,觉乎其不疑有以也,桀乎其必不渝移也,循乎其与阴阳化也,匆匆乎其心之坚固也,空空乎其不为巧故也,……昏乎其深而不测也。……(《下贤》)

这是《吕氏春秋》的"赋体"。

顾先生说:

> 这四段文字,不但意义差同,即文体亦甚相同,形容词及其形容的姿态亦甚相同,惟助词则《老子》用"兮",《吕书》用"乎"为异。大约这是方言的关系。

我们看了顾先生的议论,可以说:他所谓"文体"或"型式"上的相同,大概不外乎下列几点:

(1)同是形容描写的文字。

(2)同用有"兮"字或"乎"字语尾的形容词。

(3)"形容词及其形容的姿态亦甚相同"。

依我看来,这些标准都不能考定某篇文字的时代。用这种带"兮"字或"乎"字的形容词来描写人物,无论是韵文或散体,起源都很早。最早的如春秋早期的《鄘风·君子偕老》诗,《卫风·硕人》诗,《齐风·猗嗟》诗,都是很发达的有韵的描写形容。在《论语》里,我们也可以见着这种形容描画的散文:

> 子曰,大哉尧之为君也! 巍巍乎,唯天为大,唯尧则之。荡荡乎民无能名焉。巍巍乎其有成功也。焕乎其有文章。(《论语》八)

> 子曰,巍巍乎,舜、禹之有天下也而不与焉。(《论语》八)

我们试用这种语句来比荀子的《赋篇》,和《吕氏春秋》的《士容》、《下贤》两篇,也可以得到"形容词及其形容的姿态亦甚相同"的结论。你瞧：
>（《论语》）巍巍乎唯天为大,唯尧则之。
>荡荡乎民无能名焉。
>巍巍乎其有成功也。
>焕乎其有文章。
>（《老子》）涣兮若冰之将释。
>儽儽兮若无所归。
>淡乎其无味。（三十五章。《文子·道德篇》引此句,作"淡兮"。）
>（《荀子》）忽兮其极之远也。
>卬卬兮天下之咸蹇也。
>（《吕览》）淳淳乎谨慎畏化而不肯自足。
>乾乾乎取舍不悦而心甚素朴。
>觉乎其不疑有以也。
>桀乎其必不渝移也。
>匆匆乎其心之坚固也。
>空空乎其不为巧故也。
>昏乎其深而不测也。

这些形容词及其形容的姿态,何等相同！何等相似！其中《论语》与《吕览》同用"乎"字,更相像了。

如果这等标准可以考定《老子》成书的年代,那么,我们也可以说《论语》成书也该移在吕不韦时代或更在其后了！

文体标准的不可靠,大率如此。这种例证应该可以使我们对于这种例证存一点特别戒惧的态度。

至于撷拾一二个名词或术语来做考证年代的标准,那种方法更多漏洞,更多危险。顾颉刚先生与梁启超先生都曾用此法。如顾先生说：

>更就其所用名词及仂语观之："公"这一个字,古书中只用作制度的名词（如公侯,公田等）,没有用作道德的名词的（如公

忠,公义等)。《吕氏春秋》有《贵公》篇,又有"清净以公"等句,足见这是战国时新成立的道德名词。《荀子》与吕书同其时代,故书中言"公"的也很多。可见此种道德在荀子时最重视。《老子》言"容乃公,公乃王"(十六章),正与此同。(《史学年报》四页二五)

然而《论语》里确曾把"公"字作道德名词用:

"宽则得众,信则民任焉,敏则有功,公则悦。"(《论语》二十)

《老子》书中有"公"字,就应该减寿三百年。《论语》也有"公"字,也应该减寿三百年,贬在荀卿与吕不韦的时代了。

任公曾指出"仁义"对举仿佛是孟子的专卖品。然而他忘了《左传》里用仁义对举已不止一次了(如庄二十二年,如僖十四年)。任公又曾说老子在《春秋》时不应该说"侯王"、"王公"、"王侯"、"取天下"、"万乘之主"等等名词。然而《周易》蛊卦已有"不事王侯",坎卦象辞与离卦象辞都有"王公"了。《论语》常用"天下"字样,如"管仲一匡天下",如"禹稷躬稼而有天下",如"泰伯三以天下让"。其实稷何尝有天下?泰伯又那有"天下"可让?《老子》书中有"取天下",也不过此种泛称,有何可怪?"天下"、"王"等名词既可用,为什么独不可用"万乘之主"?《论语》可以泛说"道千乘之国",《老子》何以独不可泛说"万乘之主"呢?(河上公注:"万乘之主谓王。")凡持此种论证者,胸中往往先有一个"时代意识"的成见。此种成见最为害事。孔子时代正是诸侯力征之时,岂可以高谈"无为"?然而孔子竟歌颂"无为而治",提倡"居敬而行简"之政治。时代意识又在那里呢?

5 最后,我要讨论顾颉刚先生的《从〈吕氏春秋〉推测〈老子〉之成书年代》(《史学年报》四,页一三——四六)的考据方法。此文的一部分,我在上节已讨论过了。现在我要讨论的是他用《吕氏春秋》引书的"例"来证明吕不韦著书时《老子》还不曾成书。

顾先生此文的主要论证是这样的:

第一,《吕氏春秋》"所引的书是不惮举出它的名目的。所以书中引的《诗》和《书》甚多,《易》也有,《孝经》也有,《商箴》、《周箴》也有,皆列举其书名。又神农、黄帝的话,孔子、墨子的话,……亦皆列举其人名"。这是顾先生说的《吕书》"引书例"。

第二,然而"《吕氏春秋》的作者用了《老子》的文词和大义这等多,简直把五千言的三分之二都吸收进去了,但始终不曾吐出这是取材于《老子》的"。

因此顾先生下了一个假设:"在《吕氏春秋》著作的时代,还没有今本《老子》存在。"

我对于顾先生的这种考据方法,不能不表示很深的怀疑。我现在把我的怀疑写出来供他的考虑。

第一,替古人的著作做"凡例",那是很危险的事业,我想是劳而无功的工作。古人引书,因为没有印本书,没有现代人检查的便利;又因为没有后世学者谨严的训练,错落几个字不算什么大罪过,不举出书名和作者也不算什么大罪过,所以没有什么引书的律例可说。如孟子引孔子的话,其与《论语》可以相对勘的几条之中,有绝对谨严不异一字的(如卷三,"里仁为美,择不处仁,焉得智"),有稍稍不同的(如卷五"大哉尧之为君"一章),有自由更动了的,(如卷五"君薨听于冢宰"一章,又卷六"阳货欲见孔子"一章,又卷十四"孔子在陈"一章),也有明明记忆错误的(如卷三"夫子圣矣乎"一段,对话的人《论语》作公西华,《孟子》作子贡,文字也稍不同。又如卷五"生事之以礼,死葬之以礼,祭之以礼",《论语》作孔子告樊迟的话,而《孟子》作曾子说的话)。我们若试作孟子引书凡例,将从何处作起?

即以《吕氏春秋》引用《孝经》的两处来看,就有绝对不同的义例:

(1)《察微》篇(卷十六)

《孝经》曰:高而不危,所以长守贵也。满而不溢,所以长守富也。富贵不离其身,然后能保其社稷而和其民人。(《孝经》"诸侯"章)

(2)《孝行览》(卷十四)

　　故爱其亲不敢恶人,敬其亲不敢慢人。爱敬尽于事亲,光耀加于百姓,究于四海。此天子之孝也。(《孝经》"天子"章)

前者明举"孝经曰",而后者不明说是引《孝经》,《吕氏春秋》的"引书例"究竟在那里?

　　第二,顾先生说《吕氏春秋》"简直把《老子》五千言的三分之二都吸收进去了",这是骇人听闻的控诉! 我也曾熟读五千言,但我读《吕氏春秋》时,从不感觉"到处碰见"《老子》。所以我们不能不检查顾先生引用的材料是不是真赃实据。

　　顾先生引了五十三条《吕氏春秋》,其中共分几等:

　　(甲)他认为与《老子》书"同"的,十五条。

　　(乙)他认为与《老子》书"义合"的或"意义差同"的,三十五条。

　　(丙)他认为与《老子》书"甚相似"的,二条。

　　(丁)他认为与《老子》书"相近"的,一条。

　　最可怪的是那绝大多数的乙项"义合"三十五条。"义合"只是意义相合,或相近。试举几个例:

(1)(《老》)为道日损,损之又损,以至于无为。(四八)

(《吕》)故至言去言,至为无为。(《精谕》)

(2)(《老》)不自见故明。(二二)自见者不明。(二四)

(《吕》)去听无以闻则聪。去视无以见则明。(《任数》)

(3)(《老》)重为轻根。……是以圣人终日行不离辎重。(二六)

(《吕》)以重使轻,从。(《慎势》)

这种断章取义的办法,在一部一百六十篇的大著作里,挑出这种零碎句子,指出某句与某书"义合",已经是犯了"有意周内"的毛病了。如第(3)例,原文为

　　故以大畜小,吉;以小畜大,灭。以重使轻,从;以轻使重,凶。

试读全篇,(《慎势》篇)乃是说,"欲定一世,安黔首之命,其势不厌尊,其实不厌多"。国愈大,势愈尊,实力愈多,然后成大业愈易。所以滕、费小国不如邹、鲁,邹、鲁不如宋、郑,宋、郑不如齐、楚。"所用弥大,所欲弥易"。此篇的根本观念,和《老子》书中的"小国寡民"的理想可说是绝对相反。顾先生岂不能明白此篇的用意?不幸他被成见所蔽,不顾全篇的"义反",只寻求五个字的"义合",所以成了"断章取义"了!他若平心细读全篇,就可以知道"以重使轻,从"一句和《老子》的"重为轻根,静为躁君"一章决无一点"义合"之处了。

其他三十多条"义合",绝大多数是这样的断章取义,强为牵合。用这种牵合之法,在那一百六十篇的《吕氏春秋》之内,我们无论要牵合何人何书,都可以寻出五六十条"义合"的句子。因为《吕氏春秋》本是一部集合各派思想的杂家之言。无论是庄子,荀子,墨子,慎到,韩非,(是的,甚至于韩非!)都可以在这里面寻求"义合"之句。即如上文所举第(1)例的两句话,上句"至言去言"何妨说是"义合"于《论语》的"予欲无言"一章?下句"至为无为"何妨说是"义合"于《论语》的"无为而治"一章?

所以我说,"义合"的三十多条,都不够证明什么,都不够用作证据。至多只可说有几条的单辞只字近于今本《老子》而已。

再看看顾先生所谓"同"或"甚相似"的十几条。这里有三条确可以说是"同"于《老子》的。这三条是:

(4) 大智不形,大器晚成,大音希声。(《吕·乐成》篇)

大器晚成,大音希声,大象无形。(《老》四一章)

(5) 故祸兮福之所倚,福兮祸之所伏。圣人所独见,众人焉知其极?(《吕·制乐》篇)

祸兮福之所倚,福兮祸之所伏。孰知其极?(《老》五八章)

(6) 故曰,不出户而知天下,不窥于牖而知天道。其出弥远者其知弥少。(《吕·君守》篇)

太上反诸己,其次求诸人,其索之弥远者其推之弥疏,其求之弥强者失之弥远。(《吕·论人》篇)

不出于门户而天下治者,其惟知反于己身者乎?(《吕·先

不出户,知天下;不窥牖,见天道。其出弥远,其知弥少。(《老》四七章)

除了这三条之外,没有一条可说是"同"于《老子》的了。试再举几条顾先生所谓"同"于《老子》的例子来看看:

(7)道也者,视之不见,听之不闻,不可为状。有知不见之见,不闻之闻,无状之状者,则几于知之矣。道也者,至精也,不可为形,不可为名。强为之,谓之太一。(《吕·大乐》篇)

视之不见名曰夷,听之不闻名曰希,搏之不得名曰微。此三者不可致诘,故混而为一。其上不皦,其下不昧,绳绳不可名,复归于无物。是谓无状之状,无物之象。是为惚恍。……(《老》十四章)

有物混成,先天地生。寂兮寥兮,独立不改,周行而不殆,可以为天下母。吾不知其名,字之曰道,强为之名曰大。(《老》二五章)

(8)天地大矣,生而弗子,成而弗有,万物皆被其利而莫知其所由始。(《吕·贵公》篇)

全乎万物而不宰,泽被天下而莫知其所自始。(《吕·审分》篇)

万物作焉而不辞,生而不有,为而不恃。(《老》十二章)

生之畜之,生而不有,为而不恃,长而不宰。(《老》十章)

大道泛兮其可左右,万物恃之而生而不辞,功成不名有,衣养万物而不为主。(《老》三四章)

(9)天下,重物也,而不以害其生,又况于它物乎?惟不以天下害其生者也,可以托天下。(《吕·贵生》篇)

故贵以身为天下,若可寄天下。爱以身为天下,若可托天下。(《老》十三章)

(适按,《老子》此章以有身为大患,以无身为无患,与《贵生》篇义正相反。但《吕》书《不侵》篇也曾说:"天下轻于身,而士以身为人。以身为人者如此其重也!"必须有此一转语,《吕》

书之意方可明了。)

这几条至多只可以说是每条有几个字眼颇像今本《老子》罢了。此外的十多条,都是这样的单辞只字的近似,绝无一条可说是"同"于《老子》,或"甚相似"。如《行论》篇说:

> 诗曰,"将欲毁之,必重累之。将欲踣之,必高举之"。其此之谓乎?

顾先生说,"这两句诗实在和《老子》三十六章太吻合了"。《老子》三十六章说:

> 将欲歙之,必固张之。将欲弱之,必固强之。将欲废之,必固兴之。将欲夺(《韩非·喻老》篇作取)之,必固与之。是谓微明。

两段文字中的动词,没有一个相同的,我们可以说是"吻合"吗?吕书明明引"诗曰",高诱注也只说是"逸诗",这本不成问题。颉刚说,

> 若认为取自《老子》,那是犯了以后证前的成见。(《史学年报》四,页二三)

这是颉刚自己作茧自缚。从高诱以来,本无人"认为取自《老子》"的。

又如《吕氏春秋·任数》篇引申不害批评韩昭侯的话:

> 何以知其聋? 以其耳之聪也。何以知其盲? 以其目之明也。何以知其狂? 以其言之当也。

这是当时论虚君政治的普通主张,教人主不要信任一己的小聪明。此篇的前一篇(《君守》)也有同样的语句:

> 故有以知君之狂也,以其言之当也。有以知君之惑也,以其言之得也。君也者,以无当为当,以无得为得者也。故善为君者无识,其次无事。有识则有不备矣。有事则有不恢矣。

若以《吕》书引申不害为可信,我们至多可以说:《君守》篇的一段是用《任数》篇申不害的话,而稍稍变动其文字,引伸其意义。然而颉刚说:

> 这一个腔调与《老子》十二章所云"五色令人目盲,五音令人耳聋,五味令人口爽,驰骋田猎令人心发狂"甚相似。

这几段文字那有一点相似？难道《老子》书中有了目盲耳聋，别人就不会再说目盲耳聋了吗？说了目盲耳聋，就成了《老子》腔调了吗？

这样看来，颉刚说的《老子》五千言有三分之二被吸收在《吕氏春秋》里，是不能成立的。依我的检查，《吕氏春秋》的语句只有三条可算是与《老子》很相同的（"大器晚成"条，"祸兮福之所倚"条，《君守》篇"不出户而知天下"条）；此外，那四十多条，至多不过有一两个字眼的相同，都没有用作证据的价值。

第三，我们要问：《吕氏春秋》里有这三条与《老子》很相同的文字，还偶有一些很像套用《老子》字眼的语句，但都没有明说是引用《老子》，——从这一点上，我们能得到何种结论吗？

我的答案是：

（1）《吕氏春秋》既没有什么"引书例"，那三条与今本《老子》很相合的文字，又都是有韵之文，又都有排比的节奏，最容易记忆，著书的人随笔引用记忆的句子，不列举出处，这一点本不足引起什么疑问，至少不够引我们到"那时还没有今本《老子》"的结论。因为我们必须先证明"那时确没有今本《老子》"，然后可以证明"《吕氏春秋》中的那三段文字确不是引用《老子》"。不然，那就又成了"丐辞"了。

（2）至于那些偶有一句半句或一两个字眼近似《老子》的文字，更不够证明什么了。颉刚自己也曾指出《淮南子》的《原道训》"把《老子》的文辞，成语，和主义融化在作者自己的文章之中，而不一称'老子曰'。然而他写到后来，吐出一句'故老聃之言曰，天下之至柔驰骋天下之至坚，出于无有，入于无间，吾是以知无为之有益'"（《史学年报》四，页十六）。颉刚何不试想，假使《原道》一篇的前段每用一句《老子》都得加"老子曰"，那还成文章吗？我们试举上文所引《吕氏春秋》的第（8）例来看看：

> 天地大矣，生而弗子，成而弗有，万物皆被其利而莫知其所由始。

假定这种里面真是套了《老子》的"生而不有，为而不恃"，请问：如果此文的作者要想标明来历，他应该如何标明？他有什么法子可以这样标明？颉刚所举的五十条例子，所谓"同"，所谓"义合"，所谓"甚相似"，至多不过是这样把《老子》的单辞只字"融化在作者自己的文章之中"，在行文的需要上，决没有逐字逐句标明"老子曰"的道理，也决没有逐字逐句标明来历的方法。所以我说，这些例子都不够证明什么。如果他们能证明什么，至多只能够暗示他们套用了《老子》的单辞只字，或套用了《老子》的腔调而已。李侯佳句往往似阴铿，他虽不明说阴铿，然而我们决不能因此证明阴铿生在李白之后。

顾先生此文的后半，泛论战国后期的思想史，他的方法完全是先构成一个"时代意识"，然后用这"时代意识"来证明《老子》的晚出。这种方法的危险，我在前面第（三）（四）两节已讨论过了。

6 我已说过，我不反对把《老子》移后，也不反对其他怀疑《老子》之说。但我总觉得这些怀疑的学者都不曾举出充分的证据。我这篇文字只是讨论他们的证据的价值，并且评论他们的方法的危险性。中古基督教会的神学者，每立一论，必须另请一人提出驳论，要使所立之论因反驳而更完备。这个反驳的人就叫做"魔的辩护士"（Advocatus diaboli）。我今天的责任就是要给我所最敬爱的几个学者做一个"魔的辩护士"。魔高一尺，希望道高一丈。我攻击他们的方法，是希望他们的方法更精密；我批评他们的证据，是希望他们提出更有力的证据来。

至于我自己对于《老子》年代问题的主张，我今天不能细说了。我只能说：我至今还不曾寻得老子这个人或《老子》这部书有必须移到战国或战国后期的充分证据。在寻得这种证据之前，我们只能延长侦查的时期，展缓判决的日子。

怀疑的态度是值得提倡的。但在证据不充分时肯展缓判断（Suspension of judgement）的气度是更值得提倡的。

1933 年元旦改稿

（原载 1933 年 5 月北京大学哲学会《哲学论丛》第一集，

1933 年 5 月著者书店出版单行本）

附录一　与钱穆先生论《老子》问题书

胡　适

宾四先生：

去年读先生的《向歆父子年谱》，十分佩服。今年在《燕京学报》第七期上读先生的旧作《关于〈老子〉成书年代之一种考察》，我觉得远不如《向歆谱》的谨严。其中根本立场甚难成立。我想略贡献一点意见，请先生指教。

此文的根本立场是"思想上的线索"。但思想线索实不易言。希腊思想已发达到很"深远"的境了，而欧洲中古时代忽然陷入很粗浅的神学，至近千年之久。后世学者岂可据此便说希腊之深远思想不当在中古之前吗？又如佛教之哲学已到很"深远"的境界，而大乘末流沦为最下流的密宗，此又是最明显之例。试即先生所举各例，略说一二事。如云：

> 《说卦》"帝出于震"之说，……其思想之规模，条理，及组织，盛大精密，皆逊《老子》，故谓其书出《老子》后，袭《老子》语也。以下推断率仿此。

然先生已明明承认《大宗师》已有道先天地而生的主张了。"仿此推断"，何不可说"其书出《老子》后，袭《老子》语也"呢？

又如先生说：

> 以思想发展之进程言，则孔、墨当在前，老、庄当在后。否则老已先发道为帝先之论，孔、墨不应重为天命天志之说。何者？思想上之线索不如此也。

依此推断，老、庄出世之后，便不应有人重为天命天志之说了吗？难道二千年中之天命天志之说，自董仲舒、班彪以下，都应该排在老、庄以前吗？

这样的推断，何异于说"几千年来，人皆说老在庄前，钱穆先生不应说老在庄后，何者？思想上之线索不如此也？"

先生对于古代思想的几个重要观念，不曾弄明白，故此文颇多牵强之论。如天命与天志当分别而论。天志是墨教的信条，故墨家非命；命是自然主义的说法，与尊天明鬼的宗教不能并存。（后世始有

"司命"之说，把"命"也做了天鬼可支配的东西。）

当时思想的分野：老子倡出道为天地先之论，建立自然的宇宙观，动摇一切传统的宗教信仰，故当列为左派。孔子是左倾的中派，一面信"天何言哉？四时行焉，百物生焉"的自然无为的宇宙论，又主"存疑"的态度，"知之为知之，不知为不知"，"未能事人，焉能事鬼"，皆是左倾的表示；一面又要"祭如在，祭神如神在"，则仍是中派。孔、孟的"天"与"命"，皆近于自然主义；"莫之为而为，莫之致而致"，皆近于老、庄。此孔、孟、老、庄所同，而尊天事鬼的宗教所不容。墨家起来拥护那已动摇的民间宗教，稍稍加以刷新，输入一点新的意义，以天志为兼爱，明天鬼为实有，而对于左派中派所共信的命定论极力攻击。这是极右的一派。

思想的线索必不可离开思想的分野。凡后世的思想线索的交互错综，都由于这左、中、右三线的互为影响。荀卿号称儒家，而其《天论》乃是最健全的自然主义。庄子蔽于天而不知人，其《大宗师》一篇已是纯粹宗教家的哀音，已走到极右的路上去了。

《老子》书中论"道"，尚有"吾不知其名，字之曰道，强为之名曰大"的话，是其书早出最强有力之证。这明明说他初得着这个伟大的见解，而没有相当的名字，只好勉强叫他做一种历程，——道——或形容他叫做"大"。

这个观念本不易得多数人的了解，故直到战国晚期才成为思想界一部分人的中心见解。但到此时期，——如《庄子》书中，——这种见解已成为一个武断的原则，不是那"强为之名"的假设了。

我并不否认"《老子》晚出"之论的可能性。但我始终觉得梁任公、冯芝生与先生诸人之论证无一可使我心服。若有充分的证据使我心服，我决不坚持《老子》早出之说。

匆匆草此，深盼
指教。

胡　适　廿，三，十七

（原载 1932 年 5 月 7 日《清华周刊》第 37 卷第 9、10 期合刊，又收入 1933 年 3 月朴社出版的《古史辨》第 4 册）

附录二 致冯友兰先生书

胡 适

芝生吾兄：

承你寄赠《中国哲学史讲义》一八三页，多谢多谢。连日颇忙，不及细读，稍稍翻阅，已可见你功力之勤，我看了很高兴。将来如有所见，当写出奉告，以酬远道寄赠的厚意。

今日偶见一点，不敢不说。你把《老子》归到战国时的作品，自有见地；然讲义中所举三项证据，则殊不足推翻旧说。第一，"孔子以前，无私人著述之事"，此通则有何根据？当孔子生三岁时，叔孙豹已有三不朽之论，其中"立言"已为三不朽之一了。他并且明说"鲁有先大夫曰臧文仲，既没，其言立"。① 难道其时的立言者都是口说传授吗？孔子自己所引，如周任之类，难道都是口说而已？至于邓析之书，虽不是今之传本，岂非私人所作？故我以为这一说殊不足用作根据。

第二，"《老子》非问答体，故应在《论语》、《孟子》后"。此说更不能成立。岂一切非问答体之书，皆应在《孟子》之后吗？《孟子》以前的《墨子》等书岂皆是后人假托的？况且"非问答体之书应在问答体之书之后"一个通则又有什么根据？以我所知，则世界文学史上均无此通则。《老子》之书韵语居多，若依韵语出现于散文之前一个世界通则言之，则《老子》正应在《论语》之前。《论语》、《檀弓》一类鲁国文学始开纯粹散文的风气，故可说纯散文起于鲁文学，可也；说其前不应有《老子》式的过渡文体，则不可也。

第三，"《老子》之文为简明之'经'体，可见其为战国时之作品"。此条更不可解。什么样子的文字才是简明之"经"体？是不是格言式的文体？孔子自己的话是不是往往如此？翻开《论语》一看，

---

① 编者按："远流本"此处有胡适按语："适按，文仲死在文公十年（617）。叔孙豹说此话在襄公二十四年（549）。《释文》说：今俗本皆作'其言立于世'。检元熙以前本，则无'于世'二字。"

其问答之外,是否章章如此?"巧言,令色,鲜矣仁";"道千乘之国,敬事而信,节用而爱人,使民以时";"行夏之时,乘殷之辂,服周之冕"……这是不是"简明之'经'体"?

怀疑《老子》,我不敢反对;但你所举的三项,无一能使我心服,故不敢不为它一辩。推翻一个学术史上的重要人,似不是小事,不可不提出较有根据的理由。

任公先生所举证据,张怡荪兄曾有驳文,今不复能记忆了。今就我自己所能见到之处,略说于此。任公共举六项:

(一)孔子十三代孙能同老子的八代孙同时。此一点任公自己对我说,他梁家便有此事,故他是大房,与最小房的人相差五六辈。我自己也是大房,我们族里的排行是"天德锡祯祥,洪恩育善良"十字,我是"洪"字辈,少时常同"天"字辈人同时;今日我的一支已有"善"字辈了,而别的一支还只"祥"字辈。这是假定《史记》所记世系可信。何况此两个世系都大可疑呢?

(二)孔子何以不称道老子?我已指出《论语》"以德报怨"一章是批评老子。此外"无为而治"之说也似是老子的影响。

(三)《曾子问》记老子的话与《老子》五千言精神相反。这是绝不了解老子的话。老子主张不争,主张柔道,正是拘谨的人。

(四)《史记》的神话本可不论,我们本不根据《史记》。

(五)老子有许多话太激烈了,不像春秋时人说的。试问邓析是不是春秋时人?做那《伐檀》、《硕鼠》的诗人又是什么时代人?

(六)老子所用"侯王"、"王公"、"王侯"、"万乘之君"、"取天下"等字样,不是春秋时人所有。他不记得《易经》了吗?《蛊》上九有"不事王侯"。《坎》象辞有"王公设险",《离》象辞有"离王公也"。孔子可以说"千乘之国",而不许老子说"万乘之君",岂不奇怪?至于"偏将军"等官名,也不足据。《汉书·郊祀志》不说"杜主,故周之右将军"吗?

以上所说,不过略举一二事,说明我此时还不曾看见有把《老子》挪后的充分理由。

至于你说,道家后起,故能采各家之长。此言甚是。但"道家"乃是秦以后的名词,司马谈所指乃是那集众家之长的道家。老子、庄子的时代并无人称他们为道家。故此言虽是,却不足推翻《老子》之早出。

以上所写,匆匆达意而已,不能详尽,甚望指正。

近日写《中古哲学史》,已有一部分脱稿,拟先付油印,分送朋友指正。写印成时,当寄一份请教。

胡　适　十九,三,二十夜

（原载 1931 年 6 月 8 日天津《大公报·文学》副刊第 178 期,又收入 1933 年 3 月朴社出版的《古史辨》第 4 册）

校勘学方法论
序陈垣先生的《元典章校补释例》*

陈援庵先生（垣）在这二十多年之中，搜集了几种很可宝贵的《元典章》钞本；民国十四年故宫发见了元刻本，他和他的门人曾在民国十九年夏天用元刻本对校沈家本刻本，后来又用诸本互校，前后费时半年多，校得沈刻本讹误衍脱颠倒之处凡一万二千余条，写成《元典章校补》六卷，又补阙文三卷，改订表格一卷。（民国二十年北京大学研究所国学门刊行）《校补》刊行之后，援庵先生又从这一万二千多条错误之中，挑出一千多条，各依其所以致误之由，分别类例，写成《元典章校补释例》六卷。我和援庵先生做了几年的邻舍，得读《释例》最早，得益也最多。他知道我爱读他的书，所以要我写一篇《释例》的序。我也因为他这部书是中国校勘学的一部最重要的方法论，所以也不敢推辞。

校勘之学起于文件传写的不易避免错误。文件越古，传写的次数越多，错误的机会也越多。校勘学的任务是要改正这些传写的错误，恢复一个文件的本来面目，或使他和原本相差最微。校勘学的工作有三个主要的成分：一是发现错误，二是改正，三是证明所改不误。

发现错误有主观的，有客观的。我们读一个文件，到不可解之处，或可疑之处，因此认为文字有错误：这是主观的发现错误。因几种"本子"的异同，而发现某种本子有错误：这是客观的。主观的疑

---

* 《元典章校补释例》六卷，新会陈垣著，中央研究院历史语言研究所专刊之一，定价二元。

难往往可以引起"本子"的搜索与比较;但读者去作者的时代既远,偶然的不解也许是由于后人不能理会作者的原意,而未必真由于传本的错误。况且错误之处未必都可以引起疑难,若必待疑难而后发现错误,而后搜求善本,正误的机会就太少了。况且传写的本子,往往经"通人"整理过;若非重要经籍,往往经人凭己意增删改削,成为文从字顺的本子了。不学的写手的本子的错误是容易发现的,"通人"整理过的传本的错误是不容易发见的。试举一个例子为证。坊间石印《聊斋文集》附有张元所作《柳泉蒲先生墓表》,其中记蒲松龄"卒年八十六"。这是"卒年七十六"之误,有《国朝山左诗钞》所引墓表,及原刻碑文可证。但我们若单读"卒年八十六"之文,而无善本可比较,决不能引起疑难,也决不能发见错误。又《山左诗钞》引这篇墓表,字句多被删节,如云:

〔先生〕少与同邑李希梅及余从父历友结郢中诗社。

此处无可引起疑难;但清末国学扶轮社铅印本《聊斋文集》载墓表全文,此句乃作:

与同邑李希梅及余从伯父历视友,旋结为郢中诗社。(甲本)

依此文,"历视"为从父之名,"友"为动词,"旋"为"结"之副词,文理也可通。石印本《聊斋文集》即从扶轮社本出来,但此本的编校者熟知《聊斋志异》的掌故,知道"张历友"是当时诗人,故石印本墓表此句改成下式:

与同邑李希梅及余从伯父历友亲,旋结为郢中诗社。(乙本)

最近我得墓表的拓本,此句原文是:

与同邑李希梅及余从伯父历友、视旋诸先生结为郢中诗社。(丙本)

视旋是张履庆,为张历友(笃庆)之弟,其诗见《山左诗钞》卷四十四。他的诗名不大,人多不知道"视旋"是他的表字;而"视旋"二字出于《周易》履卦,"视履考祥,其旋元吉",很少人用这样罕见的表字。甲本校者竟连张历友也不认得,就妄倒"友视"二字,而删"诸先生"三字,是为第一次的整理。乙本校者知识更高了,他认得"张历友",而不认得"视旋",所以他把"视友"二字倒回来,而妄改"视"为"亲",用作动词,是为第二次的整理。此两本文理都可通,虽少有疑难,都可用主观的论断来解决。倘我们终不得见此碑拓本,我们终不能发见甲乙两本的真错误。这个小例子可以说明校勘学的性质。校勘的需要起于发现错误,而错误的发现必须倚靠不同本子的比较。古人称此学为"校雠",刘向《别录》说:"一人读书,校其上下得谬误,为校;一人持本,一人读书,若怨家相对,为雠。"其实单读一个本子,"校其上下",所得谬误是很有限的;必须用不同的本子对勘,"若怨家相对",一字不放过,然后可以"得谬误"。

改正错误是最难的工作。主观的改定,无论如何工巧,终不能完全服人之心。《大学》开端"在亲民",朱子改"亲"为"新",七百年来,虽有政府功令的主持,终不能塞反对者之口。校勘学所许可的改正,必须是在几个不同的本子之中,选定一个最可靠或最有理的读法。这是审查评判的工作。我所谓"最可靠"的读法,当然是最古底本的读法。如上文所引张元的聊斋墓表,乙本出于甲本,而甲本又出于丙本,丙本为原刻碑文,刻于作文之年,故最可靠。我所谓"最有理"的读法,问题就不能这样简单了。原底本既不可得,或所得原底本仍有某种无心之误,(如韩非说的郢人写书而多写了"举烛"二字,如今日报馆编辑室每日收到的草稿),或所得本子都有传写之误,或竟无别本可供校勘,——在这种情形之下,改正谬误没有万全的方法。约而言之,最好的方法是排比异同各本,考定其传写的先后,取其最古而又最近理的读法,标明各种异读,并揣测其所以致误的原因。其次是无异本可互勘,或有别本而无法定其传授的次第,不得已而假定一个校者认为最近理的读法,而标明原作某,一作某,今定作某是根据何种理由。如此校改,虽不能必定恢复原文,而保守传本的真相以待后人的论定,也可以无大过了。

改定一个文件的文字,无论如何有理,必须在可能的范围之内提出证实。凡未经证实的改读,都只是假定而已,臆测而已。证实之法,最可靠的是根据最初底本,其次是最古传本,其次是最古引用本文的书。万一这三项都不可得，而本书自有义例可寻，前后互证，往往也可以定其是非，这也可算是一种证实。此外，虽有巧妙可喜的改读，只是校者某人的改读，足备一说，而不足成为定论。例如上文所举张元墓表之两处误字的改正，有原刻碑文为证，这是第一等的证实。又如《道藏》本《淮南内篇·原道训》："是故鞭噬狗，策蹄马，而欲教之，虽伊尹、造父弗能化。欲宾之心亡于中，则饥虎可尾，何况狗马之类乎？"这里"欲宾"各本皆作"欲害"。王念孙校改为"欲宾"。他因为明刘绩本注云"古肉字"，所以推知刘本原作"宾"字，只因草书"害"字与"宾"相似，世人多见"害"，少见"宾"，故误写为"害"。这是指出所以致误之由，还算不得证实。他又举二证：(1)《吴越春秋·勾践阴谋外传》，"断竹续竹，飞土逐宾"，今本宾作害；(2)《论衡·感虚》篇，"厨门木象生肉足"，今本《风俗通义》肉作害，害亦宾之误。这都是类推的论证，因《论衡》与《吴越春秋》的"宾"误作"害"，可以类推《淮南书》也可以有同类的误写。类推之法由彼例此，可以推知某种致误的可能，而终不能断定此误必同于彼误。直到顾广圻校得宋本果作"欲宾"，然后王念孙得一古本作证，他的改读就更有力了。因为我们终不能得最初底本，又因为在义理上"欲害"之读并不逊于"欲肉"之读（《文子·道原》篇作"欲害之心忘乎中"），所以这种证实只是第二等的，不能得到十分之见。又如《淮南》同篇："上游于霄霓之野，下出于无垠之门。"王念孙校，"无垠"下有"鄂"字。他举三证：(1)《文选·西京赋》"前后无有垠鄂"的李善注："《淮南子》曰，出于无垠鄂之门。许慎曰，垠鄂，端崖也。"(2)《文选·七命》的李善注同。(3)《太平御览》地部二十："《淮南子》曰，下出乎无垠鄂之门。高诱曰，无垠鄂，无形之貌也。"这种证实，虽不得西汉底本，而可以证明许慎、高诱的底本如此读，这就可算是第一等的证实了。

所以校勘之学无处不靠善本：必须有善本互校，方才可知谬误；必须依据善本，方才可以改正谬误；必须有古本的依据，方才可以证实所改的是非。凡没有古本的依据，而仅仅推测某字与某字"形似而误"，某字"涉上下文而误"的，都是不科学的校勘。以上三步工夫,是中国与西洋校勘学者共同遵守的方法,运用有精有疏,有巧有拙,校勘学的方法终不能跳出这三步工作的范围之外。援庵先生对我说,他这部书是用"土法"的。我对他说:在校勘学上,"土法"和海外新法并没有多大的分别。所不同者,西洋印书术起于十五世纪,比中国晚了六七百年,所以西洋古书的古写本保存的多,有古本可供校勘,是一长。欧洲名著往往译成各国文字,古译本也可供校勘,是二长。欧洲很早就有大学和图书馆,古本的保存比较容易,校书的人借用古本也比较容易,所以校勘之学比较普及,只算是治学的人一种不可少的工具,而不成为一二杰出的人的专门事业。这是三长。在中国则刻印书流行以后,写本多被抛弃了;四方邻国偶有古本的流传,而无古书的古译本;大学与公家藏书又都不发达,私家学者收藏有限,故工具不够用,所以一千年来,够得上科学的校勘学者,不过两三人而已。

中国校勘之学起原很早,而发达很迟。《吕氏春秋》所记"三豕涉河"的故事,已具有校勘学的基本成分。刘向、刘歆父子校书,能用政府所藏各种本子互勘,就开校雠学的风气。汉儒训注古书,往往注明异读,是一大进步。《经典释文》广收异本,遍举各家异读,可算是集古校勘学之大成。晚唐以后,刻印的书多了,古书有了定本,一般读书人往往过信刻板书,校勘之学几乎完全消灭了。十二世纪晚期,朱子斤斤争论《程氏遗书》刻本的是非;十三世纪之初,周必大校刻《文苑英华》一千卷,①在自序中痛论"以印本易旧书,是非相乱"之失,又略论他校书的方法;彭叔夏作《文苑英华辨证》十卷,详举他们校雠的方法,清代校勘学者顾广圻称为"校雠之楷模"。彭叔夏在自序中引周必大的话:

  校书之法,实事是正,多闻阙疑。

他自己也说:

  叔夏年十二三时,手抄太祖皇帝实录,其间云:"兴衰治□之源",阙一字,意谓必是"治乱"。后得善本,乃作"治忽"。三

---

① 编者按:"远流本"此处补有胡适按语:"适按,周必大死在1204。"

>折肱为良医,信知书不可以意轻改。

这都是最扼要的校勘方法论。所以我们可以说,十二三世纪之间是校勘学的复兴时代。

但后世校书的人,多不能有周必大那样一个退休宰相的势力来"遍求别本",也没有他那种"实事是正,多闻阙疑"的精神,所以十三世纪以后,校勘学又衰歇了。直到十七世纪方以智、顾炎武诸人起来,方才有考订古书的新风气。三百年中,校勘之学成为考证学的一个重要工具。然而治此学者虽多,其中真能有自觉的方法,把这门学问建筑在一个稳固的基础之上的,也不过寥寥几个人而已。

纵观中国古来的校勘学所以不如西洋,甚至于不如日本,其原因我已说过,都因为刻书太早,古写本保存太少;又因为藏书不公开,又多经劫火,连古刻本都不容易保存。古本太缺乏了,科学的校勘学自不易发达。王念孙、段玉裁用他们过人的天才与功力,其最大成就只是一种推理的校勘学而已。推理之最精者,往往也可以补版本的不足。但校雠的本义在于用本子互勘,离开本子的搜求而费精力于推敲,终不是校勘学的正轨。我们试看日本佛教徒所印的弘教书院的《大藏经》及近年的《大正新修大藏经》的校勘工作,就可以明白推理的校勘不过是校勘学的一个支流,其用力甚勤而所得终甚微细。

陈援庵先生校《元典章》的工作,可以说是中国校勘学的第一伟大工作,也可以说是中国校勘学的第一次走上科学的路。前乎此者,只有周必大、彭叔夏的校勘《文苑英华》差可比拟。我要指出援庵先生的《元典章校补》及《释例》有可以永久作校勘学的模范者三事:第一,他先搜求善本,最后得了元刻本,然后用元人的刻本来校元人的书;他拼得用极笨的死工夫,所以能有绝大的成绩。第二,他先用最古刻本对校,标出了所有的异文,然后用诸本互校,广求证据,定其是非,使我们得一个最好的,最近于祖本的定本。第三,他先求得了古本的根据,然后推求今本所以致误之由,作为"误例"四十二条,所以他的"例"都是已证实的通例:是校后归纳所得的说明,不是校前所假定的依据。此三事都足以前无古人,而下开来者,故我分开

详说如下:

第一,援庵先生是依据同时代的刻本的校勘,所以是科学的校勘,而不是推理的校勘。沈刻《元典章》的底本,乃是间接的传钞本,沈家本跋原钞本说,"此本纸色分新旧:旧者每半页十五行,当是影钞元刻本;新者每半页十行,当是补钞者,盖别一本"。但他在跋尾又说:"吾友董绶金赴日本,见是书,据称从武林丁氏假钞者。"若是从丁氏假钞的,如何可说是"影钞元刻本"呢?这样一部大书,底本既是间接又间接的了,其中又往往有整几十页的阙文,校勘的工作必须从搜求古本入手。援庵先生在这许多年中,先后得见此书的各种本子,连沈刻共有六本。我依他的记载,参以沈家本原跋,作成此书底本源流表:

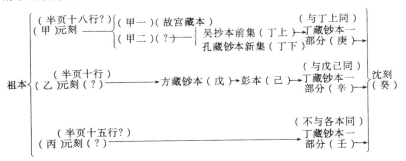

援庵先生的校补,全用故宫元刻本(甲一)作根据,用孔本(丁下)补其所阙祭祀门,又用各本互校,以补这两本的不足。因为他用一个最初的元刻本来校一部元朝的书,所以能校得一万二千条的错误,又能补得阙文一百零二页之多!试用这样伟大的成绩,比较他二十年前"无他本可校"时所"确知为伪误者若干条",其成绩的悬绝何止百倍?他在本书第四十三章里,称此法为"对校法",他很谦逊的说:

> 此法最简便,最稳当,纯属机械法;其主旨在校异同,不校是非,故其短处在不负责任:虽祖本或别本有讹,亦照式录之。而其长处则在不参己见;得此校本,可知祖本或别本之本来面目。故凡校一书,均须先用对校法,然后再用其他校法。

他又指出这个法子的两大功用：

  一、有非对校不知其误者，以其表面上无误可疑也。例如：

元关本钱二十定　　元刻作　　二千定

大德三年三月　　元刻作　　五月

  二、有知其误，非对校无以知为何误者。例如：

每月五十五日　　元刻作　　每五月十五日。

此外，这个对校法还有许多功用，如阙文，如错简，如倒叶，如不经见的人名地名或不经见的古字俗字，均非对校无从猜想。故用善本对校是校勘学的灵魂，是校勘学的唯一途径。向来学者无力求善本，又往往不屑作此种"机械"的笨工作，所以校勘学至今不曾走上科学的轨道。援庵先生和他的几位朋友费了八十日的苦工，从那机械的对校里得着空前的大收获，使人知道校书"必须先用对校法"，这是他奠定新校勘学的第一大功。

  第二，他用无数最具体的例子来教我们一个校勘学的根本方法，就是：先求得底本的异同，然后考定其是非。是非是异文的是非，没有异文，那有是非？向来中国校勘学者，往往先举改读之文，次推想其致误之由，最后始举古本或古书引文为证。这是不很忠实的记载，并且可以迷误后学。其实真正校书的人往往是先见古书的异文，然后定其是非；他们偏要倒果为因，先列己说，然后引古本异文为证，好像是先有了巧妙的猜测，而忽得古本作印证似的！所以初学的人，看惯了这样的推理，也就以为校勘之事是应该先去猜想而后去求印证的了！所以我们可以说，古来许多校勘学者的著作，其最高者如王念孙、王引之的，也只是教人推理的法门，而不是校书的正轨；其下焉者，只能引学者走上舍版本而空谈校勘的迷途而已。校勘学的不发达，这种迷误至少要负一部分的责任。援庵先生的《校补》，完全不用这种方法，他只根据最古本，正其误，补其阙；其元刻误而沈刻不误者，一概不校；其有是非不易决定者，姑仍其旧。他的目的在于恢复这书的元刻本来面目，而不在于炫示他的推理的精巧。至于如何定其是非，那是无从说起的。他的一部《释例》，只是对我们说：要懂得元朝的书，必须多懂得元朝的特殊的制度，习俗，语言，文字。这就是说：要懂得一个时代的书，必须多懂得那个时代的制度，习俗，语言，文字。那是个人的学问知识的问题，不是校勘学本身的问题。校勘的工作只是严密的依据古本，充分的用我们所用的知识学问来决定那些偶有疑问的异文的是非，要使校定的新本子至少可以比得上原来的本子，甚至于比原来的刻本还更好一点。如此而已！援庵先生的工作，不但使我们得见《元典章》的元刻的本来面目，还参酌各本，用他的渊博的元史知识，使我们得着一部比元刻本更完好的《元典章》。这是新校勘学的第一大贡献。

第三，援庵先生的四十二条"例"，也是新校勘学的工具，而不是旧校勘学的校例。校勘学的"例"只是最普通的致误之由。校书所以能有通例，是因为文件的误写都由写人的无心之误，或有心之误；无心之误起于感官（尤其是视官）的错觉；有心之误起于有意改善一个本子而学识不够，就以不误为误。这都是心理的现象，都可以有心理的普通解释，所以往往可以归纳成一些普通致误的原因，如"形似而误"，"涉上文而误"，"两字误为一字"，"一字误分作两字"，"误收旁注文"等等。彭叔夏作《文苑英华辨证》，已开校例之端。王念孙《读淮南内篇》的第二十二卷，是他的自序，①"推其致误之由"，②列举普通误例四十四条，又因误而失韵之例十八条，逐条引《淮南子》的误文作例子。后来俞樾作《古书疑义举例》，其末三卷里也有三十多条校勘的误例，逐条引古书的误文作例子。俞樾在校勘学上的成绩本来不很高明，所以他的"误例"颇有些是靠不住的，而他举的例子也往往是很不可靠的。例如他的第一条"两字义同而衍例"，就不成一条通例，因为写者偶收旁注同义之字，因而误衍，或者有之；而无故误衍同义之字，是很少见的。他举的例子，如硬删《周易》履六三"跛能履，不足以与行也"的"以"字；如硬删《左传》隐元年"有文在其手曰为鲁夫人"的"曰"字；如硬删《老子》六十八章"是谓配天古之极"的"天"字，都毫无底本的根据，硬断为"两字义同而衍"，都是

---

① 编者按："远流本"此处补有"作于嘉庆二十年乙亥（1815）"一语。
② 编者按："远流本"此处补有"则传写讹脱者半，冯意妄改者亦半也"一语。

臆改古书,不足为校勘学的误例。王念孙的六十多条"误例",比俞樾的高明多了。他先校正了《淮南子》九百余条,然后从他们归纳出六十几条通例,故大体上都还站得住。但王念孙的误例,分类太细碎,是一可议;《淮南》是古书,古本太少,王氏所校颇多推理的校勘,而不全有古书引文的依据,是二可议;论字则草书隶书篆文杂用,论韵则所谓"古韵部"本不是严格的依据,是三可议。校勘的依据太薄弱了,归纳出来的"误例"也就不能完全得人的信仰。

所谓"误例",不过是指出一些容易致误的路子,可以帮助解释某字何以讹成某字,而绝对不够证明某字必须改作某字。前人校书,往往引一个同类的例子,称为"例证",是大错误。俞樾自序《古书疑义举例》,说:"使童蒙之子习知其例,有所据依,或亦读书之一助乎?"这正是旧日校勘家的大病。例不是证,不够用作"据依"。而浅人校书随意改字,全无版本的根据,开口即是"形似而误","声近而误","涉上文而误",好像这些通常误例就可证实他们的臆改似的!中国校勘学所以不上轨道,多由于校勘学者不明"例"的性质,误认一个个体的事例为有普遍必然性的律例,所以他们不肯去搜求版本的真依据,而仅仅会滥用"误例"的假依据。

援庵先生的《释例》所以超越前人,约有四端:第一,他的校改是依据最古刻本的,误是真误,故他的"误例"是已证实了的误例。第二,他是用最古本校书,而不是用"误例"校书;他的"误例"是用来"疏释"已校改的谬误的。第三,他明明白白的说他的校法只有四个,此外别无用何种"误例"来校书的懒法子。第四,他明说这些"误例"不过是用来指示"一代语言特例,并古籍窜乱通弊"。他所举的古书窜乱通弊不过那最普通的七条(十二至十八),而全书的绝大部分,自第十九例以下,全是元代语言特例,最可以提醒我们,使我们深刻的了解一代有一代的语言习惯,不可凭借私见浅识来妄解或妄改古书。他这部书的教训,依我看来,只是要我们明白校勘学的最可靠的依据全在最古的底本;凡版本不能完全解决的疑难,只有最渊博的史识可以帮助解决。书中论"他校法"一条所举"纳失失"及"竹忽"两例是最可以供我们玩味的。

我们庆贺援庵先生校补《元典章》的大工作的完成，因为我们承认他这件工作是"土法"校书的最大成功，也就是新的中国校勘学的最大成功。

二十三，十，八

（原载 1934 年《国学季刊》第 4 卷第 3 号。又收入
1934 年 10 月出版的陈垣《元典章校补释例》）

胡适文存四集　卷二

论《牟子理惑论》
寄周叔迦先生书两封

1 叔迦先生：

前承先生赏饭，因事不能到，想能蒙先生原谅。

今日细读大作《牟子丛残》，佩服之至。梁任公先生的《辨伪》，未免太粗心，殊为贤者之累。如云此书"一望而知为两晋、六朝乡曲人不善属文者所作"，这真是冤枉之至了！《理惑论》文字甚明畅谨严，时时作有韵之文，也都没有俗气。此书在汉魏之间可算是好文字。任公大概先存伪书之见，不肯细读耳。先生考得交州牧为朱符，因证明原序中"牧弟豫章太守为笮融所杀"即是朱隽之子朱皓，这是一大发现。任公不曾细考，遂以为文义不相属。至于原序是谁所作，先生断为苍梧太守所作，似不然。原序是牟子自述，似不用疑。鄙意以为原书旧题大概是"苍梧牟子博传"，而后人误加"太守"二字。先生驳任公的几点，我皆赞同。只有第二点或有可讨论之处。王度说汉、魏皆禁汉人不得出家，此语不应无所据。鄙意以为《理惑论》中所说"沙门"，皆不曾明说是中国人。所说"被赤布，日一食"，固像印度人；而"取贱卖贵，专行诈绐"，必是指印度商人。大概南方海道来的"沙门"，不限于受戒的僧侣；而"好酒浆，畜妻子，取贱卖贵"的印度商人，在中国人看来，也都叫做"沙门"；而不知这种人虽皈依佛教，却和那些"日一食，闭六情"的和尚大不相同。

或者极南方的中国人先有出家做沙门的，而王度所说只指北中国而言。

此意不知有可取否，乞指教。

　　　　　　　　　　　　　　　　　　胡适　二十，三，二十六

2

叔迦先生：

前读大著《牟子丛残》，曾寄一书，略表敬意。今天读《三国志》，又替先生寻得一证，不敢不奉告。

先生说交州刺史朱符是朱儁之子，或是他的侄子。此说根据有三：

（1）《后汉书·陶谦传》：笮融杀豫章太守朱皓。

（2）又《朱儁传》：子皓，官至豫章太守。

（3）《吴志·士燮传》：交州刺史朱符为夷贼所杀。

先生综合此三事，用来解释牟子自序中"牧弟为豫章太守，为中郎将笮融所杀"一语，断定交州牧为朱符，于是这一篇自序传遂成为有历史可证的文字。此序有了历史的证实，于是全部《理惑论》也成为可信的史料了。

此事关键在于两点：（一）牟子时的州牧是否朱符，（二）朱符是否朱儁的子侄。今天我读《吴志·薛综传》，见薛综上孙权疏，叙交州民俗史事最详，记后汉末年交州之乱尤详，其中云：

> 又故刺史会稽朱符多以乡人虞褒、刘彦之徒分作长吏，侵虐百姓，强赋于民。黄鱼一枚，收稻一斛。百姓怨叛，山贼并出，攻州突郡，符走入海，流离丧亡。

此刘彦即是牟子自序中州牧"遣骑都尉刘彦将兵赴之"的刘彦，可证当时州牧为朱符。

又朱符是会稽人，朱儁正是会稽上虞人；我们虽不能确证他是朱儁的子侄，但似无可疑了。又《儁传》称朱皓"亦有才行"；《吴志·刘繇传》注引《献帝春秋》，许子将谓繇曰，"朱文明（皓）善推诚以信人"。可见皓之为人）据薛综所记，朱符是个无才行的贪官，故《儁传》不载。

匆匆报告，乞赐教正。

胡适　二十，五，七

顷草一书，意有未尽，又补一页。

《薛综传》云："少依族人，避地交州，从刘熙学。"综是沛郡竹邑人。又《程秉传》云:"程秉,汝南南顿人也,逮事郑玄;后避乱交州,与刘熙考论大义,遂博通五经。"又《士燮传》云:"燮(时为交趾太守)体器宽厚,谦虚下士,中国士人往依避难者以百数。"陈国、袁徽与荀彧书曰:"交趾士府君处大乱之下,保全一郡二十余年,疆场无事,民不失业。羁旅之徒皆蒙其庆。"此皆可证牟子自序中"灵帝崩后,天下扰乱,独交州差安,北方异人咸来在焉"的话。刘熙当即是作《释名》之北海刘熙,也是避乱交州的一位学者。此又可补前人所未考。

又《士燮传》云:"燮兄弟并为列郡,(士壹领合浦,士䵋领九真,士武领海南)雄长一州,偏在万里,威尊无上,鸣钟磬,备具威仪,笳箫鼓吹,车骑满道。胡人夹毂焚烧香者,常有数十。"试想交趾的"胡人"是不是印度、波斯的商人? 这些夹毂焚香的胡人即是牟子所见的"剃头发,被赤布","耽好酒浆,或畜妻子,取贱卖贵,专行诈绐"的"沙门"也。

胡适

又《刘繇传》及裴注均记笮融杀朱皓事。

《诸葛亮传》,"从父玄,为袁术所署豫章太守。玄将亮及亮弟均之官。会汉朝更选朱皓代玄,玄素与荆州牧刘表有旧,往依之。"裴注引《献帝春秋》曰:"初豫章太守周术病卒,刘表上诸葛玄为豫章太守,治南昌。汉朝闻周术死,遣朱皓代玄。皓从扬州太守刘繇求兵击玄,玄退屯西城,皓入南昌。建安二年正月,西城民反,杀玄,送首诣繇。"

(原载1931年8月《北平图书馆馆刊》第5卷第4号)

陶弘景的《真诰》考

这是我整理《道藏》的第一次尝试,敬献给蔡孑民先生六十五岁生日纪念论文集。

1933,4,10

1 陶弘景的《真诰》分七篇,共二十卷:

运题象第一,分四卷,记杨羲和许多"真灵"会遇的故事。

甄命授第二,分四卷,记众"真灵"的训戒,"诠导行学,诫厉愆怠"。

协昌期第三,分二卷,记众真所说"修行条领,服御制度"。

稽神枢第四,分四卷,记道教的地理,"区贯山水,宣叙洞宅"。

阐幽微第五,分二卷,"并鬼神宫府官司氏族,明形识不灭,善恶无遗"。

握真辅第六,分二卷,"此卷是三君(杨羲,许谧,许翙),在世自所记录,及书疏往来,非《真诰》之例"。

翼真检第七,分二卷,为"《真诰》叙录"也,"非《真诰》之例"。

这二十卷中,"其十六卷是真人所诰,四卷是在世记述"。七篇之题目是陶弘景"仰范纬候,取其义类,以三言为题"。

在《叙录》里,陶弘景说:

《真诰》者,真人口噯之诰也,犹如佛经皆言佛说。而顾玄平谓为"真迹",当言真人之手书迹也,亦可言真人之所行事迹也。若以手书为言,真人不得为隶字。若以事迹为目,则此迹不在真人尔,且书此之时未得称"真"。既于义无旨,故不宜为号。

此段不但说明书名的意义,并且使我们知道此书旧有顾玄平的本子,原题为"真迹"。"真诰"之书名乃是陶弘景改作此书后新题的。顾玄平即是顾欢(《南史》七五,顾欢一字玄平,死时约当485年),①是一个有大名的道士,隐居于剡天台山,

> 晚节服食,不与人通。每旦出户,山鸟集其掌取食。事黄老道,解阴阳书,为术数多效验。(《南齐书》五四)

顾欢曾著《夷夏论》,很偏袒道教,他说:

> 佛道齐乎达化,而有夷夏之别。……理之可贵者,道也;事之可贱者,俗也。舍华效夷,义将安取?若以道耶?道固符合矣。若以俗耶?俗则大乖矣。

他答袁粲的驳论,曾说:

> 佛道实贵,故戒业可遵。戎俗实贱,故言貌可弃。

这都是有意的排斥佛教里的外国成分;这种思想最可代表当日的道教运动的思想背景。道教运动的意义只是要造出一个国货的道教来抵制那外来的佛教,要充分采纳佛教的"道",而充分排斥佛教里的"戎俗"。《顾欢传》中说他讲《老子》可以捉精魅,又教人恭敬《孝经》,可以治邪病(《南史》七五)。据陶弘景的记载,顾欢曾抄写道教经典,又到处访求道经。他答袁粲论中极力夸道教的伟大:

> 神仙是大化之总称,非穷妙之至名。至名无名,其有名者二十七品:仙变成真,真变成神,或谓之圣,各有九品。品极则入空寂,无为无名。(《南史》七五,《南齐书》五四)

他编纂的《真迹》,即是记一些仙真降授杨羲的事迹。

陶弘景的侄儿陶翊也说:

> 《真诰》一秩七卷,并是晋兴宁中众真降授杨许手书遗迹。顾居士已撰,多有漏谬,更诠次叙注之尔。(《华阳隐居本起录》)

这是陶弘景生时所记,也与本书《叙录》互相印证。在《叙录》中,我

---

① 编者按:"远流本"此处补有胡适按语:"适按:永明元年,世祖征顾欢为太学博士,不就。485为永明三年,或稍早。他死在永明前期,则无可疑。他墓上木连理,地方官图表上,世祖尚存。"

们还可以考见顾欢《真迹》的大致体例。如云：

> 按众真辞旨皆有义趣，或诗或戒，互相酬配。而顾所撰《真迹》，枝分类别，各为部卷，致语用乖越，不复可领。今并还依本事弁日月纸墨相承贯者，以为诠次。

又如云：

> 按此书所起，以真降为先，然后众事继述。真降之显在乎九华（九华是书中下嫁杨羲的紫清上宫九华真妃，姓安，故书中又称安妃），而顾撰最致末卷。

又如云：

> 先生（书中称"先生"者为许迈，小名映，后改名玄，字远游，王羲之的朋友，《晋书》八十有传）事迹未近"真"阶，尚不宜预在此部。而顾遂载王右军父子书传（王羲之作许迈传，事见于《晋书》八十。传文似即《云笈七签》一○六所收之《许迈传》，其文甚佳，不似平常道士追记之作），并于事为非。又以安记（即安妃下降事）第一，省除许传，别充外书神仙之例。惟先生成仙之后与弟书一篇（此书载于《云笈七签》一○六《许迈传》之末）留在下卷（现在《真诰握真辅》卷二，今本颇多割裂，当用《七签》本校之）。

我们看这几条，可见陶弘景改动顾欢的《真迹》的情形。

《叙录》又说：

> 又按起居《宝神》及《明堂》梦祝述叙诸法，十有余条，乃多是抄经，而无正首尾，犹如日芒月象玄白服雾之属。而顾独不撰用，致令遗逸。今并诠录，各从其例。

此处所指《宝神经》中起居修法，及《明堂玄真上经》祝法，现均收在《真诰》第三篇中。依上条所记，这一篇中的材料大概全是顾本所无，是陶弘景加入的。《叙录》又说：

> 又《真诰》凡有紫书大字者，皆隐居（陶弘景自称"华阳隐居"）别抄取三君手书经中杂事各相配类，共为证明。诸经既非聊尔可见，便于例致隔。今同出在此，则易得寻究。

这又是他增添的部分，分量当不少。现在原书的"紫书大字"都一律变成了墨书,也就无从辨别了。又第六篇中的材料,一部分是顾本所有,一部分是陶氏所添,这也是《叙录》中承认的。

这样看来,陶本《真诰》虽是源出于顾本《真迹》,已有了很大的改动,又有很多部分是陶弘景增添的。

2　《真诰》所记众真灵降授的话,据陶弘景说都是杨羲所记;其中有授许长史(许谧,又名穆)及许掾(许翙,小名玉斧)的话,都是杨羲转达的。据《真诰》末卷所附"真胄世谱",

> 许谧死于晋孝武宁康元年。(373),
>
> 许翙死时年三十,约当太和五年。(370);
>
> 杨羲死年不可考,所记众真降授之年为哀帝兴宁三年(365)。

这都是四世纪的人物。顾欢死于五世纪晚期,已在他们之后一百多年了。陶弘景与顾欢先后同时,[①]而年辈更晚;他生于宋孝建三年(456)。死于梁武帝大同二年(535)。他的侄儿陶翊做他的《本起录》,是一部同时人的传记,其中有这样的记载:

> 先生以甲子乙丑丙寅(484—486)三年之中,就兴世馆主东阳孙游狱(死于489)咨禀道家符图经法。虽相承皆是真本,而经历模写,意所未惬者,于是更博访远近以正之。

这是道教中的"求经"事业。

> 戊辰年(488)始往茅山,便得杨、许手书真迹,欣然感激。至庚午年(490)又启假东行浙越,处处寻求灵异。至会稽大洪山谒居士娄慧明(贾嵩《陶隐居内传》及《真诰·叙录》皆作楼惠明),又到余姚太平山谒居士杜京产,又到始宁兆山(《真诰》作岲山)谒法师(《内传》不知此是女子,误作"沙门")钟义山,又到始丰天台山谒诸僧标(《真诰》作朱,此似误作诸),及诸处宿旧道士,并得真人遗迹十余卷。

[①]　编者按:"远流本"此处补有胡适按语:"适按,顾欢死在齐世祖(武帝)永明中,约在485,即永明三年。"

《本起录》所记经本来源，皆与《真诰·叙录》相印证。

当时"求经"的运动起于什么动机呢？原来东晋晚期，有两大组道教新经典出现于江左，其一组为葛洪的后人葛巢甫所传出的《灵宝经》，《真诰·叙录》中所谓"葛巢甫造构《灵宝》，风教大行"是也。另一组为杨羲与许家父子祖孙所传出的《上清大洞真经》以及附属的符箓图经等。杨羲自称是南岳魏夫人下降亲授与他的，他用隶字写出，传与二许，更由许翙的儿子许黄民（《叙录》中称"许丞"）传授下去。后来又有一个王灵期，传得许黄民的钞本道经，放手改削增饰，传写于世，"流布京师及江东数郡，略无人不有"。宋、齐之间，经典大出，人人说是杨、许所传真本。顾欢与陶弘景也都是写经造经之人，他们要尊崇他们自己所传的经典，所以都要造作一部传经故事的书。顾氏的《真迹》就是这样的一部书，陶氏的《真诰》也是这样的一部书。

顾欢是宋、齐两朝的一位大名士。陶弘景要改造他的书，不能不抬出更有力的根据来。所以陶弘景不能不东奔西走，到处搜求所谓杨、许三人的手书真迹。他自负有鉴别法书的特别眼力，一见就能辨别手稿的真伪。他说：

> 隐居昔见张道恩善别法书，叹其神识。今睹三君迹，一字一画，便望影悬了。自思非智艺所及，特天假此监，令有以显悟尔（《华阳陶隐居集》有与梁武帝往复诸启，皆是考辨晋人手书真迹的讨论，可以参看）。

在那个很早的时期，在那个考证校勘之学未成立的时期，陶弘景编纂《真诰》的方法真是很可以吓倒人的精密的考订方法！看此书开卷第一行的校勘：

> 琼林蔚萧森□（原注）"此一字被墨浓黰不复可识。正中抽一脚出下，似是羊字，其人名权"。

这是何等谨严的校勘记！以下常有这样的校记：

> 右三条，杨君草书于纸上。
>
> 右二条，有长史（许谧）写。
>
> 右一条，杨书，又有长史写。
>
> 右一条，杨书，后被割不尽。

> 右八条,杨书,又有掾(许翙)写。

这样详细记载材料的性质,使人不能不感觉编书者的科学的精神!

他在《叙录》里详细标出他的方法,如云:

> 又按三君手书,今既不摹,则混写无由分别,故各注条下。若有未见真手,不知是何君书者,注云"某书"。又有四五异手书,未辨为同时使写,为后人更写。既无姓名,不证真伪。今并撰录,注其条下,以甲乙丙丁各甄别之。

如云:

> 又按三君手书作字有异今世者。……鬼魔字皆作摩,净洁皆作盛洁,盛贮皆作请贮。凡大略如此,亦不可备记。恐后人以世手传写,必随世改动,故标示其例,令相承谨按尔。

> 又按三君书字有不得体者,于理乃应治易,要宜全其本迹,不可从实暗改,则浇流散乱,不复固真。今并朱郭疑字而注其下。

这都是最谨严的校勘方法。

用这样精密谨严的方法来编纂一部记天神仙女降授的语言,这是最矛盾的现象。这书里的材料,自从开卷记仙女萼绿华事以下,自然全是鬼话。用最谨严的方法来说鬼话,虽不能改变鬼话的性质,倒也可以使一般读者觉得方法这样谨严的人应该不至于说谎作伪!所以我们看了陶弘景的校订方法那么自觉的谨严,真不能不格外疑心他或者是一个"读书万余卷"的大傻子,或者是一个"好著述,尚奇异"的大骗子。他自己著有《周氏冥通记》,记一个十九岁的道士周子良感降仙真的事,性质与《真诰》最相像。我们可以悬想那个中古时代的迷信空气里,那样出类拔萃的学者也不能完全逃出这种迷信的势力。陶弘景的母亲郝氏就是一个最虔诚的佛教弟子,他自幼就生养在那佛教、道教混合的空气里,所以他大概真心相信周氏冥通的故事,也真心相信仙真降授杨、许的故事。在这一方面,我们可以说他不过是一个博学的愚人。这是最忠厚的看法。但他又恐怕别人不相信他的记载,所以有心做出那一大套的校勘考订的架子来,抬高那些鬼话的可信的程度。在这一点上,即使他是被宣传教义的虔诚心所驱使,他总不能逃避有心诈欺的罪名。

这就是说，陶弘景相信那旧本记载的众仙真降授的故事，那也许是时代的影响，不完全是他的过失；可是他有心要把一大堆鬼话编成一部道教传经始末的要典，所以特别夸炫他的材料如何真实，方法如何谨严，这就是存心欺诈了。

3

《真诰》为传经而作，其著作动机即有诈欺性质，已如上述。今举一组最无可疑的证据，使人更明白此书的编撰者确是有意作伪。

《真诰》全书多是半通半不通的鬼话，很少可读的部分。但其中第二篇（《甄命授》）的第二卷里忽然有十几条很有趣味的文字，也都是最尊贵的"高真"说的议论。我读这十几条时，觉得文字怪顺口，好像是我曾经念熟的，可是我一时想不起在那里见过。后来我重读到"恶人害贤，犹仰天而唾"一条，忽然大悟这是全抄《四十二章经》的。我检出《四十二章经》来对勘，才知道这十几条全是抄袭《四十二章经》的。四十二章之中，有二十章整个儿的被偷到《真诰》里来了！

我现在把这二十条都抄在这里，把《四十二章经》的原文也抄在这里，《真诰》里的校注也全抄在这里，请大家看看：

《真诰》	《四十二章经》（用高丽藏本）
（1）方诸青童君告曰：……视诸侯之位如过客，视金玉之宝如砖石，视纨绮如币帛者，始可谓能问道耳。	（42）佛言：吾视诸侯之位如过客，视金玉之宝如砾石，视甐素之好如弊帛。
（2）方诸青童君曰：人之为道，……喻牛负重行泥中，疲极不敢左右顾，趣欲离泥以苏息。道士视情欲，甚于彼泥中，直心念道，可免众苦，亦得道矣。（原注：谨案上相都无降受事，唯有此二告及歌诗一首，恐未必是杨君亲所瞻奉受记也。）	（41）佛言：诸沙门行道，当如牛负重行深泥中，疲极不敢左右顾，趣欲离泥以自苏息。沙门观情欲甚于彼泥，直心念道，可免众苦。

（3）西城王君告曰：夫人离三恶道得为人，难也。既得为人，去女为男，难也。既得为男，六情四体完具，难也。六情既具，得生中国，难也。既处中国，值有道父母国君，难也。既得值有道之君，生学道之家，有慈仁善心，难也。善心既发，信道德长生者，难也。既信道德长生，值太平壬辰之运为难也。可不勖哉？

（4）太上问道人曰：人命在几日间？或对曰，在数日之间。太上曰，子未能为道。或对曰，人命在饭食之间。太上曰，子去矣，未谓为道。或曰，在呼吸之间。太上曰，善哉，可谓为道者矣！吾昔闻此言，今以告子。子善学道，庶可免此呼吸。

弟子虽去吾教（原注：教应作校字，皆犹差悬也）千万里，心存吾戒，必得道矣。研玉经宝书，必得仙也。处吾左侧者，意在邪行，终不得道也。

人之为道，读道经行道事者，譬若食蜜，遍口皆甜，六腑皆美，而有余味。能行如此者，得道矣。（原注：上宰亦无降杨事。）

（5）太虚真人南岳赤君告曰：人有众恶而不自悔，顿止其心，罪来赴身，如川归海，日成深广耳。有恶知非，悔过从善，罪灭善积，亦得道也。

（36）佛言：人离三恶道，得为人难。既得为人，去女即男难。既得为男，六情完具难。六根已具，生中国难。既处中国，值奉佛道难。既奉佛道，值有道之君难。既值有道之君，生菩萨家难。既生菩萨家，以心信三尊值佛世难。

（37）佛问诸沙门，人命在几间？对曰，在数日间。佛言，子未能为道。复问一沙门，人命在几间？对曰，在饭食间。佛言，子未能为道。复问一沙门，人命在几间？对曰，呼吸之间。佛言，善哉！子可谓为道者矣。

（38）佛言：弟子去吾数千里，意念吾戒，必得道。在吾左侧，意在邪，终不得道。

（39）佛言：人为道犹若食蜜，中边皆甜，吾经亦尔。其义皆快，行者得道矣。

（4）佛言：人有众过而不自悔，顿止其心，罪来归身，犹水归海，自成深广矣。有过知非，改恶得善，罪日消灭，后会得道也。

（6）又告曰：恶人害贤，犹仰天而唾，唾不洿天，还洿己刑（原注：刑字应作形）；逆风扬尘，尘不洿彼，还灌其身。道不可毁，祸必灭己。	（7）恶人害贤者，犹仰天而唾，唾不污天，还污己身；逆风扮人，尘不污彼，还扮己身。贤者不可毁，祸必灭己也。
（7）太虚真人曰：饭凡人百，不如饭一善人。饭善人千，不如饭一学道者。寒栖山林者，益当以为意。（原注：赤君亦无复别授事。）	（9）佛言：饭凡人百，不如饭一善人。饭善人千，不如饭持五戒者一人。饭持五戒者万人，不如饭一须陀洹。……
（8）紫元夫人告曰：天下有五难：贫穷惠施，难也；豪富学道，难也；制命不死，难也；得见洞经，难也；生值壬辰后圣世，难也。	（10）佛言：天下有五难：贫穷布施难，豪贵学道难，制命不死难，得睹佛经难，生值佛世难。
（9）我昔问太上，何缘得识宿命？太上答曰：道德无形，知之无益。要当守志行道，譬如磨镜，垢去明存，即自见形。断六情，守空净，亦见道之真，亦知宿命矣。	（11）有沙门问佛，以何缘得道，奈何知宿命？佛言：道无形，知之无益。要当守志行，譬如磨镜，垢去明存，即自见形。断欲守空，即见道真，知宿命矣。
（10）紫微夫人告曰：为道者譬彼持火入冥室中，其冥即灭，而明独存。学道存正，愚痴即灭，而正常存也。	（14）佛言：夫为道者，譬如持炬火入冥室中，其冥即灭，而明犹在。学道见谛，愚痴都灭，得无不见。
财色之于己也，譬彼小儿贪刀刃之蜜，其甜不足以美口，亦即有截舌之患。	（20）佛言：财色之于人，譬如小儿贪刀刃之蜜，甜不足一食之美，然有截舌之患也。
（11）玄清夫人告曰：夫人系于妻子宝宅之患，甚于牢狱桎梏。牢狱桎梏会有原赦，而妻子情欲虽有虎口之祸（原注：有此一异手写本无此十九字，恐是脱漏），已犹甘心投焉，其罪无赦。	（21）佛言：人系于妻子宝宅之患，甚于牢狱桎梏。银铛牢狱有原赦，妻子情欲虽有虎口之患，己犹甘心投焉，其罪无赦。

情累于人也,犹执炬火逆风行也。愚者不释炬,火必烧手。贪欲恚怒愚痴之毒(原注:又阙此十五字,于辞有不应尔。贪嗔痴所谓三毒),处人身中,不早以道除斯祸者,必有危殆,愚痴者火烧手之谓也。

为道者犹木在水,寻流而行,亦不左触岸,亦不右触岸,不为人所取,不为鬼神所遮,又不腐败,吾保其入海矣。人为道,不为秽欲所惑,不为众邪所诳,精进不疑,吾保其得道矣。

(12)南极夫人曰:人从爱生忧,忧生则有畏,无爱则无忧,无忧则无畏。

昔有一人,夜诵经甚悲,悲至意感,忽有怀归之哀。太上真人忽作凡人径往问之:子尝弹琴耶?答曰,在家时尝弹之。真人曰:弦缓何如?答曰,不鸣不悲。又问:弦急何如?答曰,声绝而伤悲。又问:缓急得中如何?答曰,众音妙合,八音奏矣。真人曰:学道亦然。执心调适,亦如弹琴,道可得矣。

爱欲之大者莫大于色,其罪无外,其事无赦。赖其有一;若复有二,普天之民莫能为道者也。

(23)爱欲之于人,犹执炬火逆风而行,愚者不释炬,必有烧手之患。贪淫恚怒愚痴之毒,处在人身,不早以道除斯祸者,必有危殃,犹愚贪执炬自烧其手也。

(25)佛言:夫为道者犹木在水,寻流而行,不左触岸,亦不右触岸,不为人所取,不为鬼神所遮,不为洄流所住,亦不腐败,吾保其入海矣。人为道,不为情欲所惑,不为众邪所诳,精进无疑,吾保其得道矣。

(31)佛言:人从爱欲生忧,从忧生畏。无爱则无忧,不忧即无畏。

(33)有沙门夜诵经甚悲,意有悔疑,欲生思归。佛呼沙门问之:汝处于家将何修为?对曰,恒弹琴。佛言,弦缓何如?曰,不鸣矣。弦急何如?曰,声绝矣。急缓得中何如?对曰,诸音普矣("矣"字丽本作"悲"。此从宋元本)。佛言:学道犹然。执心调适,道可得矣。

(22)爱欲莫甚于色。色之为欲,其大无外。赖有一矣。假其二,普天之民无能为道者!

(13) 有人恶我者,我不纳恶,恶自归己。将祸而归身中,犹景(原注:应作影字)响之随形声矣。

右众灵教戒所言。

按此三男真,二女真,并高真之尊贵者,降集甚希。恐此是诸降者叙说其事,犹如秋分日瑶台四君吟耳,非必亲受杨君也。

(6) 有人闻佛道守大仁慈,以恶来,以善往,故来骂佛。佛默然不答,愍之痴冥狂愚使然。骂止,问曰:"子以礼从人,其人不纳,宝(此从宋元本。丽本作实)礼如之乎?"曰,"持归"。"今子骂我,我亦不纳,子自持归,祸子身矣。犹响应声,影之追形,终无免离。慎为恶也。"

〔附注〕经文各条上的数目字是我依高丽藏本的次第加上去的。这次第与通行本稍不同。

以上十三条(其实是二十条)全抄《四十二章经》,这是毫无可疑的。陶弘景的校注及跋语都是很分明的,要我们相信这十三条都不是他补做的,都是他根据旧有的写本转写的。在这十三条之后几行,又有一条校注:

从前卷"有待"歌诗十篇接戒来至此,凡八纸,并更手界纸书。后截半行书字,即是杨书"净睹天地"行。此前当并有杨续书,后人更写别续之耳,所以前脱三十四字。杨所书,今未知何事。

这一条校语很可怪。此中有不很可解的字句,但大意是很明白的:陶弘景要告诉我们,从《有待》歌诗至此,凡八纸(古人写书用纸计算,一纸往往可写二三千字),没有杨羲的手稿,是"更手"书写的。然而我们翻看此十三条以前,各条皆注明"杨书",或"长史书",或"掾书",都很分明,只有这十三条未注明有杨、许写本。这十三条既是"更手"写的,既无杨、许写本可校,那么,上文第十一条脱文两处,一处十九字,一处十五字,共三十四字,又是用什么本子校补的呢?陶弘景在那两处脱文之下注的很奇怪,一处他说:

有此一异手写本无此十五字,恐是脱漏。

然则不止一个"更手"写本,还有一个"异手写本"可供校勘了。另一处他说:

> 又阙此十五字,于辞有不应尔。

上文说"恐是脱漏",此处说"于辞有不应尔",这又像是说,无别本可校,只是陶弘景揣摹文义,补足这三十四字的了。究竟这校补的三十四字是依据别本呢?还是因为陶氏觉得"于辞有不应尔"而补足的呢?

其实他既无"异手写本"可据,也不是揣摩文义"于辞有不应尔"。他依据的是当时的一部《四十二章经》,他校补的三十四个字都与现存最古本《四十二章经》完全符合。最可注意的是他校补的脱文内的"贪嗔痴三毒"也正是佛家的术语。他自抄,自阙,自校,自补,又自己做出那种故设迷阵的注语来欺一世与后世的读者。这两段脱文的校补是最无可疑的铁证,证明了陶弘景不仅仅自己补足了这三十四个字的脱文,他简直是这二十条的作伪者。他采取了《四十二章经》的二十章,把"佛言"都改作了道教高真的话,文字也有了极微细的改动,又故意加上了两个误字的校勘,和两处脱文的校补,——摆出他的十足的谨严方法的架子——使人知道他是有所本的。然而《四十二章经》是久已流行的佛书,尽管颠倒次第,尽管改佛为仙真,尽管改窜文字,终不免有被人搜出娘家的危险。所以陶弘景不敢把这生吞活剥的二十条归到杨、许的真迹,也不敢说是顾欢旧本所有,只说了许多迷离恍惚的鬼话,好像连他自己也不很相信似的!这样的费大劲绕大湾子,岂非作伪心劳日拙吗?

《四十二章经》有后汉译本,见于梁僧祐所见的"旧录"。桓帝延熹九年(166)襄楷上书引"桑下不三宿"及"革囊盛血"二事,似是引用旧本《四十二章经》。后汉末年牟子博作《理惑论》,也提及此经。隋费长房《历代三宝记》又著录吴支谦译的一部《四十二章经》,注云:"第二出,与摩腾译者小异,文义允正,辞句可观。"此支谦译本(或改本)似即是现存的本子。《高僧传》的《竺法兰传》说他与摄摩腾同来,他所译的五部经,

> 四部失本,不传江左。唯《四十二章经》今见在,可二千余言。汉地见存诸经,唯此为始也。

汤锡予先生(用彤)疑心当时江左所传本即是支谦本。然考费长房

所记,似当时实有"小异"的两种本子。陶弘景生于佛教的家庭,他又是博学的人,不见得不曾读过此经。大概他受了此经的文字的引诱,决心要把经中要义改成道教高真的训戒,所以他一口气偷了二十章。他的博学高名,他的谨严的校订方法,都使人不疑心他作伪,所以这二十条居然经过了一千四百年没有被人侦查出来!

其实整部《道藏》本来就是完全赃赃,偷这二十短章又何足惊怪!我所以详细叙述这二十章的窃案,只是要人看看那位当年"脱朝服挂神虎门","辞世绝俗"的第一流博学高士的行径也不过是如此而已。

1933,3,29 夜写完
3,30 夜改定
4,9 日改定末段

参考书目:

陶弘景:《真诰》,《道藏》本,《道藏辑要》本。

又　《周氏冥通记》,《道藏》本。

陶翊:《华阳隐居先生本起录》,《云笈七签》一〇七。

贾嵩:《华阳陶隐居内传》,《道藏》本,叶德辉《观古堂汇刻书》本。

《云笈七签》卷三至卷四(叙《灵宝》《上清》两系道经始末);又卷五(李渤的《真系》);又卷一〇六(《许迈传》,《杨羲传》)。

《四十二章经》,缩刷《大藏经》(藏字五)本。(金陵刻经处及其他流行本改窜太多,不可用。)

《南齐书》卷五四;又《南史》卷七五。(《顾欢传》)

后　记

昨夜傅孟真先生告诉我,陈寅恪先生说朱子语录中也曾指出《真诰》有抄袭《四十二章经》之处。我听了很高兴,就检出《朱子语类》的"老氏"、"释氏"两卷查看,在《释氏》一卷中(卷百二六)检得这一条:

　　……道书中有《真诰》,末后有《道授》篇,却是窃《四十二章经》之意为之。……

此条是辅广所录,他似未覆检《真诰》原书,故有小误两点:抄袭《四十二章经》的一篇名"甄俶授",不称"道授篇";其篇第在七篇之第二,不在"末后"。朱子说此篇是"窃《四十二章经》之意为之",也是不曾细考,其实是囫囵盗窃《四十二章经》的文字,不仅是窃其意旨而已。

我在本文里曾说陶弘景偷了这二十条,居然经过了一千四百年没有被人侦探出来。现在得此一条,始知我的一位同乡先哲在七百多年前已侦探出这一件窃案了。我很感谢陈寅恪先生的指示。

记此条后,我又想《四库提要》也许有考证《真诰》的话,因检《提要》子部道家类《真诰》条(卷一四六)下,果然也引《朱子语录》云:

> 《真诰·甄命》篇却是窃佛家《四十二章经》为之。至如地狱托生妄诞之说皆是窃佛教中至鄙至陋者为之。

此条即是上文我引的辅广录的一条,而显然有妄改妄删之处:"道授篇"改为"甄命篇",此是覆检《真诰》篇名而改语录原文的;又删去"窃《四十二章经》之意为之"一句中"之意"二字。此条下文"至如地狱托生妄诞之说"一段,似是朱子泛论道书,不是论《真诰》,故下文说:

> 某尝谓其徒曰:自家有个大宝珠被他窃去了,却不照管,亦都不知,却去他墙根壁角窃得个破瓶破罐用,此甚好笑!

《提要》误把这段泛论也认作考订《真诰》的了。

《提要》又引黄伯思《东观余论》云:

> 《真诰》"众灵教戒"条后方圆诸条,皆与佛《四十二章经》同,后人所附。

今检《津逮秘书》本《东观余论》卷下,有"跋《真诰》众灵教戒条后"一则,其文云:

> 此下方围诸条,皆与佛《四十二章经》同,恐后人所附益,非杨、许书。

"方围诸条",《提要》妄改为"方圆诸条"。"方围"大概是黄伯思校读后用笔作"方围"钩出的诸条。黄伯思死于政和八年(1118),又远在朱子之前了。

据李纲的《黄公墓志铭》,黄伯思"广读佛书,恍若有悟,遂笃好之;尝作《西方净土发愿记》,以述见闻及家世归依之意,甚详。将没之夕,沐浴易衣西向修念佛三昧而逝"。但他"亦好道家之言,自号云林子,别字霄宾。其再至京师,梦人告之曰:'子非久人间。上帝有命,典司文翰。'觉而书之册。不逾月,遂谢世"。他既好道,又信佛;既想替道教的上帝典司文翰,又要修"念佛三昧",想往生西方净土。这个人最像陶弘景,所以他最佩服陶弘景,《东观余论》中论及《真诰》的有六条之多,其《跋崇宁所书〈真诰〉册后》云:

> 《真诰》所载杨、许三公往反书牍,语存而迹逸,深可嗟慨,故聊书之,殊愧词翰不伦也。然予书格本出魏晋,知者观之亦可以求古人之笔意。丙戌岁(1106)三月二十日书。

又《跋所书〈真诰〉数纸后》云:

> 数日夜旦考校,殊无间功,今日已竟,灯前观陶华阳《真诰》,戏书此数条。吾于书字,比今人差知古意,非于汉魏晋诸人书中游心者不爱。大观戊子(1108)八月十九日夜。

又《跋陶隐居书后》云:

> 陶隐居书故自入流,其在华阳,得杨、许三真君真迹最多而学之,故萧远澹雅若其为人。……政和乙未岁(1115)。

我们读这几条,可知黄伯思深信陶弘景确曾得着杨、许三君的手书真迹,只可惜"语存而迹逸",所以他自己有时还想在六百年后追想他们的笔意,另写一种《真诰》本!

因为他深信陶弘景,所以他不疑《众灵教戒》诸条是陶弘景伪作的,他只说"恐后人所附益,非杨、许书"。这就是说,此诸条是与《四十二章经》全同,但抄来附益是在杨、许之后,陶弘景之前。黄伯思也被陶弘景的校语欺骗了:他相信《真诰》是陶弘景根据杨、许真迹的原本,不过这些众灵教戒非杨、许书,恐是后人所附益,而陶弘景不曾删去的。《四库提要》妄删"非杨、许书"一句,就失去黄氏的本意了。

1933,5,10

(原载1935年1月《国立中央研究院历史语言研究所集刊·庆祝蔡元培先生六十五岁论文集》下册)

《四十二章经》考

《四十二章经》的真伪是曾经成为问题的。梁任公先生有《〈四十二章经〉辨伪》一文,说此经撰人应具下列三条件:

(一)在大乘经典输入以后,而其人颇通大乘教理者。
(二)深通老庄之学,怀抱调和释道思想者。
(三)文学优美者。

他说:"故其人不能于汉代译家中求之,只能向三国、两晋著作家中求之。"

梁先生引费长房《历代三宝记》云:

《旧录》云:"本是外国经抄,元出大部,撮要引俗,似此《孝经》十八章。"

他又引僧祐《出三藏集记》云:

《四十二章经》,"《旧录》云,'孝明皇帝四十二章',安法师所撰录阙此经。"

梁先生结论云:

道安与苻坚同时,安既不见此经,则其出固在东晋之中晚矣。

汤锡予先生(用彤)论此事,曾说:

梁氏断定汉代未有《四十二章经》之翻译,则似亦不然。盖桓帝延熹九年,襄楷诣阙上书,内引佛道有曰"浮屠不三宿桑下",似指《四十二章经》内"树下一宿"之言。疏谓"天神遗浮屠以好女,浮屠曰,此但革囊盛血"。而《经》亦云"天神献玉女于佛,佛云革囊众秽,尔来何为"。据此则襄楷之疏似引彼经。

然襄疏所引文字朴质,现存之经文辞华茂。梁氏据此,谓非汉人译经所可办。则是亦可有说。

盖《开元录》,载孙吴支谦亦译《四十二章经》一卷。并注言"文义允正,辞旨可观"。则是经乃前后有二译:一则出于汉桓帝以前,为襄楷所见。一则译自支谦,想即现存之本。后人误传,标为汉译,故其文笔不似出汉人手也。

东晋道安经录未列入《四十二章经》,而祐录著录者,则亦有其说。盖《高僧传》曰,竺法兰所译,唯《四十二章经》流行江左。江左为支谦译经所在地,故僧祐、慧皎均得见之,而道安未至江左,未见支译,故未著录。是汉译此经必在此前已罕见,而僧祐、慧皎之时支译早误指为汉译矣。(《汉魏两晋南北朝《佛教史讲义》,页二——三)①

我相信汤锡予先生之说大致不误,所以我不怀疑《四十二章经》有汉译本,也不怀疑现存之本为支谦改译本。

前天陈援庵先生(垣)给我一封信,说:

大著……信《四十二章经》为汉译,似太过。树下一宿,草囊盛秽,本佛家之常谈。襄楷所引,未必即出于《四十二章经》。

且襄楷上书,永平诏令,皆言浮屠,未尝言佛。故袁宏《后汉记》释曰:"浮屠,佛也。"《后汉书·西域传》论言"佛道神化,兴自身毒,而二汉方志莫有称焉。张骞但著'地多暑湿,乘象而战',班勇虽列其奉浮图不杀伐,而精文善法导达之功靡所称述"。据此则范蔚宗所搜集之后汉史料实未见有佛之名词及记载。因佛之初译为浮屠或浮图,犹耶稣之初译为移鼠或夷数,谟罕默德之初译为摩诃末或麻霞勿也。今《四十二章经》不言浮屠,或浮图,而数言佛,岂初译所应尔耶?

陈先生此书有一小误。我只认《四十二章经》有汉译本(或辑本),襄楷在桓帝延熹九年上书已引用经文两事了。我并未指定现存的本子即是汉译本。

---

① 编者按:"远流本"此处补有胡适按语:"适按,汤君后来定本,已大改动。他不信竺法兰之说,以为此系后起之说。"

《四十二章经》有汉译本,似无可疑。《牟子理惑论》作于汉末,已说汉明帝"遣使者……于大月支写佛经四十二章,藏在兰台石室第十四间"。牟子博与支谦略同时(支谦译经在吴黄武元年至建兴中,西历222—235),而《理惑论》作于极南方,作者所指《四十二章经》当然是指支谦以前的本子。兰台石室之说自然是一种不足深信的传说,但此种传说也可以表示汉末的人对于此经的崇敬。

至于襄楷上书所说"浮屠不三宿桑下",及"革囊盛血"两条,其第二事的文字与今本《四十二章经》之第二十六章太相近了,故唐人注此传即引经文为注。"不三宿桑下",今本作"树下一宿,慎勿再矣。使人愚蔽者,爱与欲也"。陈援庵先生以为此二事"本佛家之常谈,襄楷所引,未必即出于《四十二章经》"。此二事在后世成为佛家常谈,然而在后汉时,似未必已成常谈;依我所知,现存汉译诸经中,除《四十二章经》外,亦无有此二事。故襄楷引此二事,虽未必即是引此经,然亦未必不即是引此经。

陈先生指出后汉人称佛皆言浮屠,或浮图,而今本《四十二章经》称佛。此是甚可注意之一点。也许襄楷所见的经文里,佛皆称浮屠,这是可能的。然而我们检查现存的一切后汉、三国的译经,从安世高到支谦,没有一部经里不是称"佛"的;没有一部经里佛称为浮屠的。难道这些译经都不可信为后汉、三国的译本吗?或者,难道这些旧译本都经过了后世佛教徒的改正,一律标准化了吗?或者,后汉时期佛教徒自己已不用浮屠、浮图、复豆等等旧译名,而早已逐渐统一,通用"佛"的名称了吗?

这三种假定的解释之中,我倾向于接受第三个解释。最明显的证据是汉末的牟子博已用"佛","佛道","佛经","佛寺","佛家"等名词,不须解释了。大概浮屠与浮图都是初期的译名,因为早出,故教外人多沿用此称。但初译之诸名,浮屠,浮图,复豆(鱼豢《魏略》作复立,《世说注》引作复豆,立是豆之误),都不如"佛陀"之名。"佛"字古音读 but,译音最近原音;况且"佛"字可单用,因为佛字已成有音无义之字,最适宜做一个新教之名;而"浮"、"复"等字皆有通行之本义,皆不可单行,"浮家"、"浮道"亦不免混淆。故诸译名之中,佛陀最合于"适者生存"的条件,其战胜旧译决非无故(试比较"基督"、"耶稣"、"天主"等字,其中只有"耶"字可以作单行的省称,"基督"、"天主"皆不能省称。"移鼠"、"夷数"之被淘汰,与此同理)。

所以我可以大胆的猜想:"佛"之名称成立于后汉译经渐多信徒渐众的时期。安世高与支娄迦谶诸人译经皆用此名,佛字就成为标准译名,也成为教中信徒的标准名称。从此以后,浮屠、浮图之称渐渐成为教外人相沿称呼佛教与佛之名,后来辗转演变,浮图等名渐失其本义而变成佛教塔寺之名。

总之,陈先生谓"范蔚宗所搜集之后汉史料实未见有佛之名词及记载",此说实不能成立。第一,现存之后汉译经无不称佛,说已见前。第二,《牟子理惑论》亦称佛,说亦已见前。第三,袁宏《后汉纪》于永平十三年楚王英条下说:"浮屠者,佛也",这还可说是晋人的话。但同书延平元年记西域事,引班勇所记身毒国"修浮图道,不杀伐,弱而畏战",其下云:

> 本传曰,西域郭俗造浮图,本佛道,故大国之众内数万,小国数千,而终不相兼并。

惠栋说,《本传》谓《东观记·西域传》也。此说如果不误,《东观记》起于明帝时,成于灵帝时,自是后汉人著作,而已有"佛道"之称了。第四,《三国志·刘繇传》记笮融

> 大起浮图祠,……可容三千余人,悉课读佛经。令界内及旁郡人有好佛者听受道,复其他役,以招致之。……每浴佛,多设酒饭,布席于路,经数十里。

此等记载,若是完全孤证,尚可说是陈寿用的新名词;但证以后汉译经与《牟子》,我们不能不承认佛之译名久已成立,故陈寿在魏、晋之间(生蜀汉建兴元年,死晋元康七年,223—297)屡用佛字,正是用后汉通用的名词记后汉的史事。——凡此四事,皆是后汉史料。其实范书《西域传论》只是说两汉方志不记佛道之"精文善法导达之功",与佛教徒所夸说的"神化"大不相同,为可疑耳。我们不当因此致疑后汉无佛之名词及记载。

现在回到《四十二章经》本题。

梁僧祐《出三藏集记》云：

  《旧录》云：孝明皇帝四十二章。安法师所撰录阙此经。

隋开皇十四年(594)法经的《众经目录》列《四十二章经》于"佛灭度后抄录集"之"西域圣贤抄集分"之下：

  四十二章一卷，后汉永平年竺法兰等译。

隋开皇十七年(597)费长房《历代三宝记》著录此经最详：

  《旧录》云："本是外国经抄，元出大部，撮要引俗，似此《孝经》一十八章。"道安录无。出《旧录》及朱士行《汉录》。僧祐《出三藏集记》又载。

梁任公先生很怀疑这部《旧录》，他以为道安以前并无著经录之人，但他又推定《旧录》殆即支敏度的《经论都录》。他说：

  考祐录《阿述达经》，《大六向拜经》两条下引"旧录"，长房录所引文全同，而称为"支录"，则凡僧祐所谓"旧录"，殆即支敏度之《经论都录》。若吾所推定不谬，则《四十二章经》之著录实自"支录"始矣(适按，长房录明说《旧录》与朱士行《汉录》均著录此经)。支敏度履历，据《内典录》云，"晋成帝时豫章沙门"，其人盖与道安同时；但安在北而彼在南，然则此书(四十二章)或即其时南人所伪撰，故敏度见之而道安未见也。

《旧录》即是支敏度的《经论都录》，梁先生的考证似无可疑。支敏度本在长安，晋成帝(326—342)时与康僧渊、康法畅同过江(见《高僧传》四)。其时道安(死385)尚在少年。支敏度的《都录》作于道安《经录》之前，故僧祐称为《旧录》。若安录以前无著经录之人，则《旧录》之称为无意义。道安之录所以笼罩群录，全在他首创新例，"铨品译才，标列岁月"(僧祐录自序中赞安录之语)，并不是因为以前无有经录。僧祐《续撰失译杂经录》自序云："寻大法运流，世移六代，撰著群录，独有安公。"此可见安录所以前无古人，在于考订群录，而不是因为他以前无著经录之人。

  今考僧祐所引《旧录》著录各经年代最晚者为晋成帝时康法邃抄集的《正譬喻经》十卷。成帝以后译的经，无有引"旧录"的。这可见《旧录》确在道安经录之前。其时北方屡遭大乱，而江左粗安，丹阳一带本是后汉的佛教中心，故保存后汉译经较多，或有支敏度见着而道安未见之本，亦不足怪（祐录多有"安录先阙"之经，并引安公自序"遭乱录散，小小错涉"以自解）。

《旧录》说此经是"撮要引俗"之作，故法经目录列为"抄录集"。道安不著录此经，也许是因为此经是"撮要引俗"之作而不是译经。此可以见安录之谨严，而不足以证明此经为道安所未见。《牟子》所记，可证后汉末年确有此经，僧祐著录此经，其下云：

> 右一部凡一卷，汉孝明帝梦见金人，诏遣使者张骞、羽林中郎将秦景到西域，始于月支国遇沙门竺摩腾，译写此经还洛阳，藏在兰台石室第十四间中。其经今传于世。

此段全用《牟子理惑论》之文。《旧录》本明说此经系"撮要引俗"之作，而僧祐过信《理惑论》，故不用《旧录》之说。费长房始全引《旧录》之说，使我们知道《旧录》也是很谨严的经录，其态度谨慎过于僧祐。僧祐经录自序中也有"孝明感梦，张骞远使，西于月支写经四十二章，韬藏兰台"的话；序中又说，"古经现在，莫先于四十二章；传译所始，靡逾张骞之使"。他这样尊崇此经，所以不能接受"撮要引俗"之说了。

费长房《经录》于支谦条下亦列有《四十二章经》，注云：

> 第二出，与摩腾译者小异，文义允正，辞句可观。见《别录》。（《大唐内典录》与《开元录》皆引此文。）

梁任公先生说，"此《别录》即支敏度之《众经别录》，其他经录无以别名者"。按《大唐内典录》第九，

> 东晋沙门支敏度《经论都录》一卷，……又撰《别录》一部。……

> 《众经别录》（二卷，未详作者，言似宋时）上卷三录：大乘经录第一，三乘通教录第二，三乘中大乘录第三。下卷七录：小乘经录第四，篇目阙本录第五，大小乘不判录第六，疑经录第七，律录第八，数录第九，论录第十。都一千八十九部，二千五百九十三卷。

长房所见《别录》，或是此录，僧祐似不曾见此录。

支谦译经部数,诸经录各不同:

僧祐录只载三十六部。

慧皎的《高僧传》只载四十九经。

长房此录有一百二十九部,合一百五十二卷。

长房自己说:

> 房广检括众家杂录,自《四十二章》以下,并是别记所显杂经,以附今录。量前传录三十六部,或四十九经,似谦自译。在后所获,或正前翻多梵语者。然纪述闻见,意体少同;目录广狭,出没多异。各存一家,致惑取舍。兼法海渊旷,事方聚滴,既博搜见闻,故备列之。而谦译经典得义,辞旨文雅(皎传作"曲得圣义,辞旨文雅"。此处"典"是"曲"之讹,又脱"圣"字),甚有硕才。

我们看长房所引"别录"记支谦《四十二章经》的话,应该注意两点:

第一,《别录》明说此是"第二出,与摩腾译者小异"。可见《别录》作者实见此经有"小异"的两个本子:其一他定为后汉译,其一他定为支谦译。

第二,《别录》明说支谦译本"文义允正,辞句可观"。这又可见他所认为后汉译本必是文辞比较朴素简陋的本子。

汤锡予先生(文引见前)指出《高僧传》说竺法兰译的《四十二章经》流行江左,其实即是支谦译本,后人误传为汉译。汤先生认现存之本即是支谦本,我很赞同;费长房已疑心他所得的支谦译经"或正前翻多梵语者",今本《四十二章》确可当"文义允正,辞句可观"之赞辞,可定为支谦改译之本。但依《别录》所记,似江左确另有旧译本,无可疑也。

1933,4,3

附录一　寄陈援庵先生书

胡　适

援庵先生:

前上短文中,有一段论现存后汉佛经均不称佛为浮屠、浮图,我提出三个解释：(1)此诸经皆非汉译？(2)皆是汉译而已经后人改正？(3)后汉佛徒已渐渐一致用"佛"之名？三说之中，我取其第三说，甚盼先生教正。

昨夜点读《弘明集》，见其第八卷中刘勰《灭惑论》引当时道士所作《三破论》云：

> 佛，旧经本云浮屠，罗什改为佛徒，知其源恶故也。所以名为浮屠，胡人凶恶，故老子云，化其始不欲伤其形，故髡其头，名为浮屠，况屠割也。至僧祐后改为佛图。本旧经云"丧门"，丧门由死灭之门，云其法无生之教，名曰丧门。至罗什又改为桑门，僧祐又改为沙门。沙门由沙汰之法，不足可称。(页十)

此种议论可证我说的"佛"字所以独被采用之故，正以浮屠等字皆有通行之别义，而佛字无义，故为最适者之生存。但《三破论》说此等新译名，皆至罗什时始改定，此似非事实。罗什译经已在五世纪之初年，岂五世纪以前之诸经皆此时所——改定者乎？又如"桑门"之名已见汉明帝诏令，岂是罗什以后所改定？又如陈寿死于罗什译经以前一百余年(297)，刘繇传中所用"佛"字岂是罗什以后人所改乎？

引此一条，可见浮屠之称虽久为佛徒所废弃，而教外人偏要沿用旧名，其中往往含有恶意的诋毁，如《三破论》所说。

先生以为如何？

胡适上　二二，四，五

附录二　陈援庵先生来书

适之先生撰席：

关于《四十二章经》，《牟子理惑论》，及汉明感梦等问题，近二十年来，中东西学者迭有讨论，垣何敢置一词？前函因大著发现《真诰》与《四十二章经》之关系，不禁狂喜，又因其中有一二语似过信《四十二章经》，故略陈管见。今来示谓欲为此问题结一总账，甚盛甚盛。谨将前函未尽之意，再申明之。其有诸家已经论及者，恕不复及。

后汉诏令奏议，皆用"浮屠"，不用"佛"，具如前函。《三国志》

裴注引《魏略》天竺国一段，凡八用浮屠，亦未尝一用佛。其中两称《浮屠经》，亦不称《佛经》。至陈寿始以佛图与佛参用(范书《陶谦传》采《三国志·刘繇传》文，亦浮屠与佛参用)。至袁宏始纯用佛，并以佛释浮屠。至范蔚宗于汉诏议仍用原文，于自述则用佛。

不独佛一名词如此。沙门之初译为桑门，鱼豢历举桑门之异译，曰疏问，疏闻(一本作疏间，当有误衍)，晨门，亦不及沙门。是鱼豢所见之《浮屠经》，尚未有沙门之译也。今《四十二章经》数言沙门，亦岂初译所应尔？

根据以上史料，遂得有以下之标准：

一、后汉至魏中叶，尚纯用浮屠。

二、三国末至晋初，浮屠与佛参用。

三、东晋至宋，则纯用佛。

依此标准，遂有以下之断定：

一、后汉有译经，可信。后汉有《四十二章经》译本，亦或可信。现存之《四十二章经》为汉译，则绝对不可信。

二、襄楷所引为汉译佚经，可信。襄楷所引为汉译之《四十二章经》，亦或可信。襄楷所引为即现存之《四十二章经》，则绝对不可信。

依此断定，遂推论到《牟子理惑论》，及现存汉译诸经，皆不能信为汉时所译撰。

大著说，我们检查现存的一切后汉、三国的译经，从安世高到支谦没有一部经里不是称佛的，没有一部经里佛称为浮屠的。难道这些译经都不可信为后汉、三国的译本吗？难道这些旧译本都已经过了后世佛教徒的改正吗？

我今答复先生说，三国的译经除外，若现存汉译的经，没有一部不称佛，不称沙门，没有一部称浮屠，称桑门，就可以说是没有一部可信为汉译的。假定其中有真是汉译的，就可以说是都已经过后世佛徒的改窜，绝不是原来的译本了。

大著又举出四证，证明佛之名词，在汉已成立。第一证即是现存之汉译诸经，第二证即是《牟子理惑论》。依愚说，现存汉译诸经及

《牟子》,均在被告之列。在其本身讼事未了以前,没有为人作证的资格。我今可答辩第三证:

大著第三证引袁纪延平元年记西域事,有"本传曰"云云,据惠栋说,本传谓《东观记·西域传》,《东观记》即有佛道之称,则是后汉时已有佛道之称。惠氏此说,不审何据。据吾所考,本传殆指司马彪《续汉书·西域传》,因袁纪所引"本传曰"虽少,而引"本志曰"甚多。所引"本志"之文,今皆见司马彪《续汉书·五行志》。略举如下:

建武二年正月,日有蚀之,引本志,见司马《五行志》六。

永初六年六月,河东水变色,赤如血,引本志,见司马《五行志》三。

延光三年十月,凤凰见新丰,引本志,见司马《五行志》二。

阳嘉元年十月,望都狼食数十人,引本志,见司马《五行志》一。

阳嘉二年八月,洛阳宣德亭地拆,引本志,见司马《五行志》四。

建和三年四月,雨肉大如手,引本志,见司马《五行志》二。

元嘉元年十一月,五色大鸟见己氏,引本志,见司马《五行志》二。

永康元年八月,黄龙见巴郡,引本志,见司马《五行志》五。

光和四年,驴价与马齐,引本志,见司马《五行志》一。

中平二年二月,南宫云台灾,引本志,见司马《五行志》二。

《后汉纪》所谓"本志",既皆指司马彪书,则所谓"本传",亦应指司马彪书。据《艺文类聚》七十六所引,此正司马彪书《西域传》之文。不知惠氏何以指为《东观记》。司马彪既是晋人,当然有佛道之称。则大著所举第三证,似可撤消也。

至第四证所引《三国志·刘繇传》,是我所公认的。可惜陈寿是三国末至晋初的人,我已排他在上文所举第二标准中之浮屠与佛参用一行,不能为后汉已用佛字之证矣。

至汉明感梦事,《四十二章经》与《牟子》均载之。关于张骞、秦景诸人,已有人论及,唯傅毅似尚未有人注意。毅之为兰台令史,在章帝建初中年。若明帝永平中,毅尚在平陵习章句,何能有与帝问对之事?世俗传说,佛家或可随笔记载,史家则不能不细勘当时史实。故袁宏记此事,不得不去傅毅而改为"或曰",至范蔚宗《天竺国传》,更不能不加"世传"二字以存疑,此史家缜密之法也。

考证史事,不能不缜密。稍一疏忽,即易成笑柄。孙仲容为清末大师,其所著《〈牟子理惑论〉书后》,据《牟子》以证《老子河上公注》为伪,谓《牟子》多引《老子》,而篇末云所理止三十七条,兼法《老子道经》三十七篇。今所传《河上公注本老子》,分八十一章,而《汉·艺文志》载《老子》有《傅氏经说》三十七篇。彼此互证,知汉人所见《老子》,固分三十七章。今《河上注》不尔,足明其为伪本云云。

夫《河上注》之真伪,另一问题。然因《河上注》分八十一章,遽谓与《牟子》所见之《老子道经》三十七篇不合,遽指为伪。不知《河上注道经》,何尝非三十七篇?所谓八十一篇者,与《德经》四十四篇合计耳。一言以为智,言不可不慎。故垣更不敢多言矣。幸高明有以教之。

又《牟子》书本名《治惑论》,唐人避高宗讳改为《理惑》,有时又称《辨惑》。而今则鲜有称其原名者。拙著《史讳举例》曾论及此。兹之所称并从俗,乞谅。

癸酉清明日　陈垣

附录三　答陈援庵先生书

胡　适

援庵先生:

承示及先生对汉译《四十二章经》等问题之意见,甚感甚佩。

先生结论谓"后汉有《四十二章经》译本,亦或可信;现存之《四十二章经》为汉译,则绝对不可信"。又谓"襄楷所引为汉译之《四十二章经》,亦或可信;襄楷所引为即现存之《四十二章经》,则绝对不可信"。右(上)二点皆与鄙见无冲突。故关于此经的本身问题,尊见都是我可以同意的。

我们不能一致的一点，只是因为先生上次来示提出"范蔚宗所搜集之《后汉》史料，实未见有'佛'之名词及记载"一条结论，此点至今我还不能完全赞同。现在我把几点疑问提出，请先生指教。

前次我主张"佛"之名称，成立于后汉译经渐多信徒渐众之时，我提出四项证据。其中第三项，引袁宏《后汉纪》延平元年记西域事所引"本传曰"的一段，据惠栋说"本传"是《东观记·西域传》。此段经先生证明是司马彪《续汉书·西域传》之文，我很感谢。依此论断，我的第三证与第四证可说是同时代的例证，因为司马彪死于惠帝末年（约305），与陈寿（死297）正同时。

范蔚宗生（398）在陈寿、司马彪之后一百年，死（445）在他们之后近一百五十年。所以我们不能说范蔚宗所收史料无佛之名词及记载。今读来示知先生已修正此说为："三国末至晋初，浮屠与佛参用。"鄙意以为此说亦尚有可议。

第一，凡一名词之成立，非短时期所能做到，在古代书籍希少时尤是如此，我们追考古史，似不宜根据一二孤证即可指定一二十年的短时期为某一名词成立的时期，"三国末至晋初"的规定似嫌缺乏根据。

第二，鱼豢与陈寿、司马彪略同时（张鹏一补鱼豢传，说他死在晋太康以后），《魏略》不说佛，而寿与彪则同时用浮屠与佛，此可见某一名词之用与不用由于个人嗜好者居多，恐未必可用来证明某名词出现或成立的先后。

第三，先生谓鱼豢不但八称浮屠而不称佛，且历举"桑门"之异译，而亦不及"沙门"，"是鱼豢所见之《浮屠经》尚未有沙门之译也"。然《魏略》本文说"浮屠属弟子别号合有二十九，不能详载，故略之如此"。本文所举仅二十九名中之七种而已，我们岂可遽然断定其时无有"沙门"之译？桑门一名而有这许多种异译（其中"比丘"、"伊蒲塞"等应除外），可见译经之多。我们若没有强有力的证据，似不宜断定其时无"佛"之名称及记载。

第四，鱼、陈、司马与范皆是教外史家，其用浮屠而或不用佛，或偶用佛，皆未必即可证明其时佛徒尚未用佛为通称。试观韩退之生于几百年之后,其时已是先生所谓"纯用佛"之时代了,然而他在《送浮屠文畅师序》里,凡七称"浮屠"而不一称"佛"。若万一不幸退之其他文章与同时文献皆遭劫火,独此序存留于世,后世考古家岂可即据以定退之之时无有"佛"之译名乎?鄙意以为先生过信此等教外史家,而抹杀教中一切现存后汉译经及《牟子》等,似乎未为平允。

话又说回到我举的第一二类证据了。

先生说:"现在汉译诸经及《牟子》均在被告之列,在其本身讼事未了以前,没有为人作证的资格。"

这话可见先生方法的谨严。然而先生所用的三个"标准"是否讼事皆已了,已有作证人的资格了吗?先生用的其实只有一个标准:"后汉至魏中叶,尚纯用浮屠。"这个标准必须先否认一切现存之汉译诸经及《牟子》,然后可以成立。现在先生不曾先证明现存汉译诸经及《牟子》为伪,却用此待证的标准来断定"《牟子理惑论》及现存汉译诸经皆不能信为汉时所译撰",这就成了"丐词"了。

此是方法论的紧要问题,我知道先生最注重此种方法问题,故敢质直奉告,非是有意强辩,千万请先生原谅。

《牟子》一书,经周叔迦与我的证明,其为后汉末年的著作,似已无可疑。至于现存汉译诸经之考订,决非一二名词即可断案,我们此时尚无此能力,亦无此材料。至于此等汉译是否全已"经过后世佛徒的改窜",我不敢断定无此可能。然而有一疑问:假令后汉译经中真无"佛"与"沙门"之译名,那么,陈寿、司马彪诸人用的"佛"字又是从何处得来的?

此一疑问亦是方法论的一个紧要问题,即是我近年提倡的历史演变的观点。前文说的"凡一个名词之成立,非短时期所能做到",亦是从这个观点出发。《牟子》作者当汉末大乱时尚在壮年,他与笮融同时,大概死在三国中期。其时鱼豢已仕宦,而陈寿、司马彪皆已生。若依鄙说,则后汉佛徒已渐渐一致用佛之名,故汉末三国时佛教信徒如《牟子》已一律用佛之名,而教外史家如陈寿等亦不能不采用佛字了。如此说法,似稍合于渐变之旨,诚以新名词之约定俗成决非一二十年所能为功也。

此次所论,问题虽小,而牵涉的方法问题颇关重要,幸先生恕此"魔之辩护",更乞进而教之。

胡适敬上　二二,四,六夜

楞伽宗考

一 引论

在五世纪的晚期,北方有两个印度和尚提倡两种禅学,开辟了两个伟大的宗派。一个是跋陀,又译作佛陀;一个是菩提达摩。佛陀弟子道房传授"止观"禅法给僧稠(480—560),僧稠成为北齐的大师,撰《止观法》两卷,道宣《续僧传》称其书"味定之宾,家藏一本"。止观禅法是南岳、天台一派的主要教义;虽然南岳慧思(514—577)和他的弟子天台智𫖮都远攀马鸣、龙树做祖宗,而不肯明说他们和佛陀、僧稠有渊源,我们可以推测佛陀、僧稠是南岳天台一宗的远祖。

菩提达摩教人持习《楞伽经》,传授一种坚忍苦行的禅法,就开创了楞伽宗,又称为"南天竺一乘宗"。达摩死后二百年中,这个宗派大行于中国,在八世纪的初年成为一时最有权威的宗派。那时候,许多依草附木的习禅和尚都纷纷自认为菩提达摩的派下子孙。牛头山法融一派本出于三论宗,讲习的是大品《般若经》和《大集经》,道宣作《法融传》,凡二千四百三十三字,无一字提到他和楞伽宗有关系。但是牛头山的后辈居然把法融硬派作菩提达摩的第四代子孙,成了楞伽宗的忠实同志了。还有岭南韶州曹侯溪的慧能和尚,他本是从《金刚般若经》出来的,也和"楞伽"一派没有很深的关系,至多他不过是曾做过楞伽宗弘忍的弟子罢了。但是慧能的弟子神会替他的老师争道统,不惜造作种种无稽的神话,说慧能是菩提达摩的第四代弘忍的"传衣得法"弟子。于是这一位"金刚般若"的信徒也就变成《楞伽》的嫡派了。后来时势大变迁,神会捏造出来的道统伪史居然成了信史,曹溪一派竟篡取了楞伽宗的正统地位。从此以后,习禅和尚又都纷纷攀龙附凤,自称为曹溪嫡派,一千多年以来的史家竟完全不知道当年有个楞伽宗了。

我们看了楞伽宗史迹的改窜与湮没,忍不住一种打抱不平的慨叹,所以现在决定要重新写定菩提达摩一派的历史。

道宣(死在667)在七世纪中叶编纂《续僧传》,很明白僧稠和达摩两派的旨趣和倾向的不同,他在《习禅》一门的叙论里说:

> 然而观彼两宗,即乘之二轨也。稠怀念处(念处即印度禅法的四念处),清范可崇;摩法虚宗,玄旨幽赜。可崇则情事易显,幽赜则理性难通。

当七世纪中叶,道宣当然不能预料以后六七十年中的楞伽宗变化升沉的历史。然而,正因为他不知道八世纪以后争道统的历史,他的《续僧传》里保存的一些楞伽宗史料是最可靠的记载,可以供给我们考订那个奇特的宗派的早期信史,可以使我们用他的记载来和八世纪以后伪造的史迹相参证比较,考证出后来种种作伪的痕迹来,同时从头建造起一段可信的中国禅学史来。

道宣的记载之外,近年敦煌出现的古写本,和日本保存的古写本,都供给我们重要的史料。

二 菩提达摩

关于菩提达摩的种种传说,我曾有《菩提达摩考》(《胡适文存三集》,页四四九——四六五),发表在八年前(1927),我现在把我的结论摘记在这里:

菩提达摩是南天竺婆罗门种,他从海道到中国广州,大约在刘宋晚年(约470—475),但必在宋亡(479)之前。证据有二:

(1)《续僧传》说他"初达宋境南越,末又北度至魏",可证他来在宋亡之前。

(2)《续僧传》(卷十九)的僧副传中说僧副是太原祁县人,从达摩禅师出家,为"定学"之宗,"后乃周历讲座,备尝经论,并知学唯为己,圣人无言。齐建武年(494—497),南游杨辇,止于钟山定林下寺。……卒于开善寺,春秋六十有一,即〔梁〕普通五年(524)也"。依僧副的一生看来,他从达摩出家必是在他二十多岁时,约当萧齐的初期(约485左右),因为建武元年(494)僧副只有三十岁,已离开北方了。

旧说,达摩曾见梁武帝,谈话不投机,他才渡江北去。见梁武帝的年代,或说是普通元年(520),或说是普通八年(527)。这都是后起的神话,并非事实。证据甚多:

(1)《续僧传》全无此说。

(2)僧副一传可证梁武帝普通元年达摩在北方至少已住了三四十年了。

(3)杨衒之《洛阳伽蓝记》(成书在547)记达摩曾游洛阳永宁寺,此寺建于北魏熙平元年(516),达摩来游正当此寺盛时,约当516至526之间。

(4)不但七世纪的道宣不记达摩见梁武帝之事;八世纪沙门净觉作《楞伽师资记》(敦煌写本),其中达摩传里也没有此事。

(5)这段神话起于八世纪晚期以后,越到后来,越说越详细了,枝叶情节越多了(看胡适同上书,页四五八——四六一)。这可见这个神话是逐渐添造完成的。

旧说他在中国只住了九年,依我们的考据,他在中国差不多住了五十年。他在北方最久,"随其所止,诲以禅教"。道宣说他"自言年一百五十余岁,游化为务,不测于终"。我们推算他在中国的时间,上可以见刘宋之亡,下可以见永宁寺的盛时,其间大约有五十年。印度南部人身体发育甚早,所以少年人往往显出老态,很容易被人认作老人。达摩初到中国时,年纪虽轻,大概已被中国人误认作老头子,他也乐得自认年高。后来他在中国久了,真老了,只好"自言年一百五十岁"了(《洛阳伽蓝记》也说他自言一百五十岁)。

《续僧传》说达摩在北方所传弟子,除僧副早往南方之外,有道育、慧可两人。《慧可传》中说:

> 达摩灭化洛滨,可亦埋形河涘。……后以天平(534—537)之初,北就新邺,盛开秘苑。

这可见达摩死在东魏天平以前,所以我们假定他死在西历530左右,那时他的弟子僧副已死了六年了。

道宣记达摩的教旨最简单明白。八世纪中叶,沙门净觉作《楞伽师资记》(有巴黎、伦敦两本,朝鲜金九经先生有排印本),记达摩的教旨也和道宣所记相同,可以互相印证。我们用《续僧传》作底本,遇必要时,用净觉的记载作注释。《续僧传》记达摩教义的总纲云:

> 如是安心,谓壁观也。如是发行,谓四法也。如是顺物,教护讥嫌。如是方便,教令不著。然则入道多途,要惟二种,谓理行也。

壁观是达摩的禅法,即是下文说的"凝住壁观"。四法即是下文说的"四行"。安心属于"理",发行属于"行",下文分说:

> 藉教悟宗,深信含生同一真性。客尘障故(《师资记》作"但为客尘妄覆,不能显了"),令舍伪归真,凝住壁观,无自无他,凡圣等一,坚住不移,不随他教(《师资记》作"更不随于言教"),与道冥符,寂然无为,名"理入"也。

这是从"理入"安心的路。虽然不废"凝住(巴黎本《师资记》作"凝注")壁观",但注重之点是"含生同一真性""无自无他,凡圣等一"的理解,所以称为"理入"的路。

> 行入者,四行,①万行同摄:
>
> 初,报怨行者,修行苦至,当念往劫舍本逐末,多起爱憎;今虽无犯,是我宿作,甘心受之,都无怨怼。……
>
> 二,随缘行者,众生无我,苦乐随缘;纵得荣誉等事,宿因所构,今方得之,缘尽还无,何喜之有?得失随缘,心无增减,违顺风静,冥顺于法(《师资记》作"喜心不动,冥顺于法")也。
>
> 三,名无所求行。世人长迷,处处贪著,名之为"求"。道士悟真,理与俗反,安心无为,形随运转。三界皆苦,谁而得安?经曰,有求皆苦,无求乃乐也。
>
> 四,名称法行,即性净之理也。(《师资记》说第四条稍详,

---

① 编者按:"远流本"此处补有胡适按语:"适按,'四行'皆是头陀行。此一点,我当初还不曾了解。"

云："性净之理，因之为法。此理众相斯空，无染无著，无此无彼。……智若能信解此理，应当称法而行。法体无悭于身命，则行檀舍施，行无悋惜。……檀度既尔，余五亦然。为除妄想，修行六度，而无所行，是为称法行。"）①

道宣叙述达摩的教旨，是有所根据的。他说：

> 识真之士从奉归悟，录其言语，卷流于世。

净觉也说：

> 此四行是达摩禅师亲说，余则弟子昙林记师言行集成一卷，名曰《达摩论》也。

昙林也许就是《续僧传》中达摩传附记的林法师。传中说林法师当"周灭法时(577)，与可(慧可)同学，共护经像"。

道宣生于596，死于667，他用的材料是六七世纪的材料，比较最近古，最可信。我们看八世纪前期净觉的《楞伽师资记》的达摩传，还可以看出那时的人还尊重道宣所记，不敢妄加材料。到了八世纪以后，有许多伪书出现，如《圣胄集》，《宝林传》等书，大胆的捏造伪史，添出了无数关于达摩的神话（《宝林传》久已失传，近年日本发现了一卷，中国又发现了六卷，共有七卷，不久将刊入《宋藏遗珍》内）。北宋和尚道原在十一世纪初年编纂《景德传灯录》，尽量采纳了这些伪造史料，最不可信。后人看惯了那部十一世纪的《传灯录》，习非成是，竟不认得七世纪中叶道宣《续僧传》的史料的真可宝贵了。

三　慧可

菩提达摩的弟子，现在可考的，有这些人：僧副，慧可，道育，昙林。

（1）僧副　《续僧传》有传，传末说梁湘东王萧绎（后为梁元帝）曾奉令作僧副碑文，此碑今不存了，道宣所记似是根据碑文。僧副是

---

① 编者按："远流本"此处补有胡适批语："《师资记》说不误。'六度'之中，禅定一度包括'头陀'行。道世在六六八作《法苑珠林》，其述禅定，特别详述头陀行。可见在七世纪时，'禅'的定义实包头陀，似是楞伽宗造成的风气？适之——1952，7，31。"

太原祁县人,从达摩出家后,曾"周历讲座,备尝经论"。齐建武年,他游南方,住钟山的定林下寺,他

> 行逾冰霜,言而有信。三衣六物,外无盈长。应时入里,道俗式瞻。加以王侯请道,颓然不忤。咫尺宫闱,未尝谒近。既行为物览,道俗攸属。梁高(武帝)素仰清风,雅为嗟赏。乃命匠人考其室宇,于开善寺以待之。副每逍遥于门,负杖而叹曰,"……宁贵广厦而贱茅茨乎?"……乃有心岷岭,观彼峨眉。会西昌侯萧渊藻出镇蜀部,于〔是〕即拂衣附之。……遂使庸蜀禅法自此大行。久之还金陵,复住开善。……不久卒于开善寺,春秋六十有一,即普通五年(524)也。……疾亟之时,有劝修福者,副力疾而起,厉声曰,"货财延命,去道远矣。房中什物,并施招提僧。身死之后,但弃山谷,饱于鸟兽,不亦善乎?勿营棺垅以乖我意"。门徒涕泪,不忍从之。

依此传看来,他虽然和帝王贵人交通往来,但仍保持他的生死随缘的态度,不失为达摩的弟子。

(2) 道育 事迹无可考。《续僧传》说达摩在北魏传授禅学,

> 于时合国盛弘讲授,乍闻定法,多生讥谤。有道育、慧可,此二沙门,年虽在后,而锐志高远。初逢法将,知道有归,寻亲事之,经四五载,给供咨接,〔达摩〕感其精诚,诲以真法。

(3) 慧可 又名僧可,俗姓姬氏,虎牢人。他是一个博学的人,"外览坟索,内通藏典"。《续僧传》说他"年登四十,遇天竺沙门菩提达摩游化嵩、洛;可怀宝知道,一见悦之,奉以为师,毕命承旨,从学六载,精研一乘,理事兼融,苦乐无滞"。这似乎在达摩的晚年,达摩已很老了,慧可只有四十岁,所以上文说"年虽在后,而锐志高远",本不误。《楞伽师资记》误作"年十四",《历代法宝记》(敦煌出土,有巴黎、伦敦两本,现收入《大正大藏经》第五十一卷)作"时年四十",可证《续僧传》不误。①

---

① 编者按:"远流本"此处补有胡适按语:"适按,后来神会见慧能,也是'年四十',传讹'年十四'!"

慧可颇通中国典籍,所以他能欣赏达摩的简单教义。达摩的四行,很可以解作一种中国道家式的自然主义的人生观:报怨行近于安命,随缘行近于乐天,无所求行近于无为自然,称法行近于无身无我。慧可是中国文人出家,传中说他能"发言入理,不加铅墨;时或缵之,乃成部类,具如别卷"。据此可见慧可似有文集流传于后世,道宣还见着这部集子,后来失传了。《续僧传》说,有向居士,幽遁林野,于天保(550—559)之初致书通好,书云:

> 影由形起,响逐声来。弄影劳形,不知形之是影;扬声止响,不识声是响根。除烦恼而求涅槃者,喻去形而觅影;离众生而求佛〔者〕,喻默声而求响。故迷悟一途,愚智非别。无名①作名,则是非生矣;无理作理,则诤论起矣。幻化非真,谁是谁非?虚妄无实,何空何有?将知得无所得,失无所失。未及造谈,聊伸此意,想为答之。

慧可答他道:

> 说此真法皆如实,与真幽理竟不殊。
> 本迷摩尼谓瓦砾,豁然自觉是真珠。
> 无明智慧等无异,当知万法即皆如。
> 愍此二见之徒辈,申词措笔作斯书。
> 观身与佛不差别,何须更觅彼无余?

我们看这两位通文墨的佛教徒的酬答,可见达摩的简单教义在那第一代已得他们的了解与接受。我疑心这种了解和魏晋以来的老庄思想不无关系。向居士的"迷悟一途,愚智非别";慧可的"无明智慧等无异","观身与佛不差别",固然即是达摩的"无自无他,凡圣等一",可是中国文士所以能容易接受这样一种显然不合常识的教义,也许是因为他们久已听惯了中国道家"齐是非","齐万物"的思想,不觉得他的可怪了。

在实行的方面,达摩一派是"奉头陀行"的。《续僧传》说:"可常行,兼奉头陀。"头陀(Dhuta)是佛教中的苦行方面,原义为"抖擞",

---

① 编者按:"远流本"此处补有胡适按语:"适按,此是无名,假名之说。"

即是"抖擞烦恼,离诸滞著"。凡修头陀行的,在衣食住三方面都极力求刻苦自己,须穿极少又极简单的衣服;须乞食,又不得多食;住宿须"阿兰若",即是须住在远离人家的荒僻处,往往住在树下或坟墓之中,又须常趺坐而不横卧。达摩的教义本来教人"苦乐随缘",教人忍受苦痛,都无怨怼。头陀苦行自是训练自己忍受苦痛的方法。

《续僧传》说慧可在邺宣传"情事无寄"的教义,深遭邺下禅师道恒的嫉妒,

> 恒遂深恨,谤恼于可,货赇官府,非理屠害。〔可〕初无一恨,几其至死,恒众庆快。

末句不很明白,大概应解作:慧可受屠害,初不怨恨,只希望自己的一死可以使道恒一党庆快。但慧可并不曾被害死。传中下文说:

> 可专附玄理,如前所陈,遭贼斫臂,以法御心,不觉痛苦。火烧斫处(这是消毒的方法),血断帛裹,乞食如故,曾不告人。

这个故事,因道宣原文不很明白,就被后人误解作慧可被人害死了。如《传灯录》(卷三)慧可传说他

> 于筦城县匡救寺三门下,谈无上道,听者林会。时有辩和法师者,于寺中讲《涅槃经》,学徒闻师阐法,稍稍引去。辩和不胜其愤,兴谤于邑宰翟仲侃,仲侃惑其邪说,加师以非法,师怡然委顺。识真者谓之偿债。时年一百七岁,即隋文帝开皇十三年癸丑岁(593)三月十六日也。

《传灯录》全抄袭《宝林传》(卷八)伪书,《宝林传》改窜《续僧传》的道恒为辩和,改邺下为筦城县,又加上"匡救寺三门下","邑宰翟仲侃","百七岁","开皇十三年三月十六日"等等详细节目,看上去"像煞有介事",其实全是闭眼捏造。七世纪中叶的道宣明说慧可不曾被害死,明说"可乃从容顺俗,时惠清猷,乍托吟谣",然而几百年后的《宝林传》却硬说他被害死了!七世纪中叶的道宣不能详举慧可的年岁,而几百年后的《宝林传》却能详说他死的年月日和死时的岁数,这真是崔述说的"世愈后而事愈详"了!

《传灯录》又根据《宝林传》,说达摩在嵩山少林寺终日面壁而坐,神光(《宝林传》捏造慧可初名神光)朝夕参承,莫闻诲励。

> 其年十二月九日夜，天大雨雪，光坚立不动，迟明积雪过膝，……光潜取利刀，自断左臂，置于师前。师知是法器，乃曰，"诸佛最初求道，为法忘形。汝今断臂吾前，求亦可在"。师遂因与易名曰慧可。

这也是《宝林传》的闭眼瞎说。道宣明明说是"遭贼斫臂"，而《宝林传》妄改为自断其臂。① 自从《传灯录》采此伪书妄说，九百年来，断臂求法之说就成为公认的史实了，我们引此两段，略示传说演变的痕迹，使人知道道宣《续僧传》的达摩、慧可两传是最干净而最可靠的最早史料。

《宝林传》与《传灯录》记慧可死在开皇十三年（593），这是完全无据之说。慧可初见达摩时，年已四十；跟他五六年，达摩才死。我们假定达摩死在魏永安三年（530）左右，其时慧可年约四十五六。《续僧传》说：

> 林法师……及周灭法，与可同学，共护经像。

北周毁佛法在武平五年（574），但慧可在齐都邺下，邺都之破在北齐承光元年正月（577），齐境内毁佛法即在此年（齐境内毁法事，详见《续僧传》卷八的《慧远传》，但传中误记此事在承光二年春，承光无二年，当是元年之误）。其时慧可已九十二岁了。如果"与可同学"一句不作"与慧可的同学共护经像"解，那么，慧可大概就死在邺都灭法之后不久（约577），年约九十二岁。

慧可的死年在灭法时期，大概不误。《续僧传》卷七的慧布（摄山三论宗的大师）传中记慧布：

> 末游北邺，更涉未闻。于可禅师所，暂通名见，便以言悟其意。可曰，"法师所述，可谓破我除见，莫过此也"。〔布〕乃纵心讲席，备见宗领，周览文义，并具胸襟。又写章疏六驮，负还江表，并遗朗公（开皇寺的法朗，也是三论宗的大师，死在581），令

---

① 编者按："远流本"此处补有："胡适按，胡适本《定是非论》（一六〇——一六一），石井本《神会录》（五三——五四），皆说'立雪'及断臂事。但无'十二月九日夜'等字。可见作《宝林传》在神会之后。"

其讲说。因有遗漏,重往齐国,广写所阙,赍还付朗。

慧布死在陈祯明元年(587),年七十。传中说他"末游北邺",又说他"重往齐国",可见他和慧可相见,当在北齐建国(550)之后,灭亡(577)之前。看"末游"之句,可见他两次北游已在晚年,当在邺都破灭之前不久。所以《续僧传》记慧可活到邺都灭法之时,大概是可信的。

(4)林法师　林法师也附见慧可传下,也许就是那位记录《达摩论》的昙林。他也是一位博学的和尚,起初本不是楞伽宗,《续传》说他

> 在邺盛讲《胜鬘》,并制文义,每讲人聚,乃选通三部经者,得七百人,预在其席。及周灭法,与可同学,共护经像。

如此说来,林法师不是达摩的《楞伽》一派,只在避难时期才和慧可同学,共护经像。《续传》又说:

> 慧可……遭贼斫臂,……曾不告人。后林又被贼斫臂,叫号通夕。可为治裹,乞食供林。林怪可手不便,怒之。可曰,"饼食在前,何不自裹?"林曰,"我无臂也,可不知耶?"可曰,"我亦无臂。复何可怒?"因相委问,方知有功。故世云"无臂林"矣。

这更可见林法师与慧可平素不相识,到此方有同患难的交谊;也许林法师从此变成楞伽宗的信徒了。

四　楞伽经与头陀行

《慧可传》中说:

> 初达摩禅师以四卷《楞伽》授可,曰,"我观汉地,惟有此经。仁者依行,自得度世"。

这是楞伽宗的起原。《楞伽》即是《楞伽阿跋多罗宝经》,或译为《大乘入楞伽经》(Laṅkā vatāra Sūtra)。此经凡有四种译本:

(1)北凉时中天竺沙门昙无忏(Dharmaraksha)译四卷本(约在412至433年之间)。此本不传。

(2)刘宋时中天竺沙门求那跋陀罗(Guṇabhadra)译四卷本(在元嘉二十年,443)。此本存。

（3）北魏时北天竺沙门菩提流支（Bodhiruci）译十卷本（在延昌二年，513）。此本存。

（4）唐武后末年（704）于阗沙门实叉难陀（Sikshānanda）译七卷本。此本存。

此书的十卷本和七卷本，分卷虽然不同，内容是相同的，同是前面有一篇请佛品，末了有一篇陀罗尼品，和一篇总品。这三品是四卷本所没有的，显然是晚出的。菩提达摩提倡的《楞伽经》是四卷本，大概即是求那跋陀罗的译本。净觉的《楞伽师资记》承认求那跋陀罗为楞伽宗的第一祖，达摩为第二祖，可证此宗所传是求那的译本。

《慧可传》中说，

> 每可说法竟，曰，"此经四世之后，变成名相，一何可悲！"

这是一种"悬记"（预言）。道宣在《续僧传》的"习禅"一门总论里曾说：

> 属有菩提达摩者，神化居宗，阐导江洛，大乘壁观，功业最高。在世学流，归仰如市。然而诵语难穷，厉精盖少。审其〔所〕慕，则遣荡之志存焉。观其立言，则罪福之宗两舍。

这可见道宣的时候，达摩的派下已有"诵语难穷，厉精盖少"的风气，慧可的"悬记"就是指这种"诵语"的信徒。

但这一派里也很多修头陀苦行的风气。慧可的苦行，我们已说过了。他的弟子那禅师，那禅师的弟子慧满，都是头陀苦行的和尚。

那禅师也是学者出身，

> 年二十一，居东海讲《礼》、《易》，行学四百。南至相州，遇可说法，乃与学士十人出家受道。诸门人于相州东设斋辞别，哭声动邑。

他出家之后，就修习头陀行：

> 那自出俗，手不执笔及俗书，惟服一衣，一钵，一坐，一食。以可常行兼奉头陀，故其所往不参邑落。

这正是头陀戒行。慧满也是一个头陀行者。

> 慧满者，荣阳人，姓张，旧住相州隆化寺，遇那说法，便受其道，专务无著（无著是不执著）。一衣一食，但畜二针，冬则乞

  补,夏便通舍,覆赤而已。自述一生无有怯怖,身无蚤虱,睡而不梦。住无再宿。到寺则破柴造履;常行乞食。

  贞观十六年(642),于洛州南会善寺侧宿柏墓中,遇雪深三尺。其旦入寺,见昙旷法师,怪所从来。满曰,"法友来耶?"遣寻坐处,四边五尺许雪自积聚,不可测也。

  故其闻(宋、元、明藏作间)有括访,诸僧逃隐,满便持衣钵周行聚落,无可滞碍。随施随散,索尔虚闲。有请宿斋者,告云:"天下无人,方受尔请。"

  故满每说法,云,"诸佛说心,令知心相是虚妄法。今乃重加心相,深违佛意。又增议论,殊乖大理"。……

  后于洛阳无疾坐化,年可七十。

这是一位更严格的头陀行者。这都可见楞伽宗的初期信徒,虽然也有"诵语难穷"的风气,其中很有几个苦行的头陀,能维持慧可的苦行遗风。

  以上所记达摩一宗的初期信徒,都见于《续僧传》的卷十九(高丽藏本卷十六)。道宣撰《续僧传》,①自序说:"始距梁之初运,终唐贞观十有九年(645),一百四十四载。包括岳渎,历访华夷。正传三百四十人(宋,元,明藏作三百三十一人),附见一百六十人。"这是他的初次写定时的自序。但道宣在自序写成后,还多活了二十二年,直到高宗乾封二年(667)才死。他在这二十二年中,仍旧继续搜集《僧传》的材料,继续添补到他的原书里去。即如玄奘,当贞观十九年《续僧传》初稿写定时,他刚回国,直到高宗麟德元年(664)才死。现今玄奘的传占了《续僧传》卷四卷五的两卷,必是道宣后来补作的。在玄奘传末,道宣自叙他和玄奘同事翻译时,他对于玄奘的人品的观察,娓娓百余字,可证此传不是后人补作,乃是道宣晚年自己补入的。

---

  ① 编者按:"远流本"此处补有胡适按语:"按《唐书·经籍志》有道宣的《续高僧传》二十卷、《续高僧传》三十卷。又按《新唐书·艺文志》有道宣的《续高僧传》二十卷〔注:起梁初,终贞观十九年〕、《后集续高僧传》十卷。又另有道宗《续高僧传》三十二卷。疑是道宣之伪。适按,此最足证明道宣原书分两期写成,原分二集。后人合为一集,故其分合编制多可议之点。适之——三十二,二,十八。"

《续僧传》的最后定本,所收正传与附见的人数,超过自序所记数目,约有一百九十人之多。附见的人姑且不论。有正传的人数,多出的共有一百四十六人:

道宣自序	高丽藏本	宋元明藏本
正传 三四〇人	四一四人	四八六人
	多 七四人	多 一四六人

我们检查《续僧传》的各传,有许多事实是在贞观十九年以后的,但没有在道宣死后的事实。最迟的不过到麟德与乾封之间(664—666)。例如"感通"门新增的法冲传末云:"至今麟德,年七十九矣。"这都可见道宣老年继续工作,直到他死时为止。

这一段考据《续僧传》的年代于我们考证楞伽宗历史的工作,颇有关系。因为道宣叙述这一派的历史,起初显然很感觉材料的缺乏,后来才收得一些新材料;越到他晚年,材料越多了。我们在上文所用的材料,见于"习禅"门的第一部分(卷十九)。在达摩和慧可的两传里,道宣曾说慧可

> 道竟幽而且玄,故末绪卒无荣嗣。

这是说慧可门没有"荣嗣"。下文又说:

> 时复有化公、廖公和禅师等,各通冠玄奥,吐言清迥,托事寄怀,闻诸口实。而人世非远,碑记罕闻;微言不传,清德谁序?深可痛矣!

这是很沉痛的感叹这一派的史料的难得。但道宣每收到一些新材料,他就陆续加进慧可传里去。所以这一篇传的后半,很显出随时涂乙增加的痕迹。有些材料是硬挤进一个写成的本子上去的,经过不小心的传写,就几乎不成文理了!例如下面的一段:

> 初达摩禅师以四卷《楞伽》授可,曰,"我观汉地,惟有此经。仁者依行,自得度世"。

此下应该紧接

> 每可说法竟,曰:"此经四世之后,变成名相,一何可悲!"

然而今本在这两段之间,硬挤进了慧可斫臂和林法师斫臂的两段故事,共一百十个字,文理就不通了。又如此传之末附慧满小传,其

末云：

> 故满每说法，云，"诸佛说心，令知心相是虚妄法。今乃重加心相，深违佛意；又增议论，殊乖大理"。故使那满等师常赍四卷《楞伽》以为心要，随说随行，不爽遗委。后于洛阳中无疾坐化，年可七十。

这一段文理大不通！"故使那满等师"，是谁"故使"呢？应该是慧可了？决不是慧满了吧？然而下文"无疾坐化，年可七十"的又是谁呢？又像是说慧满了。

这些地方，都可见作者随时添插的痕迹，不幸被传写的人捣乱了，割裂了，就不可读了。我疑心"初达摩禅师以四卷《楞伽》授可"一段二十九字，"每可说法竟"一段二十字，和"故使那满等师常赍四卷《楞伽》"一段二十九字，——这三段本是一大段，添注在原稿的上方，是最后加入的。传写的人不明白这三节是一段，抄写时，就各依添注所在，分别插入本文，就割裂成三处，成为不通的文理了。今试将此三节写在一处：

> 初，达摩禅师以四卷《楞伽》授可，曰，"我观汉地，惟有此经。仁者依行，自得度世"。每可说法竟，曰，"此经四世之后，变成名相，一何可悲！"故使那满等师常赍四卷《楞伽》，以为法要。随说随行，不爽遗委。（"故使"之"使"字疑是衍文。因为慧满死在642，不会与慧可同时。也许"使"但作"使得"解，而不作"使令"解。《景德传灯录》卷三引此文，无"使那满等师"五字。）

这一大段的恢复，很关重要，因为这是"楞伽宗"所以得名的缘起。道宣早年还不知道达摩一派有"楞伽宗"之名，所以他在达摩传中和"习禅"总论里都不曾提起这一派是持奉《楞伽经》为法典的。达摩传授四卷《楞伽》之说，仅仅插在慧可传末附见部分，可见道宣知道此事已在晚年添补《续僧传》的时期，其时他认得了楞伽宗的健将法冲，又知道了这一派的大师道信的历史（详见下节），他才明白达摩、慧可一派并非"末绪卒无荣嗣"，所以他才添注这一段达摩传授《楞伽》的历史。但道信等人的历史只好另立专传了。法冲的长传似乎写定最晚,已在道宣将死之前,所以不及改编,竟被编入《感通》门里去了!

五 法冲所记楞伽师承

道宣后来所撰的楞伽宗大师法冲,道信,以及道信的弟子法显,玄爽,善伏,弘忍(附见《道信传》)诸人的传,都是高丽藏本《续僧传》所无。我想这不是因为高丽藏本有残阙,只是因为传入高丽的《续僧传》乃是道宣晚年较早的本子,其时还没有最后写定的全本。

我们先述法冲(《续僧传》卷三十五)。法冲姓李,父祖历仕魏、齐,故他生于兖州。他少年时,与房玄龄相交,二十四岁做鹰扬郎将,遇母丧,读《涅槃经》,忽发出家之心,听讲《涅槃》三十余遍,

> 又至安州暠法师下,听《大品》、《三论》、《楞伽经》,即入武都山修业。

安州在今湖北孝感县,暠法师即慧暠,《续僧传》卷十五有他的传:

> 慧暠,安陆人。……初跨染玄纲,希崇《大品》。(大品《般若经》)……承苞山明法师,兴皇(寺名)遗属,世称郢匠,……因往从之,……遂得广流部帙,恢裕兴焉。年方登立(三十岁),即升法座。……然以法流楚服,成济已闻,岷、洛、三巴,尚昏时罔,便以……隋大业(605—616)年,泝流江峡;虽遭风浪,厉志无前。既达成都,大宏法务。或达绵、梓,随方开训,……无惮游涉,故使来晚去思。

这个慧暠是一位大传教师,他在成都、绵、梓一带传教,很得人心,引起了别人的猜忌。

> 时或不可其怀者,计奏及之,云,"结徒日盛,道俗屯拥,非是异术,何能动世?"武德(616—626)初年,下敕穷讨。事本不实,诬者罪之。暠……乃旋途南指,道出荆门,随学之宾又倍前集。既达故乡,荐仍前业。……避地西山之阴,屏退成闲,陶练中观。经逾五载,四众思之,又造山迎接,……还返安州方等寺,讲说相续。以贞观七年(633)卒于所住,春秋八十有七。

这正是法冲传中所称"安州暠法师"。暠传中不曾说他是楞伽宗,但

说他的老师苞山明法师是"兴皇遗属"。"兴皇"指兴皇寺的法朗,是摄山一派三论宗的大师(死在581,传在《续僧传》卷九),讲的应该是《大品般若》与《三论》。法冲传里也说他在暠法师处听《大品》、《三论》、《楞伽》。但暠传中又说:

> 自暠一位僧伍,精励在先,日止一餐,七十余载,随得随啖,无待营求。不限朝中,趣得便止。……旦讲若下,食惟一碗;自余饼菜,还送入僧。

可见他也是一位修头陀苦行的。

以上叙法冲的早年师承。他年三十行至冀州;贞观初年下敕:有私剃度者,处以极刑,而法冲不顾,便即剃落为僧。传中说:

> 冲以《楞伽》奥典,沉沦日久,所在追访,无惮险夷。会可师(慧可)后裔盛习此经,〔冲〕即依师学,屡击大节:〔其师〕便舍徒众,任冲转教,即相续讲三十余遍。又遇可师亲传授者,依"南天竺一乘宗"讲之,又得百遍。

> 冲公自从经术,专以《楞伽》命家,前后敷弘,将二百遍。……师学者苦请出义,乃告曰:"义者,道理也。言说已粗,况舒在纸,粗中之粗矣。"事不获已,作疏五卷,题为私记,今盛行之。

这一段说他从兴皇寺三论宗转到"专以《楞伽》命家"。我们从这一段里又可以知道当年达摩一派曾自称"南天竺一乘宗"。这个宗名起于《楞伽经》。楞伽是印度南边的一个海岛,有人指为锡兰岛,今虽不能确知其地,但此经的布景是在南天竺的一岛,开卷便说,"一时佛在南海滨楞伽山顶",故此经名"大乘入楞伽经"。经中(卷四)有云:

> 如医疗众病,无有若干论,以病差别故,为设种种治。我为彼众生,破坏诸烦恼,知其根优劣,为彼说度门。非烦恼根异,而有种种法。唯说一乘法,是则为大乘。(此依宋译。魏译末句云,"我唯一乘法,八圣道清净"。)

这是"南天竺一乘宗"的意义。

法冲是北方中兴《楞伽》的大师,他的魄力气度都很可观。传中

说他到长安时,

> 弘福润法师初未相识,曰,"何处老大德?"答,"兖州老小僧耳"。又问何为远至,答曰,"闻此少'一乘',欲宣'一乘'教纲,漉信地鱼龙,故至"。润曰,"斯实大心开士也!"

这是何等气魄?传中又说:

> 三藏玄奘不许讲旧所翻经。冲曰,"君依旧经出家,若不许弘旧经者,君可还俗,更依新翻经出家,方许君此意。"奘闻遂止。

玄奘是当代最尊崇的伟人,也还压不倒这个"兖州老小僧",所以道宣称他为"强御之士,不可及也"。他是偷剃度的和尚,不肯改属官籍。到近五十岁时,兖州官吏强迫他"入度",属兖州法集寺。但他始终不受拘束,"一生游道为务,曾无栖泊"。仆射于志宁赞叹他道:"此法师乃法界头陀僧也,不可名实拘之。"

法冲与道宣同时,道宣作传时,法冲还生存,"至今麟德(664—665),年七十九矣"。他生年约在隋开皇六年(586)。

法冲传中详说《楞伽经》的历史和楞伽宗的师承,是我们研究此宗的重要史料:

> 其经(《楞伽》)本是宋代求那跋陀罗三藏翻,慧观法师笔受,故其文理克谐,行质相贯,专唯念慧,不在话言。于后达摩禅师传之南北,忘言忘念无得正观为宗。后行中原,慧可禅师创得纲纽,魏境文学多不齿之。领宗得意者时能启悟。今以人代转远,纰缪后学。可公别传略已详之。今叙师承,以为承嗣,所学历然有据:
>
> 达摩禅师后,有慧可、慧育(达摩传作道育)二人。育师受道心行,口未曾说。
>
> 可禅师后:粲禅师,惠禅师,盛禅师,那老师,端禅师,长藏师,真法师,玉法师。(已上并口说玄理,不出文记。)
>
> 可师后:善老师(出抄四卷),丰禅师(出疏五卷),明禅师(出疏五卷),胡明师(出疏五卷)。
>
> 远承可师后:大聪师(出疏五卷),道荫师(抄四卷),冲法师

（疏五卷），岸法师（疏五卷），宠法师（疏八卷），大明师（疏十卷）。

不承可师，自依《摄论》（《摄大乘论》）：迁禅师（出疏四卷），尚德律师（出《入楞伽疏》十卷）。

那老师后：实禅师，惠禅师，旷法师，弘智师（名住京师西明，身亡法绝）。

明禅师后：伽法师，宝瑜师，宝迎师，道莹师（并次第传灯，于今扬化）。

这一份《楞伽》师承表里，达摩以下凡二十八人，其不承慧可之后，而依《摄大乘论》治《楞伽》者二人，共三十人。其所著疏抄（抄是疏之疏）共七十卷之多。此三十人中，达摩，慧可，那老师，法冲，均已详见上文。那老师之后凡举四人，而慧满不在内，甚可怪。那师后四人中有旷法师，似是慧满传中提及的昙旷法师。可师后的明禅师也许就是慧嵩传（见上）中的苞山明法师，也许他先从慧可，后来到南方又成了"兴皇遗属"了。

那位"不承可师，自依《摄论》"的迁禅师，即是《续僧传》卷二十二有长传的"隋西京禅定道场释昙迁"；他本是太原人，研究《华严》，《十地》，《维摩》，《楞伽》等经；因北周灭法，他到南方，兼学"唯识"义，后得《摄大乘论》，"以为全如意珠"；他后来北归，就在北方创开《摄论》，兼讲《楞伽》等经，《起信》等论，成为一代大师。隋文帝的大兴佛教，遍地起舍利塔，昙迁是一个主谋的人。他死在大业三年（607），有《摄论疏》十卷，又有《楞伽》、《起信》等疏。

余人之中，最可注意的是可禅师后的粲禅师。后来楞伽宗推崇僧粲为慧可传法弟子，尊为第三祖。但《续僧传》不为立传，所可依据的只有《法冲传》的七个字！此外只有卷十三《辩义传》中有这样一条：

仁寿四年（604）春，〔辩义〕奉敕于庐州独山梁静寺起塔。初与官人案行置地，行至此山，……处既高敞，而恨水少，僧众汲难。本有一泉，乃是僧粲禅师烧香求水，因即奔注。至粲亡后，泉涸积年。及将拟置〔塔〕，一夜之间，枯泉还涌。

这里的僧粲,好像就是楞伽宗慧可的弟子粲禅师。关于僧粲,史料最少,只有上文引的两条。净觉的《楞伽师资记》的粲禅师一传也是毫无材料的胡诌,其中有根据的话也只有引《续僧传·法冲传》的"可后粲禅师"一句!《师资记》中的粲传,因为是八世纪前期的作品,值得抄在这里:

> 第四隋朝舒州思空山粲禅师,承可禅师后。其粲禅师,周知姓位,不测所生。按《续高僧传》曰,"可后粲禅师"。隐思空山,萧然净坐,不出文记,秘不传法。唯僧道信奉事粲十二年,写器传灯,一一成就。粲印道信了了见性处,语信曰:《法华经》云,'唯此一事实,无二亦无三'。故知圣道幽通,言诠之所不逮;法身空寂,见闻之所不及,即文字语言徒劳施设也。"
>
> 大师云,"余人皆贵坐终,叹为奇异。余今立化,生死自由"。言讫,遂以手攀树枝,奄然气尽,终于皖公山,寺中见有庙影。(此下引"《详玄传》曰"一长段,乃是妄增篇幅。《详玄传》即《详玄赋》,作者为北周禅僧慧命,他的著作甚多,"文或隐逸,未喻于时。有注解者,世宗为贵。"《续僧传》卷二十一有长传。《详玄赋》久佚,今在净觉书中保存原文及注的一部分,虽是妄加之文,也可宝贵。)

思空山(又作司空山)在安徽太湖县西北,皖公山在安徽灊山县西北,两山紧相连。独山在庐江县西北,即是在皖公山之东。皖公山现有三祖寺。这一带是僧粲故事的中心,似无可疑。辩义传中所记的独山的僧粲,即是那皖公山和司空山的僧粲,也似无可疑。《师资记》也苦于没有材料,只好造出一段禅门常谈,又造出"立化"的神话,还嫌太少,又抄上了一大段《详玄赋》和注!这样枯窘的杂凑,至少可以证明关于僧粲的材料的实在贫乏了。

六 道信与弘忍

后来的传说都说:慧可传僧粲,僧粲传道信。道信传弘忍,是为蕲州黄梅双峰山的"东山法门";道信又传法融,是为牛头山支派。但在《续僧传》里,僧粲承慧可之后是见于法冲传的;僧粲与道信的关系却没有明说。道信传弘忍是明说的;道信与法融的关系也没有提起。(牛头山的传法世系是法融→智严→惠方→法持→智威→玄素,见于李华所作"玄素碑铭"。此世系甚不可靠。《续僧传》卷二十五有智严传,他是一个隋末武将;武德四年,——西历621——他四十多岁,弃官入舒州皖公山,从宝月禅师出家。宝月或与僧粲有关系;《宝林传》卷八记慧可弟子八人,一为宝月,"有一弟子名曰智严,后为牛头第二祖师也"。智严修头陀苦行,晚年住石头城疠人坊,为癞人说法,吮脓洗濯。永徽五年,——654——终于疠所,年七十八。法融死在其后三年,年仅六十四。后人称法融为第一祖,智严为第二祖,不但师承不同,年岁也倒置了。《传灯录》改智严死年为仪凤二年,——677——竟是移后二十三年,但这又在道宣死后十年,不应该入《续僧传》了!)

《续僧传》卷二十六有《道信传》,说:

> 释道信,姓司马,未详何人。初七岁时,经事一师,戒行不纯;信每陈谏,以不见从,密怀斋检;经于五载,而师不知。又有二僧,莫知何来,入舒州皖公山静修禅业;〔信〕闻而往赴,便蒙授法;随逐依学,遂经十年。师往罗浮,不许相逐。但于后住,必大弘益。国访贤良,许度出家,因此附名,住吉州寺。

此传但说两个来历不明的和尚"入舒州皖公山静修禅业",而不明说其中一个就是僧粲。皖公山虽然和僧粲传说有关系,但我们不能证实那山里修禅业的和尚就是僧粲。此传中又有"师往罗浮"之说,后人因此就说往罗浮的也是僧粲。如敦煌本《历代法宝记》说:

> 粲禅师……隐皖公山十余年。……粲大师遂共诸禅师往罗浮山隐三年。

我们对于僧粲和道信的关系,现在只能说:据七世纪道宣的记载,道信曾在皖公山跟着两个不知名的和尚学禅业;但后来的传说指定他的老师即是僧粲。其说出于道信门下,也许有所根据;道信与他的弟子弘忍都住蕲州黄梅的双峰山,其地离皖公山、司空山不远,他们的传说也许是可靠的。

《道信传》中说他从吉州欲往衡山,

>   路次江州,道俗留止庐山大林寺;虽经贼盗,又经十年。蕲州道俗请度江北黄梅。县众造寺;依然山行,①遂见双峰有好泉石,即住终志。……自入山来三十余载,诸州学道无远不至。刺史崔义玄闻而就礼。
>
>   临终语弟子弘忍:"可为吾造塔,命将不久。"又催急成。又问中(日中)未,答欲至中。众人曰,"和尚可不付嘱耶?"曰,"生来付嘱不少"。此语才了,奄尔便绝。……即永徽二年(651)闰九月四日也,春秋七十有二。

此传似是根据碑传材料,虽有神话,大致可信。如道信死日,我试检陈垣的《二十史朔闰表》,永徽二年果闰九月。即此一端,可见此传可信的程度。又如道信临终无所付嘱,这也是"付法传衣"的神话起来之前的信史,可证此派原来没有"付法传衣"的制度。

道信在当时大概确是长江流域的一位有名大师。《续僧传》里,道信专传之外,还有三处提到他:

(1) 荆州神山寺玄爽传(卷二十五)

>   玄爽,南阳人,早修聪行,见称乡邑。……既无所偶,弃而入道。游习肆道,有空(有宗与空宗)俱涉。末听龙泉寺璇法师,欣然自得,覃思远诣,颇震时誉。又往蕲州信禅师所,伏请开道,亟发幽微。后返本乡,唯存摄念。长坐不卧,系念在前。……以永徽三年(652)十月九日迁神山谷。

看此传,可知黄梅道信一派的禅法。

(2) 荆州四层寺法显传(卷二十五)

>   法显,南郡江陵人,十二出家四层寺宝冥法师,服勤累载,咨询经旨。……有颉禅师(智颢,即天台宗巨子),……隋炀征下,回返上流,于四层寺大开禅府。……〔显〕遂依座筵,闻所未悟。……颢师去后,更求明,智,成,彦,习,皓等诸师,皆升堂睹奥,尽研磨之思。及将冠具,归依皓师,诲以出要之方,示以降心

---

① 编者按:"远流本"此处补有胡适按语:"适按,'依然山行',似是说他不管县众造寺,他还要寻山水。"

> 之术。因而返谷静处闲居。……属炎灵标季,荐罹戎火,馁殘相望,众侣波奔。显独守大殿,确乎卓尔,旦资蔬水,中后绝浆。贼每搜求,莫之能获。……自尔宴坐道安梅梁殿中三十余载。贞观之末,乃出别房。……梦见一僧威容出类,曰"可往蕲州见信禅师"。依言即往双峰,更清定水矣。而一生染疾,并信往业,受而不治,衣食节量,柔顺强识。所住之寺五十余年,足不出户。……永徽四年(653)正月十一日午时迁化,时年七十有七。

(3) 衡岳沙门善伏传(卷二十六)

> 善伏,一名等照,常州义兴人。……五岁于安国寺兄才法师边出家,布衣蔬食,日诵经卷,目睹七行,一闻不忘。贞观三年(629)窦刺史闻其聪敏,追充州学。因尔日听俗讲,夕思佛义。……后逃隐出家,……至苏州流水寺璧法师所,听四经三论;又往越州敏法师所,周流经教,颇涉幽求;至天台超禅师所,示以西方净土观行。因尔广行交,桂,广,循诸州,遇综会诸名僧,咨疑请决。又上荆、襄、蕲部,见信禅师,示以入道方便。又往庐山,见远公(晋时的慧远)净土观堂。还到润州严禅师所,示以无生观。后共晖、才二师入桑梓山,行慈悲观。……常在伏牛山,以虎豹为同侣,食(饲)蚊虻为私行。视前六尺,未曾顾眄;经中要偈,口无辍音。……显庆五年(660),行至衡岳,……端坐而终。

像善伏这样一位终身行脚,游遍诸方的苦行和尚曾到过黄梅见道信,当然不足奇怪。但像法显那样"五十余年足不出户",也居然赶到双峰去见道信,这可见黄梅教旨在当时的重要地位了。

道信有弟子弘忍,见于《续僧传》的《道信传》。弘忍死在高宗咸亨五年(674),在道宣死后七年,故《续僧传》无《弘忍传》。宋赞宁续修的《高僧传》成于宋太宗端拱元年(988),已在道宣死后二百十一年,其中的《弘忍传》(在卷八)已受了八世纪以下的传说的影响,不很可信了。敦煌本《楞伽师资记》成于八世纪的前半,其中弘忍一传全采玄赜的《楞伽人法志》,时代更早,比较的是最可信的史料。

我们现在抄玄赜此传于下：

> 大师俗姓周，其先寻阳人，贯黄梅县也。父早弃背，养母孝鄣（彰？），七岁奉事道信禅师，自出家处幽居寺，住度弘愍，怀抱贞纯；缄口于是非之场，融心于色空之境；役力以申供养，法侣资其（具？）足焉。调心唯务浑仪，师独明其观照。四议皆是道场，三业咸为佛事。盖静乱之无二，乃语嘿之恒一。时四方请益，九众师□；虚待实归，月逾千计。生不瞩文而义符玄旨。时荆州神秀禅师伏膺高轨，亲受付嘱。玄赜（《楞伽人法志》的作者自称）以咸亨元年（670）至双峰山，恭承教诲，敢奉驱驰。首尾五年，往还三觐。道俗齐会，仿身供养，蒙示《楞伽》义，云："此经唯心证了知，非文疏能解。"咸亨五年（674）二月，命玄赜等起塔，与门人运天然方石，累构严丽。月十四日，问塔成未，奉答已了。便云，"不可同佛涅槃之日。"乃将宅为寺。又曰："如吾一生，教人无数，好者并亡。后传吾道者，只可十耳。我与神秀论《楞伽经》，云（玄？）理通快，必多利益。资州智诜，白松山刘主簿，兼有文性；华州智藏，随州玄约，忆不见之；嵩山老安深有道行；潞州法如，韶州惠能，扬州高丽僧智德，此并堪为人师，但一方人物。越州义方，仍便讲说。"又语玄赜曰："汝之兼行，善自保爱。吾涅槃后，汝与神秀当以佛日再晖，心灯重照。"其月十六日……中，面南宴坐，闭目便终。春秋七十四。

《宋高僧传》说他死在上元二年（675）十月二十三日，与此传相差一年零九个多月（咸亨五年八月改元上元）。玄赜自称当日在弘忍门下，他的记载应该可信。① 玄赜死年已不可考，但净觉于《楞伽师资记》自序中说中宗景龙二年（708）敕召玄赜入西京，其时弘忍已死三十四年了，神秀已死二年了，玄赜必已是很老了。《楞伽人法志》成于神秀死（706）后，大概作于708年左右。

玄赜所记《弘忍传》，有一点最可注意，就是弘忍临死时说他的

---

① 编者按："远流本"此处补有胡适按语："《唐书》一九一《神秀传》也说弘忍死在咸亨五年，与《师资记》同。"

弟子之中有十人可传他教法,①那十人是:

(1) 神秀

(2) 资州智诜(死在702,敦煌本《历代法宝记》有传,见《大正大藏经》二○七五)

(3) 白松山刘主簿

(4) 华州惠藏

(5) 随州玄约

(6) 嵩山老安

(7) 潞州法如

(8) 韶州惠能

(9) 扬州高丽僧智德

(10) 越州义方

如果这段记载是可靠的,它的重要性是最可注意的。因为这十一人(加玄赜)之内,我们已见着资州智诜和韶州慧能的名字了。智诜是成都净众寺和保唐寺两派的开山祖师,又是马祖的远祖。慧能是曹溪"南宗"的祖师,后来他的门下神会和尚举起革命的大旗,推翻了神秀一宗的法统。当玄赜著《人法志》的时候,曹溪,净众,保唐三派都还不曾大露头角,法统之争还不曾开始,所以玄赜的记载应该是最可信的。大历(766—779)以后,保唐寺一派所作《历代法宝记》(《大正大藏经》二○七五,页一八二)有弘忍传,全采《楞伽师资记》的材料,也有这传法弟子十一人,但因时代不同,曹溪一宗已占胜利,故《法宝记》把这十一人的次第改过了,成了这个样子:

又云:吾一生教人无数,除慧能,余有十尔:神秀师,智诜师,智德师,玄赜师,老安师,法如师,惠藏师,玄约师,〔义方师〕刘

---

① 编者按:"远流本"此处补有胡适按语:"《宋僧传》八,《金陵法持传》,'时黄梅〔弘忍〕谢缘去世,谓弟子玄赜曰,后传吾法者,可有十人,金陵法持,即其一也。'此人不在玄赜所记十人之内。但法持是牛头一系的巨子,本传记他上承惠方,下传智威,与李华所记牛头世系相合。大概楞伽宗本是修头陀行的,牛头与双峰本都是头陀苦行,其地域又相近,故其同出一源很不足奇怪。法持〔死在长安二年,七〇二〕遗嘱'令露骸松下,饲诸禽兽',可见其宗门风气。"

主簿,虽不离我左右,汝各一方师也。

这里把慧能提出,是已承认慧能真是传衣得法的冢子了。

我们看八世纪初年玄赜的记载,至少可以承认这一点:当八世纪之初,楞伽宗的大师神秀在北方受帝王和民间的绝大崇敬的时候,楞伽宗的玄赜在他的《楞伽人法志》里,正式记载韶州慧能是弘忍的十一个大弟子之一。但我们同时也可以承认:在那时候,并没有袈裟传信的法统说,也没有神秀与慧能作偈明心,而弘忍半夜传衣法与慧能之说。

净觉所记,除全引玄赜的《弘忍传》之外,他自己还有几句话值得我们的注意。净觉说:

> 其忍大师萧然静坐,不出文记,口说玄理,默授与人。在人间有《禅法》一本,云是忍禅师说者,谬言也。

这是很谨严的史家态度。《续藏经》(第二编,第十五套,第五册)有弘忍的《最上乘论》一卷;巴黎所藏敦煌写本中有"蕲州忍和尚道凡趣圣悟解脱宗修心要论一卷",即是《最上乘论》。这大概就是净觉在八世纪所否认的忍大师"禅法一本"了。

七　神秀

弘忍死在高宗咸亨五年(674)。这时候,蕲州黄梅双峰山的一门,有道信、弘忍两代大师的继续提倡,已成为《楞伽》禅法的一个大中心,人称为"东山净门",又称为"东山法门"。弘忍死后,他的弟子神秀在荆州玉泉寺(天台大师智颛的旧地)大开禅法,二十五六年中,"就者成都,学来如市"。则天皇帝武后的久视元年(700),她下诏请神秀到东京;次年(大足元年,701)神秀到了东京。宋之问集中有"为洛下诸僧请法事迎秀禅师表",可以使我们知道神秀在当时佛教徒心目中的崇高地位。表文中说:

> 伏见□月□日敕遣使迎玉泉寺僧道秀(即神秀)。陛下载弘佛事,梦寐斯人;诸程指期,朝夕诣阙。此僧契无生至理,传东山妙法,开室岩居,年过九十,形彩日茂,弘益愈深。两京学徒,

> 群方信士,不远千里,同赴五门;衣袯鱼颉于草堂,庵庐雁行于丘阜。云集雾委,虚往实归。隐三楚之穷林,继一佛而扬化。栖山好远,久在荆南,与国有缘,今还豫北。九江道俗恋之如父母,三河士女仰之犹山岳。谓宜缁徒野宿,法事郊迎;若使轻来赴都,遐迩失望。威仪俗尚,道秀所忘;崇敬异人,和众之愿。……谨诣阙奉表,请与都城徒众将法事往龙门迎道秀以闻。轻触天威,伏深战越。(《全唐文》卷二四〇)

看这表文,可见神秀名誉的远播,和北方佛教徒对他的热诚欢迎。张说的《大通禅师碑铭》说:

> 久视年中,禅师春秋高矣,诏请而来,趺坐觐君,肩舆上殿;屈万乘而稽首,洒九重而宴居。传圣道者不北面,有盛德者无臣礼。遂推为两京法主,三帝(武后,中宗,睿宗)国师。仰佛日之再中,庆优昙之一现。……每帝王分座,后妃临席,鹓鹭四匝,龙象三绕;时炽炭待矿,故对默而心降;时诊饥投味,故告约而义领。一雨溥沾于众缘,万籁各吹于本分。

这是帝后宫廷方面的隆礼。其实这时候的神秀已是太老了。碑文中说他"久矣衰惫,无他患苦;魄散神全,形遗力谢"。他北来才六年,就死在神龙二年(706)二月二十八日。张说碑文中说:

> 盖僧腊八十矣。生于隋末,百有余岁,未尝自言,故人莫审其数也。

张说也曾拜在神秀门下,故他撰此碑文,很用气力。他叙述神秀是陈留尉氏人,

> 少为诸生,游问江表。老、庄玄旨,《书》、《易》大义,三乘经论,四分律仪,说通训诂,音参吴、晋。逮知天命之年(五十岁),自拔人间之世。企闻蕲州有忍禅师,禅门之法胤也。自菩提达摩东来,以法传慧可,慧可传僧璨,僧璨传道信,道信传弘忍,继明重迹,相承五光。乃不远遐阻,翻飞谒诣。虚受与沃心悬会,高悟与真乘同彻。尽捐妄识,湛见本心。……服勤六年,不舍昼夜。大师叹曰,"东山之法尽在秀矣!"命之洗足,引之并坐。于是涕辞而去,退藏于密。仪凤中(676—678)始隶玉泉,名在僧

> 录。寺东七里,地坦山雄,目之曰,"此正楞伽孤峰,度门兰若,荫松藉草,吾将老焉。"

他虽属玉泉寺,而另住寺东的山上,这也是头陀行的"阿兰若处"的生活。宋之问表文中也说他"开室岩居",与此碑互证。因为他住在山岩,来学的人须自结茅庵,故宋之问表文有"庵庐雁行于邱阜"之语。

张说的碑文说达摩以下的师承世系,只是神秀自叙他的蕲州东山一派的师承。我们看了《续僧传》的达摩,慧可,法冲各传,应该明白达摩以下,受学的人很多,起自东魏、北齐,下至初唐,北起邺下,南至岭南,东至海滨,西至成都、绵、梓,都有达摩、慧可的后裔。单就慧可的弟子而论,人名可考者已有十二三人。僧粲一支最少记载,而他的派下道信与弘忍两代继住黄梅,就成为一大宗派。神秀所述世系只是这僧粲、道信、弘忍一支的世系。而后来因为神秀成了"两京法主,三帝国师",他的门下普寂、义福、玄赜等人又继续领众,受宫廷与全国的尊崇,——因为这个缘故,天下禅人就都纷纷自附于"东山法门",就人人都自认为僧粲、道信一支的法嗣了。人人都认神秀碑文中的法统,这正是大家攀龙附凤的最大证据。南北朝的风气,最重门阀,故碑传文字中,往往叙门第祖先很详,而叙本身事迹很略。和尚自谓出世,实未能免俗,故张燕公的《大通禅师碑》的达摩世系就成了后来一切禅宗的世系,人人自称是达摩子孙,其实是人人自附于僧粲、道信一支的孙子了!

张说的碑文中有一段说神秀的教旨:

> 其开法大略,则慧念以息想,极力以摄心。其入也,品均凡圣;其到也,行无前后。趣定之前,万缘皆闭;发慧之后,一切皆如。持奉《楞伽》,递为心要。过此以往,未之或知。

此段说的很谨慎,在这里我们可以看见道宣所述达摩教旨的大意还都保持着。这种禅法虽然已很简单了,但仍然很明显的是一种渐修的禅法。《楞伽》一宗既用《楞伽经》作心要,当然是渐修的禅学。《楞伽经》(卷一)里,大慧菩萨问:

> 世尊,云何净除一切众生自心现流?为顿为渐耶?

佛告大慧：

> 渐净，非顿。如庵罗果，渐熟非顿，如来净除一切众生自心现流，亦复如是，渐净非顿。譬如陶家造作诸器，渐成非顿，如来净除一切众生自心现流，亦复如是，渐净非顿。譬如大地渐生万物，非顿生也，如来净除一切众生自心现流，亦复如是，渐净非顿。譬如人学音乐书画种种伎术，渐成非顿，如来净除一切众生自心现流，亦复如是，渐成非顿。（用宋译本）

这是很明显的渐法。楞伽宗的达摩不废壁观，直到神秀也还要"慧念以息想，极力以摄心"，这都是渐修的禅学。懂得《楞伽》一宗的渐义，我们方才能够明白慧能、神会以下的"顿悟"教义，当然不是楞伽宗的原意，当然是一大革命。

《楞伽师资记》有神秀传，也是全采玄赜的《楞伽人法志》，大旨与张说碑文相同，但其中有云：

> 其秀禅师，……禅灯默照，言语道断，心行处灭，不出文记。

这也是重要的史料。张说碑文中也不提起神秀有何文记。后来宗密（死在841）在《圆觉大疏钞》（卷三下）里述神秀的禅学，提起《北宗五方便法门》一书。巴黎所藏敦煌写本中有《北宗五方便法门》两本，即是此书，大概是八世纪中叶以后的作品，不是神秀所作。

八　楞伽宗的被打倒

张说《大通禅师碑》文中的传法世系，依我们上文的考据，若单作僧璨、道信一系的谱系看，大致都有七世纪的史料作证明，不是没有根据的。此碑出后，这个谱系就成为定论。李邕作《嵩岳寺碑》和《大照禅师（普寂）碑》（《全唐文》卷二六二——二六三），严挺之作《大证①禅师（义福）碑》（《全唐文》卷二八〇），都提到这个谱系。义福死在开元二十年（732），普寂死在开元二十七年（739），在八世纪的前期，这一系的谱系从没有发生什么疑问。

但普寂将死之前五年（734），忽然在滑台大云寺的无遮大会上，

---

① 编者按："远流本"此处补有胡适按语："适按，《唐书》一九一作'大智'？"

有一个南方和尚,名叫神会,出来攻击这个谱系。他承认这谱系的前五代是不错的,但第六代得法弟子可不是荆州的神秀,乃是韶州的慧能。神会说:

> 达摩……传一领袈裟以为法信,授与慧可,慧可传僧璨,璨传道信,道信传弘忍,弘忍传慧能,六代相承,连绵不绝。

这是新创的"袈裟传法"说,自道宣以来,从没有人提起过这个传法的方式。但神会很大胆的说:

> 秀禅师在日,指第六代传法袈裟在韶州,口不自称为第六代。今普寂禅师自称第七代,妄竖和尚为第六代,所以不许。

这时候,神秀久已死了,死人无可对证,只好由神会去捏造。神会这时候已是六十七岁的老和尚。我们想像一位眉发皓然的老和尚,在那庄严道场上,大声指斥那个"名字盖国,天下知闻"的普寂国师,大声的喊道:

> 神会今设无遮大会,庄严道场,不为功德,为天下学道者定宗旨,为天下学道者辨是非。

这种惊人的控诉,这种大胆的挑战,当然是很动人的。从此以后,神秀一支的传法谱系要大动摇了,到了后来,竟被那个南方老和尚完全推翻了。

这段很动人的争法统的故事,我在我的《荷泽大师神会传》(《神会遗集》卷首)里已说的很详细,我现在不用复述了。简单说来,神会奋斗了二十多年(734—760)的结果,神秀的法统终于被推翻了。八世纪以后,一切禅学史料上只承认下列的新法统:

> 达摩→慧可→僧璨→道信→弘忍→慧能

一千一百年来大家都受了这个新法统史的迷惑,都不相信张说、李邕、严挺之几枝大手笔在他们的大碑传里记载的神秀法统了。

我们这篇考证,只是要证明神秀碑文内所记的世系是有历史根据的楞伽宗的僧璨一支的道信一派的世系。在我们现在所能得到的可靠史料里,我们没有寻到一毫证据可以证明从达摩到神秀的二百年中,这一个宗派有传袈裟为传法符信的制度。所以我们的第一个结论是:袈裟传法说完全是神会捏造出来的假历史。

神会攻击神秀、普寂一派"师承是傍,法门是渐"(用宗密的《禅门师资承袭图》的话)。依我们的考证,神秀是弘忍的大弟子,有同门玄赜的证明,有七世纪末年南北大众的公认,是无可疑的。至于慧能和弘忍的关系,我们也有玄赜的证明,大概在七世纪的末年,八世纪的初年,慧能的教义已在南方稍稍露头角了,所以玄赜把他列为弘忍的十大弟子之一。所以我们的第二个结论是:神秀与慧能同做过弘忍的弟子,当日既无袈裟传法的事,也没有"旁"、"嫡"的分别。"师承是傍"的口号不过是争法统时一种方便而有力的武器。

至于"法门是渐"一层,我们在七八世纪的史料里,只看见达摩一宗特别注重《楞伽经》,用作本宗的"心要"。这部经典的禅法,不但不曾扫除向来因袭的"一百八义"的烦琐思想,并且老实主张"渐净非顿"的方法。所以我们的第三个结论是:渐修是楞伽的本义,这一宗本来"法门是渐"。顿悟不是楞伽的教义,他的来源别有所在(看《神会传》页二六三——二七五)。

最后,我们的第四个结论是:从达摩以至神秀,都是正统的楞伽宗。慧能虽然到过弘忍的门下,他的教义——如果《坛经》所述是可信的话——已不是那"渐净非顿"的《楞伽》宗旨了。至于神会的思想,完全提倡"顿悟",完全不是楞伽宗的本义。所以神会的《语录》以及神会一派所造的《坛经》里,都处处把《金刚般若经》来替代了《楞伽经》。日本新印出来的敦煌写本《神会语录》(铃木贞太郎校印本)最末有达摩以下六代祖师的小传,其中说:

(1)达摩大师乃依《金刚般若经》,说如来知见,授与慧可。……

(2)达摩大师云,"《金刚经》一卷,直了成佛。汝等后人,依般若观门修学。……"

(3)可大师……奉事达摩,经于九年,闻说《金刚般若波罗经》,言下证如来知见。……

(4)璨禅师奉事〔可大师〕,经依《金刚经》说如来知见,言下便悟。……

(5) 信禅师奉事〔璨禅师〕，师依《金刚经》说如来知见，言下便证无有众生得灭度者。……

(6) 忍禅师奉事〔信大师〕，依《金刚经》说如来知见，言下便证最上乘法。……

(7) 能禅师奉事〔忍大师〕，师依《金刚经》说如来知见，言下便证若此心有住则为非住。……

(8) 能大师居漕溪，来住四十年，依《金刚经》重开如来知见。……

我们看这八条，可知神会很大胆的全把《金刚经》来替代了《楞伽经》。楞伽宗的法统是推翻了，楞伽宗的"心要"也掉换了。所以慧能、神会的革命，不是南宗革了北宗的命，其实是一个般若宗革了楞伽宗的命。

1935, 4, 12①

参看汤用彤先生《汉魏两晋南北朝佛教史》下，页二六四——二七一。

他说达摩、慧可以至法冲的"南天竺一乘宗"的"玄旨"乃"大乘空宗"，故道宣说，"磨法虚宗"。他说，《楞伽经》"所明在无相之虚宗。为百八句即明无相"，虽亦为法相有宗之典籍〔中已有八识义〕，但其说法，处处着眼在破除妄想，显示实相（页二六五）。他有一长段专讨论我说的"神会把《金刚经》来替代了《楞伽经》的说法（页二七〇——二七一）。

适之

（原载 1935 年 12 月《国立中央研究院历史语言研究所集刊》第 5 本第 3 分）

---

① 编者注：以下一段据"远流本"补。

《楞伽师资记》序

民国十五年（1926）九月八日，我在巴黎国立图书馆读了敦煌写本《楞伽师资记》，当时我就承认这是一篇重要的史料。不久我回到伦敦，又在大英博物院读了一种别本。这两种本子，我都托人影印带回来了。五年以来，我时时想整理这书付印，始终不曾如愿。今年朝鲜金九经先生借了我的巴黎、伦敦两种写本，校写为定本，用活字印行。印成之后，金先生请我校勘了一遍，他又要我写一篇序。我感谢金先生能做我所久想做的工作，就不敢辞谢他作序的请求了。

《楞伽师资记》的作者净觉，伦敦本作

> 东都沙门释净觉居太行山灵泉谷集

巴黎本"谷"作"会"，又删"集"字，就不可解了。《全唐文》卷三二七有王维的《大安国寺故大德净觉师塔铭》一篇，说：

> 禅师法名净觉，俗姓韦氏，孝和皇帝庶人（韦后）之弟也。……将议封拜，禅师……裂裳裹足以宵遁，……入太行山，削发受具。……闻东京有颐大师，乃脱履户前，抠衣坐下。……大师委运，遂广化缘。……门人与宣父中分，廪食与封君相比。……

此文与《师资记》的自序相印证。原序说净觉之师安州大和尚（即玄赜，王维文作颐大师）。

> 大唐中宗孝和皇帝景龙二年，敕召入西京，便于东都广开禅法。净觉当众归依，一心承事。

王维碑文中记净觉死于"某载月日"，但王维死在乾元二年（757），而净觉归依玄赜在中宗景龙二年顷（708），我们可以推想净觉死在开元、天宝之间，约在西历 740 左右。

此书著作的年代也不可考，但记中述神秀的门下普寂，敬贤，义福,惠福四个禅师,"宴坐名山,澄神邃谷",可见作此记时,普寂等四人都生存。义福死在开元二十四年(736),普寂死在开元二十七年(739)。我们可以推想此记作于开元时,正当楞伽宗大师势力最盛时。

楞伽宗托始于菩提达摩。达摩来自南印度,而《大乘入楞伽经》顾名思义正是南方经典,所以达摩教人只读《楞伽》一经。慧可以下,承袭此风,就成为"楞伽宗",又称为"南天竺一乘宗"。此宗的历史,有两处重要的记载:其一部分在道宣的《续高僧传》"习禅"项下《菩提达摩传》及《僧可传》;其又一部分埋没在《续高僧传》"感通"项下法冲传内。依《达摩传》及《僧可传》,此宗的世系如下:

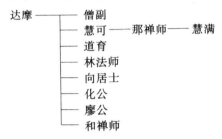

慧满死在贞观十六年(642)以后,正和道宣同时,而道宣已说:

> 人世非远,碑记罕闻,微言不传,清德谁序?深可痛矣。

道宣的《续僧传》自序中明说"始距梁之始运,终唐贞观十有九年(645)"。但他后来陆续增添了不少的材料。法冲一传就是他新添的材料。传中说法冲

> 显庆年(656—660)言旋东夏,至今麟德(664—665),年七十九矣。

这已在《续僧传》初稿成书之后二十年了。再过两年(667),道宣自己也死了。法冲是道宣晚年垂死时候认得的,所以《法冲传》中的材料都不曾整理,也不曾并入达摩、僧可两传。

《法冲传》中说:

> 冲以《楞伽》奥典沉沦日久,所在追访,无惮夷险。会可师后裔盛习此经,即依师学,屡击大节,便舍徒众,任冲转教,即相

续讲三十余遍。又遇可师亲传授者,依"南天竺一乘宗"讲之,又得百遍。

其经本是宋代求那跋陀罗三藏翻,慧观法师笔受,故其文理克谐,行质相贯。专唯念慧,不在话言。于后达摩禅师传之南北,忘言忘念,无得正观为宗。后行中原,慧可禅师创得纲纽。魏境文学多不齿之。领宗得意者时能启悟。今以人代转远,纰缪后学,《可公别传》略以详之。今叙师承,以为承嗣,所学历然有据:

（1）达摩禅师后有慧可、慧育二人。

　　育师受道心行,口未曾说。

（2）可禅师后:粲禅师,惠禅师,盛禅师,那老师,端禅师,长藏师,真法师,玉法师。

　　以上并口说玄理,不出文记。

（3）可师后:善师（出《钞》四卷）,丰禅师（出《疏》五卷）,明禅师（出《疏》五卷）,胡明师（出《疏》五卷）。

（4）远承可师后:大聪师（出《疏》五卷）,道荫师（《抄》四卷）,冲法师（《疏》五卷）,岸法师（《疏》五卷）,宠法师（《疏》八卷）,大明师（《疏》十卷）。

（5）不承可师,自依《摄论》者:迁禅师（出《疏》四卷）,尚德禅师（出《入楞伽疏》十卷）。

（6）那老师后:实禅师,惠禅师,旷法师,宏智师（名住京师西明,身亡法绝）。

（7）明禅师后:伽法师,宝瑜师,宝迎师,道莹师（并次第传灯,于今扬化）。

　　冲公自从经术,专以《楞伽》名家,前后敷弘,将二百遍。须便为引,曾未涉文。……师学者苦请出义,……事不获已,作疏五卷,题为私记,今盛行之。

法冲当高宗麟德时年七十九,推上去,可以推算他生于陈末隋初,当隋文帝开皇六年（586）。

我们看了道宣两次的记载,可以知道当七世纪后期（664—5）

时,楞伽宗的势力已很大了,《楞伽经》的疏和钞(钞也是疏的一种,往往比疏更繁密)已有十二家七十卷之多。我们又知道此宗已有"南天竺一乘宗"之名了。一乘之名是对于当日的大乘、小乘之争的一种挑战,这名目里已含有革命的意义了。《法冲传》说:

> 弘福润法师初未相识,曰,"何处老大德?"法冲答:"兖州老小僧耳。"又问何为远至,答曰:"闻此少一乘,欲宣一乘教纲,漉信地鱼龙,故至。"

这是何等气象!

但是到了七世纪的末年和八世纪的初年,——武后的晚年,——荆州玉泉寺的一个有名的和尚神秀禅师正受许多人的崇敬,武后把他请入洛阳(701),往来两京,人称为"两京法主,三帝国师"。神秀也自称是楞伽宗的一派,但他自有他的传授世系,自称出于蕲州东山的弘忍的门下,号为"东山法门"。他的世系表见于张说作的《大通禅师碑铭》,是这样的:

达摩——慧可——僧粲——道信——弘忍——神秀

这表里只有前三代是道宣最初所记的,粲以下的道信、弘忍都是道宣后来添补的了。

神秀做了六年(701—706)的国师,就使那冷落的楞伽宗成为天下最有名的正宗禅学。神秀死后,他的弟子普寂、义福、敬贤、惠福等继续受政府的崇敬,普寂、义福的地位更高崇,尊荣不下于神秀。八世纪的前四十年真是楞伽宗"势焰熏天"的时代!

当时就有楞伽宗的和尚著作他们的宗门谱系了。净觉的老师,安州寿山寺的玄赜,也是神秀的同门,著作了一部《楞伽人法志》,就是这些谱系中的一种。此书已不传了,我们感谢净觉在这《楞伽师资记》中保存了一篇《弘忍传》及一篇《神秀传》。玄赜的《弘忍传》(本书页二四——二五)[①]记弘忍死于高宗咸亨五年(674),临死时说他的弟子之中,只有十人可传他的教法。那十人是:

---

① 编者注:参见本册第182页。

（1）神秀

（2）资州智诜

（3）白松山刘主簿

（4）华州智藏

（5）随州玄约

（6）嵩山老安

（7）潞州法如

（8）韶州惠能

（9）扬州高丽僧智德

（10）越州义方

此外自然是受付托的玄赜自己了。

这是最重要的记载,因为在这十一位弟子里面,我们已见着智诜和惠能的名字了。智诜是净众寺和保唐寺两大派的开山祖师,又是马祖的远祖。惠能是曹溪南宗的开山祖师,将来他的门下就成了楞伽宗的革命领袖。这时候净众,保唐,曹溪三派都不曾大露头角,玄赜的记载应该是可信任的。关于弘忍的事迹与弟子录,玄赜的短传要算是最古的史料,所以最可信。玄赜在神秀传中说他"不出文记"。净觉也说弘忍"不出文记",又说：

在人间有《禅法》一本云是忍禅师说者,谬言也。

这都是考订禅宗史料的重要证据。

净觉此书,是继续玄赜的《楞伽人法志》而作的。玄赜的弘忍、神秀两传都很谨严,他的全书体例虽已不可考,然而我们从这两传推想,可以想见玄赜的书必是根据于比较可信的史料,编成了一部简明的楞伽宗史。但净觉似乎不满意于他的老师的谨严的历史方法,所以他重编了这部《师资记》。"师资"（源出于《老子》二十七章）只是师和弟子。净觉这部书有两项特点：

第一,他在当时公认的六代世系之上,加上了那位翻译《楞伽经》的求那跋陀罗,尊为第一代。这一来,就开了后代捏造达摩以上的世系的恶风气了。

第二,他有"述学"的野心,于是他在每一代祖师的传记之后,各造出了很长的语录。这一来,又开了后世捏造语录和话头公案的恶风气了。

他所记各人的学说,最谨严的是达摩的四行,全都是根据于道宣的《续僧传》的。他说:

> 此四行是达摩禅师亲说,余则弟子昙林记师言行,集成一卷,名之为《达摩论》也。菩提师又为坐禅众释《楞伽》要义一卷,有十二三纸,亦名《达摩论》也。此两本论文,文理圆满,天下流通,自外更有人伪造《达摩论》三卷,文繁理散,不堪行用。

这总算是很谨严的史家态度。

但他记的求那跋陀罗的语录是可信的吗?惠可的语录可信吗?道信的长篇语录可信吗?这都是很可疑问的了。最奇怪的是粲禅师传下既说他"萧然净坐,不出文记"了,后面又附上几段有韵的《详玄传》,连注文全抄上去。这样不伦不类的编纂法,真使我们失望了。

净觉此书究竟是八世纪前期的一部楞伽宗小史。其中虽有很可疑的材料,但他使我们知道八世纪前期已有这种材料,这就是他的大功劳了。即如道信传中的语录固然大可怀疑,但我们若把这些语录当作八世纪前半的人编造的禅宗思想,这就是重要史料了。况且他使我们知道当八世纪前半已有了三种《达摩论》;已有了道信的《菩萨戒法》,及《制入道安心要方便法门》;已有了忍禅师的《禅法》一本。在消极的方面,他的记载使我们知道那时候还没有《信心铭》,还没有《北宗五方便法门》。这都是我们应该感谢净觉这部书的。

民国二十年十一月十五夜

(原载1932年4月15日《海潮音》第13卷第4期)

荷泽大师神会传①

参考书

  《神会语录》　敦煌本

  《六祖坛经》　敦煌本　又明藏本

  《菩提达磨南宗定是非论》　敦煌本

  《历代法宝记》　敦煌本

  宗密的慧能、神会略传　《圆觉大疏钞》卷三下（省称《圭传》），文多错误，用宗密《圆觉经略疏钞》（省称《略钞》）及清远《圆觉经疏钞随文要解》（省称《随解》）两本参校。

  宗密　《禅门师资承袭图》（省称《圭图》）

  宗密　《禅源诸诠集都序》（省称《禅源序》）

  赞宁　《宋高僧传》卷八（省称《宋僧传》）

  道原　《景德传灯录》卷五（省称《灯录》）

  《全唐文》

  《唐文拾遗》

  《曹溪大师别传》　《续藏经》二编乙，十九套，五册。

---

  ① 编者注：《荷泽大师神会传》一文，原收入《胡适文存》三集卷二和《神会和尚遗集》（1930年12月上海亚东图书馆初版）。1958年，胡适对此书作了校订和修改。1968年12月，台北中研院胡适纪念馆影印出版胡适的《神会和尚遗集》手校本。1986年台北远流出版公司出版《胡适作品集》，第18册《神会和尚传》收入本文，文内夹入胡适的按语。现以"亚东本"为底本，将"手校本"和"远流本"的校订和修改之处汇入其中，凡"手校本"和"远流本"变动之处均作注说明。

一 神会与慧能

神会,襄阳人,姓高氏(《圭传》作姓万,又作姓嵩,皆字之误。各书皆作高)。《宋高僧传》说他

> 年方幼学,厥性惇明。从师传授五经,克通幽赜;次寻庄老,灵府廓然。览《后汉书》,知浮图之说,由是于释教留神,乃无仕进之意。辞亲投本府国昌寺颢元法师下出家。其讽诵群经,易同反掌。全大律仪,匪贪讲贯。闻岭表曹侯溪慧能禅师盛扬法道,学者骏奔,乃效善财南方参问。裂裳裹足,以千里为跬步之间耳。……
>
> 居曹溪数载,后遍寻名迹。

《宋僧传》所据,似是碑版文字,其言最近情理。王维受神会之托,作慧能碑文,末段云:

> 弟子曰神会,遇师于晚景,闻道于中年。

《圭传》与《灯录》都说神会初见慧能时,年十四,则不得为"中年"。慧能死于先天二年(713),年七十六。《宋僧传》说神会死于上元元年(760),年九十三岁。(我近来颇主张神会死在肃宗废除年号的"元年"〔762〕,《宋僧传》说他死在"建午月十三日",最可作我此说的有力证据。〔看我跋《宋僧传》的神会传〕适之——1958,8,8)①据此,慧能死时,神会(生于总章元年〔668〕)②年已四十六岁,正是所谓"遇师于晚景,闻道于中年"。《圭传》说神会死于乾元元年(758),年七十五,则慧能死时他只有三十岁;《灯录》说他死于上元元年(760),年七十五,则慧能死时他只有二十八岁,都不能说是"中年"。以此推之,《宋僧传》似最可信,王维碑文作于神会生时,最可以为证。

《圭传》又说神会先事北宗神秀三年,神秀被召入京(在700年),他才南游,依曹溪慧能,其时年十四。宗密又于慧能略传下说:

---

① 编者注:此段按语据"远流本"补入。
② 编者注:"生于总章元年(668)"一语据"远流本"补入。

>有襄阳神会,年十四,往谒。因答"无住(本作位,依《灯录》改)为本,见即是主"(主字本作性,依《灯录》改),杖(本作校,《略钞》作杖,《随解》云,以杖试为正)试诸难,夜唤审问,两心既契,师资道合。
>
>神会北游,广其闻见,于西京受戒。景龙年中(西历707—709),却归曹溪。大师知其纯熟,遂默授密语。缘达磨悬记,六代后命如悬丝,遂不将法衣出山。(《圆觉大疏钞》卷三下)

宗密在《禅门师资承袭图》里引"祖宗传记"云:

>年十四来谒和尚。和尚问:"知识远来大艰辛,将本来否?"答,"将来"。"若有本,即合识主。"答,"神会以无住为本,见即是主"。大师云,"遮沙弥争敢取次语!"便以杖乱打。师于杖下思惟,"大善知识,历劫难逢。今既得遇,岂惜身命?"①

《传灯录》全采此文,几乎不改一字。宗密自言是根据于"祖宗传记",可见此种传说起于宗密之前。宗密死于会昌元年(841),已近九世纪中叶了。其时神会久已立为第七祖,此项传说之起来,当在八世纪下期至九世纪之间。《宋僧传》多采碑传,便无此说,故知其起于神会死后,是碑记所不载的神话。

大概神会见慧能时,已是中年的人;不久慧能便死了。敦煌本《坛经》说:先天二年,慧能将死,与众僧告别,

>法海等众僧闻已,涕泪悲泣,唯有神会不动,亦不悲泣。六祖言:"神会小僧,却得善等(明藏本作"善不善等"),毁誉不动。余者不得。"

最可注意的是慧能临终时的预言,——所谓"悬记":

>上座法海向前言,"大师,大师去后,衣法当付何人?"大师言,"法即付了,汝不须问。吾灭后二十余年,邪法辽乱,惑我宗旨。有人出来,不惜身命,第佛教是非,竖立宗旨,即是吾正法。衣不合转。"

---

① 编者注:据"手校本",此处上有批语"《祖宗传论》似即是韦处厚说的'坛经传宗'(下75)之'传宗'。亦即是独孤沛所说的'师资血脉传'。适之"

此一段今本皆无,仅见于敦煌写本《坛经》,此是《坛经》最古之本,其书成于神会或神会一派之手笔,故此一段暗指神会在开元、天宝之间"不惜身命,第佛教是非,竖立宗旨"的一段故事。

更可注意的是明藏本的《坛经》(《缩刷藏经》本)也有一段慧能临终的悬记,与此绝不相同,其文云:

> 又云:吾去七十年,有二菩萨从东方来,一出家,一在家,同时兴化,建立吾宗,缔缉伽蓝,昌隆法嗣。

这三十七个字,后来诸本也都没有。明藏本《坛经》的原本出于契嵩的改本。契嵩自称得着"曹溪古本",其实他的底本有两种,一是古本《坛经》,与敦煌本相同;一是《曹溪大师别传》,有日本传本。依我的考证,《曹溪大师别传》作于建中二年(781),正当慧能死后六十八年,故作者捏造这段悬记。契嵩当十一世纪中叶,已不明了神会当日"竖立宗旨"的故事了,故改用了这一段七十年后的悬记(参看我的《跋曹溪大师别传》)。

二十余年后建立宗旨的预言是神会一派造出来的,此说有宗密为证。宗密在《禅门师资承袭图》里说:

> 传末又云:和尚(慧能)将入涅槃,默受密语于神会,语云:"从上已来,相承准的,只付一人。内传法印,以印自心,外传袈裟,标定宗旨。然我为此衣,几失身命。达磨大师悬记云:至六代之后,命如悬丝。即汝是也。是以此衣宜留镇山。汝机缘在北,即须过岭。二十年外,当弘此法,广度众生。"

这是一证。宗密又引此传云:

> 和尚临终,门人行滔,超俗,法海等问和尚法何所付。和尚云,"所付嘱者,二十年外,于北地弘扬"。又问谁人。答云,"若欲知者,大庾岭上,以网取之"。(原注:相传云,岭上者,高也。荷泽姓高,故密示耳。)

这是二证。凡此皆可证《坛经》是出于神会或神会一派的手笔。敦煌写本《坛经》留此一段二十年悬记,使我们因此可以考知《坛经》的来历,真是中国佛教史的绝重要史料。关于《坛经》问题,后文有详论。

二　滑台大云寺定宗旨

《宋僧传》说神会

> 居曹溪数载,后遍寻名迹。开元八年(720),敕配住南阳龙兴寺。续于洛阳大行禅法,声彩发挥。

开元八年,神会已五十三岁,始住南阳龙兴寺。《神会语录》第一卷中记南阳太守王弼(弻?)及内乡县令张万顷问法的事,又记神会在①南阳见侍御史王维,王维称"南阳郡有好大德,有佛法甚不可思议"。②

《圭传》说:

> 又因南阳答王赵公三车义,名渐闻于名贤。

王赵公即王琚,是玄宗为太子时同谋除太平公主一党的大功臣,封赵国公。开元、天宝之间,他做过十五州的刺史,两郡的太守。十五州之中有邓州,他见神会当是他做邓州刺史的时代,约在开元晚年(他死在天宝五年)。三车问答全文见《神会语录》第一卷。

据《南宗定是非论》(《神会语录》第二卷),神会于开元二十年③(732)正月十五日在滑台大云寺设无遮大会,建立南宗宗旨,并且攻击当日最有势力的神秀门下普寂大师。这正是慧能死后的二十年。④《圭传》说:

> 能大师灭后二十年中,曹溪顿旨沉废于荆吴,嵩岳渐门炽盛于秦洛。普寂禅师,秀弟子也,谬称七祖,二京法主,三帝门师,朝臣归崇,敕使监卫。雄雄若是,谁敢当冲?岭南宗途甘从毁灭。

此时确是神秀一派最得意之时。神秀死于神龙二年(706),张说作《大通禅师碑》,称为"两京法主,三帝国师"(三帝谓则天帝,中宗,睿

---

① 编者注:"亚东本"作"又记神会'问人□债'到南阳",现据"手校本"改。
② 编者注:此语后"亚东本"有"这都可见神会曾在南阳;因为他久住南阳,故有债可讨"一语,现据"手校本"删。
③ 编者注:"亚东本"作"开元二十二年(734)",现据"手校本"改。
④ 编者注:"亚东本"作"二十一年",现据"手校本"改。

宗）。神秀死后，他的两个大弟子，普寂和义福，继续受朝廷和民众的热烈的尊崇。义福死于开元二十四年，谥为大智禅师；普寂死于二十七年，谥为大照禅师。神秀死后，中宗为他在嵩山岳寺起塔，此寺遂成为此宗的大本营，故宗密说"嵩岳渐门炽盛于秦洛"。

张说作神秀的碑，始详述此宗的传法世系如下：

> 自菩提达磨天竺东来，以法传慧可，慧可传僧璨，僧璨传道信，道信传弘忍，继明重迹，相承五光。（《全唐文》二三一）

这是第一次记载此宗的传法世系。李邕作《嵩岳寺碑》，也说：

> 达摩菩萨传法于可，可付于璨，璨受（授）于信，信忩（资）于忍，忍遗于秀，秀（据《文苑英华》八五八补。此处脱了四字，故无神秀，当校之）①钟于今和尚寂。（《全唐文》二六三）

这就是宗密所记普寂"谬称七祖"的事。《神会语录》（第三卷）也说：

> 今普寂禅师自称第七代，妄竖和尚（神秀）为第六代。

李邕作《大照禅师碑》，也说普寂临终时

> 诲门人曰：吾受托先师，传兹密印。远自达摩菩萨导于可，可进于璨，璨钟于信，信传于忍，忍授于大通，大通贻于吾，今七叶矣。（《全唐文》二六二）

严挺之作义福的碑，也有同样的世系：

> 禅师法轮始自天竺达摩，大教东派三百余年，独称东山学门也。自可，璨，信，忍，至大通，递相印属。大通之传付者，河东普寂与禅师二人，即东山继德七代于兹矣。（《全唐文》二八〇）

这个世系本身是否可信，那是另一问题，我在此且不讨论。当时神秀一门三国师，他们的权威遂使这世系成为无人敢疑的法统。这时候，当普寂和义福生存的时候，忽然有一个和尚出来指斥这法统是伪造的，指斥弘忍不曾传法给神秀，指出达磨一宗的正统法嗣是慧能而不是神秀，指出北方的渐门是旁支而南方的顿教是真传。——这个和尚便是神会。

---

① 编者注：现据"手校本"补入"遗于秀，秀"和括号内一段。

《圭传》又说：

　　　　法信衣服，数被潜谋。传授碑文，两遇磨换。

《圭图》也说：

　　　　能和尚灭度后，北宗渐教大行，因成顿门弘传之障。曹溪传授碑文，已被磨换。故二十年中，宗教沉隐。

磨换碑文之说，大概全是捏造的话。慧能死后未必有碑志，许多年之后，①王维受神会之托作慧能的碑文，其文尚存(《全唐文》三二六)，文中不提及旧有碑文，更没有磨换的话。②

《历代法宝记》(《大正大藏经》五十一卷，页一八二)说慧能死后，"太常寺丞韦据造碑文，至开元七年，被人磨改，别造碑文。近代报修，侍郎宋鼎撰碑文"(适按，宋鼎撰碑文，也是神会居洛阳荷泽寺时的事，见《宋僧传》)。③ 这也是虚造故实，全不可信(赵明诚《金石录》七有"第一千二百九十八，唐曹溪能大师碑"，注宋泉撰，史惟则八分书，天宝十一载二月。据此则，"宋鼎"撰碑，不是虚造！适之——四三，十二，十六)。④

今据巴黎所藏敦煌写本之《南宗定是非论》及《神会语录》第三残卷所记滑台大云寺定南宗宗旨的事，大致如下。

唐开元二十⑤年正月十五日，神会在滑台大云寺演说"菩提达摩南宗"的历史，他大胆地提出一个修改的传法世系，说

　　　　达摩……传一领袈裟以为法信，授与惠可，惠可传僧璨，璨

---

① 编者注："亚东本"为"慧能死后未有碑志，有二证"。现据"手校本"改。

② 编者注：据"手校本"，此语后删去"此是一证。《圭传》又说，'据碑文中所叙，荷泽亲承付属'。据此则所谓'曹溪传授碑文'已记有神会传法之事。然则慧能临终时又何必隐瞒不说，而仅说二十年外的悬记呢？此是二证"一段。

③ 编者注：此段按语据"远流本"补入。

④ 编者注：此段按语据"远流本"补入。"手校本"将"这也是虚造故实，全不可信"一语删去，改为"宋鼎撰碑，也是神会争法统时期的事。《宋僧传》的《慧能传》记'会于洛阳荷泽寺崇树能之影堂，兵部侍郎宋鼎为碑焉'。赵明诚《金石录》七，第一千二百九十八件是'唐曹溪能大师碑'，注云'宋泉(鼎)撰，史惟则八分书，天宝十一载二月'。(碑在邢州)《集古录》目作天宝七载"。

⑤ 编者注："亚东本"作"唐开元二十二年"，现据"手校本"改。

传道信,道信传弘忍,弘忍传惠能,六代相承,连绵不绝。

他说:

> 神会今设无遮大会,兼庄严道场,不为功德,为天下学道者定宗旨,为天下学道者辨是非。

他说:

> 秀禅师在日,指第六代传法袈裟在韶州,口不自称为第六代。今普寂禅师自称第七代,妄竖和尚为第六代,所以不许。

他又说,久视年中,则天召秀和尚入内,临发之时,秀和尚对诸道俗说:

> 韶州有大善知识,元是东山忍大师付属,佛法尽在彼处。

这都是很大胆的挑战。其时慧能与神秀都久已死了,死人无可对证,故神会之说无人可否证。但他又更进一步,说传法袈裟在慧能处,普寂的同学广济曾于景龙三年十一月到韶州去偷此法衣。此时普寂尚生存,但此等事也无人可以否证,只好听神会自由捏造了。

当时座下有崇远法师,人称为"山东远",起来质问道:

> 普寂禅师名字盖国,天下知闻,众口共传,不可思议。如此苦①相非斥,岂不与身命有雠?

神会侃侃地答道:

> 我自料简是非,定其宗旨。我今谓弘扬大乘,建立正法,令一切众生知闻,岂惜身命?

这种气概,这种搏狮子的手段,都可以震动一时人的心魄,故滑台定宗旨的大会确有"先声夺人"的大胜利。先声夺人者,只是先取攻势,叫人不得不取守势。神会此时已是六十七岁的老师。我们想像一个眉发皓然的老和尚,在这庄严道场上,登师子座,大声疾呼,攻击当时"势力连天"的普寂大师,直指神秀门下"师承是傍,法门是渐"(宗密《承袭图》中语),这种大胆的挑战当然能使满座的人震惊生信。即使有少数怀疑的人,他们对于神秀一门的正统地位的信心也遂不能不动摇了。所以滑台之会是北宗消灭的先声,也是中国佛教

---

① 编者注:此处据"手校本"补入"苦"字。

史上的一大革命。《圭传》说他"龙鳞虎尾,殉命忘躯",神会这一回真可说是"批龙鳞,履虎尾"的南宗急先锋了。

三　菩提达摩以前的传法世系

在滑台会上,崇远法师问:

> 唐国菩提达摩既称其始,菩提达摩西国复承谁后?又经几代?(《语录》第三卷)

这一问可糟了!自神秀以来,只有达摩以下的世系,却没有人提起达摩以前的世系问题。神会此时提出一个极大胆而又大谬误的答案,他说:

> 菩提达摩为第八代。……自如来付西国与唐国,总经有一十三代。

这八代是:

如来
（1）迦叶
（2）阿难
（3）末田地
（4）舍那婆斯
（5）优婆崛
（6）须婆蜜（当是"婆须蜜"之误。）
（7）僧伽罗叉
（8）菩提达摩

崇远又问:

> 据何得知菩提达摩西国为第八代?

神会答道:

> 据《禅经序》中,具明西国代数。又惠可禅师亲于嵩山少林寺问菩提达摩,答一如《禅经序》中说。

在这一段话里,神会未免大露出马脚来了!《禅经》即是东晋佛陀跋陀罗在庐山译出的达摩多罗与佛大先二人的《修行方便论》,俗称为《禅经》。其首段有云:

> 佛灭度后,尊者大迦叶,尊者阿难,尊者末田地,尊者舍那婆斯,尊者优婆崛,尊者婆须密,尊者僧伽罗叉,尊者达摩多罗,乃至尊者不若蜜多罗,诸持法者,以此慧灯,次第传授。我今如其所闻而说是义。

神会不懂梵文,又不考历史,直把达摩多罗(Dharmatrata)认作了菩提达摩(Bodhidharma)。达摩多罗生在"晋中兴之世"(见《出三藏记》十,焦镜法师之《后出杂阿毗昙心序》),《禅经》在晋义熙时已译出,其人远在菩提达摩之先。神会这个错误是最不可恕的。他怕人怀疑,故又造出惠可亲问菩提达摩的神话。前者还可说是错误,后者竟是有心作伪了。

但当日的和尚,尤其是禅宗的和尚,大都是不通梵文又不知历史的人。当时没有印板书,书籍的传播很难,故考证校勘之学无从发生。所以神会认达摩多罗和菩提达摩为一个人,不但当时无人斥驳,历千余年之久也无人怀疑。敦煌写本中往往有写作"菩提达摩多罗"的!

但自如来到达摩,一千余年之中,岂止八代?故神会的八代说不久便有修正的必要了。北宗不承认此说,于是有东都净觉的七代说,只认译出《楞伽经》的求那跋陀罗为第一祖,菩提达摩为第二祖(见敦煌写本《楞伽师资记》,伦敦与巴黎各有一本)。多数北宗和尚似固守六代说,不问达摩以上的世系,如杜朏之《传法宝记》(敦煌写本,巴黎有残卷)虽引《禅经序》,而仍以达摩为初祖。南宗则纷纷造达摩以上的世系,以为本宗光宠,大率多引据《付法藏传》,有二十三世说,有二十四世说,有二十五世说,又有二十八九世说。唐人所作碑传中,各说皆有,不可胜举。又有依据僧祐《出三藏记》中之萨婆多部世系而立五十一世说的,如马祖门下的惟宽即以达摩为五十一世,慧能为五十六世(见白居易《传法堂碑》)。但八代太少,五十一世又太多,故后来渐渐归到二十八代说。二十八代说是用《付法藏传》为根据,以师子比丘为第二十三代;师子以下,又伪造四代,而达摩为第二十八代。此伪造的四代,纷争最多,久无定论。宗密所记,及日本所传,如下表:

(23) 师子比丘
(24) 舍那婆斯
(25) 优婆崛
(26) 婆须密
(27) 僧伽罗叉
(28) 达磨多罗

直到北宋契嵩始明白此说太可笑,故升婆须密为第七代,师子改为第二十四代,而另伪造三代如下:

(25) 婆舍斯多
(26) 不如密多
(27) 般若多罗
(28) 菩提达摩

今本之《景德传灯录》之二十八祖,乃是依契嵩此说追改的,不是景德原本了。

二十八代之说,大概也是神会所倡,起于神会的晚年,用来替代他在滑台所倡的八代说。我所以信此说也倡于神会,有两层证据。第一,敦煌写本的《六祖坛经》出于神会一系,上文我已说过了。其中末段已有四十世说,前有七佛,如来为第七代,师子为第三十代,达摩为第三十五代,慧能为四十代。自如来到达摩共二十九代,除去旁出的末田地,便是二十八代。这一个证据使我相信此说出于神会一系之手。但何以知此说起于神会晚年呢?第二,李华作天台宗《左溪大师碑》(《全唐文》三二〇)已说:

> 佛以心法付大迦叶,此后相承,凡二十九世。至梁魏间,有菩萨僧菩提达摩禅师传《楞伽》法。①

左溪即是玄②朗,死于天宝十三载(754),其时神会尚未死,故我推想

---

① 编者注:"手校本"此处上有批语"李华尚有①大德云禅师碑,②中岳越禅师记,当参考。独孤及《毘陵集》九有《镜智禅师(璨)碑铭》,其铭有云'二十八世迭付微言',自注云'自摩诃迦叶以佛所付心法递相传至师子比丘,凡二十五世,自达摩大师至〔璨〕禅师,凡三世,共二十八世'。此说与李华说又不同。独孤作碑似在大历七年(792),或稍后"。

② 编者注:"亚东本"作"元朗"现据"手校本"改。

此说起于神会晚年,也许即是他自己后来改定之说。但《南宗定是非论》作于开元二十①年,外间已有流传,无法改正了,故敦煌石室里还保存此最古之八代说,使我们可以窥见此说演变的历史。

二十八代说的前二十三代的依据是《付法藏传》。《付法藏传》即是《付法藏因缘传》(《缩刷藏经》"藏"九)号称"元魏西域三藏吉迦夜共昙曜译"。此书的真伪,现在已不容易考了。但天台智𫖮在隋开皇十四年(594)讲《摩诃止观》,已用此传,历叙付法藏人,自迦叶至师子,共二十三人,加上末田地,则为二十四人。天台一宗出于南岳慧思,慧思出于北齐慧文,慧文多用龙树的诸论,故智𫖮说他直接龙树,"付法藏中第十三师"。南岳一宗本有"九师相承"之说,见于唐湛然的《止观辅行传弘决》卷第一。但智𫖮要尊大其宗门,故扫除此说,而采用《付法藏传》,以慧文直接龙树,认"龙树是高祖师"。这是天台宗自造法统的历史。后来神秀一门之六代法统,和南宗的八代说与二十八代等说,似是抄袭智𫖮定天台法统的故智。《付法藏传》早经天台宗采用了,故南宗也就老实采用此书做他们的根据了。

《宋僧传》在《慧能传》中说:

> 弟子神会,若颜子之于孔门也。勤勤付嘱,语在会传(按会传无付嘱事)。会于洛阳荷泽寺崇树能之真堂,兵部侍郎宋鼎为碑焉。会序宗脉,从如来下西域诸祖外,震旦凡六祖,尽图缋其影。太尉房琯作《六叶图序》。

神会在洛阳所序"西域诸祖",不知是八代,还是二十八代。可能②已是二十八代了。

四 顿悟的教义

神会在滑台、洛阳两处定南宗宗旨,竖立革命的战略,他作战的武器只有两件:一是攻击北宗的法统,同时建立南宗的法统;一是攻

---

① 编者注:"亚东本"作"开元二十二年",现据"手校本"改。
② 编者注:"亚东本"作"大概已是二十八代了",现据"手校本"改。

击北宗的渐修方法,同时建立顿悟法门。上两章已略述神会争法统的方法了,本章要略述神会的顿悟教旨。

宗密在《圆觉大疏钞》卷三下,《禅门师资承袭图》,及《禅源诸诠集都序》里,都曾叙述神会的教旨。我们先看他怎么说。宗密在《大疏钞》里说荷泽一宗的教义是:

> 谓万法既空,心体本寂,寂即法身。即寂而知,知即真智。亦名菩提涅槃。……此是一切众生本源清净心也。是自然本有之法。言"无念为宗"者,既悟此法本寂本知,理须称本用心,不可遂起妄念。但无妄念,即是修行。故此一门宗于无念。

在《承袭图》与《禅源序》里,宗密述荷泽一宗的教义,文字略相同。今取《禅源序》为主,述神会的宗旨如下:

> 诸法如梦,诸圣同说。故妄念本寂,尘境本空。空寂之心,灵知不昧。即此空寂之知是汝真性。任迷任悟,心本自知,不藉缘生,不因境起。知之一字,众妙之门。由无始迷之,故妄执身心为我,起贪瞋等念。若得善友开示,顿悟空寂之知。知且无念无形,谁为我相人相?觉诸相空,心自无念。念起即觉,觉之即无。修行妙门,唯在此也。故虽备修万行,唯以无念为宗。但得无念知见,则爱恶自然淡泊,悲智自然增明,罪业自然断除,功行自然增进。既了诸相非相,自然无修之修。烦恼尽时,生死即绝。生灭灭已,寂照现前。应用无穷,名之为佛。

宗密死在会昌元年(841),离神会的时代不远,他又自认为神会第四代法嗣,故他的叙述似乎可以相信。但我们终觉得宗密所叙似乎不能表现神会的革命精神,不能叫我们明白他在历史上占的地位。我们幸有敦煌写本的《神会语录》三卷,其中所记是神会的问答辩论,可以使我们明白神会在当日争论最猛烈,主张最坚决的是些什么问题。这些问题,举其要点,约有五项:

一,神会的教义的主要点是顿悟。顿悟之说,起源甚早,最初倡此说的大师是慧远的大弟子道生,即是世俗①称为"生公"的。道生

---

① 编者注:"亚东本"有一"所"字,据"手校本"删。

生当晋、宋之间,死于元嘉十一年(434)。他是"顿宗"的开山祖师,即是慧能、神会的远祖。慧皎《高僧传》说:

> 生既潜思日久,彻悟言外,乃喟然叹曰,"夫象以尽意,得意则象忘。言以诠理,入理则言息。自经典东流,译人重阻,多守滞文,鲜见圆义。若忘筌取鱼,始可与言道矣"。于是校练空有(此三字从僧祐原文,见《出三藏记》十五),研思因果,乃言"善不受报""顿悟成佛"。又著《二谛论》,《佛性当有论》,《法身无色论》,《佛无净土论》,《应有缘论》等,笼罩旧说,妙有渊旨。而守文之徒多生嫌嫉。与夺之声纷然竞起。又六卷《泥洹》(《涅槃经》)先至京都,生剖析经理,洞入幽微,乃说一阐提人皆得成佛(一阐提人,梵文 chāntika,是不信佛法之人)。于时《大涅槃经》未至此土,孤明先发,独见忤众,于是旧学僧党以为背经邪说,讥忿滋甚。遂显于大众,摈而遣之。生于四众之中正容誓曰,"若我所说反于经义者,请于现身即表厉疾。若与实相不相违背者,愿舍寿之时据师子座"。言竟,拂衣而逝。……以元嘉七年投迹庐岳,销影岩阿,怡然自得。俄而《大涅槃经》至于京都,果称阐提皆有佛性,与前所说,若合符契。生既获斯经,寻即建讲。以宋元嘉十一年冬十月庚子,于庐山精舍升于法座,……法席将毕,……端坐正容隐几而卒。……于是京邑诸僧内惭自疚,追而信服。(卷七。此传原文出于僧祐所作《道生传》,故用《出三藏记》十五所收原传校改。)

这是中国思想对于印度思想的革命的第一大炮。革命的武器是"顿悟"。革命的对象是那积功积德,调息安心等等繁琐的"渐修"工夫。生公的顿悟论可以说是"中国禅"的基石,他的"善不受报"便是要打倒那买卖式的功德说,他的"佛无净土论"便是要推翻他的老师(慧远)提倡的净土教,他的"一阐提人皆得成佛"便是一种极端的顿悟论。我们生在千五百年后,在顿宗盛行之后,听惯了"放下屠刀立地成佛"的话头,所以不能了解为什么在当日道生的顿悟论要受旧学僧党的攻击摈逐。须知顿渐之争是一切宗教的生死关头,顿悟之说一出,则一切仪式礼拜忏悔念经念佛寺观佛像僧侣戒律都成了可废之物了。故马丁路得提出一个自己的良知,罗马天主教便坍塌了半个欧洲。故道生的顿悟论出世,便种下了后来顿宗统一中国佛教的种子了。

慧皎又说:

> 时人以生推阐提得佛,此语有据,"顿悟""不受报"等,时亦宪章。宋太祖尝述生顿悟义,沙门僧弼等皆设巨难。帝曰,"若使逝者可兴,岂为诸君所屈?"

> 后龙光(虎邱龙光寺)又有沙门宝林……祖述生公诸义。……林弟子法宝……亦祖述生义。

此外,祖述顿悟之说的,还有昙斌,道猷,法瑗等,皆见于《高僧传》(卷八)。《道猷传》中说:

> 宋文帝(太祖)简问慧观,"顿悟之义,谁复习之?"答云,生弟子道猷。即敕临川郡发遣出京。既至,即延入宫内,大集义僧,命猷伸述顿悟。时竞辩之徒,关责互起。猷既积思参玄,又宗源有本,乘机挫锐,往必摧锋。帝乃抚几称快。

道生与道猷提倡顿悟,南京皇宫中的顿渐之辩论,皆在五世纪的前半。中间隔了三百年,才有神会在滑台洛阳大倡顿悟之说。

顿悟之说在五世纪中叶曾引起帝王的提倡,何以三百年间渐修之说又占了大胜利呢?此中原因甚多,最重要的一个原因是天台禅法的大行。天台一宗注重"止观"双修,便是渐教的一种。又有"判教"之说,造成一种烦琐的学风。智𫖮本是大学者,他的学问震动一世,又有陈隋诸帝的提倡,故天台的烦琐学风遂风靡了全国。解释"止观"二字,摇笔便是十万字!

智者大师的权威还不曾衰歇,而七世纪中又出了一个更伟大的烦琐哲学的大师,——玄奘。玄奘不满意于中国僧徒的闭门虚造,故舍命留学印度十多年,要想在佛教的发源地去寻出佛教的真意义。不料他到印度的时候,正是印度佛教的烦琐哲学最盛的时候。这时候的新烦琐哲学便是"唯识"的心理学和"因明"的论理学。心理的分析可分到六百六十法,说来头头是道,又有因明学作护身符,和种种无意义的陀罗尼作引诱,于是这种印度烦琐哲学便成了世界思想史上最细密的一大系统。伟大的玄奘投入了这个大蛛网里,逃不出来,便成了唯识宗的信徒与传教士。于是七世纪的中国便成了印度烦琐哲学的大殖民地了。

菩提达摩来自南印度,本带有一种刷新的精神,故达摩对于中国所译经典,只承认一部《楞伽经》,楞伽即是锡兰岛,他所代表的便是印度的"南宗"。达摩一宗后来便叫做"楞伽宗",又叫做"南天竺一乘宗"(见道宣《续僧传》卷三十五《法冲传》,我另有《楞伽宗考》)。他们注重苦行苦修,看轻一切文字魔障,虽然还不放弃印度的禅行,已可以说是印度佛教中最简易的一个宗派了。革命的中国南宗出于达摩一派,也不是完全没有理由的。

但在那烦琐学风之下,楞伽宗也渐渐走到那讲说注疏的路上去了。道宣《续僧传》(三十五)所记楞伽宗二十八人之中,十二人便都著有《楞伽经》的疏钞,至七十余卷之多!神秀住的荆州玉泉寺便是智颛大师手创的大寺,正是天台宗的一个重镇。故神秀一派虽然仍自称"楞伽宗"(有敦煌本的净觉《楞伽师资记》可证),这时候的楞伽宗已不是菩提达摩和慧可时代那样简易的苦行学派了。神秀的《五方便论》(有敦煌本)便是一种烦琐哲学(参看宗密《圆觉大疏钞》卷三下所引《五方便论》)。简易的"壁观"成了烦琐哲学,苦行的教义成了讲说疏钞(古人所谓"钞"乃是疏之疏,如宗密的大疏之外又有"疏钞",更烦琐了),隐遁的头陀成了"两京法主,三帝门师",便是革命的时机到了。

那不识字的卢行者(慧能)便是楞伽宗的革命者,神会便是他的北伐急先锋。他们的革命旗帜便是"顿悟"。神会说:

> 世间有不思议,出世间亦有不思议。世间不思议者,若有布衣顿登九五,即是世间不思议。出世间不思议者,十信初发心,一念相应,便成正觉,于理相应,有何可怪?此明顿悟不思议。
> (第一卷,下同)

他的语录中屡说此义。如云:

> 如周太公傅说皆竿钓板筑,〔简〕在帝心,起自匹夫,位顿登台辅,岂不是世间不思议事?出世不思议者,众生心中具贪爱无

明宛然者,遇真善知识,一念相应,便成正觉,岂不是出世间不思议事?

他又说:

> 众生见性成佛道,又龙女须臾发菩提心,便成正觉。又欲令众生入佛知见,不许顿悟,如来即合遍说五乘。今既不言五乘,唯言入佛知见,约斯经义,只显顿门。唯存一念相应,实更非由阶渐。相应义者,谓见无念者,谓了自性者,谓无所得。以无所得,即如来禅。

他又说:

> 发心有顿渐,迷悟有迟疾。迷即累劫,悟即须臾。……譬如一缕之丝,其数无量。若合为一绳,置于木上,利剑一斩,一时俱断。丝数虽多,不胜一剑。发菩萨心人,亦复如是。若遇真正善知识,以诸①方便直示真如,用金刚慧断诸位地烦恼,豁然晓悟,自见法性本来空寂,慧利明了,通达无碍。证此之时,万缘俱绝,恒沙妄念一时顿尽,无边功德应时等备。

这便是神会的顿悟说的大意。顿悟说是他的基本主张,他的思想都可以说是从这一点上引申出来的。下文所述四项,其实仍只是他的顿悟说的余义。

二,他的"定慧等"说。他答哲法师说:

> 念不起,空无所有,名正定。能见念不起空无所有,名为正慧。即定之时是慧体,即慧之时是定用。即定之时不异慧,即慧之时不异定。即定之时即是慧,即慧之时即是定。

这叫做"定慧等"。故他反对北宗大师的禅法。他说:

> 经云:"若学诸三昧,是动非坐禅。心随境界流,云何名为定?"若指此定为是者,维摩诘即不应诃舍利弗宴坐。

他又很恳挚地说:

> 诸学道者,心无青黄赤白,亦无出入去来及远近前后,亦无作意,亦无不作意。如是者谓之相应也。若有出定入定及一切

---

① 编者注:"亚东本"的"诸"字原为"□"框,现据"手校本"补入。

境界，非论善恶，皆不离妄心。有所得并是有为，全不相应。

若有坐者，"凝心入定，住心看净，起心外照，摄心内证"者，此障菩提未与菩提相应，何由可得解脱？

此条所引"凝心入定"十六字据《语录》第三残卷所记，是北宗普寂与降魔藏二大师的教义。神会力辟此说，根本否认坐禅之法：

不在坐里！若以坐为是，舍利弗宴坐林间，不应被维摩诘诃。

神会自己的主张是"无念"。他说：

决心证者，临三军际，白刃相向下，风刀解身，日见无念，坚如金刚，毫微不动。纵见恒沙佛来，亦无一念喜心。纵见恒沙众生一时俱灭，亦不起一念悲心。此是大丈夫，得空平等心。

这是神会的无念禅。

三，怎么是无念呢？神会说：

不作意即是无念。……一切众生心本无相。所言相者，并是妄心。何者是妄？所作意住心，取空取净，乃至起心求证菩提涅槃，并属虚妄。但莫作意，心自无物。即无物心，自性空寂。空寂体上，自有本智，谓知以为照用。故《般若经》云，"应无所住而生其心"。应无所住，本寂之体。而生其心，本寂之用。但莫作意，自当悟入（此是很革命的思想）。①

无念只是莫作意。调息住心，便是作意；看空看净，以至于四禅定，四无色定境界，都是作意。所以他说，"乃至起心求证菩提涅槃，并属虚妄"。后来的禅宗大师见人说"出三界"，便打你一顿棒，问你出了三界要往何处去。起心作意成佛出三界，都是愚痴妄见。所以此宗说"无念为本"。

四，神会虽说无念，然宗密屡说荷泽主张"知之一字，众妙之门"，可见此宗最重知见解脱。当日南北二宗之争，根本之点只是北宗重行，而南宗重知，北宗重在由定发慧，而南宗则重在以慧摄定。故慧能、神会虽口说定慧合一，其实他们只认得慧，不认得定。此是

---

① 编者注：据"远流本"补入"此是很革命的思想"一语。

中国思想史上的绝大解放。禅学本已扫除了一切文字障和仪式障，然而还有个禅定在。直到南宗出来，连禅定也一扫而空，那才是澈底的解放了。神会说：

> 未得修行，但得知解。以知解久薰习故，一切攀缘妄想，所有重者，自渐轻微。神会见经文所说，光明王，……帝释梵王等，具五欲乐甚于今日百千万亿诸王等，于般若波罗蜜唯则学解，将解心呈问佛，佛即领受印可。得佛印可，即可舍五欲乐心，便证正位地菩萨。

这是完全侧重知解的方法。一个正知解，得佛印可后，便证正位地菩萨。后来禅者，为一个知见，终身行脚，到处寻来大善知识，一朝大澈大悟还须请求大师印可，此中方法便是从这里出来的。

五，中国古来的自然哲学，所谓道家，颇影响禅学的思想。南宗之禅，并禅亦不立，知解方面则说顿悟，实行方面则重自然。宗密所谓"无修之修"，即是一种自然主义。神会此卷中屡说自然之义。如他答马择问云：

> 僧立因缘，不立自然者，僧之愚过。道士唯立自然，不立因缘者，道士之愚过。

> 僧家自然者，众生本性也。又经云，众生有自然智，无师智，谓之自然。道士因缘者，道能生一，一能生二，二能生三，从三生万物，因道而生。若其无道，万物不生。今言万物者，并属因缘。

这是很明白的承认道家所谓自然和佛家所谓因缘同是一理。至于承认自然智无师智为自然，这更是指出顿悟的根据在于自然主义，因为有自然智，故有无修而顿悟的可能。所以神会对王维说：

> 众生若有修，即是妄心，不可得解脱。

这是纯粹的自然主义了。

语录第一卷首幅有一段论自然，也很可注意。神会说：

> 无明亦自然。

问，无明若为自然。神会答道：

> 无明与佛性俱是自然而生。无明依佛性，佛性依无明，两相依，有则一时有。觉了者即佛性，不觉了即无明。

问,若无明自然者,莫不同于处道自然耶?神会答道:
> 道家自然同,见解有别。

神会指出的差别其实很少,可以不论。所可注意者,神会屡说不假修习,刹那成道,都是自然主义的无为哲学。如说:
> 修习即是有为诸法。

如说:
> 生灭本无,何假修习?

又如说:
> 三事不生,是即解脱。心不生即无念,智不生即无知。慧不生即无见。通达此理者,是即解脱。

又如说:
> 大乘定者,不用心,不看静,不观空,不住心,不澄心,不远看,不近看,无十方,不降伏,无怖畏,无分别,不沉空,不住寂,一切妄相不生,是大乘禅定。

凡此诸说,皆只是自然,只是无为。所谓无念,所谓不作意,也只是自然无为而已。后来马祖教人"不断不造,任运自在,任心即为修";更后来德山、临济都教人无为无事,做个自然的人,——这都是所谓"无念",所谓"莫作意",所谓"自然",所谓"无修之修"。

总之,神会的教义在当日只是一种革命的武器,用顿悟来打倒渐修,用无念来打倒一切住心入定求佛作圣等等妄念,用智慧来解除种种无明的束缚。在那个渐教大行,烦琐学风弥漫全国的时代,这种革命的思想自然有绝大的解放作用。但事过境迁之后,革命已成功了,"顿悟"之说已成了时髦的口号了,渐修的禅法和烦琐的学风都失了权威了,——在这时候,后人回头看看当日革命大将慧能、神会的言论思想,反觉得他们的议论平淡寻常,没有多少东西可以满足我们的希冀。这种心理,我们可以在宗密的著作里看出。宗密自称是荷泽法嗣,但他对于神会的教义往往感觉一种呐呐说不出的不满足。他在《师资承袭图》里已说,
> 荷泽宗者,尤难言述。

所以尤难言述者,顿悟与无念在九世纪已成了风尚,已失了当日的锋

芒与光彩,故说来已不能新鲜有味了;若另寻积极的思想,则又寻不出什么,所以"尤难言述"了。宗密在《大疏钞》里,态度更明白了,他说顿悟是不够的,顿悟之后仍须渐修,这便是革命之后的调和论了。宗密说:

> 寂知之性举体随缘,作种种门,方为真见。寂知如镜之净明,诸缘如能现影像。荷泽深意本来如此。但为当时渐教大兴,顿宗沉废,务在对治之说,故唯宗无念,不立诸缘。如对未识镜体之人,唯云净明是镜,不言青黄是镜。今于第七家(即荷泽一宗)亦有拣者,但拣后人局见。非拣宗师。……于七宗中,若统圆融为一,则七皆是;若执各一宗,不通余宗者,则七皆非。

这是很不满意于神会的话。其时革命的时期已过去七八十年了,南宗革命的真意义已渐渐忘了,故宗密回到调和的路上,主张调和七宗,圆融为一。他的调和论调使他不惜曲解神会的主张,遂以为"荷泽深意"不但要一个寂知,还须"作种种门",他说:

> 寂知如镜之净明,诸缘如能现影像。荷泽深意本来如此。

但《神会语录》却有明文否认此种曲解。神会明明说:

> "明镜高台能照,万像悉现其中",古德相传,共称为妙。今此门中未许此为妙。何以故?明镜能照万像,万像不见其中,此将为妙。何以故?如来以无分别智,能分别一切。岂将有分别心即分别一切?(第一卷)

即此一条,便可证宗密在神会死后七八十年中已不能明白荷泽一宗的意旨了。神会的使命是革命的,破坏的,消极的,而七八十年后的宗密却要向他身上去寻求建设的意旨,怪不得他要失望了。南宗革命的大功劳在于解放思想,解放便是绝大的建设。由大乘佛教而至于禅学,已是一大肃清,一大解放,但还有个禅在。慧能、神会出来,以顿悟开宗,以无念为本,并禅亦不立,这才是大解放。宗密诸人不知这种解放的本身便是积极的贡献,却去胡乱寻求别种"荷泽深意",所以大错了。

　　荷泽门下甚少传人,虽有博学能文的宗密,终不成革命真种子。南宗的革命事业后来只靠马祖与石头两支荷担,到德山、临济而极盛。德山、临济都无一法与人,只教人莫向外求,只教人无事体休歇去,这才是神会当日革命的"深意",不是宗密一流学究和尚所能了解的。

五　贬逐与胜利

神会于开元八年住南阳,二十年在滑台定宗旨。我们看独孤沛在《南宗定是非论序》里对于神会的崇敬,便可知滑台大会之后神会的名望必定很大。《圭传》说:

> 天宝四载(745),兵部侍郎宋鼎请入东都。然正道易申,谬理难固,于是曹溪了义大播于洛阳,荷泽顿门派流于天下。

《传灯录》说:

> 天宝四年,方定两宗。①

定两宗不始于此年,但神会在东京也很活动。《宋僧传》说:

> 续于洛阳大行禅法,声彩发挥。先是两京之间皆宗神秀,若不渰之鱼鲔附沼龙也。从见会明心,六祖之风荡其渐修之道矣。南北二宗,时始判焉。致普寂之门盈而后虚。

若神会入洛在天宝四年,则其时义福、普寂早已死了。两京已无北宗大师,神会以八十高年,大唱南宗宗旨,他的魔力自然很大。此时北宗渐衰,而南宗新盛,故可说南北二宗判于此时。据《历代法宝记》的无相传中所记,

> 东京荷泽寺神会和上每月作坛场,为人说法,破清净禅,立如来禅。

又说:

> 开元中,滑台寺为天下学道者定其宗旨。……天宝八载中,洛州荷泽寺亦定宗旨。

此皆可见神会在洛阳时的活动。

北宗对于神会的战略,只有两条路:一是不理他,一是压制他。义福与普寂似乎采取第一条路。但他们手下的人眼见神会的声名一

---

① 编者注:"手校本"此处上有批语"七十八岁"。

天大一天,见他不但造作法统史,并且"图绘其形",并且公开攻击北宗的法统,他们有点忍不住了,所以渐渐走上用势力压迫神会的路上去。

神会此时已是八十多岁的老和尚了,他有奇特的状貌,聪明的辩才(均见《圭传》),他的顿悟宗旨又是很容易感动人的,他的法统史说来头头是道,所以他的座下听众一定很多。于是他的仇敌遂加他一个"聚众"的罪名。天宝十二年(753),

> 御史卢奕阿比于寂,诬奏会聚徒,疑萌不利。(《宋僧传》)

卢奕此时作御史中丞,留在东都。但此时普寂已死了十多年了,不能说是"阿比于寂"。《宋僧传》又说,卢奕劾奏之后,

> 玄宗召赴京,时驾幸昭应,汤池得对,言理允惬,敕移住均部。二年,敕徙荆州开元寺般若院住焉。

《宋僧传》依据碑传,故讳言贬谪。《圭传》记此事稍详:

> 天宝十二年,被谮聚众,敕黜弋阳郡,又移武当郡。至十三载,恩命量移襄州。至七月,又敕移荆州开元寺,皆北宗门下之所致也。

唐弋阳郡在今河南潢川县,①武当在今湖北均县,属唐之均州。襄州在襄阳。二年之中,贬徙四地。我们悬想那位八十五六岁的大师,为了争宗门的法统,遭遇这种贬逐的生活,我们不能不对他表很深的同情,又可以想见当时的人对他表同情的必定不少。神会的贬逐是南北二宗的生死关头。北宗取高压手段,不但无损于神会,反失去社会的同情,反使神会成了一个"龙鳞虎尾殉命忘躯"的好汉。从此以后,北宗便完了,南宗却如日方中,成为正统了。

贾𫗧(死于835)作神会弟子大悲禅师灵坦的碑,说灵坦(《全唐文》误作云坦,《唐文粹》不误)

> 随父至洛阳,闻荷泽寺有神会大师,即决然蝉蜕万缘,誓究心法。父知其志不可夺,亦壮而许之。凡操萚服勤于师之门庭者八九年。而玄关秘钥罔不洞解。一旦密承嘱付,莫有知者。

---

① 编者注:此句"亚东本"作"弋阳在今江西弋阳",现据"远流本"改。

后十五日而荷泽被迁于弋阳,临行,谓门人曰:"吾大法弗坠矣,遂东西南北夫亦何恒?"时天宝十二载也。(《全唐文》七三一)

神会在洛阳,从天宝四年至十二年,正是八九年。

当神会被贬谪的第三年,历史上忽然起了一个大变化。天宝十四年(755)十一月,安禄山造反了,次年洛阳、长安都失陷了,玄宗仓皇出奔西蜀,太子即位于灵武。至德二年(757),郭子仪等始收复两京。这时候的大问题是怎样筹军饷。《宋僧传》说:

> 副元帅郭子仪率兵平殄,然于飞挽索然。用右仆射裴冕权计,大府各置戒坛度僧,僧税〔百〕①缗,谓之香水钱,聚是以助军须。②

《佛祖历代通载》十七记此制稍详:

> 肃宗至德丁酉(二年,959)③,寻敕五岳各建寺庙,选高行沙门主之。听白衣能诵经五百纸者度为僧。或纳钱百缗,请牒剃落,亦赐明经出身。
>
> 及两京平,又于关辅诸州纳钱度僧道万余人。进纳自此而始。④

《佛祖统纪》四十一,《释氏资鉴》七,所记与此略同。

这时候,神会忽然又在东京出现了,忽然被举出来承办劝导度僧,推销度牒,筹助军饷的事。《宋僧传》说:

> 初洛都先陷,会越在草莽。时卢奕为贼所戮,群议乃请会主其坛度。于时寺宇官观鞠为灰烬,乃权创一院,悉资苫盖,而中筑方坛。所获财帛,顿支军费。代宗郭子仪收复两京,会之济用颇有力焉。

元昙噩编的《新修科分六学传》卷四也说:

---

① 编者注:据"手校本"补入"〔百〕"字。
② 编者注:据"手校本",此处上有批语"此法起于杨国忠,看《唐书》48《食货志》"。
③ 编者注:据"手校本"补入"(二年,959)"一语。
④ 编者注:据"手校本",此处上有批语"参《唐书》⑬《裴冕传》,又⑩《肃宗记》记度僧尼在元年十月。又《新唐书》51《食货志》明说'度道士僧尼不可胜计。纳钱百千,赐明经出身'。但皆不如《历代通载》之详"。

> 时大农空乏,军兴绝资费。右仆射裴冕策,以为凡所在郡府宜置戒坛度僧,而收其施利,以给国用。会由是获主洛阳事,其所输入尤多。

神会有辩才,能感动群众,又刚从贬逐回来,以九十岁的高年,出来为国家效力,自然有绝大的魔力,怪不得他"所输入尤多"。

这时候,两京残破了,寺宇宫观化为灰烬了,当日备受恩崇的北宗和尚也逃散了,挺身出来报国立功的人乃是那四次被贬逐的九十老僧神会。他这一番功绩,自然使朝廷感激赏识。所以《宋僧传》说:①

> 肃宗皇帝诏入内供养,敕将作大匠并功齐力为造禅宇于荷泽寺中。

昔日贬逐的和尚,今日变成了皇帝的上客了。《宋僧传》接着说:

> 会之敷演,显发能祖之宗风,使秀之门寂寞矣。

于是神会建立南宗的大功告成了。上元元年(760),五月十三日,他与门人告别,是夜死了,寿九十三岁。建塔于洛阳宝应寺,敕谥为真宗大师,塔号为般若。(《宋僧传》)

《圭传》说神会死于乾元元年(758)五月十三日,年七十五。我们觉得《宋僧传》似是依据神会的碑传,比较可信,故采《宋僧传》之说。元昙噩的《新修科分六学传》中的《神会传》与《宋僧传》颇相同,似同出于一源,昙噩也说神会死于上元元年,年九十三。《景德传灯录》说神会死于上元元年五月十三日,与《宋僧传》相同;但又说"俗寿七十五",便又与《圭传》相同了。(适按:我今考定神会死在"元年"的"建午月十三日",即762年,他生在咸亨元年(670)。适之——一九五八,八,四)②

关于塔号谥号,《圭传》所记稍详:

> 大历五年(770)③,敕赐祖堂额,号真宗般若传法之堂。七

---

① 编者注:"手校本"在此段上有批语。"也许'靠拢了!'"一语。
② 编者注:此段按语据"手校本"补入。
③ 编者注:"770"据"手校本"补入。

年(772)①,敕赐塔额,号般若大师之塔。

《圭传》与《圭图》都说:

> 德宗皇帝贞元十二年(796),敕皇太子集诸禅师楷定禅门宗旨,搜求传法傍正。遂有敕下,立荷泽大师为第七祖。内神龙寺见有碑记。又御制七代祖师赞文,见行于世(文字依《圭图》)。

此事不见于他书,只有志磐的《佛祖统纪》四十二说:

> 贞元十二年正月,敕皇太子于内殿集诸禅师,详定传法旁正。

志磐是天台宗,他的《佛祖统纪》是一部天台宗的全史,故他记此事似属可信。但志磐不记定神会为七祖事,他书也没有此事,故宗密的孤证稍可疑。

如此事是事实,那么,神会死后三十六年,便由政府下敕定为第七祖,慧能当然成了第六祖,于是南宗真成了正统了。神会的大功真完成了。

又据陈宽的《再建圆觉塔志》(《唐文拾遗》三十一),

> 司徒中书令汾阳王郭子仪复东京之明年,抗表乞〔菩提达摩〕大师谥。代宗皇帝谥曰圆觉,名其塔曰空观。

复东京之明年为乾元元年(758)。在那个战事紧急的时候,郭子仪忽然替达摩请谥号,这是为什么缘故呢?那一年正是神会替郭子仪筹饷立功之年,神会立了大功,不求荣利,只求为他的祖师请谥,郭子仪能不帮忙吗?这是神会的手腕的高超之处。神会真是南宗的大政治家!

六　神会与《六祖坛经》

神会费了毕生精力,打倒了北宗,建立了南宗为禅门正统,居然成了第七祖。但后来禅宗的大师都出于怀让和行思两支的门下,而神会的嫡嗣,除了灵坦、宗密之外,很少大师。临济、云门两宗风行以后,更无人追忆当日出死力建立南宗的神会和尚了。在《景德传灯

---

① 编者注:"772"据"手校本"补入。

录》等书里,神会只占一个极不重要的地位。他的历史和著述,埋没在敦煌石室里,一千多年中,几乎没有人知道神会在禅宗史上的地位。历史上最不公平的事,莫有过于此事的了。

然而神会的影响始终还是最伟大的,最永久的。他的势力在这一千二百年中始终没有隐没。因为后世所奉为禅宗唯一经典的《六祖坛经》,便是神会的杰作。《坛经》存在一日,便是神会的思想势力存在一日。

我在上文已指出《坛经》最古本中有"吾灭后二十余年,……有人出来,不惜身命,第佛教是非,竖立宗旨"的悬记,可为此经是神会或神会一派所作的铁证。神会在开元二十二年在滑台定宗旨,正是慧能死后二十一年。这是最明显的证据。《坛经》古本中无有怀让、行思的事,而单独提出神会得道,"余者不得",这也是很明显的证据。

此外还有更无可疑的证据吗?

我说,有的。

韦处厚(死于828)作《兴福寺大义禅师碑铭》,(《全唐文》七一五),有一段很重要的史料:

> 在高祖时有道信叶昌运,在太宗时有弘忍示元珠,在高宗时有惠能筌月指。自脉散丝分,或遁秦,或居洛,或之吴,或在楚。
>
> 秦者曰秀,以方便显(适按,此指神秀之《五方便》,略见宗密《圆觉大疏钞》卷三下。《五方便》原书有敦煌写本,藏巴黎)。普寂其胤也。
>
> 洛者曰会,得总持之印,独曜莹珠。习徒迷真,橘柘变体,竟成《檀经》《传宗》,优劣详矣。
>
> 吴者曰融,以牛头闻,径山其裔也。
>
> 楚者曰道一,以大乘摄,大师其党也。

大义是道一门下,死于818年。其时神会已死五十八年。韦处厚明说《檀经》(《坛经》)是神会门下的"习徒"所作。① 可见此书出于神

---

① 编者注:此语后"亚东本"有"(《传宗》不知是否《显宗记》?)"一语,现据"手校本"删去。

会一派,是当时大家知道的事实?

但究竟《坛经》是否神会本人所作呢?

我说,是的。至少《坛经》的重要部分是神会作的。如果不是神会作的,便是神会的弟子采取他的语录里的材料作成的。但后一说不如前一说的近情理,因为《坛经》中确有很精到的部分,不是门下小师所能造作的。

我信《坛经》的主要部分是神会所作,我的根据完全是考据学所谓"内证"。《坛经》中有许多部分和新发见的《神会语录》完全相同,这是最重要的证据。我们可以略举几个例证。

(例一)定慧等

〔《坛经》敦煌本〕善知识,我此法门以定慧为本。第一勿迷言慧定别。定慧体一不二。即定是慧体,即慧是定用。即慧之时定在慧,即定之时慧在定。善知识,此义即是定慧等。

〔《坛经》明藏本〕善知识,我此法门以定慧为本。大众勿迷言定慧别。定慧一体不是二。定是慧体,慧是定用。即慧之时定在慧,即定之时慧在定。若识此义,即是定慧等学。

〔《神会语录》〕即定之时是慧体,即慧之时是定用。即定之时不异慧,即慧之时不异定。即定之时即是慧,即慧之时即是定。何以故?性自如故?即是定慧等学。(第一卷)

(例二)坐禅

〔《坛经》敦煌本〕此法门中,何名坐禅?此法门中,一切无寻,外于一切境界上念不去(起),为坐。见本性不乱,为禅。

〔《坛经》明藏本〕善知识,何名坐禅?此法门中,无障无碍,外于一切善恶境界心念不起,名为坐。内见自性不动,名为禅。

〔《神会语录》〕今言坐者,念不起为坐。今言禅者,见本性为禅。(第三卷)

(例三)辟当时的禅学

〔《坛经》敦煌本〕迷人著法相,执一行三昧,直心坐不动,除妄不起心,即是一行三昧。若如是,此法同无情,却是障道因缘。道须通流,何以却滞?心在(当作"不")住即通流,住即被缚。

若坐不动是,维摩诘不合呵舍利弗宴坐林中。善知识,又见有人教人坐看心看净,不动不起,从此置功;迷人不悟,便执成颠。即有数百般如此教导者,故之(知?云?)大错。

此法门中坐禅,元不著(看)心,亦不著(看)净,亦不言〔不〕动。若言看心,心元是妄,妄如幻,故无所看也。若言看净,人性本净,为妄念故,盖覆真如。离妄念,本性净。不见自性本净,心起看净,却生净妄,妄无处所,故知看者看却是妄也。净无形相,却立净相,言是功夫。作此见者,障自本性,却被净缚。若不动者,〔不〕见一切人过患,是性不动。迷人自身不动,开口即说人是非,与道违背。看心看净,却是障道因缘。

以上二段,第一段明藏本在"定慧第四品",第二段明藏本在"坐禅第五品"。读者可以参校,我不引明藏本全文了。最可注意的是后人不知道此二段所攻击的禅学是什么,故明藏本以下的《定慧品》作"有人教坐,看心观静,不动不起",而下文《坐禅品》的"看心"、"看净"都误作"著心"、"著净"(适按,"著""看"二字,似宜细酌。当再校之)。① 著是执著,决不会有人教人执著心,执著净。唐人写经,"净"、"静"不分,而"看""著"易混,故上文"看心观静"不误,而下文"著心著净"是误写。今取《神会语录》校之,便可知今本错误,又可知此种禅出自北宗门下的普寂,又可知此种驳议不会出于慧能生时,乃是神会驳斥普寂的话。《神会语录》之文如下:

〔《神会语录》〕远师问,嵩岳普寂禅师,东岳降魔禅师,此二大德皆教人"凝心入定,住心看净,起心外照,摄心内证",指此以为教门。禅师今日何故说禅不教人"凝心入定,住心看净,起心外照,摄心内证?"何名为坐禅?

和尚答曰,若教人"凝心入定,住心看净,起心外照,摄心内证"者,此是障菩提。今言坐者,念不起为坐。今言禅者,见本性为禅。若指(下阙)(第三卷)

又说:

---

① 编者注:此段按语据"远流本"补入。

> 若有坐者,"凝心入定,住心看净,起心外照,摄心内证"者,此障菩提,未与菩提相应,何由可得解脱?
>
> 不在坐里。若以坐为是,舍利弗宴坐林间,不应被维摩诘诃。诃云,"不于三界观身意,是为宴坐"。但一切时中见无念者,不见身相名为正定,不见心相名为正惠。(第一卷)

又说:

> 问,何者是大乘禅定?
>
> 答,大乘定者,不用心〔不看心〕,不看静,不观空,不住心,不澄心,不远看,不近看,……
>
> 问,云何不用心?
>
> 答,用心即有,有即生灭。无用〔即〕无,无生无灭。
>
> 问,何不看心?
>
> 答,看即是妄,无妄即无看。
>
> 问,何不看净?
>
> 答,无垢即无净,净亦是相,是以不看。
>
> 问,云何不住心?
>
> 答,住心即假施设,是以不住。心无处所。(第一卷之末)

语录中又有神会诘问澄禅师一段:

> 问,今修定者,元是妄心修定,如何得定?
>
> 答,今修定者,自有内外照,即得见净。以净故即得见性。
>
> 问,性无内外,若言内外照?元是妄心,若为见性?经云,若学诸三昧,是动非坐禅。心随境界流,云何名为定?若指此定为是者,维摩诘即不应诃舍利弗宴坐。(第一卷)

我们必须先看神会这些话,然后可以了解《坛经》中所谓"看心""看净"是何物。如果看心看净之说是普寂和降魔藏的学说,则慧能生时不会有那样严重的驳论,因为慧能死时,普寂领众不过几年,他又是后辈,慧能怎会那样用力批评?但若把《坛经》中这些话看作神会驳普寂的话,一切困难便都可以解释了。

(例四)论《金刚经》

> 〔《坛经》敦煌本〕善知识,若欲入甚深法界,入般若三昧者,

直修般若波罗蜜行,但持《金刚般若波罗蜜经》一卷,即得见性,入般若三昧。当知此经功德无量,经中分明赞叹,不能具说。此是最上乘法,为大智上根人说。少根智人若闻法,心不生信。何以故?譬如大龙若下大雨,雨衣(被)阎浮提,如漂草叶。若下大雨,雨放大海,不增不减。若大乘者闻说《金刚经》,心开悟解,故知本性自有般若之智,自用知惠观照,不假文字。譬如其雨水,不从无有,无(元)是龙王于江海中将身引此水,令一切众生,一切草木,一切有情无情,悉皆蒙润。诸水众流,却入大海,海纳众水,合为一体。众生本性般若之智亦复如是。少根之人闻说此顿教,犹如大地草木,根性自少者,若被大雨一沃,悉皆倒,不能增长。少根之人亦复如是。(参看《坛经》明藏本《般若品》,文字稍有异同,如"如漂草叶"误作"如漂枣叶";"雨水不从无有"作"雨水不从天有"之类,皆敦煌本为胜。)

〔《神会语录》〕若欲得了达甚深法界,直入一行三昧者,先须诵持《金刚般若波罗蜜经》,修学般若波罗蜜法。……《金刚般若波罗蜜经》者,如来为发大乘者说,为发最上乘者说。何以故?譬如大龙,不雨阎浮。若雨阎浮,如飘弃叶。若雨大海,其海不增不减。若大乘者,若最上乘者,闻说《金刚般若波罗蜜经》,不惊不怖,不畏不疑者,当知是善男子,善女人,从无量久远劫来,常供养无量诸佛及诸菩萨,修学一切善法,今是得闻《般若波罗蜜经》,不生惊疑。(第三卷)

(例五)无念

〔《坛经》敦煌本〕无者无何事?念者念何物?无者,离二相诸尘劳。〔念者,念真如本性〕①(依明藏本补)。真如是念之体,念是真如之用。〔自〕性起念,虽即见闻觉知,不染万境,而常自在。(明藏本"定慧第四")

〔《神会语录》〕问,无者无何法?念者念何法?

答,无者无有云然,念者唯念真如。

---

① 编者注"远流本"此处补有"兴圣寺本有此七字"。

问,念与真如有何差别?

答,无差别。

问,既无差别,何故言念真如?

答,言其念者,真如之用。真如者,念之体。以是义故,立无念为宗。若见无念者,虽具见闻觉知,而常空寂。(第一卷)

以上所引,都是挑选的最明显的例子。我们比较这些例子,不但内容相同,并且文字也都很相同,这不是很重要的证据吗?大概《坛经》中的几个重要部分,如明藏本的"行由"品,"忏悔"品,是神会用气力撰著的,也许是有几分历史的根据的;尤其是《忏悔》品,《神会语录》里没有这样有力动人的说法,也许真是慧能在时的记载。(我错了!那时没有得见《南阳和上》的《坛语》。适之——1958,8,8)①此外,如"般若","疑问","定慧","坐禅"诸品,都是七拼八凑的文字,大致是神会杂采他的语录凑成的。《付嘱品》的一部分大概也是神会原本所有。其余大概是后人增加的了。《坛经》古本不分卷;北宋契嵩始分为三卷,已有大改动了;元朝宗宝又"增入弟子请益机缘",是为明藏本之祖。

如果我们的考证不大错,那么,神会的思想影响可说是存在在《坛经》里。柳宗元作《大鉴禅师碑》,说:"其说具在,今布天下,凡言禅皆本曹溪。"我们也可以这样说神会:"其说具在,今布天下。凡言禅皆本曹溪,其实是皆本于荷泽。"

南宗的急先锋,北宗的毁灭者,新禅学的建立者,《坛经》的作者,——这是我们的神会。在中国佛教史上,没有第二个人有这样伟大的功勋,永久的影响。

十八年除夕脱稿

(收入《神会和尚遗集》,1930年12月上海亚东图书馆初版)

---

① 编者注:此段按语据"远流本"补入。

《神会和尚遗集》序

民国十三年,我试作《中国禅学史》稿,写到了慧能,我已很怀疑了;写到了神会,我不能不搁笔了。我在《宋高僧传》里发现了神会和北宗奋斗的记载,又在宗密的书里发现了贞元十二年敕立神会为第七祖的记载,便决心要搜求关于神会的史料。但中国和日本所保存的禅宗材料都不够满足我的希望。我当时因此得一个感想:今日所存的禅宗材料,至少有百分之八九十是北宗和尚道原、赞宁、契嵩以后的材料,往往经过了种种妄改和伪造的手续,故不可深信。我们若要作一部禅宗的信史,必须先搜求唐朝的原料,必不可轻信五代以后改造过的材料。

但是,我们向何处去寻唐朝的原料呢?当时我假定一个计画,就是向敦煌所出的写本里去搜求。敦煌的写本,上起南北朝,下讫宋初,包括西历五百年至一千年的材料,正是我要寻求的时代。况且敦煌在唐朝并非僻远的地方,两京和各地禅宗大师的著作也许会流传到那边去。

恰好民国十五年我有机会到欧洲去,便带了一些参考材料,准备去看伦敦、巴黎两地所藏的敦煌卷子。9月中我在巴黎发现了三种神会的语录,11月中又在伦敦发现了神会的《显宗记》。此外还有一些极重要的禅宗史料。我假定的计画居然有这样大的灵验,已超过我出国之前的最大奢望了。

十六年归国时,路过东京,见着高楠顺次郎先生,常盘大定先生,矢吹庆辉先生,始知矢吹庆辉先生从伦敦影得敦煌本《坛经》,这也是禅宗史最重要的材料。

高楠,常盘,矢吹诸博士都劝我早日把神会的遗著整理出来。但我归国之后，延搁了两年多，始能把这四卷神会遗集整理写定；我另作了一篇《神会传》，又把《景德传灯录》卷二十八所收《神会语录》三则抄在后面，作一个附录。全书共遗集四卷，跋四首，传一篇，附录一卷，各写两份，一份寄与高楠博士，供他续刊《大藏经》的采用，一份在国内付印，即是此本。

神会是南宗的第七祖，是南宗北伐的总司令，是新禅学的建立者，是《坛经》的作者。在中国佛教史上，没有第二人比得上他的功勋之大，影响之深。这样伟大的一个人物，却被埋没了一千年之久，后世几乎没有人知道他的名字了。幸而他的语录埋藏在敦煌石窟里，经过九百年的隐晦，还保存二万字之多，到今日从海外归来，重见天日，使我们得重见这位南宗的圣保罗的人格言论，使我们得详知他当日力争禅门法统的伟大劳绩，使我们得推翻道原、契嵩等人妄造的禅宗伪史，而重新写定南宗初期的信史：这岂不是我们治中国佛教史的人最应该感觉快慰的吗？

我借这个机会要对许多朋友表示很深厚的感谢。我最感激的是：

伦敦大英博物院的 Dr. Lionel Giles,

巴黎的 Professor Paul Pelliot,

没有他们的热心援助，我不会得着这些材料。此外我要感谢日本矢吹庆辉博士寄赠敦煌本《坛经》影本的好意。我得着矢吹先生缩影本之后，又承 Dr. Giles 代影印伦敦原本。不久我要把敦煌本《坛经》写定付印，作为《神会遗集》的参考品。

余昌之、周道谋二先生和汪协如女士校印此书，功力最勤，也是我很感谢的。

一九，四，一〇

（收入《神会和尚遗集》，1930 年 12 月上海亚东图书馆初版）

《坛经》考之一
跋《曹溪大师别传》

《曹溪大师别传》一卷，中国已无传本。此本是日本所传，收在《续藏经》二编乙，十九套，第五册，页四八三——四八八。有日本僧祖芳的书后云：

> 昔于东武获《曹溪大师别传》，曩古传教大师从李唐手写赍归，镇藏睿岳。……传末有"贞元十九，二月十九日毕，天台最澄封"之字，且搭朱印三个，刻"比睿寺印"四字。贞元十九，当日本延历二十年乙酉也。大师（慧能）迁寂乃唐先天二年，至于贞元十九年，得九十一年。谓《坛经》古本湮灭已久；世流布本，宋后编修；诸传亦非当时撰。唯此传去大师谢世不远，可谓实录也，而与诸传及《坛经》异也。……惜乎失编者之名。考《请来进官录》曰"《曹溪大师传》一卷"是也。
>
> 宝历十二年壬午（乾隆二十七年，西历 1762 年）

祖芳此序颇有小错误。贞元十九（803）当日本延历二十二年癸未，乙酉乃延历二十四年。先天二年（713）至贞元十九年，得九十年。此皆计算上的小误。最可怪者，据《传教大师全集》别卷所收的《睿山大师传》，最澄入唐，在贞元二十年（804）；其年九月上旬始往天台。如何能有"贞元十九，二月十九日毕，天台最澄封"的题记？

祖芳又引最澄《请来进官录》有《曹溪大师传》一卷。今检《传教大师将来目录》（全集卷四）有两录，一为《台州录》，一为《越州录》。《曹溪大师传》一卷乃在《越州录》之中。《越州录》中经卷皆贞元二十一年在越州所抄写，更不会有"天台最澄"的题记。

然祖芳之跋似非有心作伪。按《台州录》之末有题记，年月为

> 大唐贞元贰拾壹年岁次乙酉贰月朔辛丑拾玖日乙未

大概祖芳一时记忆有误,因"二月十九日"而误写二十一年为"十九年",又误记"天台"二字,遂使人生疑了。

我们可以相信此传是最澄于贞元二十一年在越州抄写带回日本的本子。① 以下考证此传的著作时代及其内容。

此传作者不知是谁,然可以考定他是江东或浙中的一个和尚,其著作年代为唐建中二年(781),在慧能死后六十八年。传中有云:

> 大师在日,受戒开法度人三十六年。先天二年壬子岁灭度。至唐建中二年,计当七十一年。

先天二年至建中二年,只有六十八年。但作者忽用建中二年为计算年数的本位,却很可注意。日本忽滑谷快天先生(《禅学思想史》上,三八二)说此句可以暗示《别传》脱稿在此年。忽滑谷先生的话甚可信,我可以代他添一个证据。此传说慧能临死时,对门人说一则"悬记"(预言):

> 我灭度七十年后,有东来菩萨,一在家菩萨修造寺舍,二出家菩萨重建我教。

七十年后的预言,与后文所记"至建中二年,计当七十一年"正相照应。作传的人要这预言验在自己身上,却不料因此暗示成书的年代了。大概作者即是预言中的那位"出家菩萨",可惜他的姓氏不可考了。

何以说作者是江东或浙中的和尚呢?因为预言中说是"东来菩萨",而此本作于建中二年,到贞元二十一年(永贞元年,805)最澄在浙中抄得此传时不过二十四年,当时写本书流传不易,抄书之地离作书之地未必甚远;且越州、台州也都在东方,正是东来菩萨的家乡。

最可注意的是《坛经》明藏本(《缩刷藏经》腾四)也有东来菩萨的悬记,其文如下:

---

① 编者注:"远流本"此处有胡适按语:"适按,《宋僧传》廿九,天台道邃传记载最澄在天台的事,也说是贞元二十一年(即顺宗永贞元年。德宗崩在正月。是年八月始改永贞)。"

> 吾去七十年,有二菩萨从东方来,一出家,一在家,同时兴化,建立吾宗,缔缉伽蓝,昌隆法嗣。

此条悬记,今本皆已删去,惟明藏本有此文。明藏本的祖本是北宋契嵩的改本。契嵩的《镡津文集》中有郎侍郎的《六祖法宝记叙》,说契嵩得曹溪古本《坛经》校改俗本,勒成三卷。契嵩居杭州,也在浙中,他所得的"曹溪古本"大概即是这部《曹溪大师别传》,故有七十年的悬记。

近年《坛经》的敦煌写本出现于伦敦,于是我们始知道契嵩所见的"文字鄙俚繁杂,殆不可考"的俗本乃是真正古本,而契嵩所得古本决不是真古本。试即举慧能临终时的"七十年"悬记为例,敦煌写本即无此文,而另有一种悬记,其文如下:

> 上座法海向前言,"大师,大师去后,衣法当付何人?"大师言,"法即付了,汝不须问。吾灭后二十余年,邪法辽乱,惑我宗旨,有人出来,不惜身命,第佛教是非,竖立宗旨,即是吾正法。衣不合转"。

此悬记甚明白,所指即是神会在滑台大云寺及洛阳荷泽寺定南宗宗旨的事。神会滑台之会在开元二十年(732),正是慧能死后二十年。此条悬记可证敦煌本《坛经》为最古本,出于神会或神会一系之手,其著作年代在开元二十年以后。神会建立南宗,其功绩最伟大。但九世纪以下,禅宗大师多出于怀让、行思两支,渐渐都把神会忘了。契嵩之时,神会之名已在若有若无之间,故二十年的悬记已不能懂了。所以契嵩采取《曹溪大师传》中的七十年悬记来替代此说。但七十年之记更不好懂,后来遂有种种猜测,终无定论,故今世通行本又把这七十年悬记全删去了。

然而敦煌本的二十年后的悬记可以证《坛经》最古本的成书年代及其作者;《曹溪大师别传》的七十年后的悬记和建中二年的年代可以证此传的成书年代及其作者;而契嵩改本的收入七十年的悬记又可以证明他所依据的"曹溪古本"正是这部《曹溪大师别传》。

我们试取敦煌本《坛经》和明藏本相比较,可以知道明藏本比敦煌本多出百分之四十（我另有《坛经》敦煌本考证）。这多出的百分之四十，内中有一部分是宋以后陆续加进去的。但其中有一部分是契嵩采自《曹溪大师别传》的。今依明藏本的次第，列表如下：

（1）行由第一　自"惠能后至曹溪，又被恶人寻逐"以下至印宗法师讲《涅槃经》，惠能说风幡不动是心动，以至印宗为惠能剃发，惠能于菩提树下开东山法门，——此一大段，约四百余字，敦煌本没有，是采自《曹溪大师别传》的。

（2）机缘第七　刘志略及其姑无尽藏一段，敦煌本无，出于《别传》。

又智隍一段，约三百五十字，也出于《别传》的瑝禅师一段，但改瑝为智隍，改大荣为玄策而已。

（3）顿渐第八　神会一条，其中有一段，"吾有一物，无头无尾，无名无字，无背无面，诸人还识否？"约六十字，也出于《别传》。

（4）宣诏第九　全章出于《别传》，约六百多字，敦煌本无。但此章删改最多，因为《别传》原文出于一个陋僧之手，谬误百出，如说"神龙元年（703）高宗大帝敕曰"，不知高宗此时已死了二十二年了！此等处契嵩皆改正，高宗诏改为"则天中宗诏"，诏文也完全改作。此诏今收在《全唐文》（卷十七），即是契嵩改本，若与《别传》中的原文对勘，便知此是伪造的诏书。

（5）付嘱第十　七十年后东来二菩萨的悬记，出于《别传》，说详上文。

又《别传》有"曹溪大师头颈先以铁鍱封裹，全身胶漆"一语，契嵩采入《坛经》，敦煌本无。

又此章末总叙慧能一生，"二十四传衣，三十九祝发，说法利生三十七载"，也是根据《别传》，而稍有修正。《别传》记慧能一生的大事如下：

三十四岁，到黄梅山弘忍处得法传衣。

三十四至三十九，在广州四会、怀集两县界避难，凡五年。

三十九岁，遇印宗法师，始剃发开法。但下文又说开法受戒时"年登四十"。

七十六岁死,开法度人三十六年。

契嵩改三十四传衣为"二十四传衣",大概是根据王维的碑文中"怀宝迷邦,销声异域,……如此积十六载"之文。① 又改说法三十六年为三十七年,则因三十九至七十六,应是三十七年。

以上所记,可以说明《曹溪大师别传》和《坛经》明藏本的关系。我曾细细校勘《坛经》各本,试作一图,略表《坛经》的演变史:

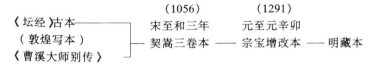

但《曹溪大师别传》实在是一个无识陋僧妄作的一部伪书,其书本身毫无历史价值,而有许多荒谬的错误。其中所记慧能的一生,大体用王维的《能禅师碑》(《全唐文》三二七),如印宗法师之事虽不见于《坛经》古本,而王维碑文中有之,又碑文中也说:

> 则天太后,孝和皇帝,并敕书劝谕,征赴京城。禅师子牟之心敢忘凤阙?远公之足不过虎溪。固以此辞,竟不奉诏。遂送百衲袈裟及钱帛等供养。

《别传》敷衍此等事,捏造出许多文件。如印宗一段,则造出说法问答之辞;诏征不起一段,则造出诏敕表文及薛简问法的一大段。试一考证,便可发现许多作伪的痕迹。如神龙元年高宗大帝(高宗早已死了)敕中有云:

> ……安、秀二德……再推南方有能禅师密受忍大师记传,传达磨衣钵,以为法信,顿悟上乘,明见佛性。……朕闻如来以心传心,嘱付迦叶,迦叶展转相传,至于达磨,教被东土,代代相传,至今不绝。师既禀承有依,可往京城施化。……

如果此敕是真的,则是传衣付法的公案早已载在朝廷诏敕之中了,更何用后来的争论?更何用神会两度定宗旨,四次遭贬谪的奋斗呢?

---

① 编者注:"远流本"此处有胡适按语:"适按,柳宗元碑也有'遁隐海上……又十六年'之语。刘禹锡碑说:'大鉴生新州,三十出家,四十七年而殁。'"

即此一端便可证明此书作伪的性质了。

传中记弘忍临终付袈裟与慧能,并说:

> 衣为法信,法是衣宗。从上相传,更无别付。非衣不传于法,非法不传于衣。衣是西国师子尊者相传,令佛法不断。法是如来甚深般若。知般若空寂无住,即了法身。见佛性空寂无住,是真解脱。汝可持衣去。

此一段全抄神会的《显宗记》(敦煌有残本,题为"顿悟无生般若颂")的末段,而改为弘忍付法的话。这也是作伪的证据。

至于较小的错误,更是不可胜数。如传中说慧能死于先天二年(713),年七十六,则咸亨五年(674),慧能应是三十七岁,而传中说:

> 至咸亨五年,大师春秋三十有四。

此一误也。推上去,咸亨元年应是三十三岁,而传作三十,此二误也。神龙元年(705)高宗已死二十二年,而传中有高宗之敕,此三误也。神龙三年(707)武后已死二年了,而传中仍有高宗敕,此四误也。先天二年至建中二年(781),应是六十八年,而传中作七十一年,此五误也。传中又说:

> 其年(先天二年)众请上足弟子行滔守所传衣。经三十五年。有殿中侍御史韦据为大师立碑。后北宗俗弟子武平一开元七年(719)磨却韦据碑文,自著武平一文。

先天二年即开元元年,至开元七年只有六年,那有三十五年?此六误也。传中又云:

> 上元二年(761)十二月……敕曹溪山六祖传法袈裟及僧行滔……赴上都。
>
> 乾元二年(759)正月一日滔和上有表辞老疾,遣上足僧惠象及家人永和送传法袈裟入内。……滔和上正月十七日身亡,春秋八十九。

乾元在上元之前,今先后倒置,此七误也。我疑心原文或作"乾元元年"下敕,重元字,写作"元二年",而误作"二年";但又无二年十二月敕召而同年正月表辞之理,故又改乾字为"上元二年",遂更误了。下文说袈裟留京七年,永泰元年送回。从乾元二年(759)袈裟至京,到永泰元年(765),正是七年。此可证"上元二年"之当作"乾元元年"。此或是原文不误,而写者误改了的。

又按王维碑文说:

〔忍大师〕临终,遂密授以祖师袈裟,而谓之曰,"物忌独贤,人恶出己。吾且死矣,汝其行乎?"

禅师遂怀宝迷邦,销声异域。众生为净土,杂居止于编氓。世事是度门,混农商于劳侣。如此积十六载。

弘忍死于咸亨五年(674),是年慧能三十七岁。《别传》说他是年三十四岁,固是错误。但《别传》说他咸亨五年三十四岁传衣得法,仪凤元年(676)三十九岁剃发受戒,中间相隔只有两年,那能长五岁呢?此八误也。契嵩拘守十六年隐遁的碑文,故说慧能二十四岁传衣,三十九岁开法,中间隐遁十六年。但弘忍死于咸亨五年,若慧能二十四岁传衣,则碑文不应说弘忍"临终"传法了。若依王维碑文,则慧能开法已在五十二三岁,开法二十三四年而死,①则《别传》说他说法三十六年,《坛经》改本说他说法三十七年,又都是虚造的了。

总之,《别传》的作者是一个无学问的陋僧,他闭门虚造曹溪大师的故事,装上许多年月,俨然像一部有根据的传记了。可惜他没有最浅近的算学知识,下笔便错,处处露出作伪的痕迹。不幸契嵩上了他的当,把此传认作"曹溪古本",采取了不少材料到《坛经》里去,遂使此书欺骗世人至九百年之久!幸而一千多年前最澄大师留下这一本,保存至今,使我们可以考证契嵩改本的根据。我们对于那位渡海求法的日本大师,不能不表示很深的谢意。

民国十九年一月七日稿②

《曹溪大师别传》作者似是《别传》中的"上足弟子行滔"的弟子惠象。

《别传》尾有"上元二年广州节度韦利见奏僧行滔及传袈裟入

---

① 编者注:"远流本"此处有胡适按语:"适按,刘碑说他'三十出家,四十七年而殁!'"

② 编者注:以下据"远流本"补入。

内。孝感皇帝依奏"。孝感皇帝即肃宗。上元二年为七六一。下文又说：

> 乾元二年(759)正月一日滔和上有表辞老疾,遣上足僧惠象送传法袈裟入内。……四月八日后对。滔和上正月十七日身亡,春秋八十九。

此处误置"上元"于乾元之前。

下文又有乾元三年十一月二十日敕书。乾元三年(760)闰四月已改上元了！

下文又有"宝应元皇帝送传法袈裟归曹溪敕书,'永泰元年(765)五月七日下'"。

永泰元年(765)去建中二年(781),只有十六年了。

故我疑心"七十年后"的悬记,正是惠象自己的悬记。此《别传》也是他伪作的。

适之　1961,1,8 夜

(原载 1930 年 4 月《武汉大学文哲季刊》第 1 卷第 1 期)

《坛经》考之二
记北宋本的《六祖坛经》

跋日本京都堀川兴圣寺藏北宋惠昕本《坛经》影印本

去年10月我过日本横滨,会见铃木大拙先生,他说及日本有新发现的北宋本《六祖坛经》。后来我回到北平,不久就收到铃木先生寄赠的京都堀川兴圣寺藏的《六祖坛经》的影印本一部。此本为昭和八年(民国二十二年,1933)安宅弥吉所印行,共印二百五十部。附有铃木大拙先生的"解说"一小册。

兴圣寺本为翻刻宋本,已改原来每半页七行之折帖式为每全页二十一行之方册本。但原本之款式完全保存,不过合并三个半页为一全页而已。每行二十二字。全书分二卷,上卷六门,下卷五门,共十一门。

末页有兴圣寺僧了然墨笔两行跋,第一跋云:

  庆长四年(1599)五月上中旬初拜诵此经伺南宗奥义了次为新学加朱点而已　了然志之

第二跋云:

  庆长八年(1603)三月朔日至八日一遍拜读之次加和点了 记者同前

铃木先生说,庆长四年到今年(去年),已有三百三十四年了。

此本前面有手抄《六祖坛经序》,看其笔迹,似是了然所补抄。序文二十七行半,不分段,首行云:

  依真小师邕刕罗秀山惠进禅院沙门惠昕述。

而序末题云:

  绍兴二十三年六月二十日右奉议郎权通判蕲州军州事晁子

健记。

细分析之,这里本是两篇序,了然误合为一。

第一篇为惠昕序,共一百六十一字:

> 原夫真如佛性,本在人心。心正则诸境难侵,心邪则众尘易染。能止心念,众恶自亡。众恶既亡,诸善皆备。诸善要备,非假外求。悟法之人,自心如日,遍照世间,一切无碍。见性之人,虽处人伦,其心自在,无所惑乱矣。故我六祖大师广为学徒直说见性法门,总令自悟成佛,目曰《坛经》,流传后学。古本文繁,披览之徒,初忻后厌。余以太岁丁卯,月在蕤宾,二十三日辛亥,于思迎塔院分为两卷,凡十一门。贵接后来,同见佛性云。

第二篇是晁子健的后记,共二百八十二字:

> 子健被旨入蜀,回至荆南,于族叔公祖位见七世祖文元公所观写本《六祖坛经》,其后题云:"时年八十一,第十六次看过。"以至点句标题,手泽具存。公历事太宗、真宗、仁宗三朝,引年七十,累章求解禁职,以太子少保致仕,享年八十四。道德文章具载国史。冠岁过道士刘惟一,访以生死之事。刘曰:"人常不死。"公骇之。刘曰,"形死性不死"。公始寤其说。自是留意禅观,老而愈笃。公生平所学,三教俱通。文集外,著《昭德编》三卷,《法藏碎金》十卷,《道院集》十五卷,《耄智余书》三卷,皆明理性。晚年尚看《坛经》孜孜如此。子健来佐蕲春郡,遇太守高公世叟,笃信好佛,一日语及先文元公所观《坛经》,欣然曰,"此乃六祖传衣之地,是经安可阙乎?"乃用其句读,镂版刊行,以广其传。《坛经》曰,"后人得遇《坛经》,如亲承吾教。若看《坛经》,必当见性"。咸愿众生,同证此道。

据此两序,可知此本的底本是惠昕所改定的两卷十一门的本子。惠昕自记改定此书的年月为"太岁丁卯,月在蕤宾,二十三日辛亥"。铃木先生推想此"丁卯"应是宋太祖乾德五年(西历967),但他不能证实此说。按蕤宾为五月;二十三日辛亥,则此月朔为己丑。我检查陈垣的《廿史朔闰表》,只有宋太祖乾德五年丁卯有五月己丑朔,故可断定惠昕改定二卷十一门是乾德丁卯的事(967)。此本的祖本是十世纪的写本,距离那敦煌写本应该不很远了。

晁子健序中所说"七世祖文元公",即是晁公武(字子止)《郡斋读书志》自序中"公武家自文元公来以翰墨为业者七世"的文元公,即是晁迥,是北宋前期的大文家,他死后谥"文元",《宋史》(卷三〇五)有传。《宋史》所记与晁子健所述略同(《耄智余书》,《宋史》耄作耆)。《宋史》所记也有可供此本考证的。本传说:

> 天圣中,迥年八十一,召宴太清楼。……
> 子宗悫为知制诰,侍从,同预宴。

据毕沅《续通鉴》卷三十八,晁宗悫知制诰是在天圣九年(1031)正月;太清楼赐宴在同年闰十月。据此可知他八十一岁正是天圣九年。此本的原写本有晁迥自题"时年八十一,第十六次看过"的话,题字之年(1031)和惠昕改订之年(967)相隔只有六十四年,也可以说是十世纪的写本。

我们现在可以称此本的原刻本为南宋绍兴二十三年(1153)蕲州刻本;刻本所据的写本为北宋天圣九年(1031)晁迥八十一岁时第十六次看过的十世纪写本;而其祖本为北宋乾德五年(967)惠昕改订为两卷十一门的写本。

这个惠昕改订为两卷十一门的本子,是晁迥看过又题过的,是晁子健刻的。刻的年代是绍兴二十三年。最可注意的是,在此本刻印的前两年——绍兴二十一年(1151)——晁迥的另一个七世孙,晁子健的堂弟兄,晁公武正写成他的《郡斋读书志》的自序。在《郡斋读书志》的衢州本的卷十六,有这样的记载:

> 《六祖坛经》三卷(王先谦校:三,袁州本作二)。
> 右唐僧惠昕撰。记僧卢慧能学佛本末。慧能号六祖。凡十六门。周希复有序。

马端临《文献通考》的《经籍考》五十四,转录此条如下:

> 《六祖坛经》三卷。
> 晁氏曰,唐僧惠昞撰,记僧卢慧能学佛本末。慧能号六祖。凡十六门。周希后有序。

《通考》之惠昖是惠昕之讹,周希后是周希复之讹。但最可注意的是"三卷""十六门"两项,可证衢州本《读书志》所记不误。依此看来,在蕲州刻的惠昕二卷十一门本之前,早已有一部三卷十六门的惠昕本在社会上流通了。《读书志》成于绍兴二十一年以前,所以晁子止没有看见他的从堂弟兄刻印的他的七世祖文元公句读题记的两卷十一门的惠昕真本。

晁公武的记载使我们知道一件重要事实,就是:在1031年到1151年,在这一百二十年之间,惠昕的二卷十一门《坛经》,已被人改换过了,已改成三卷十六门了。

那部三卷十六门的惠昕本,我们没有见过,不能下确定的推论。但我们可以推测那个本子也许是北宋至和三年(1056)契嵩和尚的改本。契嵩的《镡津文集》里有郎侍郎的《六祖法宝记叙》,——此序当然是契嵩自己作的,——说契嵩得了一部"曹溪古本",用来校改俗本《坛经》,勒成三卷。契嵩的"曹溪古本",我在前几年已证明即是《曹溪大师别传》。他所用的"俗本"也许就是惠昕的二卷十一门本,他改定之后,仍用惠昕之名。幸有晁迥句读本保存到十二世纪中叶,被晁子健刻出来,流传到日本,保留到如今,使我们知道惠昕的原本是只有十一门分两卷的。

《坛经》的普通传本都是契嵩以后又经后人增改过的。现今只有两个本子是契嵩以前的古本:

(1)敦煌的不分卷写本。

(2)北宋初年惠昕改订二卷十一门本。

这个惠昕真本是人间第二最古的《坛经》。

我在《〈坛经〉考》里,曾指出敦煌本慧能临终的"悬记"被契嵩用《曹溪大师别传》的悬记来改换了。今检此惠昕本的临终悬记,与敦煌本还相同。今抄此本的悬记,而校注敦煌本异文如下:

法海上座问曰:(敦煌本作"上座法海向前言:")

"和尚(敦煌本作'大师,大师')去后,衣法当付何人?"师曰:"吾于大梵寺说法,直至今日,抄录流行,名《法宝坛经记》,

汝等守护,度诸众生,但依此说,是真正法。"(此段话,凡三十七字,敦煌本无。)师言:"法海向前(敦煌本无此六字;此处重提法海,可见添插的痕迹。敦煌本在下文悬记之前,有'法即付了,汝不须问'八字)。吾灭度后二十年间,邪法撩乱,惑我正宗(敦煌本'年间'作'余年','正宗'作'宗旨'),有一人出来,不惜身命,定于佛法(敦煌本作'第佛教是非'),竖立宗旨,即是吾(此下敦煌本有'正'字)法,弘于河洛,此教大行。若非此人(以上十二字,敦煌本无),衣不合传。"

此条悬记,明指神会独力攻击北宗,竖立南宗宗旨的故事(看《荷泽大师神会传》,页二五三——二五七,又页二七六——二八二)。此本添"弘于河洛,此教大行",原意更明显了。契嵩不知道此段重要历史,妄依《曹溪大师别传》,改作如下的悬记:

吾去七十年,有二菩萨从东方来,一出家,一在家,同时兴化,建立吾宗,缔缉伽蓝,昌隆法嗣。(依明藏本,今本又都删去此条悬记了。)

此惠昕本还保存那明指神会的悬记,可证此本和敦煌本最接近,是未经契嵩妄改的古本。

试再举一个证据。敦煌本法海问:

此顿教法传受,从上以来,至今几代?

六祖答词,列举七佛以来四十代传法世系。今将敦煌本,惠昕此本,及明藏本的传法世系表示如下:

敦煌本	惠昕本	明藏本	附唐僧宗密所记世系
六佛	六佛	六佛	
7 释迦牟尼(第七)	释迦(第七)	释迦文佛	
8 大迦叶	迦叶	(1)迦叶	(1)迦叶
9 阿难	阿难	(2)阿难	(2)阿难
10 末田地	末田地		
11 商那和修	商那和修	(3)商那和修	(3)商那和修

(续表)

敦煌本	惠昕本	明藏本	附唐僧宗密所记世系
六佛	六佛	六佛	
12 优婆掬多	优婆掬多	(4)优波毱多	(4)优波毱多
13 提多迦	提多迦	(5)提多迦	(5)提多迦
		(6)弥遮迦	(6)弥遮迦
		(7)婆须蜜多	
14 佛陀难提	佛陀难提	(8)佛驮难提	(7)佛陀难提
15 佛陀蜜多	佛陀蜜多	(9)伏驮蜜多	(8)佛陀蜜多
16 胁比丘	胁比丘	(10)胁比丘	(9)胁比丘
17 富那奢	富那奢	(11)富那夜奢	(10)富那奢
18 马鸣	马鸣	(12)马鸣	(11)马鸣
19 毗罗长者	毗罗尊者	(13)迦毗摩罗	(12)毗罗尊者
20 龙树	龙树	(14)龙树	(13)龙树
21 迦那提婆	迦那提多	(15)迦那提婆	(14)迦那提婆
22 罗睺罗	罗睺罗多	(16)罗睺罗多	(15)罗睺罗
23 僧伽那提	僧伽那提	(17)僧伽难提	(16)僧伽难提
24 僧伽耶舍	僧伽耶舍	(18)伽耶舍多	(17)僧伽耶舍
25 鸠摩罗驮	鸠摩罗驮	(19)鸠摩罗多	(18)鸠摩罗多
26 阇耶多	阇夜多	(20)阇夜多	(19)阇夜多
27 婆修盘多	婆修槃头	(21)婆修槃头	(20)婆修槃陀
28 摩拏罗	摩拏罗	(22)摩拏罗	(21)摩奴罗
29 鹤勒那	鹤勒那	(23)鹤勒那	(22)鹤勒那夜遮
30 师子比丘	师子比丘	(24)师子比丘	(23)师子比丘
31 舍那婆斯	婆舍斯多	(25)婆舍斯多	(24)舍那婆斯
32 优婆掘	优波掘多	(26)不如蜜多	(25)优婆掘
33 僧迦罗〔叉〕	婆须蜜多	(27)般若多罗	(26)婆修密

（续表）

敦煌本	惠昕本	明藏本	附唐僧宗密所记世系
六佛	六佛	六佛	
34 婆须蜜多	僧迦罗叉		（27）僧伽罗叉
35 菩提达摩	菩提达摩	（28）菩提达摩	（28）达摩多罗
36 惠可	同	（29）同	（29）同
37 僧璨	同	（30）同	（30）同
38 道信	同	（31）同	（31）同
39 弘忍	同	（32）同	（32）同
40 惠能	同	（33）同	（33）同

此表最可注意的是敦煌本的印度诸祖与惠昕本全同，所不同者只有两点：

（1）敦煌本的舍那婆斯（31），此本作婆舍斯多。

（2）敦煌本僧迦罗叉（33）与婆须蜜多（34），此本两人的次第互倒。证以宗密所记，敦煌本是误倒的。此本不误。

此可证此本尚未经契嵩的改窜。① 契嵩作《传法正宗记》，《传法正宗论》，及《传法正宗定祖图》，于嘉祐六年（1061）进上；次年（1062），奉仁宗旨，收入藏经内。他重要改定，是

（1）改旧世系的第三十三人婆须蜜多为第七祖。

（2）删去旧世系的第三十二人优波掘多，因为他知道优波掘多即是前面的第十二代优婆掬多。

（3）删去旧世系的第三十四人僧伽罗叉，因为僧伽罗叉（即僧

---

① 编者注："远流本"此处有胡适按语："廿八祖的改定，已见于《景德传灯录》。我当时主张今本《传灯录》的廿八祖次第与名字，可能都是后人用契嵩来追改道原？《传灯录》无北宋传本，故此问题不易有定论？山西赵城出现的'金藏'《宝林传》的二十八祖已与《传灯录》相同了。很可能的，晚唐时代已有人改订二十八祖了。适之——四九，二，五夜"。

伽罗刹)的年代太分明了,不容易接上菩提达摩。契嵩自称根据僧祐的《出三藏记》所收的萨婆多部世系,而僧祐所记僧伽罗叉在第二十九,而弗若蜜多(契嵩的不若蜜多)在第四十九。所以他不能不删去僧伽罗叉了(僧伽罗叉的年代,我曾考定为西历纪元二世纪的人;看《胡适文存》三集,页四一二以下)。

(4)他删去了师子下面的四个人,改定为三人:

婆舍斯多(此是依惠昕本改的)

不如蜜多(此即《出三藏记》的弗若蜜多)

般若多罗(此即《出三藏记》的不若多罗)

(5)敦煌本与惠昕本皆无弥遮迦一人,而中唐宗密所传世系已有此名,大概唐人所传世系,或有末田地而无弥遮迦,或有弥遮迦而无末田地,不是契嵩添入的。

我从前疑心舍那婆斯之改为婆舍斯多,也是契嵩干的事。今见惠昕本已这样改了。舍那婆斯即是商那和修,他在僧祐《出三藏记》的萨婆多部世系表里,列在第四,在末田地之下,优婆掬多之上,正当旧表之商那和修。故惠昕本已改为婆舍斯多。此名不见于唐人所传各表中,亦不见于日本所存各表中,大概是惠昕捏造的,而契嵩沿用此名。这更可证我上文说的契嵩所用"俗本"即是惠昕的二卷十一门本。

惠昕本虽已改换了舍那婆斯一名,但其余各祖都与敦煌本相同,这又可见此本之近古了。

但用此本与敦煌本比较,我们可以看出惠昕已有很大的改动,已有很多的增添了。上文引慧能临终的悬记,已可见惠昕增添了许多字句。惠昕自序说:

古本文繁;披览之徒,初忻后厌。

可见他不满意于古本。但他不曾说明他如何改动。看了"古本文繁"一句话,好像他的改定是删繁为简。试比较敦煌本与此本,便知此本比古本更繁,已有了后来添入的文字。但此本所增添的还不很多,不过两千字罢了。今试把《坛经》各本的字数,作一个比较:

(1) 敦煌本　　　　　12 000 字①
(2) 惠昕本　　　　　14 000 字②
(3) 明藏本　　　　　21 000 字

这可见惠昕加了不过二千字,而明藏本比敦煌本竟增加九千字了。这个比较表虽是约略的计算,已可见禅宗和尚妄改古书的大胆真可令人骇怪了。

我们试取一段,用这三本的文字作一个对勘表:

敦 煌 本	惠 昕 本	明 藏 本
大师欲更共议,见左右在傍边,大师更不言,遂发遣惠能,令随众作务。	大师更欲共惠能久语,且见徒众总在身边,乃令随众作务。惠能启和尚言:"弟子自心常生智慧,不离自性,即是福田。未审和尚教作何务?"五祖言:"这獦獠根性大利。汝更勿言,且去后院。"	五祖更欲与语,且见徒众总在左右,乃令随众作务。惠能曰:"慧能启和尚:弟子自心常生智慧,不离自性,即是福田。未审和尚教作何务?"祖云,"这獦獠根性大利。汝更勿言。著槽厂去"。惠能退至后院。
时有一行者遂差惠能于碓坊踏碓,八个余月。	有一行者差惠能破柴踏碓,八个余月。五祖一日忽见惠能,言:"吾思汝之见可用。恐有恶人害汝,遂不与汝言。知之否?"惠能言:"弟子亦知师意,不敢行至堂前,令人不觉。"	有一行者差惠能破柴踏碓,经八月余。祖一日忽见惠能曰:"吾思汝之见可用,恐有恶人害汝,遂不与汝言。汝知之否?"惠能曰:"弟子亦知师意,不敢行至堂前,令人不觉。"

我们看这种对勘,可知惠昕增添了许多很浅薄的禅宗滥调,而契嵩以后多沿用他的改本(明藏本即是契嵩改本,略有元朝和尚宗宝增入的部分。我另有考)。倘使我们不见敦煌古本与惠昕本,这种后世

---

① 编者注:"远流本"此处补有"实止有 11 500 字"。
② 编者注:"远流本"此处补有"实有 15 200 字,多出三千七百字左右"。

增改的痕迹就不容易考出了。

惠昕改动的地方,大致都是这样"添枝添叶"的增加。但他也有删节原本的地方,也有改换原本各部分的次第的地方。

惠昕增添的地方都是很不高明的;但他删去的地方都比原本好的多。如惠能的心偈,敦煌本有两首,惠昕本删并为一首。又如敦煌本惠能临终时,诵"先代五祖传衣付法颂",自达摩至惠能,六人各有一颂,又续作二颂,共八颂,都是很恶劣的偈颂。惠昕本只存达摩一颂,惠能一颂,共删去了六颂。这些地方,虽然都是改变古本面目,在文字技术上却是一进步。

他改变原本各部分的次第,是在惠能说法的部分。他论坐禅两段之后的各部分,此本与敦煌本的次第不同,比较如下:

敦 煌 本	惠 昕 本
(1)说自性三身佛 (2)发四弘誓愿 (3)说无相忏悔 (4)说无相三归依戒	(1)增添"传自性五分法身香"一段,凡二百十一字,为敦煌本所无。 (2)无相忏悔 (3)四弘誓愿 (4)无相三归依戒 (5)一体三身自性佛

这种改动,大概是因为惠昕添入了"传香"一大段,故移"忏悔"一段到前面去,又改移其他各段落,先传香,次忏悔,次发愿,次传无相戒,次说自性三身佛。这个顺序确是稍胜于原来的次第。后来各本都依惠昕改本。此又可证契嵩改本所用的本子是惠昕的改本。

最后,我们要指出惠昕本与敦煌本的跋尾的异同。敦煌本跋尾云:

> 此《坛经》,法海上座集。上座无常,付同学道际;道际无常,付门人悟真。悟真在岭南漕溪山法兴寺,见今传受此法。如付此法,须德(得)上根知,心信佛法,立大悲,持此经以为衣

(依)承,于今不绝。

惠昕本跋尾云:

> 泊乎法海上座无常,以此经付嘱志道,志道付彼岸,彼岸付悟真,悟真付圆会,递代相传付嘱。一切万法不离自性中现也。

两本的传授如下表:

(敦煌本)　法海
　　　　　　↓
　　　　　道际→悟真

(惠昕本)　法海→志道→彼岸→悟真→圆会

我们看了这两个不同的跋尾,可以作怎么样的解释呢? 我想,我们可以得这样的结论:第一,敦煌本的祖本是很古的。这个祖本的最古部分大概成于神会和尚未死之前。神会在滑台大云寺开始攻击神秀门下的大师,宣传慧能的"顿宗"教义,竖立"南宗"宗旨,是在慧能死(713)后二十余年内的事。此经内有此事的预言,故其制作至早当在开元(713—741)晚年,或天宝(742—755)初年。我们假定此经作于天宝年间神会在东京(洛阳)最活动的时代(神会在东京当天宝四年至十二年,745—753),约当西历 745 年。此经大概是神会做的(详考见《荷泽大师神会传》页二八二——二九〇),他自己不便出名,只好假托于一个已死了的同学法海;又说此本由法海传给同学道际,道际付门人悟真,"悟真在岭南漕溪山法兴寺,见今传受此法"。这就是说,当此祖本传写时,悟真还活着。法海与道际为同学,为慧能下一代;悟真为第二代。慧能死在 713 年,神会死在 760 年。神会活了九十三岁,他尽可以和他的师侄悟真同时,——假定真有法海、道际、悟真三个和尚的话。敦煌本所记此本的传授不过两代三人,可见此本的祖本传写时还在神会的时代,可以算是最古本了。

第二,惠昕本所记传授,也有悟真,但排在第四;悟真之下还有一个圆会;悟真之上两个传人与敦煌本不同;这一点应该如何解释呢? 我想,这也许是因为惠昕本的《坛经》传授世系也是惠昕妄改的。此本的跋尾之前,提到王维的碑铭,又提到"元和十一年(816)诏追谥曰大鉴禅师,事具刘禹锡碑"。这些事实都不是《坛经》最古本所能

有的。王维作《能禅师碑铭》(《全唐文》卷三二七)是神会托他做的,碑文中有云:

> 弟子曰神会,遇师于晚景,闻道于中年。……虽末后供,乐最上乘。先师所明,有类献珠之愿;世人未识,犹多抱玉之悲。谓余知道,以颂见托。……

"犹多抱玉之悲"一句,可证此碑作在神会被御史卢弈弹劾,或已被贬逐的时候(天宝十二年,753),他已是八十多岁的老人了。此碑作于《坛经》已写成之后,所以敦煌本只说"韶州刺史韦据立碑,至今供养",——其实并无此碑——而不曾提到王维的碑文:这是一证。王维碑内提起印宗法师讲《涅槃经》,慧能和他辨论,而《坛经》敦煌本不提此事:这是二证。碑文中说"则天太后、孝和皇帝并敕书劝谕,征赴京城",敦煌本也不提此事:这是三证。但惠昕改本却不但用了王维的碑文,并且提到刘禹锡的碑文了,元和追谥已在慧能死后一百零几年,所以旧本里的两代三个《坛经》传人是不够的了。所以惠昕改了这个传经世系,从两代三人改为五代五人,可以够一百零几年了。我们可以推断惠昕所见的原本,其跋尾的传经人也只是法海、道际、悟真三个,悟真一名还可以保存他当时增改的痕迹。

总之,惠昕本虽然有了不少的增改,但不失为"去古未远"之本,我们因此可以考见今本《坛经》的那些部分是北宋初年增改的,那些部分是契嵩和契嵩以后的人增改的。

二十三,四,五夜改定稿

(原载1934年5月山东大学《文史丛刊》第1期)

胡适文存四集　卷三

辨伪举例
蒲松龄的生年考

卢见曾的《国朝山左诗抄》卷四十五有蒲松龄小传，引张元的《蒲先生墓表》说：

> 卒年七十六。

张元的《墓表》全文，我那时没见着。鲁迅先生的《小说史略》根据《聊斋文集》附录的《墓表》，说蒲松龄至康熙辛卯始成岁贡生，越四年遂卒，年八十六（1630—1715）。后来我见着上海中华图书馆石印本《聊斋文集》（以下省称"石印本"），果然有张元的《墓表》[①]，说他

> 以康熙五十四年正月二十二日（1715年2月25日）卒，享年八十有六。以本年葬村东之原。又十年，为雍正改元之三年（1725），其孤将为碑以揭其行，而以文属余。以余于先生为同邑后进，且知先生之深也，乃不辞而为之文以表于墓。

张元于乾隆十七年（1752）作《渔洋感旧集》后序，自署"八十一岁老人"，是他生在康熙十一年（1672），蒲先生死时，张元已四十四岁，作《墓表》时他已五十四岁了。他记蒲松龄死的年月日，决无不可信之理。

但《山左诗钞》引《墓表》作"卒年七十六"，道光《济南府志》（卷五四）也作"卒年七十六"。然而石印本[②]《聊斋文集》所录《墓表》却作"享年八十有六"。究竟是那一本是对的呢？

《山左诗钞》刻于乾隆戊寅（1758），去张元之死（1756）不过两

---

① 编者注："远流本"删"的全文"三字。
② 编者注："远流本"加"石印本"本字。

年。卢见曾刻《渔洋感旧集》，张元替他补各人的小传；《山左诗钞》屡引张元所作的碑传，所以我们可以断定卢见曾所据的《蒲先生墓表》，必是张元的原本，应该是最可信的本子。因此，我相信"八十六"是"七十六"之误。从康熙五十四年(1715)上推七十六年，是崇祯十三年(1640)庚辰。

去年十月我到北平，借得清华大学图书馆所藏的《聊斋全集》(以下省称"清华本")，其中有《文集》四册，《诗集》两册。《诗集》中有《降辰哭母》诗，中有云：

> 老母呼我坐，大小绕身旁。……因言庚辰年，岁事似饥荒。尔年（尔字此本作"儿"，后见马立勋钞本作"尔"，尔年即是那一年）于此日，诞汝在北房。……

庚辰正是崇祯十三年，可以证明七十六岁之说不误。

《文集》中有《述刘氏行实》一篇，是他的夫人的小传。刘孺人死于康熙癸巳(1713)，年七十一；她生于崇祯十六年(1643)，比蒲松龄小三岁。她死时，蒲松龄年七十四岁，《诗集》中有七十四岁的诗，次年七十五岁，有过妻墓的诗。以后就只有几首诗了，最末一首为《除夕》，仍有悼老妻的话，大概是七十五岁除夕的诗。《诗集》里没有七十五岁以后的诗。这也可证聊斋先生死时大概是七十六岁。

淄川马立勋先生（北大学生）不信七十六岁之说，他说，《聊斋诗集》里有"八十述怀"七律两首，诗中明明说"甲子重经又廿年"，他决不止七十六岁。此两诗不载于清华本，止见于石印本。

马君自己在淄川抄得一部《聊斋全集》（以下称"马本"），其中的诗集里也没有这两首"八十述怀"诗。这一点使我很怀疑。

今年我又借了清华本，准备用此本来和马本和石印本互相参校，先请罗尔纲先生把三种《聊斋集》的文，诗，词的篇目列为一个对照表。罗君把这表写成之后，来对我说："石印本的文和词，除了极少数之外，都是清华本和马本所收的。最奇怪的是石印本的诗，共二百六十二首，没有一首是清华本和马本里面见过的。"这就使我更怀疑石印本的《聊斋诗集》了。

昨夜我取出了石印本的《聊斋诗集》，翻出了那两首"八十述怀"来细细研究。第一首全是泛泛的话，可以不论。第二首如下：

> 甲子重经又廿年，健全腰脚胜从前。论交差喜多名士，著录新成只短篇。春到东菑催力作，夏长北牖傲高眠。恬熙幸际承平日，与世无求便是仙。

我看出破绽来了，第五句有一条小注："淄东有薄田数十亩。"我笑道："这首诗是妄人假作的。蒲留仙决不会用'淄东'来注解'东菑'！"

于是我又细细翻读全部诗集，看见集中有许多聊斋的朋友的姓名，如王渔洋、王西庄、袁宣四、李约庵、焦石虹、毕公权、毕怡庵、邱行素、张历友……等等，每人都注有名号，籍贯，科举年分，官阶，著作等等。这些人确都是聊斋的朋友，注的又这样详悉清楚，我如何能说这部诗集是假造的呢？

我看下去，又发见了两件极有力的证据，真把我吓倒了！第一件是两首《己未除夕》的诗，有"三万六千场过半"，"五十知非蘧伯玉"两句，都是五十岁的话。己未是康熙十八年（1679）。依七十六岁的说法，聊斋那时只有四十岁。如果他那年已五十岁，他应该是崇祯三年（1630）生的，死时八十六岁。岂不是八十六岁之说对了吗？

还有一件证据，是一首用苏东坡《石鼓歌》韵的长诗，诗题是

> 戊寅仲夏，时明府将赴沂州任，同人以诗赠者皆用坡公《石鼓歌》韵，予辞不获，因亦勉成一首，并送毕韦仲之黔，刘乾庵入都，沈燕及往九江。

这个诗题已够吓人了。诗中又有一条小注，说

> 龄今年六十八矣。

戊寅是康熙三十七年（1698）。依七十六岁说，他只满了五十八岁。如果他那年满六十八岁了，那么，他的生年应该提早十年，死时正是八十六岁了。

我看了这两条吓煞人的证据，很懊悔不该瞎疑心这部石印本诗集。我想，我的七十六岁说只好抛弃了。我请我家中住的胡鉴初先

生(他正在研究蒲松龄的全部著作)来看这两条硬证,我说,"我认输了"。他也情愿承认八十六岁的说法了。

可是,清华本和马本的《降辰哭母》诗中说的生年在庚辰的话,又怎么讲呢?难道"庚辰"是庚午(1630)之误吗?这一个字的证据,怎么能抵敌那石印本的许多证据呢?

我的心终不死,忽然想起了《聊斋文集》里那篇刘孺人的《行实》,——这是三种本子同有的。《行实》说:

> 孺人刘氏,……父季调,……生四女子,孺人其次也。初松龄父处士公敏吾……嫡生男三,庶生男一,……松龄其第三子,十一岁未聘(此依石印本。清华本及马本皆作"十余岁"),闻刘公次女待字,媒通之。……遂文定焉。顺治乙未(1655)间,讹传朝廷将选良家子充掖庭,人情汹动。刘公……亦从众送女诣婿家,时年十三……

我看了这一段,又忍不住大笑了。我指给鉴初看,又翻开年表,我说:"刘孺人生于崇祯十六年(1643),是毫无可疑的。如果蒲松龄的生年要提早十岁,那么,他十一岁正当崇祯十三年(1640),他的妻子还没有出世哩!她怎么会'待字'呢?"

这一条新证据足够打倒石印本的那两条证据了。于是我对鉴初说:"石印本的诗集全是假造的,所以没有一首诗和清华本或马本相合。这位假造的人误信了那《墓表》的一个误字,深信聊斋活了八十六岁,所以假造那三首假诗,一首《八十述怀》,一首《己未除夕》,一首《戊寅仲夏》。这个人真了不得。他做了二百六十二首假诗来哄骗世人;许多诗是空泛的拟古之作,如《拟陶靖节移居》,如《拟杜荀鹤宫怨》,那是不相干的。但他又查出了聊斋的一些朋友,捏造了许多诗题,又加上了许多详细的注语,这些注语都好像有来历的,所以我们都被他瞒过了。"

鉴初还有点不相信。我说:"我要把这些姓字履历的注语的娘家,一条一条都查出来给你看。"我翻出一个诗题:

喜毕公权获解

注云:

> 毕名世持,淄川人,康熙十七年戊午解元。

我说:"这一条注,我记得清清楚楚是《聊斋志异·马介甫》一篇的注语。"我到书架上寻出一部文登吕湛恩注释的①《聊斋志异》来,翻开《马介甫》一篇,果然有这一条注:

> 毕公权名世持,淄川人,康熙戊午解元。

我又指一个诗题:

> 同毕怡庵绰然堂谈狐,时康熙二十一年腊月十九日夜也。

我说:"这个诗题也好像是《聊斋志异》上见过的。"鉴初和我两个人同翻《聊斋》,不到一会儿工夫,果然在《狐梦》一篇寻着了,原文是:

> 余友毕怡庵……
>
> 康熙二十一年腊月十九日,毕子与余抵足绰然堂,细述其异。

我又指一个诗题:

> 袁宣四得古瓶,诗以艳之。有序。

序文凡一百四十三字,叙北村甲乙二人淘井得二古瓶的始末,一瓶入张秀才家,一瓶归宣四。我说,"这篇序也像是抄《聊斋》的"。果然在卷十三寻得《古瓶》一篇,序文全是删节这一篇的。还有一条注,记袁宣四的履历,也被这位先生全采去作另一诗题的注语了。

不到一个半钟头,这石印本的诗题的注语差不多全在《聊斋志异》的注语里寻出来了。如李约庵和张历友的履历见于《志异》附录《淄川志》小传的注文,焦石虹的见于卷六《狐联》篇注,邱行素的见于卷十三《秦生》篇,张石年邑侯生祠事见于卷十三《王大》篇,②"淄川古八景"的八个诗题全见于卷十四的《山市》篇的注文。——前后共寻出了十条证据,我可以下判决书了。判决的主文是:

> 审得有不知名的文人,抄袭了《聊斋志异》的文字和注文,并依据了张元所作《蒲先生墓表》的误字,捏造了蒲松龄和他的

---

① 编者注:"注流本"加"文登吕湛恩注释的"八字。
② 编者注:"远流本"此处有胡适按语:"适按,大字不误。张石年又见于《王十》篇。"

朋友们倡和的诗若干首,并且混入许多浮泛的拟古诗歌,总共捏造了二百六十二首歪诗,冒充《聊斋诗集》,石印贩卖,诈欺取财,证据确凿。

这案判决时,已近半夜了,我们都去睡了。今天早起,我又检查《山左诗钞》,才知道这位"被告"不但熟读《聊斋志异》,并且还采用了一些别的材料。石印本《诗集》有一篇《杖头钱》,"同历友作",并附录张历友的原作《杖头钱》,张诗收入《山左诗钞》的第四十三卷。石印本又有《赠历友》两绝句:

> 选政亲操日杜门,穷搜八代溯渊源。一编《肪截》传名著,《高士》同教两汉尊。

> 山左推君第一人,蒲轮空谷贱红尘。相嬉猿鹤轻轩冕,花落山房春复春。

诗后附注云:

> 历友学殖淹博,挥洒千言。同时诸前辈称为冠世之才,不虚也。试辄冠曹。时宫定山中丞为学使,以明经荐山左第一人,就京兆试,不遇,归而处昆仑山,不复出,杜门著书,有《八代诗选》,《班范肪》,《五代史肪截》,《两汉高士赞》,《昆仑山房集》等书,卓然可传。岂以名位之有无为轻重耶?

这一条注文,句句有来历,都见于《山左诗钞》卷四十三张笃庆(历友)的小传下的附录。自"宫定山中丞"以下到"杜门著书",是抄唐豹岩的《昆仑山人集》序;"学殖淹博,挥洒千言",是用《渔洋诗话》;所著书目五种是全抄卢见曾的跋语;只是《班范肪截》一个书名截去了一个"截"字。我疑心"被告"曾见过《山左诗钞》的第四十三卷的残本。

可是他决没有见着《山左诗抄》的全部。何以见得呢?《山左诗钞》卷四十五有蒲松龄的诗十一首。如果他见了此卷,他决不肯放过这十一首真诗。石印本《诗集》没有这十一首诗,可见他不曾见《山左诗钞》的全书。

我们现在可以推测"被告"为什么要捏造这部《聊斋诗集》。满清末年,上海国学扶轮社印出了一部《聊斋集》,其中有文,有词,而没有诗。民国以来,此书久已绝版了。大概"被告"见了这部扶轮社本,嫌他太少,就捏造了一部《诗集》,又加入了两册来历不明的《聊斋笔记》,材料增添了一倍,凑成了六册的《聊斋全集》,就成了一部定价两元的大书了。《文集》中的《志异自序》和《词集》中的《惜余春慢》也是从《聊斋志异》抄入的。笔记目录后有黄埏的附记,自称是聊斋的儿子东石的门人,在尘箧中得着太夫子的笔录,整理为两卷。笔记中的材料无可供考据的;聊斋生四子,长名箬,有文名,不知是否字东石。

昨夜查《聊斋志异》时,我又寻得一条证据,证明聊斋七十六岁之说。《志异》卷十六有《折狱》两篇,皆记淄川知县费祎祉的事。费祎祉任淄川是顺治十五年(1658)到任的。聊斋自跋云:

　　我夫子有仁爱名,……方宰淄时,松裁弱冠,过蒙器许,而驽钝不才,竟以不舞之鹤为羊公辱。

他生于崇祯十三年(1640),到顺治十六年(1659)正是弱冠之年。这又可见八十六岁之说必不可信了。

我的结论是:

蒲松龄生于崇祯十三年庚辰(1640),死于康熙五十四年乙未正月二十二日(1715年2月25日),享年七十六岁。

二十年九月五日

(原载1932年3月10日《新月》第4卷第1号)

《醒世姻缘传》考证

亚东图书馆标点重印的《醒世姻缘》,已排好六七年了;他们把清样本留在我家中,年年催我做序。我因为不曾考出这书的作者"西周生"是谁,所以六七年不能动手做这篇序。我很高兴,这几年之中,材料渐渐增添,到今天我居然可以放胆解答"《醒世姻缘》的作者是谁"的一个难题了。

这个难题的解答,经过了几许的波折,其中有大胆的假设,有耐心的搜求证据,终于得着我们认为满意的证实。这一段故事,我认为可以做思想方法的一个实例,所以我依这几年逐渐解答这问题的次序,详细写出来,给将来教授思想方法的人添一个有趣味的例子。正是:

　　　　鸳鸯绣取从君看,要把金针度与人。

一　我的假设

《醒世姻缘》刻本首卷有"西周生辑著,然藜子校定"两行字;又有一篇弁语,末尾写着:

　　　　环碧主人题　　辛丑清和望后午夜醉中书

这都不能供给我们什么考据的材料。辛丑也不能定为那一个辛丑;①我们又无从知道这篇弁语是著书人的自序,还是刻书人的手笔。

书中的事迹托始于明朝英宗正统年间,直到宪宗成化以后,都在

---

①　编者注:"远流本"此处有胡适按语:"适按,顺治十八(1661),康熙六十(172),蒲公死在康熙五四。"

十五世纪（约1440—1500）。但我们看这部书里面的事实,就可以知道这部书决不是明朝中期的作品。有几条证据:第一,书中屡次提到杨梅疮。我们知道杨梅疮是西洋人从美洲带回欧洲,又从欧洲流传到中国的。在中国进口的地方是广东,所以杨梅疮在这书里又叫做广东疮。哥伦布发现美洲在弘治五年(1492),已在十五世纪的末年了;所以我们估计《醒世姻缘》应该是十七世纪的书,或是明末,或是清初,不会更早的了。第二,书中屡次提到《水浒传》、《西游记》的典故(如第八十七回的牛魔王夫人、地煞星、顾大嫂、孙二娘等;如第九十八回林冲、武松、卢俊义等),可见这书的著作在《水浒传》、《西游记》的定本已很风行之后,这也应该在明末清初的时代了。

我为此事,曾去请教董绶金(康)、孟心史(森)两位先生。孟先生曾给我一封长信,他主张此书大概是清初的作品。我后来推想杨梅疮推行到北方应该需时更久,所以我也倾向于这一说。

但西周生究竟是谁呢？这个问题的解决应该从那一点下手呢？我研究全书的内容,总觉得这部书的结构很像《聊斋志异》里的《江城》一篇。《醒世姻缘》的结构是一个两世的恶姻缘:

（一）前生

晁源射死了一只仙狐,又把狐皮剥了。他又宠爱他的妾珍哥,把他的妻计氏逼的上吊自杀。

（二）今生

晁源托生为狄希陈,死狐托生为他的妻薛素姐,计氏托生为他的妾童寄姐。狄希陈受他的妻妾的种种虐待,素姐的残暴凶悍更是惨无人理。后来幸得高僧胡无翳指出前生的因果,狄希陈念了一万遍《金刚经》,才得销除冤业。

作者在《引起》里指出这一条可怕的通则:

> 大怨大仇,势不能报,今世皆配为夫妻。

他又有诗道:

> ……名虽伉俪缘,实是冤家到。前生怀宿仇,撮合成显报。
> 同床睡大虫,共枕栖强盗。此皆天使命,顺受两毋躁。

全书末回里,胡无翳对狄希陈说:

> 这是你前世里种下的深仇,今世做了你的浑家,叫你无处可逃,才好报复得苴实。如要解冤释恨,除非倚仗佛法,方可忏罪消灾。

我们试把这两个结构来比较《江城》的故事,就可以看出这两个故事是同样的。《江城》的故事是这样的:

（一）前生

一个士人误杀了一个长生鼠。

（二）今生

士人托生为高蕃,死鼠托生为樊江城,两人幼小时相恋爱,结婚后,江城忽变成奇悍,高蕃受了种种奇惨的虐待。后来他的母亲梦中见一位老人告诉她道:"此是前世因,……今作恶报,不可以人力为也。每早起,虔心诵《观音咒》一百遍,必当有效。"高家父母都依梦中的话去行,两月余之后,江城果然悔悟了,竟成为贤妇人。这两个故事太相同了,不能不使我注意。相同之点,可以列举出来作一张对照表:

	《醒世姻缘》	《江城》
(1)	狄希陈前生杀一只仙狐。	高蕃前生杀一只长生鼠。
(2)	仙狐托生为妻(素姐),凌虐狄生。	死鼠托生为妻(江城),凌虐高生。
(3)	素姐之父借住狄翁的房屋。	江城之父借住高翁的房屋。
(4)	素姐未嫁时性情良善,嫁后性情大变。	江城也是嫁后"反眼若不相识"。
(5)	素姐气死翁姑父母。	江城的父母也因气愤病死。
(6)	狄希陈的朋友相于廷因笑谑被素姐戏弄。	高生的朋友王子雅因笑谑被江城暗害。
(7)	高僧胡无翳指出前生因果。	老僧用水噀江城,指出她的前生。
(8)	狄希陈念《金刚经》一万遍,冤业才得销除。	高氏父母每日念《观音咒》一百遍,江城竟悔悟了。

《江城》篇有附论,说:

> 人生业果,饮啄必报。而惟果报之在房中者,如附骨之疽,其毒尤惨。

《醒世姻缘》的"引起"也说:

> 大怨大仇,势不能报,今世皆配为夫妻。……那夫妻之中,就如脖项上瘿袋一样,去了愈要伤命,留着大是苦人。日间无处可逃,夜间更是难受。……将一把累世不磨的钝刀在你颈上锯来锯去,教你零敲碎受。这等报复,岂不胜如那阎王的刀山剑树,砲捣磨挨,十八重阿鼻地狱?

这两段议论可算是同一个意思,不过古文翻成了白话罢了。

《醒世姻缘》的作者问题,好像大海里捞针,本来无可下手处。可是《江城》的故事使我得着一个下手的地点了。所以我在四五年前就提出一个假设的理论,说:

> 《醒世姻缘》和《聊斋志异》的《江城》篇太相像了,我们可以推测《醒世姻缘》的作者也许就是《聊斋》的作者蒲松龄,也许是他的朋友。

二 内证

我有了这个假设,就想设法证实他,或者否证他。不曾证实的假设,只是一种猜测,算不得定论。

证实的工作很困难。我在前几年只能用《聊斋志异》和《醒世姻缘》两部书作比较的研究,想寻出一些"内证"。这些"内证"也有很值得注意的:

第一,《聊斋》的作者十分注意夫妇的问题,特别用气力描写悍妇的凶恶。这一点正是《醒世姻缘》最注意的问题。《聊斋·江城》篇附论说:

> 每见天下贤妇十之一,悍妇十之九,亦以见人世之能修善业者少也。

《醒世姻缘》也说:

> 但从古来贤妻不是容易遭着的,这也即如"王者兴,名世

出"的道理一般。

《聊斋》写悍妇的故事有好几篇;《江城》之外,有《马介甫》篇(卷十)的尹氏,《孙生》篇(卷十四)的辛氏,《大男》篇(卷三)的申氏,《张诚》篇(卷二)的牛氏,《吕无病》篇(卷十二)的王氏,《锦瑟》篇(卷十二)的兰氏,《邵女》篇(卷七)的金氏。十几卷书里写了这么多的奇悍妇人,这还不够表示作者的特别注意这个问题吗?《聊斋》还有一篇《夜叉国》(卷五),写一个母夜叉和人配合,生二子一女;后来一个儿子立了战功,封男爵,那位夜叉母亲也封夫人。附论说:

<blockquote>夜叉夫人,亦所罕闻。然细思之,亦不罕也。家家床头有个夜叉在。</blockquote>

最奇怪的是,人见了那位真夜叉虽然"无不战栗",然而究竟因为她受的人类文明的熏染还不很深,她还够不上悍妇的资格。比起上面列举的各位太太们来,这位道地的母夜叉真可以算是一位贤德夫人了!

《醒世姻缘》和《聊斋志异》同样注意描写那些没有人理的悍妇,这一点使我更疑心两部书是同一个人做的。

第二,《醒世姻缘》的伟大,虽然不是《聊斋》的短篇所能比拟的,然而《聊斋》里的一些悍妇,好像都是薛素姐和童寄姐的草稿子,好像先有了这些炭画的小稿本,——正面的几幅,背面的又几幅,工笔的几幅,写意的又几幅,——然后聚精会神,大笔淋漓,综合成《醒世姻缘》里的两幅伟大的写真。《聊斋》里的悍妇,一个一个都是具体而微的薛素姐、童寄姐,不过因为是古文的短篇,只写得一个小小的方面,不能描写的淋漓尽致。但有许多处的描写,实在太像《醒世姻缘》了,使我们不能认作偶然的巧合,使我们不能不认作稿本与定本的关系。

《聊斋志异》写悍妇,往往用"虚写"的法子,就是不详细写一个妇人凶悍的事实,只说她的丈夫忍受不住了,只好逃走躲开。如《大男》篇写申氏,只说她"终日哓聒",使她的丈夫"恒不聊生,忿怒亡去"。如《吕无病》篇写王天官的女儿的骄悍,只说她"数相斗阋",她的丈夫"患苦之,……不能堪,托故之都,逃妇难也"。写丈夫"逃妇难",正是用虚笔反映悍妇的可怕。在《锦瑟》篇里,作者更尽力运用这种虚写方法:王生的妻子兰氏骄悍极了,"常庸奴其夫",王生有一次对她说:

> 所遭如此,不如死。

太太更生气了,就问他预备何时死,怎样死法,并且给他一条索,让他好去上吊。

> 王生忿投羹碗,败妇颡;生含愤出,自念良不如死,遂怀带入深壑,至丛树下,方择枝系带,……

他遇见鬼仙了。他刚入门,

> 有横流涌注,气类温泉。以手探之,热如沸汤,亦不知其深几许。疑即鬼神示以死所,遂踊身入,热透重衣,肤痛欲糜。

他极力爬抓,才得上岸,又

> 有猛犬暴出,龁衣败袜。

这些痛苦,他都不怕,他只怕回家。他对那女鬼说:

> 我愿服役,实不以有生为乐。

女鬼说:

> 吾家无他务,惟淘河,粪除,饲犬,负尸。作不如程,则馘耳剸鼻,敲胻跮趾,君能之乎?

那位"求死郎"说,"能之"。但他

> 回首欲行,见尸横墙下,近视之,血肉狼籍。〔婢〕曰:"半日未负,已被狗咋。"即使生移去之。生有难色。婢曰:"君如不能,请仍归享安乐。"生不得已,负置秘处。

《锦瑟》一篇是最用气力的虚写法,但写丈夫这样冒死"逃妇难",就可以使我们想像悍妇之苦真"胜如那阎王的刀山剑树,碓捣磨挨,十八重阿鼻地狱"。

但反面的虚写究竟不好懂,不如正面的实写。《聊斋》实写悍妇的罪恶,有《江城》,《邵女》,《马介甫》等篇。《邵女》篇的金氏的悍状是:

(1)虐待妾,一年而死。

(2)虐待妾林氏,逼她吊死。

（3）鞭妾邵女。"烧赤铁,烙女面,欲毁其容。又以针刺胁二十余下。"

丈夫娶妾,太太逞威,这还在情理之中,所以作者自己也说:

> 女子狡妒,天性然也,而为妾媵者又复炫美弄机以增其怒,呜呼,祸所由来矣。

《马介甫》篇写杨万石妻尹氏的悍状就比金氏更不近情理了。

（1）她"奇悍,少忤之,辄以鞭挞从事"。

（2）她的公公"年六十余而鳏,尹以齿奴隶数。杨与弟万钟常窃饵翁,不敢令妇知。颓然衣败絮,恐贻讪笑,不令见客"。

（3）妾王氏有妊五月,她知道了,剥了她的衣裳,痛打几顿,把胎打堕。

（4）她"唤万石跪受巾帼,操鞭逐出。……观者填溢"。马介甫拉住杨万石,替他解下女装,"万石耸身定息,如恐脱落。马强脱之,而坐立不安,犹惧以私脱加罪"。

（5）她要用厨刀在她丈夫的心口画几十下。

（6）她撕毁她公公的衣服,"批颊而摘翁髭"。

（7）她逼死她的小叔杨万钟。

（8）她逼嫁万钟之妻,虐待他的孤儿,日夜鞭打他。

（9）她虐待她公公,"翁不能堪,宵遁,至河南隶道士籍。万石亦不敢寻"。

这位杨尹氏可算是奇悍了。但那位高家江城的凶悍比她更来的奇怪。江城和高蕃本是小朋友,从小就相怜爱,高蕃执意要娶她为妻。结婚之后,她的脾气渐渐发作,"反眼若不相识"。她的悍状有这些:

（1）她鞭挞她丈夫,"逐出户,阖其扉。生嗫嚅门外,不敢叩关,抱膝宿檐下"。

（2）"其初长跪犹可以解。渐至屈膝无灵。"

（3）"抵触翁姑,不可言状。"

（4）"一日,生不堪挞楚,奔避父所。女横挞追入,竟即翁侧,捉而笞之。翁姑沸噪,略不顾瞻。挞至数十,始悻悻以去。"

（5）她的父母气愤不过，先后病死。

（6）她装作陶家妇，哄骗高蕃，试出了他的私情，捉他回家，"以针刺两股殆遍。乃卧以下床，醒则数骂之。……生日在兰麝之乡，如犴狴中人仰狱吏之尊也"。

（7）她恨她姊姊，带了木杵去，搥她一顿，打的她"齿落唇缺，遗矢溲便"。

（8）高生的同窗王子雅偶然嘲笑他，江城偷听得了，就暗中把巴豆下在汤里，使他大吐大泻，几乎病死。

（9）王子雅邀高生饮酒，招了妓女谢芳兰来陪酒，同座的人故意让她和高生并坐私语。江城扮了男子在邻座侦察，逼他回家，"伏受鞭扑。从此益禁锢之，吊庆皆绝"。

（10）她疑高生与婢女有私情，"以酒罈囊婢首而挞之。已而缚生及婢，以绣剪剪腹间肉，互补之。释缚令其自束。月余，补处竟合为一"。

（11）"江城每以白足踏饼，抛尘土中，叱生摭食之。"

（12）她夜间睡醒，令她丈夫捧进溺盆。

（13）她每"闻门外钲鼓，辄苴发出，憨态引眺，千人共指，不为怪"。"有老僧在门外宣佛果，观者如堵。女奔出，见人众无隙，命婢移行床，翘登其上，众目集视之，女为弗觉也者。"

这几篇的写法都是正面的实写。实写的是工笔细描，虚写的是写意传神。凡此诸篇，或正面，或反面，或虚写，或实写，都可以表见《聊斋志异》的作者用十分气力描写夫妇之间的苦痛。

《醒世姻缘》的作者正是十分用气力描写夫妇之间的苦痛。我们若用两部书里描写悍妇的详细节目来比较，就可以看出这两部书的描写方法很有相同之点；就可以看出《聊斋志异》的写法全都采用在《醒世姻缘》的后六十回里，只不过放大了，集中了，更细密了，更具体了，使人更觉得可怕了。

《醒世姻缘》里的描写，兼用虚实两种笔法。薛素姐和童寄姐的凶悍，都有详细的描写，凡《聊斋志异》里实写的悍状，几乎没有一件不曾被采入这部"悍妇大全"里去（最明显的例外，只有《江城》篇里

割肉互补一条)。我们不能逐条引证,只可举一些最明白的例子:

(1)江城的气死父母,忤逆翁姑,尹氏的虐待公公,在《醒世姻缘》里都写在素姐一人身上。狄翁因庇护儿子,被素姐气的风瘫,气的病死。有一次,她竟放火烧屋。婆婆气死在素姐手里。公公纳了妾,素姐怕妾生子,总想把公公阉割了。公公病危了,素姐日夜监视,不许他对家人说一句秘密话。素姐的父亲和嫡母也都被她气死。

(2)尹氏和江城的鞭挞丈夫,也都是素姐的家常便饭。江城用针遍刺丈夫的两股,金氏用针刺邵女的两胁。素姐把丈夫拴在床脚上,用纳鞋底的大针遍身扎刺(第五十二回)。有一次她用嘴咬丈夫的肐膊,咬下一大块肉,咬的他满地打滚(第七十三回)。这都不算重刑。有一次,她用一个大棒椎,关起门来打丈夫,打了六百四十棒椎,只剩一丝油气!(第九十五回)

(3)江城夜间要丈夫捧进溺盆,那也是狄希陈的孝顺工作。一天早起他忘了把溺盆端出去,挨了一顿臭骂,还被他老子教训他道:"你可也是个不肯动手的人!你问娘,我不知替他端了多少溺盆子哩!你要早替他端出,为甚么惹他咒这们一顿?"(第五十九回)

(4)江城的丈夫每夜"如在狞狴之中,仰狱吏之尊"。狄希陈是常坐监的。半步宽的马桶间,一根绳子作界线,一幅门帘作狱门,他就"条条贴贴的坐在地上,就如被张天师的符咒禁住了的一般,气也不敢声喘"。晚上还得上"枰",用麻绳捆在凳上(第六十回)。还得上"拶子",把双手拶在竹管做的拶指里,使界尺敲着两边。还得上火焰山,使烟薰他的两眼(第六十三回)。

(5)江城用脚踏饼,抛在尘土里,叫他丈夫拾去吃。素姐把丈夫关在监牢里,"连牢食也断了他的"(第六十三回)。

(6)《邵女》篇的金氏用烧红的烙铁,烙邵女的脸。素姐候狄希陈穿了吉服,把一熨斗的炭火尽数倒在他的衣领里,烧的他要死不活,脊梁上足够蒲扇一块胡焦稀烂(第九十七回)。

(7)金氏虐妾至死,江城也虐待婢女,尹氏也虐打有妊的妾,把胎打掉。童寄姐虐待小珍珠,逼她吊死(第七十九至八十回)。素姐也毒打小玉兰,虐待调羹母子。幸而她的丈夫不敢在家娶妾,娶的妾又比她更辣,所以在这一方面她的威风使不出来,只好把怨毒都结在丈夫身上,下了三次毒手,最后一次用箭把丈夫几乎射死(第九十五至一百回)。

(8)江城扮娼妇试探丈夫的私情,童寄姐也假装婢女小珍珠试探丈夫的私情(第七十九回)。这两件事的写法是一样的。

(9)《江城》篇的妓女谢芳兰一段,和《醒世姻缘》的妓女小娇春一段(第六十六回)的写法是一样的。《江城》篇写高生"颜色惨变,不遑告别,匆匆便去"。《醒世姻缘》里简直把这几句翻成了白话:

> 狄希陈唬的个脸弹子莹白的通长没了人色,忘了作别,披着衣裳,往外飞跑。

这样的字句相同,难道是偶然的巧合吗?这些例子,都可以供我们作比较的研究,都可以使我们相信《醒世姻缘》和《聊斋志异》有很密切的关系。

此外还有一个很可以注意的例子。《聊斋志异》卷十四有《孙生》篇,写一个辛氏女,嫁给孙生,初入门就不肯和丈夫同床,用种种防卫的方法,使孙生不敢亲近她。一个多月之后,有人教他用酒醉的方法。

> 敬以酒煮乌头,置案上。入夜,孙酾别酒,独酌数觥而寝。如此三夕,妻终不饮。一夜,孙卧移时,视妻犹寂坐,孙故作鼾声。妻乃下榻,取酒煨炉上。既而满饮一杯,又复酌,约至半杯许,以其余仍纳壶中,拂榻遂寝。久之无声,而灯煌煌尚未灭也。疑其尚醒,故大呼"锡檠熔化矣!"妻不应。再呼,仍不应。

孙生的方法和《醒世姻缘》第四十五回"薛素姐酒醉疏防"的一大段完全相同。

> 狄希陈假做睡着,渐渐的打起鼾睡来,其实眯缝了一双眼看她。只见素姐只道狄希陈果真睡着,叫小玉兰拿过那尊烧酒,剥着鸡子,喝茶钟酒,吃个鸡蛋,吃的甚是甜美。吃完了那一尊酒,方才和衣钻进被去。睡不多时,鼾鼾的睡着去了。狄希陈又等了一会,见他睡得更浓,还恐怕他是假装,扬说道:"这桌上冷,我待要床上睡去。"一谷碌坐起来,也不见他动弹。

这种相同的写法,也不会是完全偶然的巧合罢?

三　第一次证实

我有了这个大假设,到处寻求证据,但总寻不着有力的证据。民国十八年,我回到北京,买了一部邓文如先生(之诚)的《骨董琐记》,在第七卷里见着一条"蒲留仙",其文如下:

> 《聊斋志异》,乾隆三十一年莱阳赵起杲守睦州,以稿本授鲍以文廷博刊行。余蓉裳集时客于赵,为之校雠是正焉。鲍以文云:留仙尚有《醒世姻缘》小说,实有所指。书成为其家所讦,至褫其衿。易篑时自知后身即平阳徐昆,字后山,登乡榜,撰《柳崖外编》。乾隆庚子其孙某所述如此。

我看了这一条,高兴的直跳起来。但我细细读了这一段文字,又不免感觉失望。邓文如先生引的鲍廷博的话,究竟到那一句为止呢?鲍廷博的话见于何书呢?"其孙某"是蒲留仙的孙子,还是徐昆的孙子呢?邓先生此条文字的眉目不清,容易使人误读误解。即如此条所记"易篑时自知后身为平阳徐昆"一节,完全出于后人的传说,只是一种神话,全无根据。聊斋临死时并无"自知后身为平阳徐昆"的事。乾隆晚年有个妄人徐昆,字后山,摹仿《聊斋志异》的短篇文字,做了一部《柳崖外编》,自称为蒲留仙的后身。《柳崖外编》有一篇博陵李金枝的序,年代为乾隆五十六年辛亥(1791),李金枝自称"时年八十有二",序中说徐昆是蒲留仙的后身,捏造出一大串神话。但李金枝自称"忆余少师蒲柳泉先生,柳泉殁,泪然无所向"。殊不知蒲留仙死在康熙五十四年(1715),见于张元所作《蒲留仙墓表》。从康熙五十四年到乾隆五十六年,凡七十六年,蒲留仙死时,李金枝只有六岁,那能做他的弟子,又那能"泪然无所向"呢!此种神话不值得一笑,也会混入邓先生的札记中,又好像是鲍廷博说的,又好像是"乾隆庚子其孙某所述如此",真叫人莫名其妙了。

我当时读了这段札记,就托合肥阚霍初先生(铎)去问邓文如先生究竟鲍廷博的话是出于何书,有何根据。邓先生回信说是听见缪荃孙说的。后来孙楷第先生又去当面问过邓先生,邓先生说鲍廷博的话是缪荃孙亲听见丁晏说的,曾记在缪先生的《云自在龛笔记》的稿本里，但这部稿本已不可见了。

丁晏和缪荃孙都是一代的大学者，他们的记载应该可以相信。只可惜邓文如先生当日太疏忽了一点，不曾把缪荃孙的笔记原文全抄下来。我对于此条记载虽然不很满意，但我承认鲍廷博的话，是一个极重要的证据。因为鲍廷博决不会像我这样从《醒世姻缘》和《聊斋志异》的内容上去推想蒲留仙为《醒世姻缘》的作者，他当时既从莱阳赵家得着《聊斋》的稿本，他也许从赵家得着关于《醒世姻缘》的传说。鲍刻《聊斋》，已在蒲留仙死后五十年之后，这个传说已不完全可信了。如说"书成为其家所评，至褫其衿"，是不可信的。蒲留仙是一个老秀才，到他七十二岁时才补岁贡生（见《淄川县志》），决没有被革去秀才衣衿的事。但当时鲍廷博听见的传说必是从山东传来的，虽有小小讹误，还可证实当时确有人知道《醒世姻缘》是蒲松龄做的。

我凭空设想的一个推论，在几年之后，居然得着这样一条古传说的证明，我不能不感谢邓文如先生的帮助了。

四　孙楷第先生的证据

十九年的夏天，我又到了北平，在中海见着孙楷第先生；我知道他是最研究小说的掌故的，就请他帮我搜查关于《醒世姻缘》的材料。隔了几个月，孙楷第先生寄给我一封长信，报告他研究的结果。他的长信的全文，读者可以参看。他的方法是用《醒世姻缘》所记的地理，灾祥，人物三项，来和济南府属各县的地志参互比较，证明

（1）书中的地理实是章邱、淄川两县。

（2）著书的时代在崇祯、康熙时，至早不得过崇祯。

（3）作者似是蒲留仙，否则也必是明、清之间的章邱人或淄川人。

孙先生证明书中的绣江县即是章邱，证据确凿，毫无可疑。他在人物的考证，指出书中三十一回所记的救荒好官李粹然是实有的人物，书中说他是河南河内人，丙辰进士，都是事实。这也是很重要的发现。他又特别注意书中第二十七，第二十九，第三十一回记载的种

种灾异。他用《济南府志》,《淄川县志》,《章邱县志》的灾祥部来比较,断定书中所记水旱灾荒大都是崇祯、康熙年间淄川的实事。

这时候,我和孙先生都不曾见着蒲松龄的全集。后来我们见了《聊斋文集》的几种本子,读了集中纪灾的诗和几篇纪载康熙四十二三年淄川灾荒的文字,更相信孙先生的方法是很有见识的。我试举一个例,可以补充孙先生的研究。《聊斋文集》有《纪灾前编》,记康熙四十二年的淄川灾情,开篇就说:

> 癸未(1703)四月天雨,二麦歉收。五月二十四日甲子,雨竟日,自此霪霖不休,农苦不得耨,草迷疆界,与稼争雄长。六月十九日始晴,遂不复雨。低田水没胫,久晴不涸,经烈日,汤若煮,禾以尽槁。高田差耐潦,然多蚩,蚩奇臭,族集禾蓁。……禾被嗜,以枯以秕,蘁尽臭,牛马不食。

此次因官不肯报灾,所以"淄未成灾",不见于《淄川县志》,所以孙楷第先生也不曾记录。但这一段纪灾的文字颇和《醒世姻缘》的考证有关系。《醒世姻缘》第九十回记成化十四年武城县的灾情如下:

> ……谁知到了四月二十前后,麦有七八分将熟的光景,可可的甲子日下起雨来,整日的无夜无明,倾盆如注,一连七八日不住点。刚得住,住不多一时,从新又下。……只因淫雨不晴,将四乡的麦子连秸带穗弄得稀烂,臭不可当。

这两处写灾情,都注重"甲子日"的大雨,这不是偶然的。我们可以推想两处的记载是出于蒲松龄一个人的手笔。又可以推想《醒世姻缘》第九十回记的灾情,是康熙四十二三年的淄川灾情。这不但可以考证此书的作者,又可以考见此书的著作到康熙四十二三年(1703—4)——蒲松龄六十四五岁时——还没有完成。这是很重要的一个证据。

五 聊斋的白话韵文的发现

当这个时候,我的朋友们对于我的假设最怀疑的一点就是:《聊斋志异》的古文作者是不是写得出《醒世姻缘》那样生动白描的俗话文学?这个问题若没有圆满的解答,我的假设还算不得已证实了。

民国十八年，北平朴社印出了一册《聊斋白话韵文》，是淄川马立勋先生从淄川一个亲戚家得来的。这一册共有六篇鼓词：

一、《问天词》

二、《东郭外传》

三、《逃学传》

四、《学究自嘲》

五、《除日祭穷神文》

六、《穷神答文》

我看了这些白话的鼓词，高兴极了，因为这些鼓词使我们知道蒲松龄能做极好的白话文学。这六篇之中，最妙的是《东郭外传》，演唱《孟子》"齐人有一妻一妾"一章，我抄写一两段在这里：

> 这妇人们是极好哄的。听了这话，把个齐妇喜的是心花俱开，说道：
>
> "好！你竟有这样朋友！人生在世，不过是个虚脸；家里的好歹，谁家见来？属驴屎弹子的，全凭外面光。咱家里虽然是没有什么哇，那众位老爷们全凭俱合你相与，别人谁还不奉承呢？可知人不在富贵，全在创！创出汉子来，就是汉子。"
>
> 齐人说：
>
> "自然么！这富贵人家的酒食，岂是容易给人吃的？全在有点长处，弄到他那拐窝里，才中用。我不才，行动款段段的，言语文番番的，这就是创百家门子抓鳖钩子呢。所以这城里的乡官打上鳔来的合咱相与。一见面，高拱手，短作揖，你兄我弟，实在大弄天下之脸！那些黎民小户，也有大些老毂搬的，究竟是'狗啃骨头干咽沫'，如何上的堆呢？"

单这两段散文的说白，已可以表现那诙谐的风趣，活现的土白，都和《醒世姻缘》的风格最接近。

马立勋先生在《聊斋白话韵文》的序文里曾说，他还有三篇曲词，不幸失落了。我去年到北平，见着马先生，才知道他又搜得了十一种的《聊斋》遗著，其中一种《墙头记》长篇鼓词，他已在《新晨报》上发表了。承他的好意，这十一种我都读了，目录如下：

七、《和先生揽馆》

八、《俊夜叉曲》

　　以上两种和前六种同为短篇鼓词。

九、《墙头记》（长篇鼓词）

十、《幸云曲》（长篇鼓词，写正德皇帝嫖院的故事）

十一、《蓬莱宴》（长篇鼓词，写吴彩鸾写韵事）

十二、《寒森曲》（《聊斋·商三官》故事）

十三、《慈悲曲》（《聊斋·张诚》故事）

十四、《姑妇曲》（《聊斋·珊瑚》故事）

十五、《翻魇殃》（《聊斋·仇大娘》故事）

十六、《富贵神仙》（《聊斋·张鸿渐》故事）①

十七、《禳妒咒》（《聊斋·江城》故事）

济南王培荀的《乡园忆旧录》曾说：

　　蒲柳泉先生……就所作《志异》中择《珊瑚》，《张讷》，《江城》，编为小曲，演为传奇，使老妪可解，最足感人。

王培荀自序在道光乙巳（1845），他在当时已知道蒲松龄有这几种"老妪可解"的小曲与传奇了。这几种之中，《江城》一种（《禳妒咒》）是纯粹对话体的戏剧；其余各种都是鼓词。所以王培荀说，"编为小曲，演为传奇"，是很正确的。②

　　这些曲本之中，《江城》独是戏剧体，这也可见作者特别看重这个悍妇故事。全书共分三十三回，约有七万字。《江城》故事的原文只有二千九百字，演成了戏曲，就拉长了二十四倍了。在"开场"一回里，作者极力演说老婆是该怕的：

　　〔《山坡羊》〕

　　不怕天，不怕地，单单怕那"秋胡戏"。性子发了要杀人，进

---

① 编者注："远流本"此处有胡适按语："适按，世界书局印的路大荒本，《张鸿渐》故事有两本，一名《磨难曲》，一名《富贵神仙》。碑阴后记作《富贵神仙》，后变《磨难曲》。改见下文第四五页。"

② 编者注："远流本"此处有胡适按语："我太拘泥《传奇》一名了。《传奇》也许是指《醒世姻缘》小说？适之——1951，9，19。"

了屋门没了气。尽他作精尽他制,放不出个狗臭屁。顶尖汉子全不济,这里使不的钱合势。

杀了人,放了火,十万银子包里裹,一直送到抚院堂,情管即时开了锁。惟独娘子起了火,没处藏,没处躲,这个衙门罢了我!……

他说一个大将军戚继光怕老婆的故事,唱道:

〔《皂罗袍》〕

戚将军忽然反叛,一声声叫杀连天,进去家门气不全,到房中不觉声音变,莺声一口,跪倒床前。——那软弱书生越发看的见!

这已可见蒲松龄的诙谐风趣了。全部剧本的情节是依照《聊斋志异》的故事编排的,事实的次序,人物的姓名,几乎完全没有改动。但因为体裁自由多了,篇幅阔大多了,文体活泼多了,所以《禳妒咒》曲本中,有许多绝妙的文字,是原来的古文短篇万不能有的。如高生见了江城,交换了汗巾,回家要娶她,他的父母不肯,他就病了。古文故事只有"生闻之,闷然嗌不容粒"九个字,曲本里就大不同了:

〔长命挂杖上云〕

腰为相思瘦,带围长一指。

若不得江城,此生惟一死。

〔白〕自从见了江城,觉着这三魂出窍,好一似身在半空。那不体情的爷娘,又嫌他贫贱。这两日酒饭不能下咽,难道说就死了罢?

〔《还乡韵》〕好难害的相思病!也不是痒痒,也不是疼。这口说不出那里的症,情可是大家的情。——怎么丢些相思,叫俺自家哇哼!那茶不知是嘎味,那饭也是腥。颠颠倒倒,睡里是江城,梦里也是江城。江城呀,我为你送了残生命!

剧中第十五回《装妓》,是演江城假装陶家妇,黑夜里去哄骗她的丈夫,高生点灯一照,才知道是江城:

〔点起灯来一照,吓了一跌,把灯吊在地下。江城说〕这来见了你那可意人儿,怎么不看了?〔公子跪下说〕我再不敢了。〔江城说〕你就没怎敢罢呢!

〔《虾蟆曲》〕哄我自家日日受孤单,你可给人家夜夜做心肝!(强人呀)只说我不好,只说我不贤! 不看你那般,只看你这般,没人打骂,你就上天!(强人呀)你那床上吱吱呀呀,好不喜欢!

过来,跟了我去,不许你在没人处胡做!

〔前腔〕我只是要你合我在那里罗,我可又不曾叫你下油锅。(强人呀)俺漫去搜罗,你漫去快活,今日弄出这个,明日弄出那个:——这样可恨,气杀阎罗!(强人呀)俺也叫人家"哥哥呀哥哥",你心下如何!

这样的干脆漂亮的曲词,在明、清文人的传奇里绝不多见,在聊斋的曲本里几乎每页都可以见着。蒲松龄有了这十几种曲本,即使没有那更伟大的《醒世姻缘》小说,他在中国的活文学史上也就可以占一席最高的地位了。

六　从《聊斋》的白话曲词里证明《醒世姻缘》的作者

这十几部白话曲词,固然可以证明蒲松龄是能够著作白话文学的了。但是,我们要问,我们能从这些曲词里寻出文字学上的证据来证明这些曲词和《醒世姻缘》是同一个人的作品吗?

这种文字学上的考证是很困难的,但我在初见《聊斋白话韵文》六种时,就想试做这种比较的研究。当时因为那六种短篇的材料太少,所以我不敢下手。后来见了那十七种的曲词全文,字数不下三四十万,我就决定要做这种研究。

这种研究的方法是要把《醒世姻缘》里最特别的土话列举出来做为标准,然后去看那些聊斋曲本里有没有同样的土话:如有同样的土话,意义是不是相同,用法是不是相同。

这种研究方法用在别种普通文学书上,是不很可靠的。因为两种书里文字上的相同也许是彼此互相抄袭模仿。例如元曲里用"兀的不",明人、清人作曲子也会用"兀的不"。又如《水浒传》用"唱喏""剪拂",后人作小说也会套用"唱喏""剪拂"。但是,这种危险在《醒世姻缘》的研究里是不会发生的。第一,《醒世姻缘》用的是一种最特别的土话,别处人都看不懂,所以坊间的翻印本往往任意删改了。看不懂的土话,决不会有人模仿。若有人模仿沿用,必定要闹笑话(例如《晋书》用的土话"宁馨""阿堵",后人沿用都是大错的)。第二,《醒世姻缘》不是很著名的小说,不会有人模仿书中的土话。第三,聊斋的白话韵文都是未刻的旧写本,决没有人先预料到某年某月有个某人要用他们来考证《醒世姻缘》,就先模仿《醒世姻缘》的土话,做出这些绝妙曲文来等候我们的考证。第四,聊斋的白话文学被埋没了二百多年,决不会有人模仿聊斋的未刻曲文里的土话来做一部长篇的小说。

所以我们如果能够寻出《醒世姻缘》和聊斋的白话曲词有文字学上的关系;如果这部小说的特别土话,别处人不能懂,别的书里见不着,而独独在聊斋的白话曲文里发现出了同样的字句和同样的用法,——那么,我们很可以断定这部小说和那些曲文是出于一个作者的手笔了。

今年我的朋友胡鉴初先生住在我家中,重新校读《醒世姻缘》的标点本,同时又校读那十几种的聊斋白话曲文。他是最细心的人,所以我劝他注意这些书里的特别土话。有许多奇特的土话,很不容易懂,只好用归纳的方法,把同类的例子全列举出来,比较着研究,方才可以确定他们的意义。鉴初先从《醒世姻缘》里搜求这样的例子,然后从那些白话曲文里寻求有无相同的例子。这方法一面可以归纳出这些奇怪土话的意义,一面又可以同时试探这部小说和那些曲文有没有关系。

我从鉴初的笔记里摘出这些最有趣又最惊人的例子:

【例一】 "待中"(快要)
(《醒世姻缘》)(例子太多,略举五条)
　　(1)天又待中下雨。(四十一回,页4)
　　(2)爹待中往坡里看着耕回地来,娘待中也络出两个越子来了。(四五,5)
　　(3)这是五更么?待中大饭时了。(四五,6)

（4）大嫂把小玉兰丫头待中打死了。（四八，9）

（5）没人帮着你咬人，人也待中不怕你了。（五三，15）

（《幸云曲》）

（1）那客来到家，急敢溉净了茶壶，那客待中去了。

（2）就待中入阁了。

（3）待中死矣，还挣甚么命！

（《慈悲曲》）

不必找他，他待终来家吃晌饭哩。

（《禳妒咒》）

我若是通你通呵，你待中恼了。（九回）

【例二】 "中"（好）

（《醒世姻缘》）（例子太多，仅挑了三条）

（1）叫小厮们外边流水端果子咸菜，中上座了。（二一，19）

（2）做中了饭没做？中了拿来吃。（四十，16）

（3）拇量着，中睡觉的时节才进屋里去。（五八，9）

（《东郭外传》）

单说他小婆子在家里，做中了饭，把眼把眼的等候消息。

（《姑妇曲》）

中了饭，二成端给他吃了。

【例三】 "魔驼"（迟延）

（《醒世姻缘》）

你们休只管魔驼。中收拾做晌后的饭，怕短工子散的早。（十九，10）

（《墙头记》）

我这里没做你的饭。磨陀会子饥困了，安心又把饭碗端。

（《翻魔殃》）

你从此疾忙回去罢，休只顾在外头魔陀。

【例四】 "出上"(拼得)
(《醒世姻缘》)
（1）汪为露发作道："你也休要去会试,我合你到京中棋盘街上,礼部门前,我出上这个老秀才,你出上你的小举人,我们大家了当！"(一五,17)
（2）程大姐道："我也不加炉火,不使上钢,出上我这两片不济的皮,不止你郝尼仁一个,……你其余的十几个人,一个个的齐来,……我只吃了一个的亏,也算我输！"(七三,8)
(《墙头记》)
李氏说："吓,放屁！俺庄里多少好汉子,那里找着你爹并骨！"
张大笑道："出上你拣那好的并去！"
(《寒森曲》)
大不然人已死了,还觉哩么？出上就抬了去！
(《幸云曲》)
（1）没有金钱,出上我就不叫他。
（2）也只说有名无实,出上他不嫖就是了。
（3）是皇帝不是皇帝,出上就依他说。
(《姑妇曲》)
好合歹难出口,出上个不说话。
(《禳妒咒》)
过了门两家不好,出上俺再不上门。(五回)

【例五】 "探业"(孙楷第先生说是"安分")
(《醒世姻缘》)
你要不十分探业,我当臭屎似的丢着你；你穿衣,我不管；你吃饭,我也不管；汉子不许离我一步：这是第二等的相处。(九五,3)
(《墙头记》)
天不教我死了！这肚子又不探业,这不是天还不曾晌午,早晨吃了两碗糊突,两泡尿已是溺去了,好饿的紧!

【例六】 "流水"(马上,一口气)

(《醒世姻缘》)

不长进的孽种,不流水起来往学里去,你看我掀了被子,趁着光定(腚——臀)上打顿鞋子给你。(三三,19)

(《寒森曲》)

那驴夫只当还要掀,恐防跌着,流水抱下驴来。

(《墙头记》)

好歪货,不流水快走,再近前恶心的我慌。

(《姑妇曲》)

一个拿着杴,一个抗着镢,流水先去刨去。

(《富贵神仙》)

谁与我劝劝打更人,也叫他行点好,流水把更打尽。

(《翻魇殃》)

大姐见他吐了血,流水应承着。

(《禳妒咒》)

咱流水走罢,我还待家里等我那老相厚的哩。(十四回)

【例七】 "头信","投信","投性"(爽性,索性)

(《醒世姻缘》)

(1)咱头信很他一下,己(给)他个翻不得身。(十五,9)

(2)投信不消救他出来,叫他住在监里。(十八,6)

(3)放着这戌时极好,可不生下来,投性等十六日子时罢。(廿一,7)

(《幸云曲》)

这奴才们笑我,我头信妆一妆村给他们看看。

(《禳妒咒》)

割了头,碗那大小一个疤,投信我掘他妈的,要死就死,要活就活。(十回)

【例八】 "善查","善茬"（好对付的人）
（《醒世姻缘》）
（1）那个主子一团性气,料得也不是个善查。（三九,7）
（2）咱那媳妇不是善茬儿,容他做这个?（七,6）（字典上"茬"字音槎,与查字同音。）
（3）大爷也拊量那老婆不是个善茬儿,故此叫相公替他上了谷价。（十,20）
（《富贵神仙》）
原来那方二相公也不是个善查。
（《慈悲曲》）
看着那赵家姑姑也不是善查。

【例九】 "老獾叼"
（《醒世姻缘》）
（1）只是俺公公那老獾叼的唠唠哝哝,我受不的他琐碎。（六四,10）
（2）我咬了他下子,老獾儿叼的还嗔我咬了他儿。（七三,18）
（《墙头记》）
王银匠,老獾叼,合咱爹,久相交,头发根儿尽知道。

【例十】 "扁","贬"（偷藏,暗藏）
（《醒世姻缘》）
（1）连那三成银子尽数扁在腰里。（七十,6）
（2）粮食留够吃的,其余的都粜了银钱,贬在腰里。（五三,17）
（《墙头记》）
老头子筋节的紧,我看他扁了那里去。
（《翻魇殃》）
果然着他粜一石,他就粜三石,大腰贬着钱去赌博。

【例十一】 "偏","谝"(夸耀)

(《醒世姻缘》)

这腊嘴养活了二三年,养活的好不熟化。情管在酒席上偏(原注"上声")拉,叫老公公知道,要的去了。(七十,12)

(《幸云曲》)

(1) 这奴才不弹琵琶,光谝他的汗巾子,望我夸他。

(2) 这奴才又谝他的扇子哩。

【例十二】 "乍"(狂)

(《醒世姻缘》)

素姐说:"小砍头的!我乍大了,你可叫我怎么一时间做小服低的?"(九八,17)

(《俊夜叉曲》)

老婆不要仔顾乍!

(《幸云曲》)

(1) 跌了个仰不踏,起不来,就地扒,王龙此时才不乍。

(2) 秀才说话就怎么乍。

(《寒森曲》)

当堂说了几句话,歪子诈的头似筐,一心去告人命状。

【例十三】 "照","朝"(挡,招架)

(《醒世姻缘》)

(1) 你又是个单身,照他这众人不过。(廿,1)

(2) 我们有十来个人,手里又都有兵器,他总然就是个人,难道照不过他?(二八,8)

(3) 要是中合他照,陈嫂子肯抄着手,陈哥肯关着门?(八九,15)

(《幸云曲》)

(1) 不是我夸句海口,调嘴头也照住他了。

(2) 宝客王龙朝不住,常往手里去夺车。

(《寒森曲》)

（1）你若不能把他朝,还得我去替你告。

（2）摸着嗓子只一刀,他还挣命把我照。

(《姑妇曲》)

您婆婆宜量什么好！不照着他,他就乍了毛！

【例十四】 "长嗓黄"(嚌了喉咙)

(《醒世姻缘》)

（1）你两个是折了腿出不来呀,是长了嗓黄言语不的？（九四,16）

（2）不叫我去,你可也回我声话,这长嗓黄一般不言语就罢了么？（九七,14）

(《幸云曲》)

你好似长嗓黄,把个尸丢在床,不知你上那里撞。

胡鉴初先生举的例子还多着哩。但我想这十四组的例子,很够用了。

有人说,这些例子至多只可以证明《醒世姻缘》的作者是蒲松龄的同乡,未必就能证明《醒世姻缘》也是蒲松龄作的。

我不承认这个说法。大凡一个文人用文字把土话写下来时,遇着不常见于文字的话头,就随笔取同音的字写出来,在一个人的作品里,尚且往往有前后不一致的痕迹；今天用的字,明天记不清了,往往用上同音不同形的字。今天用了"王八",明天也许用"忘八"；今天用了"妈妈虎虎",明天也许用"麻麻糊糊"；今天用"糊涂",明天也许用"胡涂",后天也许用"鹘突"。一个人还不容易做到前后一致,何况两个不同的作家的彼此一致呢？我们研究《醒世姻缘》里的一些特别土语,在这一部近百万字的大书里,也偶然有前后不一致的写法,如"待中"偶然写作"待终"；"魔驼"偶然写作"魔陀"。这都可见统一的困难。然而我们把这几十条最特别的例子合拢来看,我们可以看出这些土语的写法在《醒世姻缘》和那十几种聊斋曲文里都可以说是彼此一致的。最可注意的有两点：(一)最不好懂的奇特土话却有彼此最一致的写法，如"乍"，如"出上"，如"老獾叨"，如"长嗓黄"，如"探业"。（二）《醒世姻缘》里如有两三种不同的写法，《聊斋》曲文里也有两三种不同的写法，如《醒世姻缘》里"扁"或作"贬"，曲文里也有"扁""贬"两种写法；如《醒世姻缘》里"头信"或作"投信"，或作"投性"，曲文里也有"头信""投信"两种写法；如《醒世姻缘》里"遭子"（一会儿的意思；此例上文未举）或作"造子"，曲文里也有"遭子"和"噪子"两种写法。这种彼此一致的写定土话，决不是偶然的，也决不是两个人彼此互相抄袭的，也决不是两个人同抄一种通行的土话文学的。偶然的暗合决不能解释这么多的例子的一致。一部不风行的小说和十几种未刻的曲文决没有彼此互相抄袭的可能（在蒲松龄未死时，《醒世姻缘》大概还没有刻本；那么两组未刻的作品更没有互抄的可能了）。在蒲松龄以前，并没有淄川土话文学的通行作品，所以《醒世姻缘》和聊斋曲文的土话的写法决非同是根据已有的土话文学的。（我们试用那山东白话的《金瓶梅》来作比较研究，就可以知道我们所举的例子没有一个是《金瓶梅》里有过的。）

把这些可能的结论都一一排除之后，我们不能不下这个结论：从《醒世姻缘》和《聊斋》的十几种曲文里的种种文字学上的证据看来，从这两组作品里的最奇特的土话的一致写法看来，我们可以断定《醒世姻缘》是蒲松龄的著作。

七　余论

我在四五年前提出的一个大胆的假设，说《醒世姻缘》的作者也许就是蒲松龄，也许是他的朋友。几年来的证据都帮助我证明这书是蒲松龄作的。这些证据是：

（1）《醒世姻缘》写的悍妇和《聊斋志异》写的一些悍妇故事都很像有关系。尤其是《江城》篇的命意与布局都和《醒世姻缘》相符合。

（2）《骨董琐记》引鲍廷博（生1728—死1814）的话，说蒲留仙"尚有《醒世姻缘》小说，实有所指"。

（3）孙楷第先生用《济南府志》及淄川、章邱两县的县志来研究《醒世姻缘》的地理和灾荒，证明这部小说的作者必是淄川或章邱人，他的时代在崇祯与康熙之间。蒲松龄最合这些条件，他用章邱来写淄川，和吴敬梓在《儒林外史》里用天长、五河来写全椒是同样的心理。

（4）新发现的聊斋白话曲本证明蒲松龄是能做写实的土话文学的作家。

（5）胡鉴初先生用聊斋的十几种曲本的特别土话来比较《醒世姻缘》里的特别土话，使我们能从文字学上断定《醒世姻缘》的作者必是蒲松龄。

这些证据，我认为很够的了。我们现在可以尝试推测蒲松龄著书的用意。

蒲松龄那样注意怕老婆的故事，那样卖力气叙述悍妇的故事，免不得叫人疑心他自己的结婚生活也许很不快乐，也许他自己就是吃过悍妇的苦痛的人。但我们现在读了他的妻子《刘孺人行实》，才知道她是一个贤惠妇人，他们的结婚生活是同甘苦的互助生活；他们结婚五十六年，她先死两年（1713），聊斋先生不但给她作佳传，还作了许多很悲恸的悼亡诗。诗中有云：

……分明荆布塞帏出，仿佛频呻入耳闻。五十六年琴瑟好，不图此夕顿离分。

又云：

烛影昏黄照旧帏，衰残病痛复谁知？伤心把盏浇愁夜，苦忆连床说梦时。无可奈何人似槿，不能自已泪如丝。生平曾未开君箧，此日开来不忍窥。

又云：

迩来倍觉无生趣，死者方为快活人。

又有《过墓作》云：

……欲唤墓中人，班荆诉烦冤。百叩不一应，泪下如流泉。汝坟即我坟，胡乃先著鞭？只此眼前别，沉痛摧心肝。

又有诗云：

> 午睡初就枕，忽荆人入，见余而笑。忽张目，则梦也。
>
> 一自长离归夜台，何曾一夜梦君来。忽然含笑搴帏入，赚我矇眬睡眼开。

这种老年的哀悼可以使我们相信他们夫妻之间的感情和好。

但《刘孺人行实》一篇也可以使我们知道蒲家门里确有一两位不贤的妇人，是聊斋先生少年时代亲自领略过的。《行实》说：

> 〔孺人〕入门最温谨，朴讷寡言，不及诸宛若慧黠，亦不似他者与姑勃谿也。太孺人谓其有赤子之心，颇加怜爱，到处逢人称道之。冢妇益悉，率娣姒若为党，疑姑有偏私，频侦察之。而太孺人素坦白，即庶子亦抚爱如一，无瑕可蹈也。然时以虚舟之触为姑罪，呶呶者竟长舌无已时。处士公曰，"此乌可久居哉！"乃析箸授田二十亩；时岁歉，荍五斗，粟三斗，杂器具。皆弃朽败，争完好者，而孺人嘿若痴。兄弟皆得夏屋，爨舍闲房皆具，松龄独异居，惟农场老屋三间，旷无四壁，小树丛丛，蓬蒿满之。孺人薙荆榛，觅佣作堵，假伯兄一白板扉，聊分外内；出逢入者，则避扉后，俟入之乃出。……

这段文章写刘孺人的贤劳，同时也写出了聊斋先生的大嫂（冢妇）的可怕。这位大嫂大概已被她的小叔子搜进《醒世姻缘》里配享去了。

但蒲家的冢妇决不是江城和素姐的真身，因为聊斋先生曾留下一封书札，使我们知道素姐的真身是一位王家的太太。去年我得读三种本子的《聊斋文集》，一种是坊间的石印本，一种是清华大学藏的旧钞本，一种是马立勋先生钞本。清华本有一篇《与王鹿瞻》的书札，是很严厉的责备的话，全文如下：

> 客有传尊大人弥留旅邸者，兄未之闻耶！其人奔走相告，则亲兄爱兄之至者矣。谓兄必泫然而起，匍匐而行，信闻于帷房之中，履及于寝门之外。即属讹传，亦不敢必其为妄。何漠然而置之也！兄不能禁狮吼之逐翁，又不能如孤犊之从母，以致云水茫茫，莫可问讯，此千人之所共指，而所遭不淑，同人犹或谅之。若闻亲讣，犹俟棋终，则至爱者不能为兄讳矣。请速备材木之资，

> 戴星而往,扶榇来归,虽已不可以对衾影,尚冀可以掩耳目。不然,迟之又久,则骸骨无存,肉葬虎狼,魂迷乡井,兴思及此,俯仰何以为人!闻君诸舅将有问罪之师,故敢漏言于君,乞早自图之。若俟公函一到,则恶名彰闻,永不齿于人世矣。涕泣相道,惟祈原宥不一。

这封信里可以看出王鹿瞻的妻子是一个很可怕的悍妇,闹的把他的父亲赶出门去,"云水茫茫,莫可问讯",使他成为"千人之所共指";有人来报说他父亲死在客中,他还不敢去奔丧;所以蒲松龄写这封极严厉的责问书,警告他将有"恶名彰闻,永不齿于人世"的危险。这位王鹿瞻明明是《马介甫》篇的杨万石的真身,也就是高蕃、狄希陈的影子。

王鹿瞻的事实已不可考了,但我们知道他是蒲松龄的好朋友,他们都是郢中诗社的创始社员。《聊斋文集》(清华藏本与马氏钞本)有《郢中社序》云:

> 余与李子希梅寓居东郭,与王子鹿瞻,张子历友诸昆仲一埤垸之隔,故不时得相晤,晤时瀹茗倾谈,移晷乃散。因思良朋聚首,不可以清谈了之,约以宴集之余暇作寄兴之生涯。聚固不以时限,诗亦不以格拘,成时共载一卷。遂以郢中名社。……

这样看来,王鹿瞻也是一个能做诗的文人,能和李尧臣(希梅)、张笃庆(历友)、蒲松龄一班名士往来倡和,决不像狄希陈那样不通的假秀才。大概他的文学地位近于《江城》篇的高蕃,逐父近于《马介甫》篇的杨万石,而怕老婆的秀才相公则是兼有高蕃、杨万石、狄希陈三位的共同资格了。

大概蒲松龄早年在自己家庭里已看饱了他家大嫂的悍样,已受够了她的恶气;后来又见了他的同社朋友王鹿瞻的夫人的奇悍情形,实在忍不住了,所以他发愤要替这几位奇悍的太太和她们压的不成人样的几个丈夫留下一点文学的纪录。他主意已定,于是先打下了几幅炭画草稿,在他的古文《志异》里试写了一篇,又试一篇;虚写了几位,又实写了几位。他写下去,越写越进步了;不光是描写悍妇了,还想出一种理论上的解释来了。

我们试取《马介甫》，《邵女》，《江城》三篇来作比较。《马介甫》篇大概是为王鹿瞻的家事做的；一班淄川名士看着王鹿瞻怕老婆怕的把老子也赶跑了，他们气愤不过，纷纷议论这人家的怪事。于是蒲松龄想出这篇文章来，造出一个狐仙马介甫来做些大快人心的侠义行为，又把那悍妇改嫁给一个杀猪的，叫她受种种虐待。这班秀才先生看了这篇，都拍手叫痛快。但一位名士毕世持还不满足，说这篇文章太便宜了那位杨万石了，所以他又在末尾添上几行，把那位怕老婆的丈夫写的更不成个人样。这样一来，这班秀才相公们对于王鹿瞻家的"公愤"总算发泄了。

但蒲松龄先生还不满足，他想把这种事件当作一个社会问题看，想寻出一个意义来：为什么一个女人会变成这样穷凶极恶呢？为什么做丈夫的会忍受这样凶悍的待遇呢？这种怪现状有什么道理可解释呢？这种苦痛有什么法子可救济呢？

《邵女》一篇就是小试的解释。在这一篇里，聊斋认定悍妒是命定的，是由于"宿报"的，是一点一滴都有报应的。如金氏虐杀两妾，都是"宿报"；她又虐待邵女，邵女无罪，故一切鞭挞之刑，以及一烙二十三针，都得一一抵偿。在邵女的方面，她懂得看相，自己知道"命薄"，所以情愿作妾，情愿受金氏的磨折，"聊以泄造化之怒耳"。这都是用命定和宿报之说来解释这个问题。

但《邵女》一篇的解释还不能叫读者满意。金氏杀两妾是"宿报"，宿报就不算犯罪了吗？邵女自知"命薄"，这是命定的；她却能用自由意志去受磨折，让金氏"烙断晦纹"，薄命就成了福相了。究竟人生福禄是在"命"呢？还是在"相"呢？邵女能不能自己烙断自己的晦纹呢？邵女命薄该受罪，那么，金氏虐待她有何罪过呢？岂不是替天行"命"吗？金氏替邵女烙断了晦纹，把薄命变成福命，又岂不是有功于她吗？为什么还得抵偿种种虐待呢？

《江城》一篇，就大不同了。作者似乎把这个问题想通澈了，索性只承认"宿报"一种解释。故《江城》的解释只是"此是前世因，今作恶报，不可以人力为也"。篇末结论云：

> 人生业果，饮啄必报。而惟果报之在房中者，如附骨之疽，

其毒尤惨。

每见天下贤妇十之一,悍妇十之九,亦以见人世之能修善业者少也。

这竟是定下了一条普遍的原则,把人世一切夫妇的关系都归到了"果报"一个简单原则之内。这竟成了一种婚姻哲学了!

这个解释,姑且不论确不确,总算是最简单,最澈底,最容易叫人了解,所以可说是最满意的解释。蒲松龄自己也觉得很得意,所以他到了中年,又把那篇不满三千字的《江城》故事放大了二十四倍,演成了一部七万字的戏曲,题作《禳妒咒》。

他到了晚年,阅历深了,经验多了,更感觉这个夫妇问题的重要,同时又更相信他的简单解释是唯一可能的解释,于是又把这个《江城》故事更放大了,在那绝大的人生画布上,用老练的大笔,大胆的钩勒,细致的描摹,写成了一部百万字的小说,题作《醒世姻缘传》,比那原来的古文短篇放大了三百三十倍!

他做《禳妒咒》时,还完全沿用《江城》故事,连故事里的人物姓名都完全不曾改动。但他改作《醒世姻缘》小说时,他因为书中有些地方的描写未免太细腻了,未免太穷形尽相了,所以他决心不用他的真姓名。他用了"西周生"的笔名,所以他不能不隐讳此书与《聊斋志异》的关系了。况且这书中把前后两世的故事都完全改作过了,也有重换人物姓名的必要。所以《江城》故事里的人物姓名一个也不存留了。

然而《江城》的故事,经过一番古文的写法,又经过一番白话戏曲的写法,和作者的关系太深了,作者就要忘了他,也忘不了。所以他把《江城》故事的人物改换姓名时,处处都留下一点彼此因袭的痕迹。试看:

江城姓樊,而《醒世姻缘》的主角是薛素姐,岂不是暗拆"樊素"的姓名?江城的丈夫名高蕃,而素姐的丈夫名狄希陈。狄希陈字友苏,固然是暗指苏东坡的朋友,那位怕老婆的陈季常;但"希陈"也许原来是因高蕃而想到陈蕃哩。

高蕃的父亲名高仲鸿。而狄希陈的父亲名狄宾梁,岂不是暗拆"梁鸿"的姓名呢？

> 高蕃恋一妓女，名谢芳兰，而狄希陈最初恋爱的妓女名孙兰姬，似乎也不无关系。

《江城》故事里的人物，有姓名的只有五个（其一为王子雅），而四个都像和《醒世姻缘》里相当的人物有因袭演变的关系，这也许不全是偶然的巧合，也许都是由于心理上一种很自然的联想吧？

《醒世姻缘》的人物虽然改了姓名，换了籍贯，然而这部大书的全部结构仍旧和那短篇的《江城》故事是一样的，也完全建筑在同样一个理论之上。江城的奇悍是由于前世因，素姐的奇悍也是由于前世因。在两书里，这种前世冤业同是无法躲避的，是不能挽救的，只有祈求佛力可以解除。《醒世姻缘》的引起里说：

> 这都尽是前生前世的事，冥冥中暗暗造就，定盘星半点不差（参看本文第一节）。

这是多么简单的一个宗教信仰！然而这位伟大的蒲松龄，从中年到晚年，终不能抛弃这个迷信，始终认定这个简单的信仰可以满意的解答一切美满的姻缘和怨毒的家庭。那些和好的夫妻都是

> 前世中或是同心合意的朋友，或是恩爱相合的知己，或是义侠来报我之恩，或是负逋来偿我之债，或前生原是夫妻，或异世本来兄弟。

那些仇恨的夫妻都是因为

> 前世中以强欺弱，弱者饮恨吞声；以众暴寡，寡者莫敢谁何；或设计以图财，或使奸而陷命；大怨大仇，势不能报，今世皆配为夫妇。

这个根本见解，我们生在二百多年后的人不应该讪笑他，也不应该责怪他。我们应该保持历史演化的眼光，认清时代思潮的绝大势力；无论多么伟大的人物，总不能完全跳出他那时代的思想信仰的影响。何况蒲松龄本来不是一个有特别见识的思想家呢？

蒲松龄（生于1640，死于1715）虽有绝高的文学天才，只是一个很平凡的思想家。他的《〈聊斋志异〉自序》里曾说他自己"三生石上，颇悟前因"，因为，他说：

> 松悬弧时,先大人梦一病瘠瞿昙偏袒入室,药膏如钱,圆贴乳际。寤而松生,果符墨志。且也少羸多病,长命不犹;门庭之栖止则冷淡如僧,笔墨之耕耘则萧条似钵。每搔首自念,毋亦面壁人果是吾前生耶?

他自信是一个和尚来投生的,所以他虽是儒生,却深信佛法,尤其相信业报之说,和念佛解除灾怨之说。一部《聊斋志异》里,说鬼谈狐,说仙谈佛,无非是要证明业报为实有,佛力为无边而已。难怪他对于夫妇问题也用果报来解释了。

其实《醒世姻缘》的最大弱点正在这个果报的解释。这一部大规模的小说,在结构上全靠这个两世业报的观念做线索,把两个很可以独立的故事硬拉成一块,结果是两败俱伤。其实晁、狄两家的故事都可以用极平常的,人事的,自然的事实来作解释。因为作者的心思专注在果报的迷信,所以他把这些自然的事实都忽略过了;有时候,他还犯了一桩更大的毛病:他不顾事实上的矛盾,只顾果报的灵验。例如晁源的父亲是一个贪官,是一个小人,他容纵一个晚年得来的儿子,养成他的种种下流习性,这是一件自然的事实。晁源的母亲,在这小说的开端部分,并不见得是一个怎样贤明的妇人;如第一回说"其母溺爱";又说晁源小时不学好,"晁秀才夫妇不以为非";第七回竟是大书"老夫人爱子纳娼"了。这也是很自然的事实。但作者到了后来,渐渐把这位晁夫人写成了一个女中圣贤,做了多少好事,得着种种福报。这样一个女圣人怎么会养成晁源那样坏儿子呢?这就成了一件不自然的怪事了。

关于狄家的故事,作者也给了我们无数的自然事实,尽够说明这家人家的历史了。狄希陈本来就是一个不能叫人敬重的男人:家庭教育不高明,学堂教育又撞在汪为露一流的先生的手里,他的资质最配做个无赖,他的命运偏要他做个秀才,还要他做官!他的秀才,谁不知道是别人替他中的?偏不凑巧,他的枪手正是他的未婚夫人的兄弟。这样一只笨牛,学堂里的笑柄,考棚里的可怜虫,偏偏娶了一位美貌的,恃强好胜的,敢作敢为的夫人。他还想受她的敬重吗?他还想过舒服日子吗?素姐说:

> 我只见了他,那气不知从那里来!

她若是知道了一点"心理分析",她就会明白那气是从那里来的了。气是从她许配狄家"这们个杭杭子"起的。狄婆子不曾说吗?

> 守着你两个舅子,又是妹夫,学给你丈人,叫丈人丈母恼不死么?

两个舅子也许不敢学给薛教授听,可是他们一定不肯放过他们的姐姐,天天学他们姐夫的尊样给她听,取笑她,奚落她,叫她哭不得,笑不得,回嘴不得,只好把气往自己胸脯里咽。她不咽,有什么法子呢?她好向爹娘提议退亲吗?咽住罢,总有出这口气的一天!

其实连心理分析都用不着,只消一点点"遗传"的道理就够了。薛素姐自己骂她婆婆道:

> "槽头买马看母子",这们娘母子也生的出好东西来哩?(五二回,页10)

这就是遗传的道理。素姐自己的生母龙氏是一个下贱的丫头,她的女婿这样形容她:

> 我见那姓龙的撒拉着半片鞋,抟拉着两只蹄膀,倒是没后跟的哩!要说那姓龙的根基,笑吊人大牙罢了!(四八回,页12)

她生的两个大儿子,禀受母性的遗传还少,又有贤父明师的教育,所以都成了好人。素姐是个女儿,受不着教育的好处,又因长在家门里,免不了日夜受她那没根基的生母的熏陶。遗传之上加了早年的恶劣熏染,造成了一个暴戾的薛素姐:这是最自然的解释。

薛教授说的最中肯:

> 叫我每日心昏,这孩子可是怎么变得这们等的?原来是这奴才(龙氏)把着口教的!你说这不教他害杀人么!要是小素姐骂婆婆打女婿问了凌迟,他在外头剐,我在家里剐你这奴才!(四八回,18)

这个自然的解释,比蒲松龄的果报论高明多了。作者在这书里曾经好几次用气力描写龙氏的怪相(四八回,17—18;五二回,14,又21;五六回,7—9;五九回,10,又22;六十回,9—12;六三回,10—11,又13;六八回,18;七三回——七四回)。我们若要懂得薛素姐,必须先

认识这位龙姨。我们看她的盛妆:

> 龙氏穿着油绿绉纱衫,月白湖罗裙,纱白花膝裤,沙蓝绸扣的满面花弯弓似的鞋,从里边羞羞涩涩的走出来。(五九,10)

我们听她的娇声:

> 贼老强人割的!贼老强人吃的!贼老天杀的!怎么得天爷有眼死那老砍头的!我要吊眼泪,滴了双眼!从今以后,再休指望我替你做活!我抛你家的米,撒你家的面,我要不豁邓的你七零八落的,我也不是龙家的丫头!(四八,18)

我们听狄员外对她说:

> 你家去罢!你算不得人呀。(七三,21)

这还不够解释狄希陈的令正吗?还用得着那前世业报的理论吗?

童寄姐的为人,更容易解释了。她也正是那黑心的童银匠和那精明能干的童奶奶的闺女,碰着了狄希陈那样颠顶的男子,她不欺负他,待欺负谁!这还用得着前世的冤孽吗?

话虽如此说,我们终不免犯了"时代倒置"的大毛病。我们错怪蒲松龄了。这部书是一部十七世纪的写实小说,我们不可用二十世纪的眼光去批评他。徐志摩说的最好:

> 这书是一个时代(那时代至少有几百年)的社会写生。……我们的蒲公才是一等写实的大手笔!

他要是谈遗传,谈心理分析,就算不得那个时代的写生了。那因果的理论的本身也就是那个时代的社会生活的最重要部分。我们的蒲公是最能了解这个夫妻问题的重要的;他在"引起"里告诉我们,孟夫子说君子有三件至乐之事,比做皇帝还快乐;可是孟老先生忽略一个更基本的一乐:依作者的意见,

> 还得再添一乐,居于那三乐之前,方可成就那三乐之事。若不添此一乐,总然父母俱存,搅乱的那父母生不如死;总然兄弟无故,将来必竟成了仇雠;也做不得那仰不愧天俯不怍人的品格,也教育不得那天下的英才。——你道再添那一件?第一要紧再添一个贤德妻房,可才成就那三件乐事。

这样承认贤德妻房的"第一要紧",不能不说是我们的蒲公的高见。然而这位高见的蒲公把这个夫妻问题提出来研究了一世的工夫,总觉得这个问题太复杂了,太奇怪了,太没有办法了;人情说不通,法律管不了,圣贤经传也帮不得什么忙。他想了一世,想不出一个满意的解释来,只好说是前世的因果;他写了一百多万字的两部书,寻不出一个满意的救济方案来,①只好劝人忍受,只好劝人念佛诵经。

这样不成解释的解释,和这样不能救济的救济方案,都正是最可注意的社会史料,文化史料。我们生在二百多年后,读了这部专讲怕老婆的写实小说,都忍不住要问:为什么作者想不到离婚呢?是呀!为什么狄希陈不离婚呢?为什么杨万石不离婚呢?为什么高蕃休了江城之后不久又复收她回来,为什么她回来之后就无人提议再休她呢?为什么《聊斋志异》和《醒世姻缘》里的痛苦丈夫都只好"逃妇难"而远游,为什么想不到离婚呢?现今人人都想得到的简单办法,为什么那时代的人们都想不到,或不敢做,或不肯做呢?

《醒世姻缘》里有几处地方提到"休妻"的问题,都是社会史料。第一是晁源要休计氏(八回),理由是说她"养和尚道士"。晁源对他丈人说:

> 你女诸凡不贤惠,这是人间老婆的常事,我捏着鼻子受。你的女儿越发干起这事(养和尚道士)来了。……请了你来商议,当官断己(给)你也在你,你悄悄领了他去也在你。

这一番话很可注意。依明朝的法律:

> 凡妻无应出及义绝之状而出之者,杖八十。虽犯七出,有三不去,而出之者,减二等(杖六十),追还完聚。

又有条例说:

> 妻犯七出之状,有三不出之理,不得辄绝。犯奸者不在此限。

清朝初年修《大清律例》,全依此文。七出之条虽然很像容易出妻,

---

① 编者注:"远流本"此处有胡适按语:"适按,《马介甫》篇:'兄不能威,独不能断出耶?殴父杀弟,安然忍受,何以为人?'"

但是有了"三不去"的消极条件（一，曾经夫家父母之丧；二，夫家先贫贱，后富贵；三，女人嫁时有家，出时已无家可归），那七出之条就成了空文了。晁源家正犯了三不去的第二条，所以不能休妻，只有"犯奸"一项罪名可以提出，想不到计氏是个有性气的妇人，不甘冒这恶名，所以宁可自杀，不肯被休。

第二件是薛素姐在通仙桥上受了一班光棍的欺辱，又把狄希陈的胳膊咬去了一大块肉，狄员外气极了，要他儿子休妻（七三回）。可是后来狄员外又对龙氏说：

> 要我说你闺女该休的罪过，说不尽！说不尽！如今说到天明，从天明再说到黑，也是说不了的。从今日休了，也是迟的！只是看那去世的两位亲家情分，动不的这事。刚才也只是气上来，说说罢了。

素姐并没有三不去的保障，然而狄员外顾念死友的"情分"，终不肯走这一条路。

第三是龙氏要她儿子薛如兼休妻（七三回），她儿子回答道：

> 休不休也由不得你，也由不得我。这是俺爹娘与我娶的，他替爹合娘（嫡母）持了六年服，送的两个老人家入了土，又不打汉子，降妯娌，有功无罪的人，休不的了！

这是说他媳妇"无应出及义绝之状"，所以是"休不的了"。

第四是更可注意的一件事。素姐打了狄希陈六七百棒槌，又用火烧他的背脊，两次都几乎送了他的性命。成都府太尊知道了，叫狄希陈来，逼他补一张呈子，由官断离，递解回籍（九八回）。这真是狄友苏先生脱离火坑的绝好机会了。然而他回到衙门里，托幕宾周相公起呈稿，周相公是每日亲自看见狄家的惨剧的，偏偏坚决的不肯起稿，说：

> 这是断离的呈稿，我是必然不肯做的。天下第一件伤天害理的事是与人写休书，写退婚文约，合那拆散人家的事情。

他说出了一大串不该休妻不该替人写休书的理由，最后的结论是：

> 如此看来，这妻是不可休的，休书也是不可轻易与人写的。这呈稿我断然不敢奉命。

按《大明律》(《大清律》同),离婚不是不可能的,并且法律有强迫离婚的条文:

> 若犯义绝应离而不离者,亦杖八十。若夫妻不相和谐,而两愿离者,不坐。

从表面上看来,这条文可算是鼓励离婚了。但这条文细看实在很有漏洞。"不相和谐"即可以离婚,岂非文明之至?然而必须"两愿离"方才不犯法。在那个女子无继承财产权又无经济能力的时代,弃妇在母家是没有地位的,在社会是不齿于人类的,所以"两愿离"是绝对不可能的事,除非女家父母有钱并且愿意接她回家过活。两愿离既不可能,只好一方请求离婚,由官断离了。然而怎样才算是"义绝"呢?律文并无明文,只有注家曾说:

> 义绝而可离可不离者,如妻殴夫,及夫殴妻至折伤之类。义绝而不许不离者,如纵容抑勒与人通奸,及典雇与人之类。(《大清律例辑注》)

夫殴妻"非折伤,勿论",所以此条必须说"夫殴妻至折伤"。至于"妻殴夫",一殴就犯大罪了。律文说:

> 凡妻妾殴夫者,杖一百。夫愿离者,听。至折伤以上,各加凡斗伤三等。至笃疾者,绞。死者,斩。

依此律文,素姐不但应该断离,还可以判定很重的刑罚。所以周相公对她说:

> 太尊晓得,……差了人逼住狄友苏,叫他补呈要拿出你去,加你的极刑,也要叫你生受,当官断离,解你回去。

这并不是仅仅吓骗她的话。所以素姐也有点着慌了,她只好说好话,赌下咒誓,望着狄希陈拜了二十多年不曾有过的两拜,认了"一向我的不是"。居然这件断离案子就这样打消了。

这件案子的打消,第一是因为周相公的根本反对休妻,第二是因为素姐自认改悔,但还有第三个原因,就是童寄姐说的:

> 你见做着官,把个老婆拿出官去当官断离,体面也大不好看。

其实这才是真正重要的原因。痛苦是小事,体面才是大事!岂但狄经历一个人这样想？天下多少丈夫不是这样想的吗？

所以《醒世姻缘》真是一部最有价值的社会史料。他的最不近情理处，他的最没有办法处，他的最可笑处，也正是最可注意的社会史实。蒲松龄相信狐仙，那是真相信；他相信鬼，也是真相信；他相信前生业报，那也是真相信；他相信"妻是休不得的"，那也是真相信；他相信家庭的苦痛除了忍受和念佛以外是没有救济方法的，那也是真相信。这些都是那个时代的最普遍的信仰，都是最可信的历史。

读这部大书的人，应该这样读，才可算是用历史眼光去读古书。有了历史的眼光，我们自然会承认这部百万字的小说不但是志摩说的中国"五名内的一部大小说"，并且是一部最丰富又最详细的文化史料。我可以预言：将来研究十七世纪中国社会风俗史的学者，必定要研究这部书；将来研究十七世纪中国教育史的学者，必定要研究这部书；将来研究十七世纪中国经济史（如粮食价格，如灾荒，如捐官价格，等等）的学者，必定要研究这部书；将来研究十七世纪中国政治腐败，民生苦痛，宗教生活的学者，也必定要研究这部书。

1931 年 12 月 13 日

后记一

我本想在这篇序里，先考证作者是谁，其次写一篇蒲松龄的传记，其次讨论这书的文学价值，其次讨论这书的史料价值。不料我单做考证，就写了三万字，其余的部分都不能做了。

关于蒲松龄的传记，将来我大概可以补作。现在我先把几件传记材料抄在后面作附录。

关于《醒世姻缘》的文学价值，徐志摩先生在他的长序里已有很热心并且很公平的评判了。志摩这篇序，长九千字，是他生平最长的，最谨严的议论文字。今年七月初，我把他关在我家中，关了四天，他就写成了这篇长序。可惜他这样生动的文字，活泼的风趣，聪明的见解，深厚的同情，我们从此不能再得了！我痴心妄想这篇长文不过是志摩安心做文学工作的一个小小的开始；谁也料不到我的考证还不曾写到一半，他已死了！

回想八年前(1923)，我们同住在西湖上，他和我约了一同翻译曼殊斐儿的小说，我翻了半篇，就搁下了。那是我们第一次的合作尝试。这一次翻印《醒世姻缘》，他做文学的批评，我做历史的考据，可算是第二次的合作，不幸竟成了最后一次的合作了！

志摩死后二十四日　适之

后记二

我从前曾引邓之诚先生的《骨董琐记》一条，记鲍廷博说蒲松龄是《醒世姻缘》小说的作者。我当时曾写信去问邓先生鲍廷博的话见于何书，邓先生已不记得了。

今年八月，我的朋友罗尔纲先生从广西贵县寄信来，说邓先生那一条琐记的娘家被他寻着了，①原来在《昭代丛书》癸集杨复吉的《梦阑琐笔》里(页五三)，全文如下：

> 蒲留仙《聊斋志异》脱稿后百年，无人任剞劂。乾隆乙酉(1765)丙戌(1766)楚中浙中同时授梓。楚本为王令君某，浙本为赵太守起杲所刊。鲍以文云，留仙尚有《醒世姻缘》小说，盖实有所指；书成，为其家所讦，至禠其衿。易篑时，自知其托生之所。后登乙榜而终。(原注："留仙后身平阳徐崑，字后山，登乡榜，撰有《柳崖外编》。亦以文云。")岁庚子(乾隆四五，1780)，赵太守之子曾与留仙之孙某遇于棘闱，备述其故；且言《志异》有未刊者数百余篇，尚藏于家。

此中关于蒲留仙的后身一段神话，我在考证里已指出他的谬误了。蒲留仙被人告讦，至于革去秀才，这一段也不可信，我也说过了。但是这一条记载的重要在于证明鲍廷博确指蒲留仙为《醒世姻缘》的作者。鲍廷博是代赵起杲刻《聊斋志异》的人，他的话一定是从赵起杲得来的。赵是山东莱阳人，这话至少代表山东人在当时的传说。

《梦阑琐笔》的著者杨复吉是震泽人，字列欧，号慧楼，乾隆庚寅

---

① 编者注："远流本"此处有胡适按语："邓记的第一段，出于赵起杲刻《志异》自序。适之。"

（1770）举人，辛卯（1771）进士，曾续辑《昭代丛书》的丁、戊、己、庚、辛五集。据《疑年补录》，他生于乾隆十二年（1747），死于嘉庆二十五年（1820），与鲍廷博（生1728—死1814）正同时，又是很相熟的朋友。《琐笔》中两次记乾隆壬寅（1782）鲍廷博到他家中去访他。他记的话应该是他亲自听鲍廷博说的，其时去蒲松龄死时（1715）不过六十多年，虽然其中已夹有神话的成分，还可算是很重要的证据。我很感谢罗尔纲先生替我寻着这一件很重要的材料。

1932，8，20 夜

（收入西周生著，汪乃刚标点：《醒世姻缘》
1932年上海亚东图书馆初版）

附录一　柳泉蒲先生墓表

张　元

先生讳松龄，字留仙，一字剑臣，别号柳泉。以文章意气雄一时。学者无问亲疏远迩，识与不识，盖无不知有柳泉先生者。由是先生之名满天下。

先生初应童子试，即以县府道三第一补博士弟子员，文名藉藉诸生间。然入棘闱辄见斥，慨然曰，"其命也夫！"用是决然舍去，而一肆力于古文，奋发砥淬，与日俱新。而其生平之佗傺失志，滠落郁塞，俯仰时事，悲愤感慨，又有以激发其志气，故其文章颖发苕竖，恢诡魁垒，用能绝去町畦，自成一家。而蕴结未尽，则又搜抉奇怪，著为《志异》一书；虽事涉荒幻，而断制谨严，要归于警发薄俗，而扶树道教，则犹是其所以为古文者而已，非漫作也。

先生性朴厚，笃交游，重名义，而孤介峭直，尤不能与时相俯仰。少年与同邑李希梅及余从伯父历友、视旋诸先生结为郢中诗社，以风雅道义相劘切，始终一节无少间。乡先生给谏孙公，为时名臣，而风烈所激，其厮役佃属或阴为恣睢。乡里莫敢言，先生独毅然上书千余言以讽。公得书惊叹，立饬其下，皆敛戢。新城王司寇先生素奇先生才，屡寓书，将一致先生于门下，卒以病谢，辞不往。

呜呼，学者目不见先生，而但读其文章，耳其闻望，意其人必雄谈博辨风义激昂不可一世之士。及进而接乎其人,则恂恂然长者;听其言,则讷讷如不出诸口;而窥其中则蕴藉深远,要皆可以取诸怀而被诸世。然而阨穷困顿,终老明经,独其文章意气,犹可以耀当时而垂后世。先生之不幸也,而岂足以尽先生哉!

先生祖讳□汭(汭字上一字不可辨认,国学扶轮社本《聊斋集》作"生汭"),父讳槃;娶刘氏,增广生刘公季调女。子四人,孙八人,曾孙四人,五世孙才一人。所著文集四卷,诗集六卷,《聊斋志异》八卷。以康熙五十四年正月二十二日卒,享年七十有六。以本年葬村东之原。

又十一年,为雍正改元之三年,其孤将为碑以揭其行,而以文属余。以余于先生为同邑后进,且知先生之深也,乃不辞而为之文以表于墓。铭曰:

> 有文不显,有积不施。蓄久而炽,为后之基。以征以信,视此铭辞。

同邑后学张元撰

雍正三年岁次乙巳二月　　清明日立。

附　碑阴

□生□崇祯十五年四月十六日戌时,卒于康熙五十四年正月二十二日酉时。

母生于崇祯十八年十一月二十六日申时,卒于康熙五十二年九月二十六日未时。

附记　杂著五册

□《身语录》《怀刑录》《历字文》《日用俗字》《农桑经》各一册　戏三出　《考词九转货郎儿》《钟妹庆寿》《闹馆》

通俗俚曲十四种

《墙头记》《姑妇曲》《慈悲曲》《翻魇殃》《寒森曲》《琴瑟乐》《蓬莱宴》《俊夜叉》《穷汉词》《丑俊巴》《快曲》各一册　《禳妒咒》《富贵神仙曲》后变《磨难曲》《增补幸云曲》各二册

	廪生笏		立宪	立忠		一□
	首贡生箸	庠生	立德	立逊		一泓
奉祀男		孙		曾孙	元孙	庭槐
	篪		立愚	立宪		一□
	庠生筠		立志	立悥		一湜

附录二　跋张元的《柳泉蒲先生墓表》

胡　适

关于蒲松龄的事迹,最早的记载是张元作的《柳泉蒲先生墓表》。不幸诸书引此篇,都不是全抄原文,往往有妄删妄改之处,又往往有误抄之处,因此引起了不少的笑话。去年淄川的路大荒先生在蒲松龄的墓上寻得此碑,拓了一份寄给我,我拿来细校各种传本,知道路先生的拓本每行底下缺四个字,大概是埋在泥土中了。所以我请他把泥土挖开,再拓一份。路先生接到了我的信,正当十二月寒冷的天气,他冒大风去挖土拓碑,"水可结冰,蜡墨都不能用;往返四次,才勉强拓成"。他的热心使我们今日得读此碑的全文,得知蒲松龄的事实,得解决许多校勘和考据的疑难,这是我最感激的。

此碑正文凡十五行,每行五十字,共六百七十六个字。碑阴刻蒲松龄夫妇的生死年月日时,和他的著作目录。下刻奉祀男四人,孙八人,曾孙四人,玄孙一个的名字。

碑文中说蒲松龄死时"享年七十有六",与《山左诗钞》及《淄川志》所记相合,可证各本作"年八十六"之误。这一字之误,关系不小。前几年有一个妄人捏造了二百多首假诗,托名为"聊斋诗集",石印行世,其中有五首诗,全是根据这一个误字假造出来的(看我的《辨伪举例》)!

《山左诗钞》摘抄此碑,中有一句云:

少与同邑李希梅及从父历友结郢中诗社。

清末上海国学扶轮社铅印本《聊斋文集》附有节本墓表,此句乃作:

与同邑李希梅及余从伯父历视友,旋结为郢中诗社。

这里"历视"是人名,"友"是动词,"旋"是表时间的副词。坊间石印本《聊斋文集》是翻印扶轮社本的,编者熟读《聊斋志异》,知道张历友是人名,所以把此句改为:

> 与同邑李希梅及余从伯父历友亲,旋结为郢中诗社。

这里改"视"为"亲",作动词用,文理也可通。但现在我们看拓本,此句原文是:

> 与同邑李希梅及余从伯父历友、视旋诸先生结为郢中诗社。

原本有"诸先生"三字,所以一望可知"历友,视旋"是两个人名。《山左诗钞》的诗人有张笃庆,字历友;张履庆,字视旋。"视旋"之字出于《周易》履卦的"视履考祥,其旋元吉"。后来抄写本删去"诸先生"三字,所以后人不知"视旋"也是人名,就有种种妄钩妄改的读法了。我们若不曾亲见拓本,决不会发现这一句的错误。这个小小的故事最可以使我们明白校勘之学必须搜求最早最好的底本。没有最古的底本,单凭私人的小聪明去猜测,去妄改,那是猜想的校勘,不是科学的校勘。

可是我们翻看此碑的背阴,又使我们得着一个反面的教训!这个教训是:碑上刻的字也可以有错误。碑阴刻的是:

> 父生于崇祯十五年四月十六日戌时,卒于康熙五十四年正月二十二日酉时。

> 母生于崇祯十八年①十一月二十六日申时,卒于康熙五十二年(癸巳)九月二十六日未时。

这里分明有两三个错字。蒲松龄死于康熙五十四年(1715)正月二十二日,年七十六,见于墓表,很清楚的。从康熙五十四年推上去,他的生年应该是崇祯十三年庚辰(1640)。清华大学所藏旧钞本《聊斋全集》中有《降辰哭母》诗,其中有云:

> 老母呼我坐,大小绕身旁。……因言庚辰年,岁事似饥荒,尔年于此日,诞汝在北房。……(淄川马立勋钞本也有此诗)

这可证碑阴的"崇祯十五年"当作"十三年"。

---

① 编者注:"远流本"此处有胡适按语:"适按,崇祯那有十八年?"

还有他的夫人死的月是八月二十六日,不是九月二十六日。文集中有《元配刘孺人行实》,记她的死如下:

> 癸巳(康熙五十二年)(1713),七十有一,中秋与女及诸妇把酒语,刺刺至午漏,翼日而病,未遽怪也。逾数日,惫不起,始共忧之。体灼热可以炙手,医投寒凉,热益剧。……诸儿为市巴绢作殉衣,方成,二十六日尚卧理家政,灯方张,频索衣,曰,"我行矣。他无所嘱,但勿作佛事而已。"俄而气绝。

据此文,她死在八月二十六日张灯以后,碑阴刻的"九月"与"未时"都是误记的。

我记出这两处刻文的错误,使我们明白石刻也不是完全可靠的。古本当然可贵,但用古本时,我们还得小心。

碑阴最可宝贵的是蒲松龄的著作表。此表的排列很零乱,用的大小字也没有一定的规律,初读去颇不易懂得,今考定如下:

杂著五册:

《□身语录》(缺字是"省"字,清华大学藏钞本)

《怀刑录》(清华藏钞本)

《历字文》(清华藏钞本,题为"时宪文",是乾隆以后避清帝讳改题的;书尾有"历文一卷,教尔童娃",可证原作"历文"或"历字文"。)

《日用俗字》(亚东图书馆藏钞本)

《农桑经》(清华藏钞本,胡适藏钞本)

〔以上〕各一册。

戏三出:

《考词九转货郎儿》(未见)

《钟妹庆寿》(未见)

《闹馆》(未见)

通俗俚曲十四种:

(1)《墙头记》(北平《新晨报》登过;亚东图书馆藏钞本。)(路本七)

(2)《姑妇曲》(演《珊瑚》故事;亚东藏钞本。)(路本六)

(3)《慈悲曲》(演《张诚》故事;亚东藏钞本。)(路本八)

（4）《翻魇殃》（演《仇大娘》故事；亚东藏钞本。）（路本四）

（5）《寒森曲》（演《商三官》故事；亚东藏钞本；近日济南《华北新闻》逐日登载。）（路本九）

（6）《琴瑟乐》（未见）

（7）《蓬莱宴》（演《吴彩鸾写韵》故事；亚东藏钞本。）（路本十一）

（8）《俊夜叉》（演一个赌鬼回头的故事；亚东藏钞本。）（路本十）

（9）《穷汉词》（未见。也许即是朴社出版《聊斋白话韵文》中的《除日祭穷神文》？）

（10）《丑俊巴》（未见）

（11）《快曲》（未见）

〔以上〕各一册

（12）《禳妒咒》（演《江城》故事；亚东藏钞本。）（路本二）

（13）《富贵神仙曲》（路本五），后变《磨难曲》（路本三）（此题当是说，原题《富贵神仙曲》，后改为《磨难曲》。演《张鸿渐》故事；亚东藏钞本，题为"富贵神仙"）。

〔后记〕①：

我读了世界书局印出的《聊斋全集》，是路大荒编校的，其中收了《磨难曲》（二五三——四三一），又收了《富贵神仙》（五〇九——六〇〇）。这是路君的疏忽，他不知道《富贵神仙》是初稿，《磨难曲》是后来放大改作的定本。碑阴说《富贵神仙曲》，后变《磨难曲》，我的解说大致不错，但我没有知道"后变"二字不但是题名的改换，实有内容的大改动。《富贵神仙》只有九十二页，《磨难曲》则扩大到一七九页，增加了一倍的篇幅。内容也大有进步，最精采的是篇首《百姓流亡》《贪官比较》两篇，古今无此大文字！

（14）〔增补〕《幸云曲》（路本一）（演正德皇帝嫖院故事；亚东藏钞本。）

---

① 编者注："后记"一段文字据"远流本"补入。

〔以上〕各二册

这个著作表可以考见现存的各种俗曲确是他的作品,这是石刻的根据,最可宝贵的。

但这张表中显然有很大的遗漏。最重要的有这些:

(1)文集(墓表作四卷;清华藏旧钞本;马立勋藏钞本;胡适藏钞本。)

(2)诗集(墓表作六卷;清华,马立勋,胡适各藏钞本。)

(3)《聊斋志异》(墓表作八卷;通行本。)

这都是载于墓表的。此外还有一些,墓表与碑阴都不曾记载的:

(1)问天词(朴社铅印本;据路大荒先生考证,此书是蒲松龄的孙子立德的作品。路君文见《国闻周报》第十一卷第三十期。)

(2)东郭外传(朴社铅印本)①

(3)逃学传(朴社铅印本)

(4)学究自嘲(朴社铅印本)

(5)除日祭穷神文,穷神答文(朴社铅印本)

(以上五种,见朴社印马立勋本"聊斋白话韵文"。)

(6)醒世姻缘小说(通行本;亚东铅印本。鲍廷博说此书是蒲氏作的。)

(7)婚嫁全书(文集有自序。其书未见。)

(8)药祟书(文集有自序。其书未见。)

(9)家政内篇,家政外篇(据路大荒先生引益都王洪谋《柳泉居士行略》所记。其书未见。)

(10)小学节要(文集有自跋。其书未见。)

我们看了这些著作书目,读过今日还保存着的各种遗著,不能不承认这一位穷老秀才真是十七世纪的一个很伟大的新旧文学作家了。

二十四,十,一

(原载1935年10月17日天津《益世报·读书周刊》第20期)

---

① 编者按:"远流本"此处有胡适批语:"路大荒说,《东郭传》是千乘遗民邱澂翠(二斋)作的。胡适后记。1951,3,19。"

跋乾隆庚辰本《脂砚斋重评〈石头记〉》钞本

我在民国十六年买得大兴刘铨福家旧藏《脂砚斋重评石头记》残本十六回(一至八,十三至十六,二十五至二十八回),我曾作长文(《考证〈红楼梦〉的新材料》,《胡适文存三集》,页五六五——六〇六)考证那本子的价值,并且用那本子上的评语作证据,考出了一些关于曹雪芹和《红楼梦》的事实。

今年在北平得见徐星署先生所藏的《脂砚斋重评〈石头记〉》全部,凡八册。我曾用我的残本对勘了一部分,并且细检全书的评语,觉得这本子确是一个很值得研究的本子。

此本每半页十行,每行三十字。① 每册十回,但第二册第十七回即今本第十七、十八两回,首页有批云:"此回宜分二回方妥。"第十九回另页抄写,但无回目。又第七册缺两回,首页题云:"内缺六十四、六十七两回。"按高鹗作百二十回《红楼梦》"引言"中说:

  是书沿传既久,坊间缮本及诸家秘稿繁简歧出,前后错见。即如六十七回此有彼无,题同文异,燕石莫辨。兹惟择其情理较协者,取为定本。

此可见此本正是当日缺六十七回之一个本子。六十四回亦缺,② 可

---

① 编者注:"远流本"此处有胡适按语:"适按,后半部每行二十八字。"
② 编者按:"远流本"此处有胡适按语:"适按,六十四,六十七两回写尤二姐与贾琏,与凤姐的辣手,故是作者用心之作,写成最后,似是因此(六十四回写黛玉作"五美珍",后写贾琏送"九龙珮"给尤二姐。六十七回上半回似是杂凑,下半写凤姐知道尤二姐的事,是很重要的半回)。"

见此本应在高鹗所见各本之前。有正书局本已不缺此两回,当更在后了。

又第三册二十二回只到惜春的谜诗为止,其下全阙。上有朱批云:

此后破失,俟再补。

其下为空白一页,次页上有这些记录:

暂记宝钗制谜云:

朝罢谁携两袖烟,琴边衾里总无缘。
晓筹不用鸡人报,五夜无烦侍女添。
焦首朝朝还暮暮,煎心日日复年年。
光阴荏苒须当惜,风雨阴晴任变迁。

此回未成而芹逝矣。叹叹。

丁亥夏 畸笏叟。

有正本此回稍有补作,用了此诗做宝钗制的谜,已是改本了。今本皆根据高鹗本,删去惜春之谜,又把此诗改作黛玉的,另增入宝玉一谜,宝钗一谜,这是更晚的改补本了。

此本每册首页皆有"脂砚斋凡四阅评过"一行;第五册以下,每册首页皆有"庚辰秋定本"一行。庚辰是乾隆二十五年(西历1760)。八册之中,只有第二三册有朱笔批语,其中有九十三条批语是有年月的:

己卯冬(乾隆二四,西 1759)二十四条

壬午　(乾隆二七,西 1762)四十二条

乙酉　(乾隆三十,西 1765)一条

丁亥　(乾隆三二,西 1767)二十六条

这些批语不是原有的,是从另一个本子上抄过来的。中如"壬午"抄成了"王文",可见转抄的痕迹。不但批语是转抄的,这本子也只是当时许多"坊间缮本"之一,错字很多,最荒谬者如"真"写成"十六"。但依二十二回及六十四,六十七回的阙文看来,此本的底本大概是一部"庚辰秋定本",其时《红楼梦》的稿本有如下的状况:

一,二十二回未写完。

二，六十四，六十七，两回未写成。

三，十七与十八两回未分开。

四，十九回尚未有回目。八十回也未有回目。

写者又从另一本上过录了许多朱笔批语，最早的有乾隆己卯(1759)的批语，是在庚辰(1760)写定本之前；其次有壬午年(1762)批语，其时作者曹雪芹还生存，他死在壬午除夕。其余乙酉(1765)丁亥(1767)的批语，都是雪芹死后批的了。

故我们可以说此本是乾隆庚辰秋写定本的过录本，其第二三两册又转录有乾隆己卯至丁亥的批语。这是此本的性质。

和现在所知的《红楼梦》本子相比，有如下表：

（1）过录甲戌(1754)脂砚斋评本。（胡适藏）

（2）过录庚辰秋(1760)脂砚斋四阅评本。（即此本）

（3）有正书局石印戚蓼生序本。（八十回皆已补全，其写定年代当更晚。）

（4）乾隆辛亥(1791)活字本。（百二十回本，我叫他做"程甲本"。）

（5）乾隆壬子(1792)活字本。（"程乙本"）

我的甲戌本与此本有许多不同之点，如第一回之前的"凡例"，此本全无；如"凡例"后的七言律诗，此本亦无；如第一回写顽石一段，甲戌本多四百二十余字，此本全无，与有正石印戚本全同。此本与戚本最相近，但戚本已有补足的部分，故知此本的底本出于戚本之前，除甲戌本外，此本在今日可算最古本了。

甲戌本也是过录之本，其底本写于"庚辰秋定本"之前六年，尚可以考见写定之前的稿本状况，故最可宝贵。甲戌本所录批语，其年代有"甲午八月"(1774)，又在此本最晚的批语（丁亥）之后七年，其中有很重要的追忆，使我们因此知道曹雪芹死在壬午除夕，知道《红楼梦》所记本事确指曹家，知道原本十三回"秦可卿淫丧天香楼"的故事，知道八十回外此书尚有一些已成的残稿（看《胡适文存三集》页565—606；或《胡适文选》页428—470）。

但此本的批语里也有极重要的材料，可以帮助我们考证《红楼梦》的掌故。此本的批语有本文的双行小字夹评,有每回卷首和卷尾的总评,有朱笔的行间夹评,有朱笔的眉批,有墨笔的眉批。墨笔的眉批签名"鉴堂"及"漪园",大概是后来收藏者的批语,无可供考证的材料。朱笔眉批签名的共有四人:

　　脂砚　　梅溪

　　松斋　　畸笏(或作畸笏叟,亦作畸笏老人。)

畸笏批的最多,松斋有两条,其余二人各有一条。梅溪与松斋所批与甲戌本所录相同。脂砚签名的一条批在第二十四回倪二醉遇贾芸一段上:

　　这一节对《水浒》记杨志卖刀遇没毛大虫一回看,觉好看多矣。
　　　　　　　　　　　　　　己未冬夜　脂砚。

我从前曾说脂砚斋是"同雪芹很亲近的,同雪芹弟兄都很相熟;我并且疑心他是雪芹同族的亲属"。我又说,"脂砚斋大概是雪芹的嫡堂弟兄或从堂弟兄,——也许是曹颙或曹頫的儿子。松斋似是他的表字,脂砚斋是他的别号"。现在我看了此本,我相信脂砚斋即是那位爱吃胭脂的宝玉,即是曹雪芹自己。此本第二十二回记宝钗生日,凤姐点戏,上有朱批云:

　　凤姐点戏,脂砚执笔事,今知者聊聊(寥)矣。不怨夫!(末句大概当作"宁不悲夫!")

此下又另行批云:

　　前批书(似是"知"字之误)者聊聊(寥),今丁亥夏,只剩朽物一枚,宁不痛乎!

丁亥(1767)的批语凡二十六条,其中二十四条皆署名"畸笏",此二条大概也是畸笏批的。凤姐不识字,故点戏时须别人执笔;本回虽不曾明说是宝玉执笔,而宝玉的资格最合。所以这两条批语使我们可以推测脂砚斋即是《红楼梦》的主人,也即是他的作者曹雪芹。本书第一回本来说此书是空空道人记的,"后因曹雪芹于悼红轩中披阅十载,增删五次,纂成目录,分出章回,则题曰《金陵十二钗》。并题一绝云:

> 满纸荒唐言，一把辛酸泪。
> 都云作者痴，谁解其中味？

至脂砚斋甲戌抄阅再评，仍用《石头记》"。（最后十五字，各本皆无，是据甲戌本的。）甲戌本此段上有朱批云：

> 若云雪芹披阅增删，然后（则）开卷至此这一篇楔子又系谁撰？足见作者之笔狡猾之甚。后文如此处者不少，这正是作者用画家烟云模糊处。观者万不可被作者瞒蔽了去，方是巨眼。

此评明说雪芹是作者，而"披阅增删"是托词。在甲戌本里，作者还想故意说作者是空空道人，披阅增删者是曹雪芹，再评者另是一位脂砚斋。至庚辰写定时，删去"脂砚斋甲戌抄阅再评"字样，只称为"脂砚斋重评《石头记》"了。依甲戌本与庚辰本的款式看来，凡最初的钞本《红楼梦》必定都称为"脂砚斋重评《石头记》"。后人不知脂砚斋即是曹雪芹，又因高鹗排本全删原评，所以删去原题，后人又有改题"悼红轩原本"的，殊不知脂砚斋重评本正是悼红轩原本，如此改题正是"被作者瞒蔽了"。

"脂砚"只是那块爱吃胭脂的顽石，其为作者托名，本无可疑。原本有作者自己的评语和注语，我在前几年已说过了。今见此本，更信原本有作者自加的评注。如此本第七十八回之《芙蓉女儿诔》有许多解释文词典故的注语：如"鸠鸠恶其高，鹰鸷翻遭罦罬"，下注云：

> 《离骚》："鸷鸟之不群兮"，又"吾令鸩为媒兮，鸩告余以不好。雄鸠之鸣逝兮，余犹恶其佻巧"。注：鸷特立不群。鸩羽毒杀人。鸠多声，有如人之多言不实。罦罬音乎拙。《诗经》："雉罹于罦。"《尔雅》：罬谓之罦。（钞本多误，今校正。）

如"钳诐奴之口，讨（戚本作罚。程甲乙本作讨，与此本同）岂从宽?"下注云：

> 《庄子》："钳杨墨之口。"《孟子》："诐辞知其所蔽。"

此类注语甚多，明明是作者自加的注释。其时《红楼梦》刚写定，决不会已有"《红》迷"的读者肯费这么大的气力去作此种详细的注释。所谓"脂砚斋评本"即是指那原有作者评注的底本，不是指那些有丁亥甲午评语的本子，因为甲戌本和庚辰本都已题作"脂砚斋重评"本了。

此本使我们知道脂砚即是雪芹，又使我们因此证明原底本有作者自加的评语，这都是此本的贡献。

此本有一处注语最可证明曹雪芹是无疑的《红楼梦》作者。第五十二回末页写晴雯补裘完时，

> 只听自鸣钟已敲了四下。

下有双行小注云：

> 按四下乃寅正初刻。寅此样〔写〕法，避讳也。

雪芹是曹寅的孙子，所以避讳"寅"字。此注各本皆已删去，赖有此本独存，使我们知道此书作者确是曹寅的孙子。（此注大概也是自注；因已托名脂砚斋，故注文不妨填讳字了。）

我从前曾指出《红楼梦》十六回凤姐谈"南巡接驾"一大段即是追忆康熙南巡时曹寅四次接驾的故事。这个假设，在甲戌本的批语上已得著一点证据了（《文存三集》五七四；或《文选》四三七——四三八）。此本的南巡接驾一段也有类似的批语："咱们贾府只预备接驾一次"一句旁有朱批云：

> 又要瞒人。

"现在江南的甄家……独他家接驾四次"一段旁有朱批云：

> 点正题正文。

又批云：

> 真有是事，经过见过。

这更可证实我的假设了。甄家在江南，即是三代在南京做织造时的曹家；贾家即是小说里假托在京城的曹家。《红楼梦》写的故事的背景即是曹家，这南巡接驾的回忆是一个铁证，因为当时没有别的私家曾做过这样的豪举。

关于秦可卿之死，甲戌本的批语记载最明白（《文存三集》五七五——五七九；或《文选》四三九——四四二）。此本也有松斋、梅溪两条朱批，也有"树倒猢狲散"一条朱批，但无"秦可卿淫丧天香楼"一条总评。此本十三回末有朱笔总评云：

> 通回将可卿如何死故隐去,是大发慈悲心也。叹叹。壬午春。

此条与甲戌本的总评正相印证。

我跋甲戌本时,曾推论雪芹未完的书稿,推得五六事:

(1)史湘云似嫁与卫若兰,原稿有卫若兰射圃拾得金麒麟的故事。

(2)原稿有袭人与琪官的结局,他们后来供奉宝玉、宝钗,"得同终始"。

(3)原稿有小红、茜雪在狱神庙的"一大回文字"。

(4)惜春的结局在"后半部"。

(5)残稿中有"误窃玉"一回文字。

(6)原稿有"悬崖撒手"一回的回目。

此本的批语,除甲戌本及戚本所有各条之外,还有一些新材料。二十回李嬷嬷一段有朱批云:

> 茜雪至狱神庙方呈正文。袭人正文标昌(疑是"目曰"二字误写成"昌"字)"花袭人有始有终",余只见有一次誊清时与狱神庙慰宝玉等五六稿,被借阅者迷失,叹叹。

又二十七回凤姐要挑红玉(小红在甲戌本与此本皆作红玉)跟她去一段,上有朱批云:

> 奸邪婢岂是怡红应答者,故即逐之。前良儿,后篆儿,便是却证作者又不得可也(有误字)。己卯冬夜。

其下又批云:

> 此系未见抄没狱神庙诸事,故有是批。　丁亥夏　畸笏。

此诸条可见在遗失之残稿里有这些事:

(甲)茜雪与小红在狱神庙一回有"慰宝玉"的事。

(乙)残稿有"花袭人有始有终"一回的正文。

(丙)残稿中有"抄没"的事。

此外第十七八合回中妙玉一段下有长注,其上有朱批云:

> 树(?)处引十二钗,总未的确,皆系漫拟也。至末回警幻情榜,方知正副再副及三四副芳讳。　壬午季春　畸笏。

壬午季春雪芹尚生存。他所拟的"末回"有警幻的"情榜",有十二钗及副钗,再副,三四副的芳讳。这个结局大似《水浒传》的石碣,又似《儒林外史》的"幽榜"。这回迷失了,似乎于原书的价值无大损失。

又第四十二回前面有总评云:

> 钗玉名虽二人,人却一身,此幻笔也。今书至三十八回时已过三分之一而有余,故写是回,使二人合而为一。请看黛玉逝后宝钗之文字,便知余言不谬矣。

这一条有可注意的几点:

(1) 此本之四十二回在原稿里为三十八回,相差三回之多。就算十七八九三回合为一回,尚差两回。

(2) 三十八回"已过三分之一而有余",可见原来计划全书只有一百回。

(3) 原稿已有"黛玉死后宝钗之文字",也失去了。

徐先生所藏这部庚辰秋定本,其可供考证的材料,大概不过如此。此本比我的甲戌本虽然稍晚,但甲戌本只剩十六回,而此本为八十回本,只缺两回。现今所存八十回本可以考知高鹗续书以前的《红楼梦》原书状况的,有正石印戚本之外,只有此本了。此本有许多地方胜于戚本。如第二十二回之末,此本尚保存原书残阙状态,是其最大长处。其他长处,我已说过。现在我要举出一段很有趣的文字上的异同,使人知道此本的可贵。六十八回凤姐初见尤二姐时,凤姐说的一大篇演说,在有正石印本里有涂改的痕迹;原文是半文言的,不合凤姐的口气;石印本将此段演说用细线圈去,旁注白话的改本。如原文

> 怎奈二爷错会奴意。眠花卧柳之事瞒奴或可。今娶姐姐二房之大事,亦人家大礼,亦不曾对奴说。奴亦曾劝过二爷,早行此礼,以备生育。……

涂改之后,成了这样的白话:

> 怎奈二爷错会了我的意。若是在外包占人家姐妹,瞒着家里也罢了。今娶了妹妹作二房,这样正经大事,也是人家大礼,却不曾对我说。我也曾劝过二爷,早办这件事,果然生个一男半

女,连我后来都有靠。……

这种涂改是谁的手笔呢?究竟文言改成白话是戚本已有的呢?还是狄平子先生翻印时改的呢?我们现在检查徐先生的抄本,凤姐演说的文字完全和石印本涂去的文字一样。而石印本改定的文字又完全和高鹗排印本一样。这可见雪芹原本有意把这段演说写作半文言的客套话,表示凤姐的虚伪。高鹗续书时,觉得那不识字的凤姐不应该说这种文诌诌的话,所以全给改成了白话。狄平子先生石印戚本时,也觉得此段戚本不如刻本的流畅,所以采用刻本来涂改戚本。但狄先生很不彻底,改了不上一叶,就不改了;所以原文凤姐叫尤二姐做"姐姐",石印本依刻本改为"妹妹";但下文不曾照改之处,又仍依原文叫"姐姐",凡八九处之多。这可证石印本确是用刻本来改原本的。然而若没有此本的印证,谁能判此涂改一案呢!

我很感谢徐星署先生借给我这本子的好意。我盼望将来有人肯费点功夫,用石印戚本作底子,把这本的异文完全校记出来。

二十二,一,二十二夜

(原载 1932 年 12 月《国学季刊》第 3 卷第 4 号,此号实际延期出版)

跋《四游记》本的《西游记传》

《四游记》四种：《东游志传》，题兰江吴元泰编，记八仙的传说；《西游记传》，题齐云阳至和（鲁迅所见本作杨志和）编，记唐僧取经故事；《南游志传》，题仰止余象斗编，记华光天王的故事；《北游志传》，也题余象斗编，记真武玄天上帝的出身。

这四部书的年代都不可考。只有《北游记》之末记永乐三年真武上帝助国家得胜，受皇帝崇拜，下文说，"至今二百余载，香火如初"。永乐三年当西历1405，加二百余载，已到了万历晚年了。但这一点也许可以暗示《北游记》的年代，却不能考定其余三部书的年代。

依我个人的推测，东，北，南，三种游记之名都出于吴承恩的《西游记》之后。《华光》小说起于民间，吴昌龄《西游记》杂剧中已有华光了，可见此种传说来源很早。《真武》与《八仙》两故事来源很早，是大家知道的。此三书的原本大概各有专名，如《上洞八仙传》，《五显灵官华光天王传》，《真武玄天上帝出身志传》之类；其文字或为宣卷体，或为散文小说，都不可知。到了万历中期以后，《西游记》小说已风行了，始有余象斗本的《华光》和《真武》小说出现。谢肇淛《五杂组》中提及《华光》小说，或即是此本。谢肇淛是万历二十年（1592）进士，他见《华光》小说已在《西游记》风行之后了。《八仙传》中称"齐天大圣"手持铁棒，英雄无敌，可见此书出于《西游记》之后。但《八仙传》中称"温、关、马、赵四将"，关帝的地位还不特别高，可见其书尚是晚明作品。

四部书凑成《四游记》，乃是很晚的事。我的一部《四游记》有嘉庆十六年辛未（1811）明轩主人的总序，首云：

> 余肄业家塾,训授诸生,适友人持一帙示余曰,"此吴元泰、余仰止诸先生所纂《四游记》也。敢乞公一序以传"。

末云:

> 此书之谆谆觉世,……有裨于世道,足以刊行,是以为序。

我所见的本子没有比这本子更古的。这可见《四游记》乃是嘉庆时书坊杂凑牟利的书,远在《西游》小说流行之后了。

《四游记》中的《西游记传》是一个妄人删割吴承恩的《西游记》,勉强缩小篇幅,凑足《四游记》之数的。《西游》小说篇幅太大,决不能和其他三种并列,故不能不硬加删割。但《西游》行世已久,删书者不敢变动书中故事,故其次第全依《西游记》足本。鲁迅先生(《小说史略》页一七七)也说,"《西游记》全书次第与杨志和作四十一回本殆相等"。其实乃是阳本全依吴本的次第。

试看此书前十五回和吴本的前十四回相同,已占全书的一小半了。可见删书的人起初还不敢多删。到了后来,为篇幅所限,他只好横起心肠,胡乱删削,吴本的后八十五回被他缩成二十六回,所以竟不可读了。

鲁迅先生误信此书为吴本之前的祖本,我试举一例来证明他的错误。此本第十八回(收猪八戒)收了八戒之后,

> 唐僧上马加鞭,师徒上山顶而去。话分两头,又听下回分解。

这下面紧接一诗:

> 道路已难行,巅崖见险谷。……野猪挑担子,水怪前头遇。

多年老石猴,那里怀嗔怒。你问那相识,他知西去路。

下面紧接云:

> 行者闻言冷笑,那禅师化作金光,径上乌窠而去。

这里最可看出此本乃是删节吴承恩的详本,而误把前面会见乌窠禅师的一段全删去了,所以有尾无头,不成文理。这是此本删吴本的铁证。

鲁迅说吴本"第九回记玄奘父母遇难及玄奘复仇之事,亦非事实,杨本皆无有,吴所加也"(页一七七)。今按阳本第十二回有玄奘

父母遇难的事，但删去了复仇一节。吴昌龄的《西游记》杂剧的第一卷即是叙玄奘的父母遇难及后来复仇之事。吴承恩全沿用此卷，其中有不近情理之处，都是因袭元剧，未及剪裁的。《四游记》本的删节，全是为篇幅关系，显然在吴承恩之后。又鲁迅说吴本火焰山之战是"取《华光传》中之铁扇公主以配《西游志传》（杨本）中仅见其名之牛魔王"（页一七九），这也是一种错误的猜想。铁扇公主已见于吴昌龄《西游记》剧本的第十八九出，但牛魔王是吴承恩创造的。红孩儿在元剧里是鬼子母的儿子，与铁扇公主、牛魔王无关。吴承恩把红孩儿做了牛魔王的儿子，又叫铁扇公主做了牛魔王的老婆，遂造出几万字的热闹文字（四十至四二回；五九至六一回）。但阳本实在收不下了，遂把火焰山"三调芭蕉扇"的大文章删成了一百三十个字！火焰山的大战只剩了两行半：

　　魔王抵家，闻得行者拐了扇子，星忙赶至中途，多得天神地祇助功，得了扇子，扇开火焰山，径至祭赛国。

明眼的读者，这是阳本硬删吴本呢？还是吴本从"多得天神地祇助功"一句子造出几万字的妙文呢？如果还有人信后一说，我要请问，阳本前面（三十二回）已明说红孩儿是牛魔王的儿子，何以到了后文仇人相见，又不写牛魔王要报儿子的仇恨哩？

所以我断定《四游记》中的《西游记传》是一个妄人硬删吴承恩本缩成的节本，决不是吴本以前的古本。

二十，三，十五夜改稿

（原载 1931 年《北平图书馆馆刊》第 5 卷第 3 号）

《日本东京所见中国小说书目提要》序

沧县孙子书先生是今日研究中国小说史最用功又最有成绩的学者。他的成绩之大,都由于他的方法之细密。他的方法,无他巧妙,只是用目录之学做基础而已。他在这几年之中,编纂中国小说书目,著录的小说有八百余种之多。他每记载一种书,总要设法访求借观,依据亲身的观察,详细记载板刻的形式与内容的异同。这种记载便是为中国小说史立下目录学的根基。这是最稳固可靠的根基,因为七八百年中的小说发达史都可以在这些版本变迁沿革的痕迹上看出来。所以孙先生本意不过是要编一部小说书目,而结果却是建立了科学的中国小说史学,而他自己也因此成为中国研究小说史的专门学者。

他在北平所亲见的小说,已很多了。但他还不满足,所以去年九月亲到日本去看中国小说。专为了看小说而渡海出洋,孙先生真可算是中国小说研究史上的哥仑布了。

他在东京工作了两个月,又在大连工作了五日,都是专心壹志的猛干,所以能在短时期中记录了这七卷的《东京大连所见中国小说书目提要》。这两处——尤其是东京——所藏的中国小说古本的绝大重要,孙先生在他的自序和缘起里都说过了,无须我来申说。我只要请读此书的人回想十四五年前我开始作小说考证时,那时候我们只知道一种《水浒传》,一种《三国演义》,两种《西游记》,一种《隋唐演义》。在这十几年之中,国内已发现的《水浒传》,有百回本,一百十五回本,一百二十回本,一百二十四回本。孙先生此书中记载的《水浒传》明刻本竟有六种之多。有了这许多本子的详细记载,我们方才可以作《水浒》演变史的精密研究了。《三国演义》的历史,近年来全靠日本所藏的几个古本的帮助,我们差不多可以知道从元朝到清初三国故事的演变了。国内至今还没有可贵的《西游记》本子。而孙先生在日本所见的明刻本共有七部,加上宋刊的两种《三藏法师取经记》和盐谷温先生印行的吴昌龄《西游记杂剧》,从此《西游记》的历史的研究也可以有实物的根据了。《隋唐演义》与《封神传》等书,向来在国内都没有古本子,所以我们都无从试探他们成书的历史;现在有了孙先生所见各种古本的记载,这种研究都可以开始了。我们试回想十五年前,我们讨论中国短篇小说,只能用一部《今古奇观》作例子;十五年来,"三言""二拍"与《古今小说》都先后出现,我们方才明白短篇小说在当时发达的状况;而这些书的保存与出现,都靠日本宫廷与私家的收藏。我们可以说:如果没有日本做了中国旧小说的桃花源,如果不靠日本保存了这许多的旧刻小说,我们决不能真正明了中国短篇与长篇小说的发达演变史!我们明白了这一点,方才可以了解孙先生此次渡海看小说的使命的重大。

试举《隋唐演义》一书为例。国内通行之《隋唐演义》皆是褚人获重编之本。近年始有人注意到林瀚编的《隋唐演义》。但因为这两部书的内容太不相同了,我们竟无从明了他们的因革关系,也不能知道褚人获怎样能从一部很幼稚的通俗讲史变成一部很有文学趣味的小说。但我们读了孙先生的书目,自然会明白《隋唐演义》的历史了。孙先生在东京见了五种《隋唐演义》,在大连又见了一部《隋史遗文》:

(1)熊钟谷编的《唐书志传通俗演义》八卷九十节。(嘉靖癸丑杨氏清江堂刊本)

(2)余应鳌编的《唐国志传》八卷。(余氏三台馆刊本)

(3)姑孰陈氏尺蠖斋评释《唐书志传通俗演义》八十九节。(万历(?)癸巳绣谷唐氏世德堂刊本)

(4)徐文长评《唐传演义》八卷九十节。(万历庚申武林藏珠馆刊本)

以上四种,依孙先生的考定,实在只是一部书,其内容文字都相同,大意是记唐朝开国的事,起于隋炀帝大业十三年,终于唐太宗贞观十九年。这是《隋唐演义》的一个祖本。

(5)《隋唐两朝志传》十二卷一百二十二回。(万历己未,金闾龚绍山绣梓)

这本子有假托杨慎的序,又有林瀚的序。林序也是假托的,序中说他得罗贯中原本,重编为十二卷。此书虽假托于正德一朝的名人,孙先生考定为用熊钟谷本作底本而扩充成书的:前面略加几回隋朝故事,中间叙述瓦岗寨的英雄较为详细,后面增补唐太宗以后的史事直到僖宗为止。这也是《隋唐演义》的一个祖本。

(6)新镌绣像批评《隋史遗文》十二卷六十回。(名山聚藏板,有崇祯癸酉袁于令序)

这书专记隋末瓦岗寨的好汉,用秦叔宝作中心。孙先生从每回后的总评里考出此书之前尚有一种"旧本",大概是当时说话人所演讲,袁于令取市人话本,稍加增改,作成此书。这是《隋唐演义》的一个最重要的祖本。

我们试再翻开《隋唐演义》的褚人获自序,看他说:

> 《隋唐志传》创自罗氏,纂辑于林氏,可谓善矣。然始于隋宫剪彩,则前多阙略;厥后铺缀唐季一二事,又零星不联属:观者犹有议焉。昔箨庵袁先生曾示予所藏《逸史》,载隋炀帝、朱贵儿、唐明皇、杨玉环再世因缘事,殊新异可喜。因与商酌,编入本传,以为一部之始终关目。合之《遗文》《艳史》而始广其事,极之穷幽仙证(此指书中末回的仙证故事)而已竟其局。其间阙略者补之,零星者删之,更采当时奇趣雅韵之事点染之,汇成一集,颇改旧观。

褚氏叙述他的新本的来历,本是很忠实,很明白的。然而我们若不曾读孙先生所记载的各种本子的内容,我们就不会看懂这一段自序,因为我们就不懂得序中说的"遗文"即是《隋史遗文》,也就不懂得袁于令和这部书的关系,更不知道熊钟谷本与林瀚本的关系。现在我们有了孙先生记载的材料,方才可以推知《隋唐演义》的演变史大概是这样的:

(1) 熊钟谷本《唐书志传》┐林瀚本《隋唐志传》┐
(2) 旧本《隋史遗文》　├袁于令本《隋史遗文》├褚人获本《隋唐演义》
(3) 《隋炀艳史》　　　┘　　　　　　　　　　┘

我们看这一部小说的历史，就可以知道孙先生的小说目录学在小说史学上的绝大重要了。没有这些古本小说的详细记载，我们决无从了解一部小说的历史。必须先知道了《古今小说》，《三言》，《二拍》的内容，然后可以知道《今古奇观》所收的各篇都是从这几部短篇小说丛书里选出来的。必须先知道褚人获以前的隋唐故事旧本，然后可以了解褚本《隋唐演义》的真正历史地位。《水浒》、《西游》、《三国》、《封神》、《说岳》、《英烈传》、《平妖传》等书的历史的考证，必须重新建筑在孙先生现在开始建立的小说目录学的新基础之上。

1932，7，24

（收入孙楷第著：《日本东京所见中国小说书目提要》，
北平图书馆暨中国大字典编纂处 1932 年出版）

《西游记》的第八十一难[①]

十年前我曾对鲁迅先生说起《西游记》的第八十一难（九十九回）未免太寒伧了，应该大大的改作，才衬得住一部大书。我虽有此心，终无此闲暇，所以十年过去了，这件改作《西游记》的事终未实现。前几天，偶然高兴，写了这一篇，把《西游记》的第八十一难，完全改作过了。自第九十九回"菩萨将难簿目过了一遍"起，到第一百回"却说八大金刚使第二阵香风，把他四众，不一日送回东土"为止，中间足足改换了六千多字。因为《学文月刊》的朋友们要稿子，就请他们把这篇"伪书"发表了。现在收在这里，请爱读《西游记》的人批评指教。

二十三，七，一　胡适　记

《西游记》第九十九回

观音点簿添一难　　唐僧割肉度群魔

话说观音菩萨把唐僧一路上经历的灾难簿子从头看了一遍，忽发言道："佛门中九九归真。圣僧受过八十难，还少一难，不得完成此数。"菩萨当时即命五方揭谛道："速速赶上金刚，还生一难者！"

揭谛得令，驾云向东赶去，不多时赶上了金刚，附耳低言，说明菩萨法旨。金刚奉令，刷的把风按下，将唐僧四众连马与经，降落在地。噫！正是

腾云指日回唐土，何图忽又落人间！

三藏脚踏了凡地，自觉心惊。八戒呵呵大笑道："好，好，好！这

[①] 编者注：此文胡适在"商务本"后有所修改，现依"远流本"收入。

正是走得快,跌得高!"沙僧也道:"想是护送的金刚半路上看个亲眷去了,叫我们下来歇歇哩。"孙行者火眼金睛,早已看见五方揭谛赶上金刚,交头接耳,必有用意,他且不说破,只对唐僧说道:"师父,金刚抛下我们,自回去了。我们且打听明白这是什么地方,在何国土。"唐僧道:"悟空说得是。我听得远远的有水响,不知是不是我们从前走过的河水。"

行者纵身跳在空中,用手搭凉篷,仔细看了,下来道:"师父,那一带树林过去,果然是一条大河,河身像是很宽,很长;水势却不汹涌,不像是流沙河,也不像是通天河,也许是一条我们不曾走过的大河。"

唐僧问道:"徒弟啊,那边可望得见人烟么?"行者答道:"河的对岸好像有一个城镇。有船只载着人往这边来。河这边有一座高塔。船上的人好像是朝着这塔来的,也许是来塔上烧香祭赛的。"

八戒喊道:"只要有人烟,我们都去!"八戒、沙僧把经卷驮在马上,四众步行,穿过大树林,果然望见一座高高的宝塔。师徒们朝着宝塔走去,看看太阳将落时,他们到了宝塔面前。只见二三十个人,全是天竺国服装,老老少少,男男女女,从塔下走出来,朝着河边回去。那些人见了唐僧四众,都很惊异,渐渐围拢来;妇人孩子见了八戒三人的怪模样,都很害怕,躲在老年人的背后,窃窃私语。内中一位老者,认得唐僧的状貌衣装是大唐人物,走过来问讯。唐僧叫三个徒弟站开,他自己上前施礼问讯。唐僧道:"贫僧是大唐人氏,这三人是小徒,往西天取经回来,流落在此,不知路途方向。请问老丈这里是何国土,这宝塔供养何种尊神,此去大唐国土应走何方向。"

那老者答礼道:"不知法师是大唐上国求法高僧,失敬之至。此处是婆罗涅斯国,前面的大河是恒河。顺河流东行,约三百余里,便是战士国境。法师若要东行,可用船顺流下去。这里的宝塔是敝国最著名的古迹,叫做'三兽窣堵波',是如来在过去劫初修"菩萨行"时烧身供养天帝释之处。每年八月月圆时,是月光王菩萨的节日,敝处的人来此扫塔祭赛。今天正是月光节,我们来此祭扫,不想得遇上国高僧。可否请到对河村子里供养一宿,明天准备船只相送东行?"

唐僧听说"三兽窣堵波"之名,心里大欢喜,忙整衣帽,朝塔礼拜,并叫行者三人同来礼拜。礼拜毕,唐僧又谢那老者指引的好意,说道:"贫僧久闻'三兽窣堵波'之名,但恨无缘拜扫瞻仰。天幸今日无意中亲到塔下,岂可错过机缘?贫僧师弟都是修行之人,今夜决计在塔下打坐一宵,以表礼拜的诚心。多蒙老丈厚意款待,明早一定渡河到贵村来拜谢。"

那老丈听说,知道唐僧决心扫塔,又看见那三个怪模样的徒弟有点害怕,也便不坚留,便率领众男妇回河边上船去了。

话说唐僧别了众人,回过头来,欢天喜地的对三个徒弟说道:"徒弟啊,谁料我们从云里掉下来,却遇着这意外的奇缘!"八戒笑道:"师父,想必是打听得你的祖宗的骨塔了?"沙僧和行者齐声问道:"师父,这个古塔有何因缘,叫你老人家这样高兴!"

三藏回头用手指道:"你们不见这里是三座塔么?"行者们看时,果然中间一座高塔,左右两旁各有一座小塔。在远处望见的只是中间的高塔。唐僧说:"这就是西域地志上有名的三兽塔,又叫做'月中玉兔塔'。三兽是一只兔子,一只狐狸,一只猿猴。中间是兔塔,两边是狐塔、猴塔。"八戒呵呵大笑道:"怪道老师父欢天喜地,原来他替弼马温大师兄寻得了祖坟也!"

唐僧喝住八戒,说道:"劫初之时,我佛如来投生为一只白兔,他本性不昧,在树林中修'菩萨行'。他有两个同伴,一狐一猿,受了他的感化,也同在树林中修行。一日,天帝释要试验他们的修行工夫,下凡变化作一个老人,到树林中来。三兽见那老人形容憔悴,行步艰难,都来问他有何病痛。老人说:'我要饿死了;来问你们讨点东西吃。'三兽请他坐在树下,他们都出去寻食物款客。狐狸先回来,嘴衔着一条鲜鲤鱼。猿猴也回来了,摘得一堆鲜果。只有白兔空手回来,心怀惭愧。老人说:'狐哥、猴哥都寻了东西回来,难道兔哥不肯布施一点么?'白兔闻言,对同伴道:'敢烦两位师兄替我采点干柴,生起火来,我也有点东西供客。'狐猿出去,寻了一些枯枝干叶,堆成了一大堆,生起火来。白兔见火焰正旺,就对老人道:'丈人,我自愧有心无力,不能救丈人的饥饿。敬献区区身体,供丈人一餐。'说完,就跳入烈焰之中。那时老人忽现天帝释庄严宝相,从火焰中提出兔身,嗟叹不已。天帝释道:'兔子舍生救人,是真"菩萨行"。吾当令世间人永永敬礼他的形容。'天帝释言讫,一只手攀住须弥山尖,撕下了半个峰头来做他的画笔;一只手捉住月亮,做他的画本,就在月亮上画下了玉兔的形状。至今月中有玉兔,便是这样起原的。后世天竺国人纪念这个玉兔烧身的故事,在这里建塔纪念,就是这个三兽窣堵波。"

唐僧接着又说:"我小时念《杂宝藏经》,《经律异相》,就知道这白兔舍身的因缘。谁想今日取经回来,还能瞻拜这千年古塔!我如何不欢喜!"①

三藏讲完故事,行者、沙僧俱各欢喜赞叹。只有八戒涎着嘴脸,呵呵大笑道:"好个多情的师父!忘不了大天竺国抛绣球招亲的假公主!你瞧那河上起来的团圞明月亮,正照着绣球选中的驸马爷的僧帽上。只怕太阴星君管束不严,玉兔知道了我师父今夜扫塔的多情,又要逃出广寒宫,来寻你耍子去也!"

三藏也不管八戒的顽皮,领着三人,到中间塔下,叫八戒把经卷龙马安顿在塔下,叫沙僧摘了一些竹枝,扎了一把笤帚。唐僧拿着笤帚,同他们上塔祭扫。正是:

玉兔高风永不磨,庄严塔影照恒河。

殷勤上国求经客,来扫千年窣堵波。

话说唐僧四众扫塔,到得最上一层时,明月已近中天;远望恒河变成了一道光耀的银河;四野静穆,但见茫茫银雾,涌起一个出尘的世界。唐僧到此不觉一声叫绝。行者、沙僧也都凝望出神。连那八戒也不觉摇头摆耳,舞蹈起来。唐僧本来早已走得疲乏了,就在那塔

---

① "三兽窣堵波"的故事见于玄奘的《大唐西域记》卷七。白兔舍身因缘又见于《生经》第三十一,《撰集百缘经》第三十八,《杂宝藏经》卷二,《经律异相》卷四十七。我在这里又参用了现代印度作家的说法。

顶上靠着石栏坐下。坐了一会,他舍不得走了,对三个徒弟道:"徒弟啊,我当年离长安,在法云寺里立了弘愿,上西方遇寺拜佛,见塔扫塔。一路上历尽多少艰辛。那回在祭赛国扫塔,被妖魔败兴。还有那回在荆棘岭上,虽然也是一个月白风清的良夜,又被几个松妖杏怪搅缠了一夜。今番取得经典回朝,难得在这千年古塔上清清闲闲的赏玩这无边月色。你们三人可先下去看守经卷,在塔下洞门里歇息。我要在这塔上打一回坐,定一定心。"

行者料无意外危险,便叫八戒、沙僧同去塔下等候。八戒笑着回头道:"师父早点下来罢! 莫要被月光钩起了凡心,又要累大师兄上毛颖山找寻玉兔儿去!"

他们下塔去讫,唐僧正襟打坐,凝神入定。他在定中,忽然听得空中有人喊道:"圣僧随我来,了一件公案去者!"他觉得身体起在空中,跟着那人,在月光里飘到一个平阳大地,落下地来。他定神四看,只看见整千整万的异形怪状的鬼怪,也有像人形的,也有兽身人面的,也有完全兽形的,也有一身九头的,大都是浑身血污,破头折脚,肢体不全。这些鬼怪见唐僧来了,登时起了大扰攘,一霎时鬼哭魔嚎,喊声震天。唐僧只听得四方八面齐声喊着"唐僧还我命来!""唐僧还我命来!"

唐僧虽然身经无数灾难,到此也不免心惊胆颤。只听得那个同来的人低声说道:"圣僧不必惊慌。小神奉菩萨法旨,引圣僧来此结束一件公案。这些冤魂都是圣僧从东土西来求经一路上所遇见的大小妖魔的鬼魂。他们当时妄想要吃圣僧一块肉,可以延寿一千年,所以在路上兴风作浪,与圣僧为难。幸有齐天大圣,天蓬元帅,卷帘大将,一路保护前来。这些都是金箍棒和钉钯底下的死鬼,因为得罪了圣僧,永永打入恶道,不得超生。现今他们都奉地藏王菩萨法旨,来到这里请圣僧结此公案。"

那人说完,唐僧一时没了主意,扯住那人问道:"我的三个徒弟都不在我身边,叫我如何了得这件公案?"那人道:"这件公案只有圣僧自了,齐天大圣诸人都助不得力。"

那人说完,拉住唐僧起在半空中,用手指着下面一队队的妖魔鬼魂,一一说与唐僧道:"那边是双叉岭的老虎。那是两界山的老虎。那是五行山脚下被行者打死的六贼。那是鹰愁陡涧被龙吞了的马。那是观音禅院撞死的老和尚。那是黑风山的白花蛇与苍狼怪。那是黄风岭的虎先锋领着无数狐兔獐鹿的鬼魂。"

他转过身来,指道:"那个女鬼是白虎岭的白骨夫人。那两个小孩子是碗子山波月洞黄袍怪的两个儿子,被八戒、沙僧掼死的。这边是平顶山莲花洞的几百小妖,领头的是压龙洞的九尾狐精和狐阿七大王。那边三个道士是车迟国的虎力大仙,鹿力大仙,羊力大仙。那边那个跬跬拜拜的老怪物乃是通天河里设计捉拿圣僧的老鼋婆,率领着一班打死的水怪鱼精。"

那人又转向右边,指道:"那边百十个鬼魂乃是金峣山独角兕大王手下的小妖。这边二三十个人鬼乃是杨家庄上孙行者打死的贼人。那边是琵琶洞的蝎子精,这边是大闹西天的六耳猕猴。那边一大队是牛魔王的小夫人玉面公主领着摩云洞的小妖。这边一小群是碧波潭的老龙一家,同着他那九个头的驸马。"

说到这里,那人向前面一指,笑道:"圣僧想还认得这几位朋友!"唐僧细看时,却是荆棘岭上的十八公,孤直公,凌空子,拂云叟,杏仙一班花妖树怪。

那人又指道:"圣僧请看,那边纷纷攘攘的是小雷音黄眉大王的五七百个小妖,和狮驼洞的万数小妖。这边争争吵吵的是盘丝洞的七种蜂妖,黄花观的七个蜘蛛精,竹节山九曲盘桓洞的猱狮、雪狮等等七个狮精。前面那两盏大灯笼是稀柿衕的大蟒怪的一对眼睛。右边那个艾叶花皮豹子乃是隐雾山折岳连环洞的南山大王。左边那一大群牛,乃是金平府玄英洞的辟寒大王,辟暑大王,辟尘大王,领着他们手下的许多山牛精,水牛精,黄牛精。"

那人团团转了一遭,回头对唐僧说道:"圣僧,这一案里的人鬼妖魂全在这里了。地藏王菩萨的名籍上记着,这一案共有五万九千零四十九名。这都是当年要谋害圣僧的性命,要吃圣僧的肉想延寿长生的。圣僧如何处分这一案,想必自有权衡。小神交代明白,暂且告退。"说完,那人按落云头,把唐僧送在一座石磴上,竟自扬长腾空去了。

唐僧在半空中看了那几万个哀号的鬼魂,听了那惨惨凄凄的哭声,他的恐惧之心已完全化作慈悲不忍之心。他想到今天说过的白兔舍身的故事,想到佛家"无量慈悲"的教训,想到此身本是四大偶然和合,原无足系念。他主意已定,便自定心神,在石磴上举起双手,要大众鬼魂安静下来。

那时无数鬼魂看见唐僧站在月光中,庄严之中带着慈祥,个个都感觉着一种不可思议的威力。大众见他举起双手来,手心向下,月光正照在手背上,大众都渐渐安静下来。一会儿,真个全肃静了。

唐僧徐徐开言道:"列位朋友!贫僧上西天求经,一路上听得纷纷传说:'吃得唐僧一块肉,可以延寿长生。'非是贫僧舍不得这副臭皮囊:一来,贫僧实不敢相信这几根骨头,一包血肉,真个会有延年长命的神效;二来,贫僧奉命求经,经未求得,不敢轻易舍生。如今贫僧已求得大乘经典,有小徒三人可以赍送回大唐流布。今天难得列位朋友全在此地,这一副臭皮囊既承列位见爱,自当布施大众。惟愿各山洞主,各地魔王,各路冤魂,受此微薄布施,均得早早脱离地狱苦厄,超升天界,同登极乐!"

唐僧言讫,那数万鬼魂齐齐举手欢呼,鬼声啾杂,辨不出他们说的什么,只听得一片"聒噪!聒噪!"①"多谢布施!""快吃唐僧肉!"

唐僧又举起两手来,叫他们静听。他又说道:"列位朋友!请忍耐片刻。让贫僧留个遗表,给小徒带回大唐。"好个玄奘和尚!他脱下袈裟,反铺在石磴上,他咬破右手中指,写下血书遗表:

> 沙门玄奘言:臣奉命西来求法,历时一十七载,艰危万重,而凭恃天威,心愿获从。遂得见不见之迹,闻未闻之经。所求得大乘真经五千零四十八卷,今命徒弟悟空等赍送回朝,流布东土。惟求法弘愿已了,微躯已无足恋,兹于本日在婆罗涅斯国恒河岸

---

① "聒噪,聒噪"是道谢之词。《西游记》第九十四回大天竺国国王赠送金银时,行者唱喏道:"聒噪!聒噪!"我们徽州绩溪土话向人道谢也说:"姑噪,姑噪",大概"聒噪"与"姑噪"同出于一个语源。

上，三兽塔下，舍命布施，下以超度途中柱死鬼魂，上以为国家祈天永命。临绝上闻，不尽依依。

他又留下遗嘱给行者三人：

> 玄奘赖尔等护持，得遂求经弘愿。经典至重，望尔等星夜赍送回朝。玄奘微躯已于今夜布施西天路上尔等所害诸柱死鬼魂，了此十七年公案。此是修菩萨行人本分内事，尔等不必哀伤。经典到达之日，即是玄奘不死之年。此嘱。

唐僧写完，将度牒裹在袈裟里，脱下紧身衣服，抽出十七年不曾用过的戒刀，坐在石磴上，从左腿上割下一块肉来，用刀尖挑了，递与靠近身旁的鬼魂，笑道："这是唐僧肉，可惜不多，请你们每人吃一口罢。"一个小妖接过去，咬了一口，传递给第二人。这时唐僧又割下第二块肉来了。这些山妖水怪，被唐僧的大慈悲感动了，倒也讲点礼数，每人只咬一小口，不争多论少，也不争肥较瘦；吃了肉的都慢慢散开去，让没吃肉的挤近前来。唐僧一块一块的割去，血流下石磴，石磴面前成了血池。一些鱼精鳖怪，便跟着老鳜婆，在血池里喝血。盘丝洞里干儿子，——蜜蜂、蚂蜂、蠦蜂、班毛、牛蜢、抹蜡、蜻蜓，——也都飞来吸血。

唐僧把身上割得下的肉都割剔下来了，看看只剩得一个头颅，一只右手，还不曾开割。说也奇怪，唐僧看见这几万饿鬼吃得起劲，嚼得有味，他心里只觉得快活，毫不觉得痛苦。

这时候，那团圞的月亮已快要落下地去，在长河那一边，月光平射过来，照着那个孤零零的和尚头，那头的黑影子足足有几里路长，在那几万鬼魂的顶上晃着。这时候，忽听得半空中一声"善哉！是真菩萨行！"唐僧抬起头来，只见世界大放光明，一切鬼魂都不见了。

唐僧如从大梦里醒来，定心一看，兀自坐在那三兽塔最高层上的石栏边，分毫不曾移动。抬头望那月亮已将落下地去，东方满天的红霞，太阳快起来了。他伸手摸腿上身上，全不见割剔的痕迹。他心里惊怪：难道是我在定中做了一场噩梦？正惊疑间，只听得塔的下层有脚步声响，行者与八戒上来，八戒喊道："师父出定了吗？天快亮了。"唐僧心里觉得快活，也不说破，站起来同他们下塔去。

下得塔来,只见沙僧牵着龙马,傍边立着八大金刚,齐声向唐僧道喜,说道:"恭贺圣僧一夜之中,了得西来公案,圆成九九劫数!一念无量慈悲,三千大千诸佛菩萨同声赞叹。可贺,可贺!"

行者三人都不懂得金刚说的话,争问师父夜来在塔上做了什么。唐僧不得已,把夜来的奇境说了一遍。说完,解开袈裟,看那里面隐隐约约的好像还有许多金字,细看时又都不见了。师徒四众都咨嗟称异。

八大金刚催促道:"圣僧功行完满,就此回东土去罢!"有偈为赞:

> 吃得唐僧一块肉,五万九千齐上天。
> 此身如梦如泡沫,刀割香涂总一般。①

(原载 1934 年 7 月《学文月刊》第 1 卷第 3 期)

---

① 王安石有《读维摩经有感》诗:"身如泡沫亦如风,刀割香涂共一空。宴坐世间观此理,维摩虽病有神通。"

胡适文存四集　卷四

我们走那条路

缘　起

我们几个朋友在这一两年之中常常聚谈中国的问题,各人随他的专门研究,选定一个问题,提出论文,供大家的讨论。去年我们讨论的总题是"中国的现状",讨论的文字也有在《新月》上发表的。如潘光旦先生的《论才丁两旺》(《新月》二卷四号),如罗隆基先生的《论人权》(《新月》二卷五号),都是用讨论的文字改作的。

今年我们讨论的总题是"我们怎样解决中国的问题?"分了许多子目,如政治,经济,教育,等等,由各人分任。但在分配题目的时候,就有人提议说:"在讨论分题之前,我们应该先想想我们对于这些各个问题有没有一个根本的态度。究竟我们用什么态度来看中国的问题?"几位朋友都赞成有这一篇概括的引论,并且推我提出这篇引论。

这篇文字是四月十二夜提出讨论的。当晚讨论的兴趣的浓厚鼓励我把这篇文字发表出来,供全国人的讨论批评。以后别位朋友讨论政治、经济等等各个问题的文字也会陆续发表。

十九,四,十三,胡适

我们今日要想研究怎样解决中国的许多问题,不可不先审查我们对于这些问题根本上抱着什么态度。这个根本态度的决定,便是我们走的方向的决定。古人说得好:

> 今夫盲者行于道,人谓之左则左,谓之右则右。遇君子则得其平易,遇小人则蹈于沟壑。(《淮南·泛论训》,文字依《意林》引)

这正是我们中国人今日的状态。我们平日都不肯彻底想想究竟我们要一个怎样的社会国家，也不肯彻底想想究竟我们应该走那一条路才能达到我们的目的地。事到临头，人家叫我们向左走，我们便撑着旗，喊着向左走；人家叫我们向右走，我们也便撑着旗，喊着向右走。如果我们的领导者是真真睁开眼睛看过世界的人，如果他们确是睁着眼睛领导我们，那么，我们也许可以跟着他们走上平阳大路上去。但是，万一我们的领导者也都是瞎子，也在那儿被别人牵着鼻子走，那么，我们真有"盲人骑瞎马，夜半临深池"的大危险了。

我们不愿意被一群瞎子牵着鼻子走的人，在这个时候应该睁开眼睛看看面前有几个岔路，看看那一条路引我们到那儿去，看看我们自己可以并且应该走那一条路。

我们的观察和判断自然难保没有错误，但我们深信自觉的探路总胜于闭了眼睛让人牵着鼻子走。我们并且希望公开的讨论我们自己探路的结果可以使我们得着更正确的途径。

在我们探路之前，应该先决定我们要到什么地方去，——我们的目的地。这个问题是我们的先决问题，因为如果我们不想到那儿去，又何必探路呢？

现时对于这个目的地，至少有这三种说法：

（1）中国国民党的总理孙中山说，国民革命的"目的在于求中国之自由平等"。

（2）中国青年党（国家主义者）说，国家主义的运动"就是要国家能够独立，人民能够自由，而在国际上能够站得住的种种运动"。

（3）中国共产党现在分化之后，理论颇不一致；但我们除去他们内部的所谓史大林——托洛斯基之争，可以说他们还有一个共同目的地，就是"巩固苏联无产阶级专政，拥护中国无产阶级革命"。

我们现在的任务不在讨论这三个目的地，因为这种讨论徒然引起无益的意气，而且不是一千零一夜打得了的笔墨官司。

我们的任务只在于充分用我们的知识，客观的观察中国今日的实际需要，决定我们的目标。我们第一要问，我们要铲除的是什么？

这是消极的目标。第二要问，我们要建立的是什么？这是积极的目标。

我们要铲除打倒的是什么？我们的答案是：

我们要打倒五个大仇敌：

第一大敌是贫穷。

第二大敌是疾病。

第三大敌是愚昧。

第四大敌是贪污。

第五大敌是扰乱。

这五大仇敌之中，资本主义不在内，因为我们还没有资格谈资本主义。资产阶级也不在内，因为我们至多有几个小富人，那有资产阶级？封建势力也不在内，因为封建制度早已在二千年前崩坏了。帝国主义也不在内，因为帝国主义不能侵害那五鬼不入之国。帝国主义为什么不能侵害美国和日本？为什么偏爱光顾我们的国家？岂不是因为我们受了这五大恶魔的毁坏，遂没有抵抗的能力了吗？故即为抵抗帝国主义起见，也应该先铲除这五大敌人。

这五大敌人是不用我们详细证明的。余天休先生曾说中国人口百分之九十五在贫穷线以下。张振之先生（《目前中国社会的病态》）估计贫民数目占全国人口三分之一以上。张先生引四川李敬穆先生的话，说：依据甘布尔，狄麦尔，以及北京的成府，安徽的湖边村的调查，中国穷人总数当占全国人口百分之五十（李先生假定一家最低生活费为一三〇元至一六〇元，凡一家庭每年收入在这数目以下，便是穷人）。近来所得社会调查的结果，如李景汉先生《北平郊外之乡村家庭》等书所报告，都可以证明李敬穆先生的估计是大体不错的。有些地方的穷人竟在百分之七十三以上（李景汉调查北平郊外挂甲屯的结果），或竟至百分之八十二以上（民十一华洋义赈会调查结果）。这就离余天休先生的估计不远了。这是我们的第一大敌。

疾病是我们种弱的大原因。瘟疫的杀人，肺结核花柳病的杀人灭族，这都是看得见的。还有许多不明白杀人而势力可以毁灭全村，可以衰弱全种的疾病，如疟疾便是最危险又最普遍的一种。近年有科学家说希腊之亡是由于疟疾，罗马的衰亡也由于疟疾。这话我们听了也许不相信。但我们在中国内地眼见整个的村庄渐渐被疟疾毁为荆棘地，眼见害疟疾的人家一两代之后人丁绝灭，眼见有些地方竟认疟疾为与生俱来不可避免的病痛（我们徽州人叫它做"胎疟"，说人人都得害一次的！），我们不得不承认疟疾的可怕甚于肺结核，甚于花柳，甚于鸦片。在别的国家，疟疾是可以致死的，故人人知道它可怕。中国人受疟疾的侵害太久了，养成了一点抵抗力，可以苟延生命，不致于立死，故人都不觉其可怕。其实正因为它杀人不见血，灭族不留痕，故格外可怕。我们没有人口统计，但世界学者近年都主张中国人口减少而不见增加。我们稍稍观察内地的人口减少的状态，不能不承认此说的真确。张振之先生在他的《中国社会的病态》里，引了一些最近的各地统计，无一处不是死亡率超过出生率的。例如：

广州市　十七年五月到八月　每周死亡超过出生平均为六十人。

广州市　十七年八月到十一月　每周死亡超过出生平均六十七人。

南京市　十七年一月到十一月　平均每月多死二百七十一人，每周平均多死六十二人。

不但城市如此，内地人口减少的速度也很可怕。我在三十年之中就亲见家乡许多人家绝嗣衰灭。疾病瘟疫横行无忌，医药不讲究，公共卫生不讲究，那有死亡不超过出生的道理？这是我们的第二大敌。

愚昧是更不须我们证明的了。我们号称五千年的文明古国，而没有一个三十年的大学（北京大学去年十二月满三十一年，圣约翰去年十二月满五十年，都是连初期幼稚时代计算在内）。在今日的世界，那有一个没有大学的国家可以竞争生存的？至于每日费一百万元养兵的国家，而没有钱办普及教育，这更是国家的自杀了。因为愚昧，故生产力低微，故政治力薄弱，故知识不够救贫救灾救荒救病，故缺乏专家，故至今日国家的统治还在没有知识学问的军人政客手里。这是我们的第三大敌。

贪污是我们这个民族的最大特色。不但国家公开"捐官"曾成为制度,不但二十五年没有考试任官制度之下的贪污风气更盛行,这个恶习惯其实已成了各种社会的普遍习惯,正如亨丁顿说的:

> 中国人生活里有一件最惹厌的事,就是有一种特殊的贪小利行为,文言叫做"染指",俗语叫做"揩油"。上而至于军官的克扣军粮,地方官吏的刮地皮,庶务买办的赚钱,下而至于家里老妈子的"揩油",都是同性质的行为。

这是我们的第四大敌。

扰乱也是最大的仇敌。太平天国之乱毁坏了南方的精华区域,六七十年不能恢复。近二十年中,纷乱不绝,整个的西北是差不多完全毁了,东南西南的各省也都成了残破之区,土匪世界。美国生物学者卓尔登(David Starr Jordan)曾说,日本所以能革新强盛,全靠维新以前有了二百五十年不断的和平,积养了民族的精力,才能够发愤振作。我们眼见这二十年内战的结果,贫穷是更甚了,疾病死亡是更多了,教育是更破产了,——避兵避匪逃荒逃死还来不及,那能办教育?——租税是有些省分预征到民国一百多年的了,贪污是更明目张胆的了。(《中国评论周报》本年1月30日社论说,民国成立以来,官吏贪污更甚于从前。)然而还有无数人天天努力制造内乱!这是我们的第五个大仇敌。

以上略述我们认为应该打倒的五大仇敌。毁灭这五鬼,便是同时建立我们的新国家。我们要建立的是什么?

我们要建立一个治安的,普遍繁荣的,文明的,现代的统一国家。"治安的"包括良好的法律政治,长期的和平,最低限度的卫生行政。"普遍繁荣的"包括安定的生活,发达的工商业,便利安全的交通,公道的经济制度,公共的救济事业。"文明的"包括普遍的义务教育,健全的中等教育,高深的大学教育,以及文化各方面的提高与普及。"现代的"总括一切适应现代环境需要的政治制度,司法制度,经济制度,教育制度,卫生行政,学术研究,文化设备等等。

这是我们的目的地。我们深信:决没有一个"治安的,普遍繁荣的,文明的,现代的统一国家"而不能在国际上享受独立,自由,平等的地位的。我们不看见那大战后破产而完全解除军备的德国在战败后八年被世界列国恭迎入国际联盟,并且特别为她设一个长期理事名额吗?

目的地既定,我们才可以问:我们应该用什么法子,走那一条路,才可以走到那目的地呢?

我们一开始便得解决一个歧路的问题:还是取革命的路呢？还是走演进(evolution)的路呢？还是另有第三条路呢？——这是我们的根本态度和方法的问题。

革命和演进本是相对的,比较的,而不是绝对相反的。顺着自然变化的程序,如瓜熟蒂自落,如九月胎足而产婴儿,这是演进。在演进的某一阶段上,加上人功的促进,产生急骤的变化;因为变化来的急骤,表面上好像打断了历史上的连续性,故叫做革命。其实革命也都有历史演进的背景,都有历史的基础。如欧洲的"宗教革命",其实已有了无数次的宗教革新运动作历史的前锋,如中古晚期的唯名论(Nominalism)的思想,如十三世纪以后的文艺复兴的潮流,如弗浪西斯派的和平的改革,如威克立夫(Wyclif)和赫司(Huss)等人的比较急进的改革,如各国的君主权力的扩大,这都是十六世纪的宗教革命的历史背景。火药都埋好了,路得等人点着火线,于是革命爆发了。故路得等人的宗教革新运动可以叫做革命,也未尝不可以说是历史演进的一个阶段。

又如所谓"工业革命",更显出历史逐渐演进的痕迹,而不是急骤的革命。基本的机械知识,在十六世纪已渐渐发明了;十六世纪已有专讲机器的书了,十七世纪已是物理的科学很发达的时代了,故十八世纪后半的机器生产方法,其实只是几百年逐渐积聚的知识与经验的结果。不过瓦特(Watt)的蒸汽机出世以后,机器的动力根本不同了,表面上便呈现一个骤变的现象,故我们叫这个时代做工业革命时代。其实生产方法的革新,前面可以数到十五六世纪,后面一直到我们今日还在不断的演进。

政治史上所谓"革命",也都是不断的历史演进的结果。美国的独立,法国的大革命,俄国的1917的两次革命,都有很长的历史背景。莫斯科的"革命博物馆"把俄国大革命的历史一直追溯到三四百年前的农民暴动,便是这个道理。中国近年的革命至少也可以从明末叙起。

所以革命和演进只有一个程度上的差异,并不是绝对不相同的两件事。变化急进了,便叫做革命;变化渐进,而历史上的持续性不呈露中断的现状,便叫做演进。但在方法上,革命往往多含一点自觉的努力,而历史演进往往多是不知不觉的自然变化。因为这方法上的不同,在结果上也有两种不同:第一,无意的自然演变是很迟慢的,是很不经济的,而自觉的人功促进往往可以缩短改革的时间。第二,自然演进的结果往往留下许多久已失其功用的旧制度和旧势力,而自觉的革命往往能多铲除一些陈腐的东西。在这两点上,自觉的革命都优于不自觉的演进。

但革命的根本方法在于用人功促进一种变化,而所谓"人功"有和平与暴力的不同。宣传鼓吹,组织与运动,使少数人的主张逐渐成为多数人的主张,或由立法,或由选举竞争,使新的主张能替代旧的制度,这是和平的人功促进。而在未上政治轨道的国家,旧的势力滥用压力摧残新的势力,反对的意见没有法律的保障,故革新运动往往不能用和平的方法公开活动,往往不能不走上武力解决的路上去。武力斗争的风气既开,而人民的能力不够收拾已纷乱的局势,于是一乱再乱,能发而不能收,能破坏而不能建设,能扰乱而不能安宁,如中美洲的墨西哥,如今日的中国,皆是最明显的例子。

武力暴动不过是革命方法的一种,而在纷乱的中国却成了革命的唯一方法,于是你打我叫做革命,我打你也叫做革命。打败的人只图准备武力再来革命。打胜的人也只能时时准备武力防止别人用武力来革命。这一边刚打平,又得招兵购械,筹款设计,准备那一边来革命了。他们主持胜利的局面,最怕别人来革命,故自称为"革命的",而反对的人都叫做"反革命"。然而孔夫子正名的方法终不能叫人不革命;而终日凭藉武力提防革命也终不能消除革命。于是人人自居于革命,而革命永远是"尚未成功",而一切兴利除弊的改革都搁起不做不办。于是"革命"便完全失掉用人功促进改革的原意了。

我们认为今日所谓"革命",真所谓"天下多少罪恶假汝之名以行"。用武力来替代武力,用这一班军人来推倒那一班军人,用这一种盲目势力来替代那一种盲目势力,这算不得真革命。至少这种革命是没有多大意义的,没有多大价值的。结果只是兵化为匪,匪化为兵,兵又化为匪,造成一个兵匪世界而已。于国家有何利益?于人民有何利益?

就是那些号称有主张的革命者,喊来喊去,也只是抓住几个抽象名词在那里变戏法。有一班人天天对我们说:"中国革命的对象是封建阶级。"又有一班人天天说:"中国革命的对象是封建势力。"我们孤陋寡闻的人,就不知道今日中国有些什么封建阶级和封建势力。我们研究这些高喊打倒封建势力的先生们的著作言论,也寻不着一个明了清楚的指示。一位教育革命的鼓吹家在民国十八年二月二十日出版的《教育杂志》(二十一卷二号二页)上说:

> 中国秦以前,完全为一封建时代。自黄帝历尧、舜、禹、汤,以至周武王,为封建之完成期。自周平王东迁,历春秋战国以至秦始皇,为封建之破坏期。统一之中国,即于此封建制度之成毁过程中完全产出。(原注:封建之形势早已破坏,而封建之势力至今犹存。)

但是隔了两个月,这位教育家把他所说的话完全忘记了,便又在4月20日出版的《教育杂志》(同卷四号二页)上说:

> 中国在秦以前,为统一的专制一尊的封建国家成长之时代。……到秦始皇时,……统一的专制一尊的封建国家才完全确立。(原注:列爵封土的制度,到这时候,当然改变了许多。然国家仍可以称为"封建的"者,因"封建的"三字并非单指列爵封土之制而言。凡一国由中央划分行政区域,设为种种制度,位置许多地方官吏;地方官吏更一方面负责维持地方次序,另一方面吸收地方一部分经济的利益,以维持中央之存在。平民于此,

无说话之余地。凡此等等,都可以代表"封建的"三字之一部分的精神。)

两个月之前,封建制度到秦始皇时破坏了;两个月之后,封建国家又在秦始皇时才完全确立!然而《教育杂志》的编者与读者都毫不感觉矛盾。这位作者本人也毫不感觉矛盾。他把中央集权制度叫做封建国家,《教育杂志》的编者与读者也毫不觉得奇怪荒谬。为什么呢?因为这些名词本来只是口头笔下的玩意儿,爱变什么戏法就变什么戏法,本来大可不必认真,所以作者可以信口开河,读者也由他信口开河。

那么,这个革命的对象——封建势力——究竟是什么东西呢?去年《大公报》上登着一位天津市党部的某先生的演说,说封建势力是军阀,是官僚,是留学生。去年某省党部提出一个铲除封建势力的计划,里面所举的封建势力包括一切把持包办以及含有占有性的东西,故祠堂,同乡会,同学会都是封建势力。然而现代的把持包办最含有占有性的政党却不在内。所以我们直到今天还不明白究竟什么东西是封建势力。前几天我们看见中国共产党中的"反对派"王阿荣、陈独秀等八十一人的《我们的政治意见书》,其中有这么一段:

> 我们以为:说中国现在还是封建社会和封建势力的统治,把资产阶级的反动性及一切反动行为都归到封建,这不但是说梦话,不但是对于资产阶级的幻想,简直是有意的为资产阶级当辩护士!其实在经济上,中国封建制度之崩坏,土地权归了自由地主与自由农民,政权归了国家,比欧洲任何国家都早。……土地早已是个人私有的资本而不是封建的领地,地主已资本家化,城市及乡村所遗留一些封建式的剥削,乃是资本主义袭用旧的剥削方法;至于城市乡村各种落后的现象,乃是生产停滞,农村人口过剩,资本主义落后国共有的现象,也并不是封建产物。(页十六——十七)

封建先生地下有知,应该叩头感谢陈独秀先生等八十一位裁判官宣告无罪的判决书。但独秀先生们一面判决了封建制度的无罪,一面又捉来了一个替死鬼,叫做资产阶级,硬定他为革命的对象。然而同时他们又告诉我们,中国"生产停滞,人口过剩,资本主义落后",本国的银行资本不过在一万五千万元以上。在一个四万万人的国家里,止有一万五千万元的银行资本,资产阶级只好在显微镜底下去寻了,这个革命的对象也就够可怜了,不如索性开恩也宣告无罪,放他去罢。

以上所说,不过是要指出今日所谓有主义的革命,大都是向壁虚造一些革命的对象,然后高喊打倒那个自造的革命对象;好像捉妖的道士,先造出狐狸精山魈木怪等等名目,然后画符念咒用桃木宝剑去捉妖。妖怪是收进葫芦去了,然而床上的病人仍旧在那儿呻吟痛苦。

我们都是不满意于现状的人,我们都反对那懒惰的"听其自然"的心理。然而我们仔细观察中国的实际需要和中国在世界的地位,我们也不能不反对现在所谓"革命"的方法。我们很诚恳地宣言:中国今日需要的,不是那用暴力专制而制造革命的革命,也不是那用暴力推翻暴力的革命,也不是那悬空捏造革命对象因而用来鼓吹革命的革命。在这一点上,我们宁可不避"反革命"之名,而不能主张这种种革命。因为这种种革命都只能浪费精力,煽动盲动残忍的劣根性,扰乱社会国家的安宁,种下相残害相屠杀的根苗,而对于我们的真正敌人,反让他们逍遥自在,气焰更凶,而对于我们所应该建立的国家,反越走越远。

我们的真正敌人是贫穷,是疾病,是愚昧,是贪污,是扰乱。这五大恶魔是我们革命的真正对象,而他们都不是用暴力的革命所能打倒的。打倒这五大敌人的真革命只有一条路,就是认清了我们的敌人,认清了我们的问题,集合全国的人才智力,充分采用世界的科学知识与方法,一步一步的作自觉的改革,在自觉的指导之下一点一滴的收不断的改革之全功。不断的改革收功之日,即是我们的目的地达到之时。

这个根本态度和方法,不是懒惰的自然演进,也不是盲目的暴力革命,也不是盲目的口号标语式的革命,只是用自觉的努力作不断的改革。

这个方法是很艰难的,但是我们不承认别有简单容易的方法。

这个方法是很迂缓的，但是我们不知道有更快捷的路子。我们知道，喊口号贴标语不是更快捷的路子。我们知道，机关枪对打不是更快捷的路子。我们知道，暴动与屠杀不是更快捷的路子。然而我们又知道，用自觉的努力来指导改革，来促进变化，也许是最快捷的路子，也许人家需要几百年逐渐演进的改革，我们能在几十年中完全实现。

最要紧的一点是我们要用自觉的改革来替代盲动的所谓"革命"。怎么叫做盲动的行为呢？不认清目的，是盲动；不顾手段的结果，是盲动；不分别大小轻重的先后程序，也是盲动。我们随便举几个例：如组织工人，不为他们谋利益，却用他们作扰乱的器具，便是盲动。又如人力车夫的生计改善，似乎应该从管理车厂车行，减低每日的车租入手；车租减两角三角，车夫便每日实收两角三角的利益。然而今日办工运的人却去组织人力车夫工会，煽动他们去打毁汽车电车，如去年杭州、北平的惨剧，这便是盲动。又如一个号称革命的政府，成立了两三年，不肯建立监察制度，不肯施行考试制度，不肯实行预算审计制度，却想用政府党部的力量去禁止人民过旧历年，这也是盲动。至于悬想一个意义不曾弄明白的封建阶级作革命对象，或把一切我们自己不能脱卸的罪过却归到洋鬼子身上，这也都是盲动。

怎么叫做自觉的改革呢？认清问题，认清问题里面的疑难所在，这是自觉。立说必有事实的根据；创议必先细细想出这个提议应该发生什么结果，而我们必须对于这些结果负责任：这是自觉。替社会国家想出路，这是何等重大的责任！这不是我们个人出风头的事，也不是我们个人发牢骚的事，这是"一言可以兴邦，一言可以丧邦"的事，我们岂可不兢兢业业的去思想？怀着这重大的责任心，必须竭力排除我们的成见和私意，必须充分尊重事实和证据，必须充分虚怀采纳一切可以供参考比较暗示的材料，必须时时刻刻提醒自己说我们的任务是要为社会国家寻一条最可行而又最完美的办法：这叫做自觉。

十九，四，十三

（载 1930 年 12 月 10 日《新月》第 2 卷第 10 号，
此号实际推迟出版。收入 1932 年新月
书店出版的《中国问题》）

附录一　敬以请教胡适之先生

梁漱溟

适之先生：

　　昨于《新月》二卷十号得读尊作《我们走那条路》一文，欢喜非常。看文前之"缘起"一段，知先生和一班朋友在这两年中常常聚谈中国的问题；去年讨论"中国的现状"，今年更在讨论"我们怎样解决中国的问题？"这是何等盛事！先生和先生的朋友正是我所谓"社会上有力分子"；能于谈哲学文学之外，更直接地讨论这现实问题而有所主张，那社会上所得指点领导之益将更切实而宏大。回忆民国十一年直奉战争后，我与守常（李守常先生）同访蔡先生（蔡孑民先生），意欲就此倡起裁兵运动；其后约期在蔡家聚会，由先生提出"好政府主义"的时局宣言，十七人签名发表。八九年来，不多见先生对国家问题社会问题抱何主张，作何运动，其殆即先生所说的"我们平日都不肯彻底想想究竟我们要一个怎样的社会国家，亦不肯彻底想想究竟我们走那一条路才能达到我们目的地"么？守常先生向来是肯想这问题的，竟自因此作了中国共产党的先进；我虽百不行，却亦颇肯想这问题。——这是先生可以了解我的，类如我民国七年的《吾曹不出如苍生何》，极荷先生的同情与注意；类如我在北大七八年间独与守常相好，亦为先生所知道的。然我则没有和守常先生走一条路的决心与信力，更没有拦阻他走那条路的勇气与先见。——就只为对这问题虽肯想而想不出解决的道儿来。现在旧日朋友多为这问题洒血牺牲而去（守常而外，还有守常介绍给我的高仁山、安体诚两先生），留得我们后死者担负这问题了。我愿与先生切实地彻底地讨论这问题！

　　先生在《我们走那条路》文中，归结所得的方向主张，我大体甚为同意。例如先生所说的：

　　　　我们都是不满意于现状的人，我们都反对那懒惰的"听其自然"的心理。然而我们仔细观察中国的实际需要和中国在世界的地位，我们也不能不反对现在所谓"革命"的方法。我们很诚恳地宣言：中国今日需要的，不是那用暴力专制而制造革命的革命，也不是那用暴力推翻暴力的革命，也不是那悬空捏造革命对象因而用来鼓吹革命的革命。在这一点上，我们宁可不避"反革命"之名，而不能主张这种种革命。因为这种种革命都只能浪费精力，煽动盲动残忍的劣根性，扰乱社会国家的安宁，种下相残害相屠杀的根苗，而对于我们的真正敌人，反让他们逍遥自在，气焰更凶，而对于我们所应该建立的国家，反越走越远。

我于此完全同意；还有下面一段话，我亦相对地同意：

我们的真正敌人是贫穷，是疾病，是愚昧，是贪污，是扰乱。这五大恶魔是我们革命的真正对象，而他们都不是用暴力的革命所能打倒的。打倒这五大敌人的真革命只有一条路，就是认清了我们的敌人，认清了我们的问题，集合全国的人才智力，充分采用世界的科学知识与方法，一步一步的作自觉的改革，在自觉的指导之下一点一滴的收不断的改革之全功。不断的改革收功之日，即是我们的目的地达到之时。

这个根本态度和方法，不是懒惰的自然演进，也不是盲目的暴力革命，也不是盲目的口号标语式的革命，只是用自觉的努力作不断的改革。

这个方法是很艰难的，但是我们不承认别有简单容易的方法。这个方法是很迂缓的，但是我们不知道有更快捷的路子。我们知道，喊口号贴标语不是更快捷的路子。我们知道，机关枪对打不是更快捷的路子。我们知道，暴动与屠杀不是更快捷的路子。然而我们又知道，用自觉的努力来指导改革，来促进变化，也许是最快捷的路子，也许人家需要几百年逐渐演进的改革，我们能在几十年中完全实现。

然而我于先生所由得此归结主张之前边的理论，则不能无疑。先生的主张恰与三数年来的"革命潮流"相反，这在同一问题下，为何等重大差异不同的解答！先生凭什么推翻许多聪明有识见人所共持的"大革命论"？先生凭什么建立"一步一步自觉的改革论"？如果你不能结结实实指证出革命论的错误所在，如果你不能确确明明指点出改革论的更有效而可行,你便不配否认人家,而别提新议。然而我们试就先生文章检看果何如呢?

在三数年来的革命潮流中,大家所认为第一大仇敌是国际的资本帝国主义,其次是国内的封建军阀;先生无取于是,而别提出贫穷,疾病,愚昧,贪污,扰乱,五大仇敌之说。帝国主义者和军阀,何以不是我们的敌人?在先生,其必有深意,正待要好好聆教;乃不意先生只轻描淡写地说得两句:

> 这五大仇敌之中……(中略)封建势力也不在内,因为封建制度早已在二千年前崩坏了。帝国主义也不在内,因为帝国主义不能侵害那五鬼不入之国。帝国主义为什么不能侵害美国和日本?为什么偏爱光顾我们的国家?岂不是因为我们受了这五大恶魔的毁害,遂没有抵抗的能力了吗?故即为抵抗帝国主义起见,也应该先铲除这五大敌人。

像这样地轻率大胆,真堪惊诧!原来帝国主义之不算仇敌是这样简单明了的事;先生明见及此,何不早说?可免得冤枉死了许多人。唉!我方以革命家为轻率浅薄,乃不期先生之非难革命家者,还出革命家之下。三数年来的革命,就他本身说,可算没结果;然影响所及,亦有其不可磨灭的功绩。举其一点,便是大大增进了国人对所谓世界列强和自己所处地位关系的认识与注意,大大增进了国人对于"经济"这一问题的认识与注意;——两层相连,亦可说是二而一的;近年出版界中,最流行的谈革命的书报刊物,无非在提撕此点;而其最先(或较早)能为统系地具体地详细地指证说明者,则殆无逾漆树芬先生《经济侵略下之中国》一书。此书一出,而"中国问题"的意义何在,——在国际资本帝国主义的侵略压迫;"中国问题"的解决何在,——在解除不平等条约的桎梏束缚;遂若日月之昭明而不可易。① 我且抄漆君原书结论于此:

> (上略)为帝国主义所必要市场与投资之绝对二个条件,环顾今日世界,已多无存;是为其外围之区域日益减少,而崩坏之

---

① 此处"遂若"二字请读者注意;盖我意尚不然也。

机迫于目前。惟我中国,土地则广袤数千万方英里,人口则拥有四万万众,对于货物与资本之需要量,对于原料品食料品之供给量,大而无伦,恰为资本帝国主义欲继续其生存发达之最好的理想地。有此原因,必有结果。结果者何？外国之资本帝国主义国家,遂如万马奔腾之势,以践踏于我国矣。于是为解决其市场问题,而我有百个商埠之提供；为解决其投资问题,而我有二十余亿元资本之吸收,而有数多利权之丧失；为圆滑其市场与投资地之经营起见,而我有巨大交通权之让与。我国一部之对外关系史,略具于此矣。不但此也,从政治而言,他们在我国又有治外法权领事裁判权之设定,遂在我国俨成一支配阶级；从经济而言,他们向我获有关税之束缚权,与投资之优先权,在我国遂成一剩余价值榨取之阶级。他们这种行动,实如大盗之入我室而搜我财绑我票,使我身家财产荡然无存一样,特我国民不自觉耳！同胞乎！今日国家之大病,实在于国民生活维艰,而生活维艰之所以,即在外国资本帝国主义之侵略与榨取。管子云:"仓廪实而知礼节。"孟氏云:"有恒产者,有恒心。"故欲解决中国之政治问题,根本上尤不可不使我国经济开发。顾我国今日之经济,从本书看来,已受资本帝国主义层层束缚,万不能有发达之势。换言之,即我们欲使我国成为万人诅咒之资本主义国家,亦事实有不能也,遑论其他！然则欲救我中国,非从经济改造不可,而欲改造我国经济,实非抵抗资本帝国主义国家不可。以个人意见,今日中国,已成为国际资本阶级联合对我之局,并常嗾使军阀以助长我之内乱。故我除一方联合世界无产阶级弱小民族以抗此共同之敌,他方内部实行革命,使国家之公正得实现外,实无良法也。虽然,此岂易易事哉！须协我亿众之力,出以必死奋斗之精神,建设强有力之国家始获有济！

先生果欲推翻革命论,不可不于此对方立论根据所在,好加审量。却不料先生在这大潮流鼓荡中,竟自没感受影响；于对方立论的根据由来,依然没有什么认识与注意。先生所说五大仇敌谁不知得,宁待先生耳提面命？所以不像先生平列举出这五样现象的,盖由认识得其症结皆在一个地方。疾病,愚昧,皆与贫穷为缘;贪污则与扰乱有关;贫穷则直接出于帝国主义的经济侵略;扰乱则间接由帝国主义之操纵军阀而来:故帝国主义实为症结所在。这本是今日三尺童子皆能说的滥调,诚亦未必悉中情理;然先生不加批评反驳,闭着眼只顾说自家的话,如何令人心服?尤其是论贫穷纵不必都归罪到帝国主义,而救贫之道,非发达生产不可;帝国主义扼死了我产业开发的途路,不与他为敌,其将奈何?这是我们要请教于适之先生的。我希望适之先生将三数年来对此问题最流行的主张办法先批评过;再说明先生自己的"集合全国人才智力,充分采用世界的科学知识与方法,一步一步的作自觉的改革"办法,其内容果何所谓?——如果没有具体内容,便是空发梦想!所谓最流行的主张办法,便是要走国家资本主义的路。这种论调随在可见,我们且举郭沫若先生为《经济侵略下之中国》所作序文为例:

> (上略)大约是在今年三四月间的时候罢,漆君有一次来访问我,我们的谈话,渐渐归纳到中国的经济问题上来。我们都承认中国的产业的状况还幼稚得很,刚好达到资本化的前门,我们都承认中国有提高产业的必要。但是我们要如何去提高?我们提高的手段和程序是怎样的?这在我们中国还是纷争未已的问题,我在这儿便先表示我的意见。我说:在中国状况之下,我是极力讴歌资本主义的人的反对者。我不相信在我国这种状况之下,有资本主义发达之可能。我举出我国那年纱厂的倒闭风潮来作我的论据。欧战剧烈的时候,西洋资本家暂时中止了对于远东的经营,在那时候我们中国的纱厂便应运而生,真是有雨后春笋之势。但是不数年间欧战一告终结,资本家的经营,渐渐恢复起来,我们中国的纱厂,便一家一家底倒闭了。这个事实,明明证明我们中国已经没有发达资本主义的可能,因为:(一)我们资本敌不过国际的大资本家们,我们不能和他们自由竞争;(二)我们于发展资本主义上最重要的自国市场,已经被国际资本家占领了。我当时证据只有这一个。其实这一个,已就是顶重要的证据。资本化的初步,照例是由消费品发轫的。消费品

制造中极重要的棉纱事业,已不能在我们中国发展,那还说得上生产部门中机械工业吗?

我这个显而易见的证明,在最近实得到一个极有力援助,便是上海工部局停止电力的问题了。我们为五卅案,以经济的战略对付敌人,敌人亦以经济战略反攻。上海工部局对于中国各工场把电力一停,中国的各工场便同时辍业。这可见我们的生杀之权,是全操在他们手里。我们的产业,随早随迟,是终竟要归他们吞噬的。我们中国小小的资产家们哟!你们就想在屑火的积薪之上,做个黄金好梦,是没有多少时候的了。要拯救中国,不能不提高实业,要提高实业,不能不积聚资本,要积聚资本,而在我们的现状之下,这积聚资本的条件,通通被他们限制完了,我们这种希望简直没有几分可能性。然而为这根本上的原动力,就是帝国主义压迫我们缔结了种种不平等条约。由是他们便能够束缚我们的关税,能够设定无制限的治外法权,能够在我国自由投资,能够自由贸易与航业,于不知不觉间便把我们的市场独占了。

由这样看来,我们目前可走的路惟有一条,就是要把国际资本家从我们的市场赶出。而赶出的方法:第一是在废除不平等条约;第二是以国家之力集中资本。如把不平等条约废除后,这国际资本家,在我国便失其发展根据,不得不从我国退出;这资本如以国家之力集中,这竞争能力便增大数倍,在经济战争上,实可与之决一雌雄;是目前我国民最大之责任!除废除不平等条约,与厉行国家资本主义外,实无他道,这便是我对于中国经济问题解决上所怀抱的管见。

中国国民党所以不能不联俄容共,有十三年之改组,一变其已往之性质,中国近三数年来的所谓国民革命,所以不能不学着俄国人脚步走,盖有好几方面的缘由;即就现在所谈这一面,亦有好几点。其一则事实所诏示,中国问题已不是中国人自己的问题,而是世界问题之一部;中国问题必在反抗资本帝国主义运动下始能解决;由此所以联俄,要加入第三国际,要谈世界革命。又其一则事实所诏示,中国的一切进步与建设既必待经济上有路走才行,而舍国家资本主义(再由此过渡到民生主义或共产主义)殆无复有他途可走;如此则无论为对外积极有力地又且机警地应付国际间严重形势计,或为对内统盘策划建造国家资本计,均非以一有主义有计划的革命政党,打倒割据的军阀,夺取政权,树立强有力的统一政府,必无从完成此大业;于是就要容共,要北伐,要一党专政。先生不要以为暴力革命是偶然的发狂;先生不要以为不顾人权是无理性的举动;这在革命家都是持之有故言之成理的。在没有澈底了解对方之前,是不能批评对方的;在没有批评到对方之前,是不能另自建立异样主张的。我非持革命论者,不足以代表革命论。即漆君之书,郭君之序,亦不过三数年来革命论调之一斑,偶举以为例。最好先生破费几天功夫搜求一些他们的书籍来看看,再有以赐教,则真社会之幸也!

再次说到封建军阀。先生不承认封建制度封建势力的存在,但只引了一些《教育杂志》某君论文,和王阿荣、陈独秀的宣言,以证明革命家自己的矛盾可笑,全不提出自己对中国社会的观察论断来,亦太嫌省事!中国社会是什么社会?封建制度或封建势力还存在不存在?这已成了今日最热闹的聚讼的问题,论文和专书出了不少,意见尚难归一。先生是喜欢作历史研究的人,对于这问题当有所指示,我们非请教不可。革命家的错误,就在对中国社会的误认;所以我们非指证说明中国社会怎样一种结构,不足祛革命家之惑。我向不知学问,尤其不会作历史考证功夫,对此题非常感到棘困;如何能一扫群疑,昭见事实,实大有望于先生!

先生虽能否认封建的存在,但终不能否认中国今日有军阀这一回事。军阀纵非封建制度封建势力,然固不能证明他非我们的仇敌;遍查先生大文,对军阀之一物如何发付,竟无下文,真堪诧异!本来中国人今日所苦者,于先生所列举五项中,要以贫穷与扰乱为最重大。扰乱固皆军阀之所为。假定先生不以军阀为仇敌,而顾抱消灭"扰乱"之宏愿,此中必有高明意见,巧妙办法;我们亟欲闻教!想先生既欲解决中国问题,对军阀扰乱这回事,必不会没个办法安排的;非明白切实的说出来,不足以服人,即我欲表示赞成,亦无从赞成起。

总之，我于先生反对今之所谓革命，完全同意；但我还不大明白，先生为什么要反对。先生那篇文太简略，不足以说明；或者先生想的亦尚不深到周密。所以我非向先生请教不可。先生说的好："我们平日都不肯澈底想想究竟我们要一个怎样的社会国家，也不肯彻底想想究竟我们应该走那一条路，才能达到我们的目的地。"我今便是指出疑点来，请先生再澈底想想，不可苟且模糊。先生亦曾谦虚地说："我们的观察和判断自然难保没有错误，但我们深信自觉的探路总胜于闭了眼睛让人家牵着鼻子走；我们并且希望公开的讨论我们自己探路的结果，可以使我们得着更正确的途径。"据我个人所见，先生的判断大体并不错；我尤同情于先生所谓"自觉的探路"，我只祈求先生更自觉一些，更探一探。我便是诚意地（然而是很不客气地）来参加先生所希望公开讨论的一个人，想求得一更正确的途径，先生其必许我么？

如果先生接受我的讨论，我将对于我所相对同意的先生所主张的那"根本态度和方法"，再提供一些意见；我将对于我所不甚同意的先生所说的那"目的地"，再表示一些意见。总之，我将继此有所请教于先生。

说及那"目的地"，我还可以就此附说几句话。先生文中既谓："在我们探路之前，应该先决定我们要到什么地方去，——我们的目的地。这个问题是我们的先决问题，因为如果我们不想到那儿去，又何必探路呢？"是指示非先解决此问题不可了。乃随着举出国民党，国家主义派，共产党三种说法之后，没有一些研究解决，忽地翻转又谓："我们现在的任务不在讨论这三个目的地，因为这种讨论徒然引起无益的意气，而且不是一千零一夜所能打得了的笔墨官司。"岂不可怪！先生怕打官司，何必提出"我们走那条路"的问题？又何必希望公开的讨论？要公开讨论我们走那条路的问题，就不要怕打笔墨官司才行。既于此不加讨论了，乃于后文又提出："我们要建立一个治安的，普遍繁荣的，文明的，现代的统一国家"；而说，"这是我们的目的地"。难道要解决一个问题，——而且是国家问题社会问题——将旁人意见——而且是社会上有力党派的意见——搁开不理他，只顾说我的主张，就可解决了的么？

总之，我劝先生运思立言，注意照顾对方要紧。

六月三日，北平

（原载1930年6月16日《村治》第1卷第2期，
又载1930年3月10日《新月》第3卷
第1号，此号实际推迟出版）

附录二　答梁漱溟先生

胡　　适

漱溟先生：

今天细读《村治》二号先生给我的信，使我十分感谢。先生质问我的几点，都是很扼要的话，我将来一定要详细奉答。

我在"缘起"里本已说明，那篇文字不过是一篇概括的引论，至于各个问题的讨论则另由别位朋友分任。因为如此，所以我的文字偏重于提出一个根本的态度，便忽略了批评对方理论的方面。况且那篇文字只供一席讨论会的宣读，故有"太简略"之嫌。

革命论的文字，也曾看过不少，但终觉其太缺乏历史事实的根据。先生所说，"这本是今日三尺童子皆能说的滥调，诚亦未必悉中情理"，我的意思正是如此。如说，"贫穷则直接由于帝国主义的经济侵略"，则难道八十年前的中国果真不贫穷吗？如说，"扰乱则间接由于帝国主义之操纵军阀"，试问张献忠、洪秀全又是受了何国的操纵？今日冯、阎、蒋之战又是受了何国的操纵？

这都是历史事实的问题，稍一翻看历史，当知此种三尺童子皆能说的滥调大抵不中情理。鸦片固是从外国进来，然吸鸦片者究竟是什么人？何以世界的有长进民族都不蒙此害，而此害独钟于我神州民族？而今日满田满地的罂粟，难道都是外国的帝国主义者强迫我们种下的吗？

帝国主义者三叩日本之关门，而日本在六十年之中便一跃而为世界三大强国之一。何以我堂堂神州民族便一蹶不振如此？此中"症结"究竟在什么地方？岂是把全副责任都推在洋鬼子身上便可了事？

先生要我作历史考证，这话非一封短信所能陈述，但我的论点其实只是稍稍研究历史事实的一种结论。

我的主张只是责己而不责人，要自觉的改革而不要盲目的革命。在革命的状态之下，什么救济和改革都谈不到，只有跟着三尺童子高喊滥调而已。

大旨如此，详说当俟将来。

至于"军阀"问题，我原来包括在"扰乱"之内。军阀是扰乱的产儿，此二十年来历史的明训。处置军阀——其实中国那有军"阀"可说？只有军人跋扈而已——别无"高明意见，巧妙办法"，只有充分养成文治势力，造成治安和平的局面而已。

当北洋军人势力正大的时候，北京学生奋臂一呼而武人仓皇失措，这便是文治势力的明例。今日文治势力所以失其作用者，文治势力大都已走狗化，自身已失掉其依据，只靠做官或造标语吃饭，故不复能澄清政治，镇压军人了。

先生说："扰乱固皆军阀之所为"，此言颇不合史实。军阀是扰乱的产物，而扰乱大抵皆是长衫朋友所造成。二十年来所谓"革命"，何一非文人所造成？二十年中的军阀斗争，何一非无聊政客所挑拨造成的？近年各地的共产党暴动，又何一非长衫同志所煽动组织的？此三项已可概括一切扰乱的十之七八了。即以国民党旗帜之下的几次互战看来，何一非长衫同志失职不能制止的结果？当民十六与民十八两次战事爆发之时，所谓政府，所谓党皆无一个制度可以制止战祸，也无一个机关可以讨论或议决宣战的问题。故此种战事虽似是军人所造成，其实是文治制度未完备的结果。所以说扰乱是长衫朋友所造成，似乎不太过罢？

我若作详细奉答之文，恐须迁延两三个月之后始能发表。故先略述鄙意，请先生切实指正。

胡适 十九，七，二十九

（原载1930年3月10日《新月》第3卷第1期）

《王小航先生文存》序

去年9月,我来到北平,借住在大羊宜宾胡同任叔永家中。10月8日,有一位白头老人来访,我不在寓,他留下了一大包文字,并写了一张短条子留给我。我看了他的字条才知道他是三十多年前的革新志士,官话字母的创始人,王小航(照)先生。我久想见见这位老先生,想不到他先来看我了。第二天,我把他留下的文稿都读完了,才又知道这位七十二岁的老新党,在思想上,还是我的一个新同志。他在杂志上见着梁漱溟先生和我辩论的文字,他对我表示同情,所以特地来看我。我得着他的赞许,真是受宠若惊的了。

第三天,我到水东草堂去看王先生,畅谈了一次。我记得他很沉痛的说:"中国之大,竟寻不出几个明白的人,可叹可叹!"我回来想想,下面没有普及教育,上面没有高等教育,明白的人难道能从半空里掉下来?然而平心说来,国中明白的人也并非完全没有。只因为他们都太聪明了,都把利害看的太明白了,所以他们都不肯出头来做傻子,说老实话。这个国家吃亏就在缺少一些敢说老实话的大傻子。

王小航先生就是一个肯说老实话的傻子。他在"贤者之责"一篇的末段有这八个字:

> 朋友朋友,说真的吧!

我去年10月读了这八个字,精神上受着很大的感动。这八个字可以代表王先生四十年来的精神,也可以代表王先生这四卷文存的精神。读这四卷文字的人尽可以不赞成王先生的思想,但总应该对他这点敢说真话的精神表示深重的敬礼。

"说真的吧",这四个字看来很平常,其实最不容易,必须有古人说的"贫贱不能移,富贵不能淫,威武不能屈"的精神,方才敢说真话。在今日的社会,这三个条件之外,必须还要加上一个更重要的条件,就是要"时髦不能动"。多少聪明人,不辞贫贱,不慕富贵,不怕威权,只不能打破这一个关头,只怕人笑他们"落伍"!只此不甘落伍的一个念头,就可以叫他们努力学时髦而不肯说真话。王先生说的最好:

>时髦但图耸听,鼓怒浪于平流。自信日深,认假语为真理。

其初不过是想博得台下几声拍掌,但久而久之,自己麻醉了自己,也就会认时髦为真理了。

王先生在戊戌六月,——在拳匪之祸爆发之前两年,——即已提倡"国人知能远逊彼族,议论浮伪万难图存"的反省议论。庚子乱后,他还是奉旨严拿的钦犯,他躲在天津,创作官话字母,想替中国造出一种普及教育的利器。他冒生命的危险,到处宣传他的拼音新字,后来他被捕入狱两月余,释放后仍继续宣传新字。到了民国元年,他在上海发表《救亡以教育为主脑论》,主张教育之要旨在于使人人有生活上必须之知识;主张教育是政治的主脑,而一切财政外交边防等等都只是所以维持国家而使这教育主义可以实现的工具。到了民国十九年,他作《实心救国不暇张大其词》一文,仍只是主张根本之计在于普及教育。这都像是老生常谈,都是时髦人不屑谈的话。但王先生问我们:

>天下事那有捷径?

我们试听他老人家讲一段故事:

>戊戌年,余与老康(有为)讲论,即言"……我看止有尽力多立学堂,渐渐扩充,风气一天一天的改变,再行一切新政。"老康说:"列强瓜分就在眼前,你这条道如何来的及?"迄今三十二年矣。来得及,来不及,是不贴题的话。

我盼望全国的爱国君子想想这几句很平凡的真话,想想这位"三十余年拙论不离普及教育一语"的老新党,再问问我们的政府诸公:究竟我们还得等候几十年才可有普及教育?

民国二十年五月三十一夜　胡适　敬序

(收入王照著:《水东集初编·小航文存》,
此书为刻印本,1930 年仲夏开雕)

惨痛的回忆与反省

这一期(《独立评论》第十八期)本刊出版之日正是九一八的周年纪念。这一年的光阴,没有一天不在耻辱惨痛中过去的,纪念不必在这一天,这一天不过是给我们一个特别深刻的回忆的机会,叫我们回头算算这一年的旧帐,究竟国家受了多大的损失和耻辱,究竟我们自己努力了几分,究竟我们失败的原因在那里。并且这一天应该使我们向前途想想,究竟在这最近的将来应该如何努力,在那较远的将来应该如何努力。这才是纪念"九一八"的意义。

九一八的事件,不是孤立的,不是偶然的,不是意外的,他不过是五六十年的历史原因造成的一个危险局面的一个爆发点。这座火山的爆发已不止一次了。第一次的大爆发在三十八年前的中日战争,第二次在三十五年前的俄国占据旅顺、大连,第三次在庚子拳乱期间俄国进兵东三省,第四次在二十八年前的日俄战争,第五次在十七年前的二十一条交涉。去年九一八之役是第六次的大爆发。每一次爆发,总给我们一个绝大的刺激,所以第一、二次的爆发引起了戊戌维新运动和庚子的拳祸。日俄战争促进了中国的革命运动,满清皇室终于颠覆。二十一条的交涉对于后来国民革命的成功也有绝大的影响:袁世凯的帝制运动及其失败,安福党人的卖国借款,巴黎和约引起的学生运动,学生运动引起的中国共产党的组织与中国国民党的改组,此等事件都与国民革命的运动有直接或间接的关系。所以我们可以说民四的中日交涉产生了民十五六年的国民革命。

反响是有的,然而每一次反响都不曾达到挽救危亡的目标,都不曾做到建设一个有力的统一国家的目标。况且每一次的前进,总不免同时引起了不少的反动势力:戊戌维新没有成功,反动的慈禧党早已起来了,就引起了庚子的国耻。辛亥革命刚推倒了一个枯朽的满清帝室,北洋军人与政客的反动大团结又早已起来了。民十五六年的国民革命还没有完全胜利,腐化和恶化的趋势都已充分显露了。三十多年的民族自救运动,没有一次不是前进的新势力和反动势力同时出现,彼此互相打消,已得的进步往往还不够反动势力的破坏,所得虽不少而未必能抵偿所失之多。结果竟成了进一步必得退一步,甚至于退两三步。到了今日,民族自救的运动还是一事无成!练新兵本是为了御外侮的,于今我们有了二百多万人的陆军,既不能御外侮,又不能维持地方的安宁,只给国家添了一个绝大的乱源!谋革命也是为了救危亡,图民族国家的复兴;然而三十年的革命事业,到今日还只到处听见"尚未成功"的一句痛语。办新教育也是为了兴国强种,然而三十多年的新教育,到今日不曾为国家添得一分富,一分强,只落得人人痛恨教育的破产。

四十年的奇耻大辱,刺激不可谓不深;四十年的救亡运动,时间不可谓不长。然而今日大难当前,三百六十五个昼夜过去了,我们还是一个束手无策。这是我们在这个绝大纪念日所应该深刻反省的一篇惨史,一笔苦账。

我们应该自己反省:为什么我们这样不中用?为什么我们的民族自救运动到于今还是失败的?"七年之病求三年之艾",这固然是今日的急务;然而还有许多人不信我们的民族国家是有病的,也还有许多人不肯相信我们生的是七年之病,也还有一些人不肯费心思去诊断我们的病究竟在那里。我说的"反省",就是要做那已经太晚了的诊断自己。

我们的大病原,依我看来,是我们的老祖宗造孽太深了,祸延到我们今日。二三十年前人人都知道鸦片,小脚,八股,为"三大害";前几年有人指出贫,病,愚昧,贪污,纷乱,为中国的"五鬼";今年有人指出仪文主义,贯通主义,亲故主义为"三个亡国性的主义"(《独立》第十二号)。这些话,现在的青年人都看做老生常谈了,然而这些大病根的真实是绝对无可讳的。这些大毛病都不是一朝一夕发生的,都是千百年来老祖宗给我们留下的遗产。这些病痛,"有一于此,未或不亡",何况我们竟是兼而有之,种种亡国灭种的大病都丛集在一个民族国家的身上!向来所谓"东方病夫国",往往单指我们身体上的多病与软弱,其实我们身体上的病痛固然不轻,精神上的病痛更多,又更难治。即如"缠脚",岂但是残贼肢体而已!把半个民族的分子不当作人看待,让她们做了牛马,还要砍折她们的两腿,这种精神上的风狂惨酷,是千百年不容易洗刷得干净的。又如"八股",岂但是一种文章格式而已!把全国的最优秀分子的聪明才力都用在变文字戏法上,这种精神上的病态养成的思想习惯也是千百年不容易改变的。——这些老祖宗遗留下的孽障,是我们这个民族的根本病。在这个心身都病的民族遗传上,无论什么良法美意一到中国都成了"逾淮之橘",都变成四不像了。

所谓民族自救运动,其实只是要救治这些根本病痛。这些病根不除掉,什么打倒帝国主义,什么民族复兴,都是废话。例如鸦片,现在帝国主义的国家并不用兵力来强逼我们销售了,然而各省的鸦片,勒种的是谁呢?抽税的是谁呢?包运包销的是谁呢?那无数自己情愿吸食的又是谁呢?

病根太深,是我们的根本困难。但是我们还有一层很重大的困难,使一切疗治的工作都无从下手。这个大困难就是我们的社会没有重心,就像一个身体没有一个神经中枢,医头医脚好像都搔不着真正的痛痒。试看日本的维新所以能在六十年中收绝大的功效,其中关键就在日本的社会组织始终没有失掉他的重心:这个重心先在幕府,其后幕府崩溃,重心散在各强藩,几乎成一个溃散的局面;然而幕府归政于天皇之后(1867),天皇成为全国的重心,一切政治的革新都有所寄托,有所依附,故幕府废后,即改藩侯为藩知事,又废藩置县,藩侯皆入居京师,由中央委任知事统治其地(1871),在四五年之中做到了铲除封建割据的大功。二十年后,宪政成立,国会的政治起来替代藩阀朝臣专政的政治(1890),宪政初期的纠纷也全靠有个天皇作重心,都不曾引起轨道外的冲突,从来不曾因政争而引起内战。自此以后,四十年中,日本不但解决了他的民族自救问题,还一跃而为世界三五个大强国之一,其中虽有几个很伟大的政治家的功绩不可磨灭,而其中最大原因是因为社会始终不曾失其重心,所以一切改革工作都不至于浪费。

我们中国这六七十年的历史所以一事无成,一切工作都成虚掷,都不能有永久性者,依我看来,都只因为我们把六七十年的光阴抛掷在寻求建立一个社会重心而终不可得。帝制时代的重心应该在帝室,而那时的满清皇族已到了一个很堕落的末路,经过太平天国的大乱,一切弱点都暴露出来,早已失去政治重心的资格了。所谓"中兴"将相,如曾国藩、李鸿章诸人,在十九世纪的后期,俨然成为一个新的重心。可惜他们不敢进一步推倒满清,建立一个汉族新国家;他们所依附的政治重心一天一天的崩溃,他们所建立的一点事业也就跟着那崩溃的重心一齐消灭了。戊戌的维新领袖也曾轰动一时,几乎有造成新重心的形势,但不久也就消散了。辛亥以后民党的领袖几乎成为社会新重心了,但旧势力不久卷土重来,而革命日子太浅,革命的领袖还不能得着全国的信仰,所以这个新重心不久也崩溃了。在革命领袖之中,孙中山先生最后死,奋斗的日子最久,资望也最深,所以民十三以后,他改造的中国国民党成为一个簇新的社会重心,民十五六年之间,全国多数人心的倾向中国国民党,真是六七十年来所没有的新气象。不幸这个新重心因为缺乏活的领袖,缺乏远大的政治眼光与计划,能唱高调而不能做实事,能破坏而不能建设,能钳制人民而不能收拾人心,这四五年来,又渐渐失去做社会重心的资格了。六七十年的历史演变,仅仅得这一个可以勉强作社会重心的大结合,而终于不能保持其已得的重心资格,这是我们从历史上观察的人所最惋惜的。

这六七十年追求一个社会政治重心而终不可得的一段历史,我认为最值得我们的严重考虑。我以为中国的民族自救运动的失败,这是一个最主要的原因。我的朋友翁文灏先生说的好:"进步是历次的工作相继续相积累而成的,尤其是重大的建设事业,非逐步前进不会成功。"(《独立》第五号,页十二)日本与中国的维新事业的成败不同,只是因为日本不曾失掉重心,故六七十年的工作是相继续的,相积累的,一点一滴的努力都积聚在一个有重心的政治组织之上。

而我们始终没有重心,无论什么工作,做到了一点成绩,政局完全变了,机关改组了或取消了,领袖换了人了,一切都被推翻,都得从头做起;没有一项事业有长期计画的可能,没有一个计画有继续推行的把握,没有一件工作有长期持续的机会,没有一种制度有依据过去经验积渐改善的幸运。试举议会政治为例:四十二年前,日本第一次选举议会,有选举权者不过全国人口总数百分之一;但积四十年之经验,竟做到男子普遍选举了。我们的第一次国会比日本的议会不过迟二十一年,但是昙花一现之后,我们的聪明人就宣告议会政治是不值得再试的了。又如教育,日本改定学制在六十年前,六十年不断的努力就做到了强迫教育的普及,高等教育也达到了很可惊的成绩。我们的新学堂章程也是三十多年前就有了的,然而因为没有长期计画的可能,普及教育至今还没有影子,高等教育是年年跟着政局变换的,至今没有一个稳定的大学。我们拿北京大学、南洋公学的跟着政局变换的历史,来比较庆应大学和东京帝大的历史,真可以使我们惭愧不能自容了。

我开始做一篇纪念"九一八"的文字,写了半天,好像是跑野马跑的去题万里了。然而这都是我在纪念"九一八"的情感里的回忆与反省。我今天读了一部《请缨日记》,是台湾民主国的大总统唐景崧的日记,记的是他在 1882 年自己告奋勇去运动刘永福(当时的"义勇军")出兵援救安南的故事。我看了真有无限的感慨!五十年前,我们想倚靠刘永福的"义勇军"去抵抗法兰西。五十年后,我们有了二百多万的新式军队了,依旧还得倚靠东北的义勇军去抵抗日本。五十年了!把戏还是一样!这不是很值得我们追忆与反省的吗?我们要御外侮,要救国,要复兴中华民族,这都不是在这个一盘散沙的社会组织上所能做到的事业。我们的敌人公开的讥笑我们是一个没有现代组织的国家,我们听了一定很生气;但是生气有什么用处?我们应该反省:我们所以缺乏现代国家的组织,是不是因为我们至今还不曾建立起我们的社会重心?如果这个解释是不错的,我们应该怎样努力方才可以早日建立这么一个重心?这个重心应该向那里去寻求呢？

为什么六七十年的历史演变不曾变出一个社会重心来呢？这不是可以使我们深思的吗？我们的社会组织和日本和德国和英国都不相同。我们一则离开封建时代太远了，二则对于君主政体的信念已被那太不像样的满清末期完全毁坏了，三则科举盛行以后社会的阶级已太平等化了，四则人民太贫穷了没有一个有势力的资产阶级，五则教育太不普及又太幼稚了没有一个有势力的智识阶级：有这五个原因，我们可以说是没有一个天然候补的社会重心。既然没有天然的重心，所以只可以用人功创造一个出来。这个可以用人功建立的社会重心，依我看来，必须具有这些条件：

第一、必不是任何个人，而是一个大的团结。

第二、必不是一个阶级，而是拥有各种社会阶级的同情的团体。

第三、必须能吸收容纳国中的优秀人才。

第四、必须有一个能号召全国多数人民的感情与意志的大目标：他的目标必须是全国的福利。

第五、必须有事功上的成绩使人民信任。

第六、必须有制度化的组织使他可以有持续性。

我们环顾国内，还不曾发现有这样的一个团结。凡是自命为一个阶级谋特殊利益的，固然不够作社会的新重心；凡是把一党的私利放在国家的福利之上的，也不够资格。至于那些拥护私人作老板的利害结合，更不消说了。

我们此时应该自觉的讨论这种社会重心的需要，也许从这种自觉心里可以产生一两个候补的重心出来。这种说法似乎很迂缓。但是我曾说过，最迂缓的路也许倒是最快捷的路。

二十一，九，十一夜

（原载1932年9月18日《独立评论》第18号）

信心与反省

这一期(《独立》一〇三期)里有寿生先生的一篇文章,题为《我们要有信心》,在这文里,他提出一个大问题:中华民族真不行吗?他自己的答案是:我们是还有生存权的。

我很高兴我们的青年在这种恶劣空气里还能保持他们对于国家民族前途的绝大信心。这种信心是一个民族生存的基础,我们当然是完全同情的。

可是我们要补充一点:这种信心本身要建筑在稳固的基础之上,不可站在散沙之上。如果信仰的根据不稳固,一朝根基动摇了,信仰也就完了。

寿生先生不赞成那些旧人"拿什么五千年的古国哟,精神文明哟,地大物博哟,来遮丑"。这是不错的。然而他自己提出的民族信心的根据,依我看来,文字上虽然和他们不同,实质上还是和他们同样的站在散沙之上,同样的挡不住风吹雨打。例如他说:

> 我们今日之改进不如日本之速者,就是因为我们的固有文化太丰富了。富于创造性的人,个性必强,接受性就较缓。

这种思想在实质上和那五千年古国精神文明的迷梦是同样的无稽的夸大。第一,他的原则"富于创造性的人,个性必强,接受性就较缓",这个大前提就是完全无稽之谈,就是懒惰的中国士大夫捏造出来替自己遮丑的胡说。事实上恰是相反的:凡富于创造性的人必敏于模仿,凡不善模仿的人决不能创造。创造是一个最误人的名词,其实创造只是模仿到十足时的一点点新花样。古人说的最好:"太阳之下,没有新的东西。"一切所谓创造都从模仿出来。我们不要被新名词骗了。新名词的模仿就是旧名词的"学"字;"学之为言效也"是一句不磨的老话。例如学琴,必须先模仿琴师弹琴;学画必须先模仿画师作画;就是画自然界的景物,也是模仿。模仿熟了,就是学会了,工具用的熟了,方法练的细密了,有天才的人自然会"熟能生巧",这一点工夫到时的奇巧新花样就叫做创造。凡不肯模仿,就是不肯学人的长处。不肯学如何能创造?葛理略(Galileo)听说荷兰有个磨镜匠人做成了一座望远镜,他就依他听说的造法,自己制造了一座望远镜。这就是模仿,也就是创造。从十七世纪初年到如今,望远镜和显微镜都年年有进步,可是这三百年的进步,步步是模仿,也步步是创造。一切进步都是如此:没有一件创造不是先从模仿下手的。孔子说的好:

> 三人行,必有我师焉:择其善者而从之,其不善者而改之。

这就是一个圣人的模仿。懒人不肯模仿,所以决不会创造。一个民族也和个人一样,最肯学人的时代就是那个民族最伟大的时代;等到他不肯学人的时候,他的盛世已过去了,他已走上衰老僵化的时期了,我们中国民族最伟大的时代,正是我们最肯模仿四邻的时代:从汉到唐、宋,一切建筑、绘画、雕刻、音乐、宗教、思想、算学、天文、工艺,那一件里没有模仿外国的重要成分?佛教和他带来的美术建筑,不用说了。从汉朝到今日,我们的历法改革,无一次不是采用外国的新法;最近三百年的历法是完全学西洋的,更不用说了。到了我们不肯学人家的好处的时候,我们的文化也就不进步了。我们到了民族中衰的时代,只有懒劲学印度人的吸食鸦片,却没有精力学满洲人的不缠脚,那就是我们自杀的法门了。

第二,我们不可轻视日本人的模仿。寿生先生也犯了一般人轻视日本的恶习惯,抹杀日本人善于模仿的绝大长处。日本的成功,正可以证明我在上文说的"一切创造都从模仿出来"的原则。寿生说:

> 从唐以至日本明治维新,千数百年间,日本有一件事足为中国取镜者吗?中国的学术思想在她手里去发展改进过吗?我们实无法说有。

这又是无稽的诬告了。三百年前,朱舜水到日本,他居留久了,能了解那个岛国民族的优点,所以他写信给中国的朋友说,日本的政治虽不能上比唐、虞，可以说比得上三代盛世。这一个中国大学者在长期寄居之后下的考语，是值得我们的注意的。日本民族的长处全在他们肯一心一意的学别人的好处。他们学了中国的无数好处，但始终不曾学我们的小脚，八股文，鸦片烟。这不够"为中国取镜"吗？他们学别国的文化，无论在那一方面，凡是学到家的，都能有创造的贡献。这是必然的道理。浅见的人都说日本的山水人物画是模仿中国的；其实日本画自有他的特点，在人物方面的成绩远胜过中国画，在山水方面也没有走上四王的笨路。在文学方面，他们也有很大的创造。近年已有人赏识日本的小诗了。我且举一个大家不甚留意的例子。文学史家往往说日本的《源氏物语》等作品是模仿中国唐人的小说《游仙窟》等书的。现今《游仙窟》已从日本翻印回中国来了，《源氏物语》也有了英国人卫来先生（Arthur Waley）的五巨册的译本。我们若比较这两部书，就不能不惊叹日本人创造力的伟大。如果《源氏》真是从模仿《游仙窟》出来的，那真是徒弟胜过师傅千万倍了！寿生先生原文里批评日本的工商业，也是中了成见的毒。日本今日工商业的长脚发展，虽然也受了生活程度比人低和货币低落的恩惠，但他的根基实在是全靠科学与工商业的进步。今日大阪与兰肯歇的竞争，骨子里还是新式工业与旧式工业的竞争。日本今日自造的纺织器是世界各国公认为最新最良的。今日英国纺织业也不能不购买日本的新机器了，这是从模仿到创造的最好的例子。不然，我们工人的工资比日本更低，货币平常也比日本钱更贱，为什么我们不能"与他国资本家抢商场"呢？我们到了今日，若还要抹煞事实，笑人模仿，而自居于"富于创造性者"的不屑模仿，那真是盲目的夸大狂了。

第三，再看看"我们的固有文化"是不是真的"太丰富了"。寿生和其他夸大本国固有文化的人们，如果真肯平心想想，必然也会明白这句话也是无根的乱谈。这个问题太大不是这篇短文里所能详细讨论的，我只能指出这个比较重要之点，使人明白我们的固有文化实在是很贫乏的，谈不到"太丰富"的梦话。近代的科学文化，工业文化，我们可以撇开不谈，因为在那些方面，我们的贫乏未免太丢人了。我们且谈谈老远的过去时代罢。我们的周秦时代当然可以和希腊、罗马相提比论,然而我们如果平心研究希腊、罗马的文学,雕刻,科学,政治,单是这四项就不能不使我们感觉我们的文化的贫乏了。尤其是造形美术与算学的两方面,我们真不能不低头愧汗。我们试想想,《几何原本》的作者欧几里得(Euclid)正和孟子先后同时;在那么早的时代,在二千多年前,我们在科学上早已太落后了!(少年爱国的人何不试拿《墨子·经上》篇里的三五条几何学界说来比较《几何原本》?)从此以后,我们所有的,欧洲也都有;我们所没有的,人家所独有的,人家都比我们强。试举一个例子:欧洲有三个一千年的大学,有许多个五百年以上的大学,至今继续存在,继续发展:我们有没有?至于我们所独有的宝贝,骈文,律诗,八股,小脚,太监,姨太太,五世同居的大家庭,贞节牌坊,地狱活现的监狱,廷杖,板子夹棍的法庭,……虽然"丰富",虽然"在这世界无不足以单独成一系统",究竟都是使我们抬不起头来的文物制度。即如寿生先生指出的"那更光辉万丈"的宋、明理学,说起来也真正可怜!讲了七八百年的理学,没有一个理学圣贤起来指出裹小脚是不人道的野蛮行为,只见大家崇信"饿死事极小,失节事极大"的吃人礼教:请问那万丈光辉究竟照耀到那里去了?

以上说的,都只是略略指出寿生先生代表的民族信心是建筑在散沙上面,禁不起风吹草动,就会倒塌下来的。信心是我们需要的,但无根据的信心是没有力量的。

可靠的民族信心,必须建筑在一个坚固的基础之上,祖宗的光荣自是祖宗之光荣,不能救我们的痛苦羞辱。何况祖宗所建的基业不全是光荣呢?我们要指出:我们的民族信心必须站在"反省"的唯一基础之上。反省就是要闭门思过,要诚心诚意的想,我们祖宗的罪孽深重,我们自己的罪孽深重;要认清了罪孽所在,然后我们可以用全副精力去消灾灭罪。寿生先生引了一句"中国不亡是无天理"的悲叹词句,他也许不知道这句伤心的话是我十三四年前在中央公园后面柏树下对孙伏园先生说的,第二天被他记在《晨报》上,就流传至今。我说出那句话的目的,不是要人消极,是要人反省:不是要人灰心,是要人起信心,发下大弘誓来忏悔,来替祖宗忏悔,替我们自己忏悔;要发愿造新因来替代旧日种下的恶因。

今日的大患在于全国人不知耻。所以不知耻者,只是因为不曾反省。一个国家兵力不如人,被人打败了,被人抢夺了一大块土地去,这不算是最大的耻辱。一个国家在今日还容许整个的省分遍种鸦片烟,一个政府在今日还要依靠鸦片烟的税收——公卖税,吸户税,烟苗税,过境税——来做政府的收入的一部分,这是最大的耻辱。一个现代民族在今日还容许他们的最高官吏公然提倡什么"时轮金刚法会","息灾利民法会",这是最大的耻辱。一个国家有五千年的历史,而没有一个四十年的大学,甚至于没有一个真正完备的大学,这是最大的耻辱。一个国家能养三百万不能捍卫国家的兵,而至今不肯计划任何区域的国民义务教育,这是最大的耻辱。

真诚的反省自然发生与真诚的愧耻。孟子说的好:"不耻不若人,何若人有?"真诚的愧耻自然引起向上的努力,要发弘愿努力学人家的好处,铲除自家的罪恶。经过这种反省与忏悔之后,然后可以起新的信心:要信仰我们自己正是拨乱反正的人,这个担子必须我们自己来挑起。三四十年的天足运动已经差不多完全铲除了小脚的风气;从前大脚的女人要装小脚,现在小脚的女人要装大脚了。风气转移的这样快,这不够坚定我们的自信心吗?

历史的反省自然使我们明了今日的失败都因为过去的不努力,同时也可以使我们格外明了"种瓜得瓜,种豆得豆"的因果铁律。铲除过去的罪孽只是割断已往种下的果。我们要收新果,必须努力造新因。祖宗生在过去的时代,他们没有我们今日的新工具,也居然能给我们留下了不少的遗产。我们今日有了祖宗不曾梦见的种种新工具,当然应该有比祖宗高明千百倍的成绩,才对得起这个新鲜的世界。日本一个小岛国,那么贫瘠的土地,那么少的人民,只因为伊藤博文,大久保利通,西乡隆盛等几十个人的努力,只因为他们肯拼命的学人家,肯拼命的用这个世界的新工具,居然在半个世纪之内一跃而为世界三五大强国之一。这不够鼓舞我们的信心吗?

反省的结果应该使我们明白那五千年的精神文明,那"光辉万丈"的宋、明理学，那并不太丰富的固有文化，都是无济于事的银样蜡枪头。我们的前途在我们自己的手里。我们的信心应该望在我们的将来。我们的将来全靠我们下什么种，出多少力。"播了种一定会有收获，用了力决不至于白费"：这是翁文灏先生要我们有的信心。

二十三，五，二十八

（原载 1934 年 6 月 3 日《独立评论》第 103 号）

再论信心与反省

在《独立》第一〇三期,我写了一篇《信心与反省》,指出我们对国家民族的信心不能建筑在歌颂过去上,只可以建筑在"反省"的唯一基础之上。在那篇讨论里,我曾指出我们的固有文化是很贫乏的,决不能说是"太丰富了"的。我们的文化,比起欧洲一系的文化来,"我们所有的,人家也都有;我们所没有的,人家所独有的,人家都比我们强。至于我们所独有的宝贝,骈文,律诗,八股,小脚,……又都是使我们抬不起头来的文物制度"。所以我们应该反省:认清了我们的祖宗和我们自己的罪孽深重,然后肯用全力去消灾灭罪;认清了自己百事不如人,然后肯死心塌地的去学人家的长处。

我知道这种论调在今日是很不合时宜的,是触犯忌讳的,是至少要引起严厉的抗议的。可是我心里要说的话,不能因为人不爱听就不说了。正因为人不爱听,所以我更觉得有不能不说的责任。

果然,那篇文章引起了一位读者子固先生的悲愤,害他终夜不能睡眠,害他半夜起来写他的抗议,直写到天明。他的文章,《怎样才能建立起民族的信心》是一篇很诚恳的,很沉痛的反省。我很尊敬他的悲愤,所以我很愿意讨论他提出的论点,很诚恳的指出他那"一半不同"正是全部不同。

子固先生的主要论点是:

> 我们民族这七八十年以来,与欧美文化接触,许多新奇的现象炫盲了我们的眼睛,在这炫盲当中,我们一方面没出息地丢了我们固有的维系并且引导我们向上的文化,另一方面我们又没有能够抓住外来文化之中那种能够帮助我们民族更为强盛的一部分。结果我们走入迷途,堕落下去!

> 忠孝仁爱信义和平是维系并且引导我们民族向上的固有文化,科学是外来文化中能够帮助我们民族更为强盛的一部分。

子固先生的论调,其实还是三四十年前的老辈的论调。他们认得了富强的需要,所以不反对西方的科学工业;但他们心里很坚决的相信一切伦纪道德是我们所固有而不须外求的。老辈之中,一位最伟大的孙中山先生,在他的通俗讲演里,也不免要敷衍一般夸大狂的中国人,说:"中国先前的忠孝仁爱信义种种的旧道德"都是"驾乎外国人"之上。中山先生这种议论在今日往往被一般人利用来做复古运动的典故,所以有些人就说"中国本来是一个由美德筑成的黄金世界"了!(这是民国十八年叶楚伧先生的名言。)

子固先生也特别提出孙中山先生的伟大,特别颂扬他能"在当时一班知识阶级盲目崇拜欧美文化的狂流中,巍然不动地指示我们救国必须恢复我们固有文化,同时学习欧美科学"。但他如果留心细读中山先生的讲演,就可以看出他当时说那话时是很费力的,很不容易自圆其说的。例如讲"修身",中山先生很明白的说:

> 但是从修身一方面来看,我们中国人对于这些功夫是很缺乏的。中国人一举一动都欠检点,只要和中国人来往过一次,便看得很清楚。(《三民主义》六)

他还对我们说:

> 所以今天讲到修身,诸位新青年,便应该学外国人的新文化。(《三民主义》六)

可是他一会儿又回过去颂扬固有的旧道德了。本来有保守性的读者只记得中山先生颂扬旧道德的话,却不曾细想他所颂扬的旧道德都只是几个人类共有的理想,并不是我们这个民族实行最力的道德。例如他说的"忠孝仁爱信义和平",那一件不是东西哲人共同提倡的理想?除了割股治病,卧冰求鲤一类不近人情的行动之外,那一件不是世界文明人类公有的理想?孙中山先生也曾说过:

> 照这样实行一方面讲起来,仁爱的好道德,中国人现在似乎远不如外国。……但是仁爱还是中国的旧道德。我们要学外国,只要学他们那样实行,把仁爱恢复起来,再去发扬光大,便是

> 中国固有的精神。(同上书)

在这短短一段话里,我们可以看出中山先生未尝不明白在仁爱的"实行"上,我们实在远不如人。所谓"仁爱还是中国的旧道德"者,只是那个道德的名称罢了。中山先生很明白的教人:修身应该学外国人的新文化,仁爱也"要学外国"。但这些话中的话都是一般人不注意的。

在这些方面,吴稚晖先生比孙中山先生澈底多了。吴先生在他的《一个新信仰的宇宙观及人生观》里,很大胆的说中国民族的"总和道德是低浅的"同时他又指出西洋民族

> 什么仁义道德,孝弟忠信,吃饭睡觉,无一不较上三族(亚剌伯,印度,中国)的人较有作法,较有热心。……讲他们的总和道德叫做高明。

这是很公允的评判。忠孝信义仁爱和平,都是有文化的民族共有的理想;在文字理论上,犹太人,印度人,亚剌伯人,希腊人,以至近世各文明民族,都讲的头头是道。所不同者,全在吴先生说的"有作法,有热心"两点。若没有切实的办法,没有真挚的热心,虽然有整千万册的理学书,终无救于道德的低浅。宋、明的理学圣贤,谈性谈心,谈居敬,谈致良知,终因为没有作法,只能走上"终日端坐,如泥塑人"的死路上去。

我所以要特别提出子固先生的论点,只因为他的悲愤是可敬的,而他的解决方案还是无补于他的悲愤。他的方案,一面学科学,一面恢复我们固有的文化,还只是张之洞一辈人说的"中学为体,西学为用"的方案。老实说,这条路是走不通的。如果过去的文化是值得恢复的,我们今天不至糟到这步田地了。况且没有那科学工业的现代文化基础,是无法发扬什么文化的"伟大精神"的。忠孝仁爱信义和平是永远存在书本子里的;但是因为我们的祖宗只会把这些好听的名词都写作八股文章,画作太极图,编作理学语录,所以那些好听的名词都不能变成有作法有热心的事实。西洋人跳出了经院时代之后,努力做征服自然的事业,征服了海洋,征服了大地,征服了空气电气,征服了不少的原质,征服了不少的微生物,——这都不是什么

"保存国粹""发扬固有文化"的口号所能包括的工作,然而科学与工业发达的自然结果是提高了人民的生活,提高了人类的幸福,提高了各个参加国家的文化。结果就是吴稚晖先生说的"总和道德叫做高明"。

世间讲"仁爱"的书,莫过于《华严经》的《净行品》,那一篇妙文教人时时刻刻不可忘了人类的痛苦与缺陷,甚至于大便小便时都要发愿不忘众生:

左右便利,当愿众生,蠲除污秽,无淫怒痴。
已而就水,当愿众生,向无上道,得出世法。
以水涤秽,当愿众生,具足净忍,毕竟无垢。
以水盥掌,当愿众生,得上妙手,受持佛法。……

但是一个和尚的弘愿,究竟能做到多少实际的"仁爱"?回头看看那一心想征服自然的科学救世者,他们发现了一种病菌,制成了一种血清,可以激活无量数的人类,其为"仁爱"岂不是千万倍的伟大?

以上的讨论,好像全不曾顾到"民族的信心"的一个原来问题。这是因为子固先生的来论,剥除了一些动了感情的话,实在只说了一个"中学为体,西学为用"的老方案,所以我要指出这个方案的"一半"是行不通的:忠孝仁爱信义和平等等并不是"维系并且引导我们民族向上的固有文化",他们不过是人类共有的几个理想,如果没有作法,没有热力,只是一些空名词而已。这些好名词的存在并不曾挽救或阻止"八股,小脚,太监,姨太太,贞节牌坊,地狱的监牢,夹棍板子的法庭"的存在。这些八股,小脚,……等等"固有文化"的崩溃,也全不是程颢,朱熹,顾亭林,戴东原……等等圣贤的功绩,乃是"与欧美文化接触"之后,那科学工业造成的新文化叫我们相形之下太难堪了,这些东方文明的罪孽方才逐渐崩溃的。我要指出:我们民族这七八十年来与欧美文化接触的结果,虽然还不曾学到那个整个的科学工业的文明,(可怜丁文江,翁文灏,颜任光诸位先生都还是四十多岁的少年,他们的工作刚开始哩!)究竟已替我们的祖宗消除了无数的罪孽,打倒了"小脚,八股,太监,五世同居的大家庭,贞节牌坊,地狱活现的监狱,夹棍板子的法庭"的一大部分或一小部分。这都是我们的"数不清的圣贤天才"从来不曾指摘讥弹的;这都是"忠孝仁爱信义和平"的固有文化从来不曾"引导向上"的。这些祖宗罪孽的崩溃,固然大部分是欧美文明的恩赐,同时也可以表示我们在这七八十年中至少也还做到了这些消极的进步。子固先生说我们在这七八十年中"走入迷途,堕落下去",这真是无稽的诬告!中国民族在这七八十年中何尝"堕落"? 在几十年之中,废除了三千年的太监,一千年的小脚,六百年的八股,五千年的酷刑,这是"向上",不是堕落!

不过我们的"向上"还不够,努力还不够。八股废止至今不过三十年,八股的训练还存在大多数老而不死的人的心灵里,还间接直接的传授到我们的无数的青年人的脑筋里。今日还是一个大家做八股的中国,虽然题目换了。小脚逐渐绝迹了,夹棍板子,砍头碎剐废止了,但裹小脚的残酷心理,上夹棍打屁股的野蛮心理,都还存在无数老少人们的心灵里。今日还是一个残忍野蛮的中国,所以始终还不曾走上法治的路,更谈不到仁爱和平了。

所以我十分诚挚的对全国人说:我们今日还要反省,还要闭门思过,还要认清祖宗和我们自己的罪孽深重,决不是这样浅薄的"与欧美文化接触"就可以脱胎换骨的。我们要认清那个容忍拥戴"小脚,八股,太监,姨太太,骈文,律诗,五世同居的大家庭,贞节牌坊,地狱的监牢,夹棍板子的法庭"到几千几百年之久的固有文化,是不足迷恋的,是不能引我们向上的。那里面浮沉着的几个圣贤豪杰,其中当然有值得我们崇敬的人,但那几十颗星儿终究照不亮那满天的黑暗。我们的光荣的文化不在过去,是在将来,是在那扫清了祖宗的罪孽之后重新改造出来的文化。替祖国消除罪孽,替子孙建立文明,这是我们人人的责任。古代哲人曾参说的最好:

> 士不可以不弘毅;任重而道远。

先明白了"任重而道远"的艰难,自然不轻易灰心失望了。凡是轻易灰心失望的人,都只是不曾认清他挑的是一个百斤的重担,走的是一条万里的长路。今天挑不动,努力磨炼了总有挑得起的一天。今天走不完,走得一里前途就缩短了一里。"播了种一定会有收获,用了力决不至于白费",这是我们最可靠的信心。

二十三,六,十一夜

(原载1934年6月17日《独立评论》第105号)

三论信心与反省

自从《独立》第一〇三号发表了那篇《信心与反省》之后,我收到了不少的讨论,其中有几篇已在《独立》(第一〇五,一〇六,及一〇七号)登出了。我们读了这些和还有一些未发表的讨论,忍不住还要提出几个值得反复申明的论点来补充几句话。

第一个论点是:我们对于我们的"固有文化",究竟应该采取什么态度?吴其玉先生(《独立》一〇六)怪我"把中国文化压得太低了";寿生先生也怪我把中国文化"抑"的太过火了。他们都怕我把中国看的太低了,会造成"民族自暴自弃的心理,造成他对于其他民族屈服卑鄙的心理"。吴其玉先生说:我们"应该优劣并提。不可只看人家的长,我们的短;更应当知道我们的长,人家的短。这样我们才能有努力的勇气"。

这些责备的话,含有一种共同的心理,就是不愿意揭穿固有文化的短处,更不愿意接受"祖宗罪孽深重"的控诉。一听见有人指出"骈文,律诗,八股,小脚,太监,姨太太,贞节牌坊,地狱的监牢,板子夹棍的法庭"等等,一般自命为爱国的人们总觉得心里怪不舒服,总要想出法子来证明这些"未必特别羞辱我们",因为这些都是"不可免的现象","无古今中外是一样的"(吴其玉先生的话)。所以吴其玉先生指出日本的"下女,男女同浴,自杀,暗杀,娼妓的风行,贿赂,强盗式的国际行为";所以寿生先生也指出欧洲中古武士的"初夜权","贞操锁"。所以子固先生也要问:"欧洲可有一个文化系统过去没有类似小脚,太监,姨太太,骈文,律诗,八股,地狱活现的监狱,廷杖,板子夹棍的法庭一类的丑处呢?"(《独立》一〇五号)本期(《独立》一〇七号)有周作人先生来信,指出这又是"西洋也有臭虫"的老调。这种心理实在不是健全的心理，只是"遮羞"的一个老法门而已。从前笑话书上说：甲乙两人同坐，甲摸着身上一个虱子，有点难为情，把它抛在地上，说："我道是个虱子，原来不是的。"乙偏不识窍，弯身下去，把虱子拾起来，说："我道不是个虱子，原来是个虱子！"甲的做法，其实不是除虱的好法子。乙的做法，虽然可恼，至少有"实事求是"的长处。虱子终是虱子，臭虫终是臭虫，何必讳呢？何必问别人家有没有呢？

况且我原来举出的"我们所独有的宝贝"：骈文，律诗，八股，小脚，太监，姨太太，五世同居的大家庭，贞节牌坊，地狱的监牢，廷杖，板子夹棍的法庭，这十一项，除姨太太外，差不多全是"我们所独有的"，"在这世界无不足以单独成一系统的"。高跟鞋与木屐何足以媲美小脚？"贞操锁"我在巴黎的克吕尼博物院看见过，并且带有照片回来，这不过是几个色情狂的私人的特制，万不配上比那普及全国至一千多年之久，诗人颂为香钩，文人尊为金莲的小脚。我们走遍世界，研究过初民社会，没有看见过一个文明的或野蛮的民族把他们的女人的脚裹小到三四寸，裹到骨节断折残废，而一千年公认为"美"的！也没有看见过一个文明的民族的智识阶级有话不肯老实的说，必须凑成对子，做成骈文律诗律赋八股，历一千几百年之久，公认为"美"的！无论我们如何爱护祖宗，这十项的"国粹"是洋鬼子家里搜不出来的。

况且西洋的"臭虫"是装在玻璃盒里任人研究的，所以我们能在巴黎的克吕尼博物院纵观高跟鞋的古今沿革，纵观"贞操锁"的制法，并且可以在博物院中购买精制的"贞操锁"的照片寄回来让国中人士用作"西洋也有臭虫"的实例。我们呢？我们至今可有一个历史博物馆敢于搜集小脚鞋样，模型，图画，或鸦片烟灯，烟枪，烟膏，或廷杖，板子，闸床，夹棍，等等极重要的文化史料，用历史演变的原理排列展览，供全国人的研究与警醒的吗？因为大家都要以为灭迹就可以遮羞，所以青年一辈人全不明白祖宗造的罪孽如何深重，所以他们不能明白国家民族何以堕落到今日的地步，也不能明白这三四十年的解放与改革的绝大成绩。不明白过去的黑暗，所以他们不认得今日的光明;不懂得祖宗罪孽的深重,所以他们不能知道这三四十年革新运动的努力并非全无效果。我们今日所以还要郑重指出八股,小脚,板子,夹棍,等等罪孽,岂是仅仅要宣扬家丑?我们的用意只是要大家明白我们的脊梁上驮着那二三千年的罪孽重担,所以几十年的不十分自觉的努力还不能够叫我们海底翻身。同时我们也可以从这种历史的知识上得着一种坚强的信心:三四十年的一点点努力已可以废除三千年的太监,一千年的小脚,六百年的八股,四五百年的男娼,五千年的酷刑,这不够使我们更决心向前努力吗!西洋人把高跟鞋,细腰模型,贞操锁都装置在博物院里,任人观看,叫人明白那个"美德造成的黄金世界"原来不在过去,而在那辽远的将来。这正是鼓励人们向前努力的好方法,是我们青年人不可不知道的。

固然,博物院里同时也应该陈列先民的优美成绩,谈固有文化的也应该如吴其玉先生说的"优劣并提"。这虽然不是我们现在讨论的本题,(本题是"我们的固有文化真是太丰富了吗?")我们也可以在此谈谈。我们的固有文化究竟有什么"优""长"之处呢?我是研究历史的人,也是个有血气的中国人,当然也时常想寻出我们这个民族的固有文化的优长之处。但我寻出来的长处实在不多,说出来一定叫许多青年人失望。依我的愚见,我们的固有文化有三点是可以在世界上占数一数二的地位的:第一是我们的语言的"文法"是全世界最容易最合理的。第二是我们的社会组织,因为脱离封建时代最早,所以比较 的是很平等的,很平民化的。第三是我们的先民,在印度宗教输入以前,他们的宗教比较的是最简单的,最近人情的;就在印度宗教势力盛行之后,还能勉力从中古宗教之下爬出来,勉强建立一个人世的文化:这样的宗教迷信的比较薄弱,也可算是世界希有的。然而这三项都夹杂着不少的有害的成分,都不是纯粹的长处。文法是最合理的简易的,可是文字的形体太繁难,太不合理了。社会组织是平民化了,同时也因为没有中坚的主力,所以缺乏领袖,又不容易组织,弄成一个一盘散沙的国家;又因为社会没有重心,所以一切风气都起于最下层而不出于最优秀的分子,所以小脚起于舞女,鸦片起于游民,一切赌博皆出于民间,小说戏曲也皆起于街头弹唱的小民。至于宗教,因为古代的宗教太简单了,所以中间全国投降了印度宗教,造成了一个长期的黑暗迷信的时代,至今还留下了不少的非人生活的遗痕。——然而这三项究竟还是我们在这个世界上最特异的三点:最简易合理的文法,平民化的社会构造,薄弱的宗教心。此外,我想了二十年,实在想不出什么别的优长之点了。如有别位学者能够指出其他的长处来,我当然很愿意考虑的。(这个问题当然不是一段短文所能讨论的,我在这里不过提出一个纲要而已。)

所以,我不能不被逼上"固有文化实在太不丰富"之结论了。我以为我们对于固有的文化,应该采取历史学者的态度,就是"实事求是"的态度。一部文化史平铺放着,我们可以平心细看:如果真是丰富,我们又何苦自讳其丰富?如果真是贫乏,我们也不必自讳其贫乏。如果真是罪孽深重,我们也不必自讳其罪孽深重。"实事求是",才是最可靠的反省。自认贫乏,方才肯死心塌地的学;自认罪孽深重,方才肯下决心去消除罪愆。如果因为发现了自家不如人,就自暴自弃了,那只是不肖的纨袴子弟的行径,不是我们的有志青年应该有的态度。

话说长了,其他的论点不能详细讨论了,姑且讨论第二个论点,那就是模仿与创造的问题。吴其玉先生说文化进步发展的方式有四种:(一)模仿,(二)改进,(三)发明,(四)创作。这样分法,初看似乎有理,细看是不能成立的。吴先生承认"发明"之中"很多都由模仿来的"。"但也有许多与旧有的东西毫无关系的"。其实没有一件发明不是由模仿来的。吴先生举了两个例:一是瓦特的蒸汽力,一是印字术。他若翻开任何可靠的历史书,就可以知道这两件也是从模仿旧东西出来的。印字术是模仿抄写,这是最明显的事:从抄写到刻印章,从刻印章到刻印板画,从刻印板画到刻印符咒短文,逐渐进到刻印大部书,又由刻板进到活字排印,历史具在,那一个阶段不是模仿前一个阶段而添上的一点新花样?瓦特的蒸汽力,也是从模仿来的。瓦特生于1736年,他用的是牛可门(Newcomen)的蒸汽机,不过加上第二个凝冷器及其他修改而已。牛可门生于1663年,他用了同时人萨维里（Savery）的蒸汽机。牛、萨两人又都是根据法国人巴平（Denis Papin）的蒸汽唧筒。巴平又是模仿他的老师荷兰人胡根斯（Huygens）的空气唧筒的（看 Kaempffert：Modern Wonder Workers, pp.467—503）。吴先生举的两个"发明"的例子,其实都是我所说的"模仿到十足时的一点新花样"。吴先生又说:"创作也须靠模仿为入手,但只模仿是不够的。"这和我的说法有何区别？他把"创作"归到"精神文明"方面,如美术,音乐,哲学等。这几项都是"模仿以外,还须有极高的开辟天才,和独立的精神"。我的说法并不曾否认天才的重要。我说的是:

> 模仿熟了,就是学会了,工具用的熟了,方法练的细密了,有天才的人自然会"熟能生巧",这一点功夫到时的奇巧新花样就叫做创造。（《信心与反省》页四八〇）

吴先生说:"创造须由模仿入手。"我说:"一切所谓创造都从模仿出来。"我看不出有一丝一毫的分别。

如此看来,吴先生列举的四个方式,其实只有一个方式:一切发明创作都从模仿出来。没有天才的人只能死板的模仿;天才高的人,功夫到时,自然会改善一点;改变的稍多一点,新花样添的多了,就好像是一件发明或创作了,其实还只是模仿功夫深时添上的一点新花样。

这样的说法,比较现时一切时髦的创造论似乎要减少一点弊窦。今日青年人的大毛病是误信"天才""灵感"等等最荒谬的观念,而不知天才没有功力只能蹉跎自误,一无所成。世界大发明家爱迭生说的最好:"天才（Genius）是一分神来,九十九分汗下。"他所谓"神来"（Inspiration）即是玄学鬼所谓"灵感"。用血汗苦功到了九十九分时,也许有一分的灵巧新花样出来,那就是创作了。颓废懒惰的人,痴待"灵感"之来,是终无所成的。寿生先生引孔子的话:"吾尝终日不食,终夜不寝,以思,无益,不如学也。"这一位最富于常识的圣人的话是值得我们大家想想的。

二十三,六,廿五

（原载 1934 年 7 月 1 日《独立评论》第 107 号）

悲观声浪里的乐观

双十节的前一日,我在燕京大学讲演《究竟我们在这二十三年里干了些什么?》各报的记录,都不免有错误。我今天把那天说的话的大意写出来,做一篇应时节的星期论文。

我们在这个双十节的前后,总不免要想想,究竟辛亥革命至今二十三年中我们干了些什么?究竟有没有成绩值得纪念?在这个最危急的国难时期里,我们最容易走上悲观的路,最容易灰心短气,只觉得革命革了二十三个整年,到头来还是一事无成,文不能对世界文化有任何的贡献,武不能抵御一个强邻的侵暴,我们还有什么兴致年年做这样照例的纪念?这是很普遍的国庆日的感想。所以我觉得我们不肯灰心的人应该用公平的态度和历史的眼光,来重新估计这二十三年中的总成绩,来替中华民国盘一盘账。

今日最悲观的人,实在都是当初太乐观了的人。他们当初就根本没有了解他们所期望的东西的性质,他们梦想一个自由平等,繁荣强盛的国家,以为可以在短时期中就做到那种梦想的境界。他妄想一个"奇迹"的降临,想了二十三年,那"奇迹"还没有影子,于是他们的信心动摇了,他们的极度乐观变成极度悲观了。

换句话说:悲观的人的病根在于缺乏历史的眼光。因为缺乏历史的眼光,所以第一不明白我们的问题是多么艰难,第二不了解我们应付艰难的凭借是多么薄弱,第三不懂得我们开始工作的时间是多么迟晚,第四不想想二十三年是多么短的一个时期,第五不认得我们在这样短的时期里居然也做到了一点很可观的成绩。

如果大家能有一点历史的眼光,大家就可以明白这二十多年来,"奇迹"虽然没有光临,至少也有了一点很可以引起我们的自信心的进步。进步都是比较的。必须要有历史的比较,方才可以明白那一点是进步,那一点是退化。我们要计算这二十三年的成绩,必须要拿现在的成绩来比较二十三年前的状态,然后可以下判断。这是历史眼光的最浅近的说法。

上星期教育部长王世杰先生在他的广播演说里,谈到这二十三年里的教育进步,他说:拿民国二十三年来比民国元年,小学生增多了四倍,中学生增加了十倍,大学及专科学校学生增加了差不多一百倍。这三级的数量的太不相称,是很不应该的,是必须努力补救纠正的。但这个历史统计的比较,至少可以使我们明白这二十三年中,尽管在贫穷纷乱之中,也不是没有惊人的进步。

二十三年中教育上的进步,不仅仅是王世杰先生指出的数量上的增加而已,还有统计数字不能表现出来的各种进步。我们四十岁以上的人,试回头想想二十多年前的中国学校是个什么样子。二十五六年前,当我在上海做中学生的时代,中学堂的博物,用器画,三角,解析几何,高等代数,往往都是请日本教员来教的。北京,天津,南京,苏州,上海,武昌,成都,广州,各地的官立中学师范的理科工课,甚至于图画手工,都是请日本人教的。外国文与外国地理历史也都是请青年会或圣约翰出身的教员来教的。我记得我们学堂里的西洋历史课本是美国十九世纪前期一个托名"Peter Parley"的《世界通史》,开卷就说上帝七日创造世界,接着就说"洪水",卷末有两页说中国,插了半页的图,刻着孔夫子戴着红缨大帽,拖着一条辫子!这是二十五年前的中国学堂的现状!现在我们有了一百十一所大学与学院了,这里面,除了极少数之外,一切学系都是中国人做主任做教员了;其中有好几个学系是可以在世界大学里立得住脚的;其中也有许多学者的科学成绩是世界学术界公认的。这不能不算是二十三年中的大进步吧?

试再看看二十五年前中国小学堂里读的什么书,用的什么文字。我在上海(最开通的上海!)做小学生的时候,读的是古文,一位先生用浦东话逐字逐句的解释,其实是翻译!做的是"孝弟说","今之为关也将以为暴义","汉文帝、唐太宗优劣论"。后来新编的教科书出来了,也还是用古文写的,字字句句都还要翻译讲解。民六以后,始有白话文的运动。民九以后,北京教育部始命令初小第一二年改用国语。民十一以后,小学与中学始改用国语教本。我们姑且不谈这十六七年中的新文学的积极的绝大成绩。我们试想想每年一千一百万小学儿童避免了的苦痛,节省了的脑力,总不能不说这是二十年来的一大进步吧?

试再举科学研究来作个例。辛亥革命的时候,全国没有一个科学研究的机关,这是历史的事实。国内现在所有的科学研究机关,——从最早成立的北京地质调查所,到最近成立的中央研究院,——都是这二十年中的产儿。二十年是很短的时间,何况许多科学研究所与各大学的科学试验室又都只有四五年的历史呢?然而在这短时间内,在经费困难与时局不安定之下,我们居然发展了不少方面的科学。在自然科学的方面,地质学与古生物学的成绩是无疑的赶过日本的六十年的成绩了;生物学,生理学,药物化学,气象学,也都有了很显著的成绩。在历史科学与社会科学的方面,中央研究院的历史语言研究所在考古学上的工作,地质调查所在先史考古学上的工作,北平社会调查所与南开经济学院在经济社会方面的调查工作,也都在短时期中做出了很大的成绩,得到了世界学人的承认。二十年中有了这些方面的科学发展,比起民国初元的贫乏状态来,真好像在荒野里建造起了一些琼楼玉宇,这不可以算是这二十年的大进步吗?

这样的历史比较,是打破悲观鼓舞信心最有效的方法。即如那二十年中好像最不争气的交通事业,如果用历史眼光去评量,这里那里也未尝没有一点进步。我们从徽州山里出来的人,从徽州到杭州从前要走六七天,现在只消六点钟了,这就是二十四倍的进步。前十年,一个甘肃朋友来到北京,走了一百零四天;上星期有人从甘肃来,只消走十四天了;今年年底,陇海路通到了西安,时间更可以缩短了。

但这二十三年中最伟大而又最容易被人忽略的进步,要算各方面的社会改革。最明显的当然是女子的解放。在身体的方面,现在二十岁左右的中国女子不但恢复了健全的人样,并且渐渐的要变成世界上最美的女性了。在教育的方面,男女同学的实行不过十多年,现在不但社会默认为当然,在校的男女学生也都渐渐消除了从前男女之间那种种不自然的丑态。此外如女子的经济地位与法律地位的抬高,如女子参加职业和社会政治事业的人数的加多,如婚姻习惯的逐渐变更,如离婚妇女与再嫁妇女在社会上的地位的改善,这都是二十年来中国社会的大进步。

我记得在民九的前后,四川有一个十九岁的女子杀了她的"十不全"的残废丈夫,她在法庭上的自辩是:"我没有别的法子可以避开他!"四川的法院判了她十五年的监禁。这个案子详到司法部,部里的大官认为判得太轻了,把原审法官交付惩戒。有一天,在一个席上,一位有名的法学家(那时是法官惩戒委员会的会长)大骂我们北京大学的教授,说我们提倡打倒礼教,所以影响到四川的法官,使他们故意宽纵这样谋杀亲夫的女人!然而十年之后,国民政府颁布的新刑律与新民法,有许多方面比我们在民八九年所梦想的还要激进的多了。时代变了,法学家也只好跟着走了。

总而言之,这二十三年中固然有许多不能满人意的现状,其中也有许多真正有价值的大进步。革命到底是革命,总不免造成一些无忌惮的恶势力,但同时也总会打倒一些应该打倒的旧制度与旧势力。有许多不满人意的事,当然是革命后的纷乱时期所造成的,所以我们也赞成"革命尚未成功"的名言。但我们如果平心估量这二十多年的盘账单,终不能不承认我们在这个民国时期确然有很大的进步;也不能不承认那些进步的一大部分都受了辛亥以来的革命潮流的解放作用的恩惠。明白承认了这二十年努力的成绩,这可以打破我们的悲观,鼓励我们的前进。事实明告我们,这点成绩还不够抵抗强暴,还不够复兴国家,这也不应该叫我们灰心,只应该勉励我们鼓起更大的信心来,要在这将来的十年二十年中做到更大什伯倍的成绩。古代哲人曾说:"士不可以不弘毅,任重而道远。"悲观与灰心永远不能帮助我们挑那重担,走那长路!

二十三年双十节后二日

(原载 1934 年 10 月 14 日天津《大公报》,又载
1934 年 10 月 21 日《独立评论》第 123 号)

写在孔子诞辰纪念之后

我们家乡有句俗话说:"做戏无法,出个菩萨。"编戏的人遇到了无法转变的情节,往往请出一个观音菩萨来解围救急。这两年来,中国人受了外患的刺激,颇有点手忙脚乱的情形,也就不免走上了"做戏无法,出个菩萨"的一条路。这本是人之常情。西洋文学批评史也有 deusex machina 的话,译出来也可说,"解围无计,出个上帝"。本年五月里美国奇旱,报纸上也曾登出旱区妇女孩子跪着祈祷求雨的照片。这都是穷愁呼天的常情,其可怜可恕,和今年我们国内许多请张天师求雨或请班禅喇嘛消灾的人,是一样的。

这种心理,在一般愚夫愚妇的行为上表现出来,是可怜而可恕的;但在一个现代政府的政令上表现出来,是可怜而不可恕的。现代政府的责任在于充分运用现代科学的正确智识,消极的防患除弊,积极的兴利惠民。这都是一点一滴的工作,一尺一步的旅程,这里面绝对没有一条捷径可以偷度。然而我们观察近年我们当政的领袖好像都不免有一种"做戏无法,出个菩萨"的心理,想寻求一条救国的捷径,想用最简易的方法做到一种复兴的灵迹。最近政府忽然手忙脚乱的恢复了纪念孔子诞辰的典礼,很匆遽的颁布了礼节的规定。8月27日,全国都奉命举行了这个孔诞纪念的大典。在每年许多个先烈纪念日之中加上一个孔子诞辰的纪念日,本来不值得我们的诧异。然而政府中人说这是"倡导国民培养精神上之人格"的方法;舆论界的一位领袖也说:"有此一举,诚足以奋起国民之精神,恢复民族的自信。"难道世间真有这样简便的捷径吗?

我们当然赞成"培养精神上之人格","奋起国民之精神,恢复民族的自信"。但是古人也曾说过:"礼乐所由起,百年积德而后可兴也。"国民的精神,民族的信心,也是这样的;他的颓废不是一朝一夕之故,他的复兴也不是虚文口号所能做到的。"洙水桥前,大成殿上,多士济济,肃穆趋跄"(用8月27日《大公报》社论中语);四方城市里,政客军人也都率领着官吏士民,济济跄跄的行礼,堂堂皇皇的演说,——礼成祭毕,纷纷而散,假期是添了一日,口号是添了二十句,演讲词是多出了几篇,官吏学生是多跑了一趟,然在精神的人格与民族的自信上,究竟有丝毫的影响吗?

那一天《大公报》的社论曾有这样一段议论:

> 最近二十年,世变弥烈,人欲横流,功利思想如水趋壑,不特仁义之说为俗诽笑,即人禽之判亦几以不明,民族的自尊心与自信力既已荡然无存,不待外侮之来,国家固早已濒于精神幻灭之域。

如果这种诊断是对的,那么,我们的民族病不过起于"最近二十年",这样浅的病根,应该是很容易医治的了。可惜我们平日敬重的这位天津同业先生未免错读历史了。《官场现形记》和《二十年目睹之怪现状》描写的社会政治情形,不是中国的实情吗?是不是我们得把病情移前三十年呢?《品花宝鉴》以至《金瓶梅》描写的也不是中国的社会政治吗?这样一来,又得挪上三五百年了。那些时代,孔子是年年祭的,《论语》、《孝经》、《大学》是村学儿童人人读的,还有士大夫讲理学的风气哩!究竟那每年"洙水桥前,大成殿上,多士济济,肃穆趋跄",曾何补于当时的惨酷的社会,贪污的政治?

我们回想到我们三十年前在村学堂读书的时候,每年开学是要向孔夫子叩头礼拜的;每天放学,拿了先生批点过的习字,是要向中堂(不一定有孔子像)拜揖然后回家的。至今回想起来,那个时代的人情风尚也未见得比现在高多少。在许多方面,我们还可以确定的说:"最近二十年"比那个拜孔夫子的时代高明的多多了。这二三十年中,我们废除了三千年的太监,一千年的小脚,六百年的八股,四五百年的男娼,五千年的酷刑,这都没有借重孔子的力量。八月二十七那一天汪精卫先生在中央党部演说,也指出"孔子没有反对纳妾,没有反对蓄奴婢;如今呢,纳妾蓄奴婢,虐待之固是罪恶,善待之亦是罪恶，根本纳妾蓄奴婢便是罪恶。"汪先生的解说是："仁是万古不易的，而仁的内容与条件是与时俱进的。"这样的解说毕竟不能抹煞历史的事实。事实是"最近"几年中，丝毫没有借重孔夫子，而我们的道德观念已进化到承认"根本纳妾蓄奴婢便是罪恶"了。

平心说来，"最近二十年"是中国进步最速的时代；无论在智识上，道德上，国民精神上，国民人格上，社会风俗上，政治组织上，民族自信力上，这二十年的进步都可以说是超过以前的任何时代。这时期中自然也有不少的怪现状的暴露，劣根性的表现，然而种种缺陷都不能减损这二十年的总进步的净赢余。这里不是我们专论这个大问题的地方。但我们可以指出这个总进步的几个大项目：

第一，帝制的推翻，而几千年托庇在专制帝王之下的城狐社鼠，——一切妃嫔，太监，贵胄，吏胥，捐纳，——都跟着倒了。

第二，教育的革新。浅见的人在今日还攻击新教育的失败，但他们若平心想想旧教育是些什么东西，有些什么东西，就可以明白这二三十年的新教育，无论在量上或质上都比三十年前进步至少千百倍了。在消极方面，因旧教育的推倒，八股，骈文，律诗，等等谬制都逐渐跟着倒了；在积极方面，新教育虽然还肤浅，然而常识的增加，技能的增加，文字的改革，体育的进步，国家观念的比较普遍，这都是旧教育万不能做到的成绩。（汪精卫先生前天曾说："中国号称以孝治天下，而一开口便侮辱人的母亲，甚至祖宗妹子等。"试问今日受过小学教育的学生还有这种开口骂人妈妈妹子的国粹习惯吗？）

第三，家庭的变化。城市工商业与教育的发展使人口趋向都会，受影响最大的是旧式家庭的崩溃，家庭变小了，父母公婆与族长的专制威风减削了，儿女宣告独立了。在这变化的家庭中，妇女的地位的抬高与婚姻制度的改革是五千年来最重大的变化。

第四，社会风俗的改革。小脚，男娼，酷刑等等，我已屡次说过了。在积极方面，如女子的解放，如婚丧礼俗的新试验，如青年对于体育运动的热心，如新医学及公共卫生的逐渐推行，这都是古代圣哲所不曾梦见的大进步。

第五，政治组织的新试验。这是帝制推翻的积极方面的结果。

二十多年的试验虽然还没有做到满意的效果,但在许多方面(如新式的司法,如警察,如军事,如胥吏政治之变为士人政治)都已明白的显出几千年来所未曾有的成绩。不过我们生在这个时代,往往为成见所蔽,不肯承认罢了。单就最近几年来颁行的新民法一项而论,其中含有无数超越古昔的优点,已可说是一个不流血的绝大社会革命了。

这些都是毫无可疑的历史事实,都是"最近二十年"中不曾借重孔夫子而居然做到的伟大的进步。革命的成功就是这些,维新的成绩也就是这些。可怜无数维新志士,革命仁人,他们出了大力,冒了大险,替国家民族在二三十年中做到了这样超越前圣,凌驾百王的大进步,到头来,被几句死书迷了眼睛,见了黑旋风不认得是李逵,反倒唉声叹气,发思古之幽情,痛惜今之不如古,梦想从那"荆棘丛生,檐角倾斜"的大成殿里抬出孔圣人来"卫我宗邦,保我族类!"这岂不是天下古今最可怪笑的愚笨吗?

文章写到这里,有人打岔道:"喂,你别跑野马了。他们要的是'国民精神上之人格,民族的自信'。在这'最近二十年'里,这些项目也有进步吗?不借重孔夫子,行吗?"

什么是人格?人格只是已养成的行为习惯的总和。什么是信心?信心只是敢于肯定一个不可知的将来的勇气。在这个时代,新旧势力,中西思潮,四方八面的交攻,都自然会影响到我们这一辈人的行为习惯,所以我们很难指出某种人格是某一种势力单独造成的。但我们可以毫不迟疑的说:这二三十年中的领袖人才,正因为生活在一个新世界的新潮流里,他们的人格往往比旧时代的人物更伟大:思想更透辟,知识更丰富,气象更开阔,行为更豪放,人格更崇高。试把孙中山来比曾国藩,我们就可以明白这两个世界的代表人物的不同了。在古典文学的成就上,在世故的磨炼上,在小心谨慎的行为上,中山先生当然比不上曾文正。然而在见解的大胆,气象的雄伟,行为的勇敢上,那一位理学名臣就远不如这一位革命领袖了。照我这十几年来的观察,凡受这个新世界的新文化的震撼最大的人物,他们的人格都可以上比一切时代的圣贤,不但没有愧色,往往超越前人。老辈中,如高梦旦先生,如张元济先生,如蔡元培先生,如吴稚晖先生,如张伯苓先生;朋辈中,如周诒春先生,如李四光先生,如翁文灏先生,如姜蒋佐先生:他们的人格的崇高可爱敬,在中国古人中真寻不出相当的伦比。这种人格只有这个新时代才能产生,同时又都是能够给这个时代增加光耀的。

我们谈到古人的人格,往往想到岳飞、文天祥和晚明那些死在廷杖下或天牢里的东林忠臣。我们何不想想这二三十年中为了各种革命慷慨杀身的无数志士!那些年年有特别纪念日追悼的人们,我们姑且不论。我们试想想那些为排满革命而死的许多志士,那些为民十五六年的国民革命而死的无数青年,那些前两年中在上海在长城一带为抗日卫国而死的无数青年,那些为民十三以来的共产革命而死的无数青年,——他们慷慨献身去经营的目标比起东林诸君子的目标来,其伟大真不可比例了。东林诸君子慷慨抗争的是"红丸","移宫","妖书"等等米米小的问题;而这无数的革命青年慷慨献身去工作的是全民族的解放,整个国家的自由平等,或他们所梦想的全人类社会的自由平等。我们想到了这二十年中为一个主义而从容杀身的无数青年,我们想起了这无数个"杀身成仁"中国青年,我们不能不低下头来向他们致最深的敬礼;我们不能不颂赞这"最近二十年"是中国史上一个精神人格最崇高,民族自信心最坚强的时代。他们把他们的生命都献给了他们的国家和他们的主义,天下还有比这更大的信心吗?

凡是咒诅这个时代为"人欲横流,人禽无别"的人,都是不曾认识这个新时代的人:他们不认识这二十年中国的空前大进步,也不认识这二十年中整千整万的中国少年流的血究竟为的是什么。

可怜的没有信心的老革命党呵!你们要革命,现在革命做到了这二十年的空前大进步,你们反不认得它了。这二十年的一点进步不是孔夫子之赐,是大家努力革命的结果,是大家接受了一个新世界的新文明的结果。只有向前走是有希望的。开倒车是不会有成功的。

你们心眼里最不满意的现状,——你们所咒诅的"人欲横流,人禽无别"——只是任何革命时代所不能避免的一点附产物而已。这种现状的存在,只够证明革命还没有成功,进步还不够。孔圣人是无法帮忙的;开倒车也决不能引你们回到那个本来不存在的"美德造成的黄金世界"的！养个孩子还免不了肚痛,何况改造一个国家,何况改造一个文化？别灰心了,向前走罢！

二十三,九,三夜

(原载 1934 年 9 月 9 日《独立评论》第 117 号)

领袖人才的来源

北京大学教授孟森先生前天寄了一篇文字来,题目是论"士大夫"(见《独立》第十二期)。他下的定义是:

> "士大夫"者,以自然人为国负责,行事有权,败事有罪,无神圣之保障,为诛殛所可加者也。

虽然孟先生说的"士大夫",从狭义上说,好像是限于政治上负大责任的领袖,然而他又包括孟子说的"天民"一级不得位而有绝大影响的人物,所以我们可以说,若用现在的名词,孟先生文中所谓"士大夫"应该可以叫做"领袖人物",省称为"领袖"。孟先生的文章是他和我的一席谈话引出来的,我读了忍不住想引伸他的意思,讨论这个领袖人才的问题。

孟先生此文的言外之意是叹息近世居领袖地位的人缺乏真领袖的人格风度,既抛弃了古代"士大夫"的风范,又不知道外国的"士大夫"的流风遗韵,所以成了一种不足表率人群的领袖。他发愿要搜集中国古来的士大夫人格可以做后人模范的,做一部《士大夫集传》;他又希望有人搜集外国士大夫的精华,做一部《外国模范人物集传》。这都是很应该做的工作,也许是很有效用的教育材料。我们知道《新约》里的几种耶稣传记影响了无数人的人格;我们知道布鲁达克(Plutarch)的英雄传影响了后世许多的人物。欧洲的传记文学发达的最完备,历史上重要人物都有很详细的传记,往往有一篇传记长至几十万言的,也往往有一个人的传记多至几十种的。这种传记的翻译,倘使有审慎的选择和忠实明畅的译笔,应该可以使我们多知道一点西洋的领袖人物的嘉言懿行,间接的可以使我们对于西方民族的生活方式得一点具体的了解。

中国的传记文学太不发达了,所以中国的历史人物往往只靠一些干燥枯窘的碑版文字或史家列传流传下来;很少的传记材料是可信的,可读的已很少了;至于可歌可泣的传记,可说是绝对没有。我们对于古代大人物的认识,往往只全靠一些很零碎的轶事琐闻。然而我至今还记得我做小孩子时代读的朱子《小学》里面记载的几个可爱的人物,如汲黯、陶渊明之流。朱子记陶渊明,只记他做县令时送一个长工给他儿子,附去一封家信,说:"此亦人子也,可善遇之。"这寥寥九个字的家书,印在脑子里,也颇有很深刻的效力,使我三十年来不敢轻用一句暴戾的辞气对待那帮我做事的人。这一个小小例子可以使我承认模范人物的传记,无论如何不详细,只须剪裁的得当,描写的生动,也未尝不可以做少年人的良好教育材料,也未尝不可介绍一点做人的风范。

但是传记文学的贫乏与忽略,都不够解释为什么近世中国的领袖人物这样稀少而又不高明。领袖的人才决不是光靠几本《士大夫集传》就能铸造成功的。"士大夫"的稀少,只是因为"士大夫"在古代社会里自成一个阶级,而这个阶级久已不存在了。在南北朝的晚期,颜之推说:

> 吾观《礼经》,圣人之教,箕帚匕箸,咳唾唯诺,执烛沃盥,皆有节文,亦为至矣。但〔《礼经》〕既残缺非复全书,其有所不载,及世事变改者,学达君子自为节度,相承行之。故世号"士大夫风操"。而家门颇有不同,所见互称长短。然其阡陌亦自可知。(《颜氏家训·风操》第六)

在那个时代,虽然经过了魏、晋旷达风气的解放,虽然经过了多少战祸的摧毁,"士大夫"的阶级还没有完全毁灭,一些名门望族都竭力维持他们的门阀。帝王的威权,外族的压迫,终不能完全消灭这门阀自卫的阶级观念。门阀的争存不全靠声势的煊赫,子孙的贵盛。他们所倚靠的是那"士大夫风操",即是那个士大夫阶级所用来律己律人的生活典型。即如颜氏一家,遭遇亡国之祸,流徙异地,然而颜之推所最关心的还是"整齐门内,提撕子孙",所以他著作家训,留作他家子孙的典则。隋、唐以后,门阀的自尊还能维持这"士大夫风操"

至几百年之久。我们看唐朝柳氏和宋朝吕氏、司马氏的家训,还可以想见当日士大夫的风范的保存是全靠那种整齐严肃的士大夫阶级的教育的。

然而这士大夫阶级终于被科举制度和别种政治和经济的势力打破了。元、明以后,三家村的小儿只消读几部刻板书,念几百篇科举时文,就可以有登科作官的机会;一朝得了科第,像《红鸾禧》戏文里的丐头女婿,自然有送钱投靠的人来拥戴他去走马上任。他从小学的是科举时文,从来没有梦见过什么古来门阀里的"士大夫风操"的教育与训练,我们如何能期望他居士大夫之位要维持士大夫的人品呢?

以上我说的话,并不是追悼那个士大夫阶级的崩坏,更不是希冀那种门阀训练的复活。我要指出的是一种历史事实。凡成为领袖人物的,固然必须有过人的天资做底子,可是他们的知识见地,做人的风度,总得靠他们的教育训练。一个时代有一个时代的"士大夫",一个国家有一个国家的范型式的领袖人物。他们的高下优劣,总都逃不出他们所受的教育训练的势力。某种范型的训育自然产生某种范型的领袖。

这种领袖人物的训育的来源,在古代差不多全靠特殊阶级(如中国古代的士大夫门阀,如日本的贵族门阀,如欧洲的贵族阶级及教会)的特殊训练。在近代的欧洲则差不多全靠那些训练领袖人才的大学。欧洲之有今日的灿烂文化,差不多全是中古时代留下的几十个大学的功劳。近代文明有四个基本源头:一是文艺复兴,二是十六七世纪的新科学,三是宗教革新,四是工业革命。这四个大运动的领袖人物,没有一个不是大学的产儿。中古时代的大学诚然是幼稚的可怜,然而意大利有几个大学都有一千年的历史;巴黎,牛津,康桥都有八九百年的历史;欧洲的有名大学,多数是有几百年的历史的;最新的大学,如莫斯科大学也有一百八十多年了,柏林大学是一百二十岁了。有了这样长期的存在,才有积聚的图书设备,才有集中的人才,才有继长增高的学问,才有那使人依恋崇敬的"学风"。至于今日,西方国家的领袖人物,那一个不是从大学出来的? 即使偶有三五个例外,也没有一个不是直接间接受大学教育的深刻影响的。

在我们这个不幸的国家,一千年来,差不多没有一个训练领袖人才的机关。贵族门阀是崩坏了,又没有一个高等教育的书院是有持久性的,也没有一种教育是训练"有为有守"的人才的。五千年的古国,没有一个三十年的大学! 八股试帖是不能造领袖人才的,做书院课卷是不能造领袖人才的,当日最高的教育,——理学与经学考据——也是不能造领袖人才的。现在这些东西都快成了历史陈迹了,然而这些新起的"大学",东抄西袭的课程,朝三暮四的学制,七零八落的设备,四成五成的经费,朝秦暮楚的校长,东家宿而西家餐的教员,十日一雨五日一风的学潮,——也都还没有造就领袖人才的资格。

丁文江先生在《中国政治的出路》(《独立》第十一期)里曾指出"中国的军事教育比任何其他的教育都要落后",所以多数的军人都"因为缺乏最低的近代知识和训练,不足以担任国家的艰巨"。其实他太恭维"任何其他的教育"了! 茫茫的中国,何处是训练大政治家的所在? 何处是养成执法不阿的伟大法官的所在? 何处是训练财政经济专家学者的所在? 何处是训练我们的思想大师或教育大师的所在?

领袖人物的资格在今日已不比古代的容易了。在古代还可以有刘邦、刘裕一流的枭雄出来平定天下,还可以像赵普那样的人妄想用"半部《论语》治天下"。在今日的中国,领袖人物必须具备充分的现代见识,必须有充分的现代训练,必须有足以引起多数人信仰的人格。这种资格的养成,在今日的社会,除了学校,别无他途。

我们到今日才感觉整顿教育的需要,真有点像"临渴掘井"了。然而治七年之病,终须努力求三年之艾。国家与民族的生命是千万年的。我们在今日如果真感觉到全国无领袖的苦痛,如果真感觉到"盲人骑瞎马"的危机,我们应当深刻的认清只有咬定牙根来彻底整顿教育,稳定教育,提高教育的一条狭路可走。如果这条路上的荆棘不扫除,虎狼不驱逐,奠基不稳固;如果我们还想让这条路去长久埋没在淤泥水潦之中,——那么,我们这个国家也只好长久被一班无知识无操守的浑人领导到沉沦的无底地狱里去了。

(原载1932年8月7日《独立评论》第12号)

论六经不够作领袖人才的来源
答孟心史先生

心史先生：

　　前说四事，都是匆匆写的，不成意思，居然劳先生殷殷赐答，不安之至。

　　顷重读《学记》，终觉其为一种教育理论之书，而不是记叙一种现行制度之书。其述"今之教者呻其占毕，多其讯……"，乃是实写其所见闻之学校。其云"古之教者家有塾，党有庠，术有序，国有学"以下，则是提出一种理想的制度。孟子谓"夏曰校，殷曰序，周曰庠"，是纵的时代差别；《学记》则以此诸名施于横的地域差别。此无他，同是信口开河的托古，正不妨相矛盾也。

　　"通一经至纤屑无有滞碍"，此种境界，谈何容易？纵观两汉博士，其通一经，只是通其所谓通，以后人眼光观之，如京房、翼奉之流皆"不通"之尤者也。

　　禁私学一点，尊旨甚是。

　　尊经一点，我终深以为疑。儒家经典之中，除《论》、《孟》及《礼记》之一部分之外，皆系古史料而已，有可精义可作做人模范？我们在今日尽可挑出《论》、《孟》诸书，或整理成新式读本，或译成今日语言，使今人与后人知道儒家典型的来源，这是我很赞成的。其他《诗》则以文学眼光读之；《左传》与《书》与《仪礼》，则以历史材料读之，皆宜与其他文学历史同等齐观，方可容易了解。我对于"经"的态度，大致如此，请教正。

　　先生问："中国之士大夫，若谓不出于六经，试问古来更有何物为制造之具？"此大问题，不容易有简单的解答。鄙意以为制造士大夫之具,往往因时代而不同,而六经则非其主要之具。往年读汪辉祖《病榻梦痕录》(此为中国自传文学中最佳的一部),见他律己之法,每日早起焚香读《太上感应篇》一遍,其事最简陋,而其功效也可以使他佐幕则成好刑名,做官则是好官。由此推而上之,王荆公最得力于禅学,其行事亦可为士大夫模范;荆公答曾子固书说他自己博览广询,他深信"治经而已,则不足以知经"。更推上去,如张释之、汲黯,其风度人格岂不比董生、公孙丞相更可敬爱?经学大师未必一定超过治黄、老学的人。更推上去,则孔子固可敬爱,墨子独不可敬爱耶?

我略举此数人,以明此问题不能有简单的答案。所以我说:"一个时代有一个时代的士大夫,一个国家有一个国家的范型式的领袖人物。他们的高下优劣总都逃不出他们所受的教育训练的势力。某种范型的训育自然产生某种范型的领袖。"(《独立》十二号,页四)如梁任公所举"中国之武士道",此一个时代的范型的人物也。如萧望之、匡衡、孔光、张禹,此又一个时代的范型的人物也。如阮籍、嵇康,此又一个时代的范型的人物也。过此以往,代有其人。理学以前,有范文正、王荆公诸人;理学时代,有朱子、方正学、王文成以至东林诸公。

若分析此等人物所受训育,有得力于一时代的特殊阶级之特别风尚者,有得力于学问者,有得力于宗教者,有得力于家庭教育者,有得力于经或理学者,有得力于文学者,有得力于史传者,——其途径不一,而皆不能以经学一事包括之。不能人人有一部《病榻梦痕录》式之自传,故我们不能作详细精密的分析。约略估计之,我们可以说:经学的影响不如史传,史传的影响又不如宗教,书本的教育又不如早年家庭的训育。而宗教所含成分,佛道远大于儒门;名为"六经尊服郑,百行法程朱",实则《功过格》与《太上感应篇》的势力远超过《近思录》与《性理大全》或《传习录》也!至于家庭教育,则宗教与俗文学的势力尤远过于六经四子书。

吾国训育的工具有几个最大的弱点,遂成为致命之伤。第一,"儒门淡薄,收拾不住"一般的平常老百姓;试问《尚书》、《周礼》一类的书,即使人人熟读,岂能在人生观上发生什么影响?六经皆如此。即《论语》《孟子》之中,又能有几十章可使一般人受用呢?第二,两个大宗教——佛与道——都不高明,都太偏于消极的制裁,都不曾产生伟大的范型人物足以供千百世人的歌泣模仿。第三,士大夫太偏重制举的文艺与虚伪的文学,全不曾注意到那影响千万人的通俗文学,所以通俗文学全在鄙人俗士的手里出来,可以诲盗诲淫,可以歆动富贵利禄才子佳人的迷梦,而不足以造成一种健全的最低限度的道德习惯。第四,传记文学太贫乏了,虽偶有伟大的人物,而其人格风范皆不能成为多数人的读物。第五,女子的教育太忽略了,没有好母教,则虽有士大夫门第而难于长久保存其门风。第六,人民太穷苦了,救死犹恐不赡,奚暇治礼义哉?

凡教育皆有两方面,一为提高,一为普及。上述六种缺陷,使这两方面皆无进展,人才之缺乏不自今日始,孔家店之倒也,也不自今日始也。满清之倒,岂辛亥一役为之?辛亥之役乃摧枯拉朽之业。我们打孔家店,及今回想,真同打死老虎,既不能居功,亦不足言罪也!

西洋所以见长,正因无此六病,而有六长。第一,自希腊以来,古典文学之内容丰富远非我国典籍所企及。第二,基督教的"人格的"影响远非佛道两教所能梦见。第三,通俗文学的制作多出于士大夫阶级,故多有极动人的伟大作品。第四,传记文学特别发达,其传记多能写生传神,而又纤细详尽,足为后人矜式。第五,女子教育发达的早,又非如我国之仅以做闺秀诗词为女子教育而已,故家庭教育特别优胜。第六,生活较高,教育易为力。

即以我在论《领袖人才的来源》文中所举大学问题言之,欧洲最早的大学的来源多与教会有关,而教会有组织,有永久性,有人才,有富力,能使大学继长增高。国家与社会的富力,又足以继承此遗产而继续光大之,此皆吾国所无的条件也。又因其古代学术遗风有多方面的丰富,虽有教会的一尊,而医学与法学皆得列为学科,故自然科学与社会科学皆有所附丽而渐次发展。此岂吾国学校之以尊经习科举文自限者所能比拟哉?

古人造作人才,究竟由何途径,我们不能作简单答复。但以现存史料观之,则两汉以前,必不全靠书本子,尤必不靠六经。射御等艺,先生谓"非士大夫之根本品质",实则此等艺事足以养成"士大夫之根本品质",其功效必远在书本教育之上!孔子屡称射为君子之事,其所言即今日西方所谓"竞艺员美德"(Sportsmanship)也。古人卜御,何等郑重?以《左传》所记观之,御亦人格教育之一个重要方面。礼乐之事,其重要亦不过如此。后世尽去此等艺事,只剩一个"书"字,而"书"之中又损之又损以至于几本最不足养成人才的六经!此中关键,虽非一朝一夕之故,然甚耐吾人今日之玩味寻思。

以上所言,在百忙中写成,时作时辍,故甚无伦次。其主旨在说明六经不足为"旧士大夫之来源",尤不足为新的来源,不知能达此意否?

今日之事如造百层之台,当大做脚始得。先生所收集之中国士大夫之嘉言懿行,我们所希望介绍之西方士大夫美德,不过是供这台脚的一砖一石而已。

久迟奉答,匆匆先呈所见,尚望先生多赐教言。改日当奉谒请教。敬问起居。

胡适敬上
二十一,九,七夜写完

(原载 1932 年 9 月 11 日《独立评论》第 17 号)

赠与今年的大学毕业生

这一两个星期里,各地的大学都有毕业的班次,都有很多的毕业生离开学校去开始他们的成人事业。学生的生活是一种享有特殊优待的生活,不妨幼稚一点,不妨吵吵闹闹,社会都能纵容他们,不肯严格的要他们负行为的责任。现在他们要撑起自己的肩膀来挑他们自己的担子了。在这个国难最紧急的年头,他们的担子真不轻!我们祝他们的成功,同时也不忍不依据我们自己的经验,赠与他们几句送行的赠言,——虽未必是救命毫毛,也许作个防身的锦囊罢!

你们毕业之后,可走的路不出这几条:绝少数的人还可以在国内或国外的研究院继续作学术研究;少数的人可以寻着相当的职业;此外还有做官,办党,革命三条路;此外就是在家享福或者失业闲居了。第一条继续求学之路,我们可以不讨论。走其余几条路的人,都不能没有堕落的危险。堕落的方式很多,总括起来,约有这两大类:

第一是容易抛弃学生时代的求知识的欲望。你们到了实际社会里,往往所用非所学,往往所学全无用处,往往可以完全用不着学问,而一样可以胡乱混饭吃,混官做。在这种环境里,即使向来抱有求知识学问的决心的人,也不免心灰意懒,把求知的欲望渐渐冷淡下去。况且学问是要有相当的设备的;书籍,试验室,师友的切磋指导,闲暇的工夫,都不是一个平常要糊口养家的人所能容易办到的。没有做学问的环境,又谁能怪我们抛弃学问呢?

第二是容易抛弃学生时代的理想的人生的追求。少年人初次与冷酷的社会接触,容易感觉理想与事实相去太远,容易发生悲观和失望。多年怀抱的人生理想,改造的热诚,奋斗的勇气,到此时候,好像全不是那么一回事。眇小的个人在那强烈的社会炉火里，往往经不起长时期的烤炼就熔化了，一点高尚的理想不久就幻灭了。抱着改造社会的梦想而来，往往是弃甲曳兵而走，或者做了恶势力的俘虏。你在那俘虏牢狱里，回想那少年气壮时代的种种理想主义，好像都成了自误误人的迷梦！从此以后，你就甘心放弃理想人生的追求，甘心做现成社会的顺民了。

要防御这两方面的堕落，一面要保持我们求知识的欲望，一面要保持我们对于理想人生的追求。有什么好法子呢？依我个人的观察和经验，有三种防身的药方是值得一试的。

第一个方子只有一句话："总得时时寻一两个值得研究的问题！"问题是知识学问的老祖宗；古今来一切知识的产生与积聚，都是因为要解答问题，——要解答实用上的困难或理论上的疑难。所谓"为知识而求知识"，其实也只是一种好奇心追求某种问题的解答，不过因为那种问题的性质不必是直接应用的，人们就觉得这是"无所为"的求知识了。我们出学校之后，离开了做学问的环境，如果没有一个两个值得解答的疑难问题在脑子里盘旋，就很难继续保持追求学问的热心。可是，如果你有了一个真有趣的问题天天逗你去想他，天天引诱你去解决他，天天对你挑衅笑你无可奈何他，——这时候，你就会同恋爱一个女子发了疯一样，坐也坐不下，睡也睡不安，没工夫也得偷出工夫去陪她，没钱也得撙衣节食去巴结她。没有书，你自会变卖家私去买书；没有仪器，你自会典押衣服去置办仪器；没有师友，你自会不远千里去寻师访友。你只要能时时有疑难问题来逼你用脑子，你自然会保持发展你对学问的兴趣，即使在最贫乏的智识环境中，你也会慢慢的聚起一个小图书馆来，或者设置起一所小试验室来。所以我说：第一要寻问题。脑子里没有问题之日，就是你的智识生活寿终正寝之时！古人说，"待文王而兴者，凡民也。若夫豪杰之士，虽无文王犹兴"。试想葛理略（Calileo）和牛敦（Newton）有多少藏书？有多少仪器？他们不过是有问题而已。有了问题而后，他们自会造出仪器来解答他们的问题。没有问题的人们，关在图书馆里也不会用书，锁在试验室里也不会有什么发现。

第二个方子也只有一句话："总得多发展一点非职业的兴趣。"离开学校之后,大家总得寻个吃饭的职业。可是你寻得的职业未必就是你所学的,或者未必是你所心喜的,或者是你所学而实在和你的性情不相近的。在这种状况之下,工作就往往成了苦工,就不感觉兴趣了。为糊口而作那种非"性之所近而力之所能勉"的工作,就很难保持求知的兴趣和生活的理想主义。最好的救济方法只有多多发展职业以外的正当兴趣与活动。一个人应该有他的职业,又应该有他的非职业的顽艺儿,可以叫做业余活动。凡一个人用他的闲暇来做的事业,都是他的业余活动。往往他的业余活动比他的职业还更重要,因为一个人的前程往往全靠他怎样用他的闲暇时间。他用他的闲暇来打马将,他就成个赌徒;你用你的闲暇来做社会服务,你也许成个社会改革者;或者你用你的闲暇去研究历史,你也许成个史学家。你的闲暇往往定你的终身。英国十九世纪的两个哲人,弥儿(J. S. Mill)终身做东印度公司的秘书,然而他的业余工作使他在哲学上,经济学上,政治思想史上都占一个很高的位置;斯宾塞(Spencer)是一个测量工程师,然而他的业余工作使他成为前世纪晚期世界思想界的一个重镇。古来成大学问的人,几乎没有一个不是善用他的闲暇时间的。特别在这个组织不健全的中国社会,职业不容易适合我们性情,我们要想生活不苦痛或不堕落,只有多方发展业余的兴趣,使我们的精神有所寄托,使我们的剩余精力有所施展。有了这种心爱的顽艺儿,你就做六个钟头的抹桌子工夫也不会感觉烦闷了,因为你知道,抹了六点钟的桌子之后,你可以回家去做你的化学研究,或画完你的大幅山水,或写你的小说戏曲,或继续你的历史考据,或做你的社会改革事业。你有了这种称心如意的活动,生活就不枯寂了,精神也就不会烦闷了。

第三个方子也只有一句话:"你总得有一点信心。"我们生当这个不幸的时代,眼中所见,耳中所闻,无非是叫我们悲观失望的。特别是在这个年头毕业的你们,眼见自己的国家民族沉沦到这步田地,眼看世界只是强权的世界,望极天边好像看不见一线的光明,——在这个年头不发狂自杀,已算是万幸了,怎么还能够希望保持一点内心的镇定和理想的信任呢？我要对你们说：这时候正是我们要培养我们的信心的时候！只要我们有信心，我们还有救。古人说："信心（Faith）可以移山。"又说："只要工夫深，生铁磨成绣花针。"你不信吗？当拿破仑的军队征服普鲁士占据柏林的时候，有一位穷教授叫做菲希特（Fichte）的，天天在讲堂上劝他的国人要有信心，要信仰他们的民族是有世界的特殊使命的，是必定要复兴的。菲希特死的时候（1814），谁也不能预料德意志统一帝国何时可以实现。然而不满五十年，新的统一的德意志帝国居然实现了。

一个国家的强弱盛衰，都不是偶然的，都不能逃出因果的铁律的。我们今日所受的苦痛和耻辱，都只是过去种种恶因种下的恶果。我们要收将来的善果，必须努力种现在的新因。一粒一粒的种，必有满仓满屋的收，这是我们今日应该有的信心。

我们要深信：今日的失败，都由于过去的不努力。

我们要深信：今日的努力，必定有将来的大收成。

佛典里有一句话："福不唐捐。"唐捐就是白白的丢了。我们也应该说："功不唐捐！"没有一点努力是会白白的丢了的。在我们看不见想不到的时候，在我们看不见想不到的方向，你瞧！你下的种子早已生根发叶开花结果了！

你不信吗？法国被普鲁士打败之后，割了两省地，赔了五十万万佛郎的赔款。这时候有一位刻苦的科学家巴斯德（Pasteur）终日埋头在他的试验室里做他的化学试验和微菌学研究。他是一个最爱国的人，然而他深信只有科学可以救国。他用一生的精力证明了三个科学问题：(1)每一种发酵作用都是由于一种微菌的发展；(2)每一种传染病都是由于一种微菌在生物体中的发展；(3)传染病的微菌，在特殊的培养之下，可以减轻毒力，使它从病菌变成防病的药苗。——这三个问题，在表面上似乎都和救国大事业没有多大的关系。然而从第一个问题的证明，巴斯德定出做醋酿酒的新法，使全国的酒醋业每年减除极大的损失。从第二个问题的证明，巴斯德教全国的蚕丝业怎样选种防病，教全国的畜牧农家怎样防止牛羊瘟疫，又教全世界的医学界怎样注重消毒以减除外科手术的死亡率。从第三个问题的证明,巴斯德发明了牲畜的脾热瘟的疗治药苗,每年替法国农家减除了二千万佛郎的大损失;又发明了疯狗咬毒的治疗法,救济了无数的生命。所以英国的科学家赫胥黎(Huxley)在皇家学会里称颂巴斯德的功绩道:"法国给了德国五十万万佛郎的赔款,巴斯德先生一个人研究科学的成绩足够还清这一笔赔款了。"

巴斯德对于科学有绝大的信心,所以他在国家蒙奇辱大难的时候,终不肯抛弃他的显微镜与试验室。他绝不想他的显微镜底下能偿还五十万万佛郎的赔款,然而在他看不见想不到的时候,他已收获了科学救国的奇迹了。

朋友们,在你最悲观最失望的时候,那正是你必须鼓起坚强的信心的时候。你要深信:天下没有白费的努力。成功不必在我,而功力必不唐捐。

二十一,六,二十七夜

(原载 1932 年 7 月 3 日《独立评论》第 7 号)

教育破产的救济方法还是教育

我们中国人有一种最普遍的死症,医书上还没有名字,我姑且叫他做"没有胃口"。无论什么好东西,到了我们嘴里,舌头一舔,刚觉有味,才吞下肚去,就要作呕了。胃口不好,什么美味都只能"浅尝而止",终不能下咽,所以我们天天皱起眉头,做出苦样子来,说:没有好东西吃! 这个病症,看上去很平常,其实是死症。

前些年,大家都承认中国需要科学;然而科学还没有进口,早就听见一班妄人高唱"科学破产"了;不久又听见一班妄人高唱"打倒科学"了。前些年,大家又都承认中国需要民主宪政;然而宪政还没有入门,国会只召集过一个,早就听见一班"学者"高唱"议会政治破产""民主宪政是资本主义的副产物"了。

更奇怪的是今日大家对于教育的不信任。我做小孩子的时候,常听见人说这类的话:"普鲁士战胜法兰西,不在战场上而在小学校里。""英国的国旗从日出处飘到日入处,其原因要在英国学堂的足球场上去寻找。"那时的中国人真迷信教育的万能! 山东有一个乞丐武训,他终身讨饭,积下钱来就去办小学堂;他开了好几个小学堂,当时全国人都知道"义丐武训"的大名。这件故事,最可以表示那个时代的人对于教育的狂热。民国初元,范源濂等人极力提倡师范教育,他们的见解虽然太偏重"普及"而忽略了"提高"的方面,然而他们还是向来迷信教育救国的一派的代表。民国六年以后,蔡元培等人注意大学教育,他们的弊病恰和前一派相反,他们用全力去做"提高"的事业,却又忽略了教育"普及"的方面。但无论如何,范、蔡诸人都还绝对信仰教育是救国的唯一路子。民八至民九,杜威博士在中国各地讲演新教育的原理与方法,也很引起了全国人的注意。那时阎锡山在娘子关内也正在计划山西的普及教育,太原的种种补充小学师资的速成训练班正在极热烈的猛进时期,当时到太原游览参观的人都不能不深刻的感觉山西的一班领袖对于普及教育的狂热。

曾几何时,全国人对于教育好像忽然都冷淡了!渐渐的有人厌恶教育了,渐渐的有人高喊"教育破产"了。

从狂热的迷信教育,变到冷淡的怀疑教育,这里面当然有许多复杂的原因。第一是教育界自己毁坏他们在国中的信用:自从民八双十节以后北京教育界抬出了"索薪"的大旗来替代了"造新文化"的运动,甚至于不恤教员罢课至一年以上以求达到索薪的目的,从此以后,我们真不能怪国人瞧不起教育界了。第二是这十年来教育的政治化,使教育变空虚了;往往学校所认为最不满意的人,可以不读书,不做学问,而仅仅靠着活动的能力取得禄位与权力;学校本身又因为政治的不安定,时时发生令人厌恶的风潮。第三,这十几年来(直到最近时期),教育行政的当局无力管理教育,就使私立中学与大学尽量的营业化;往往失业的大学生与留学生,不用什么图书仪器的设备,就可以挂起中学或大学的招牌来招收学生;野鸡学校越多,教育的信用当然越低落了。第四,这十几年来,所谓高等教育的机关,添设太快了,国内人才实在不够分配,所以大学地位与程度都降低了,这也是教育招人轻视的一个原因。第五,粗制滥造的毕业生骤然增多了,而社会上的事业不能有同样速度的发展,政府机关又不肯充分采用考试任官的方法,于是"粥少僧多"的现象就成为今日的严重问题,做父兄的,担负了十多年的教育费,眼见子弟拿着文凭寻不到饭碗,当然要埋怨教育本身的失败了。

这许多原因(当然不限于这些),我们都不否认。但我要指出,这种种原因都不够证成教育的破产。事实上,我们今日还只是刚开始试办教育,还只是刚起了一个头,离那现代国家应该有的教育真是去题万里!本来还没有"教育"可说,怎么谈得到"教育破产?"产还没有置,有什么可破?今日高唱"教育破产"的妄人,都只是害了我在上文说的"没有胃口"的病症。他们在一个时代也曾跟着别人喊着要教育,等到刚尝着教育的味儿,他们早就皱起眉头来说教育是吃不得的了!我们只能学耶稣的话来对这种人说:"啊!你们这班信心浅薄的人啊!"

我要很诚恳的对全国人诉说:今日中国教育的一切毛病,都由于我们对教育太没有信心,太不注意,太不肯花钱。教育所以"破产",都因为教育太少了,太不够了。教育的失败,正因为我们今日还不曾真正有教育。

为什么一个小学毕业的孩子不肯回到田间去帮他父母做工呢?并不是小学教育毁了他。第一,是因为田间小孩子能读完小学的人数太少了,他觉得他进了一种特殊阶级,所以不屑种田学手艺了。第二,是因为那班种田做手艺的人也连小学都没有进过,本来也就不欢迎这个认得几担大字的小学生。第三,他的父兄花钱送他进学堂,心眼里本来也就指望他做一个特殊阶级,可以夸耀邻里,本来也就最不指望他做块"回乡豆腐干"重回到田间来。

对于这三个根本原因,一切所谓"生活教育""职业教育",都不是有效的救济。根本的救济在于教育普及,使个个学龄儿童都得受义务的(不用父母花钱的)小学教育;使人人都感觉那一点点的小学教育并不是某种特殊阶级的表记,不过是个个"人"必需的东西,——和吃饭睡觉呼吸空气一样的必需的东西。人人都受了小学教育,小学毕业生自然不会做游民了。

中学教育和大学教育的许多怪现状,也不会是教育本身的毛病,也往往是这个过渡时期(从没有教育过渡到刚开始有教育的时期)不可避免的现状。因为教育太稀有,太贵;因为小学教育太不普及,所以中等教育更成了极少数人家子弟的专有品,大学教育更不用说了。今日大多数升学的青年,不一定都是应该升学的,只因为他们的父兄有送子弟升学的财力,或者因为他们的父兄存了"将本求利"的心思勉力借贷供给他们升学的。中学毕业要贴报条向亲戚报喜,大学毕业要在祠堂前竖旗杆,这都不是今日已绝迹的事。这样稀有的宝贝(今日在初中的人数约占全国人口一千分之一;在高中的人数约占全国人口四千分之一;在专科以上学校的人数约占全国人口一万分之一!)当然要高自位置,不屑回到内地去,宁作都市的失业者而不肯做农村的导师了。

今日中等教育与高等教育所以还办不好,基本的原因还在于学生的来源太狭,在于下层的教育基础太窄太小,(十九年度全国高中普通科毕业生数不满八千人,而二十年度专科以上学校一年级新生有一万五千多人!)来学的多数是为熬资格而来,不是为求学问而来。因为要的是资格,所以只要学校肯给文凭便有学生。因为要的是资格,所以教员越不负责任,越受欢迎,而严格负责的训练管理往往反可以引起风潮;学问是可以牺牲的,资格和文凭是不可以牺牲的。

欲要救济教育的失败,根本的方法只有用全力扩大那个下层的基础,就是要下决心在最短年限内做到初等义务教育的普及。国家与社会在今日必须拼命扩充初等义务教育,然后可以用助学金和免费的制度,从那绝大多数的青年学生里,选拔那些真有求高等知识的天才的人去升学。受教育的人多了,单有文凭上的资格就不够用了,多数人自然会要求真正的知识与技能了。

这当然是绝大的财政负担,其经费数目的伟大可以骇死今日中央和地方天天叫穷的财政家。但这不是绝不可能的事。在七八年前,谁敢相信中国政府每年能担负四万万元的军费?然而这个巨大的军费数目在今日久已是我们看惯毫不惊讶的事实了!

所以今日最可虑的还不是没有钱,只是我们全国人对于教育没有信心。我们今日必须坚决的信仰:五千万失学儿童的救济比五千架飞机的功效至少要大五万倍!

二十三,八,十七

(原载 1934 年 8 月 19 日《大公报·星期论文》,又载
1934 年 8 月 27 日《国闻周报》第 11 卷第 34 期)

所谓"中小学文言运动"

本年 5 月初,汪懋祖先生在《时代公论》第一一〇号上发表了一篇《禁习文言与强令读经》,引起了吴研因先生在各报上发表反驳的文字。汪先生第一次答辩(《时代公论》第一一四号)才用了"中小学文言运动"的题目。这个月中,各地颇有讨论这个问题的文字,渐渐的离原来的论点更远了。我本来不愿意加入这个问题的讨论。今天任叔永先生送来了一篇《为全国小学生请命》,这是《独立评论》上第一次牵涉到这个问题,叔永在他的文章里把这个"论战"做了一段简单的提要,我读了觉得他的提要不很正确,所以我要补充几句,并且借这个机会说说我的一点意见。

汪懋祖的第一篇文字,条理很不清楚,因为是用很不清楚的文言写的。我细细分析,可把他的主张总括成这几点:

(1)"初级小学自以全用白话教材为宜。"

(2)"而五六年级应参教文言。不特为升学及社会应用所需,即对于不升学者,亦不当绝其研习文言之机会也。"

(3)关于中学国文科文言教材应该占多大的成分,汪先生没有明说,但他曾说:"吾只望初中能读毕孟子,高中能读《论语》、《学》、《庸》以及《左传》、《史记》、《诗经》、《国策》、《庄子》、《荀子》、《韩非子》等选本,作为正课,而辅以各家文选,及现代文艺,作为课外读物。"

他的主张不过如此。这样的主张,不过是一个教育家的个人见解,本来不值得我们大惊小怪。他的文字所以引起读者的反感,全因为他在每一段里总有几句痛骂白话拥护文言的感情话,使人不能不感觉这几条简单的主张背后是充满着一股热烈的迷恋古文的感情。

感情在那儿说话,所以理智往往失掉了作用。例如他说:

> 学习文言与学习语体,孰难孰易,必经心理学专家之长于文字者,作长期的测验研究,殊未可一语武断。

这好像是个学者的态度。但他下文说:

> 二者(文言与白话)各有其用,欲卓然成一作家,则所资于天才与功力,正复相同。

这就是"武断"二者难易"正复相同"了。下文他又说:

> 草写"如之何"三字,时间一秒半;草写"怎么样"三字需七秒半,时间相差六秒,文言之省便,毋待哓哓。乃必舍轻便之利器,用粗笨之工具,吾不知其何说也。

这又更进一步"武断"白话为"粗笨之工具",文言为"轻便之利器"了! 然而汪先生接着又忽然下一转语:

> 或谓学习文言当较白话费力。曰,然。

这又是不待"心理学专家长期的测验研究",而"武断"学习文言"较白话费力"了!

究竟学习白话与学习文言"孰难孰易"呢?还是"学习文言较白话费力"呢?还是"文言之省便毋待哓哓"呢?还是"二者正复相同"呢?还是我们应该静待"心理学专家作长期的测验研究"呢?汪先生越说,我们越糊涂了。

这是那个所谓《中小学文言运动》的发难文字的内容。以后的讨论,更使我们看出当日发难的人和后来附和的人的心事。在《中小学文言运动》一篇里,汪先生很明白的说:

> 读经决非恶事,似毋庸讳言。时至今日,使各省当局如何键、陈济棠辈之主张尊孔读经,可谓豪杰之士矣。

在这里,我的老朋友汪懋祖先生真是"图穷而匕首见"了。至于附和的人,大都是何键、陈济棠两位"豪杰之士"的同志。在《时代公论》第一一七号里,有位许梦因先生投了一篇《告白话派青年》,说:

> 白话必不可为治学工具。今用学术救国,急应恢复文言。

他痛哭流涕的控诉"白话派":

> 其所奉行惟谨之白话,实质全系外国的而非中国的。(胡

> 适谨按:这句话大有白话的嫌疑。许梦因先生何不把这句白话改作古文试试看?)其体势构造每非一般识字读书之中国人所能领会。可领会者,大都外国假面具社会主义之宣传,无一事一理及于实用科学,或为本国所有者。

发这样议论的人,当然够得上拥护今日一班"豪杰之士"的主张了。

这个所谓《中小学文言运动》的主张和动机,不过如此。我们综合我们看见的一些讨论(惭愧的很,上海各刊物上的讨论,我们收集到的很少),觉得《时代公论》第一一三号上龚启昌先生的一篇《读了〈禁习文言与强令读经〉以后》,立论很公平,其中有许多细密的议论。龚先生认清了今日白话文言之争,"是社会对于文言语体的态度的问题"。他说:

> 我们试看社会上对于文言语体的态度如何?报纸影响于社会心理者最大,应能提倡语体才好。其他如官场的文告,来往的公事,虽是加上了新式标点,内容依旧是文言。……就在教育界本身也还有种种矛盾的现象。日前看见报上载江苏省会考试题议决一律用文言。现在国内各大学的考试,及考试院举办的考试,更非用文言不可。……无怪乎现在的中学生(胡适按:此处及下文,原文有脱误)甚而小学生,你不教他文言,他还要求你教他文言。中学大学入学试验的影响于学生心理与态度,比了行政机关的一纸号令,或文人的两三篇文字,不知要大多少。

这都是一针见血的诊断。汪懋祖先生们说的"社会应用所需",其实正是这一类的"矛盾的现象"在那儿作怪。教育部屡次下令禁止小学讲习文言,并且明令初中各科教科书,除国文一小部分之外,不得用文言编撰。但教育部如何敌得过许多"豪杰之士"主持的政府机关,教育机关,考试机关,舆论机关的用全力维持古文的残喘?七八年的革命政府在这一方面只做到了去年的公文一律用新式标点的通令而已。我很佩服龚先生的说法:

> 语体文在小学里的地位,当然毫无异议。不过应当使社会尊重语体文,广为推行一切报章公文一律改过,尤其是中学大学

> 入学试验也要能提倡。否则一部分人提倡语体,又有一部分人在那里提倡文言,以致青年无所适从了。
>
> 我们既是认定了语体为提高国民文化的轻便工具,我们应当再请政府来彻底的革一下命。否则虽是十年百年也还没有结果。

可惜今日的"豪杰之士"还不肯承认龚先生的前提呵!

龚先生说的"社会的态度"的问题,我们在十七八年前早已认清楚了。满清的末年,民国的初年,也有提倡白话报的,也有提倡白话书的,也有提倡官话字母的,也有提倡简字字母的。他们的失败在于他们自己就根本瞧不起他们提倡的白话。他们自己做八股策论,却想提倡一种简易文字给老百姓和小孩子用。殊不知道他们自己不屑用的文字,老百姓和小孩子如何肯学呢?所以我们在十七八年前提倡"白话文学"的运动时,决心先把白话认作我们自己爱敬的工具;决心先认定白话不光是"开通民智"的利器,乃是创造中国文学的唯一工具。我曾说:

> 白话不是只配抛给狗吃的一块骨头,乃是我们全国人都该赏识的一件好宝贝。(《五十年来中国之文学》,《胡适文存二集》,卷二,页一九三)

这就是说:若要使白话运动成功,我们必须根本改变社会上轻视白话的态度。怎样下手呢?我们主张从试作白话文学下手。单靠几部《水浒》、《西游》、《红楼梦》是不够的。所以民国七年我在《建设的文学革命论》里,很明白的说:

> 若要造国语,必须造国语的文学。有了国语的文学,自然有国语。……真正有功效有势力的国语教科书便是国语的文学,便是国语的小说诗文剧本。……中国将来的新文学用的国语,就是将来的标准国语。

这就是说:我们下手的方法,只有用全力用白话创造文学。白话文学的真美被社会公认之时,标准化的国语自然成立了。

我当时的主张,一班朋友都还不能完全了解。时势的逼迫也就不容许我的缓进的办法的实行。白话文学运动开始后的第三年,北京政府的教育部就下令改用白话作小学第一二年级的教科书了！民国十一年的新学制不但完全采用国语作小学教科书，中学也局部的用国语了！这是白话文学运动开始后第五年的事！这样急骤的改革，固然证明了我的主张的一部分：就是白话"文学"的运动果然抬高了社会对白话的态度，因而促进了白话教科书的实现。但是在那个时代，白话的教材实在是太不够用了，实在是贫乏的可怜！中小学的教科书是两家大书店编的，里面的材料都是匆匆忙忙的搜集来的；白话作家太少了，选择的来源当然很缺乏；编撰教科书的人又大都是不大能做好白话文的，往往是南方作者勉强作白话；白话文学还没有标准，所以往往有不很妥贴的句子。但平心而论，民国十一年"新学制"之下的国语教科书还经过了比较细心的编纂，谨慎的审查。民国十五六年的政治大革命以后，各家书店争着编纂时髦的教科书，竞争太激烈了，各家书店都没有细心考究的时间，所以编纂审查都更潦草了；甚至于把日报上的党国要人的演说笔记都用作教科书的材料！所以这几年出的国语教科书，在文字上，在内容上，恐怕还不如民国十一二年的教科书了。

所以我们回头看这十几年出的教科书，实在不能否认这些教科书应该大大的改良。但这十几年的中小学教科书的不满人意，却也证明了我十七年前的忧虑。我当时希望有第一流的白话诗，文，戏本，传记，等等出来做"真正有功效有力量的国语教科书"。但十七年来，白话文学的作品虽然在质上和量上都有了进步，究竟十七年的光阴是很短的，第一流的作家在一个短时期里是不会很多的。何况牟利的教科书商人又不肯虚心的，细心的做披沙拣金的编纂工作呢？今日社会上还有一部分人对于白话文存着轻蔑的态度，我们提倡白话文学的人不应该完全怪他们的顽固，我们应该责备我们自己提倡有心而创作不够，所以不能服反对者之心。

老实说，我并不妄想"再请政府来彻底的革一下命"。我深信白话文学是必然能继长增高的发展的，我也深信白话在社会上的地位是一天会比一天抬高的。在那第一流的白话文学完全奠定标准国语之前，顽固的反对总是时时会有的。对付这种顽固的反对，不能全靠政府的"再革一下命",——虽然那也可以加速教育工具的进步,——必须还靠第一流白话文学的增多。

二三,七,九夜

(原载 1934 年 7 月 15 日《独立评论》第 109 号)

我们今日还不配读经

傅孟真先生昨天在《大公报》上发表星期论文,讨论学校读经的问题,我们得了他的同意,转载在这一期(《独立》第一四六号)里。他这篇文章的一部分是提倡读经的诸公所能了解(虽然不肯接受)的。但是其中最精确的一段,我们可以预料提倡读经的文武诸公决不会了解的。那一段是:

> 经过明末以来朴学之进步,我们今日应该充分感觉六经之难读。汉儒之师说既不可恃,宋儒的臆想又不可凭,在今日只有妄人才敢说诗书全能了解。有声音文字训诂学训练的人是深知"多闻阙疑""不知为不知"之重要性的。那么,今日学校读经,无异于拿些教师自己半懂半不懂的东西给学生。……六经虽在专门家手中也是半懂半不懂的东西,一旦拿来给儿童,教者不是浑沌混过,便要自欺欺人。这样的效用,究竟是有益于儿童的理智呢,或是他们的人格?

孟真先生这段话,无一字不是事实。只可惜这番话是很少人能懂的。今日提倡读经的人们,梦里也没有想到五经至今还只是一半懂得一半不懂得的东西。这也难怪。毛公、郑玄以下,说《诗》的人谁肯说《诗》三百篇有一半不可懂?王弼、韩康伯以下,说《易》的人谁肯说《周易》有一大半不可懂?郑玄、马融、王肃以下,说《书》的人谁肯说《尚书》有一半不可懂?古人且不谈,三百年中的经学家,陈奂、胡承珙、马瑞辰等人的《毛诗》学,王鸣盛、孙星衍、段玉裁、江声、皮锡瑞、王先谦诸人的《尚书》学,焦循、江藩、张惠言诸人的《易》学,又何尝肯老实承认这些古经他们只懂得一半?所以孟真先生说的"六经虽在专门家手中也是半懂半不懂的东西",这句话只是最近二三十年中的极少数专门家的见解,只是那极少数的"有声音文字训诂学训练的人"的见解。这种见解,不但陈济棠、何键诸公不曾梦见,就是一般文人也未必肯相信。

所以我们在今日正应该教育一般提倡读经的人们,教他们明白这一点。这种见解可以说是最新的经学,最新的治经方法。始创新经学的大师是王国维先生,虽然高邮王氏父子在一百多年前早已走上这条新经学的路了。王国维先生说:

> 《诗》、《书》为人人诵习之书,然于六艺中最难读。以弟之愚暗,于《书》所不能解者殆十之五;于《诗》,亦十之一二。此非独弟所不能解也,汉、魏以来诸大师未尝不强为之说,然其说终不可通。以是知先儒亦不能解也。(《观堂集林》卷一,《与友人论诗书中成语书》)

这是新经学开宗明义的宣言,说话的人是近代一个学问最博而方法最缜密的大师,所以说的话最有分寸,最有斤两。科学的起点在于求知,而求知的动机必须出于诚恳的承认自己知识的缺乏。古经学所以不曾走上科学的路,完全由于汉、魏以来诸大师都不肯承认古经的难懂,都要"强为之说"。南宋以后,人人认朱子、蔡沈的《集注》为集古今大成的定论,所以经学更荒芜了。顾炎武以下,少数学者走上了声音文字训诂的道路,稍稍能补救宋、明经学的臆解的空疏。然而他们也还不肯公然承认他们只能懂得古经的一部分,他们往往不肯抛弃注释全经的野心。浅识的人,在一个过度迷信清代朴学的空气里,也就纷纷道听途说,以为经过了三百年清儒的整理,五经应该可以没有疑问了。谁料到了这三百年的末了,王国维先生忽然公开揭穿了这张黑幕,老实的承认,《诗经》他不懂的有十之一二,《尚书》他不懂的有十之五。王国维尚且如此说,我们不可以请今日妄谈读经的诸公细细想想吗?

何以古经这样难懂呢?王国维先生说:

> 其难解之故有三:讹阙,一也(此以《尚书》为甚)。古语与今语不同,二也。古人颇用成语,其成语之意义与其中单语分别之意义又不同,三也。

> 唐、宋之成语,吾得由汉、魏、六朝人书解之;汉、魏之成语,吾得由周、秦人书解之。至于《诗》《书》,则书更无古于是者。其成语之数数见者,得比较之而求其相沿之意义。否则不能赞一辞。若但合其中之单语解之,未有不龃龉者。(同上书)

王国维说的三点,第一是底本,第二是训诂,第三还是训诂。其实古经的难懂,不仅是单字,不仅是成语,还有更重要的文法问题。前人说经,都不注意古文语法,单就字面作诂训,所以处处"强为之说",而不能满人意。王念孙、王引之父子的《经传释词》,用比较归纳的方法,指出许多前人误认的字是"词"(虚字),这是一大进步。但他们没有文法学的术语可用,只能用"词""语词""助词""语已词"一类笼统的名词,所以他们的最大努力还不能使读者明了那些做古文字的脉络条理的"词"在文法上的意义和作用。况且他们用的比较的材料绝大部分还是古书的文字,他们用的铜器文字是绝少的。这些缺陷,现代的学者刚刚开始弥补:文法学的知识,从《马氏文通》以来,因为有了别国文法作参考,当然大进步了;铜器文字的研究,在最近几十年中,已有了长足的进展;甲骨文字的认识又使古经的研究添出了不少的比较的材料。所以今日可说是新经学的开始时期。路子有了,方向好像也对了,方法好像更精细了,只是工作刚开始,成绩还说不上。离那了解古经的时期,还很远哩!

正因为今日的工具和方法都比前人稍进步了,我们今日对于古经的了解力的估计,也许比王国维先生的估计还要更小心一点,更谦卑一点。王先生说他对《诗经》不懂的有十之一二,对《尚书》有十之五。我们在今日,严格的估计,恐怕还不能有他那样的乐观。《尚书》在今日,我们恐怕还不敢说懂得了十之五。《诗经》的不懂部分,一定不止十之一二,恐怕要加到十之三四吧。这并不是因为我们比前人更笨,只是因为我们今日的标准更严格了。试举几个例来做说明。(1)《大诰》开篇就说:

> 王若曰,猷大诰尔多邦。

《微子之命》开篇也说:

> 王若曰,猷殷王元子。

《多方》开篇也说：
>周公曰,王若曰,猷告尔四国多方。

这个"猷"字,古训作"道",清代学者也无异说。但我们在今日就不能这样轻轻的放过他了。（2）又如"弗""不"两个字,古人多不曾注意到他们的异同,但中央研究院的丁声树先生却寻出了很多的证据,写了两万多字的长文,证明这两个否定词在文法上有很大的区别,"弗"字是"不之"两字的连合省文,在汉以前这两字是从不乱用的。（3）又如《诗》、《书》里常用的"诞"字,古训作"大",固是荒谬；世俗用作"诞生"解,固是更荒谬；然而王引之《经传释词》里解作"发语词",也还不能叫人明白这个字的文法作用。燕京大学的吴世昌先生释"诞"为"当",然后我们懂得"诞弥厥月"就是当怀胎足月之时；"诞寘之隘巷""诞寘之平林"就是当把他放在隘巷平林之时。这样说去,才可以算是认得这个字了。（4）又如《诗经》里常见的"于以"二字：

>于以采苹,南涧之滨。
>于以采藻,于彼行潦。
>于以采蘩,于沼于沚。
>于以用之,公侯之事。
>于以求之,于林之下。

"于以"二字,谁不认得？然而清华大学的杨树达先生指出这个"以"字应解作"何"字,就是"今王其如台"的"台"字。这样一来,我们只消在上半句加个疑问符号（?）,如下例：

>于以求之？于林之下。
>于以采蘩？于沼于沚。

这样说经,才可算是"涣然冰释,怡然顺理"了。

我举的例子,都是新经学提出的小小问题,都是前人说经时所忽略的,所认为不须诂释的。至于近二三十年中新经学提出的大问题和他们的新解决,那都不是这篇短文里说得明白的,我们姑且不谈。

总而言之,古代的经典今日正在开始受科学的整理的时期,孟真先生说的"六经虽在专门家手中也是半懂半不懂的东西",真是最确当的估计。《诗》,《书》,《易》,《仪礼》,固然有十之五是不能懂的,《春秋三传》也都有从头整理研究的必要;就是《论语》、《孟子》也至少有十之一二是必须经过新经学的整理的。最近一二十年中,学校废止了读经的工课,使得经书的讲授完全脱离了村学究的胡说,渐渐归到专门学者的手里,这是使经学走上科学的路的最重要的条件。二三十年后,新经学的成绩积聚的多了,也许可以稍稍减低那不可懂的部分,也许可以使几部重要的经典都翻译成人人可解的白话,充作一般成人的读物。

在今日妄谈读经,或提倡中小学读经,都是无知之谈,不值得通人的一笑。

二十四,四,八

(原载 1935 年 4 月 14 日《独立评论》第 146 号)

大众语在那儿

自从一些作家提出了"大众语"的问题,常有朋友问我对这问题有什么意见。我对于这个问题只有一个小意见:请大家先做点大众语的作品出来,给我们看看。

在民国八年的八月里,我的朋友李辛白先生来对我说:"你们办的报是为大学中学的学生看的,你们说的话是老百姓看不懂的。我现在要办个报给老百姓看,名字就叫做'新生活'。今天来找你,是要你给我的报做一篇短文章。老实说,这一篇是借你的名字来做广告的。以后我就不再请你做文章了:你们做的文章,老百姓看不懂。"

李辛白从前办过《安徽白话报》,他一生最喜欢办通俗小报;最近几年中,他在南京办了一个《老百姓》,现在不知道怎样了。

且说那一天,我答应了辛白的要求,就动手写一篇要给老百姓看的短文章。题目也是辛白出的:"新生活是什么?"我拿起笔来,才知道这个题目不好做,才知道这篇文章不容易写。(十五年后,我才得读国内贤豪的无数讲新生活的大文章,可惜都不能救济我十五年前的枯窘!)我勉强写成了一篇短文,删了又删,改了又改,足足费了我一个整天的工夫,才写定了一千多字,登在《新生活》的创刊号上。

这篇短文(《胡适文存》页一〇一七;《胡适文选》页五一)后来跑进了各种小学国语教科书里,初中国语教科书第一册也有选他的,要算是我的文章传播最广的一篇了。

我写了那篇文章之后,《新生活》杂志上就没有我的文字了。过了一年多,有一天我见着李辛白,我对他说:"我看了这一年的《新生活》,只觉得你们的文章越写越深了。你们当初嫌我不能做老百姓看的文章;所以我很想看看你们的文章,我好学学老百姓看得懂的文章应该怎么做。可是我等了一年,还没有看到一篇老百姓看得懂的文章。"辛白回答道:"糟极了!这一年之中,恐怕还只有你那篇文章是老百姓看得懂的!"

李辛白是提倡大众语文学的老祖宗。可是他办的报,尽管叫做"老百姓",看的仍旧是中学堂里的学生,始终不会跑到老百姓的手里去。

那一次的一点经验,给了我不少的教训。后来又有一次经验,也是我忘记不了的。

民国二十二年的冬天,我在武汉大学讲演,同时在那边的客人有唐擘黄、杨金甫,还有几位,我记不清了。有一天,武汉大学的朋友说,山上的小学和幼稚园的小孩子要招待我们喝茶。我们很高兴的走到了那边,才知道那班小主人还要每个客人"说几句话"。这大概是武汉大学的朋友们布置下的促狭计策,要考考我们能不能向小孩子说话,能不能说幼稚园里的"大众语"!

提到演说,我可以算是久经大敌的老将了。我曾在加拿大和美国的联合广播台上向整个北美洲的人演说过,毫不觉得心慌。可是这一天我考落第了!那天我们都想用全副力量来说几句小孩子听得懂的话:想他们懂得我们的话和话里的意思。我说了一个故事,话是可以懂的,话里的意思(因为故事太深了)是他们不能完全了解的。我失败了。那一天只有杨金甫说的一个故事是全体小主人都听得懂,又都喜欢听的。别的客人都考了个不及格。

我说了这两次的经验,为的是要说明一个小小的意思。大众语不是在白话之外的一种特别语言文字。大众语只是一种技术,一种本领,只是那能够把白话做到最大多数人懂得的本领。

这种技术不光靠挑用单简明显的字眼语句,也不光靠能剽窃一两句方言土话。同是苏州人说苏州话,一样有个好懂和不好懂的分别。这种技术的高低,全看我们对于所谓"大众"的同情心的厚薄。凡是说话作文能叫人了解的人,都是富于同情心,能细心体贴他的听众(或读者)的。"体贴"就是艳词里说的"换我心为你心";就是时时刻刻想到对面听话的人那一个字听不懂,那一句话不容易明白。能这样体贴人,自然能说听众懂得的话,自然能做读者懂得的文。

英国科学大家赫胥黎最会作通俗的科学讲演,他能对一大群工人作科学讲演。他自己说他最得力于科学前辈法拉第的一句话。有人问法拉第:"你讲演科学的时候,你能假定听众对于你讲的题目先有了多少知识?"法拉第回答:"我假定他们全不知道。"这就是体贴的态度。我们必须先想像这班听众全不知道我要对他们说的题目,方才能够细心体会用什么法子选什么字句,才可以叫那些最没有根柢的人也能明白我要说的话。能够体贴到听众里面程度最低的一个人,然后能说大众全听得懂的话。

现在许多空谈大众语的人,自己就不会说大众的话,不会做大众的文,偏要怪白话不大众化,这真是不会写字怪笔秃了。白话本来是大众的话,决没有不可以回到大众去的道理。时下文人做的文字所以不能大众化,只是因为他们从来就没有想到大众的存在。因为他们心里眼里全没有大众,所以他们乱用文言的成语套语,滥用许多不曾分析过的新名词;文法是不中不西的,语气是不文不白的;翻译是硬译,做文章是懒做。他们本来就没有学会说白话,做白话,怪不得白话到了他们的手里就不肯听他们的指挥了。这样嘴里有大众而心里从来不肯体贴大众的人,就是真肯"到民间去",他们也学不会说大众话的。

所以我说:大众语不是一个语言文字的问题,只是一个技术的问题。提倡大众语的人,都应该先训练自己做一种最大多数人看得懂,听得懂的文章。"看得懂"是为识字的大众着想的;"听得懂"是为不识字的大众着想的。我们如果真有心做大众语的文章,最好的训练是时时想像自己站在无线电发音机面前,向那绝大多数的农村老百姓说话,要字字句句他们都听得懂。用一个字,不要忘了大众;造一个句子,不要忘了大众;说一个比喻,不要忘了大众。这样训练的结果,自然是大众语了。

二十三,九,四

(原载 1934 年 9 月 8 日天津《大公报·文艺副刊》第 100 期)

试评所谓"中国本位的文化建设"

新年里,萨孟武、何炳松先生等十位教授发表的一个《中国本位的文化建设宣言》,在这两三个月里,很引起了国内人士的注意。我细读这篇宣言,颇感觉失望,现在把我的一点愚见写出来,请萨、何诸先生指教,并请国内留意这问题的朋友们指教。

十教授在他们的宣言里,曾表示他们不满意于"洋务""维新"时期的"中学为体西学为用"的见解。这是很可惊异的!因为他们的"中国本位的文化建设"正是"中学为体西学为用"的最新式的化装出现。说话是全变了,精神还是那位《劝学篇》的作者的精神。"根据中国本位",不正是"中学为体"吗?"采取批评态度,吸收其所当吸收",不正是"西学为用"吗?

我们在今日必须明白"维新"时代的领袖人物也不完全是盲目的抄袭,他们也正是要一种"中国本位的文化建设"。他们很不迟疑的"检讨过去",指出八股,小脚,鸦片等等为"可诅咒的不良制度";同时他们也指出孔教,三纲,五常等等为"可赞美的良好制度,伟大思想"。他们苦心苦口的提倡"维新",也正如萨、何诸先生们的理想,要"存其所当存,去其所当去"。

他们的失败是萨、何诸先生们在今日所应该引为鉴戒的。他们的失败只是因为他们的主张里含的保守的成分多过于破坏的成分,只是因为他们太舍不得那个他们心所欲而口所不能言的"中国本位"。他们舍不得那个"中国本位",所以他们的维新政纲到后来失败了。到了辛亥革命成功之后,帝制推翻了,当年维新家所梦想的改革自然在那大变动的潮流里成功了。辛亥的革命是戊戌维新家所不敢要求的,因为推翻帝制,建立民主,岂不要毁了那个"中国本位"了吗?然而在辛亥大革命之后,"中国本位"依然存在,于是不久大家又都安之若固有之了!

辛亥以来,二十多年了,中国经过五四时代的大震动,又经过民国十五六年国共合作的国民革命的大震动。每一次大震动,老成持重的人们,都疾首蹙额,悲叹那个"中国本位"有陨灭的危险。尤其是民十五六的革命,其中含有世界最激烈的社会革命思潮,所以社会政治制度受的震撼也最厉害。那激烈震荡在一刹那间过去了,虽然到处留下了不可磨灭的创痕,始终没有打破那个"中国本位"。然而老成持重的人们却至今日还不曾搁下他们悲天悯人的远虑。何键、陈济棠、戴传贤诸公的复古心肠当然是要维持那个"中国本位",萨孟武、何炳松诸公的文化建设宣言也只是要护持那个"中国本位"。何键、陈济棠诸公也不是盲目的全盘复古,他们购买飞机枪炮,当然也会挑选一九三五的最新模特儿;不过他们要用二千五百年前的圣经贤传来教人做人罢了。这种精神,也正是萨、何十教授所提倡的"存其所当存,吸收其所当吸收"。

我们不能不指出,十教授口口声声舍不得那个"中国本位",他们笔下尽管宣言"不守旧",其实还是他们的保守心理在那里作怪。他们的宣言也正是今日一般反动空气的一种最时髦的表现。时髦的人当然不肯老老实实的主张复古,所以他们的保守心理都托庇于折衷调和的烟幕弹之下。对于固有文化,他们主张"去其渣滓,存其精英";对于世界新文化,他们主张"取长舍短,择善而从":这都是最时髦的折衷论调。陈济棠、何键诸公又何尝不可以全盘采用十教授的宣言来做他的烟幕弹?他们并不主张八股、小脚,他们也不反对工业建设,所以他们的新政建设也正是"取长舍短,择善而从";而他们的读经祀孔也正可以挂起"去其渣滓,存其精英"的金字招牌!十教授的宣言,无一句不可以用来替何键、陈济棠诸公作有力的辩护的。何也?何、陈诸公的中心理论也正是要应付"中国此时此地的需要",建立一个中国本位的文化。

萨、何十教授的根本错误在于不认识文化变动的性质。文化变动有这些最普遍的现象：第一，文化本身是保守的。凡一种文化既成为一个民族的文化，自然有他的绝大保守性，对内能抵抗新奇风气的起来，对外能抵抗新奇方式的侵入。这是一切文化所公有的惰性，是不用人力去培养保护的。

第二，凡两种不同文化接触时，比较观摩的力量可以摧陷某种文化的某方面的保守性与抵抗力的一部分。其被摧陷的多少，其抵抗力的强弱，都和那一个方面的自身适用价值成比例：最不适用的，抵抗力最弱，被淘汰也最快，被摧陷的成分也最多。如钟表的替代铜壶滴漏，如枪炮的替代弓箭刀矛，是最明显的例。如泰西历法之替代中国与回回历法，是经过一个时期的抵抗争斗而终于实现的。如饮食衣服，在材料方面虽不无变化，而基本方式则因本国所有也可以适用，所以至今没有重大的变化：吃饭的，决不能都改吃"番菜"，用筷子的，决不能全改用刀叉。

第三，在这个优胜劣败的文化变动的历程之中，没有一种完全可靠的标准可以用来指导整个文化的各方面的选择去取。十教授所梦想的"科学方法"，在这种巨大的文化变动上，完全无所施其技。至多不过是某一部分的主观成见而美其名为"科学方法"而已。例如妇女放脚剪发，大家在今日应该公认为合理的事。但我们不能滥用权力，武断的提出标准来说：妇女解放，只许到放脚剪发为止，更不得烫发，不得短袖，不得穿丝袜，不得跳舞，不得涂脂抹粉。政府当然可以用税则禁止外国奢侈品和化装品的大量输入，但政府无论如何圣明，终是不配做文化的裁判官的，因为文化的淘汰选择是没有"科学方法"能做标准的。

第四，文化各方面的激烈变动，终有一个大限度，就是终不能根本扫灭那固有文化的根本保守性。这就是古今来无数老成持重的人们所恐怕要陨灭的"本国本位"。这个本国本位就是在某种固有环境与历史之下所造成的生活习惯；简单说来，就是那无数无数的人民。那才是文化的"本位"。那个本位是没有毁灭的危险的。物质生活无论如何骤变，思想学术无论如何改观，政治制度无论如何翻造，日本人还只是日本人，中国人还只是中国人。试看今日的中国女子，脚是放了，发是剪了，体格充分发育了，曲线美显露了，但她无论如何摩登化,总还是一个中国女人,和世界任何国的女人都绝不相同。一个澈底摩登化的都市女人尚且如此,何况那无数无数仅仅感受文化变动的些微震荡的整个民族呢?所以"中国本位",是不必劳十教授们的焦虑的。戊戌的维新,辛亥的革命,五四时期的潮流,民十五六的革命,都不曾动摇那个攀不倒的中国本位。在今日有先见远识的领袖们,不应该焦虑那个中国本位的动摇,而应该焦虑那固有文化的惰性之太大。今日的大患并不在十教授们所痛心的"中国政治的形态,社会的组织,和思想的内容与形式,已经失去它的特征"。我们的观察,恰恰和他们相反。中国今日最可令人焦虑的,是政治的形态,社会的组织,和思想的内容与形式,处处都保持中国旧有种种罪孽的特征,太多了,太深了,所以无论什么良法美意,到了中国都成了逾淮之橘,失去了原有的良法美意。政治的形态,从娘子关到五羊城,从东海之滨到峨嵋山脚,何处不是中国旧有的把戏?社会的组织,从破败的农村,到簇新的政党组织,何处不具有"中国的特征"?思想的内容与形式,从读经祀孔,国术国医,到满街的性史,满墙的春药,满纸的洋八股,何处不是"中国的特征"?

我的愚见是这样的:中国的旧文化的惰性实在大的可怕,我们正可以不必替"中国本位"担忧。我们肯往前看的人们,应该虚心接受这个科学工艺的世界文化和它背后的精神文明,让那个世界文化充分和我们的老文化自由接触,自由切磋琢磨,借它的朝气锐气来打掉一点我们的老文化的惰性和暮气。将来文化大变动的结晶品,当然是一个中国本位的文化,那是毫无可疑的。如果我们的老文化里真有无价之宝,禁得起外来势力的洗涤冲击的,那一部分不可磨灭的文化将来自然会因这一番科学文化的淘洗而格外发辉光大的。

总之,在这个我们还只仅仅接受了这个世界文化的一点皮毛的时候,侈谈"创造"固是大言不惭,而妄谈折衷也是适足为顽固势力添一种时髦的烟幕弹。

二十四,三,三十

(原载 1935 年 3 月 31 日天津《大公报·星期论文》,又载 1935 年 4 月 7 日《独立评论》第 145 号)

充分世界化与全盘西化

二十年前,美国《展望周报》(*The Outlook*)总编辑阿博特(Lyman Abbott)发表了一部自传,其第一篇里记他的父亲的谈话,说:"自古以来,凡哲学上和神学上的争论,十分之九都只是名词上的争论。"阿博特在这句话的后面加上一句评论,他说:"我父亲的话是不错的。但我年纪越大,越感觉到他老人家的算术还有点小错。其实剩下的那十分之一,也还只是名词上的争论。"

这几个月里,我读了各地杂志报章上讨论"中国本位文化""全盘西化"的争论,我常常想起阿博特父子的议论。因此我又联想到五六年前我最初讨论这个文化问题时,因为用字不小心,引起的一点批评。那一年(1929)《中国基督教年鉴》(*Christian Year-book*)请我做一篇文字,我的题目是"中国今日的文化冲突",我指出中国人对于这个问题,曾有三派的主张:一是抵抗西洋文化,二是选择折衷,三是充分西化。我说,抗拒西化在今日已成过去,没有人主张了。但所谓"选择折衷"的议论,看去非常有理,其实骨子里只是一种变相的保守论。所以我主张全盘的西化,一心一意的走上世界化的路。

那部年鉴出版后,潘光旦先生在《中国评论周报》里写了一篇英文书评,差不多全文是讨论我那篇短文的。他指出我在那短文里用了两个意义不全同的字,一个是 Wholesale westernization,可译为"全盘西化";一个是 Wholehearted modernization,可译为"一心一意的现代化",或"全力的现代化",或"充分的现代化"。潘先生说,他可以完全赞成后面那个字,而不能接受前面那个字。这就是说,他可以赞成"全力现代化",而不能赞成"全盘西化"。

陈序经、吴景超诸位先生大概不曾注意到我们在五六年前的英文讨论。"全盘西化"一个口号所以受了不少的批评,引起了不少的辩论,恐怕还是因为这个名词的确不免有一点语病。这点语病是因为严格说来,"全盘"含有百分之一百的意义,而百分之九十九还算不得"全盘"。其实陈序经先生的原意并不是这样,至少我可以说我自己的原意并不是这样。我赞成"全盘西化",原意只是因为这个口号最近于我十几年来"充分"世界化的主张;我一时忘了潘光旦先生在几年前指出我用字的疏忽,所以我不曾特别声明"全盘"的意义不过是"充分"而已,不应该拘泥作百分之百的数量的解释。

所以我现在很诚恳的向各位文化讨论者提议:为免除许多无谓的文字上或名词上的争论起见,与其说"全盘西化",不如说"充分世界化"。"充分"在数量上即是"尽量"的意思,在精神上即是"用全力"的意思。

我的提议的理由是这样的:

第一,避免了"全盘"字样,可以免除一切琐碎的争论。例如我此刻穿着长袍,踏着中国缎鞋子,用的是钢笔,写的是中国字,谈的是"西化",究竟我有"全盘西化"的百分之几,本来可以不生问题。这里面本来没有"折衷调和"的存心,只不过是为了应用上的便利而已。我自信我的长袍和缎鞋和中国字,并没有违反我主张"充分世界化"的原则。我看了近日各位朋友的讨论,颇有太琐碎的争论,如"见女人脱帽子",是否"见男人也应该脱帽子";如我们"能吃番菜",是不是我们的饮食也应该全盘西化;这些事我看都不应该成问题。人与人交际,应该"充分"学点礼貌;饮食起居,应该"充分"注意卫生与滋养:这就够了。

第二,避免了"全盘"的字样,可以容易得着同情的赞助。例如陈序经先生说:"吴景超先生既能承认了西方文化十二分之十以上,那么吴先生之所异于全盘西化论者,恐怕是厘毫之间罢。"我却以为,与其希望别人牺牲那"毫厘之间"来牵就我们的"全盘",不如我们自己抛弃那文字上的"全盘"来包罗一切在精神上或原则上赞成"充分西化"或"根本西化"的人们。依我看来,在"充分世界化"的原则之下,吴景超,潘光旦,张佛泉,梁实秋,沈昌晔……诸先生当然都是我们的同志,而不是论敌了。就是那发表"总答复"的十教授,他们既然提出了"充实人民的生活,发展国民的生计,争取民族的生存"的三个标准,而这三件事又恰恰都是必须充分采用世界文化的最新工具和方法的,那么,我们在这三点上边可以欢迎"总答复"以后的十教授做我们的同志了。

第三,我们不能不承认,数量上的严格"全盘西化"是不容易成立的。文化只是人民生活的方式,处处都不能不受人民的经济状况和历史习惯的限制,这就是我从前说过的文化惰性。你尽管相信"西菜较合卫生",但事实上决不能期望人人都吃西菜,都改用刀叉。况且西洋文化确有不少的历史因袭的成分,我们不但理智上不愿采取,事实上也决不会全盘采取。你尽管说基督教比我们的道教佛教高明的多多,但事实上基督教有一两百个宗派,他们自己就互相诋毁,我们要的是那一派?若说,"我们不妨采取其宗教的精神",那也就不是"全盘"了。这些问题,说"全盘西化"则都成争论的问题,说"充分世界化"则都可以不成问题了。

鄙见如此,不知各位文化讨论者以为如何?

二十四,六,二十二

(原载 1935 年 6 月 23 日天津《大公报·星期论文》)

胡适文存四集　卷五

论《春秋》答钱玄同

玄同兄：

你可考倒我了。我这几年压根儿就没有想过《春秋》的性质的问题，所以对于你的质问，我几乎要交白卷。但你的信却使我不能不想想这个问题，想想的结果，略如下方，写出请你指教。

第一，孟轲说："晋之乘，楚之梼杌，鲁之春秋，一也。其事则齐桓、晋文，其文则史。孔子曰：'其义则丘窃取之矣。'"我想，"其文则史"一句似乎是说，以文字体裁而论，《春秋》是一部史，与别国的史正是"一也"。试看齐国史官记"崔杼弑其君"，晋国史官记"赵盾弑其君"，其文字体裁正与《春秋》相同。况且"其义则丘窃取之矣"一句，从文法上严格说来，应译作，"至于这里面的意义，可是我偷了他们的了"。旧注以"窃取"为谦辞，我却不肯放过这句话。我以为董狐，齐史，都在孔子之前；史官的威权已经成立了，故孔子自认窃取史官"书法"的意义，而建立正名的思想。

第二，所谓"孔子作《春秋》"者，至多不过是说，孔子始开私家学者作历史的风气。创业不易，故孔子的《春秋》（即使不全是今所传本）也不见得比"断烂朝报"高明多少。但私家可以记史事，确有使跋扈权臣担忧之处。故有"乱臣贼子惧"的话。此事正不须有什么"微言大义"，只要敢说老实话，敢记真实事，便可使人注意（惧）了。今之烂污报馆，尚且有大官贵人肯出大捧银子去收买，何况那位有点傻气的孔二先生呢？我的英国朋友佗音比（Arnold Toynbee）每年编一册《国际关系调查》，颇能据事直书。这几年中，每年都有列国外交当局对他的记事表示很关切的注意，往往供给材料，请他更正。这便是"惧"字的"今谊"了（崔浩修史的故事，更可借来印证）。

第三，孔门的后人不能继续孔子以私家学者作史的遗风，却去向那部比断烂朝报高明不多的《春秋》里寻求他老人家的微言大义。于是越钻越有可怪的议论发现，其实都是像禅宗和尚说的，"某甲只将花插香炉上，是和尚自疑别有什么事"（作《左氏春秋》的那位先生似是例外）。

第四，我们在今日无法可以证实或否证今本《春秋》是孔子作的；也不能证明此书是否荀子一派人作的。因为简短，故颇像"断烂"；其实我们看惯了殷虚卜辞，更见了董狐、齐史所记，似可以假定今本《春秋》不是晚出的书，也许真是孔子仿古史书法而作的。我从前（《哲学史》一〇三）曾疑《春秋》有"后来被权门干涉，方才改了的"。现在看来，在那种时代，私家记载不能不有所忌讳，也是很平常的事。即使胡适之、钱玄同在今日秉笔作国史，能真正铁面不避忌吗？

毛子水兄恰好在我家中，见了你的原书和我的答书的前半，他写出了三条意见，如下：

（1）《春秋》的底子可以是孔子以前史官所记录的。

（a）书法是可有的事。

（b）断烂朝报的性质是古初的著作体裁使然，详细的必是口传而非文字。

（2）孔子可以得到这样的纪录，并且利用他。

（3）孔子也许公布古代史官的纪录，并接续记载当时的事。子水的意见和我相差不远。

以上所说，不知能算是交卷了吗？

谢谢你为我的生日费了那么多的工夫写那篇长文。裱成时，还要请你签字盖章，使千百年后人可以省去考证的工夫。

适之　十九，十二，二十

附录　钱先生来书

适之兄：

今有一事要请问你：你对于《春秋》，现在究竟认它是一部什么性质的书？你的《哲学史》中说《春秋》不该当它历史看,应该以《公》、《穀》所说为近是,它是孔子"正名"主义的书;后来你做《北大国学季刊宣言》,对于清儒治《春秋》而回到《公羊》的路上,认为太"陋"了,并且和治《易》回到"方士"的路上为同等之讥评。我对于你这个论调,可以作两种解释:(一)你仍认《春秋》为正名之书,仍以《公》、《穀》所言为近是;但对于庄、刘、龚、康诸公的"《春秋》扩大会议派",动不动说"微言大义""张三世""通三统""黜周王鲁"这些话觉得太讨厌了,离开真相太远了,所以用一个"陋"字来打倒它。(二)你前后的见解不同了,你后来认为《春秋》只是一部"断烂朝报",不但没有那些微言大义,并且也不是孔子正名之著作。我这两种解释未知孰是,请你自己告我。

我现在的意见,是主张你前一说而略有不同。我以为《春秋》确是正名之书,但不见得就是孔子的笔削(孔子一生,我以为是并没有著过书),大概是荀子一派喜欢"隆礼""正名"的人们干的把戏,作《公羊传》者当是此笔削《春秋》者的数传弟子之类。《公羊》所言已有些"扩大会议"的意味,到了董道士和何老爹,越说越不可究诘了。至于清代的先生们,则离题更远,干脆一句话,他们是"托《春秋》而改制"罢了。我因为觉得《春秋》的称名上确有些奇怪:如整整齐齐的五等爵位,某也公,某也侯,……永远不变,今证之于《钟鼎款识》,实在觉得没有这么一回事;尤其是楚国,这"楚子"的称呼,恐怕只是儒家的玩意儿罢了。此外如那样的褒扬宋伯姬,也颇可疑。故鄙见以为认《春秋》有尔许微言大义的说法,固然不对;若竟认为是鲁国的"政府公报"的原本,似亦未合。你以为然否？希望赐答为荷。

弟玄同白
十九,十二,十九

司马迁替商人辩护

1 中国的正统派经济思想一面主张均田均产,一面主张重农抑商。凡井田之论,限民名田之议,以及王莽没收私有土地实行均田之政策,皆属于前者。凡挫辱商人,不许商人乘车衣丝,市井子孙不得仕宦,以及种种驱民归农的政策,皆属于后者。

均田均产的思想是由于渴想一种"调均"的社会。孔子说:"不患贫而患不均。"又说:"均无贫。"(《论语》作"不患寡而患不均"。今依汉人引文校改。)他虽然不曾发挥这个意思,到了孟子手里,便有经界井田的主张出来了。后来封建制度完全消灭,政权全归国家,土地全归私有,私有资本主义更发达了。当时富人并兼贫人,必有很冷酷的不均现象,如董仲舒说的:"富者田连阡陌,贫者无立锥之地","贫者常衣牛马之衣,而食犬彘之食"。儒家既以"调均"为理想,故多主张均田制度。汉文帝时博士所作《王制》便主张农夫每人分田百亩。董仲舒在《春秋繁露》的《度制》篇里也主张"方里八家,一家百亩"。董生也明白井田制度不容易实行,故他对汉武帝说:"古井田法虽难猝行,宜少近古,限民名田,以赡不足,塞并兼之路。"哀帝时,儒生当国,师丹、孔光等人便主张实行限田,贵族与平民私有田地皆不得过三十顷。当时贵族宠臣反对此议,遂不得实行。到王莽才把天下私有土地全数收为国有,名曰"王田",不得买卖:"其男口不盈八而田过一井者,分余田予九族邻里乡党。故无田,今当受田者,如制度。"均田之议遂见于制度,试行了三年而废除。

重农抑商的主张起于一种错误的价值论,认商人为不劳而获的不生利阶级,不但不生利,还得靠剥削农人为谋利之道。如晁错说的,商人"男不耕耘,女不蚕织,衣必文采,食必粱肉,无农夫之苦,有阡陌之利"，这是很普遍的见解。他们虽不曾明说劳动为价值的原素，然而他们都深信古话所谓"一夫不耕，或受之饥；一女不织，或受之寒"的原则，所以绝不能了解何以不耕不织的人可以衣食千百人。这是重农抑商的第一个理由。他们又不能了解货币的性质，故有一种最幼稚的货币理论，以为货币越不方便，越好；越方便，越不好。故他们以为五谷是交易有无的基本，而金钱是有害无利的。如晁错说的：

> 夫珠玉金银，饥不可食，寒不可衣。然而众贵之者，以上用之故也。其为物轻微易藏，在于把握，可以周海内而无饥寒之患。此令臣轻背其主，而民易去其乡，盗贼有所劝，亡逃者得轻资也。粟米布帛生于地，长于时，聚于力，非可一日成也。数石之重，中人勿胜，不为奸邪所利。一日弗得而饥寒至。是故明君贵五谷而贱金玉。

这也是重农抑商政策的一个理由。他们根本上不愿人民"轻去其乡"，更不愿商人"千里游敖，冠盖相望，乘坚策肥，履丝曳缟"。他们根本上就不要一个商业发达的社会。所以他们处处想用法律压迫商人，不准商人"衣锦绣绮縠絺纻罽，操兵（兵是兵器），乘骑马"（《高祖本纪》，八年），不准市井子弟做官（《食货志》）。哀帝时孔光等议限田奏中有"贾人皆不得名田为吏"，这不但要禁止商人为吏，还要禁止他们买田了！

这种种政策和他们背后的经济思想，都只是不承认那自然产生的私产制度的新社会，而要想用法律政治来矫正这个自然变迁，来压制商人，来"使民务农"。这种干涉政策有什么效果呢？我们可让晁错自己回答：

> 今法律贱商人，商人已富贵矣。尊农夫，农夫已贫贱矣。故俗之所贵，主之所贱也。吏之所卑，法之所尊也。

干涉政策的成效如此，而干涉之论仍日出不穷。故重农抑商，均田均产，二千年中继续为儒生的正统经济思想。

2 在那干涉的调均论最流行的时代,董仲舒的朋友司马迁独唱一种替资本主义辩护的论调。司马迁受道家的自然无为主义的影响很深,故他对于那贫富不均的社会,并不觉得奇怪,也不觉得有干涉的必要。在他的眼里,商人阶级的起来,不过是一种很自然的现象。他很平淡的说:

> 富者,人之情性所不学而俱欲者也。(以下均引《史记》一二九,《货殖传》)

> 天下熙熙,皆为利来;天下攘攘,皆为利往。夫千乘之王,万家之侯,百室之君,尚犹患贫,而况匹夫编户之民乎?

这不但是自然的现象,并且是很有益于社会的。社会国家都少不得商人,商人阶级是供给社会的需要而产生的。他说:

> 夫山西饶材竹谷垆旄玉石,山东多鱼盐漆丝声色,江南出柟梓姜桂金锡连(铅)丹沙犀玳瑁珠玑齿革,龙门、碣石北多马牛羊旃裘筋角,铜铁则千里往往山出棋置。此……皆中国人民所喜好,谣俗被服饮食奉生送死之具也。故待农而食之,虞而出之,工而成之,商而通之。此宁有政教发征期会哉?人各任其能,竭其力,以得所欲。故物贱之征贵,贵之征贱,各劝其业,乐其事,若水之趋下,日夜无休时,不召而自来,不求而民出之。岂非道之所符而自然之验耶?《周书》曰:"农不出则乏其食,工不出则乏其事,商不出则三宝绝,虞不出则财匮少。财匮少而山泽不辟矣。"此四者,民所衣食之原也。原大则饶,原小则鲜。上则富国,下则富家。贫富之道,莫之夺予,而巧者有余,拙者不足。

司马迁在这里把农工商虞(虞是经营山泽之利的,盐铁属于此业)四个职业分的最清楚,"商而通之"一语更是明白指出商业的功用。同书里曾说:

> 汉兴,海内为一,开关梁,弛山泽之禁,是以富商大贾周流天下,交易之物莫不通得其所欲。

这几句简单的话,使我们知道资本主义的发达是由于汉帝国初期的开放政策。政府尽管挫辱商人,不准商人乘车衣丝,但只要免除关市的苛捐杂税,只要开放山泽之利,商业自然会发达的。商业的发达能使交易之物各得其所欲,这正是商人流通有无的大功用。

司马迁的卓识能认清贫富不均是由于人的巧拙不齐,是自然的现象。他说:

> 贫富之道,莫之夺予,而巧者有余,拙者不足。

又说:

> 无财,作力;少有,斗智;既饶,争时。

又说:

> 纤啬筋力,治生之正道也(此即所谓无财作力)。而富者必用奇胜(此即所谓斗智争时)。田农拙业,而秦阳以盖一州。掘冢,奸事也,而曲叔以起。博戏,恶业也,而桓发用之富。行贾,丈夫贱行也,而雍乐成以饶。贩脂,辱处也,而雍伯千金。卖浆,小业也,而张氏千万。洒削(治刀剑),薄技也,而郅氏鼎食。胃脯(焯羊胃,以末椒姜拌之,晒干作脯),简微耳,浊氏连骑。马医,浅方,张里击钟。此皆诚壹之所致。由是观之,富无经业,则货无常主。能者辐凑,不肖者瓦解。

这都是说工商致富都靠自己的能力智术,不是偶然的,也不是不劳而得的。他引白圭的话道:

> 吾治生产犹伊尹、吕尚之谋,孙、吴用兵,商鞅行法是也。是故其智不足与权变,勇不足以决断,仁不能以取予,强不能有所守,虽欲学吾术,终不告之矣。

故他赞白圭道:

> 白圭其有所试矣。能试有所长,非苟而已也。

这都是承认营利致富是智能的报酬,不是倘来之物。这是很替资本制度辩护的理论,在中国史上最是不可多得的。太史公不像董仲舒那样"下帷讲诵,三年不窥园",而偏爱高谈天下经济问题的人,他少年时便出门游历,足迹遍于四方,故能有这种特殊的平恕的见解。他看不起那些迂腐儒生,

> 无岩处奇士之行,而长贫贱,好语仁义,亦足羞也。

司马迁既认那农工虞商的资本主义的社会是"道之所符而自然

之验",故他不主张干涉的政策,不主张重农抑商的政策,也不主张均贫富的社会主义。他说:

> 夫神农以前,吾不知已。至若《诗》、《书》所述,虞、夏以来,耳目欲极声色之好,口欲穷刍豢之味,身安逸乐而心夸矜势能之荣,使俗之渐民久矣。虽户说以眇(妙)论,终不能化。故善者因之,其次利导之,其次教诲之,其次整齐之,最下者与之争。

这种自然主义的放任政策是资本主义初发达时代的政治哲学。欧洲十八世纪的经济学者,大都倾向于这条路。但资本主义的社会自然产生贫富大不均平的现象,董生所谓"富者田连阡陌,而贫者无立锥之地","贫民常衣牛马之衣,而食犬彘之食"。这种现象也自然要引起社会改革家的注意与抗议,故干涉的政策,均贫富的理想,均田限田的计划,都一一的起来。董生和太史公同时相熟,而两人的主张根本不同如此。后来的儒家比较占势力,而后来的道家学者又很少像司马迁那样周知社会经济状况的,故均贫富,抑并兼的均产主义渐渐成为中国的正统思想。师丹限田之制失败之后,王莽还要下决心实行均田之制。王莽失败了,后世儒者尽管骂王莽,而对于社会经济,却大都是王莽的信徒。试看班固的《货殖传》,材料全抄《史记》,而论断完全不同了。我们试一比较这两种《货殖传》,可以看出思想的变迁了。

十九年八月

(原载1931年3月《经济学季刊》第2卷第1期)

谈谈《诗经》

这是民国十四年九月在武昌大学讲演的大意,曾经刘大杰君笔记,登在《艺林旬刊》(《晨报副刊》之一)第二十期发表;又收在艺林社《文学论集》。笔记颇有许多大错误。现在我修改了一遍,送给顾颉刚先生发表在《古史辨》里。

二十,九,十一

《诗经》在中国文学上的位置,谁也知道,它是世界最古的有价值的文学的一部,这是全世界公认的。

《诗经》有十三国的国风,只没有《楚风》。在表面上看来,湖北这个地方,在《诗经》里,似乎不能占一个位置。但近来一般学者的主张,《诗经》里面是有《楚风》的,不过没有把它叫做《楚风》,叫它做《周南》、《召南》罢了。所以我们可以说:《周南》、《召南》就是《诗经》里面的《楚风》。

我们说《周南》、《召南》就是《楚风》,这有什么证据呢?这是有证据的。我们试看看《周南》、《召南》,就可以找着许多提及江水、汉水、汝水的地方。像"汉之广矣","江之永矣","遵彼汝坟"这类的句子,想大家都是记得的。满〔汉〕水、江水、汝水流域不是后来所谓"楚"的疆域吗?所以我们可以说《周南》、《召南》大半是《诗经》里面的《楚风》了。

《诗经》既有《楚风》,我们在这里谈《诗经》,也就是欣赏"本地风光"。

我觉得用新的科学方法来研究古代的东西,确能得着很有趣味的效果。一字的古音,一字的古义,都应该拿正当的方法去研究的。在今日研究古书,方法最要紧;同样的方法可以收同样的效果。我今天讲《诗经》,也是贡献一点我个人研究古书的方法。在我未讲研究《诗经》的方法以前,先讲讲对于《诗经》的几个基本的概念。

(一)《诗经》不是一部经典。从前的人把这部《诗经》都看得非常神圣,说它是一部经典,我们现在要打破这个观念;假如这个观念不能打破,《诗经》简直可以不研究了。因为《诗经》并不是一部圣经,确实是一部古代歌谣的总集,可以做社会史的材料,可以做政治史的材料,可以做文化史的材料。万不可说它是一部神圣经典。

(二)孔子并没有删《诗》,"诗三百篇"本是一个成语。从前的人都说孔子删《诗》、《书》,说孔子把《诗经》删去十分之九,只留下十分之一。照这样看起来,原有的诗应该是三千首。这个话是不对的。唐朝的孔颖达也说孔子的删《诗》是一件不可靠的事体。假如原有三千首诗,真的删去了二千七百首,那在《左传》及其它的古书里面所引的诗应该有许多是三百篇以外的,但是古书里面所引的诗不是三百篇以内的虽说有几首,却少得非常。大概前人说孔子删《诗》的话是不可相信的了。

(三)《诗经》不是一个时代辑成的。《诗经》里面的诗是慢慢的收集起来,成现在这么样的一本集子。最古的是《周颂》,次古的是《大雅》,再迟一点的是《小雅》,最迟的就是《商颂》、《鲁颂》、《国风》了。《大雅》、《小雅》里有一部分是当时的卿大夫做的,有几首并有作者的主名;《大雅》收集在前,《小雅》收集在后。《国风》是各地散传的歌谣,由古人收集起来的。这些歌谣产生的时候大概很古,但收集的时候却很晚了。我们研究《诗经》里面的文法和内容,可以说《诗经》里面包含的时期约在六七百年的上下。所以我们应该知道,《诗经》不是那一个人辑的,也不是那一个人做的。

(四)《诗经》的解释。《诗经》到了汉朝,真变成了一部经典。《诗经》里面描写的那些男女恋爱的事体,在那班道学先生看起来,似乎不大雅观,于是对于这些自然的有生命的文学不得不另加种种附会的解释。所以汉朝的齐、鲁、韩三家对于《诗经》都加上许多的附会,讲得非常的神秘。明是一首男女的恋歌,他们故意说是歌颂谁,讽刺谁的。《诗经》到了这个时代,简直变成了一部神圣的经典了。这种事情,中外大概都是相同的,像那本《旧约全书》的里面,也含有许多的诗歌和男女恋爱的故事,但在欧洲中古时代也曾被教会的学者加上许多迂腐穿凿的解说,使他们不违背中古神学。后起的《毛诗》对于《诗经》的解释又把从前的都推翻了,另找了一些历史上的——《左传》里面的事情——证据,来做一种新的解释。《毛诗》研究《诗经》的见解比齐、鲁、韩三家确实是要高明一点,所以《毛诗》渐渐打倒了三家诗,成为独霸的权威。我们现在读的还是《毛诗》。到了东汉,郑康成读《诗》的见解比毛公又要高明。所以到了唐朝,大凡研究《诗经》的人都是拿《毛传》、《郑笺》做底子。到了宋朝,出了郑樵和朱子,他们研究《诗经》,又打破毛公的附会,由他们自己作解释。他们这种态度,比唐朝又不同一点,另外成了一种宋代说《诗》的风气。清朝讲学的人都是崇拜汉学,反对宋学的,他们对于考据训诂是有特别的研究,但是没有什么特殊的见解。他们以为宋学是不及汉学的,因为汉在一千七八百年以前,宋只在七八百年以前。殊不知汉人的思想比宋人的确要迂腐的多呢!但在那个时候研究《诗经》的人,确实出了几个比汉、宋都要高明的,如著《诗经通论》的姚际恒,著《读风偶识》的崔述,著《诗经原始》的方玉润,他们都大胆地推翻汉、宋的腐旧的见解,研究《诗经》里面的字句和内容。照这样看起来,二千年来《诗经》的研究实是一代比一代进步的了。

《诗经》的研究,虽说是进步的,但是都不彻底,大半是推翻这部,附会那部;推翻那部,附会这部。我看对于《诗经》的研究想要彻底的改革,恐怕还在我们呢!我们应该拿起我们的新的眼光,好的方法,多的材料,去大胆地细心地研究;我相信我们研究的效果比前人又可圆满一点了。这是我们应取的态度,也是我们应尽的责任。

上面把我对于《诗经》的概念说了一个大概,现在要谈到《诗经》具体的研究了。研究《诗经》大约不外下面这两条路:

(第一)训诂　用小心的精密的科学的方法,来做一种新的训诂工夫,对于《诗经》的文字和文法上都重新下注解。

(第二)解题　大胆地推翻二千年来积下来的附会的见解;完全用社会学的,历史的,文学的眼光从新给每一首诗下个解释。

所以我们研究《诗经》,关于一句一字,都要用小心的科学的方法去研究;关于一首诗的用意,要大胆地推翻前人的附会,自己有一种新的见解。

现在让我先讲了方法,再来讲到训诂罢。

清朝的学者最注意训诂,如戴震,胡承珙,陈奂,马瑞辰等等,凡他们关于《诗经》的训诂著作,我们都应该看的。戴震有两个高足弟子,一是金坛段玉裁,一是高邮王念孙及其子引之,都有很重要的著作,可为我们参考的。如段注《说文解字》,念孙所作《读书杂志》、《广雅疏证》等;尤其是引之所作的《经义述闻》、《经传释词》,对于《诗经》更有很深的见解,方法亦比较要算周密得多。

前人研究《诗经》都不讲文法,说来说去,终得不着一个切实而明了的解释,并且越讲越把本义搅昏昧了。清代的学者,对于文法就晓得用比较归纳的方法来研究。

如"终风且暴",前人注是——终风,终日风也。但清代王念孙父子把"终风且暴"来比较"终温且惠","终窭且贫",就可知"终"字应当作"既"字解。有了这一个方法,自然我们无论碰到何种困难地方,只要把它归纳比较起来,就一目了然了。

《诗经》中常用的"言"字是很难解的。汉人解作"我"字,自是不通的。王念孙父子知道"言"字是语词,却也说不出他的文法作用来。我也曾应用这个比较归纳的方法,把《诗经》中含有"言"字的句子抄集起来,便知"言"字究竟是如何的用法了。

我们试看:

彤弓弨兮,受言藏之。
驾言出游。
陟彼南山,言采其蕨。

这些例里,"言"字皆用在两个动词之间。"受而藏之","驾而出游",……岂不很明白清楚?(看我的《诗三百篇言字解》,十三版《胡适文存》页三三五——三四〇)

苏东坡有一首《日日出东门》诗,上文说"步寻东城游",下文又说"驾言写我忧"。他错看了《诗经》"驾言出游,以写我忧"的"驾言"二字,以为"驾言"只是一种语助词。所以章子厚笑他说:"前步而后驾,何其上下纷纷也!"

上面是把虚字当作代名词的。再有把地名当作动词的,如"胥"本来是一个地名。古人解为"胥,相也",这也是错了。我且举几个例来证明。《大雅·笃公刘》一篇有"于胥斯原"一句,《毛传》说:"胥,相也。"《郑笺》说:"相此原地以居民。"但我们细看此诗共分三大段,写公刘经营的三个地方,三个地方的写法是一致的:

(1) 于胥斯原。
(2) 于京斯依。
(3) 于豳斯馆。

我们比较这三句的文法,就可以明白,"胥"是一个地方的名称,假使有今日的标点符号,只要打一个"—"儿就明白了。《绵》篇中说太王"爰及姜女,聿来胥宇",也是这个地方。

还有那个"于"字在《诗经》里面,更是一个很发生问题的东西。汉人也把它解错了,他们解为"于,往也"。例如《周南·桃夭》的"之子于归",他们误解为"之子往归"。这样一解,已经太牵强了,但还勉强解得过去;若把它和别的句子比较起来解释,如《周南·葛覃》的"黄鸟于飞"解为"黄鸟往飞",《大雅·卷阿》的"凤凰于飞"解为"凤凰往飞",《邶风·燕燕》的"燕燕于飞"解为"燕燕往飞",这不是不通吗? 那末,究竟要怎样解释才对呢? 我可以说,"于"字等于"焉"字,作"于是"解。"焉"字用在内动词的后面,作"于是"解,这是人人可懂的。但在上古文法里,这种文法是倒装的。"归焉"成了"于归";"飞焉"成了"于飞"。"黄鸟于飞"解为"黄鸟在那儿飞","凤凰于飞"解为"凤凰在那儿飞","燕燕于飞"解为"燕燕在那儿飞",这样一解就可通了。

我们谁都认得"以"字。但这"以"字也有问题。如《召南·采蘩》说:

于以采蘩? 于沼于沚。于以用之? 公侯之事。
于以采蘩? 于涧之中。于以用之? 公侯之宫。

这些句法明明是上一句问,下一句答。"于以"即是"在那儿?"

"以"字等于"何"字。(这个"以"字解为"那儿?"我的朋友杨遇夫先生有详说。)

> 在那儿采蘩呢?在沼在沚。又在那儿用呢?用在公侯之事。
>
> 在那儿采蘩呢?在涧之中。又在那儿用呢?用在公侯之宫。

像这样解释的时候,谁也说是通顺的了。又如《邶风·击鼓》"于以求之?于林之下",解为"在那儿去求呢?在林之下"。所以"于以求之"的下面,只要标一个问号(?),就一目了然了。

"诗经"中的"维"字,也很费解。这个"维"字,在"诗经"里面约有二百多个。从前的人都把它解错了。我觉得这个"维"字有好几种用法。最普通的一种是应作"呵,呀"的感叹词解。老子《道德经》也说"唯之与阿,相去几何?"可见"唯""维"本来与"阿"相近。如《召南·鹊巢》的

> 维鹊有巢,维鸠居之。维鹊有巢,维鸠方之。

若拿"呵"字来解释这一个"维"字,那就是"呵,鹊有巢!呵,鸠去住了!"此外的例,如"维此文王"即是"呵,这文王!""维此王季"即是"呵,这王季!"你们记得人家读祭文,开首总是"维,中华民国十有四年"。"维"字应顿一顿,解作"呵"字。

我希望大家对于《诗经》的文法细心地做一番精密的研究,要一字一句地把它归纳和比较起来,才能领会《诗经》里面真正的意义。清朝的学者费了不少的时间,终究得不着圆满的结果,也就是因为他们缺少文法上的知识和虚字的研究。

上面已把研究《诗经》训诂的方法约略谈过,现在要谈到《诗经》每首诗的用意如何,应怎样解释才对,便到第二条路所谓解题了。

这一部《诗经》已经被前人闹得乌烟瘴气,莫名其妙了。诗是人的性情的自然表现,心有所感,要怎么写就怎么写,所谓"诗言志"是。《诗经·国风》多是男女感情的描写,一般经学家多把这种普遍真挚的作品勉强拿来安到什么文王、武王的历史上去;一部活泼泼的文学因为他们这种牵强的解释,便把它的真意完全失掉,这是很可痛

惜的！譬如《郑风》二十一篇，有四分之三是爱情诗，《毛诗》却认《郑风》与男女问题有关的诗只有五六篇，如《鸡鸣》、《野有蔓草》等。说来倒是我的同乡朱子高明多了，他已认《郑风》多是男女相悦淫奔的诗，但他亦多荒谬。《关雎》明明是男性思恋女性不得的诗，他却在《诗集传》里说什么"文王生有圣德，又得圣女姒氏以为之配"，把这首情感真挚的诗解得僵直不成样了。

好多人说《关雎》是新婚诗，亦不对。《关雎》完全是一首求爱诗，他求之不得，便寤寐思服，辗转反侧，这是描写他的相思苦情；他用了种种勾引女子的手段，友以琴瑟，乐以钟鼓，这完全是初民时代的社会风俗，并没有什么希奇。意大利、西班牙有几个地方，至今男子在女子的窗下弹琴唱歌，取欢于女子。至今中国的苗民还保存这种风俗。

《野有死麕》的诗，也同样是男子勾引女子的诗。初民社会的女子多欢喜男子有力能打野兽，故第一章："野有死麕，白茅包之。"写出男子打死野麕，包以献女子的情形。"有女怀春，吉士诱之。"便写出他的用意了。此种求婚献野兽的风俗，至今有许多地方的蛮族还保存着。

《嘒彼小星》一诗，好像是写妓女生活的最古记载。我们试看《老残游记》，可见黄河流域的妓女送铺盖上店陪客人的情形。再看原文：

嘒彼小星，三五在东。肃肃宵征，夙夜在公。实命不同。
嘒彼小星，维参与昴。肃肃宵征，抱衾与裯。实命不犹。

我们看她抱衾裯以宵征，就可知道她的职业生活了。

《芣苢》诗没有多深的意思，是一首民歌，我们读了可以想见一群女子，当着光天丽日之下，在旷野中采芣苢，一边采，一边歌。看原文：

采采芣苢，薄言采之。采采芣苢，薄言有之。
采采芣苢，薄言掇之。采采芣苢，薄言捋之。
采采芣苢，薄言袺之。采采芣苢，薄言襭之。

《著》诗，是一个新婚女子出来的时候叫男子暂候，看看她自己

装饰好了没有,显出了一种很艳丽细腻的情景。原文:

> 俟我于著乎而? 充耳以素乎而? 尚之以琼华乎而?
> 俟我于堂乎而? 充耳以黄乎而? 尚之以琼英乎而?

我们试曼声读这些诗,是何等情景? 唐代朱庆余上张水部有一首诗,妙有这种情致。诗云:

> 洞房昨夜停红烛,
> 待晓堂前拜舅姑。
> 妆罢低声问夫婿,
> "画眉深浅入时无?"

你们想想,这两篇诗的情景是不是很相像。

总而言之,你要懂得《诗经》的文字和文法,必须要用归纳比较的方法。你要懂得三百篇中每一首的题旨,必须撇开一切《毛传》、《郑笺》、《朱注》等等,自己去细细涵咏原文。但你必须多备一些参考比较的材料:你必须多研究民俗学,社会学,文学,史学。你的比较材料越多,你就会觉得《诗经》越有趣味了。

(收入顾颉刚编著:《古史辨》第三册,1931年朴社初版)

论《诗经》答刘大白

大白先生：

谢谢你2月16日的信。

《〈诗经〉新解》请交与皖峰，请他阅后寄还我。

你的批评，有许多我很佩服的，但也不能完全同意。如说"灼灼其华""有蕡其实"的"其"字是一个形容词的语尾，与"格"字有祖孙的关系，此说甚可通。但此等"其"字，属下作名词前的主有形容词，似也可通。（他的，它的。）

如说苤苢和胚胎也许有关系，也富有暗示性。如说"螽斯羽"与"有兔斯首"同例，也很值得比较研究。但有三点，我不敢苟同。

（一）维字，我也曾拟作"这个"解，但后来见"维此文王"（《大明》）"维此王季"（《皇矣》）等例，我不能不放弃此说。如说"啊，这王季"，似胜于说"这个这个王季"。"唯之与阿，相去几何？"此语似可注意。又《诗》中"维"字往往可与"侯"字换用，似也可注意。

（二）言字我终认为没有"我"字之意。你的《怀疑》一文，我始终未见。我终以为《言字解》的第三解或可议，前二说则决无可疑。《汉广》二言字之上皆有"错""归"二动词，似无可疑。至于《彤弓》之"受言藏之"，更明显了。古文中那有"受我藏之"的文法？我因为此诗中有"我有嘉宾"的一句，故举此诗为例。来示列举《巷伯》、《韩奕》两诗以证"戎""女"可并用，"尔""女"可并用。《巷伯》之"既其女迁"一句，太不易解，旧说单从"迁"字上着想，我怕"女"字或更有问题。我以为此"女"也许不当作"汝"解；若作"汝"解，其用法必与"尔"稍不同。《韩奕》之"戎""尔"二字用法不同，最为易见。试比较他篇：

《韩奕》 缵戎祖考……虔共尔位,……以佐戎辟。
《江汉》 肇敏戎公,用锡尔祉,厘尔圭瓒。
《烝民》 缵戎祖考。
(《崧高》"周邦咸喜,戎有良翰",傅斯年先生说"戎"是"我"之讹,金文我戎极相似。)

于"祖考""公""辟"之上则尊称为"戎",于其他名词之上则通称为"尔",此皆不是可以互换的。先生以为如何?

(三)我最不赞成"某字无义,不过用以足句"之说。"义"字应该看的宽一点。凡有文法上的作用的,皆可说是有义,而文法却不一定是我们今日所惯用的文法。如"侯薪侯蒸""松耶柏耶""蒋哪冯哪",侯耶哪等字都不能说是无义。我解"有蕡其实"一句确有未当,因为我忽略了"有"字。但此"有"字与"有捄棘匕","彤管有炜"的"有"字,决不是无义的,其义当用归纳法推求出来。

以上略述鄙见,还乞指正。

胡适 二十,二,二十三

附录 刘大白先生来书

适之先生:

13 日从京回杭,得读前月 22 日手书。

《〈诗经〉新解》,我读过七八次了。批评,我哪里配?不过见解颇有异同,不妨说说。

《葛覃》注(2),"'维'是一种感叹词"。您是就"维"字底今音观察而有此说的。我以为"维"字是一种发语词。因为"维"、"惟"、"唯"三字底古音是属定类的。证据很多;最显明的,就是它合"第""地""但""独""特""徒""直"(古属定类)"啻"(敌从啻声,古也属定类)等字同义。现在上海人发语词用"迭个",普通话用"这个";"迭个"底"迭",正合"维"字古代发音相同。所以"维叶萋萋",就是"这个叶萋萋然"。

《葛覃》注(8),"此处三个'言'字,皆当作'乃'字解"。关于这"言"字的问题,我在 1922 年 12 月间,曾经写过一篇《对于〈诗三百篇言字解〉的怀疑》。对于您底以"言"作"而"作"乃"作"之",表示怀疑;以为以"言"作"我",是不错的。现在复看起来,诚然有许多是不对的,但是大作所说,也有可指摘之点。例如《汉广》注(6),"言"训为"乃",到底不大妥当;因"刈"和"秣"之上,没有被挈合的动词。其余文繁不备举。(您以为"受言藏之"的"言","我有嘉宾"的"我",同是主名,作诗者又何必用一"言"一"我"?其实这种例,《毛诗》里面也常有的。例如《韩奕》篇:"缵戎祖考,……虔共尔位,……以佐戎辟";这两"戎"一"尔",同居偏次。又如《巷伯》篇:"岂不尔受,既其女迁";这一"尔"一"女",同居宾次。)所以我以为《毛诗》中的"言"字,有一部分不妨仍作"我"解。——我疑心训"我"的"言",不是"从口,辛声"的"言",而是"从口距辛"的"𠱫"。我另有旁证,将来写出就正。

《螽斯》注(1)(2),以"螽斯"相连,以"羽"字连下读,说"羽"字似是动词,作"飞"字解;我以为此与"有兔斯首"句例相同,赞同陈奂的一说。"羽"字不必作"飞"字解。

《桃夭》注(3),"有蕡其实",是说"桃子有大的了";是否以"有大"底"有"解"有蕡"底"有"?我以为此"有"字无义,与"有捄棘匕","彤管有炜"等句中的"有"字相同,不过是用以足句的。——又我以为"灼灼其华""有蕡其实"的"其"字,是一个形容词底语尾,合现在江浙(江北和京、镇、杭州除外)语系中的形容词语尾"格"字有祖孙的关系。

《芣苢》注(1),"芣苢……不知究竟是什么"。我以为芣苢也许是古人所认为合胚胎有关系的一种宜男草。因为芣苢和胚胎所从的声相同,古代发音也相同。——又我以为"采""有""掇""捋""袺""襭"六字大概有层次底不同。

我对于大著可说的见解不过如此而已。是否可采,还请指示。

《诗经新解》,储皖峰先生要借阅,是否可以借给他而由他寄还?祝安好!

刘大白 二月十六日

论观象制器的学说
与颉刚书

颉刚兄：

顷读你的《周易卦爻辞中的故事》，高兴极了。这一篇是极有价值之作。不但是那几个故事极有趣，你考定《系辞传》的著作年代也很有意思，引起我的兴趣。《世本》所据传说，必有一部分是很古的，但《世本》是很晚的书，《系辞》不会在其后。《系辞》说制器，尚不过泛举帝王，至《世本》则一一列举，更"像煞有介事"了。此亦世愈后而说愈详之一例，不可不察。王亥固是很古，而苍颉等则很今了。《世本》不采《系辞》，也许是因为《系辞》所说制作器物太略了，不够过瘾。《系辞》那一章所说，只重在制器尚象，并不重在假造古帝王之名。若其时已有苍颉沮诵作书契之传说，又何必不引用而仅泛称"后世圣人"呢？

至于《淮南子·泛论训》不明说引《系辞》此段，也不足证明《系辞》在《淮南王书》之后。我以为《泛论训》所说必是依据《系辞》而稍加发挥。其所以不明白引用《系辞》者，正为《系辞》所重在观象制器，而《淮南》主旨在制器应用，同为制器，而解释制器之因根本不同，故《淮南》作者不能引用《系辞》"来证实自己的说话"。

至于说司马迁为什么不引用《系辞》此段的黄帝、尧、舜制器的事呢？此一点似不难明白。《系辞传》只是说理之书，太史公从不曾把此书当作史实看，故不把这些话收入《五帝本纪》中去。然"伏羲作八卦……而天下治"，《日者列传》中有之，此则出自司马季主口中，由他信口开河，不妨让他存在，后世读者必不会以为太史公认此言为史实也。

《三统历》引此文也不过"宓戏氏之所以顺天地,通神明,类万物之情也"一语,此即班书《律历志》序所谓"伏羲画八卦,由数起",亦即《史记·日者列传》所谓"伏羲画八卦"也。若谓班《志》引刘歆此语即足证刘歆之时已有《系辞》此文,则我们也可说司马季主与《淮南王书》之时已有此文了。

　　《系辞》此文出现甚早,至少楚、汉之间人已知有此书,可以陆贾《新语·道基》篇为证。《道基》篇里述古圣人因民人的需要,次第制作种种器物制度,颇似《泛论训》,而文字多与《系辞》接近,如云,"先圣乃仰观天文,俯察地理,图画乾坤,以定人道";又云,"黄帝乃伐木构材,筑作宫室,上栋下宇,以避风雨";又云,"奚仲乃挠曲为轮,因直为辕,驾马服牛,浮舟杖楫,以代人力"。《新语》一书,前人多疑之,《四库提要》怀疑最力,故我从前不注意此书。去年偶读龙谿精舍唐晏校补本,细细研究,始知此书不是伪书。其中甚多精义,大非作伪者所能为。《提要》说,《穀梁传》晚出,而《道基篇》末有"《穀梁传》曰",时代尤相牴牾。但此书所引《穀梁传》的话,今本《穀梁传》实无其文;若《新语》作于《穀梁传》出现之后,何不称引晚出之书?

　　我的意思以为《新语》与《泛论训》同受《系辞》此文的暗示。两书各有所主张,都不用"制器尚象"之义,故放胆发挥而不直引其文。两书皆说理之作,故不妨自由去取。两书之用此等制作之事,与先秦学者言必称尧、舜正同。司马迁则是史家,不能如此自由,故他不用此文制作之事,正与他不用韩非、陆贾、《淮南王书》中的制作之事同一理由,似不足奇怪。

　　至于"观象制器"之说,本来只是一种文化起源的学说。原文所谓"盖取诸某象",正如崔述所谓"不过言其理相通耳,非谓必规摹此卦然后能制器立法也"。《系辞》本说,"易者,象也;象也者,像也"。所谓观象,只是象而已,并不专指卦象,卦象只是象之一种符号而已。

　　故我在《中国哲学史》论"象",把《系辞》此章与全部六十四卦的《象传》合看(页八五——八六),使人明白这个思想确是一个成系统的思想,不是随便说说,确曾把全部《易》都打通了,细细想过,组成一个大理论。如说,"山下出泉,蒙,君子以果行育德",此岂可说是仅观卦象而已？又如说，"地中有山，谦，君子以捊多益寡，称物平施"，此岂可说是仅观卦象而已？凡此等等，卦象只是物象的符号，见物而起意象，触类而长之，"见乃谓之象，形乃谓之器"。此学说侧重人的心思智慧，虽有偏处，然大体未可抹杀。你的驳论（《燕京学报》第六期，页一〇〇四）太不依据历史上器物发明的程序，乃责数千年前人见了"火上水下"的卦象何以不发明汽船，似非史学家应取的态度。此意我曾以之责刘掞藜，不意今日乃用来质问你。事物之发明，固有次第，不能勉强。瓦特见水壶盖冲动，乃想到蒸汽之力，此是观象制器。牛敦见苹果坠地，乃想到万有引力，同是有象而后有制作。然瓦特有瓦特的历史背景，牛敦有牛敦的历史背景。若仅说观象可以制器，则人人日日可见水壶盖冲动，人人年年可见苹果坠地，何以不制作呢？故可以说"观象制器"之说不能完全解释历史的文化，然不可以人人观象而未必制器，乃就谓此说完全不通，更不可以说"在《系辞传》以后也不曾有人做出观象制器的事"。

现代哲学家 E. J. E. Woodbridge 曾说：

> He looks at a wilderness, but even as he looks beholds a garden.（他望着一片荒野，但就当他望的时候，他已看见了一个花园。）

心里的"花园"的"象"，便规定了这片荒野的将来规模。制器尚象，不过如此。飞鸟之像，便是飞艇的祖宗。墨翟、王莽以下，二千多年，凡梦想飞行者皆以飞鸟为意象。到二十世纪初期始有"重于空气"的飞机的发明，飞行始成功。然其原来的暗示仍出于飞鸟。不过后世机械之学已大明，故 Wright 弟兄能做出墨翟、王莽所不能做的飞机耳。

制器尚象之说只是一种学说，本来不是历史。六十四卦的象传皆不明说某帝某王，只泛说"君子""先王"而已。《系辞传》此章便坐实了某帝某王，可说有稍后出的可能。然《象传》六十四条皆有观象制作之意，与《系辞》此章确是同一学说，同出于一个学派。

司马迁不用此章作史料，是他的卓识。崔述用此章作唯一可信的上古史料，是他的偏见。你受了崔述的暗示，迁怒及于《系辞》，也不是公平的判断。至于你的讲义中说制器尚象之说作于京房一流人,其说更无根据。京房死于西历前 37 年,刘歆死于纪元后 22 年,时代相去太近。况且西汉《易》学无论是那一家,都是术数小道,已无复有"制器尚象"一类的重要学说。孟喜、焦延寿、京房之说虽然散失,而大旨尚存在史传以辑佚诸书之中,可以覆按。

以上所说,于尊作本文毫不相犯,我所指摘皆是后半的余论。至于本文的价值,此函开始已说过。我不愿此文本论因余论的小疵而掩大瑜,故草此长函讨论。久不作长书,新年中稍有余暇,遂写了几千字,千万请指教。

胡适　十九,二,一夜

(原载 1930 年 10 月 10 日《燕京大学月刊》第 6 卷第 3 期)

明成祖御制《佛曲》残本跋

明僧幻轮编的《释氏稽古略续集》卷三说：

  己亥永乐十七年二月二十八日赐僧录司右善世一如佛像二轴，……《诸佛菩萨名称歌曲》大小三本。〔赐〕道成佛一轴，思扩佛一轴，大小歌曲各三本。

  秋，《御制佛曲》成，并刊《佛经》以传。

  九月十二日钦颁《佛曲》至大报恩寺，当日夜本寺塔见舍利光如宝珠。……

  续颁《佛经》、《佛曲》至淮安给散，又现五色圆光。……

  续又命尚书吕震，都御史王彰赍捧《诸佛世尊如来菩萨尊者名称歌曲》往陕西河南颁给。神明协应，屡现卿云圆光宝塔之祥，文武群臣上表称贺，上甚嘉悦。中官因是益重佛僧，建立梵刹以祈福者，遍两京城内外云。

  庚子永乐十八年三月初七日，颁御制经序十三篇，佛菩萨赞跋十二篇，为各经之首。圣朝佛菩萨名称佛曲作五十卷，佛名作三十卷，神僧传作九卷，俱入藏流行。

马隅卿先生送我这一本佛曲残本，正是幻轮所记的永乐《佛曲》。卷末有残序，年代为永乐十五年四月十七（1417），乃是《诸佛世尊如来菩萨尊者名称歌曲》的原序。卷首十八年正月初一的序，乃是后序。这《名称歌曲》的本文缺掉了（隅卿有一部），只存这前后二序了。

此本所存，乃是原曲颁发后的《感应歌曲》四部。一部为五台山颁曲后的瑞应，一部为大报恩寺的瑞应（十七年十月十五日序），一部为淮安的瑞应（十七年十一月初三日序），一部为河南、陕西的瑞应（十八年四月十七日序）。序中所说各地瑞应，皆与幻轮所记相合，幻轮所据大概即是这些序。

成祖生于明太祖起兵之后八年（1360），眼见太祖的流氓手段，故他的行为最像他老子。我读这些《感应曲》和三篇序，自然想到太祖的《周颠仙人碑》，这真是肖子的行为。建文帝生于洪武十年（1377），已在统一之后，他受的影响不同，故他的行为不是个肖孙，怪不得不中他那流氓叔父的意了。

二十，三，十二

读王小徐先生的《佛法与科学》

王小徐先生把他的《佛法与科学》稿本和几篇附录送给我看，要我表示一点意见。他并且说，"我很欢迎反对的批评"。我却不过他的诚意，大胆说几句话。

我是研究历史的人，在我的眼里，一切学术思想都是史料而已。佛法只是人类的某一部分在某时代倡出的思想和信仰；科学也只是人类的某一部分在某时代研究出来的学术思想。这两项材料在人类历史上各有其相当的地位，但我们治历史的人没有把他们拉拢来做"搭题八股"的必要。

其实信仰佛法的人，也大可以不必枉费精力来做这种搭题文章。王先生说佛弟子应守三归依，其中归依法即是"不诵习外道经典"；归依僧即是"不听信异教徒之谬说"。依此标准，科学家虽有实证的知识，终不能入真正佛弟子的耳膜；至多不过摭拾一二偶合之点，供佛弟子宏法卫道之一助。这种工作，既够不上科学家所谓"求真"的戒律，也终"莫能回科学家先入之见"。何则？科学家自有他的立场，并不靠这一二偶合之点为他增高身价。他在实验室里研究元子，电子，素子，并不因为古希腊有过元子论便增加他的信仰；也并不因为古印度有过极微论便取消他眼前的研究。他至多不过说："很难得！古人没有我们的设备，居然敢提出这样大胆的假设！"

反过来说，佛弟子也自有他的立场。老实说，他的立场是迷信。他尽管摆出科学分析的架子，说什么七识八识，百法五百四十法，到头来一切唯识的心理学和因明的论理学都只是那最下流的陀罗尼迷信的掩眼法！其实迷信咒术，崇拜生殖器，与七识八识有何交涉？与百法五百四十法又有何交涉？即使他证明了四大皆空，万法唯识，他怎么会一跳就跳上了这条下流的路？话到归根，他本来早已上了这条路了，七识八识，百法五百四十法不过是变把戏而已。他本来不靠这一套！

王小徐先生是绝顶聪明的人，但聪明的人也不免有时懵懂。聪明人滥用他的聪明，而不肯用严格的方法来裁制他的思考力，便不免陷入懵懂里去了。王先生自己提出他的推理的原则如下：

（1）凡我人对于一事而怀疑，必此事在此时此处虽未为我人所亲历，而在他时他处已曾为我人所亲历者。

（2）又我人对于一事而可以推知，必此事在此时此处虽未为我人所亲历其与某事并存或继起，而在他时他处已曾为我人所亲历其与某事并存或继起者。

王先生用这两条原则来"决定否认宇宙之客观的存在"。他很大胆的说：

> 今我人决不能于何时何处可亲历有一客观的宇宙，何得有所怀疑？

> 今我人更决不能于何时何处可亲历有一客观的宇宙与种种现象并存或继起，何得有所推知？

好大胆的推论！

然而王先生对于别的许多问题，却不肯应用这种严格的论理，便很恭顺的承认了。我们不能不问王先生：

> 你对于客观的宇宙，既然决定否认，你为什么能相信"一切众生轮回六趣"呢？

> 你为什么能相信勤修观行便"能得六种神通"呢？

> 你为什么能相信"六种神通，除漏尽外，余之五通，外道鬼神亦多有之"呢？

这几项之中，可有那一项是王先生"所亲历者"？可有那一项是"我人所亲历者"？王先生说：

> 故非亲证真现量，或依据佛及大菩萨之真现量以为前提，决不能立真比量。……乃犹执迷不悟，反疑佛法证真现量者所见

之轮回,所获之神通为妄,何其太不自量乎?

如此说来,王先生的信仰也不过建筑在"佛法证真现量者所见"罢了。王先生何不稍稍应用他否认客观宇宙的论理条件来批评他自己的信仰呢?王先生何严于彼而宽于此乎?我们不能不说,王先生也不过迷信"佛及大菩萨之真现量"而已。

什么叫做"真现量"?王先生说:

> 例如眼见青山,但有青之感觉,尚无青之概念,更无大小方圆等概念,尤无山之概念,方为真现量。

我们请问,王先生证过这种"真现量"没有?我们没有"亲历"过,不敢瞎说。但就王先生举的例子看来,这不过是下等动物的知觉状态,有了又何足贵?即使有了这种真现量,"以为大前提",难道我们就可以证知轮回六道以及六神通了吗?这里面的论理关系,我们浅陋的人实在想不通。

以上所说,只是略举一二事来说明佛弟子(包括王小徐先生)的立场是迷信。他们说"我"是妄,眼前的桌子是妄,手里的笔也是妄。但他们却深信轮回六道是真,六神通是真,真现量是真,极乐世界是真。他们的妄,只是他们的妄;他们的真,只是他们的真;他们所谓科学,也只是他们的科学而已。

胡适　十九,六,二十

(原载1931年11月《新月》第3卷第9号)

《参同契》的年代

　　《参同契》一书的年代，颇不易考定。《四库提要》(卷一四六)似信其为后汉之书。《提要》于彭晓《参同契通真义》条(页三四)下论彭晓序云：

> 晓序谓伯阳先示青州徐从事，徐乃隐名而注之。至桓帝时，复以授同郡淳于叔通，遂行于世。而传其诀者颇鲜。其或然欤？

这里还有怀疑之意。又于蒋一彪《古文参同契集解》(四十)条下云：

> 案《参同契》一书，自虞翻注《易》引其"日月为易"一语外(见李鼎祚《周易集解》)，他家罕所称引。其授受源流，诸书亦不具载。

今查李鼎祚《集解》(《雅雨堂丛书》本)卷十三引

> 虞翻曰："……日月为象。"

又卷十五"易者象也"下引

> 虞翻曰："易谓日月在天成八卦象，县象著明莫大日月，是也。"

诸条皆不说是引《参同契》。惟陆德明《经典释文》卷一"易"字下云：

> 此经名也。虞翻注《参同契》云字从日下月。

阮元《校勘记》云：

> 闽监本同。宋本下有"正从日勿"四字。

《释文》的一句，前人读错了，以为虞翻注《易》引《参同契》。张惠言《周易虞氏义》(《皇清经解》第一四一种)始更正旧说云：

> 《参同契》云："日月为易。"虞君注云："易字从日下月。"

此说似得《释文》原意。大概唐以前有一种本子，称为虞翻注本。

《隋书·经籍志》不载此书，虞翻本传也不说他有《参同契注》。

《提要》（四一）又说：

> 《参同契》本末，汉、魏遗书虽无文可证，若晋以来书，则葛洪《神仙传》固云伯阳作《参同契》，《五行相类》凡三卷；唐以来书，则《旧唐书·经籍志》（案《旧唐书》著录之书并据开元内外经录）固云《周易参同契》二卷，魏伯阳撰，《周易五相类》一卷，魏伯阳撰矣。

《神仙传》有《魏伯阳传》，传末云：

> 伯阳作《参同契》，《五相类》，凡二卷。其卷如似解释《周易》，其实假借爻象以论作丹之意。而儒者不知神仙之事，多作阴阳注之，殊失其奥旨矣（此依《云笈七签》本。《太平广记》本《五相类》作《五行相类》，"二卷"作"三卷"。文字也有小差异）。

此言若真是葛洪（死时约在330）说的，其时已有《参同契》注本，则魏伯阳当是后汉晚年的人（《抱朴子》卷十九《遐览》篇列举道书之目，中有《魏伯阳内经》，而不提《参同契》）。

葛洪以前已有注本，则旧说徐从事作注，非不可能；虞翻作注，也非不可能。依李鼎祚所引，可见虞翻确承认"日月为易"之说。《神仙传》说伯阳是吴人，其弟子有姓虞的。虞翻也是一个怪人，他虽不信神仙，但他做了《易注》奏上孙权说：

> 臣郡吏陈桃梦臣与道士相遇，放发，被鹿裘，布《易》六爻，挠其三，以饮臣，臣乞尽吞之。道士言，"《易》道在天，三爻足矣"。岂臣受命应当知经？

这可见他也很有点"方士《易》"的臭味。故他作《参同契》注不是不可能的事（《虞翻》死时约在240）。

《参同契》最重坎离，以坎离为日月。虞翻注《易》，也有"坎月离日"之说。《参同契》用京房"纳甲"之法，虞氏《易注》也采纳甲之法，故也说"甲乾乙坤，相得合木；……丙艮丁兑，相得合火；……戊坎己离，相得合土；……庚震辛巽，相得合金；天壬地癸，相得合水"。张惠言《周易虞氏消息》云，"戊己壬癸皆坎离也"。这都是东汉的方士《易》的风气。

朱熹说：

> 《参同契》文章极好，盖后汉之能文者为之。读得亦不枉。其用字皆根据古书，非今人所能解，以故，皆为人枉解。(《语类》卷百二十五，页十四。)

朱熹作《周易参同契考异》，自跋云：

> 右《周易参同契》，魏伯阳所作。魏君，后汉人，篇题盖放纬书之目，词韵皆古奥，雅难通。读者浅闻，妄辄更改，故比他书尤多舛误。

朱熹勇于疑古，他对此书却深信为后汉人之作。

《参同契》用的韵也很古。但我们知道声韵的变迁在时间上往往需要很长的时间，在地域上又有一个地方变了而别一个地方继续保持古音的，所以用音韵来考证年代是很冒险的，不能算作可靠的根据。

我个人的意见颇倾向于承认《参同契》是一部二世纪晚期的书。

十七年十月十八日记
廿四年十月一日改定

《辞通》序

十年前,我最初得见朱丹九先生的《辞通》,当时我就很佩服这部书,曾介绍它给一家书店。不幸这一部三百万字的大著在那个时代竟寻不着一个敢冒险的出版者去承印。现在开明书店的几位先生竟敢担负这部大书的印行,他们要我写一篇序,我如何敢推托呢?

向来编纂字典辞书的人,都把这件事看作"为人"的工作。真能自己有创见的学者,往往轻视这一类的工作。到了清朝,王念孙,段玉裁,钱绎诸人整理《广雅》、《说文》、《方言》一类的古辞典,都只是自己做学问,还不是做字典。到阮元计划的《经籍纂诂》,那才是有意为后来学者做一部辞典,才是有意的"为人"的工作。《经籍纂诂》虽然有"统长言短言而并录,合本训转训而俱收"的宣言,但全书所收,重在单字;诂训来源,限于古籍。朱骏声的《说文通训定声》成于上述诸书之后,其体例与方法都稍胜前人。体例是一部表示声音与训诂变迁滋生的字典,是一部有创见的辞书;方法是特别注重"转注"与"假借",用为训诂演变与形声变异的原则。朱氏认假借有四例八用。四例是:

(1)同音假借:如德之为悳。
(2)叠韵假借:如冰之为掤。
(3)双声假借:如利之为赖,答之为对。
(4)合音假借:如芄蔚为萑,蒺藜为茨。

假借的八用是:

(1)同声通写:如气作氣,谊用义,衛为帅。
(2)托名标帜:如戊癸。
(3)单辞形况:如"率尔""幡然"。

(4) 重言形况：如"朱朱""关关"。
(5) 叠韵连语：如"窈窕""蒙戎"。
(6) 双声连语：如"次且""丛脞"。
(7) 助语之词：如"能""为""于""焉"。
(8) 发声之词：如"乃""若"。

右四例之中，叠韵，双声，合音都自然倾向于造成"连语"。八用之中，第七第八（助语与发声之词）都是有声无字，其假借之字也都是"托名标帜"；故此二类实同于第二，而"托名标帜"其实又只是"同声通写"，故此四类单字的假借其实只是一大类而已。其余四种用法，都是"连语"。在方法上，朱骏声用假借（"依声托字"为假借）的原则来解释连语，为字典学上的一大进步。

朱丹九先生的《辞通》，在方法上，只是继承《说文通训定声》的"连语"部分，专收连语，而用同声假借的原则来整理他们，解释他们。这是《辞通》的主要方法。例如：

彬彬　　（《论语》）
份份　　（《说文》）
斌斌　　（《晋书·卫恒传》）
分分　　（《荀子·儒效》："分分兮其有终始也"）
斑斑　　（《太玄经》）

这是"重言形况字"的例子。如此排列，读者自能明白这五种异文都只是一个连语的同声假借。杨倞注《荀子》，把"分分"读作"名分"之"分"，也只是因为他不懂得"分"字古音读如"份"，即是彬字。

又如：

缤纷　　邠盼
閔阒　　缤翻
翩翻　　翩翾
翩幡
频繁　　频烦
便烦　　便蕃
便番　　便繁

这是"双声连语"的例子。(古音"纷""番"等字皆读重唇音,故"缤纷""便番"等等都是双声。)但本书指出,《诗·小雅·采菽》,"平平左右,亦是率从",《韩诗》引作"便便左右",《左传》引作"便蕃左右";《汉书·司马相如传》的"翩幡互经",《史记》本传作"翻幡":那就又可见这一类双声连语与重言连语往往可以互相通写了。

用声音通假的原则来统驭许多不同形的字,这是近二百年来学者在方法上的最大贡献。其实"政者正也";"仁者人也,义者宜也,礼者履也",这种同声相释的方法本是古代哲人提倡过的。几千年来,何以多数学者不敢发挥这种大圣贤提倡过的同声互训的方法呢?我想,这是因为这个方法,如果用的不谨慎,也可以产生许多可笑的谬论。例如董仲舒《春秋繁露》里就常用这个方法:

"性"之名非"生"欤?

"心"之为名"栣"也。

"民"之号,取之"瞑"也。

深察"王"号之大意,其中有五科:皇科,方科,匡科,黄科,往科:合此五科以一言,谓之"王"。

深察"君"号之大意,其中亦有五科:元科,原科,权科,温科,群科:合此五科以一言,谓之"君"。(以上皆见《深察名号》篇)

这都不是从声音通假上去寻求古训诂,乃是从声音上去傅会一些抽象名词的意象。这个方法是很危险的。即如"心"字,《广雅·释亲》说:

心,任也。

《白虎通·性情》篇也说:

心之为言任也,任于思也。

任的同音字很多,董仲舒却单取那有禁制之义的"栣"字来解释"心"字,说道:

栣众恶于内,弗使得发于外者,心也。心之为名栣也。人之受气苟无恶者,心何栣哉?

"任"字可作"任使"解,可作"信任"解,可作"担负"解,每一义用来解"心"字都可以得着一个新的心的界说。如今排除众说,独取一个"桎"字,就把"心"的作用看成禁制众恶,又因此成立性恶之说。这一个湾岂不是转的太大了吗?

大概古代学者有见于这个方法滥用的危险,所以不敢信任同声互训的方法。后来学者舍字音而取字形,这个方法的来源也很古。如董仲舒既说"王"字的声训有五科,却又说,"三画而连其中谓之'王';三画者,天地与人也;而连其中者,通其道也"。这就又是用字形来作诂训了。又如"士者事也"是声训;"闻一知十之谓士"就是形训了。形训的困难在于(一)象形之字太少,(二)后世所传字形往往已是隶书以后的变形,已不是最初的字形了。所以拘执字形来求字义,势必至于望形生义,闹出王安石的《字说》的许多笑话。最大的弊病在于用后起的思想来推说最初造字的意义。如"通天地人"为王,"闻一知十"为士,都是后起的见解,决不可用来作最初的字义。

清朝的学者精研声韵诂训之学,知道"训诂之旨本于声音"(王引之《经籍纂诂序》);虽然不可傅会声音去做那深奥的哲学名词的根据,至少可以使我们懂得许多僻字生字的极平常的意义。例如《楚辞》:

　　小腰秀颈,若鲜卑只。

"鲜卑"是带钩。《战国策》作"师比",《史记·匈奴传》作"胥纰",《汉书·匈奴传》作"犀毗"。若依字形,则为四名;若依字声,则是一物。此如"佛陀"又译作"浮屠","由旬"或译作"由巡","南无"又译作"南谟",本无其字,依声借用,若拘执字形,就不可通了。

朱丹九先生的这部书,罗列一切连语,遍举异形的假借字,使学者因此可以得着古字同声相假借的原则,使他们因此可以养成"以声求义"的习惯。朱先生是一个有方法,有创见的学者,他著此书,不仅仅给了我们一部连语辞典而已,同时又给了我们许多训诂学方法的教材。这是此书的最大功用。

"因声求义"是《辞通》指示我们的最重要的方法。但朱先生在这书里又指示我们一些附带的校勘学方法。字形是容易错误的;写的人可以有笔误,抄的人可以有眼误手误,刻书或排印的人也可以有种种错误。读书的人,捧着误书去笨想,就像韩非说的那个"举烛"的笑话了。郢人要写信给燕国的相国,晚上烛光不亮,他对那傍边执烛的人说:"举烛!"他嘴里说"举烛",笔下也就误写了"举烛"两个字。燕相国接到来书,不懂这两个误写的字是何意思,就勉强解说道:"举烛者,尚明也。尚明也者,举贤而任之。"他的话虽有理,究竟不是写信人的本意。《辞通》所校勘的误字,都可以使初学的人明了校勘之学可以帮助训诂,都可以使他们学一点校勘的方法。例如"循"字与"脩"字,在古书里往往互讹。《辞通》卷五,页七八——八十,三页之中,就有许多例子:

伊循　误作　伊修

吴循　误作　吴脩

休循　误作　休修

遵循　误作　遵修

准循　误作　推脩

述循　误作　述修

又同卷页五六有两条很有趣的例子:

骈邻(《汉书·高惠高后文功臣表》:"柏至、靖侯、许盎以骈邻从。")

骈怜(《史记·高祖功臣表》:"柏至以骈怜从。"《索隐》:"骈怜,犹比邻也。")

在这一条,《史记》的误"邻"为"怜",可用《汉书》来校改。下一条例子就不容易看出来了:

邑邻(《后汉书·班昭传》:"声誉曜于邑邻。")

邑怜(《荀子·解蔽》:"不慕往,不闵来,无邑怜之心。")

杨倞注《荀子》此语云:

邑怜,未详。或曰,邑与悒同;悒怏也。怜读为吝,惜也。言弃无益之事,更无悒怏吝惜之心。此皆明不为异端所蔽也。

朱丹九先生说此条云:

怜邻古通用。"无邑邻之心"者,言其谢绝往来,不与邑邻交通也。杨注失之。

朱先生解说此句,也许还有可议之处。但他读"邑怜"为"邑邻",似乎远胜于旧说了。("邻"是普通字,写者误作"怜",这是校勘学的问题,不当认为古字通假的一例。)

这种"形似而误"的例子,大多数还容易校勘。有时历世久远,异形之字自成一个古典,自成一个意义,那就不容易校改了。《辞通》卷六(页二三)有:

藩垣(《诗·板》:"价人维藩,大师维垣。"韩愈《与邢尚书书》:"今阁下为君爪牙,为国藩垣。")

藩宣(《韩诗外传》:"四国于藩,四方于宣。")

蕃宣(《诗·崧高》:"四国于蕃,四方于宣。"《旧五代史·唐明宗纪》:"世联宗族,任重蕃宣。")

郑玄笺《崧高》篇说:"四国有难,则往扞御之,为之蕃屏;四方恩泽不至,则往宣畅之。"朱丹九先生说:

蕃为藩字之省,宣为垣字之叚。古读亘字同宣。《诗·淇奥》"赫咺",《韩诗》作"赫宣",其明证也。"于蕃于宣"犹"维藩维垣"。……郑氏释"蕃"字不误,读"宣"为宣畅之宣,则失之矣。

此处他用《板》诗的"价人维藩,大师维垣"来比较《崧高》诗的"四国于蕃,四方于宣"。这虽然是用一例来比一例,虽然只可称为"比例"的论证,其实也是一种"归纳法方法"。王念孙用"终温且惠","终窭且贫"来比较"终风且暴",就打倒"终风,终日风也"的旧说,而建立"终"为虚字(既风且暴)的新说。此种方法,同是比较个体的例子而求得一个通则;例子多,就是"归纳";例子少只可称为"例证"。其实在精神上都是归纳的方法。

朱先生以一个私人的精力,用三十多年的苦功,成此三百万字的大书。书中虽不无细微可议之处,但他的方法是很可佩服的,很可效法的。十年前,他的同乡学者王国维先生曾在北京大学研究所国学门提出"古文学中联绵字之研究"一个题目,他说:

联绵字,合二字而成一语,其实犹一字也。前人《骈雅》、《别雅》诸书,颇以义类部居联绵字,然不以声为之纲领,其书盖

> 去类书无几耳。……若集此类之字,经之以声,而纬之以义,以穷其变化,而观其会通,岂徒为文学之助,抑亦小学上未有之事业也。

朱先生此书,其中的一部分固然只可作"类书"之用,但其中有一大部分确是王国维先生所期望的"小学上未有之事业"。只可惜王先生不能为他的同乡学者的这部大著作一种最有权威的评判了!

二十三,三,十三夜

(原载 1934 年 4 月 7 日《世界日报·国语周刊》第 132 期,
又载 1934 年 4 月《中学生》第 44 期,收入《辞通》,
1934 年 8 月上海开明书店初版)

赵万里《校辑宋金元人词》序

赵万里先生校辑宋、金、元人词,计词人七十家,凡得词一千五百余首,除一小部分(如《稼轩词》丁集)之外,都是毛晋,王鹏运,江标,朱孝臧,吴昌绶诸家汇刻词集所未收的。他自序说,"汇刻宋人乐章,以长沙《百家词》始,至余此编乃告一段落"。这话不是自夸,乃是很平实的估计。他给宋、金、元词整理出这许多的新史料来,我们研究文学史的人,都应该对他表示深厚的感谢和敬礼。

这部书的长处,不仅在材料之多,而在方法和体例的谨严细密。简单说来,有这几点:

第一,辑佚书的方法,清朝学者用在各种方面,收效都极大,但词集的方面,王鹏运,朱孝臧诸人都不曾充分试用过;有时偶尔用他,如四印斋的《漱玉集》,又都苟简不细密。到万里先生才大规模的采用辑佚的方法来辑已散佚的词集。他这书的成绩,便是这方法有效的铁证。

第二,辑佚书必须详举出处,使人可以覆检原书,不但为校勘文字而已,并且使人从原书的可靠程度上判断所引文字的真伪。清朝官书如《全唐文》与《全唐诗》皆不注出处,故真伪的部分不易辨别。例如同为诏敕,出于《大唐诏令集》的,与出于契嵩改本《六祖坛经》的,其可靠的程度自然绝不相同;若不注明来历,必有人把伪作认为史料。万里先生此书每词注明引用的原书,往往一首词之下注明六七种来源,有时竟列举十二三种来源,每书又各注明卷数。这种不避烦细的精神,是最可敬又最有用的。

第三,辑佚书因来源不同,文字上也往往有异同。万里先生此书把每首词的各本异文都一一注出,这是校书的常法,而在文学史料上

这方法的功用最大,因为文学作品里一个字的推敲都不可轻易放过。即如此书第一首词——宋祁的《好事近》——的上半首,各本作

  睡起玉屏风,吹去乱红犹落。天气骤生轻暖,衬沉香帷箔。

《阳春白雪》本只换了四个字,便全不同了:

  睡起玉屏空,莺去乱红犹落。天气骤生轻暖,衬沉香罗薄。

从文义上看来,《阳春白雪》本远胜于各本。在这种地方,虽有许多本子之相同,不可抹煞一个孤本的独异。异文的可贵正在此。

  第四,此书于可疑的词,都列为附录,详加考校,功力最勤。试举《漱玉词》作例。《漱玉词》的散佚,是文学史上的绝大憾事,所以后人追思易安居士的文采,往往旁搜博采,总想越多越好。王鹏运说,"吉光片羽,虽界在疑似,亦足珍也"。其实辑佚书所贵在于存真,不在求多。万里先生重辑《漱玉词》,所收只有四十三首,余十七首列入附录。他所收的,也许还有一两首可删的;但他所删的是决无可疑的。

  第五,向来王、朱诸刻都不加句读,此书略采前人词谱之例,用点表逗顿,用圈表韵脚,都可为读者增加不少便利,节省不少精力。

  以上略述此书的贡献。但此书亦有一二可以讨论之点。此书所收词人,除了极少数之外,多是普通读者向来不大认得的。万里先生既做了这一番辑逸钩沉的大工作,一定收到了不少的传记材料,他若能给每位词人各撰一篇短传,使我们略知各人的生平事实,师友渊源,时代关系,以及各人所作其他著述的版本存佚,那就更可以增加这部书在文学史上的价值了。

  还有一点也可以讨论。词与曲的分界,究竟在那里?这个问题实在不容易解答。万里先生所收的词,有一些词调是元人各种乐府选本如《太平乐府》和《阳春白雪》都收入的。既可以收《黑漆弩》,何以不可以收《清江引》《耍孩儿》等等?朱孝臧先生既可以收史浩的大曲,万里先生也可以收赵令畤的《商调蝶恋花》,何以不可以收金、元人的套数?既可以收刘敏中、卢疏斋,何以不可以收贯酸斋、马东篱等等?在文学演变史上,词即是前一个时代的曲,曲即是后一个时代的词,根本上并无分别。山谷、少游都曾作俚俗的曲子;此书中

的晁元礼《闲斋琴趣》，曹组的俳词，与金、元曲子有何种类上的分别呢？万里先生精于版本目录之学，所见的书极多，何不更进一步，打破词与曲的界限，用同样辑逸的方法，校辑金、元人的曲子，合成一部"宋、金、元人乐府总集"呢？这是我个人的一点私愿，不知万里先生可有这兴致么？

二十，五，四

（收入赵万里：《校辑宋金元人词》，1931年国立中央研究院历史语言研究所铅印本）

董康《书舶庸谭》序

董授经先生于十五年的年底避祸游日本,往来京都、东京之间,十六年四月底归国。我那时正从美洲回国,也在日本住了二十多日。董先生到过的地方,我也游过不少;他见着的朋友,我也会着不少。但我在日本没有日记,二十多日的印像感想遂都已模糊了;他有了这四卷的详细记载,不但替他自己留下了永久的纪念,还使我们读这书的人得着很大的益处。我在东京、京都见的各位支那学家,人人都极口赞叹董先生功力之勤苦。现在我读这四卷日记,想像这位六十岁的学者伏案校书的神情,真使我这个少年人惭愧汗下了。

董先生在他的自序里,已说过他这书大旨有三点:第一是访求古书。"凡遇旧椠孤本,记其版式,存其题识。七厄之余,得睹珍笈,以语同癖,谅深忻慨"。第二是搜访小说。董先生是近几十年来搜罗民间文学最有功的人,他在这四卷书里记录了许多流传在日本的旧本小说,使将来研究中国文学史的人因此知道史料的所在。第三,董先生是个多情的人,他的一生曾经过几度很深刻的恋爱历史;他在这日记里留下许多情诗,记着几番绮梦,——"春蚕理绪,垂死方休;秋蛩善啼,向宵弥咽",——使我们约略窥见董先生的性情,知道他不仅是一个书蠹,不仅是一个法家,而是一个富于情绪的老少年。

我们先看这三点。

记载海外古书的工作,自从杨守敬先生以至董先生和傅沅叔先生最近的《访书记》,都是嘉惠学者的事业,不用我在这里特别赞扬。董先生的日记里特别注重日本藏书的历史,如金泽的略传,如狩谷掖斋的详传,如佐伯献书记,如增上寺三藏的历史,如高野山的详记,如秘阁藏书的源流表,都可以使我们明了日本先代贵族学者提倡文艺的历史与精神。南葵,东洋,静嘉堂诸文库,不过是继续这种爱好文艺的遗风而已。

关于小说戏曲的访求和记载,董先生的书也有重要的贡献。如内阁所藏小说中,有《封神演义》,是明刻本,编者为许仲琳。此书作者的姓名,在中国久无可考,赖有此本可供考证。又如《岳武穆演义》,本子最多,最难考证;内阁目有明余应鳌编的八卷本,有明熊大木编的十卷本;又有十一卷的嘉靖三十一年本,前八卷为熊大木编,后集三卷为李春芳编。北京朱希祖先生藏有明刻本,编者为理学名儒邹元标,也和今本大不同。若合此诸本,将来定可以看出此书演变的线索了。又《英烈传》也有种种不同的本子。内阁所藏也有三种明刻本,都可供比较的研究。

关于第三点,我也有点感想。日记属于传记文学,最重在能描写作者的性情人格,故日记愈详细琐屑,愈有史料的价值。董先生此记,不但把他少年的逸事坦白示人,并且把他老年的梦境也详细写出。记中各梦,多可供心理学者的研究,例如柳丝一梦:

> (1月13日)夜梦柳丝随一姥至,似初嫁来者,絮絮情话,并出一素缣索书。余题有"臂痕乍褪秦宫赤,眉妩新留京兆妍"之句,忘其全律。
>
> 柳丝者,昔年金陵棘闱中所梦女子,怀中抱一儿,自言今名,与余前世结缡未久弃世,遗蜕葬某刹前柳树下,属为改葬。自后每值患难,或病中,辄梦之。往岁漫游,欧、美往复,两度梦之于横滨港舟中。

董先生自己的解释,我们可以不论。但此等材料,若遇弗洛得派的心理学者,便成了可宝贵的材料。记梦之作,必须记者诚实可信,方有价值。记得明朝成、弘间有位理学家罗一峰所著文集后附《梦稿》二卷,纪梦多至三百余首。今董先生虽向不谈理学,平生治事素主笃实,他自记的绮梦岂有不可信的吗?

以上申述董先生所指出的三点。三点之外,我以为还有两事,值得读者特别注意。其一事为4月25日补记庚子拳祸一长篇,近三千字。董先生当时在围城中,又是监斩徐承煜,启秀的人,故他这篇记载虽作于近三十年后,应该还有史料的价值。

其一事为4月23日记游高野山、柳之间而附录丰臣秀次切腹事及秀次的姬妾被诛事,一日之记近七千字,可算是最长的日记。其中记秀次切腹事,最悲壮动人,最可令人想见大和民族的武士道。全文分六节:第一节记秀次闻切腹之命;第二节记和尚隆西堂自请从死;第三节记从死诸人分剑与题剑;第四节记最后之宴,及万作,山田,山本三人切腹,秀次亲为他们"介错"(切腹后,须断其首,名为介错);第五节记秀次与隆西堂同时切腹,淡路为秀次介错,心悸目眩,进三刀方才断头;第六节记淡路切腹:

> 淡路语二使曰:"技拙殊惶愧。今介错者为主公,目眩心悸,狼狈特甚。……余今奏技,请公等拭目;若覆前辙,斯狼狈也。"即切腹作十字形,出其脏腑于两股,置剑合掌。吉兵卫就而进刃焉。(卷四,页三六)

切腹是何等惨事,然而日本的武士却把此事看作一种艺术,要做的悲壮淋漓,要做的美;他们不惜死,却不愿让人笑他"技拙",笑他死的不美。这真是日本文化的最大特色。凡观察一国的文化,须看这文化之下的人怎样生活,更须看这文化之下的人怎样死法。董先生一日发愤记七千字,只是要我们看看古日本武士怎样死法。

董先生有《柳之间吊秀次》诗四章。我也和他一首小诗,题他这一日的日记:

> 一死不足惜,技拙乃可耻。要堂堂的生,莫狼狈的死。

十九,六,二十八夜

(收入董康:《书舶庸谭》,1930年上海大东书局出版)

介绍我自己的思想
《胡适文选》自序

我在这十年之中,出版了三集《胡适文存》,约计有一百四五十万字。我希望少年学生能读我的书,故用报纸印刷,要使定价不贵。但现在三集的书价已在七元以上,贫寒的中学生已无力全买了。字数近百五十万,也不是中学生能全读的了。所以我现在从这三集里选出了二十二篇论文,印作一册,预备给国内的少年朋友们作一种课外读物。如有学校教师愿意选我的文字作课本的,我也希望他们用这个选本。

我选的这二十二篇文字,可以分作五组。

第一组六篇,泛论思想的方法。

第二组三篇,论人生观。

第三组三篇,论中西文化。

第四组六篇,代表我对于中国文学的见解。

第五组四篇,代表我对于整理国故问题的态度与方法。

为读者的便利起见,我现在给每一组作一个简短的提要,使我的少年朋友们容易明白我的思想的路径。

1

第一组收的文字是:

《演化论与存疑主义》 《杜威先生与中国》 《杜威论思想》 《问题与主义》 《新生活》 《新思潮的意义》

我的思想受两个人的影响最大:一个是赫胥黎,一个是杜威先生。赫胥黎教我怎样怀疑,教我不信任一切没有充分证据的东西。杜威先生教我怎样思想,教我处处顾到当前的问题,教我把一切学说理想都看作待证的假设，教我处处顾到思想的结果。这两个人使我明了科学方法的性质与功用，故我选前三篇介绍这两位大师给我的少年朋友们。

从前陈独秀先生曾说实验主义和辩证法的唯物史观是近代两个最重要的思想方法，他希望这两种方法能合作一条联合战线。这个希望是错误的。辩证法出于海格尔的哲学，是生物进化论成立以前的玄学方法。实验主义是生物进化论出世以后的科学方法。这两种方法所以根本不相容，只是因为中间隔了一层达尔文主义。达尔文的生物演化学说给了我们一个大教训：就是教我们明了生物进化，无论是自然的演变，或是人为的选择，都由于一点一滴的变异，所以是一种很复杂的现象，决没有一个简单的目的地可以一步跳到，更不会有一步跳到之后可以一成不变。辩证法的哲学本来也是生物学发达以前的一种进化理论；依他本身的理论，这个一正一反相毁相成的阶段应该永远不断的呈现。但狭义的共产主义者却似乎忘了这个原则，所以武断的虚悬一个共产共有的理想境界，以为可以用阶级斗争的方法一蹴即到，既到之后又可以用一阶级专政方法把持不变。这样的化复杂为简单，这样的根本否定演变的继续便是十足的达尔文以前的武断思想，比那顽固的海格尔更顽固了。

实验主义从达尔文主义出发，故只能承认一点一滴的不断的改进是真实可靠的进化。我在《问题与主义》和《新思潮的意义》两篇里，只发挥这个根本观念。我认定民国六年以后的新文化运动的目的是再造中国文明，而再造文明的途径全靠研究一个个的具体问题。我说：

> 文明不是笼统造成的，是一点一滴的造成的。进化不是一晚上笼统进化的，是一点一滴的进化的。现今的人爱谈"解放"与"改造"，须知解放不是笼统解放，改造也不是笼统改造。解放是这个那个制度的解放，这种那种思想的解放，这个那个人的解放：都是一点一滴的解放。改造是这个那个制度的改造，这种那种思想的改造，这个那个人的改造：都是一点一滴的改造。
>
> 再造文明的下手工夫是这个那个问题的研究。再造文明的

进行是这个那个问题的解决。(页六八)

我这个主张在当时最不能得各方面的了解。当时(民国八年)承"五四""六三"之后,国内正倾向于谈主义。我预料到这个趋势的危险,故发表《多研究些问题,少谈些主义》的警告。我说:

> 凡是有价值的思想,都是从这个那个具体的问题下手的。先研究了问题的种种方面的种种事实,看看究竟病在何处,这是思想的第一步工夫。然后根据于一生的经验学问,提出种种解决的方法,提出种种医病的丹方,这是思想的第二步工夫。然后用一生的经验学问,加上想像的能力,推思每一种假定的解决法应该可以有什么样的效果,更推想这种效果是否真能解决眼前这个困难问题。推想的结果,拣定一种假定的(最满意的)解决,认为我的主张,这是思想的第三步工夫。凡是有价值的主张,都是先经过这三步工夫来的。(页三六)

我又说:

> 一切主义,一切学理,都该研究。但只可认作一些假设的(待证的)见解,不可认作天经地义的信条;只可认作参考印证的材料,不可奉为金科玉律的宗教;只可用作启发心思的工具,切不可用作蒙蔽聪明,停止思想的绝对真理。如此方才可以渐渐养成人类的创造的思想力,方才可以渐渐使人类有解决具体问题的能力,方才可以渐渐解放人类对于抽象名词的迷信。(页五〇)

这些话是民国八年七月写的。于今已隔了十几年,当日和我讨论的朋友,一个已被杀死了,一个也颓唐了,但这些话字字句句都还可以应用到今日思想界的现状。十几年前我所预料的种种危险,——"目的热"而"方法盲",迷信抽象名词,把主义用作蒙蔽聪明停止思想的绝对真理,————都显现在眼前了。所以我十分诚恳的把这些老话贡献给我的少年朋友们,希望他们不可再走错了思想的路子。

《新生活》一篇,本是为一个通俗周报写的;十几年来,这篇短文走进了中小学的教科书里,读过的人应该在一千万以上了。但我盼望读过此文的朋友们把这篇短文放在同组的五篇里重新读一遍。赫胥黎教人记得一句"拿证据来!"我现在教人记得一句"为什么?"少年的朋友们,请仔细想想:你进学校是为什么?你进一个政党是为什么?你努力做革命工作是为什么?革命是为了什么而革命?政府是为了什么而存在?

请大家记得:人同畜生的分别,就在这个"为什么"上。

2

第二组的文字只有三篇:

《〈科学与人生观〉序》《不朽》《易卜生主义》

这三篇代表我的人生观,代表我的宗教。

《易卜生主义》一篇写的最早,最初的英文稿是民国三年在康奈尔大学哲学会宣读的,中文稿是民国七年写的。易卜生最可代表十九世纪欧洲的个人主义的精华,故我这篇文章只写得一种健全的个人主义的人生观。这篇文章在民国七八年间所以能有最大的兴奋作用和解放作用,也正是因为它所提倡的个人主义在当日确是最新鲜又最需要的一针注射。

娜拉抛弃了家庭丈夫儿女,飘然而去,只因为她觉悟了她自己也是一个人,只因为她感觉到她"无论如何,务必努力做一个人"。这便是易卜生主义。易卜生说:

> 我所最期望于你的是一种真实纯粹的为我[你]主义,要使你有时觉得天下只有关于你的事最要紧,其余的都算不得什么……你要想有益于社会,最好的法子莫如把你自己这块材料铸造成器。……有的时候我真觉得全世界都像海上撞沉了船,最要紧的还是救出自己。(页一三〇)

这便是最健全的个人主义。救出自己的唯一法子便是把你自己这块材料铸造成器。

把自己铸造成器,方才可以希望有益于社会。真实的为我,便是最有益的为人。把自己铸造成了自由独立的人格,你自然会不知足,不满意于现状,敢说老实话,敢攻击社会上的腐败情形,做一个"贫贱不能移,富贵不能淫,威武不能屈"的斯铎曼医生。斯铎曼医生为了说老实话,为了揭穿本地社会的黑幕,遂被全社会的人喊作"国民

公敌"。但他不肯避"国民公敌"的恶名,他还要说老实话。他大胆的宣言:

> 世上最强有力的人就是那最孤立的人!

这也是健全的个人主义的真精神。

这个个人主义的人生观一面教我们学娜拉,要努力把自己铸造成个人;一面教我们学斯铎曼医生,要特立独行,敢说老实话,敢向恶势力作战。少年的朋友们,不要笑这是十九世纪维多利亚时代的陈腐思想!我们去维多利亚时代还老远哩。欧洲有了十八九世纪的个人主义,造出了无数爱自由过于面包,爱真理过于生命的特立独行之士,方才有今日的文明世界。

现在有人对你们说:"牺牲你们个人的自由,去求国家的自由!"我对你们说:"争你们个人的自由,便是为国家争自由!争你们自己的人格,便是为国家争人格!自由平等的国家不是一群奴才建造得起来的!"

《〈科学与人生观〉序》一篇略述民国十二年的中国思想界里的一场大论战的背景和内容(我盼望读者能参读《文存三集》里《几个反理学的思想家》的吴敬恒一篇,页一五一——一八六)。在此序的末段,我提出我所谓"自然主义的人生观"(页九二——九五)。这不过是一个轮廓,我希望少年的朋友们不要仅仅接受这个轮廓,我希望他们能把这十条都拿到科学教室和实验室里去细细证实或否证。

这十条的最后一条是:

> 根据于生物学及社会学的知识,叫人知道个人——"小我"——是要死灭的,而人类——"大我"——是不死的,不朽的;叫人知道"为全种万世而生活"就是宗教,就是最高的宗教;而那些替个人谋死后的天堂净土的宗教乃是自私自利的宗教。

这个意思在这里说的太简单了,读者容易起误解。所以我把《不朽》一篇收在后面,专说明这一点。

我不信灵魂不朽之说,也不信天堂地狱之说,故我说这个小我是会死灭的。死灭是一切生物的普遍现象,不足怕,也不足惜。但个人自有他的不死不灭的部分:他的一切作为,一切功德罪恶,一切语言行事,无论大小,无论善恶,无论是非,都在那大我上留下不能磨灭的结果和影响。他吐一口痰在地上,也许可以毁灭一村一族。他起一个念头,也许可以引起几十年的血战。他也许"一言可以兴邦,一言可以丧邦"。善亦不朽,恶亦不朽;功盖万世固然不朽,种一担谷子也可以不朽,喝一杯酒,吐一口痰也可以不朽。古人说,"一出言而不敢忘父母,一举足而不敢忘父母"。我们应该说,"说一句话而不敢忘这句话的社会影响,走一步路而不敢忘这步路的社会影响"。这才是对于大我负责任。能如此做,便是道德,便是宗教。

这样说法,并不是推崇社会而抹煞个人。这正是极力抬高个人的重要。个人虽眇小,而他的一言一动都在社会上留下不朽的痕迹,芳不止流百世,臭也不止遗万年,这不是绝对承认个人的重要吗?成功不必在我,也许在我千百年后,但没有我也决不能成功。毒害不必在眼前,"我躬不阅,遑恤我后!"后而我岂能不负这毒害的责任?今日的世界便是我们的祖宗积的德,造的孽。未来的世界全看我们自己积什么德或造什么孽。世界的关键全在我们手里,真如古人说的"任重而道远",我们岂可错过这绝好的机会,放下这绝重大的担子?

有人对你说,"人生如梦"。就算是一场梦罢,可是你只有这一个做梦的机会。岂可不振作一番,做一个痛痛快快轰轰烈烈的梦?

有人对你说,"人生如戏"。就说是做戏罢,可是,吴稚晖先生说的好,"这唱的是义务戏,自己要好看才唱的;谁便无端的自己扮做跑龙套,辛苦的出台,止算做没有呢?"

其实人生不是梦,也不是戏,是一件最严重的事实。你种谷子,便有人充饥;你种树,便有人砍柴,便有人乘凉;你拆烂污,便有人遭瘟;你放野火,便有人烧死。你种瓜便得瓜,种豆便得豆,种荆棘便得荆棘。少年的朋友们,你爱种什么?你能种什么?

3 第三组的文字,也只有三篇:

《我们对于西洋近代文明的态度》《漫游的感想》《请大家来照照镜子》

在这三篇里，我很不客气的指摘我们的东方文明，很热烈的颂扬西洋的近代文明。

人们常说东方文明是精神的文明，西方文明是物质的文明，或唯物的文明。这是有夸大狂的妄人捏造出来的谣言，用来遮掩我们的羞脸的。其实一切文明都有物质和精神的两部分：材料都是物质的，而运用材料的心思才智都是精神的。木头是物质；而刳木为舟，构木为屋，都靠人的智力，那便是精神的部分。器物越完备复杂，精神的因子越多。一只蒸汽锅炉，一辆摩托车，一部有声电影机器，其中所含的精神因子比我们老祖宗的瓦罐，大车，毛笔多的多了。我们不能坐在舢板船上自夸精神文明，而嘲笑五万吨大汽船是物质文明。

但物质是倔强的东西，你不征服他，他便是征服你。东方人在过去的时代，也曾制造器物，做出一点利用厚生的文明。但后世的懒惰子孙得过且过，不肯用手用脑去和物质抗争，并且编出"不以人易天"的懒人哲学，于是不久便被物质战胜了。天旱了，只会求雨；河决了，只会拜金龙大王；风浪大了，只会祷告观音菩萨或天后娘娘。荒年了，只好逃荒去；瘟疫来了，只好闭门等死；病上身了，只好求神许愿。树砍完了，只好烧茅草；山都精光了，只好对着叹气。这样又愚又懒的民族，不能征服物质，便完全被压死在物质环境之下，成了一分像人九分像鬼的不长进民族。所以我说：

> 这样受物质环境的拘束与支配，不能跳出来，不能运用人的心思智力来改造环境改良现状的文明，是懒惰不长进的民族的文明，是真正唯物的文明。（页一五四）

反过来看看西洋的文明，

> 这样充分运用人的聪明智慧来寻求真理以解放人的心灵，来制服天行以供人用，来改造物质的环境，来改革社会政治的制度，来谋人类最大多数的最大幸福，——这样的文明是精神的文明。（页一五五）

这是我的东西文化论的大旨。

少年的朋友们，现在有一些妄人要煽动你们的夸大狂，天天要你们相信中国的旧文化比任何国高，中国的旧道德比任何国好。还有一些不曾出国门的愚人鼓起喉咙对你们喊道,"往东走!往东走!西方的这一套把戏是行不通的了!"

我要对你们说:不要上他们的当!不要拿耳朵当眼睛!睁开眼睛看看自己,再看看世界。我们如果还想把这个国家整顿起来,如果还希望这个民族在世界上占一个地位,——只有一条生路,就是我们自己要认错。我们必须承认我们自己百事不如人,不但物质机械上不如人,不但政治制度不如人,并且道德不如人,知识不如人,文学不如人,音乐不如人,艺术不如人,身体不如人。

肯认错了,方才肯死心塌地的去学人家。不要怕模仿,因为模仿是创造的必要预备工夫。不要怕丧失我们自己的民族文化,因为绝大多数人的惰性已尽够保守那旧文化了,用不着你们少年人去担心。你们的职务在进取,不在保守。

请大家认清我们当前的紧急问题。我们的问题是救国,救这衰病的民族,救这半死的文化。在这件大工作的历程里,无论什么文化,凡可以使我们起死回生,返老还童的,都可以充分采用,都应该充分收受。我们救国建国,正如大匠建屋,只求材料可以应用,不管他来自何方。

4

第四组的文字有六篇:

《建设的文学革命论》《〈尝试集〉自序》《文学进化观念》《国语的进化》《文学革命运动》《〈词选〉自序》

这里有一部分是叙述文学革命运动的经过的,有一部分是我自己对于文学的见解。

我在这十几年的中国文学革命运动上,如果有一点点贡献,我的贡献只在:

(1)我指出了"用白话作新文学"的一条路子。(页一九四——二○三,页二三八——二四○;页二七七——二八三)

(2)我供给了一种根据于历史事实的中国文学演变论,使人明了国语是古文的进化,使人明了白话文学在中国文学史上占什么地位。(页二四二——二八四;页三○四——三○九)

（3）我发起了白话新诗的尝试。（页二一七——二四一）

这些文字都可以表出我的文学革命论也只是进化论和实验主义的一种实际应用。

5

第五组的文字有四篇：

《〈国学季刊〉发刊宣言》《古史讨论的读后感》《〈红楼梦〉考证》《治学的方法与材料》

这都是关于整理国故的文字。

《季刊宣言》是一篇整理国故的方法总论，有三个要点：

第一，用历史的眼光来扩大研究的范围。

第二，用系统的整理来部勒研究的资料。

第三，用比较的研究来帮助材料的整理与解释。

这一篇是一种概论，故未免觉的太悬空一点。以下的两篇便是两个具体的例子，都可以说明历史考证的方法。

《古史讨论》一篇，在我的《文存》里要算是最精采的方法论。这里面讨论了两个基本方法：一个是用历史演变的眼光来追求传说的演变，一个是用严格的考据方法来评判史料。

顾颉刚先生在他的《古史辨》的自序里曾说他从我的《〈水浒传〉考证》和《井田辨》等文字里得着历史方法的暗示。这个方法便是用历史演化的眼光来追求每一个传说演变的历程。我考证《水浒》的故事，包公的传说，狸猫换太子的故事，井田的制度，都用这个方法。顾先生用这方法来研究中国古史，曾有很好的成绩。顾先生说的最好："我们看史迹的整理还轻而看传说的经历却重。凡是一件史事，应看他最先是怎样，以后逐步逐步的变迁是怎样。"其实对于纸上的古史迹，追求其演变的步骤，便是整理他了。

在这篇文字里，我又略述考证的方法，我说：

我们对于"证据"的态度是：一切史料都是证据。但史家要问：

（1）这种证据是在什么地方寻出的？

（2）什么时候寻出的？

(3) 什么人寻出的？

(4) 依地方和时候上看起来，这个人有做证人的资格吗？

(5) 这个人虽有证人资格，而他说这句话时有作伪（无心的，或有意的）的可能吗？（页三四八——三四九）

《〈红楼梦〉考证》诸篇只是考证方法的一个实例。我说：

> 我觉得我们做《红楼梦》的考证，只能在"著者"和"本子"两个问题上着手；只能运用我们力所能搜集的材料，参考互证，然后抽出一些比较的最近情理的结论。这是考证学的方法。我在这篇文章里，处处想撇开一切先入的成见，处处存一个搜求证据的目的，处处尊重证据，让证据做向导，引我到相当的结论上去。（页四一一——四一二）

这不过是赫胥黎、杜威的思想方法的实际应用。我的几十万字的小说考证，都只是用一些"深切而著明"的实例来教人怎样思想。

试举曹雪芹的年代一个问题作个实例。民国十年，我收得了一些证据，得着这些结论：

> 我们可以断定曹雪芹死于乾隆三十年左右（约西历1765）……我们可以猜想雪芹大约生于康熙末叶（约1715—1720），当他死时，约五十岁左右。（页三八三）

民国十一年五月，我得着了《四松堂集》的原本见敦诚挽曹雪芹的诗题下注"甲申"二字，又诗中有"四十年华"的话，故修正我的结论如下：

> 曹雪芹死在乾隆二十九年甲申（1764），……他死时只有"四十年华"，我们可以断定他的年纪不能在四十五岁以上。假定他死时年四十五岁，他的生时当康熙五十八年（1719）。（页四二〇）

但到了民国十六年，我又得了脂砚斋评本《石头记》，其中有"壬午除夕，书未成，芹为泪尽而逝"的话。壬午为乾隆二十七年，除夕当西历1763年2月12日，和我七年前的断定（"乾隆三十年左右，约西历1765"）只差一年多。又假定他活了四十五岁，他的生年大概在康熙五十六年（1717），这也和我七年前的猜测正相符合。（页四三三）

考证两个年代,经过七年的时间,方才得着证实。证实是思想方法的最后又最重要的一步。不曾证实的理论,只可算是假设;证实之后,才是定论,才是真理。我在别处(《文存三集》,页二七三)说过:

> 我为什么要考证《红楼梦》?
>
> 在消极方面,我要教人怀疑王梦阮、徐柳泉一班人的谬说。
>
> 在积极方面,我要教人一个思想学问的方法。我要教人疑而后信,考而后信,有充分证据而后信。
>
> 我为什么要替《水浒传》作五万字的考证?我为什么要替庐山一个塔作四千字的考证?
>
> 我要教人知道学问是平等的,思想是一贯的。……肯疑问"佛陀耶舍究竟到过庐山没有"的人,方才肯疑问"夏禹是神是人"。有了不肯放过一个塔的真伪的思想习惯,方才敢疑上帝的有无。

少年的朋友们,莫把这些小说考证看作我教你们读小说的文字。这些都只是思想学问的方法的一些例子。在这些文字里,我要读者学得一点科学精神,一点科学态度,一点科学方法。科学精神在于寻求事实,寻求真理。科学态度在于撇开成见,搁起感情,只认得事实,只跟着证据走。科学方法只是"大胆的假设,小心的求证"十个字。没有证据,只可悬而不断;证据不够,只可假设,不可武断;必须等到证实之后,方才奉为定论。

少年的朋友们,用这个方法来做学问,可以无大差失;用这种态度来做人处事,可以不至于被人蒙着眼睛牵着鼻子走。

从前禅宗和尚曾说,"菩提达摩东来,只要寻一个不受人惑的人"。我这里千言万语,也只是要教人一个不受人惑的方法。被孔丘、朱熹牵着鼻子走,固然不算高明;被马克思、列宁、斯大林牵着鼻子走,也算不得好汉。我自己决不想牵着谁的鼻子走。我只希望尽我的微薄的能力,教我的少年朋友们学一点防身的本领,努力做一个不受人惑的人。

抱着无限的爱和无限的希望,我很诚挚的把这一本小书贡献给全国的少年朋友!

十九,十一,二十七晨二时将离开江南的前一日　胡适

(收入《胡适文选》,1930年12月上海亚东图书馆初版)

人权论集

序

这几篇文章讨论的是中国今日人人应该讨论的一个问题,——人权问题。前三篇讨论人权与宪法。第四篇论我们要的是什么人权。第五六篇讨论人权中的一个重要部分,——思想和言论的自由。第七篇讨论国民党中的反动思想,希望国民党的反省。第八篇讨论孙中山的知难行易说。这两篇只是"思想言论自由"的实例:因为我们所要建立的是批评国民党的自由和批评孙中山的自由。上帝我们尚且可以批评,何况国民党与孙中山?

第九篇与第十篇讨论政治上两个根本问题,收在这里做个附录。

周栎园《书影》里有一则很有意味的故事:

> 昔有鹦武飞集陀山。山中大火,鹦武遥见,入水濡羽,飞而洒之。天神言:"尔虽有志意,何足云也?"对曰,"尝侨居是山,不忍见耳。"

今天正是大火的时候,我们骨头烧成灰终究是中国人,实在不忍袖手旁观。我们明知小小的翅膀上滴下的水点未必能救火,我们不过尽我们的一点微弱的力量,减少良心上的一点谴责而已。

十八,十二,十三,胡适。

人权与约法

4月20日国民政府下了一道保障人权的命令,全文是:

> 世界各国人权均受法律之保障。当此训政开始,法治基础亟宜确立。凡在中华民国法权管辖之内,无论个人或团体均不得以非法行为侵害他人身体,自由,及财产。违者即依法严行惩办不贷。着行政司法各院通饬一体遵照。此令。

在这个人权被剥夺几乎没有丝毫余剩的时候,忽然有明令保障人权的盛举,我们老百姓自然是喜出望外。但我们欢喜一阵之后,揩揩眼镜,仔细重读这道命令,便不能不感觉大失望。失望之点是:

第一,这道命令认"人权"为"身体,自由,财产"三项,但这三项都没有明确规定。就如"自由"究竟是那几种自由?又如"财产"究竟受怎样的保障?这都是很重要的缺点。

第二,命令所禁止的只是"个人或团体",而并不会提及政府机关。个人或团体固然不得以非法行为侵害他人身体自由及财产,但今日我们最感觉痛苦的是种种政府机关或假借政府与党部的机关侵害人民的身体自由及财产。如今日言论出版自由之受干涉,如各地私人财产之被没收,如近日各地电气工业之被没收,都是以政府机关的名义执行的。4月20日的命令对于这一方面完全没有给人民什么保障。这岂不是"只许州官放火,不许百姓点灯"吗?

第三,命令中说,"违者即依法严行惩办不贷",所谓"依法"是依什么法?我们就不知道今日有何种法律可以保障人民的人权。中华民国刑法固然有"妨害自由罪"等章,但种种妨害若以政府或党部名义行之,人民便完全没有保障了。

果然,这道命令颁布不久,上海各报上便发现"反日会的活动是否在此命令范围之内"的讨论。日本文的报纸以为这命令可以包括反日会(改名救国会)的行动；而中文报纸如《时事新报》畏垒先生的社论则以为反日会的行动不受此命令的制裁。

岂但反日会的问题吗？无论什么人，只须贴上"反动分子""土豪劣绅""反革命""共党嫌疑"等等招牌，便都没有人权的保障。身体可以受侮辱，自由可以完全被剥夺，财产可以任意宰制，都不是"非法行为"了。无论什么书报，只须贴上"反动刊物"的字样，都在禁止之列，都不算侵害自由了。无论什么学校，外国人办的只须贴上"文化侵略"字样，中国人办的只须贴上"学阀""反动势力"等等字样，也就都可以封禁没收，都不算非法侵害了。

我们在这种种方面，有什么保障呢？

我且说一件最近的小事，事体虽小，其中含着的意义却很重要。

3月26日上海各报登出一个专电，说上海特别市党部代表陈德征先生在三全大会提出了一个《严厉处置反革命分子案》。此案的大意是责备现有的法院太拘泥证据了，往往使反革命分子容易漏网。陈德征先生提案的办法是：

> 凡经省党部及特别市党部书面证明为反革命分子者，法院或其他法定之受理机关应以反革命罪处分之。如不服，得上诉。惟上级法院或其他上级法定之受理机关，如得中央党部之书面证明，即当驳斥之。

这就是说，法院对于这种案子，不须审问，只凭党部的一纸证明，便须定罪处刑。这岂不是根本否认法治了吗？

我那天看了这个提案，有点忍不住，便写了封信给司法院长王宠惠博士，大意是问他"对于此种提议作何感想"，并且问他"在世界法制史上，不知在那一世纪那一个文明民族曾经有这样一种办法，笔之于书，立为制度的吗？"

我认为这个问题是值得大家注意的，故把信稿送给国闻通信社发表。过了几天，我接得国闻通信社的来信，说：

> 昨稿已为转送各报，未见刊出，闻已被检查者扣去。兹将原稿奉还。

我不知道我这封信有什么军事上的重要而竟被检查新闻的人扣去。这封信是我亲自负责署名的。我不知道一个公民为什么不可以负责发表对于国家问题的讨论。

但我们对于这种无理的干涉,有什么保障呢?

又如安徽大学的一个学长,因为语言上挺撞了蒋主席,遂被拘禁了多少天。他的家人朋友只能到处奔走求情,决不能到任何法院去控告蒋主席。只能求情而不能控诉,这是人治,不是法治。

又如最近唐山罢市的案子,其起原是因为两益成商号的经理杨润普被当地驻军指为收买枪枝,拘去拷打监禁。据4月28日《大公报》的电讯,唐山总商会的代表十二人到一百五十二旅去请求释放,军法官不肯释放。代表等辞出时,正遇兵士提杨润普入内,"时杨之两腿已甚拥肿,并有血迹,周身动转不灵,见代表等则欲哭无泪,语不成声,其凄惨情形,实难尽述"。但总商会及唐山商店八十八家打电报给唐生智,也只能求情而已;求情而无效,也只能相率罢市而已。人权在那里?法治在那里?

我写到这里,又看见5月2日的《大公报》,唐山全市罢市的结果,杨润普被释放了。"但因受刑过重,已不能行走,遂以门板抬出,未回两益成,直赴中华医院医治。"《大公报》记者亲自去访问,他的记载中说:

> ……见杨润普前后身衣短褂,血迹模糊。衣服均粘于身上,经医生施以手术,始脱下。记者当问被捕后情形,杨答,苦不堪言,曾用旧时惩治盗匪之压杠子,余实不堪其苦。正在疼痛难忍时,压于腿上之木杠忽然折断。旋又易以竹板,周身抽打,移时亦断。时刘连长在旁,主以铁棍代木棍。郑法官恐生意外,未果。此后每讯必打,至今周身是伤。据医生言,杨伤过重,非调养三个月不能复原。

这是人权保障的命令公布后11日的实事。国民政府诸公对于此事不知作何感想?

我在上文随便举的几件实事,都可以指出人权的保障和法治的确定决不是一纸模糊命令所能办到的。

法治只是要政府官吏的一切行为都不得逾越法律规定的权限。法治只认得法律，不认得人。在法治之下，国民政府的主席与唐山一百五十二旅的军官都同样的不得逾越法律规定的权限。国民政府主席可以随意拘禁公民，一百五十二旅的军官自然也可以随意拘禁拷打商人了。

但是现在中国的政治行为根本上从没有法律规定的权限，人民的权利自由也从没有法律规定的保障。在这种状态之下，说什么保障人权！说什么确立法治基础！

在今日如果真要保障人权，如果真要确立法治基础，第一件应该制定一个中华民国的宪法。至少，至少，也应该制定所谓训政时期的约法。

孙中山先生当日制定《革命方略》时，他把革命建国事业的措施程序分作三个时期：

第一期为军法之治（三年）。

第二期为约法之治（六年）……"凡军政府对于人民之权利义务，及人民对于军政府之权利义务，悉规定于约法。军政府与地方议会及人民各循守之。有违法者，负其责任。……"

第三期为宪法之治。

《革命方略》成于丙午年（1906），其后续有修订。至民国八年中山先生作《孙文学说》时，他在第六章里再三申说"过渡时期"的重要，很明白地说"在此时期，行约法之治，以训导民人，实行地方自治"。至民国十二年一月，中山先生作《中国革命史》时，第二时期仍名为"过渡时期"，他对于这个时期特别注意。他说：

> 第二为过渡时期。在此时期内，施行约法（非现行者），建设地方自治，促进民权发达。以一县为自治单位，每县于散兵驱除战事停止之日，立颁约法，以规定人民之权利义务，与革命政府之统治权。以三年为限，三年期满，则由人民选举其县官。……革命政府之对于此自治团体只能照约法所规定而行其训政之权。

又过了一年之后，当民国十三年四月中山先生起草《建国大纲》时，建设的程序也分作三个时期，第二期为"训政时期"。但他在《建国大纲》里不曾提起训政时期的"约法"，又不曾提起训政时期的年限，不幸一年之后他就死了，后来的人只读他的建国大纲，而不研究这"三期"说的历史，遂以为训政时期可以无限地延长，又可以不用约法之治，这是大错的。

中山先生的《建国大纲》虽没有明说"约法"，但我们研究他民国十三年以前的言论，可以知道他决不会相信统治这样一个大国可以不用一个根本大法的。况且《建国大纲》里遗漏的东西多着哩。如廿一条说"宪法未颁布以前，各院长皆归总统任免"，是训政时期有"总统"，而全篇中不说总统如何产生。又如民国十三年一月国民党第一次代表大会宣言已有"以党为掌握政权之中枢"的话，而是年四月十二中山先生草定《建国大纲》全文廿五条中没有一句话提到一党专政的。这都可见《建国大纲》不过是中山先生一时想到的一个方案，并不是应有尽有的，也不是应无尽无的。《大纲》所有，早已因时势而改动了（如十九条五院之设立在宪政开始时期，而去年已设立五院了）。《大纲》所无，又何妨因时势的需要而设立呢？

我们今日需要一个约法，需要中山先生说的"规定人民之权利义务与革命政府之统治权"的一个约法。我们要一个约法来规定政府的权限：过此权限，便是"非法行为"。我们要一个约法来规定人民的"身体，自由，及财产"的保障：有侵犯这法定的人权的，无论是一百五十二旅的连长或国民政府的主席，人民都可以控告，都得受法律的制裁。

我们的口号是：

快快制定约法以确定法治基础！

快快制定约法以保障人权！

十八，五，六

（原载1929年4月10日《新月》第2卷第2号，
此号实际延期出版）

《人权与约法》的讨论

《人权与约法》一篇文字发表以来,国内外报纸有转载的,有翻译的,有作专文讨论的。在这四五十日之中,我收到了不少的信,表示赞成此文的主张。我们现在发表几篇应该提出讨论的通信,略加答复。其他仅仅表示赞成的通信,我们虽然感谢,只因篇幅有限,恕不能一一披露了。

胡适

1 适之先生:

拜读大作《人权与约法》第七页第四行"……是训政时期有总统"。对于训政两字,觉得有点疑问;以《建国大纲》条文本身看去,是在宪政时期才有总统。第十六条云,"凡一省全数之县皆达完全自治者,则为宪政开始时期。……"第廿五条云,"宪法颁布之日,即为宪政告成之时。……"这可见得《建国大纲》所规定之宪政时期,尚无宪法。再以第十九条"在宪政时期,中央政府当完成设立五院……"可证明五院制是应该在宪政时期试行的,"各院长皆归总统任免"是宪政时期之总统。专此修函商榷,是否请赐教言,尤深感激。并请

文安。

后学汪羽军鞠躬

汪先生指出的错误,我很感谢,他指出一个重要之点,就是《建国大纲》所规定之宪政时期,尚无宪法"。最好的证据是《建国大纲》第廿二条:"宪法草案当本于《建国大纲》及训政宪政两时期之成绩。"草案须根据于宪政时期的成绩,可见宪政时期尚无宪法。

但我们仔细看《大纲》的全文,不能不说第廿二条所谓"宪政时期"只是"宪政开始时期"的省文。在此时期,在宪法颁布之前,有五院,有各部,有总统,都无宪法的根据。则廿一条所谓"总统"仍是革命军政时代所遗留的临时政府的总统。我原文所谓"训政时期有总统",似乎也不算误解中山先生的原意罢?

中山先生的根本大错误在于认训政与宪法不可同时并立。此意我已作长文讨论,载在本期的新月。

中山先生不是宪法学者,故他对于"宪政"的性质颇多误解。如《大纲》第廿五条说:"宪法颁布之日,即为宪政告成之时。"这是绝大的错误。宪法颁布之日只是宪政的起点,岂可算作宪政的告成?宪法是宪政的一种工具,有了这种工具,政府与人民都受宪法的限制,政府依据宪法统治国家,人民依据宪法得着保障。有逾越法定范围的,人民可以起诉,监察院可以纠弹,司法院可以控诉。宪法有疑问,随时应有解释的机关。宪法若不能适应新的情势或新的需要,应有修正的机关与手续。——凡此种种,皆须靠人民与舆论时时留心监督,时时出力护持,如守财虏的保护其财产,如情人的保护其爱情,偶一松懈,便让有力者负之而走了。故宪法可成于一旦,而宪政永永无"告成"之时。故中山先生之宪政论,我们不能不认为智者千虑之一失了。

(适)

2 适之先生足下:拜读《人权与约法》一文,具征拥护自由之苦心,甚佩甚佩。惟管见所及,不无异同之点,姑缕述如左,以就正于先生。

(一)清季筹备宪政,定期九年,所以不允即行立宪者,谓因人民参政能力之不足。今日破坏告成,军事结束,所以特定训政时期者,殆亦因民众程度幼稚,非经一番严格训练,未便即行交还政权耳。设在此训政期内,颁行约法,当然与民初之临时约法不同。临时约法系由临时参议院制定公布,其中缺点虽多,尚有几分民意表现。今后颁行约法,不过如汉高入关之约法三章耳。人民应享之自由究有几何?

(二)民国十三年春,国民党改组,援俄意先例,揭橥以党治国。

在宪法未颁以前,继续厉行党治,似无疑义。党治一日存在,则全国人民不论是否党员,对于党义政纲,应奉为天经地义,不得稍持异议。即使约法颁布,人民之言论出版仍须受严重限制。

(三)按照国民党第一次代表大会所定政纲,其中有对内政策第六项,载明人民有集会结社言论出版居住信仰之完全自由权。他日制定约法,无论如何宽大,总不能超过对内政策第六项。苟欲恢复自由,虽不另定约法,按照第六项实行未尝不可。盖就目前政制言之,党纲法律似无多大区别也。若不实行,虽颁布约法,亦属徒然。

以上三点,是否有当?敬乞先生及海内贤达指正。

民国十八年六月二十七日　诸青来

诸先生提出的三点,都值得我们的注意。我们现在简单答复如下:

(一)现在我国人民只有暗中的不平,只有匿名的谩骂,却没有负责任的个人或团体正式表示我们人民究竟要什么自由。所以"人民应享的自由究有几何?"这个问题是全靠人民自己解答的。

(二)我们要一个"规定人民的权利义务与政府的统治权"的约法,不但政府的权限要受约法的制裁,党的权限也要受约法的制裁。如果党不受约法的制裁,那就是一国之中仍有特殊阶级超出法律的制裁之外,那还成"法治"吗?其实今日所谓"党治",说也可怜,那里是"党治"?只是"军人治党"而已。为国民党计,他们也应该觉悟宪法的必要。他们今日所争的,只是争某全会的非法,或某大会的非法,这都是他们关起门来的姊娌口角之争,不关我们国民的事,也休想得着我们国民的同情。故为国民党计,他们也应该参加约法的运动。须知国民的自由没有保障,国民党也休想不受武人的摧残支配也。

(三)约法即是国民党实行政纲的机会。政纲中对内政策第六条云:"确定人民有集会结社言论出版居住信仰之完全自由权。"诸先生忽略了"确定"二字。政纲所主张的,载入了约法或法律,才是确定。不然,只不过一种主张而已。

(原载1929年6月10日《新月》第2卷第4号)

我们什么时候才可有宪法？
对于《建国大纲》的疑问

我在《人权与约法》(《新月》二卷二号)里，曾说：

> 中山先生的建国大纲虽没有明说"约法"，但我们研究他民国十三年以前的言论，知道他决不会相信统治这样一个大国可以不用一个根本大法的。

这句话，我说错了。民国十三年的孙中山先生已不是十三年以前的中山了。他的《建国大纲》简直是完全取消他以前所主张的"约法之治"了。

从丙午年(1906)的《革命方略》到民国十二年(1923)的《中国革命史》，中山先生始终主张一个"约法时期"为过渡时期，要一个约法来"规定人民之权利义务，与革命政府之统治权"。

但民国十三年以后的中山先生完全取消这个主张了。试看他公布《建国大纲》的宣言说：

> 辛亥之役，汲汲于制定临时约法，以为可以奠民国之基础，而不知乃适得其反。论者见临时约法施行之后，不能有益于民国，甚至并临时约法之本身效力亦已消失无余，则纷纷然议临时约法之未善，且斤斤然从事于宪法之制定，以为藉此可以救临时约法之穷。曾不知症结所在，非由于临时约法之未善，乃由于未经军政，训政两时期，而即入于宪政。

他又说：

> 可知未经军政训政两时期，临时约法决不能发生效力。

他又说：

> 军政时代已能肃清反侧，训政时代已能扶植民治，虽无宪政之

名,而人人所得权利与幸福,已非口宪法而行专政者所可同日而语。这是中山先生取消"约法之治"的理由。所以他在《建国大纲》里,便不提起"约法"了。

《建国大纲》里,不但训政时期没有约法,直到宪政开始时期也还没有宪法。如第廿二条云:

> 宪法草案当本于《建国大纲》及训政,宪政两时期之成绩,由立法院议订,随时宣传于民众,以备到时采择施行。

宪法草案既要根据于训政宪政两时期的成绩,可见"宪政时期"还没有宪法。但细看《大纲》的全文,廿二条所谓"宪政时期"乃是"宪政开始时期"的省文。故下文廿三条说:

> 全国有过半数省分达至宪政开始时期,——即全省之地方自治完全成立时期,——则开国民大会决定宪法而颁布之。

这样看来,我们须要等到全国有过半数省分的地方自治完全成立之后,才可以有宪法。

我们要研究,中山先生为什么要这样延迟宪政时期呢?简单说来,中山先生对于一般民众参政的能力,很有点怀疑。他在公布宣言里曾说:

> 不经训政时代,则大多数人民久经束缚,虽骤被解放,初不了知其活动之方式,非墨守其放弃责任之故习,即为人利用,陷于反革命而不自知。

他在《建国方略》里,说的更明白:

> 夫中国人民知识程度之不足,固无可隐讳者也。且加以数千年专制之毒深中乎人心,诚有比于美国之黑奴及外来人民知识尤为低下也。(第六章)

他又说:

> 我中国人民久处于专制之下,奴心已深,牢不可破。不有一度之训政时期,以洗除其旧染之污,奚能享民国主人之权利?(第六章)

他又说:

> 是故民国之主人者(国民),实等于初生之婴儿耳。革命党者,即产此婴儿之母也。既产之矣,则当保养之,教育之,方尽革命之责也。此革命方略之所以有训政时期者,为保养教育此主人成年而后还之政也。(第六章)

综合上文的几段话,我们可以明白中山先生的主张训政,只是因为他根本不信任中国人民参政的能力。所以他要一个训政时期来培养人民的自治能力,以一县为单位,从县自治入手。

这种议论,出于主张"知难行易"的中山先生之笔下,实在使我们诧异。中山先生不曾说吗?

> 其始则不知而行之。其继则行之而后知之。其终则因已知而更进于行。(《建国方略》第五章)

他又说过:

> 夫维新变法,国之大事也,多有不能前知者,必待行之成之而后乃能知之也。(同上)

参政的能力也是这样的。民治制度的本身便是一种教育。人民初参政的时期,错误总不能免的,但我们不可因人民程度不够便不许他们参政。人民参政并不须多大的专门知识,他们需要的是参政的经验。民治主义的根本观念是承认普通民众的常识是根本可信任的。"三个臭皮匠,赛过一个诸葛亮。"这便是民权主义的根据。治国是大事业,专门的问题需要专门的学识。但人民的参政不是专门的问题,并不需要专门的知识。所患的只是怕民众不肯出来参政,故民治国家的大问题总是怎样引导民众出来参政。只要他们肯出来参政,一回生,二回便熟了;一回上当,二回便学乖了。故民治制度本身便是最好的政治训练。这便是"行之则愈知之";这便是"越行越知,越知越行"。

中山先生自己不曾说吗?

> 袁世凯之流必以为中国人民知识程度如此,必不能共和。曲学之士亦曰非专制不可也。
>
> 呜呼,牛也尚能教之耕,马也尚能教之乘,而况于人乎?今使有见幼童将欲入塾读书者,而语其父兄曰,"此童子不识字,不可使之入塾读书也",于理通乎?惟其不识字,故须急于读书也。……故中

国今日之当共和,犹幼童之当入塾读书也。(第六章)
宪政之治正是唯一的"入塾读书"。唯其不曾入塾读书,故急须入塾读书也。

中山先生说:

> 然入塾必要有良师益友以教之,而中国人民今日初进共和之治,亦当有先知先觉之革命政府以教之。此训政之时期所以为专制入共和之过渡所必要也。

我们姑且让一步,姑且承认共和是要训练的。但我们要问,宪法与训练有什么不能相容之点?为什么训政时期不可以有宪法?为什么宪法之下不能训政?

在我们浅学的人看起来,宪法之下正可以做训导人民的工作;而没有宪法或约法,则训政只是专制,决不能训练人民走上民主的路。

"宪法"是什么东西?

柏来士(Bryce)在他的不朽名著《美洲民主国》里说:"一个国家的宪法只是那些规定此国家的政体并规定其政府对人民及人民对政府的各种权利义务的规律或法令。"(页三五〇)

麦金托虚爵士(Sir James Mc Intosh)也说,"凡规定一国高级官吏的最重要职权及人民的最根本的权利的基本法律,——成文的或不成文的,——便是一国的宪法"。见于他的"Law of Nature and of Nations"(页六五)

中山先生也曾主张颁布约法"以规定人民之权利义务,与革命政府之统治权"。这便是一种宪法了。

我们实在不懂这样一部约法或宪法何以不能和训政同时存在。我们须要明白,宪法的大功用不但在于规定人民的权利,更重要的是规定政府各机关的权限。立一个根本大法,使政府的各机关不得逾越他们的法定权限,使他们不得侵犯人民的权利,——这才是民主政治的训练。程度幼稚的民族,人民固然需要训练,政府也需要训练。人民需要"入塾读书",然而蒋介石先生,冯玉祥先生,以至于许多长衫同志和小同志,生平不曾梦见共和政体是什么样子的,也不可不早日"入塾读书"罢?

人民需要的训练是宪法之下的公民生活。政府与党部诸公需要的训练是宪法之下的法治生活。"先知先觉"的政府诸公必须自己先用宪法来训练自己,裁制自己,然后可以希望训练国民走上共和的大路。不然,则口口声声说"训政",而自己所行所为皆不足为训,小民虽愚,岂易欺哉?他们只看见衮衮诸公的时时打架,时时出洋下野而已;他们只看见衮衮诸公的任意侵害人权而已;他们只看见宣传部"打倒某某""拥护某某"而已;他们只看见反日会的站笼而已。以此训政,别说六年,六十年有何益哉?

故中山先生的根本大错误在于误认宪法不能与训政同时并立。他这一点根本成见使他不能明白民国十几年来的政治历史。他以为临时约法的失败是"由于未经军政训政两时期,而即入于宪政"。这是历史的事实吗?民国元年以来,何尝有"入于宪政"的时期?自从二年以来,那一年不是在军政的时期?临时约法何尝行过?天坛宪法草案以至于曹锟时代的宪法,又何尝实行过?十几年中,人民选举国会与省议会,共总行过几次?故民国十几年的政治失败,不是骤行宪政之过,乃是始终不曾实行宪政之过;不是不经军政训政两时期而遽行宪政,乃是始终不曾脱离扰乱时期之过也。

当日袁世凯之流,固不足论;我们现在又到了全国统一的时期了,我们看看历史的教训,还是不敢信任人民而不肯实行宪政呢?还是认定人民与政府都应该早早"入塾读书",早早制定宪法或约法,用宪政来训练人民和政府自己呢?

中山先生说得好:

> 中国今日之当共和,犹幼童之当入塾读书也。

我们套他的话,也可以说:

> 中国今日之当行宪政,犹幼童之当入塾读书也。

我们不信无宪法可以训政;无宪法的训政只是专制。我们深信只有实行宪政的政府才配训政。

十八,七,廿

(原载1929年6月10日《新月》第2卷第4号,此号实际延期出版)

论人权

罗隆基

一 引言

人权破产,是中国目前不可掩盖的事实,国民政府4月20日保障人权的命令,是承认中国人民人权已经破产的铁证。

努力起来争回人权,已为中国立志做人的人的决心。人权运动,事实上已经发动。他的成功是时间的问题。这点,用不着特殊的鼓动。

争回人权的手段,原来没有一定的方式。纸笔墨水,可以订定英国1215年的《大宪章》;枪弹鲜血,才能换到法国1789年的《人权宣言》。在不同的环境下,争人权的手段亦随之而不同,这是历史的事实,这点,本文存而不论。

什么是人权?什么是我们目前所要的人权?这的确是目前人权运动里急切重要的问题。我认为这些问题急切重要,其理由,简言之,有三:

第一,人权运动,自有他的目标。这些目标应明确的并有条理的写出来。国民政府的命令说:"世界各国人权均受法律之保障。"所谓"世界各国人权"是些什么?下命令的人明白吗?命令又说:"……不得以非法行为侵犯他人身体,自由,及财产。"这三项的范围,包括些什么?人权果限于这三项?这些问题,下命令的人亦没有说明白。在其他方面说,英国人大部分的人权就列举在1215年的《大宪章》,1628年的《人权说帖》,1689年的《人权条文》里;法国人大部分的人权就列举在1789年的《人权宣言》里。我们目前的人权条文是什么？已到了我们回答这问题的时候了。

第二，有些人权已经破产的人，自骗自的说人权是抽象的名词，是饥不可食，寒不可衣的口头语，人权运动比不上唯物主义的阶级革命的切实。这些人根本没有想过什么是人权。人权当然包括衣，包括食，还包括许多比衣食更要紧的东西。说句顽皮话，假使当日德国有绝对的思想，言论，出版自由，马克斯就不必逃到伦顿的古物陈列所里去做《资本论》了。批评人权是抽象名词的人，根本还是没有想过人权是些什么条件。我们目前要的人权是些什么？已到了我们回答这问题的时候了。

第三，更有一班幸运一时的人权蹂躏者，他们大笑人权是老生常谈，他们大笑人权运动是英法十七和十八世纪的东西。侥幸得志的人们，拼着命在模仿英国十七世纪的查理士第一，法国十八世纪的路易十六，他们在排演"朕即国家"的老剧，在这种环境之下，我们只好唱《大宪章》和《人权宣言》的老调。其实，人权果然是老调吗？查查大战后各新兴国家的宪法，就知道人权已有了许多新腔。他们得意的人们，横行霸道来糟蹋人权，根本没有明白我们的人权是些什么条件。我们要的人权是什么？已到了回答这问题的时候了。

二　人权的意义

人权，简单说，是一些做人的权。人权是做人的那些必要的条件。"做人"两字的意义，表面上似乎肤浅，实则高深。有五官，有四肢，有头脑，有肠腑，有皮，有骨，有爪，有发，有人之貌，有人之形，这样的动物，当然应该叫人。但他在不在"做人"，能不能有那些"做人"的条件，又另成问题。

一个死人当然不在做人。所以"做人"，第一，要有生命。换言之，维持生命，是做人的出发点。谈到维持生命，马上我们连想到生命上那些必须的条件。譬如说，要维持生命，就要有衣，有食，有住。谋取衣，食，住的机会，换句话说，就成了做人的必要的条件。谋取衣，食，住的机会，就变了人权的一部分。西洋人的工作权（right to work）如今成了人权的一部分，当然是这个意义。

有衣,有食,有住。在我固然可以做人,旁人能不能容许我做人,又成另一问题。在个野蛮社会里,强悛弱,众暴寡,一把刀,一支枪,随时可以了结我的性命。这样,我虽然是个人,我虽然想做人,我不一定有做人的机会。换句话说,要维持生命,身体的安全,又成了必要的条件。身体安全的保障,又成了人权的一部分了。

　　照这样说,人权是人生命上那些必须的条件,是衣,食,住的取得权及身体安全的保障。

　　人权的范围,决不止此。维持生命,固然是做人的出发点。维持生命,决不是做人的唯一目的。

　　如今中国千千万万人活着,他们有他们的生命,但有几个是真正在做人?做人,老实不客气,要有做人的快乐(happiness),生命要有生命的幸福。要享受生命上的幸福,衣,食,住,及身体安全这几个条件是不够的。

　　人有个性,人有人格。倘个性及人格没有发展培养的机会,人就不在做人。在个性与人格上,"人皆可以为尧舜"的话,当然说不上。人人在他的个性及人格上有他可能发展的至善点,是不容否认。"成我至善之我"(Be myself at my best)这是一句常听到的西洋话。通俗说些,做个我能做到的好人。这样,做人才有意义;这样,生命上才有得到幸福的希望。

　　因此,所谓生命上的必须的条件,绝对不止衣,食,住,及身体的安全,同时要加上那些发展个性,培养人格,成我至善之我的一切的条件。

　　同时又要明白,我,不过是人群的一份子。我的做人,同时与人群脱不了许多连带关系。我的幸福,同时又与人群全体的幸福发生连带关系,我对人群的责任,在将我之至善,贡献结人群,俾人群全体可以达到人群可能之至善。最后就在使人群里最大多数得到最大的幸福。

　　准此,所谓生命上的必须的条件,既不限于个人的衣,食,住,及安全;复不限于"成我至善之我"的条件。要在那些条件上加上达到人群最大多数的最大的幸福的目的的条件。

根据上面这些话,人权的定义,应该如下:

＊人权是做人的那些必须的条件。人权是衣,食,住的权利,是身体安全的保障,是个人"成我至善之我",享受个人生命上的幸福,因而达到人群完成人群可能的至善,达到最大多数享受最大幸福的目的上的条件。

我的人权定义是如此。他是很平淡,很率直的。我没有追溯十七世纪霍布斯的学说,认人权是满足一切欲望的东西。人有许多欲望,根本就不应该得到满足。许多自命的大伟人有专制欲,有多妻欲,我们不能根据人权的理论,说这种欲望,应该满足。我亦没有引证十八世纪卢骚的学说,认人权是天赋的,说我们要归真返朴,到自然的环境里去自由发展我们的本性。我始终相信 1929 的上海没有再变成五百年前的原野。我更不敢颂扬十九世纪边沁的学说,主张人权应依赖法律为根据。智者作法,愚者守法,是中国过去的历史。强者立法,弱者服法,是中国近来的现状。

法律与正义公道是两件东西,这是世界各国普遍的通病。从法律上我最多可以知道我现在有什么权利,找不到我应有什么权利。中国的旧法准许纳妾畜婢,人不一定应该认纳妾畜婢是人权,共和国家成年的国民应该有选举权。目前中国的法律,不许人民参政,法律上有人权。人权不一定尽在法律,这是很明显的事实。

彻底说些,人权的意义,我完全以功用(Function)二字为根据。凡对于下列三点有必要的功用的,都是做人必要的条件,都是人权:(一)维持生命;(二)发展个性,培养人格;(三)达到人群最大多数的最大幸福的目的。

现在我随便举个例来说。言论自由是人权。言论自由所以成为人权,不因为他可以满足人的欲望,不因为他是天赋于人,不因为他是法律所许,根本原因是他的功用。他是做人所必须的条约。

是一个人,就有思想。有思想就要表现他的思想。要表现他的思想,他非要说话不可。他要说自己心中要说的话,不要说旁人要他说的话。说他要说的话,这就是发展个性,培养人格的道路。这是"成我至善之我"(be myself at my best)的门径。

我有了言论自由,我才可以把我的思想贡献给人群。这种贡献,姑无论为善与不善,这是人向社会的责任。在社会方面,这种贡献,姑无论为可取或不可取,这是思想上参考的材料。这就是人群达到至善的道路,这就是人群最大多数享受最大幸福的道路。

反之,取缔言论自由,所取缔的不止在言论,实在思想。不止在思想,实在个性与人格。取缔个性与人格,即系屠杀个人的生命,即系灭毁人群的生命。

根据这个说法,所以说言论自由是人权,人权就是人类做人的一切必要的条件。没有这些条件,我不能成我至善之我,人群亦不能达到人群至善的地位。

三 人权与国家

国家(state)的存在,有存在的功用(Function)。他的功用失掉了,他存在的理由同时失掉了。国家的功用,就在保障人权。就在保障国民做人上那些必要的条件。什么时候我的做人的必要的条件失了保障,这个国家,在我方面,就失掉了他的功用,同时我对这个国家就失了服从的义务?

法国的《人权宣言》第二条说:

> 一切政治组织的目的在保全自然的及永不磨灭的人权。这些人权是自由,财产,安全,及对压迫的反抗。

到如今,人权的范围扩充了,政治组织的目的是没有改变的。

麦凯筏 L. M. Maciver 在他的《近代的国家》里说:

> ……国家,我们不但应当把他当做各项团体之一看待,并且就事实上及国家的功用的逻辑上看起来,他亦不过公司性质一类的组织。因为国家侍奉国民。所以他可以命令;因为他负了责任,他才有权利。……他有担保人权的功用。行使这种功用,他须要并且得到相当的权力。他的权力应有限制,犹如他的功用应有限制。

英国的政治家学者纳斯克 H. J. Laski 在他的《政治典范》一书里亦曾经说过:

国家是个分为政府与人民的有土地的组织。他存在,他使行威权,他有人民的服从,因为如此,人民方可以完成他们可能的至善。为要达到这个目的,人民有他们的人权。人权是那些国民少了就不能"或我至善"的一些条件。所以,很明显的,人权不是法律的产物,是先法律而存在的东西。是法律最后的目的。国家的优劣程度,就以他保障人权成功失败的程度为标准。

简单说起来,国家万能说已破产了。国家这个组织,在二十世纪,不过是社会上许多组织中的一个组织而已。他存在的价值,完全以他功用的效能大小为转移。他对人民的威权,是有限制的,不是绝对的。威权限制的范围,就以他的功用为准;人民对国家的服从,是有条件的,不是绝对的。最要的条件,就在保障人权,保障人民生命上那些必须的条件,什么时候,国家这个功用失掉了,人民对国家服从的义务就告终了。

国家失去功用的理由,最大的是国家为某私人或某家庭或某部分人集合的团体所占据。他的功用已变了他的本性。他成了某个人,或某家庭,或某私人团体的国家。他变成了某个人,或某家庭,或某私人团体蹂躏大多数国民人权的工具。这样的例证,历史上不一如足。譬如说,1789 年的法国,在功用上说起来,是路易十六私人的国家,不是法国人的国家,所以有"朕即国家"的话。1640 年后,1911 年前,在功用上说起来,中国是爱新觉罗家庭的国家,不是中国国民的国家。所以有"宁赠外人,莫与家奴"的话。在这种现状底下,在这种国家成了私人产物的变态情形底下,其结果,倘国民对这状态有了觉悟,必定发生革命。这又确为过去的事实。

马克斯说国家是资本阶级侵略无产阶级的工具,非无片面的理由。国家有时的确为某个人或某家庭或某团体所霸占。所当注意者,则霸占国家者,从过去及现在的事实看来,不一定完全是资本阶级罢了。

这里我要说明的,不是国家可以被人霸占的事实,是被霸占后国民对这国家的态度罢了。我对这问题的答案是:

国家的威权是有限制的。人民对国家服从的义务是相对的。什么时候国家担当不了我所付托给他的责任,在国家失了命令我的权利,在我没有了服从的义务。

我的人权与国家的说法是如此。他是很简单的,很平淡的,很率直的。我不是巴枯宁的信徒,我不是马克斯的弟子。毁灭威权或打破国家的罪名,加不到我的头上。

纳斯克曾经说过:

> 国家以所担保的人权正其名分。我们裁判国家优劣的方法,最要的,就以他在国民幸福的实质上的贡献为根据。最少从政治哲学上立论,国家不是一个单单有威权可以强迫人民服从他的意志的团体。除在极严格的法理上外,国家只有在人民服从国家的利益这条件上要求人民服从。国民,因为他是国民,他就有检查政府一切行动的宗旨及性质的责任。政府的行动,不能以其出诸政府,即成为天经地义。这种行动有他们被审查的标准。政府行动的用意,人民一定要有了解他的权利。国家,简单的说,不能产生人权,只能承认人权,他的优劣,在任何时期,即以人权得到承认的标准为标准。

同时,这就是我对"人权与国家"一点上的解释。

四 人权与法律

法律为保障人权产生的。法律为人权所产生的。第一项,指法律的功用;第二项,指法律的来源。

争人权的人,主张法治,逻辑上是对的。法律的根本作用在保障人权。巴克利亚(Beccaria),一个以法理为立场的政治思想家,相信法律的目的在谋最大多数的最大幸福(La Massma Felicita, divisa Nel Maggioor Numoro)。英国的布纳克斯通 Blackstone 亦曾经说过:"法律重要的目的在保护及规定人权。"(Commentaries Book 1, Ch, 1.)

争法治的人先争宪法,在逻辑上也很对的。

法律,用简便的话来说,可以分为两种。一为宪法,一为宪法以外的普通法。宪法,是人民统治政府的法。普通法是政府统治人民的法(参看 Maciver 的 Medern State P. 25)。在一个法治的国家,政府统治人民，人民同时统治政府。所以法治真义是全国之中，没有任何个人或任何团体处于超法律的地位。要达到政府统治人民，人民统治政府的地位，非有宪法不可。这里我又觉得胡适之先生下面几句话是很对的：

> 我们须要明白，宪章的大功用不但在于规定人民的权利，更重要的是规定政府各机关的权限。立一个根本大法，使政府各机关不得逾越他们的法定权限，使他们不得侵犯人民的权利。这才是民主政治的训练。

进一步说，在蹂躏人权方面，所谓个人或私人团体，其为害实小。国民政府4月20的命令所谓"无论个人或团体均不得以非法行为侵害他人身体，自由，及财产。违者即依法严行惩办不贷"，那是顾小失大的话。事实上看起来，明火打劫的强盗，执枪杀人的绑匪，虽然干的是"以非法行为，侵害他人身体，自由，及财产"的勾当，其影响所及，远不如某个人，某家庭，或某团体霸占了政府的地位，打着政府的招牌，同时不受任何法律的拘束的可怕。这点，我们可以找得着许多事实来证明。

法律的功用在保障人权，这是不容怀疑的。争人权的人，先争法治；争法治的人，先争宪法，步骤上我亦认为很合逻辑。

宪法有时不但不能保障人民的人权，且为某个人，某家庭，或某团体的蹂躏人权的工具。这又非历史上绝无的事，这也是争法治的人所应顾虑之点。假使我们知道在法国1875的宪法以前，曾有过七个宪法，假使我们还记到拿破仑第一拿破仑第三都曾一手包办过宪法，我们就要注意到下列一点的讨论了。

法律的来源，是谈人权者不可忽略的一点。法律是人民共同意志的表现（Law is the expresion of the general will），卢骚这句话，我认为是民治国家法律的根本原则。最少，宪法——人民统治政府的法——的产生是不能违背这条原则。孙中山先生在他的《建国大纲》二十三条里"开国民大会，决定宪法而颁布之"的话，自然是承认"法律是人民公共意志的表现"的凭证。谈人权者当然要谈宪法，但在宪法上必要附带着宪法的来源的条件。

人权是先法律而存在的。只有人民自己制定的法律,人民才有服从的责任,这是人权的原则之一。法律的目的在谋最大多数的最大幸福,只有人民本身,才知道他们本身的幸福是什么,才肯为他们本身谋幸福。谋取本身的幸福,这又是人权之一。所以说人民制定法律,就是人权。所以说法律是人权的产物。

人权与法律的关系,我的结论是<u>法律保障人权,人权产生法律</u>。

法律到底是纸上的空文,不幸这又是不可磨灭的事实,人权可以产生法律,纸上的法律不一定能够保障人权。举个最浅明的例来说,1851 年法国固然有宪法,何尝阻碍了拿破仑第三的复辟,1911 年中国固然有约法,何尝阻止了袁世凯的帝制。这又是谈人权与法律的人应注意的。

我们要明白的是宪法保障人权,宪法亦依赖人权的保障。

法国的《人权宣言》曾经说过:"这些人权是自由,财产,安全,及对压迫的反抗。"

"对压迫的反抗"是人权之一,也是法律的保护者。这就是洛克 Locke 所谓革命的人权。到了人民所要的法律不能产生,或者产生了的法律失了效力的危险时候,人民就得运用他的革命的人权了。看看,1215 年英国的《大宪章》怎样签字的,1628 年英国的《人权说帖》,1649 年英国的《人权条文》怎样成功的,再看看,1776 年美国怎样发生变动,1789 年法国怎样涌起风潮,我们就知道拿革命人权来保障其他人权,是历史上屡见不一见的事实。

在中国方面,自由平等这些人权发达的惊人般的迟缓,革命权确早早为一般人承认了。孟子所谓"闻诛一夫纣,未闻弑君也",这就是承认革命权的先例。孙中山先生四十年的工作又是拿革命的人权来拥护自由平等这些人权的近例。一切的人权,都可以被人侵略,被人踩躏,被人剥夺。只有革命的人权是永远在人民手里。这自然是人民最后的生机,又是人权与法律的关系上的最重要的一点。

五　人权的时间性与空间性

人权,上面说过,是人的生命上一些必要的条件。换句话说,是人的生活上一些必要的条件。人的生活上的要求是随时随地不同的。在某个时代,或某个地点,人们生活上的条件,某某几项已经具备了,某某依然缺乏,于是人们要求的内容和奋斗的趋向,自不能不受环境的支配。所以说人权有时间性与空间性。

上面说的是历史上很明显的事实。譬如说,在英国方面,1215年的《宪章》,1628年的《人权说帖》,1689年的《人权条文》,同是人权运动里的文件,人权的内容,就完全不同了。

《大宪章》的第八条说:

> 任何孀妇,假使他不愿再嫁时,不得强迫再嫁。

这是何等细小的事体,但在1215年的英国,这是必争的权利,这是人权。

1628年《人权说帖》第十七条说:

> 他们,所以,诚惶诚恐的向皇上请求,不经国会通过时,任何人不得被迫向朝廷上贡,担任公债,乐输,赋税,及其他同性质的义务。

这是1628年英国人的权利。这与大宪章所言不同了。这时候英国有国会了,环境不同了,所以人权的内容和四百年前不同了。

1689年《人权条文》说:

> 不经国会承认,皇帝任意停止法律或任意执行法律是违法……
>
> 不经国会通过,皇帝征收银钱,或经国会通过,但征收之期限或方法,逾越国会之规定,均为违法……
>
> 国会议员的言论自由不受院外的干涉……

1689年英国的环境与1215年不同,与1628年亦不同,所以争的人权便随之不同了。

拿整个的欧洲来看,亦是如此。人权二字,十七世纪与十八世纪的含义不同;十八世纪与十九世纪的含义不同。十九世纪与二十世纪的含义不同。人权是人民生活上必要的条件。生活上的须要随时代变迁,人权的范围亦随时代而变迁。人民有工作权,工人有罢工权,这些是欧洲十七或十八世纪的所未曾听到的东西。这些,就是人权意义进化的证据。

倘若有人笑骂我们中国今日的人权运动者是十七或十八世纪的头脑,原因就在笑骂者不知道人权的时间性。

人权有空间性。譬如说,英国的《人权说帖》和《人权条文》和法国的 1789 年的《人权宣言》,其内容自然又有重要的分别。英国当日人权上的要求,偏重经济;法国,偏重政治,这点或者没有人能否认。

1789 年法国的《人权宣言》说:

> 人民生来并且永远在人权上是平等的。人民在社会上的等级,只能在全体利益的条件上存在。
>
> 一切政治组织的目的在保障自然且不可磨灭的人权。那些人权是自由,财产,安全,及向压迫者的反抗。
>
> 主权的根基是在全国。任何人或任何团体不能行使非全国授与的威权……

这些,不是分明着重政治方面吗?读历史的人,都能知道十七世纪英国社会的环境与十八世纪法国社会的环境,是迥然不同。英法人权运动不同的主因,就在人权有空间性的关系。

进之,美国革命的口号是自由,平等,和幸福的自由追求。法国革命的口号是"自由,平等,友爱"。假使用历史的眼光来分析这两句口号,我们可以看出他的不同来。不用说美国的"幸福的自由追求"和法国的"友爱"有不同的含义,就是自由平等几个一样的名词,在法亦有不同的含义。这一切的不同,根本原因,就在人权有空间性的一点。

倘使有人要笑骂我们人权运动者是抄袭欧美人的陈物,这般人是不明白人权的空间性。

现在我们把人权的意义说明了,人权与国家及人权与法律的关系诠定了,人权的空间性及时间性解释了,我来提出我们现在——1929 年——的中国人要的人权是什么。

六　我们要的人权是什么

第一条　国家是全体国民的团体。国家的功用,是保障全体国民的人权。国家的目的,谋全民最大多数的最大幸福。国家的威权是全民付与他的,其量以国家在功用及目的上达到的程度为准。

> 国家不是,并且他的性质亦绝对不能为个人或家庭的私产。他是全民供给的团体,应是全民的产业。虽然他已经被人用武力及阴谋篡夺而成为嗣袭的东西,篡夺并不能变换一切物件的所有权。这是 Thomas Paina 在他的《常识和人权》里一段话,附录在此。

第二条　国家的主权在全体国民。任何个人或团体未经国民直接或间接的许可,不得行使国家的威权。

> 主权的根基在全国。任何团体或个人不得执行任何非从全国授与之威权。1789 年法国《人权宣言》第三条。

> 那些受有威权上委托的人,若能尽职,一定受人尊崇;不尽职,受人厌弃。对于那些没有委托,但篡夺威权的人,理性的世界根本不拿他们当件东西。Thomas Paine。

第三条　法律是根据人权产生的。法律是人民公共意志的表现。未经全民直接或间接承认的法律不应有统治全民的威权,同时全民没有服从的义务。

> 法律是公共意志的表现。任何人都有直接或间接参加制定法律的权利。法国《人权宣言》第六条。

第四条　政府是全民所组织以执行国家的主权的机关,应对全民负责任,不应对任何个人或任何一部分国民的团体负责任。政府的目的在最大多数的最大幸福。

第五条　人民在法律上一律平等。人民,因为在法律上一律平等。对国家政治上一切权利,应有平等享受的机会。不得有宗教及政治信仰的限制,不得有社会阶级及男女的限制。

> 一切国民,因为在法律上平等,对国家一切的爵位及职差,应根据他们的才能有平等当选的机会。除道德才技外,不得有

他种界限"。法国《人权宣言》第六条。美国《文官考试法》第一章第二条亦限制拿宗教信仰及政治信仰做考试的试题。

第六条 国家一切官吏是全民的雇用人员。他们应向全国,不应向任何私人或任何私人的团体负责。国家官吏的雇用应采国民直接或间接的选举法及采公开的竞争的考试方法。凡向全民负责的国家官吏,不经法定手续,任何个人及任何团体不得任意将其免职,更换,或惩罚。

第七条 充当国家官吏,是国民的义务,同时是国民的权利。任何个人或家庭包办政府多数高级官位者,即为侵犯人权。

瑞士现行宪法取缔同一家庭之人或连襟同时当选为中央委员。美国现行文官制取缔一家庭中有二人以上同时为同一阶级之官吏。

第八条 凡国家现任军官及军人,不得同时兼任国家任何文官职位。陆军,海军,航空三方面本身之行政官吏例外。

第九条 国家一切行政官吏的选用,应完全以才能为根据。凡任何个人——私人或高级官吏——及团体的私人推荐均为违法。凡一切吏治上之贿赂,损输,及馈赠均为违法。均为侵犯人权。

第十条 人民对国家一切义务是互惠的,不是一方面的。人民向国家的经济负担的条件有二,(一)没有代议权,即没有担任赋税的义务(No Representation no taxation);(二)议决预算决算。凡一切未经人民直接或间接通过或承认的一切经济上的负担——赋税,公债,损输,馈赠——均为违法,均为侵犯人权的举动。

第十一条 国家一切经济上的费用,应由全民用经济力之厚薄为比例,分别负担。全民向国家的供给,不经法定手续,不得移充任何个人或任何私人团体的费用。

第十二条 凡国家对外举行外债或缔结关系国家或部分的国民的财产的条约,必经过全民直接或间接的承认。

第十三条 国家财政应绝对公开。国家财政行政与财政审计应绝对为分列的且平等的机关,且二者均应向国家负责,不应向任何个人或任何私人团体负责。

第十四条 国家应保障国民私有财产。凡一切不经法定手续的没收及勒损等行动,均为违法,均为侵犯人权。

第十五条　国民的劳动力是国民维持生命唯一的资产。凡国家对任何国民一切无相当酬报的强迫劳动,均为侵犯人权。

第十六条　国家的功用在保障人权,人权的首要原则在保障人民的生命。国民维持生命的方法是用劳动力去换取衣,食,住。所以国民有劳动权,国家有供给人民劳动机会的责任。国民失业是国家失职的证据。是国家在人权上没有负担责任的证据。

第十七条　凡一切国民的水旱疾病灾疫的赈济,是国家在人权上的责任,不是政府对国民的慈善事业。这种责任,应在其他责任之先,因为生命是人权的根本。灾疫遍地的现状,是国家失职的证据。灾疫遍地而不能赈济,是国家在人权上没有担负责任的证据。

第十八条　人民在法律上一律平等,所以全民应受同样法律的统治。同时,法治的根本原则是一国之内,任何人或任何团体不得处超越法律的地位。凡有任何人或任何团体处超越法律的地位,即为侵犯人权。

第十九条　法治的根本原则是司法独立。司法独立的条件比较重要者有三:(一)行政长官绝对无解释法律及执行司法的职权;(二)司法官非有失职的证据,不得随意撤换或受惩罚;(三)司法官不得兼任他项官吏。违此三者,即侵犯司法独立,即侵犯人权的保障。

第二十条　司法官的人选,不得有宗教及政治信仰的歧视。不得有保荐及贿赂的弊端。凡采用陪审制的法庭,陪审员的人选资格,不得有政治信仰,宗教信仰,社会阶级,及男女界限的歧视。违背此项条件,即为侵犯人权。

第二十一条　无论何人,不经司法上的法定手续,不受逮捕,检查,收押。不经国家正当法庭的判决,不受任何惩罚。

第二十二条　国家无论在任何形势之下,不得以军事法庭代替普通法庭。关于海陆空军人违犯纪律之审判,当为例外。

第二十三条　非经政府的许可,任何军人不得在任何地点宣布军法戒严。在军法戒严期内,凡军人一切损害人民生命财产的行动,应向国家普通法庭负责。

第二十四条　法庭一切判决及惩罚。应绝对遵守"法律不溯既往"的原则。除根据案发以前所制定及公布之一切法律外,法庭绝对不得判定任何人之犯法行为。

第二十五条　国家任何高级官吏,非经人民直接或间接的承认,不得以命令产生,停止,或变更法律。任何国民,凡未经法庭判处死刑者,国家任何官吏,不得以命令处任何人以死刑。

第二十七条　国家司法官吏及国家法庭应向全民负责,不向任何私人或任何政府以外的团体负责。

第二十八条　国家的海陆空军是全民所供养的,他们的责任在保护全民的权利,不在保护任何私人或任何团体的特别权利。

第二十九条　凡未经国民直接或间接承认之强迫兵役,均为违法,均为侵犯人权。

第三十条　国家海陆空军的数量,应由人民直接或间接决定,海陆空军的费用,应列入国家预算决算,每年经人民直接或间接通过。

第三十一条　军队一切霸占民房,强迫差役,勒索供应,均为违法行为,均为侵犯人权举动。国民对此项损失,有向国家请愿要求赔偿的权利。

第三十二条　军人不得因其为军人故,处超越法律的地位。军人除遵守军队纲纪外,一切行动,同时应向国家普通法庭负责。

第三十三条　国家军队应对全民负责。非经人民直接或间接通过,无论任何文武官吏,对内对外,不得有动员 Mobilisation 及宣战的行动。

第三十四条　在国民发展个性,培养人格的要求上,国民应有相当教育。国家对国民有供给教育机会的责任。为达到发展个性,培养人格的目的,一切教育机关不应供任何宗教信仰抑或政治信仰的宣传机关。

第三十五条　国民发展个性,培养人格以后,进一步的目的在贡献私人的至善于社会,以求全社会的至善。为达到这种目的,国民应有思想,信仰,言论,出版,集会的自由。

以上三十五条，是我个人认为在中国现状之下所缺乏的做人的必要的条件，也就是我个人认为目前所必争的人权。当然，这些条件不能概括一切。假使仿照英国大宪章的办法，那么在目前中国恐怕列举三千条也不算多。我现在暂时提出了三十五条，做国内拥护人权的人的参考。

（原载 1929 年 7 月 10 日《新月》第 2 卷第 5 号）

论思想统一

梁实秋

1 有许多事能够统一应当统一的,有许多事不能统一不必统一的。例如,我们的军队是应当统一的,但是偏偏有什么"中央军"、"西北军"、"东北军"的名目;政府是应该统一的,但是中央政府的命令能否达到全国各地还是疑问;财政应该统一的,但是各地方的把持国税,各军队之就地筹饷,财政系统紊乱到了极点;诸如此类应统一而未统一的事正不知有多少,假如我们真想把中国统一起来,应该从这种地方着手做去。然而近年来在一般的宣言,演说,报章里,时常的看见"思想统一"的字样,好像要求中国的统一必须先要思想统一的样子,这实在是我们所大惑不解的一件事。思想这件东西,我以为是不能统一的,也是不必统一的。

各人有各人的遗传环境教育,所以没有两个人的思想是相同的。中国有一句老话,"人心不同,各如其面",这话不错。一个有思想的人,是有理智力有判断力的人,他的思想是根据他的学识经验而来的。思想是独立的;随着潮流摇旗呐喊,那不是有思想的人,那是盲从的愚人。思想只对自己的理智负责,换言之,就是只对真理负责;所以武力可以杀害,刑法可以惩罚,金钱可以诱惑,但是却不能掠夺一个人的思想。别种自由可以被恶势力所剥夺净尽,惟有思想自由是永远光芒万丈的。一个暴君可以用武力和金钱使得有思想的人不能发表他的思想,封书铺,封报馆,检查信件,甚而至于加以"反动"的罪名,枪毙,杀头,夷九族!但是他的思想本身是无法可以扑灭,并且愈遭阻碍将来流传的愈快愈远。即以孙中山先生说罢,他四十年前即抱革命思想,在如今看来他的革命思想简直和天经地义差不多了,但是在当初满清的时代他的革命思想恐怕就是反动的罢?满清政府对于中山先生的迫害,无所不用其极,但是中山先生的思想四十年如一日,不为威屈利诱,这是我们所最佩服的。假如中山先生在四十年前也为"思想统一"的学说所误,早该抛弃他的革命思想去做满清的顺民了。所以我说,思想是不能统一的。

天下就没有固定绝对的真理。真理不像许多国的政府似的,可以被一人一家一族所把持霸占。人类文明所以能渐渐的进化,把迷信铲除,把人生的难题逐渐的解决,正因为是有许多有独立思想的人敢于怀疑,敢于尝试,能公开的研究辩难。思想若是统于一,那岂不是成为一个固定的呆滞的东西?当然,自己总以为自己的思想是对的,但是谁敢说"我的思想是一定正确的,全国的人都要和我一样的思想"?再说,"思想"两字包括的范围很广,近代的学术注重专门,不像从前的什么"儒家思想""道家思想"等等的名词比较可以概括所有的人之所有的思想。在如今这样学术日趋繁复的时候而欲思想统一,我真不知道那一个人那一派人的思想可以当得起一切思想的中心。在俄国,他们是厉行专制主张思想统一的,据罗素告诉我们说,有一位美学教授在讲述美学的时候也要从马克斯的观察点来讲!美学而可以统一在马克斯主义之下,物理化学数学音乐诗歌那一样不可以请马克斯来统一?这样的统一,实在是无益的。在政治经济方面,也许争端多一点,然而在思想上有争端并无大碍,凡是公开的负责的发表思想,都不妨容忍一点。我们要国家的统一,是要基于民意的真正的统一,不是慑于威力暂时容忍的结合。所以我们正该欢迎所有的不同的思想都有令我们认识的机会。从前专制皇帝的权力据说是上天授予的,决对不准人民怀疑,否则即为叛逆。现在,政治经济都是专门的科学了,那一种思想能在学理上事实上证明于国家最有利益,那一种思想便是最合式的。我们若从国家的立场来看,思想是不必统一的。

2　思想之不能统一与不必统一,我已说过。假如一定勉强要求统一,势必至于采用下列的方法(都是罗素在他的《思想自由

与官方宣传》一篇演讲里说过的,我现在借来申说一下):

第一,是从教育机关入手。

一个人的思想成熟之后,轻易是不容易变更的,除非被学理或经验所折服而自动的变更。但是一个人在幼稚的时候,他的脑筋是一块白版,把某一套的主张和偏见灌输进去便会有先入为主的效力。除了少数思索力强的青年以外,大多数的人很容易渐渐被熏陶成为机械式的没有单独思想力的庸众。这样的学生长成之后,会喊口号,会贴标语,会不求甚解的说一大串时髦的名词,但是不会思想,不会怀疑,不会创作;这样的人容易指挥,适宜于做安分守己的老百姓,但是没有判断是非的批评力,决不能做共和国的国民。这样武断的教育的结果,我们能认为是"思想统一"吗?这不是"思想统一",这是愚民政策!这是强奸!教育的目的是在启发人的智慧,使他有灵活的思想力,适应环境的本领。灌输式的教育已经成为过去的了,现在似乎也不必复活罢。罗素对于欧洲国家把狭义的爱国观念仇外观念混在历史学里面讲授给学生听,他还认为流弊很大足以养成人民错误的眼光,比爱国观念更狭隘的东西,岂不是更不应该硬填在教育里去?所以我们以为,为求思想统一而利用教育机关,虽然可以产生很显著的效力,然而结果是不健全的。

第二,是从宣传方法着手。

发表思想不算是宣传,以空空洞洞的名词不断的映现在民众眼前,使民众感受一种催眠的力量,不知不觉的形成了支配舆论的势力,这便是宣传。对于没有多少知识的人,宣传是有功效的,可以使得他精神上受麻醉,不知不觉的受了宣传的支配。例如,你到处都看见"吸白锡包香烟!"的标语,如其你是一个没有把握的人,日久自然会不知不觉的吸白锡包香烟了。在思想方面也是如此。但是我们要知道,用宣传来诱惑人,虽然可以产生很显近的效果,但结果并不能造成"思想统一",只能造成群众的"盲从"。宣传这件东西,根本的就是不要你加以思索,只要造成一种紧张的空气,使你胡里胡涂的跟着走,所以宣传并不能造成思想统一。思想就不能统一。

第三,是利用政治的或经济的力量来排除异己。

这是消极的办法，消极的排除"思想统一"的障碍。凡是有独自的不同调的思想的人，分别的加以杀戮，放逐，囚禁，这不过是比较浅显的迫害，还有比这个更为刻毒的方法呢。例如，对于思想不同的人，设法使其不能得到相当职业，使其非在思想上投降便不能维持生活。这样一来，一般人为了生活问题只得在外表上做出思想统一的样子。再例如，从前的考试制度（即科举）从原理方面讲，未尝不是光明正大的公开取士，然而从方法方面讲，便有不妥的地方。从前科举所考的只是八股，只是四书五经一套老东西，你若是有新思想，不考你的新思想，你若是有新议论，不准你抒发新议论。所以科举的结果只是产生一帮迂腐书生，斗方名士，戕贼了无数青年的思想！所以贵乎考试制度者，是在于其能公开，不以一系一派的学说做标准，而以真正的学识做为考试的科目。

上面举的三项方法，都不能造成真正的思想统一，只能在外表上勉强做出清一色的样子，并且这样的强横高压的手段只能维持暂时的局面，压制久了之后，不免发生许多极端的激烈的反动的势力，足以酿成社会上的大混乱。

3 假如用了上述的方法而求思想统一，一方面固然不能达到真正思想统一的目的，另一方面却能产出极大的缺点。凡是要统一思想，结果必定是把全国的人民驱到三个种类里面去：第一类是真有思想的人，绝对不附和思想统一的学说，这种人到了万不得已的时候只得退隐韬晦著书立说，或竟激愤而提倡革命。第二类是受过教育而没有勇气的人，口是心非的趋炎附势，这一类人是投机分子，是小人。第三类是根本没有思想的人，头脑简单，只知道盲从。

这三类人，第一类的是被淘汰了，剩下的只是投机分子和盲从的群众。试问一个人群由这样的人来做中坚，可多么危险？

在思想统一的局面之下，不容易有"忠实同志"出现。因为所谓"同志"者，是先有"志"然后才"同"，并不是为了要"同"然后再有"志"。所以要号召忠实同志来从事国政，必须令人民有思想信仰的自由，令其自由的确定其思想信仰，然后才可以看出同志与非同志的分别。假如用威吓利诱的手段来求思想统一,除了受排斥的有思想的人以外,只有投机分子和盲从群众了,如何称得起"忠实同志"?

我并不相信在思想上人们的思想绝对的没有相同的地方,人是可以在志同道合的情形之下协力合作的,但是这其间容不得丝毫的勉强。要思想统一便不能不出于勉强之一途,所以思想统一不但是徒劳无功,而且是有害无利。

4　外国人常常称赞我们中国是顶自由的国邦,政体虽然几千年来是专制的,思想却自由到万分。这种看法在从前是对的,到现在恐怕有点改变了罢。从中国历史上看,儒家思想虽然是正统,可是别家的思想依然可以自由的传布,当然历史上也有卫道翼教的人,可是各种派别的思想究竟不曾遭遇严厉毒狠的压迫。文字狱是有过不止一回,但是当局者完全是以暴力执行,并不曾借口什么思想统一的美名。外国人最诧异的是在中国有好几种宗教同时并存,而从来没有像在欧洲一般大规模的闹过乱子。在五四运动前后,思想方面更是自由,在日本不能讲的共产主义,在中国可以讲,在美国不能讲的生育节制,在中国可以讲。这也许是完全因为历年来中国执政者太昏聩无识,疏于防范罢?然而也不尽然。英国的政治家有的是学者,天才,在英国并不曾有过"思想统一"的事实。我们中国人的习惯一向是喜欢容忍的,所以一向有思想的自由,可惜这个被全世界所崇仰的优美的传统,于今中断了!

从历史上看,人类的活动总是在大致上向着光明开通的路上走,把迷信逐渐的铲除,也许无意中创出新的迷信来,然而在大致上对于思想总是力求其解放,断断没有处心积虑向后退的。尤其是革命,革命运动永远是解放的运动,应该是同情于自由的。也许革命成功之后,又有新的专制的局面发生,但是断断没有革命运动的本身而对于民众竟采用束缚的高压的政策的。

我们现在要求的是:容忍!我们要思想自由,发表思想的自由,我们要法律给我们以自由的保障。我们并没有什么主义传授给民众,也没有什么计划要打破现状,只是见着问题就要思索,思索就要用自己的脑子,思索出一点道理来就要说出来,写出来,我们愿意人人都有思想的自由,所以不能不主张自由的教育。

我们反对思想统一!

我们要求思想自由!

我们主张自由教育!

右(上)文已排好之后,在报纸上看到全国宣传会议第三次会议的记录,内有

确定本党之文艺政策案,议决:(一)创造三民主义的文学(如发扬民族精神,阐发民治思想,促进民生建设等文艺作品)。(二)取缔违反三民主义之一切文艺作品(如斫丧民族生命,反映封建思想,鼓吹阶级斗争等文艺作品)。

很明显的,现在当局是要用"三民主义"来统一文艺作品。然而我就不知道"三民主义"与文艺作品有什么关系;我更不解宣传会议决议创造三民主义的文学,如何就真能产出三民主义的文学来,我们愿意等十年,二十年,三十年,请任谁忠实同志来创作一部"三民主义的文学"给我们读读。

以任何文学批评上的主义来统一文艺,都是不可能的,何况是政治上的一种主义?由统一中国统一思想到统一文艺了,文艺这件东西恐怕不大容易统一罢?鼓吹阶级斗争的文艺作品,我是也不赞成的,实在讲,凡是宣传任何主义的作品,我都不以为有多少文艺价值的。文艺的价值,不在做某项的工具,文艺本身就是目的。也许有人能创作三民主义的文学,我也不想拦阻人家去创作,不过我可以预先告诉你,你创作出来未必能成为文艺。所谓"反映封建思想的文艺"都在取缔之列,我也不能明白。"反映"二字,是客观表现的意思,不一定是赞成,也不一定是反对,如何可以笼统的取缔?红楼梦,水浒,儒林外史,等等的小说,都不免"反映封建思想",是否应该一律焚毁?"斫丧民族生命"也是一个笼统的名词,没有什么意义。

据我看,文学这样东西,如其真是有价值的文学,不一定是三民主义的,也不一定是反三民主义的,我看还是让它自由的发展去罢!

实秋　六月六日

（原载 1929 年 5 月 10 日《新月》第 2 卷第 3 号）

告压迫言论自由者
研究党义的心得

罗隆基

1 目前留心国事的人,大概把视线都集中在西北与东南两方面,都认这些自相残杀的内战,是中国目前极重要的事端,都认这些内战有极可注意的价值。其实,百年后读史者,翻到民国十八年这几页史的时候,寻得着一条纲目,提到这些自相残杀的事件否,仍为问题。我预料后人在民国十八年的历史上,除了俄人侵入满洲这奇辱极耻外,定还可以寻得出这样一段故事:

> 十八年时有胡适其人,做了《知难,行亦不易》,《人权与约法》一类的文章,批评党义,触犯党讳,被党员认为污辱总理,大逆不道,有反革命罪。党政府的中央执行委员会议决由教育部向胡适加以警诫。同时中央执行委员会于10月21日常会通过《全国各级学校教职员研究党义条例》八条,通令全国各级教职员,对于党义,"平均每日至少须有半小时之自修研究"。

我预料编史及读史的人,一定重视这件故事。这并不是说在十八年的中国,胡适先生的地位的高贵,比得上蒋总司令等等,更不是"人权约法"这种反革命的口号,有冯玉祥张发奎们反革命的大炮的响亮。不过个人或团体,利用政治势力,压迫言论自由,这一类的事,历史家对之从来不肯放松,读史的人对之,也从来没有把他看得比武人互相厮杀的事更小。譬如说,秦始皇做皇帝十九年之久,当此十九年中,打仗杀人的事,自然很多,史家就没有件件都记载出来。焚书坑儒,偶语弃市,这一端,史家是大书特书的。秦到如今,已一千七百余年了,试问,中国有几个忘记了秦始皇帝焚书坑儒这段历史?

如今旧事重提,说到胡适先生触犯党讳的公案,我不是想来判断什么是非——这是后人读史者的权利。在我,实很感谢这案件的发生,因此,中央执行委员会才肯为一班教职员们讨论出自修研究学问的方法,因此我才可以从学校里得到《研究党义条例》这件公文,因此,我才逼迫着努力起来做条例上第二条第一期的工夫,因此,我每日半小时自修党义的结果,才有这点点心得,才敢鼓起胆量来做这篇文章。

2 孙中山先生是拥护言论自由的。压迫言论自由的人,是不明了党义,是违背总理的教训。倘使违背总理教训的人是反动或反革命,那么,压迫言论自由的人,或者是反动或反革命。

这些话不是杜撰的。在党义上确有证据。

清光绪三十年(1904),孙先生曾做过《中国问题真解决》一篇文章(见中山书局出版的《中山全书》第四卷)。这篇文章,孙先生把满清的罪孽宣布于世界。他举出满清罪状十条,内有这两项:

第二条　抑遏吾人智识之发展
第六条　禁止言论自由

因为满清有这样"抑遏智识发展","禁止言论自由"的罪恶,所以孙先生向世界宣言"欲得平和,必加强暴",所以他在同一篇文章里说:"中国革命时机,刻已熟矣。"这是孙先生拥护言论自由的证据,同时就是我本着《教职员研究党义条例》做自修工夫的一点心得。

民国十三年国民党在广州开全国代表大会,于是有第一次代表大会宣言。

宣言里对内政策第六项说:

确定人民有集会,结社,言论,出版,居住,信仰之完全自由。

民国十三年孙先生尚在世。第一次大会就是孙先生召集的。宣言里的一切政策,当然是孙先生的政策。这又是孙先生拥护言论自由的证据,同时就是我本着《教职员研究党义条例》读《中山全书》得来的一点心得。

如今一班忠实同志们，认先总理的一切主张及计划，是天经地义，先总理传下来的一言一字，都是不可移易的真理。敢讨论总理学说的是大逆不道；敢批评总理主张的，罪不容诛。这不知与第一次宣言里对内政策的第六项"确定人民有言论自由权"的原则，是否相合？这不知是否党义上的遗教？这又不知是否中山全书里寻得出来的办法？

在我"每日半小时自修研究党义"的结果，在孙先生的英文《实业计划》（The International Developement of China 系商务印书馆 1920 年出版）里，发现这样一段话：

> 这计划的各部，不过是一个外行人（layman）根据很有限制的资料想出来的一个粗简的大纲或政策。经过科学的研究及详细的调查，修正及改良是不可避免的。例如，关于在青河滦河两口之间修筑北方大港的计划，著者以为港口应位在东方，但经过专家实地调查后，发现港口应在西方。所以，这计划应待专家的指正。（见原书序文第二节）

孙先生很谦恭的承认自己在实业上是外行，完全承认专家的知识，承认他的计划"经过科学的研究及详细的调查，修正及改良是不可避免的"，这就是孙先生在世时对他的主张及学说的态度。这是科学的态度。这是伟大人物在他的主张上及学说上应有的态度。

孙先生在他的《实业计划》上的态度是如此，在他其余的主张及学说上，当然想亦如此。实业上有专家，心理上亦有专家，政治上亦有专家，一切的学问上都有专家。他的实业计划，经过科学的研究及详细的调查，可以修正；其他心理建设，政治建设等等，经过科学的研究及详细的调查，当然亦可以修正。这是科学的态度，这是伟大人物对他的主张及学说上应有的态度。孙先生在世的时候，于他的主张及学说，他请专家来批评，他请专家来讨论，只要讨论与批评的人，有较好的意见，他随时修正他自己的主张。北方大港的港口专家认为应在西方的孙先生不能坚持应在东方（港口的更正是美使芮恩诗博士派技师测量后改正的）。在其他方面的计划亦如是，东西的位置，亦不能倒置。所谓先总理的学说及主张，不许讨论，不许批评，在中山全书上有什么根据？

"永无错误"(Infallibility)这句话，只有几个浅陋无识,心怀窄狭,不明了基督教义的教皇才敢说,才肯说。耶稣本身没有这样的态度。实际上,他们说这句话的时候,根本就成了耶稣的叛徒。实际上,说"永无错误",即此即是他们的错误；即此即是他们"永远的错误"。

上面这段话,不过说明两点:(一)孙先生在他的主张及计划上是欢迎批评和讨论的；(二)孙先生是拥护言论自由的。我本段的结论：压迫讨论及批评的人,是压迫言论自由,压迫言论自由,是亡清的罪恶,是中山先生所反对的。压迫言论自由的人,是违背中山先生的教训的。

这里,或者有人要认我误解"言论自由"了。他们要说"言论自由"有"言论自由"的范围,不是什么都可言,什么都可论。因此,进一步来讨论言论自由的范围。

3

言论自由,就是"有什么言,出什么言,有什么论,发什么论"的意思。

言论的本身,绝对不受何种干涉。行政官吏用命令禁止言论,这当然是非法的行动,是违背言论自由的原则。就是立法机关或司法机关拿法律的招牌来范围言论,也是违背言论自由的原则。

"法律以外无自由"是句欺人的话。单单说"自由"两字,是空泛无意义的。具体的举出某种自由来,就是说某事已成特权,政府的法律在某事方面不得干涉。

言论自由这名词,就是指法律不得干涉言论而言的。言论自由这名词,起于英国。英国承认言论自由的法典,第一次发现于1689年12月公布的《人权条文》(The Bill of Rights)。条文里有这样一句：

> 国会内一切演说,辩论,及议事的自由,不受院外一切法庭及任何地点的弹劾及追问。(That the freedom of speech and debates or proceedings in parliament ought not to be impeached or

questioned in any ocurt or place out of parliament.）

这是很明白的，言论自由，是指不受院外法庭及任何地点的弹劾及追求而言，是指不受法律的干涉而言的。直到如今，英国议员在院内的言论，是在法庭法律势力范围以外。

严格说起来，人权条文上所保障的只有英国议员的言论自由。普通人民的言论自由在宪法上没有保障的。普通人民的言论自由是靠英国的"common law"。普通人民言论自由的保障载在宪法上的，先例是美国。美国宪法的修正案第一条原文如下：

> 国会不得制定法律，规定宗教或禁止人民信教自由，或取缔人民的言论，印刷，集会及请愿之自由。（Congress shall make no law respecting an establishment of religion, or prohibiting the free exercise thereof or abridging the freedom of speech or of press or the right of the people peaceably to assemble, and to petition the government for redress of grievance.）

这是很明白的，言论自由，是指不受法律干涉的自由。是指国会不得制定法律，取缔人民的言论而言。

所以"言论自由"的真义应如此：

言论的本身是绝对不受法律限制的。言论自由的范围是世界上无事不可言，世界上无事不可论的。只要言论者肯负言论的责任，他有什么言，尽可出什么言，有什么论，尽可发什么论。譬如说，在天文方面，他尽可倡天是四方，地是八角的学说；在算术方面，他尽可倡三加二为四，四减二为三的理论；在政治方面，他尽可以宣传君主，他尽可以鼓吹共产，他尽可以赞成三万人组织内阁，他尽可以提议五个人组织国会。因为有什么言，出什么言，有什么论，发什么论，这是言论自由的根本原则。至于他言论的价值及真理，那与言论自由是两件事。

上面这段话，不是我故作诡论的。英国政治学者拉斯克 Laski 有这样一段话：

> 我的主张是，在国家（state）方面，国民应绝对让他自由发表他私人所有或与旁人考虑结果所有的意见。他可以宣传社会现

状的缺点。他可以主张用武力革命的方法去改造现状。他可以偶像现在的制度是理想中的完满者。他可以说凡与一己持异议的人的意见,均应取缔。他可以由私人单独或联合他人去发表他的意见,无论取那种形式发表他的意见,他是不受任何干涉。进一步,他有权利采用任何出版的方法,宣布他的意见。他可以发刊书本,或小册,或报纸;他可以采用演讲的方式,他可以到大会去报告。他能做任何或所有一切上列的事项,在进行上同时他得到国家完全的保障,这才是自由上一种根本的人权(Grammar of Politics Chapter Ⅲ,P120)。

其实,拉斯克这个言论自由的解释,不是空的理想。有许多已经是英国的事实了。只要言论不是凭空说谎,不是无故造谣,不是蓄意毁谤,不是存心诬陷,英国没有法律能够干涉到人民的言论的。英国的皇帝,英国的国会,英国的内阁,英国的法庭,因不能叫要说什么话的人不说什么话,或叫不说什么话的人说什么话(参看 Dicey 的 Law of The Constitution)。英国政府可以干涉凭空说谎,无故造谣,蓄意毁谤,存心诬陷,这是英国的(Law of Libels)。但这是言论者的人格问题,言论上的责任问题。言论自由与说谎,造谣,毁谤,诬陷是两件事。即此说谎,造谣,毁谤,诬陷,亦不是政府随时随意可以用命令去警诫或取缔的,是要先经过法庭方面陪审员决定某人确有说谎,造谣,毁谤,诬陷的事实,而后国家的法律,才可以行使他的威权。换言之,英国的法律,不能干涉言论,只能迫言论者负言论的责任而已。英国的公园里就可以宣传无政府,英国的议院里就可以演讲共产党,英国没有什么党的主张是不许批评的,英国没有什么人的学说是不许讨论的。

"自由"是绝对的,是整个的。"自由"二字不能有什么度数,不能分什么多少,假使说"言论自由"应有度量或多少的限制,假使说某甲的主张是不许讨论的,某乙是某甲的信徒,势必至某乙的主张亦不许讨论。某丙是某乙的信徒的朋友,势必至某丙的主张亦不许讨论,某丁是某丙的信徒的朋友的朋友,势必至某丁的主张亦不许讨论。假使说天字号这个团体是不许批评,地字号这个组织是原于天字号的,势必至地字号的组织亦不许批评,人字号是与地字号有关系的,和字号是与人字号有关系的,势必至人字号和字号这一切组织都不许批评。这种限制,这种取缔,势必至无可讨论,无可批评而止。结果,天下事没有绝对的自由,就成为绝对的没有自由。

拉斯克说得好:"凡对于社会制度的批评,都是多少的问题。假使禁止 X 鼓吹革命,势必至取缔 X 说现状不是神圣。假使我根本咬定俄国共产是政治上的万恶,势必至认教授俄国人的英文是一种共产的宣传。"

所以说言论自由,是有什么言,出什么言;有什么论,发什么论。无事不可言,无事不可论。天下事没有绝对的自由,就成为绝对的不自由。

这种言论自由的解释,在一班执政者看来,必以为狂妄怪谬,必认为暴乱危险。必以为如此放任,邪说异端,必成为洪水猛兽般的祸害。这点,不是言论自由之范围的问题,乃为压迫言论之效力问题。因此,进一步与压迫言论自由者讨论压迫言论之效果。

4　真正好的主张及学说,不怕对方的攻击,不怕批评和讨论,取缔他人的言论自由,适见庸人自扰。对方的攻击,果能中的,取缔他人的言论自由,是见敌而怯,适足以示弱,适足以速亡。本身真有好的主张及学说,对方攻不倒。对方真有好的主张及学说,我亦压迫不住。自由批评,自由讨论,绝对的言论自由,固然是危险,实际上压迫言论自由的危险,比言论自由的危险更危险。

人类史上,压迫言论自由的经验举不胜举,有那次,在压迫者的方面,没有弄到极凄惨的结果?

何必远索上古中古的史事。假使压迫言论自由是制服敌人的好办法,如今中国的首都一定还在北京,如今宣统一定还在头戴皇冠,身着龙袍。纵不然,亦应是洪宪皇帝的天下,纵不然,亦应是张勋,张宗昌,张作霖的天下。在压迫言论自由上,他们当然要算前辈,要算"先知先觉"了。反过来看,中山先生革命的成功,满清"压迫知识发展","禁止言论自由",间接的帮忙不少。前清何尝不以为压迫言论自由，是取缔革命学说的妙法。结果怎样？在1929年的中国，各级教职员都有"每日最少半小时自修研究"满清所压迫的革命学说的机会？袁世凯，段祺瑞，张作霖等等又何尝不认压迫言论自由是对付敌人的妙法，所谓民权报的记者编辑，所谓北大的代理校长，何尝没有亡命逃难过。但是，请看今日之域中，竟是谁家之天下？

有人或者认前此压迫言论的失败，是中国近代史上偶然的和例外的事。我们且看看西洋的历史。

303年的时候，罗马不是有位Diocletian皇帝？皇帝不是还有位Galeirus大臣？他俩不是以屠杀耶教徒著名的吗？那时耶教徒胆敢拒绝偶像Caesar，胆敢批评罗马的家庭及社会制度，胆敢鼓吹上帝天国的邪说。于是Diocletian和Galerius就法密如网，打毁一切教堂，没收一切教产，焚烧一切教经，囚杀一切教徒。在罗马当局方面，总算有绝大的决心，压迫言论及信仰自由了。但是命令朝出夕撕，教徒杀不胜杀。到了Galerius临死，只好自认压迫政策失败来讲和（参看Gibbons: The Decline And The Fall of Roman Empire）。

岂止如此。二十年后，Constantine The Great做皇帝的时候，耶稣教终究成了罗马国教。Constantine临死的时候（337）还要先受洗礼，成为信徒，以便天堂参见上帝。这是罗马皇帝压迫宗教上的言论自由的结果。

到了四五世纪以后，教会的地位站稳了，教皇的权力增大了。一班长老牧师就记忆了他们的"先知先觉"如何的被人压迫，如何的惨死殉道，于是这班"后知后觉"忠实徒子徒孙就打起排除异端，取缔邪说的旗子来了。他们就以罗马皇帝对付他们"先知先觉"的方法，来压迫他们眼光里的异端邪说了。到了十五世纪的时候，就把Wycliff（1320—1384）掘骨烧灰，把John Huss生焚而死。等到十六世纪初年马丁路德出来以后，所谓异端邪说的学说，又压迫不胜其压迫了。后来，终造成历史上的宗教革命。如今，在宗教方面，新教的势力比旧教又怎样？压迫言论成功了吗？历史是有循环性。后知后觉，总容易忘记先知先觉的往事，亦云怪矣。

我们再看看各国政治史压迫言论自由的经过。法国经过路易十四路易十五两代的奢侈，到十八世纪的末叶，已成民穷财尽的景况，怨声载道，谤议四起。路易十五曾经大兴文字狱，Voltaire 这流人物，或放或囚；批评时政这类书籍，或禁或烧，Lettres de Cacht 惟取惟求，Bastille 满谷满仓，结果如何，终以造成法国大革命。1815 年路易十八复辟，1824 年查理士第十继续皇位，两位皇帝一方面仰仗国外奥援，一方面重用迂腐旧臣，又造成反动的政治。至 1830 年查理士第十公布所谓《七月大法》July Ordinances，内中第一道命令，就是禁止人民的出版自由，因此引起"Nation"报记者 Thiers 的抗议，因此引起法国历史上 1830 年的大革命。

1830 年查理士被赶以后，路依菲力蒲 Lewis Philippe 起来做法国皇帝。因为国会选举资格问题，又引起国人反抗。菲力蒲对付的方法，仍不外祖宗的故智。1848 年 2 月 22 日，人民要在巴黎召集大会，讨论改良选举资格问题，政府先期以武力干涉集会相恐吓，结果又造成法国历史上 1848 年 2 月的大革命。试问，压迫言论自由的方法，那一次成功了？

我们再看看英国的历史。英国历史的两次大革命（1641 及 1688 年）简直可以说是压迫言论自由有以促成的。查理士第一，我们是知道的，在登位的初年，因为压迫人民的言论自由，一连解散了三次国会（1625，1626，1629）。等到 1640 年再召集国会，又以 Pym 及一班议员大放厥词，马上把国会解散。1841 年又提高议员资格，召集新国会，国会又提出所谓"Grand Remonstrance"，实际等于向国民公布皇帝罪案二百余条。查理士第一以为一班议员太放肆了，亲率军队，侵入议院，想逮捕国会为首的五位议员，以达压迫言论自由的目的，结果，激成 1641 年的议会革命。1660 年查理士第二侥幸被人迎回到英国来做皇帝，詹姆斯第二在 1685 年继续皇位，两位皇帝又因为宗教问题，引起争议。查理士第二及詹姆士第二对付的方法，又系祖宗的故智。唯一的办法，解散国会，干涉言论。结果，詹姆士第二在 1688 年弃位而逃，促成英国史上 1688 年的革命。试问，压迫言论自由，那次成功了？

美国压迫言论自由的故事，最大的要算 1798 年联治派执政时所通过的 Alien and Sedition Act。案之内容：（一）取缔人民单独或联合的对政府一切抗命的行动；（二）取缔人民在政治上的言论自由。这是联治派 Federalists 利用政治势力压迫反联治派的言论自由的把戏。结果，引起墨迪森 Madison 格弗森 Jefferson 的反抗，引起美国全民众的反抗。结果，联治派众叛亲离，结果，联治派一蹶不振。试问，压迫言论自由的事，那一次成功了？

1915 年前俄国压迫言论自由的经过，更是我们亲眼所看见的。如今 Nicholas II 那里去了？红旗到底挂满了俄国，马克思和列宁的共产学说，单凭压迫言论自由的方法，打消得了的吗？

美国《纽约世界报》有个记者（Frank I Cobb）他有这样一段演说：

> 本晚我是被请来讲言论自由的价值及危险。人世最大的危险，就从"压迫"上发生出来。压迫言论自由的危险，比言论自由的危险更危险。假使压迫言论是好方法，布邦皇室 Bourbons 应仍居法国的皇位，浪曼诺夫皇室 Romanoffs 仍为俄国的君主，西班牙仍为大帝国，赫浦斯伯皇室 Hapsburgs 仍统治神圣的罗马帝国，联治党 Federalist 仍在华府执政。

他又说：

> 记到，人民不属于政府，政府属于人民！记到，没有充分的且极自由的讨论，在代议的民治国家，没有一事可以得到合理性的解决的。最后，记到，政治及经济的安定，社会制度的稳固，不靠法官及狱吏的本事，实赖人民的自治能力。后者是民主政治的本质及灵魂。

这一切话，可以做中国压迫言论自由者的座右铭。

5 上文，我已指出了中山先生是拥护言论自由者，解释了言论自由的范围，证明了压迫言论自由者最后的失败。言论自由本身的利益，我没有说明，这实为童幼皆知的事，没有说明的必要，亦说不胜说。

例如：假使满清压迫言论自由成功了，今日我们到什么地方去寻三民五权这部经典？这是人类及国家如何的一种损失？忠实同志们当然不否认这点的。

孙中山先生的学说及主张，从前满清压制言论自由的方法，不能消灭他，如今当然也不靠压迫言论自由来保护。忠实同志们，当然亦不否认这点。

诚如此，前清的杀革命党，封报馆，烧书籍，在一班忠实同志们眼光里，是笨伯所做的事。忠实同志们，亦应该承认这点。

后之视今，亦犹今之视昔！
．．．．．．．．．．．

（十二月一日）

附录　因警诫胡适而引起之《各级学校教职员研究党义暂行条例》

十八年十月廿一日中央第四十四次常会通过

第一条　本党为贯彻党义教育起见，全国各级学校教职员应依照本条例之规定，对于本党党义作系统的研究，求深切的认识。

第二条　各级学校教职员研究党义，其研究程序分为四期，兹订研究标准如下：

第一期研究《孙文学说》、《军人精神教育》、《三民主义》。

第二期研究《建国大纲》、《五权宪法》、《民权初步》、《地方自治开始实行法》。

第三期研究《实业计划》。

第四期研究《实业计划》。

第三条　每期研究期间以一学期为限，平均每日至少须有半小时之自修研究，每周至少须有一次之集合研究。

第四条　学校教职员其人数过少不便集会研究时，得与邻近学校联合组织党义研究会，期收共同研究之效益，但如因人数过少，交通不便者，得通信讨论。

第五条　全国各级学校教职员应于集合研究党义时兼讨论实施教育之各种问题，并将讨论结果报告教育行政长官及当地高级党部，汇呈中央训练部用备考查。

第六条　全国各级学校教职员研究党义成绩之优秀者应分别奖

励,其考核条例另订之。

第七条　本条例如有未尽事宜,由中央训练部提请中央执行委员会常务会议修正之。

第八条　本条例由中央执行委员会常务会议议决施行。

（原载1929年9月10日《新月》第2卷第6、7号合刊）

新文化运动与国民党

中国本来是一个由美德筑成的黄金世界。

今年双十节,我在杭州车站买了一张杭州报纸的双十节号,忽然看见这一句大胆的话。我吓了一大跳,连忙揩揩眼镜,仔细研读,原来是中央宣传部长叶楚伧先生的大文,题目是"由党的力行来挽回风气",叶部长说:

中国本来是一个由美德筑成的黄金世界。自从觉罗皇帝,袁皇帝,冯爵帅,徐阁老,以及文武百官,衣钵相传,掘下个大坑,政治道德扫地无遗。洋大人,外交人才,买办,跑街,以及西崽,也掘下个大坑,民族气节又扫地无遗。张献忠,白莲教,红灯罩,共产党,——这一套;保皇党,研究系,同善社,性欲丛书,——这又一套:大家在那里炫奇斗胜,分头并作,一坑又一坑,将社会风尚又搅成个落花流水。这样一个不幸的环境摆布在眼前,凭你是谁,偶一不慎,便会失足灭顶。……

我看完了这一篇文章,心里很有点感触。这一个月以来,我时时想到叶楚伧先生的话,时时问自己:"觉罗皇帝"以前的中国,是不是"一个由美德筑成的黄金世界"?

这个问题是一个很重要的问题,因为这是今日我们不能避免的新旧文化问题的一个重要之点。如果三百年前的中国真是"一个由美德筑成的黄金世界",那么,我们还做什么新文化运动呢?我们何不老老实实地提倡复古呢?黄金世界既然在三百年前,我们只须努力回到觉罗皇帝以前的"美德筑成的黄金世界"就是了。

不幸叶部长的名论终不能叫我们心服。叶部长做了几年大事业,似乎把中国历史忘记了。叶部长似乎忘了女子缠足已有了一千年的历史,全国士子做八股也有五六百年的历史,张献忠之前也曾有过魏忠贤,魏忠贤之前有过刘瑾,刘瑾之前也曾有过仇士良,有过十常侍。叶部长似乎又忘了白莲教之前也曾有过提倡烧指焚身的佛教,也曾有过最下流的拜生殖器的各种中古宗教。叶部长似乎又忘了张竞生博士以前也曾有过提倡"饿死事极小,失节事极大"的吃人礼教和无数无数血泪筑成的贞节碑坊。叶部长似乎又忘了洋大人和外交人才以前也曾有过五胡之乱和辽金元的征服。

然而叶部长正式宣传道,三百年前的中国"本来是一个由美德筑成的黄金世界"!

我们从新文化运动者的立场,不能不宣告叶部长在思想上是一个反动分子,他所代表的思想是反动的思想。

我们看了叶部长的言论以后,不能不进一步质问:叶部长所代表的反动思想究竟有几分可以代表国民党?国民党时时打起"铲除封建势力,打倒封建思想"的旗帜,何以国民党中的重要人物会发表这样拥护传统文化的反动思想呢?究竟国民党对于这个新旧文化的问题抱什么态度呢?在近年的新文化运动史上国民党占什么地位呢?

要解答这几个问题,我们不能不先看看国民党当国以来实地设施的事实。我们可以举几组的事实做例。

近年的新文化运动的最重要的方面是所谓文学革命。前两个月,有一位国民党党员张振之先生发表了一篇《知难行易的根本问题》,内中引了戴季陶先生在《国民革命与中国国民党》内说的话,戴先生说:

> 再说民国三年的时候,大家倘若肯一致赞成"文字革命"的主张,以革命党的党义来鼓吹起来,何至于要等到民国八年才让陈独秀胡适之来出风头?(今年8月28日上海《民国日报》)

谁来出风头,这是极小的事。但是我们至少要期望一个革命政府成立之日就宣布一切法令公文都改用国语。这点子小小风头,总应有人敢出吧?但是国民党当国已近两年了,到了今日,我们还不得不读骈文的函电,古文的宣言,文言的日报,文言的法令!国民党天天说要效法土耳其,但新土耳其居然采用了拉丁字母了,而我们前几天还在恭读国民政府文官长古应芬先生打给阎锡山先生的骈四俪六的贺电!

在徐世昌做总统,傅岳芬做教育总长的时代,他们居然敢下令废止文言的小学教科书,改用国语课本。但小学用国语课本,而报纸和法令公文仍旧用古文,国语的推行是不会有多大效力的;因为学了国语文而不能看报,不能做访员,不配做小书记,谁还肯热心去学白话呢?一个革命的政府居然维持古文骈文的寿命,岂不是连徐世昌傅岳芬的胆气都没有吗?

在这一点上,我们不能不说今日国民政府所代表的国民党是反动的。

再举思想自由作例。新文化运动的一件大事业就是思想的解放。我们当日批评孔孟,弹劾程朱,反对孔教,否认上帝,为的是要打倒一尊的门户,解放中国的思想,提倡怀疑的态度和批评的精神而已。但共产党和国民党合作的结果,造成了一个绝对专制的局面,思想言论完全失了自由。上帝可以否认,而孙中山不许批评。礼拜可以不做,而总理遗嘱不可不读,纪念周不可不做。一个学者编了一部历史教科书,里面对于三皇五帝表示了一点怀疑,便引起了国民政府诸公的义愤,便有戴季陶先生主张要罚商务印书馆一百万元!一百万元虽然从宽豁免了,但这一部很好的历史教科书,曹锟吴佩孚所不曾禁止的,终于不准发行了!

至于舆论呢?我们花了钱买报纸看,却不准看一点确实的新闻,不准读一点负责任的评论。一个负责任的学者说几句负责任的话,讨论一个中国国民应该讨论的问题,便惹起了五六个省市党部出来呈请政府通缉他,革掉他的校长,严办他,剥夺他的公权!然而蒋介石先生在北平演说,叶楚伧先生在南京演说,都说:上海的各大报怎么没有论说呢?

所以在思想言论自由的一点上,我们不能不说国民政府所代表的国民党是反动的。

再举文化问题本身做个例。新文化运动的根本意义是承认中国旧文化不适宜于现代的环境,而提倡充分接受世界的新文明。但国民党至今日还在那里高唱"抵制文化侵略"！还在那里高谈"王道"和"精神文明"！还在那里提倡"国术"和"打擂台"！祀孔废止了,但两个军人(鲁涤平,何键)的一道电报便可以叫国民政府马上恢复孔子纪念日。中央宣传部长叶楚伧现在对我们宣传"中国本来是一个由美德筑成的黄金世界",但叶部长还把这个黄金世界放在觉罗皇帝以前。去年何键先生便更进一步,说现在的思想紊乱和道德堕落都是"陈匪独秀胡适"两个人的罪恶了！我们等着吧,"回到黄金世界"的喊声大概不久就会起来了！

所以在这对文化问题的态度上,我们也不能不说国民党是反动的。

以上不过列举三项事实来说明,至少从新文化运动的立场看来,国民党是反动的。

这些事实不是孤立的,也不是偶然的。国民党对于新文化运动的态度,国民党对于中国旧文化的态度,都有历史的背景和理论的根据。根本上国民党的运动是一种极端的民族主义的运动,自始便含有保守的性质,便含有拥护传统文化的成分。因为国民党本身含有这保守性质,故起来了一些保守的理论。这种理论便是后来当国时种种反动行为和反动思想的根据了。

这个解释并不是诋诬国民党,也不是菲薄国民党,只是叙述一件历史事实,用来解释一些现象。这个历史事实的说明,也许还可以给国民党中的青年分子一个自觉地纠正这种反动倾向的机会。

本来凡是狭义的民族主义的运动,总含有一点保守性,往往倾向到颂扬固有文化,抵抗外来文化势力的一条路上去。这是古今中外的一个通例,国民党自然不是例外。试看拿破仑以后的德国民族运动,普法战争以后的法国民族运动,试读民族国家主义的哲学的创始者菲希脱(Fichte)的《告德国国民书》,便可以明白这个历史通例。凡受外力压迫越厉害,则这种拥护旧文化的态度越坚强。例如印度人在英国统治之下,大多数民族主义者都竭力替印度旧宗教旧文化辩护。有时候他们竟故意作违心之论。前年我在康桥大学的世界学生会茶会上谈话,指出东方文明的弱点;散会之后,几个印度学生陪我走回寓,他们都说我的主张不错,但他们却不便如此公开主张。我说,"为什么不说老实话呢?"他们说:"如果今天我们印度学生这样批评东方文明,明天英国报纸上便要说我们承认英国统治了。"

中国的民族主义的运动所以含有夸大旧文化和反抗新文化的态度,其根本原因也是因为在外力压迫之下,总有点不甘心承认这种外力背后的文化。这里面含有很强的感情作用,故偏向理智的新文化运动往往抵不住这种感情的保守态度。国民党里便含有这种根据于民族感情的保守态度,这是不可讳也不必讳的历史事实。国民党的力量在此,他的弱点也在此。

中国的新文化运动起于戊戌维新运动。戊戌运动的意义是要推翻旧有的政制而采用新的政制。后来梁启超先生办《新民丛报》,自称"中国之新民",著了许多篇《新民说》,指出中国旧文化缺乏西方民族的许多"美德",如公德,国家思想,冒险,权利思想,自由,自治,进步,合群,毅力,尚武等等;他甚至于指出中国人缺乏私德!这样推崇西方文明而指斥中国固有的文明,确是中国思想史上的一个新纪元。同时吴趼人,刘铁云,李伯元等人的"谴责小说",竭力攻击中国政治社会的腐败情形,也是取同样的一种态度。

但那时国内已起了一种"保存国粹"的运动。这运动有两方面。王先谦,叶德辉,毛庆蕃诸人的"存古运动",自然是完全反动的,我们且不论。还有一方面是一班新少年也起来做保存国粹的运动,设立"国学保存会",办《国粹学报》,开"神州国光社",创立"南社"。他们大都是抱着种族革命的志愿的,同时又都是国粹保存者。他们极力表章宋末明末的遗民,借此鼓吹种族革命;他们也做过一番整理国故的工作,但他们不是为学问而做学问,只是借学术来鼓吹种族革命并引起民族的爱国心。他们的运动是一种民族主义的运动,所以他们的领袖人才,除了邓实刘光汉几个人之外,至今成为国民党的智识分子。柳亚子,陈去病,黄节,叶楚伧,邵力子……诸先生都属于这个运动。因为这个缘故,国民党中自始便含有保存国粹国光的成分。

孙中山先生虽然不是《国粹学报》或南社中人,但他对于中国固有的文明也抱一种颂扬拥护的态度。他是一个基督徒,又是一个世界主义者,但他的民族思想很强,到了晚年更认定民族主义是俄国革命成功的要素,故在他的《三民主义》第四第六讲里很有许多夸大中国古文化的话。例如他说:

> 我们中国四万万人不但是很和平的民族,并且很文明的民族。近来欧洲盛行的新文化,和所讲的无政府主义与共产主义,都是我们中国几千年以前的旧东西。……我们中国的新青年,未曾过细研究中国的旧学说,便以为这些学说就是世界顶新的了,殊不知道在欧洲是最新的,在中国就有了几千年了。(第四讲)

这种说法,在中山先生当时不过是随便说说,而后来《三民主义》成为一党的经典,这种一时的议论便很可以助长顽固思想,养成夸大狂的心理,而阻碍新思想的传播。

中山先生又说:

> 欧洲之所以驾乎我们中国之上的,不是政治哲学,完全是物质文明。……至于讲到政治哲学的真谛,欧洲人还要求之于中国。(第四讲)

他又说:

> 讲到中国固有的道德,中国人至今不能忘记的,首是忠孝,次是仁爱,其次是信义,其次是和平。这些旧道德,中国人至今还是常讲的。但是现在受外来民族的压迫,侵入了新文化;那些新文化的势力此刻横行中国。一般醉心新文化的人,便排斥旧道德,以为有了新文化便可以不要旧道德。不知道我们固有的东西,如果是好的,当然是要保存,不好的才可以放弃。(第六讲)

这些话都可以表示中山先生实在不能了解当时的新文化运动的态度。新文化运动的大贡献在于指出欧洲的新文明不但是物质文明比我们中国高明,连思想学术,文学美术,风俗道德都比我们高明的多。陈独秀先生曾指出新文化运动只是拥护两位先生,一位是赛先生

（科学），一位是德先生（民治）。吴稚晖先生后来加上一位穆拉尔姑娘（道德）。中山先生既欢迎科学，又分明推崇民治政治，却不幸在这里极力用夸大的口气，抬高中国的旧政治思想和旧道德，说话之间稍有轻重，便使读者真以为中山先生相信"欧洲的新文化都是我们中国几千年以前的旧东西"了。这种附会的见解，在三四十年前的老新党的言论里毫不足奇怪，但在中山先生的讲演里便是很可诧异，更可惋惜的了。

中山先生又曾说：

> 中国从前的忠孝仁爱信义种种的旧道德，固然是驾乎外国人；说到和平的道德，更是驾乎外国人。（第六讲）

三十年周游欧美的孙中山先生尚且说这样没有事实根据的话，怪不得不曾出国门的叶楚伧先生要说"中国本来是一个由美德筑成的黄金世界"了！在这一点上，我们不能不佩服吴稚晖先生的伟大。他老人家在六十岁时还能大胆地宣言中国人的道德低浅，而西洋人的道德高明。孙中山先生也并非不明白这种事实，不过他正在讲"民族主义"，故不能不绕湾子，争面子。例如他讲"仁爱"，曾说：

> 照这样实行一方面讲起来，仁爱的好道德，中国现在似乎远不如外国。中国所以不如的原故，不过是中国人对于仁爱没有外国人那样实行。但是仁爱还是中国的旧道德。

这是很费力的回护。更隔几分钟，他便轻轻地宣言中国从前的仁爱也是"驾乎外国人"的了。吴稚晖先生是个世界主义者，没有卫道的热心，故他敢老实说西洋人"什么仁义道德，孝弟忠信，吃饭睡觉，无一不较有作法，较有热心"。但吴老先生这种论调是国民党中的"国粹"分子所不能了解的。

以上所说，都可以证明国民党的历史上本来便充满着这保存国粹和夸大传统文化的意味。民国八年五月以后，国民党受了新文化运动的大震动，决计加入新文化的工作，故这种历史的守旧性质和卫道态度暂时被压下去了，不很表现在《星期评论》《建设》《觉悟》的论坛里。民国十三年改组以后，国民党中吸收了许多少年新分子，党的大权渐渐移入一班左倾的激烈分子手里,稍稍保守的老党员都被摈斥了。所以这种历史的反动倾向更不容易出现了。直到近两年中,钟摆又回到极右的一边,国民党中的暴烈分子固然被淘汰了,而稍有革新倾向的人也就渐渐被这沙汰的运动赶出党外,于是国民党中潜伏着的守旧势力都一一活动起来,造成今日的反动局面。

即如上文指出国民党对于文学革命的态度,我们从历史上看去,毫不足奇怪。许多国民党的领袖人物,如孙中山,汪精卫,王宠惠诸先生对于新文学运动都曾表示不赞成的态度。国粹保存家与南社诗人反对新文学,更不用说了。中山先生在《孙文学说》第三章里,很明白地说古文胜于白话,他说:

> 言语有变迁而无进化,而文字则虽仍古昔,其使用之技术实日见精研。所以中国语言为世界中之粗劣者;往往文字可达之意,言语不得而传。是则中国人非不善为文,而拙于用语者也。亦惟文字可传久远,故古人所作,模仿匪难;至于言语,非无杰出之士妙于修辞,而流风余韵无所寄托,随时代而俱湮,故学者无所继承。然则文字有进化而言语转见退步者,非无故矣。抑欧洲文字基于音韵,音韵即表言语,言语有变,文字即可随之。中华制字以象形会意为主,所以言语虽殊,而文字不能与之俱变。要之,此不过为言语之不进步,而中国人民非有所阙于文字,历代能文之士,其所创作,突过外人,则公论所归也。

这种见解的大错误,九年前我在《国语的进化》一篇里(《胡适文存》卷三,《国语文法概论》)已有详细的驳论了。中山先生此书成于民国八年春间,在新青年同人提倡文学革命之后二年,他这种议论大概是暗指这个运动的。他在当时很不赞成白话文学的主张,这是很明白的。这种议论虽然是他个人一时的错误,但也很可以作为后来国民党中守旧分子反对新文学的依据。中山先生有"手不释卷"的名誉,又曾住过欧美,他尚且说中国"历代能文之士,其所创作,突过外人",怪不得一班不能读外国文学的国粹家和南社文人要拥护古文骈文了!

民国八年五月以后,国民党的刊物几乎都改用白话了,《星期评论》和《觉悟》成了南方的新文学重要中心。然而十年之后，革命的国民党成了专政的国民党了，新文学和新思想的假面具都可以用不着了，于是保存国粹的喊声渐渐起来，于是古文骈文的死灰又复燃了，八九年前在新文学的旗帜之下摇旗呐喊的人物，到今年双十节便公然宣告胡适的《尝试集》和同善社的《性欲丛书》是同样害人的恶势力了。这种情形，毫不足奇怪，因为在拥护古文骈文的局面之下，《尝试集》当然成了罪魁祸首了。这不是死文学的僵尸复活，这不过是国民党原有的反动思想的原形呈现而已。

我们这样指出国民党历史上的反动思想，目的只是要国民党的自觉。一个在野政客的言论是私人的言论，他的错误是他自身的责任。但一个当国的政党的主张便成了一国的政策的依据，便是一国的公器，不是私人责任的问题了。一个当国专政的政党的思想若含有不合时代的反动倾向，他的影响可以阻碍一国文化的进步。所以我们对于国民党的经典以及党中领袖人物的反动思想，不能不用很诚实的态度下恳切的指摘。过去历史上的错误是不用讳饰的；但这种错误思想，若不讨论个明白分晓，往往可以有很大的恶影响；个人的偏见可以成为统治全国的政策；一时的谬论可以成为教育全国的信条。所以我们要明白指出国民党里有许多思想在我们新文化运动者的眼里是很反动的。如果国民党的青年人们不能自觉地纠正这种反动思想，那么，国民党将来只能渐渐变成一个反时代的集团，决不能作时代的领导者，决不能担负建立中国新文化的责任。

孙中山先生在"五四运动"以后曾有很热烈的赞叹新文化运动的话，他说：

> 自北京大学学生发生五四运动以来，一般爱国青年无不以新思想为将来革新事业之预备，于是蓬蓬勃勃，发抒言论。国内各界舆论一致同倡。各种新出版物为热心青年所举办者，纷纷应时而出，扬葩吐艳，各极其致。社会遂蒙绝大之影响。虽以顽劣之伪政府，犹且不敢撄其锋。此种新文化运动在我国今日诚思想界空前之大变动。推原其始，不过由于出版界之一二觉悟

者从事提倡。遂至舆论放大异彩,学潮弥漫全国,人皆激发天良,誓死为爱国之运动。倘能继长增高,其将来收效之伟大且久远者,可无疑也。吾党欲收革命之成功,必有赖于思想之变化。兵法攻心,语曰革心,皆此之故。故此种新文化运动实为最有价值之事。(九年一月二十九日,《与海外同志募款筹办印刷机关书》——《孙中山全集》,三民公司本,第四集,二,页二七——二八)

中山先生在此时虽然只把新文化运动看作政治革命的一种有力的工具,但他已很明白地承认"吾党欲收革命之成功,必有赖于思想之变化"。今日的国民党到处念诵"革命尚未成功",却全不想促进"思想之变化"!所以他们天天摧残思想自由,压迫言论自由,妄想做到思想的统一。殊不知统一的思想只是思想的僵化,不是谋思想的变化。用一个人的言论思想来统一思想,只可以供给一些不思想的人的党义考试夹带品,只可以供给一些党八股的教材,决不能变化思想,决不能靠此"收革命之成功"。

十年以来,国民党所以胜利,全靠国民党能有几分新觉悟,能明白思想变化的重要。故民国七八年之间,孙中山先生还反对白话文,而八年"五四运动"以后,中山先生便命他的同志创办《星期评论》和《建设》杂志,参加新文化运动。这便是国民党的"思想之变化"。十三年的改组,便是充分吸收新文化运动的青年,这又是国民党的"思想之变化"。八年的变化使国民党得着全国新势力的同情。十三年的变化使国民党得着革命的生力军。这是历史的事实。

现在国民党所以大失人心,一半固然是因为政治上的设施不能满人民的期望,一半却是因为思想的僵化不能吸引前进的思想界的同情。前进的思想界的同情完全失掉之日,便是国民党油干灯草尽之时。

国民党对于我这篇历史的研究,一定有很生气的。其实生气是损人不利己的坏脾气。国民党的忠实同志如果不愿意自居反动之名,应该做点真实不反动的事业来给我们看看。至少至少,应该做到这几件事:

（1）废止一切"鬼话文"的公文法令，改用国语。

（2）通令全国日报，新闻论说一律改用白话。

（3）废止一切箝制思想言论自由的命令，制度，机关。

（4）取消统一思想与党化教育的迷梦。

（5）至少至少，学学专制帝王，时时下个求直言的诏令！

如果这几件最低限度的改革还不能做到，那么，我的骨头烧成灰，将来总有人会替国民党上"反动"的谥号的。

十八，十一，廿九

（原载 1929 年 9 月 10 日《新月》第 2 卷第 6、7 号合刊，此号实际推迟出版）

知难,行亦不易
孙中山先生的"行易知难说"述评

(一) 行易知难说的动机

《孙文学说》的《自序》是民国七年(1918)十二月三十日在上海作的。次年(1919)五月初,我到上海来接杜威先生;有一天,我同蒋梦麟先生去看中山先生,他说他新近做了一部书,快出版了。他那一天谈的话便是概括地叙述他的"行易知难"的哲学。后来杜威先生去看中山先生,中山谈的也是这番道理。(本书第四章之末也说:"当此书第一版付梓之夕,适杜威博士至沪,予特以此质证之。")大概此书作于七年下半,成于八年春间。至六七月间,始印成出版。

这个时代是值得注意的。中山先生于七年五月间非常国会辞去大元帅之职;那时旧式军阀把持军政府,中山虽做了七总裁之一,实际上没有做事的机会,后来只好连总裁也不做了,搬到上海来住。这时候,世界大战争刚才停战,巴黎的和会还未开,全世界都感觉一种猛烈的兴奋,都希望有一个改造的新世界。中山先生在这个时期,眼见安福部横行于北方,桂系军阀把持于南方,他却专心计划,想替中国定下一个根本建设的大方略。这个时期正是他邀了一班专家,着手做《建国方略》的时候。他的"实业计划"的一部分,此时正在草创的时期;其英文的略稿成于八年的一月。

他在发表这个大规模的《建国方略》之前,先著作这一部导言,先发表他的"学说",先提出这"行易知难"的哲学。

为什么呢?他自己很悲愤地说:

> 文奔走国事三十余年,毕生学力尽萃于斯;精诚无间,百折不回;满清之威力所不能屈,穷途之困苦所不能挠。吾志所向,

一往无前,愈挫愈奋,再接再厉。用能鼓动风潮,造成时势。辛赖全国人心之倾向,仁人志士之赞襄,乃得推覆专制,创建共和。本可从此继进,实行革命党所抱持之三民主义,五权宪法,与夫革命方略所规定之种种建设宏模,则必能乘时一跃而登中国于富强之域,跻斯民于安乐之天也。不图革命初成,党人即起异议,谓予所主张者理想太高,不适中国之用。众口铄金,一时风靡。同志之士,亦悉惑焉。是以予为民国总统时之主张,反不若为革命领袖时之有效而见之施行矣。此革命之建设所以无成,而破坏之后国事更因之以日非也。

夫去一满洲之专制,转生出无数强盗之专制,其为毒之烈,较前尤甚,于是民愈不聊生矣。溯夫吾党革命之初心,本以救国救种为志,欲出斯民于水火之中,而登之衽席之上也。今乃反令之陷水益深,蹈火益热,与革命初衷大相违背者,此固予之德薄无以化格同侪,予之能鲜不足驾驭群众,有以致之也。然而吾党之士于革命宗旨革命方略亦难免有信仰不笃奉行不力之咎也。而其所以然者,非尽关乎功成利达而移心,实多以思想错误而懈志也。

此思想之错误为何?即"知之非艰,行之惟艰"之说也。此说始于传说对武丁之言,由是数千年来,深中于中国之人心,已成牢不可破矣。故予之建设计划一一皆为此说所打消也。呜呼!此说者,予生平之最大敌也。其威力当万倍于满清。夫满清之威力不过只能杀吾人之身耳,而不能夺吾人之志也。乃此敌之威力则不惟能夺吾人之志,且足以迷亿兆人之心也。是故当满清之世,予之主张革命也,犹能日起有功,进行不已。惟自民国成立之日,则予之主张建设,反致半筹莫展,一败涂地。吾三十年来精诚无间之心,几为之冰消瓦解,百折不回之志几为之槁木死灰者,此也!可畏哉此敌!可恨哉此敌!

兵法有云,"攻心为上"。……满清之颠覆者,此心成之也。民国之建设者,此心败之也。夫革命党之心理,于成功之始,则被"知之非艰行之惟艰"之说所奴,而视吾策为空言,遂放弃建设之责任。……七年以来,犹未睹建设事业之进行,而国事则日形纠纷,人民则日增痛苦。午夜思维,不胜痛心疾首。夫民国之建设事业,实不容一刻视为缓图者也。国民!国民!究成何心。不能乎?不行乎?不知乎?吾知其非不能也,不行也。亦非不行也,不知也。倘能知之,则建设事业亦不过如反掌折枝耳。

回顾当年,予所耳提面命而传授于革命党员,而被河汉为理想空言者,至今观之,适为世界潮流之需要,而亦当为民国建设之资材也。乃拟笔之于书,名曰《建国方略》,以为国民所取法焉。然尚有踌躇审顾者,则恐今日国人社会心理犹是七年前之党人社会心理也,依然有此"知之非艰行之惟艰"之大敌横梗于其中,则其以吾之计划为理想空言而见拒也,亦若是而已矣。故先作学说,以破此心理之大敌,而出国人之思想于迷津。庶几吾之建国方略或不致再被国人视为理想空谈也。(《自序》)

这篇《自序》真是悲慨沉痛的文章。中山先生以三十年的学问,三十年的观察,作成种种建设的计划,提出来想实行,万不料他的同志党人,就首先反对。客气的人说他是"理想家",不客气的人嘲笑他是"孙大炮"!中山先生忠厚对人,很忠厚地指出他们所以反对他,"非尽关乎功成利达而移心,实多以思想错误而懈志"。此思想的错误,中山认为只是"知易行难"的一个见解。这个错误的见解,在几千年中,深入人心,成了一种迷信,他的势力比满清还可怕,比袁世凯还可怕。满清亡了,袁世凯倒了,而此"知易行难"的谬说至今存在,使中山的大计划"半筹莫展,一败涂地"。所以中山先生要首先打倒这个"心理之大敌"。这是他的"学说"的动机。

要打倒这个大敌,所以他提出一种"心理建设"。他老实不客气地喊道:

夫国者,人之积也。人者,心之器也。而国事者,一人群心理之现象也。是故政治之隆污,系乎人心之振靡。吾心信其可行,则移山填海之难,终有成功之日。吾心信其不可行,则反掌折枝之易,亦无收效之期也。心之为用大矣哉。夫心也者,万事之本源也。满清之颠覆者,此心成之也。民国之建设者,此心败

之也。(《自序》参看页七七论宣誓一段)

迷信"唯物史观"的人,听了这几句话,也许要皱眉摇头。但这正是中山先生的中心思想。若不懂得这个中心思想,便不能明白他的"有志竟成"的人生哲学。

(二) 行易知难的十证

中山先生的"学说"只是"行易知难"四个字。他举了十项证据来证明他的学说:

(1) 饮食
(2) 用钱
(3) 作文
(4) 建筑
(5) 造船
(6) 长城与欧洲的战壕
(7) 运河
(8) 电学
(9) 化学制造品:豆腐,磁器。
(10) 进化

这十项证据,原书说的很详细,不用我来详细说明了。

这十项之中,有几项是证明"不知亦能行"的,如饮食,婴孩一堕地便能做,鸡雏一离蛋壳便能做,但近世的科学专家到今日尚不能知道饮食的种种奥妙。但大部分的证据都是证明知识之难能而可贵的,如造船,

> 施工建造并不为难。所难者绘图设计耳。倘计划既定,按图施工,则成效可指日而待矣。

如无线电报,

> 当研究之时代,费百年之工夫,竭无数学者之才智,各贡一知,而后得完全此无线电之知识。及其知识真确,学理充满,乃本之以制器,则无所难矣。……其最难能可贵者则为研求无线电知识之人。学识之难关一过,则其他之进行有如反掌矣。

这些证据都是要使我们明白知识是很难能的事,是少数天才人的事。少数有高深知识的人积多年的研究,定下计划,打下图样,便可以交给多数工匠去实行。工匠只须敬谨依照图样做去,自然容易成功。"此知行分任而造成一屋者也。"中山先生的意思一面教人知道"行易",一面更要人知道"知难"。

(三)"行易知难"的真意义

中山先生自己说:

> 予之所以不惮其烦,连篇累牍,以求发明行易知难之理者,盖以此为救中国必由之道也。(页五五)

他指出中国的大病是暮气太深,畏难太甚。

> 中国近代之积弱不振奄奄待毙者,实为知之非艰行之惟艰一说误之也。此说深中于学者之心理,由学者而传于群众,则以难为易,以易为难,遂使暮气畏难之中国,畏其所不当畏,而不畏其所当畏。由是易者则避而远之,而难者又趋而近之。始则欲求知而后行,及其知之不可得也,则惟有望洋兴叹而放去一切而已。间有不屈不挠之士,费尽生平之力以求得一知者,而又以行之为尤难,则虽知之而仍不敢行之。如是不知固不欲行,而知之又不敢行,则天下事无可为者矣。此中国积弱衰败之原因也。夫畏难本无害也。正以有畏难之心,乃适足导人于节劳省事,以取效呈功。此为经济之原理,亦人生之利便也。惟有难易倒置,使欲趋避者无所适从,斯为害矣。(页五五)

他要人明白"不知亦能行之,知之则必能行之,知之则更易行之"。他考察人类进化的历史,看出三个时期:

第一,由草昧进文明,为不知而行之时期。

第二,由文明再进文明,为行而后知之时期。

第三,自科学发明后,为知而后行之时期。

凡物类与人类,为需要所逼迫,都会创造发明。鸟能筑巢,又能高飞。这都是不知而能行的明证。我们的老祖宗制造豆腐,制造磁器,建筑长城,开辟运河,都是不知而行的明证。西洋人行的越多,知的也越多;知多了,行的也更多。他们越行越知,越知越行。我们却受了暮气的毒,事事畏难,越不行,越不知,越不知,便越不行。

救济之法,只有一条路,就是力行。但力行却也有一个先决的条件,就是要服从领袖,要服从先知先觉者的指导。中山先生说人群进化可分三时期,人的性质也可分做三系:

其一,先知先觉者,为创造发明。

其二,后知后觉者,为仿效进行。

其三,不知不觉者,为竭力乐成。

第一系为发明家,第二系为鼓吹家,第三系为实行家,其中最有关系的是那第二系的后知后觉者。他们知识不够,偏要妄想做先知先觉者;他们不配做领袖,偏要自居于领袖;他们不肯服从发明家的理想计划,偏爱作消极的批评。他们对于先知先觉者的计划,不是说他们思想不彻底,便是说他们理想太高,不切实用。所以中山先生说:

> 行之之道为何?即全在后觉者之不自惑以惑人而已。

力行之道不是轻理想而重实行,却正是十分看重理想知识。"行易知难"的真意义只是要我们知道行是人人能做的,而知却是极少数先知先觉者的责任。大多数的人应该崇拜知识学问,服从领袖,奉行计划。那中级的后知后觉者也只应该服从先知先觉者的理想计划,替他鼓吹宣传,使多数人明白他的理想,使那种种理想容易实行。所以中山先生说:

> 中国不患无实行家,盖林林总总者皆是也。乃吾党之士有言曰,"某也理想家也,某也实行家也"。其以二三人可为改革国事之实行家,真谬误之甚也。不观今之外人在上海所建设之宏大工厂,繁盛市街,崇伟楼阁,其实行家皆中国之工人也。而外人不过为理想家计划家而已,并未有躬亲实行其建设之事也。故为一国之经营建设,所难得者非实行家也,乃理想计划家也。而中国之后知后觉者,皆重实行而轻理想矣。是犹治化学而崇拜三家村之豆腐公,而忽于裴在辂巴斯德等宿学也。是犹治医学而崇拜蜂虫之螺蠃,而忽于发明蒙药之名医。盖豆腐公为生

物化学之实行家,而螺蠃为蒙药之实行家也。有是理乎! 乃今之后知后觉者,悉中此病,所以不能鼓吹舆论,倡导文明,而反足混乱是非,阻碍进化也。是故革命以来建设事业不能进行者,此也。予于是乎不得不彻底详辞,欲使后知后觉者,了然于向来之迷误,而翻然改图,不再为似是而非之说以惑世,而阻挠吾林林总总之实行家,则建设前途大有希望矣。(页六一——六二)

所以"行易知难"的学说的真意义只是要使人信仰先觉,服从领袖,奉行不悖。中山先生著书的本意只是要说:"服从我,奉行我的《建国方略》。"他虽然没有这样明说,然而他在本书的第六章之后,附录《陈英士致黄克强书》(页七九——八七),此书便是明明白白地要人信仰孙中山,奉行不悖。英士先生在此书里痛哭流涕地指出民党第五次重大之失败都是因为他们"认中山之理想为误而反对之,致于失败"。他说:

惟其前日认中山先生之理想为误,皆致失败,则于今日中山先生之所主张,不宜轻以为理想而不从,再贻他日之悔。

夫人之才识与时并进,知昨非而今日未必是,能取善斯不压从人。鄙见以为理想者事实之母也。中山先生之提倡革命,播因于二十年前。当时反对之者,举国士夫,殆将一致。乃经二十年后,卒能见诸实行者,理想之结果也。使吾人于二十年前即赞成其说,安见所悬理想必迟至二十年之久始得收效? 抑使吾人于二十年后犹反对之,则中山先生之理想不知何时始克形诸事实,或且终不成效果至于靡有穷期者,亦难逆料也。故中山先生之理想能否证实,全在吾人之视察能否了解,能否赞同,以奉行不悖是已。

《孙文学说》的真意义只是要人信仰"孙文学说",奉行不悖。此意似甚浅,但我们细读此书,不能不认这是唯一可能的解释。

(四) 批评

行易知难的学说是一种很有力的革命哲学。一面要人知道"行易",可以鼓舞人勇往进取。一面更要人知道"知难",可以提倡多数人对于先知先觉者的信仰与服从。信仰领袖，服从命令，一致进取，不怕艰难，这便是革命成功的条件。所以中山说这是必要的心理建设。

孙中山死后三四年中，国民党继续奉他做领袖，把他的遗教奉作一党的共同信条，极力宣传。"共信"既立，旗帜便鲜明了，壁垒也便整齐了。故三四年中，国民革命军的先声夺人，所向都占胜利。北伐的成功，可说是建立"共信"的功效。其间稍有分裂，也只为这个共信上发生了动摇的危险。但反共分共所以能成功，也都还靠着这一点点"共信"做个号召的旗帜。

故这三年的革命历史可说是中山先生的学说添了一重证据，证明了服从领袖奉行计划的重要，证明了建立共同信仰的重要，证明了只要能奉行一个共同的信仰，革命的一切困难都可以征服。

但政治上的一点好成绩不应该使我们完全忽视了这个学说本身的一些错误。所以我想指出这个学说的错误之点，和从这些错误上连带发生的恶影响。

行易知难说的根本错误在于把"知""行"分的太分明。中山的本意只要教人尊重先知先觉，教人服从领袖者，但他的说话很多语病，不知不觉地把"知""行"分做两件事，分作两种人做的两类的事。这是很不幸的。因为绝大部分的知识是不能同"行"分离的，尤其是社会科学的知识。这绝大部分的知识都是从实际经验（行）上得来：知一点，行一点；行一点，更知一点，——越行越知，越知越行，方才有这点子知识。三家村的豆腐公也不是完全没有知识；他做豆腐的知识比我们大学博士高明的多多。建筑高大洋房的工人也不是完全没有知识；他们的本事也是越知越行，越行越知，所以才有巧工巧匠出来。至于社会科学的知识，更是知行分不开的。五权与九权的宪法，都不是学者的抽象理想，都只是某国某民族的实行的经验的结果。政治学者研究的对象只是历史，制度，事实，——都是"行"的成绩。行的成绩便是知，知的作用便是帮助行，指导行，改善行。政治家虽然重在实行，但一个制度或政策的施行，都应该服从专家的指示，根据实际的利弊，随时修正改革，这修正补救便是越行越知，越知越行，便是知行不能分开。

中山先生志在领导革命,故倡知难行易之说,自任知难而勉人以行易。他不曾料到这样分别知行的结果有两大危险:

第一,许多青年同志便只认得行易,而不觉得知难。于是有打倒智识阶级的喊声,有轻视学问的风气。这是很自然的:既然行易,何必问知难呢?

第二,一班当权执政的人也就借"行易知难"的招牌,以为知识之事已有先总理担任做了,政治社会的精义都已包罗在《三民主义》《建国方略》等书之中,中国人民只有服从,更无疑义,更无批评辩论的余地了。于是他们掮着"训政"的招牌,背着"共信"的名义,箝制一切言论出版的自由,不容有丝毫异己的议论。知难既有先总理任之,行易又有党国大同志任之,舆论自然可以取消了。

行易知难说是一时救弊之计,目的在于矫正"知之非艰,行之维艰"的旧说,故为"林林总总"之实行家说法,教人知道实行甚易。但老实说来,知固是难,行也不易。这便是行易知难说的第二个根本错误。

中山先生举了十项证据来证明行易知难。我们忍不住要问他:"中山先生,你是学医的人,为什么你不举医学做证据呢?"中山先生做过医学的工夫,故不肯举医学做证据,因为医学最可以推翻行易知难的学说。医学是最难的事,人命所关,故西洋的医科大学毕业年限比别科都长二年以上。但读了许多生理学,解剖学,化学,微菌学,药学,……还算不得医生。医学一面是学,一面又是术,一面是知,一面又是行。一切书本的学问都要能用在临床的经验上;只有从临床的经验上得来的学问与技术方才算是真正的知识。一个医生的造成,全靠知行的合一,即行即知,即知即行,越行越知,越知越行的工巧精妙。熟读了六七年的书,拿着羊皮纸的文凭,而不能诊断,不能施手术,不能疗治,才知道知固然难,行也大不易也!

岂但医生如此? 做豆腐又何尝不如此? 书画弹琴又何尝不如此? 打球,游水,开汽车,又何尝不如此? 建屋造船也何尝不如此?

做文章,打算盘,也何尝不如此?一切技术,一切工艺,那一件不如此?

治国是一件最复杂最繁难又最重要的技术,知与行都很重要,纸上的空谈算不得知,卤莽糊涂也算不得行。虽有良法美意,而行之不得其法,也会祸民误国。行的不错,而朝令夕更,也不会得到好结果。政治的设施往往关系几千万人或几万万人的利害,兴一利可以造福于一县一省,生一弊可害无数人的生命财产。这是何等繁难的事!古人把"良医"和"良相"相提并论,其实一个庸医害人有限,而一个坏政策可以造孽无穷。医生以人命为重,故应该小心翼翼地开刀开方;政府以人民为重,故应该小心翼翼地治国。古人所以说"知之非艰,行之维艰",正是为政治说的,不是叫人不行,只是叫人不要把行字看的太容易,叫人不可卤莽糊涂地胡作胡为害人误国。

民生国计是最复杂的问题,利弊不是一人一时看得出的,故政治是无止境的学问,处处是行,刻刻是知,越行方才越知,越知方才可以行的越好。"考试"是容易谈的,但实行考试制度是很难的事。"裁兵"是容易谈的,但怎样裁兵是很难的事。现在的人都把这些事看的太容易了,故纨袴子弟可以办交通,顽固书生可以办考试,当火头出身的可以办一省的财政,旧式的官僚可以管一国的卫生。

今日最大的危险是当国的人不明白他们干的事是一件绝大繁难的事。以一班没有现代学术训练的人,统治一个没有现代物质基础的大国家,天下的事有比这个更繁难的吗?要把这件大事办的好,没有别的法子,只有充分请教专家,充分运用科学。然而"行易"之说可以作一班不学无术的军人政客的护身符!此说不修正,专家政治决不会实现。

十八年五月改定稿

(原载 1929 年 6 月 15 日《吴淞月刊》第 2 期,又载 1929 年 6 月 10 日《新月》第 2 卷第 4 号)

便是知行不能分开。

中山先生志在领导革命,故倡知难行易之说,自任知难而勉人以行易。他不曾料到这样分别知行的结果有两大危险:

第一,许多青年同志便只认得行易,而不觉得知难。于是有打倒智识阶级的喊声,有轻视学问的风气。这是很自然的:既然行易,何必问知难呢?

第二,一班当权执政的人也就借"行易知难"的招牌,以为知识之事已有先总理担任做了,政治社会的精义都已包罗在《三民主义》、《建国方略》等书之中,中国人民只有服从,更无疑义,更无批评辩论的余地了。于是他们掮着"训政"的招牌,背着"共信"的名义,箝制一切言论出版的自由,不容有丝毫异己的议论。知难既有先总理任之,行易又有党国大同志任之,舆论自然可以取消了。

行易知难说是一时救弊之计,目的在于矫正"知之非艰,行之维艰"的旧说,故为"林林总总"之实行家说法,教人知道实行甚易。但老实说来,知固是难,行也不易。这便是行易知难说的第二个根本错误。

中山先生举了十项证据来证明行易知难。我们忍不住要问他:"中山先生,你是学医的人,为什么你不举医学做证据呢?"中山先生做过医学的工夫,故不肯举医学做证据,因为医学最可以推翻行易知难的学说。医学是最难的事,人命所关,故西洋的医科大学毕业年限比别科都长二年以上。但读了许多生理学,解剖学,化学,微菌学,药学,……还算不得医生。医学一面是学,一面又是术,一面是知,一面又是行。一切书本的学问都要能用在临床的经验上;只有从临床的经验上得来的学问与技术方才算是真正的知识。一个医生的造成,全靠知行的合一,即行即知,即知即行,越行越知,越知越行的工巧精妙。熟读了六七年的书,拿着羊皮纸的文凭,而不能诊断,不能施手术,不能疗治,才知道知固然难,行也大不易也!

岂但医生如此? 做豆腐又何尝不如此? 书画弹琴又何尝不如此? 打球,游水,开汽车,又何尝不如此? 建屋造船也何尝不如此?

做文章，打算盘，也何尝不如此？一切技术，一切工艺，那一件不如此？

治国是一件最复杂最繁难又最重要的技术，知与行都很重要，纸上的空谈算不得知，卤莽糊涂也算不得行。虽有良法美意，而行之不得其法，也会祸民误国。行的不错，而朝令夕更，也不会得到好结果。政治的设施往往关系几千万人或几万万人的利害，兴一利可以造福于一县一省，生一弊可害无数人的生命财产。这是何等繁难的事！古人把"良医"和"良相"相提并论，其实一个庸医害人有限，而一个坏政策可以造孽无穷。医生以人命为重，故应该小心翼翼地开刀开方；政府以人民为重，故应该小心翼翼地治国。古人所以说"知之非艰，行之维艰"，正是为政治说的，不是叫人不行，只是叫人不要把行字看的太容易，叫人不可卤莽糊涂地胡作胡为害人误国。

民生国计是最复杂的问题，利弊不是一人一时看得出的，故政治是无止境的学问，处处是行，刻刻是知，越行方才越知，越知方才可以行的越好。"考试"是容易谈的，但实行考试制度是很难的事。"裁兵"是容易谈的，但怎样裁兵是很难的事。现在的人都把这些事看的太容易了，故纨袴子弟可以办交通，顽固书生可以办考试，当火头出身的可以办一省的财政，旧式的官僚可以管一国的卫生。

今日最大的危险是当国的人不明白他们干的事是一件绝大繁难的事。以一班没有现代学术训练的人，统治一个没有现代物质基础的大国家，天下的事有比这个更繁难的吗？要把这件大事办的好，没有别的法子，只有充分请教专家，充分运用科学。然而"行易"之说可以作一班不学无术的军人政客的护身符！此说不修正，专家政治决不会实现。

十八年五月改定稿

（原载 1929 年 6 月 15 日《吴淞月刊》第 2 期，又载 1929 年 6 月 10 日《新月》第 2 卷第 4 号）

这是我这篇文章要说明的几点。

············

什么是政治两字的意义？中山先生在他的《民权》第一讲里说：

> 政治两字的意思，浅而言之，政就是众人的事，治就是管理。管理众人的事，便是政治。

"管理"当然就是"行政"。照中山先生这般说法，简直认政治就是行政了。

其次，什么人配做这管理众人的事的人呢？

中山先生在他的《民权主义》第五讲里说：

> 现在有钱的那些人，组织公司，开办工厂，一定要请一位有本领的人来做总办去管理工厂。这种总办是专门家，就是有能的人。股东就是有权的人。工厂内的事，只有总办能够讲话，股东不过是监督总办罢了。现在民国的人民，便是股东，民国的总统，便是总办。我们人民对于政府的态度，应该要把他们当作专家看。

中山先生在同一演讲里又说：

> 现在欧美人无论做什么事，都要用专门家。譬如练兵打仗，便要用军事家。开办工厂，便要用工程师。对于政治，也知道用专门家。至于现在之所以不能实用专门家的原因，就是由于人民的旧习惯，还不能改变。但是到了现在的新时代，权与能不能不分开的，许多事情，一定要靠专门家的，是不能限制专门家的。

他又说：

> 国民是主人，就是有权的人；政府是专家，就是有能的人。由于这个道理，所以民国的政府官吏，不管他们是大总统，是内阁总理，是各部总长，我们都可以把他们当汽车夫看。

总结中山先生的意思，政治是管理民众的一切事。管理人的资格是专家。他的"权"与"能"分开的主张，他那权归民众，能在政府的学说，都是认定政府人员要有专门的本领。

············

凭什么我说二十世纪的政治，更要注重行政？

专家政治

罗隆基

二百多年前,英国的一位大诗人说过这样两句话:

  政府的形式,让傻子们去争;

  最好的行政,是最好的政府。

  For forms of government let fools contest;

  What'er is best administered, is best.

这位大诗人朴浦(Alexander Pope)的意思,是说在政治上行政比政体的形式要紧。果然有了好的行政,无论在那种政体底下,人民总可以得到幸福。反之,倘没有很好的行政,无论在那种政体底下,人民都是遭殃。

…………

在现今的中国,要谈政治,我个人亦决定抱这种态度。目前我的座右铭是:

  只问行政,不管主义。

政治上的主义,如同宗教上的信仰一般。在宗教上,任凭各种宗教的信仰如何,归根到底,是劝人做好事。政治上的主义,无论内容如何,归根到底,总是谋人类的幸福。

无论什么主义,总靠好的行政去实施主义上的一切主张。没有行政,一切主义,都是空谈。行政腐败,主义天花乱坠,人民依然遭殃。

政治注重行政,大概是没有人敢否认的。二十世纪的政治,更要注重行政,二十世纪政治上的行政,已成了专门科学,二十世纪的政治行政人员,要有专门智识,换言之,二十世纪的政治,是专家政治,很高,但几面都靠海,山和海水的接近,是这里风景的特色。有一天佛斯脱先生夫妇邀我去游览香港市的背面的山水,遍览浅水湾,深水湾,香港仔,赤柱各地。阳历的1月正是香港最好的天气。满山都是绿叶,到处可以看见很浓艳的鲜花;我们久居北方的人,到这里真有"赶上春了"的快乐。我们在山路上观看海景,到圣士梯反学校小坐喝茶,看海上的斜阳,风景特别清丽。晚上到佛斯脱先生家去吃饭,坐电车上山,走上山顶(The Peak),天已黑了,山顶上有轻雾,远望下去,看那全市的灯火,气象比纽约和旧金山的夜色还更壮丽。有个朋友走遍世界的,曾说,香港的夜景,只有南美洲巴西首都丽阿德耶内罗(Rio De Janeiro)和澳洲的西德内(Sidsey)两处可以相比。过了一天,有朋友邀我去游九龙,因时间太晚,走的不远,但大埔和水塘一带的风景的美丽已够使我们惊异了。

有一天,我在扶轮社午餐后演说,提到香港的风景之美,我说:香港应该产生诗人和画家,用他们的艺术来赞颂这里的海光山色。有些人听了颇感觉诧异。他们看惯了,住腻了,终日只把这地方看作一个吃饭做买卖的商场,所以不能欣赏那山水的美景了。但二十天之后,我从广西回到香港时,有人对我说,香港商会现在决定要编印一部小册子,描写香港的风景,他们准备印两万本,来宣传香港的山水之美!

香港大学最有成绩的是医科与工科,这是外间人士所知道的。这里的文科比较最弱,文科的教育可以说是完全和中国大陆的学术思想不发生关系。这是因为此地英国人士向来对于中国文史太隔膜了,此地的中国人士又太不注意港大文科的中文教学,所以中国文字的教授全在几个旧式科第文人的手里,大陆上的中文教学早已经过了很大的变动,而港大还完全在那变动大潮流之外。近年副校长韩君与文学院长佛君都很注意这个问题,他们两人去年都曾到北方访问考查;去年夏天港大曾请广东学者陈受颐先生和容肇祖先生到这里来研究港大的中文教学问题,请他们自由批评并指示改革的途径。这种虚心的态度是很可以佩服的。我在香港时,很感觉港大当局确有改革文科中国文字教学的诚意,本地绅士如周寿臣、罗旭和诸先生

南游杂忆

我这一次因为接受香港大学的名誉学位,作第一次的南游,在香港住了五天,在广州住了两天半,在广西住了十四天。这些地方都是我多年想去而始终没有去成的,这回得有畅游的机会,使我很快慰。可惜南方的朋友待我太好了,叫我天天用嘴吃喝,天天用嘴说话,嘴太忙,所以用眼睛耳朵的机会太少了。前后二十多天之中,我竟没有工夫记日记。后来在《大公报》和《国闻周报》上读了胡政之先生的两种两粤游记,我很感觉惭愧。他游两粤,恰在我之后,走的路也恰和我走的大致一样;但他是一个有训练的名记者,勤于记载每天的观察,所以他的游记很可供读者的参考。我因为当时没有日记,回家后又两次患流行性感冒,前后在床上睡了十天,事隔日久,追忆起来更模糊了。但因为许多朋友的催逼,所以我决定写出一些追忆的印象和事实,做我第一次南游的报告。

一、香港

我在元旦上午坐哈里生总统船南下,1月4日早晨到香港,住在香港大学副校长韩耐儿(Sir William Hornell)的家里。我在香港的日程,先已托香港大学文学院长佛斯脱先生(Dr. L. Forster)代为排定。西洋人是能体谅人的,所以每天上午都留给我自由支配,一切宴会讲演都从下午一点开始。所以我在港五天,比较很从容,玩了不少地方。

船到香港时,天还未明,我在船面上眺望,看那轻雾中的满山灯光,真像一天繁星。韩校长的家在半山,港大也在半山,在山上望见海湾,望见远近的岛屿,气象比青岛、大连更壮丽。香港的山虽不算在十八世纪与十九世纪初年的时候,在工业革命尚未完成的时代,政府所担任的责任与现在的责任,完全不同。当时,人民的思想,趋重个人自由,政治上时髦的哲学是无为而治(Laissez Faire)。政府,在人民的眼光中,是免不了的恶孽(Necessary evil)。因此,政府所做的事,愈少愈好。

如今,工业革命以后的世界,一切经济的和政治的环境完全改换了。政府的责任,以及人民对政府的态度,完全改变了。

美国芝加哥大学有位教授(L. D. White)在他著的《行政学》里曾经说过:

> 工业革命以及因工业革命而发生许多社会的,经济的,及政治的变化,对于近来新的社会哲学以及人民对行政上新的态度,应负完全责任。无为而治,已经为哲学家及政治家所放弃。团体协作,乃二十世纪流行的思潮,这种大规模的工业发展,在运输上铁道,汽车,飞机等等新的设备;在交通上邮政,电报,电话,无线电等等新的进步;以及人口向工业地点集中的趋势和强有力的经济阶级的结合;这一切现象,不但扩充了行政上的范围和职务,同时加增了行政上新的问题,且使旧的问题更为复杂。

他又说:

> 工业革命已令"无为而治"的思想,成为不可能的事实。新的环境已逼迫人民承认国家为团体合作及社会裁制的一种机关,国家已成为实现社会改良程序上一种重要的机关。

总而言之,工业革命以后,社会上一切经济的及政治的问题,日趋复杂。这一切问题,已经非个人或私人团体所能驾驭的了。这一切问题,是国家的责任,同时就是行政上的作业了。这是二十世纪的政治,更要注重行政的理由。

我们再看,政治上这些新的作业,若铁路,电报,汽车,飞机,采矿,殖荒,等等,那一件不在科学的范围,那一项不依靠科学的知识?譬如说,1921年,有人调查美国依泥诺意州的州政府,他行政上的专家,若化学家,若微生物学家,若工程师,若物理学家,若史学家,若心理学家,若动物学家,若植物学家,若森林学家,若矿业学家,若统计学家等等在二百五拾左右,换言之,二十世纪政治上所做的大半是科学上的事。

同时,二十世纪政治上的行政,本身已经成为一种科学。行政是管理,我们已经说过。二十世纪行政的标准,是要适合经济的和能率的(Efficiency)两个条件。管理一切极复杂极繁难的社会的,经济的,及政治的作业,同时要适合经济与能率两个条件,管理本身,非采用科学的方法不可。

科学的管理法,是二十世纪一切私人及公家的组织上的一种新运动。欧美工商业上的一切大公司,大工厂,他们的行政,已经科学化了,是大家所看到的事实。同时,看看英、美等国的政府,何常不是天天有许多人在研究政治上科学的行政方法?

政府,普通称为机关。机关,就是机器的意思。机器自然要专家来驾驭。

中山先生主张对于民国的官吏,我们应看他们是一班汽车夫样的专家,这是有道理的。

二十世纪的政治行政,已成了专门科学,二十世纪的行政人员,要有专门知识,就是这个意义。

…………

根据上面所说的话,我对于现在中国的政治,有下列这样的结论。

中国目前政治上紊乱的状况,根本的罪孽,是在不懂政治的人,把持国家的政权,不懂行政的人,包办国家的行政。

中国目前的政治,是在这两种恶势力夹攻之下:(一)武人政治;(二)分赃政治。

武人政治,是用不着解释的。从中央政府的政权,一直到各省政府的政权,从国的行政,一直到党的行政,都受武人的支配。这一班武人,配不配称为二十世纪的军事专家,已经是大问题了。他们在政治上,那一个经过了相当的政治训练,那一个得到了粗浅的政治智识?拿一班毫无政治智识,毫无政治训练的武人,来支配,操纵,且包办国家的政治,结果自然闹成今日的政治局面。叫个东洋车夫去开汽车,发生危险的事,自在意计中。中国今日的政治,就与此相类。

如今一班武人,背熟了几句党八股,开口就"资本""地权",闭口就"创议""复决",好像二十世纪政治和经济上的一切专门的问题,用喊口号,念标语的方法可以解决似的。大胆说一句,这一班武人,那一个说得清楚什么是"资本",什么是"地权",什么是"创议",什么是"复决"。

倘有人把一连兵士,交给我这毫无军事智识的人去指挥他们作战,我一定敬谢不敏。因为我不是军事专家。但是一班士官,保定,黄埔出来的军事专家,确不顾虑这些。他们政治上的主席,财政上的委员,各部部长,各市市长,都居之不疑。其勇气当然可佳,其结果自然可悲了。

什么是分赃政治?我们平心问问,如今中国这几十万官吏,从最高的院长,部长,一直到守门的门房,扫地的差役,是怎样产生出来的。既没有选举,又没有考试,这几十万人是不是由推荐,援引,夤缘,苟且的方法产生出来的。试问,一个国家的官吏,专靠推荐,援引,夤缘,苟且的方法来产生,这是不是拿国家的官位当赃物?这种制度,是不是分赃制度?

有人或者要说戴院长所主持的考试院已经组织就绪了,分赃制度快打破了。不过我们且不要乐观太早了。我们且读读11月29日《申报》上这段关于考试院的消息。

考试院内部组织就绪

"考试院铨叙部内之三司九科,及秘书处简荐任职各员,已分别任定,开始办公,委任职各员,正由临时铨叙委员会审核履历,缘自考试院筹备起至在铨叙期间止各方所介绍人员,有八九百人之多,铨叙部内只能容二百余人,考选委员会只能容百余人,故现就介绍各员中,切实审查除不合格者不计外,其履历合格者,亦令其补呈说明文件,以便汇告院长鉴定,再行委派,至考选会已派定数员,从事筹备,俟考选委员任定后,即正式组织,俾与院部同时成立,考试院印信,于正式成立时,再行启用。28日。"

从这段消息里,我们就知道堂堂的考试院,那一班负责任去铨叙旁人,去考试旁人的老爷们,自己的出身,就是"介绍"来的。考试院本身的组织,就是靠推荐,援引,夤缘,苟且为根据,配谈什么国家官吏的铨叙及考试?

在分赃制度盘据政局的时期中,拔茅连茹,鸡犬升天,是自然的结果。谈得上什么专家政治?

如今的分赃制度又拿着党治的招牌来做护身符。政局上又流行了"各机关用人,党人先用;各机关去人,非党人先去"的口号。这当然与"专家政治"四字南辕北辙了。谁敢说中国的政治上,党人都是专家,非党人都非专家?"党治"两字的意义,仿佛记得中山先生的解释,与如今实现的局面,有点不同。"希望党人努力做大事,不要做大官",仿佛记得中山先生有这样的教训。这种教训,似乎如今已成了不合时宜的格言了。

主张党治的人,坚持要有"训政"时期。所谓"训政",当然是承认政治是种专门智识,人民非经过一番训练,得到相当的政治智识,不能作政治活动。我们主张专家政治的人,姑且承认这点。

谁来训政?怎样训政?这又是我们急急要知道的两个问题。文人去练兵,武人来训政,恐怕这是同等的滑稽。倘若政治上真要训政,那些导师,当然要请政治上的专家来担任。士官,保定,黄埔出来的专家,他们或者可以训军,训政一层,恐怕用非所学了。如今,军事方面,国家费许多钱去请德国的军事专家来担任,本国的军事专家,却放弃他们的专门学术,来担任政治教练,这又是学非所用了。

留心考察考察中国近年来的政治,紊乱的现象,不在小民,实在大官,不在乡村,实在中央及地方的政府。其实,政治智识的缺乏,到底在那一方面,实在是一个问题。到底是小民或者是官吏先要训练,这实在是大问题。中国的小民,拿来和英美的国民比较,我们小民在政治上的智识,实赶不上他们,这是应该承认的。今日中国的执政诸公,比比英美的当局,普通常识,其又如何,专门智识,其又如何?训政一层,先从官吏做起,等到一天,中国政治上的当权者,都成了政治上的专家，那时候，中国的政治问题，一定简单多多了。

其次，我们要研究怎样训政。训兵的目的是在使兵士知道如何运用枪炮。练兵的方法是给兵士一枝枪炮，使他实际练习。如今讲训政的人就不同了。他们希望人民懂政治，但不肯给人民政治权运用的机会。这又是陆地上教游泳的办法了。根本的原因，或者仍在游泳的教师，本身就不懂游泳的道理。教师就不懂下水的方法，所以他亦不敢让旁人下水游泳了。归根，又到了教师是不是专家了。

我个人谈政治，并不竞竞于空泛名词上的争论。政治的目的，是在管理众人的事。什么人有管理的知识及能力，我们小民就欢迎谁来管理。"党治"亦可以，我们先问问谈"党治"的人，是否先能"治党"。"训政"亦可以，我们先问问训练我们的人，他们政治上的知识，是否可以为训。换言之，我们要问问管理众人的事的人，是否管理上的专家。

其次，二十世纪的世界，与春秋战国时代总应该有点分别。打得赢的就出来做皇帝，这种念头，与民治政治不能并容。所谓民治云云，就是管理众人的事的一切专家，应由人民用公开的和正当的方法去聘请。所谓公开的和正当的方法，就是选举与考试。同时，我并相信，在推荐，援引，夤缘，苟且的政途上，真正的专家是不屑于入政治的。最后的结论是：

只有正当的选举和公开的考试，才能产生真正的专家政治。只有专家政治，才能挽救现在的中国。

（原载 1929 年 4 月 10 日《新月》第 2 卷第 2 号）

南游杂忆

也都热心赞助这件改革事业。但他们希望一个能主持这种改革计划的人,这个人必须兼有四种资格:(一)须是一位高明的国学家,(二)须能通晓英文,能在大学会议席上为本系辩护,(三)须是一位有管理才干的人,(四)最好须是一位广东籍的学者。因为这样的人才一时不易得,所以这件改革事业至今还不曾进行。

香港大学创始于爱里鹗爵士(Sir Charles Eliot),此君是一位博学的学者,精通梵文和巴利(Pali)文,著有《印度教与佛教》三巨册;晚年曾任驻日本大使,退休后即寄居奈良,专研究日本的佛教,想著一部专书。书稿未成,他因重病回国,死在印度洋的船上。1927年5月,我从美国回来,过日本奈良,曾在奈良旅馆里见着他。那一天同餐的,有法国的勒卫先生(Sylvan Levi),瑞士(现改法国籍)的戴弥微先生(Demieville),日本的高楠顺次郎先生和法隆寺的佐伯方丈,五国的研究佛教的学人聚在一堂,可称盛会。于今不过八年,那几个人都云散了,而当日餐会的主人已葬在海底了!

爱里鹗校长是最初推荐钢和泰先生(Baron Stael-Holstein)给北京大学的人。钢先生从此留在北京,研究佛教,教授梵文和藏文,至今十五六年了。香港大学对中国学术上的贡献,大概要算这件事为最大。可惜爱里鹗以后,这样的学术上的交通就不曾继续了。

香港的教育问题,不仅是港大的中文教学问题。我在香港曾和巢坤霖先生、罗仁伯先生细谈,才知道中小学的中文教学问题更是一个急待救济的问题。香港的人口,当然绝大多数是中国人。他们的儿童入学,处处感觉困难。最大的困难是那绝大多数的华文学校和那少数的英文中学不能相衔接,华文学校是依中国新学制的六六制办的,小学六年,中学也六年。英文中学却有八年。依年龄的分配,在理论上,一个儿童读了四年小学,应该可以接上英文中学的最低级(第八级)。事实上却不然,华人子弟往往要等到初中二三年(即第八九年)方才能考英文中学。其间除了英文之外,其余的他种学科都是学过了还须重习的。这样的不相衔接,往往使儿童枉费去三年至五年的光阴。所以这是一个最严重的问题。香港与九龙的华文学校约有八百所,其中六百校是完全私立的,二百校是稍有政府津贴的。英文中学校之中，私立的约有一百校，其余最好的三十校又分三种：一种是官立的，一种是政府补助的，一种是英国教会办的。因为全港受英国统治与商业的支配，故学生的升学当然大家倾向那三十所设备最好的英文中学。无力升学的学生，也因为工商业都需要英文与英语，也都有轻视其他学科的倾向。还有一些人家，因为香港生活程度太高，学费太贵，往往把子弟送往内地去求学；近年中国学校不能收未立案的学校学生，所以叫香港儿童如想在内地升学，必须早入中国的立案学校。所以香港的中小学的教学问题最复杂。家长大都希望子弟能早学英文，又都希望他们能多学一点中国文字，同时广东人的守旧风气又使他们迷恋中国古文，不肯彻底改用国语课本。结果是在绝大多数的中文学校里，文言课本还是很占势力，师资既不易得，教学的成绩自然不会好了。

罗仁伯先生是香港中文学校的视学员，他是很虚心考虑这个中文教学问题的，他也不反对白话文。但他所顾虑的是：白话文不是广东人的口语，广东儿童学白话未必比学文言更容易，也未必比学文言更有用。这不仅是他一个人的顾虑，广东朋友往往有这种见解。其实这种意思是错的。第一，今日的"国语"本是一种活的方言，因为流行最广，又已有文学作品做材料，所以最容易教学；学了也最有用。广东话也是一种活的方言，但流行比较不远，又产生的文学材料太少，所以不适宜用作教学工具。广东人虽不说国语，但他们看白话小说，新体白话文字，究竟比读古书容易的多多了。第二，"广东话"决不能解决华南一带语言教学问题，因为华南的语言太复杂了，广东话之外，还有客话，潮州话，等等。因为华南的语言太复杂了，所以用国语作统一的语言实在比在华北、华中还更需要。第三，古文是不容易教的，越下去，越不容易得古文师资了。而国语师资比较容易培养。第四，国语实在比古文丰富的多，从国语入手，把一种活文字弄通顺了，有志学古文的人将来读古书也比较容易。第五，我想香港的小学中学若彻底改用国语课本，低级修业年限或可以缩短一二年。将来谋中文学校与英文中学的衔接与整理，这也许是很可能的一个救济方法——所以我对于香港的教育家，很诚恳的希望他们一致的改用国语课本。

我在香港讲演过五次：三次用英文,两次用国语。在香港用国语讲演,不是容易的事。1月6日下午,我在香港华侨教育会向两百多华文学校的教员演说了半点钟,他们都说可以勉强听官话,所以不用翻成广东话。我说的很慢,自信是字字句句清楚的。因为我怕他们听不明白,所以那篇演说里没有一句不是很浅近的话。第二天各华字报登出会场的笔记,我在《大光报》上读了一遍,觉得大旨不错,我很高兴,因为这样一篇有七八成正确的笔记使我相信香港的中小学教员听国语的程度并不坏,这是最可乐观的现象,在十年前这是决不可能的。后来广州各报转载的,更后来北方各报转载的,大概都出于一个来源,都和《大光报》相同。其中当然有一些听错的地方,和记述白话语气不完全的地方。例如我提到教育部王部长的广播演说,笔记先生好像不知道王世杰先生,所以记作汪精卫先生了。又如我是很知道广州人对香港的感情的,所以我很小心的说"我希望香港的教育家接受新文化,用和平手段转移守旧势力,使香港成为南方的一个新文化中心",我特别把"一个新文化中心"说的很清楚,但笔记先生好像不曾做惯白话文,他轻轻的把"一个"两字丢掉了,后来引起了广州人士不少的醋意！又如最后笔记先生记的有这样一句话：

现在不同了。香港最高级教育当局也想改进中国的文化。

这当然是很错误的纪录：我说的是香港最高教育当局现在也想改善大学里的中国文学的教学了,所以我接着说港大最近请两位中国学者来计划中文系的改革的事业。凡有常识而无恶意的读者,看了上下文,决不会在这一句上挑眼的,谁知这句句子后来在中山大学邹校长的笔下竟截去了上下文,成了一句天下驰名的名句！

那篇演说,因为各地报纸都转载了,并且除了上述各点小误之外,记载的大体不错,所以我不用转载在这里了。我的大意是劝告香港教育家充分利用香港的治安和财富,努力早日做到普及教育；同时希望他们接受中国大陆的新潮流,在思想文化上要向前走,不要向后倒退。可是我在后半段里提到广东当局反对白话文,提倡中小学读经的政策。我说的很客气,笔记先生记的是：

>现在广东很多人反对用语体文,主张用古文;不但古文,而且还提倡读经书。我真不懂。因为广州是革命策源地,为什么别的地方已经风起云涌了,而革命策源地的广东尚且守旧如此。

这段笔记除了"风起云涌"四个字和"尚且"二字我决不会用的,此外的语气大致不错。我说的虽然很客气,但读经是陈济棠先生的政策,并且曾经西南政务会议正式通令西南各省,我的公开反对是陈济棠先生不肯轻轻放过的。于是我这篇最浅近的演说在1月8日广州报纸上登出之后,就引起很严重的反对。我丝毫不知道这回事,8日的晚上,我上了"泰山"轮船,一觉醒来,就到了广州。

罗文干先生每每取笑我爱演说,说我"卖膏药"。我不懂这句话的意思,直到那晚上了轮船,我才明白了。我在头等舱里望见一个女人在散舱里站着演说,我走过去看,听不懂她说的是什么问题,只觉得她侃侃而谈,滔滔不绝,很像是一位有经验的演说大家。后来问人,才知道她是卖膏药的,在那边演说她手里的膏药的神效。我忍不住暗笑了;明天早起,我也上省卖膏药去!

二、广州

1月9日早晨六点多,船到了广州,因为大雾,直到七点,船才能靠码头。有一些新旧朋友到船上来接我,还有一些新闻记者围住我要谈话。有一位老朋友托人带了一封信来,要我立时开看。我拆开信,中有云:"兄此次到粤,诸须谨慎。"我不很了解,但我知道这位朋友说话是很可靠。那时和我同船从香港来的有岭南大学教务长陈荣捷先生,到船上来欢迎的有中山大学文学院长吴康先生,教授朱谦之先生,还有地方法院院长陈达材先生,他们还不知道广州当局对我的态度。陈荣捷先生和吴康先生还在船上和我商量我的讲演和宴会的日程。那日程确是可怕的!除了原定的中山大学和岭南大学各演讲两次之外,还有第一女子中学,青年会,欧美同学会等,四天之中差不多有十次讲演。上船来的朋友还告诉我:中山大学邹鲁校长出了布告,全校学生停课两天,使他们好去听我的讲演。又有人说:青年会昨天下午开始卖听讲券,一个下午卖出了两千多张。

我跟着一班朋友到了新亚酒店。已是八点多钟了。我看广州报纸,才知道昨天下午西南政务会议开会,就有人提起胡适在香港华侨教育会演说公然反对广东读经政策,但报纸上都没有明说政务会议议决如何处置我的方法。一会儿,吴康先生送了一封信来,说:

> 适晤邹海滨先生云:此间党部对先生在港言论不满,拟劝先生今日快车离省,暂勿演讲,以免发生纠纷。

邹、吴两君的好意是可感的,但我既来了,并且是第一次来观光,颇不愿意就走开。恰好陈达材先生问我要不要看看广州当局,我说:林云陔主席是旧交,我应该去看看他。达材就陪我去到省政府,见着林云陔先生,他大谈广东省政府的"三年建设计划"。他问我要不要见见陈总司令,我说,很好。达材去打电话,一会儿他回来说:陈总司令本来今早要出发向派出剿匪的军队训话,因为他要和我谈话,特别改迟出发。总司令部就在省政府隔壁,可以从楼上穿过。我和达材走过去,在会客室里略坐,陈济棠先生就进来了。

陈济棠先生的广东官话,我差不多可以全懂。我们谈了一点半钟,大概他谈了四十五分钟,我也谈了四十五分钟。他说的话很不客气:"读经是我主张的,祀孔是我主张的,拜关、岳也是我主张的。我有我的理由。"他这样说下去,滔滔不绝。他说:"我民国十五年到莫斯科去研究,我是预备回来做红军总司令的。"但他后来觉得共产主义是错的,所以他决心反共了。他继续说他的两大政纲:第一是生产建设,第二是做人。生产的政策就是那个"三年计划",包括那已设未设的二十几个工厂,其中有那成立已久的水泥厂,有那前五六年才开工出糖的糖厂。他谈完了他的生产建设,转到"做人",他的声音更高了,好像是怕我听不清似的。他说:生产建设可以尽量用外国机器,外国科学,甚至于不妨用外国工程师。但"做人"必须有"本",这个"本"必须要到本国古文化里去寻求。这就是他主张读经祀孔的理论。他演说这"生产""做人"两大股,足足说了半点多钟。他的大旨和胡政之先生"粤桂写影"所记的陈济棠先生一小时半的谈话相同,大概这段大议论是他时常说的。

我静听到他说完了,我才很客气的答他,大意说:"依我的看法,伯南先生的主张和我的主张只有一点不同。我们都要那个'本',所不同的是:伯南先生要的是'二本',我要的是'一本'。生产建设须要科学,做人须要读经祀孔,这是'二本'之学。我个人的看法是:生产要用科学知识,做人也要用科学知识,这是'一本'之学。"

他很严厉的睁着两眼,大声说:"你们都是忘本!难道我们五千年的老祖宗都不知道做人吗?"

我平心静气的对他说:"五千年的老祖宗,当然也有知道做人的。但就绝大多数的老祖宗说来,他们在许多方面实在够不上做我们'做人'的榜样。举一类很浅的例子来说罢。女人裹小脚,裹到骨头折断,这是全世界的野蛮民族都没有的惨酷风俗。然而我们的老祖宗居然行了一千多年。大圣大贤,两位程夫子没有抗议过,朱夫子也没有抗议过,王阳明、文文山也没有抗议过。这难道是做人的好榜样?"

他似乎很生气,但也不能反驳我。他只能骂现存中国的教育,说"都是亡国的教育";他又说,现在中国人学的科学,都是皮毛,都没有"本",所以都学不到人家的科学精神,所以都不能创造。在这一点上,我不能不老实告诉他:他实在不知道中国这二十年中的科学工作。我告诉他:现在中国的科学家也有很能做有价值的贡献的了,并且这些第一流的科学家又都有很高明的道德。他问,"有些什么人?"我随口举出了数学家的姜蒋佐,地质学家的翁文灏、李四光,生物学家的秉志,——都是他不认识的。

关于读经的问题,我也很老实的对他说:我并不反对古经典的研究,但我不能赞成一班不懂得古书的人们假借经典来做复古的运动。"这回我在中山大学的讲演题目本来是两天都讲'儒与孔子',这也是古经典的一种研究。昨天他们写信到香港,要我一次讲完,第二次另讲一个文学的题目。我想读经问题正是广东人眼前最注意的问题,所以我告诉中山大学吴院长,第二题何不就改作'怎样读经?'我可以同这里的少年人谈谈怎样研究古经典的方法。"我说这话时,陈济棠先生回过头去望着陈达材,脸上做出一种很难看的狞笑。我当作不看见,仍旧谈下去。但我现在完全明白是谁不愿意我在广州

"卖膏药"了！

以上记的，是我们那天谈话的大概神情。旁听的只有陈达材先生一位。出门的时候，达材说，陈伯南不是不能听人忠告的，他相信我的话可以发生好影响。我是相信天下没有白费的努力的，但对达材的乐观我却不免怀疑。这种久握大权的人，从来没有人敢对他们说一句逆耳之言，天天只听得先意承志的阿谀谄媚，如何听得进我的老实话呢？

在这里我要更正一个很流行的传说。在十天之后，我在广西遇见一位从广州去的朋友，他说，广州盛传胡适之对陈伯南说："岳武穆曾说，'文官不要钱，武官不怕死，天下太平矣'。我们此时应该倒过来说，'武官不要钱，文人不怕死；天下太平矣'。"——这句话确是我在香港对胡汉民先生说的。我在广州，朋友问我见过胡展堂没有，我总提到这段谈话。那天见陈济棠先生时，我是否曾提到这句话，我现在记不清了。大概广州人的一般心理，觉得这句话是我应该对陈济棠将军说的，所以不久外间就有了这种传说。

我们从总司令部出来，回到新亚酒店，罗钧任先生，但怒刚先生，刘毅夫（沛泉）先生，罗努生先生，黄深微（骚）先生，陈荣捷先生，都在那里。中山大学文学院长吴康先生又送了一封信来，说：

> 鄙意留省以勿演讲为妙。党部方面空气不佳，发生纠纷，反为不妙，邹先生云，昨为党部高级人员包围，渠无法解释。故中大演讲只好布告作罢。渠云，个人极推重先生，故前布告学生停课出席听先生讲演。惟事已至此，只好向先生道歉，并劝先生离省，冀免发生纠纷。
>
> 1月9日午前十一时

邹校长的为难，我当然能谅解。中山大学学生的两天放假没有成为事实，我却可以得着四天的假期，岂不是意外的奇遇？所以我和陈荣捷先生商量，爽性把岭南大学和其他几处的讲演都停止了，让我痛痛快快的玩两天。我本来买了来回船票，预备赶十六日的塔虎脱总统船北回，所以只预备在广州四天，在梧州一天。现在我和西南航空公司刘毅夫先生商量,决定在广州只玩两天,又把船期改到十八日的麦荆尼总统船,前后多出四天,坐飞机又可以省出三天,我有七天(11—18)可以飞游南宁和柳州、桂林了。罗钧任先生本想游览桂林山水,他到了南宁,因为他的哥哥端甫先生(文庄)死了,他半途折回广州。他和罗努生先生都愿意陪我游桂林,我先去梧州讲演,钧任等到13日端甫开吊事完,飞到南宁会齐,同去游柳州、桂林。我们商量定了,我很高兴,就同陈荣捷先生坐小汽船过河到岭南大学钟荣光校长家吃午饭去了。

那天下午五点,我到岭南大学的教职员茶会。那天天气很热,茶会就在校中的一块草地上,大家团坐吃茶点谈天。岭大的学生知道了,就有许多学生来旁观。人越来越多,就把茶会的人包围住了。起先他们只在外面看着,后来有一个学生走过来对我说:"胡先生肯不肯在我的小册子上写几个字?"我说可以,他就摸出一本小册子来请我题字。这个端一开,外面的学生就拥进茶会的团坐圈子里来了。人人都拿着小册子和自来水笔,我写的手都酸了。天渐黑下来了。草地上蚊子多的很,我的薄袜子抵挡不住,我一面写字,一面运动两只脚,想赶开蚊子。后来陈荣捷先生把我拉走,我上车时,两只脚背都肿了好几块。

晚上黄深微先生和他的夫人邀我到他们家中去住,我因为旅馆里来客太多,就搬到东山,住在他们家里。十点钟以后,报馆里有人送来明天新闻的校样,才知道中山大学邹鲁校长今天出了这样一张布告:

国立中山大学布告第七十九号

为布告事。前定本星期四五两下午二时请胡适演讲。业经布告在案。现阅香港《华字日报》。胡适此次南来接受香港大学博士学位之后。在港华侨教育会所发表之言论。竟谓香港最高教育当局。也想改进中国的文化。又谓各位应该把他做成南方的文化中心。复谓广东自古为中国的殖民地等语。此等言论。在中国国家立场言之。胡适为认人作父。在广东人民地位言之。胡适竟以吾粤为生番蛮族。实失学者态度。应即停止其在本校演讲。合行布告。仰各学院各附校员生一体知照。届时照常上课为要。此布。

　　　　　校长　邹鲁　中华民国二十四年一月九日

这个布告使我不能不佩服邹鲁先生的聪明过人。早晨的各报记载八日下午西南政务会议席上讨论的胡适的罪过,明明是反对广东的读经政策。现在这一桩罪名完全不提起了,我的罪名变成了"认人作父"和"以吾粤为生番蛮族"两项!广州的当局大概也知道"反对读经"的罪名是不够引起广东人的同情的,也许多数人的同情反在我的一边。况且读经是武人的主张,——这是陈济棠先生亲口告诉我的——如果用"反对读经"做我的罪名,这就成了陈济棠反对胡适了。所以奉行武人意旨的人们必须避免这个真罪名,必须向我的华侨教育会演说里去另寻找我的罪名,恰好我的演说里有这么一段话:

　　我觉得一个地方的文化传到它的殖民地或边境,本地方已经变了,而边境或殖民地仍是保留着它老祖宗的遗物。广东自古是中国的殖民地,中原的文化许多都变了,而在广东尚留着。像现在的广东音是最古的,我现在说的话才是新的(用各报笔记,大致无大错误)。

假使一个无知苦力听了这话忽然大生气,我一定不觉得奇怪。但是一位国立大学校长,或是一位国立大学的中国文学系主任居然听不懂这一段话,居然大生气,说我是骂他们"为生番蛮族",这未免有点奇怪罢。

我自己当然很高兴,因为我的反对读经现在居然不算是我的罪状了,这总算是一大进步。孟子说的好,"乃孔子则欲以微罪行,不欲为苟去"。邹鲁先生们受了读经的训练,硬要我学孔子的"做人",要我"以微罪行",我当然是很感谢的。

但九日的广州各报记载是无法追改的,9日从广州电传到海内外各地的消息也是无法追改的。广州诸公终不甘心让我蒙"反对读经"的恶名,所以1月14日的香港英文《南华晨报》(*South China Morning Post*)上登出了中山大学教授兼广州《民国日报》总主笔梁民志(Prof. Liang Min-Chi)的一封英文来函,说:

我盼望能借贵报转告说英国话的公众,胡适博士在广州所受冷淡的待遇,并非因为(如贵报所记)他批评广州政府恢复学校读经课程,其实完全因为他在一个香港教员聚会席上说了一些对广东人民很侮辱又"非中国的"(Un-Chinese)批评。我确信任何人对于广州政府的教育政策如提出积极的批评,广州当局诸公总是很乐意听受的。

我现在把梁教授这封信全译在这里,也许可以帮助广州当局诸公多解除一点同样的误解。

我的膏药卖不成了,我就充分利用那两天半的时间去游览广州的地方。黄花岗,观音山,鱼珠炮台,石牌的中山大学新校舍,禅宗六祖的六榕寺,六百年前的五层楼的镇海楼,中山纪念塔,中山纪念大礼堂,都游遍了。中山纪念塔是亡友吕彦直先生(康南尔大学同学)设计的,图案简单而雄浑,为彦直生平最成功的建筑,远胜于中山陵的图案。黄花岗七十二烈士(中有亡友饶可权先生)墓是二十年前的新建筑,中西杂凑,全不谐和,墓顶中间一个小小的自由神石像,全仿纽约港的自由神大像,尤不相衬。我们看了民元的黄花岗,再看吕彦直设计的中山纪念塔,可以知道这二十年中国新建筑学的大进步了。

我在中山纪念塔下游览时,忽然想起学海堂和广雅书院,想去看看这两个有名学府的遗迹。同游的陈达材先生说,广雅书院现在用作第一中学的校址,很容易去参观。我们坐汽车到一中,门口的警察问我们要名片,达材给了他一张名片。我们走进去,路上遇着一中的校长,达材给我介绍,校长就引我们去参观。东边有荷花池,池后有小亭,亭上有张之洞的浮雕石像,刻的很工致。我们正在赏玩,不知如何被校中学生知道了,那时正是十二点一刻,餐堂里的学生纷纷跑出来看,一会儿荷花池的四围都是学生了。我们过桥时,有个学生拿着照相机走过来问我:"胡先生可以让我照相吗?"我笑着立定,让他照了一张相。这时候,学生从各方面围拢来,跟着我们走,有些学生跑到前面路上去等候我们走过。校长说:"这里一千三百学生,他们晓得胡先生来,都要看看你。"我很想赶快离开此地。校长说:"这里是东斋,因为老房屋有倒坏了的,所以全拆了重盖新式斋舍。那边是西斋,还保存着广雅书院斋舍的原样子,不可以不去看。"我只好跟他走,走到西斋,西斋的学生也知道我来了,也都跑来看我们。七八百个少年人围着我们,跟着我们,大家都不说话,但他们脸上的神气都很使我感动。校墙上有石刻的广雅书院学规,我站住读了几条回头看时,后面学生都纷纷挤上来围着我们,我们几乎走不开了。我们匆匆出来,许多学生跟着校长一直送我们到校门口。我们上了汽车,我对同游的两位朋友说:"广州的武人政客未免太笨了。我若在广州演讲,大家也许来看热闹,也许来看看胡适之是什么样子;我说的话,他们也许可以懂得五六成;人看见了,话听完了,大家散了,也就完了。演讲的影响不过如此。可是我的不演讲,影响反大的多了。因为广州的少年人都不能不想想为什么胡适之在广州不讲演。我的最大辩才至多只能使他们想想一两个问题,我不讲演却可以使他们想想无数的问题。陈伯南先生真是替胡适之宣传他的'不言之教'了!"

我在广州玩了两天半,1月11日下午,我和刘毅夫先生同坐西南航空公司"长庚"机离开广州了。

我走后的第二天,广州各报登出了中山大学中国文学系教授古直,钟应梅,李沧萍三位先生的两个"真电",全文如下:

　　一、广州分送西南政务委员会,陈总司令,林主席,省党部,林宪兵司令,何公安局长勋鉴,昔颜介庚信,北陷虏廷,尚有乡关之重,今胡适南履故土,反发盗憎之论,在道德为无耻,在法律为乱贼矣,又况指广东为殖民,置公等于何地,虽立正典刑,如孔子之诛少正卯可也,何乃令其逍遥法外,造谣惑众,为侵掠主义张目哉,今闻尚未出境,请即电令截回,径付执宪,庶几乱臣贼子,稍知警悚矣,否则老口北返,将笑广东为无人也。国立中山大学中文系主任古直、教员李沧萍、钟应梅,等叩,真辰。二、探送梧州南宁李总司令,白副总司令,黄主席,马校长勋鉴(前段与上电同略),今闻将入贵境,请即电令所在截留,径付执宪,庶几乱臣贼子,稍知警悚矣,否则公方剿灭共匪,明耻教战,而反容受刘

> 豫、张邦昌一流人物以自诩，天下其谓公何，心所谓危，不敢不
> 告。国立中山大学中文系主任古直、教员李沧萍、钟应梅叩，
> 真午。

电文中列名的李沧萍先生，事前并未与闻，事后曾发表谈话否认列名真电。所以1月16日中山大学日报上登出《古直、钟应梅启事》，其文如下：

> 胡适出言侮辱宗国。侮辱广东三千万人。中山大学布告驱之。定其罪名为认人作父。夫认人作父。此贼子也。刑罚不加。直等以为遗憾。真日代电。所以义形于色矣。李沧萍教授同此慷慨。是以分之以义。其实未尝与闻。今知其为北大出身也。则直等过矣。呜呼道真之妒。昔人所叹。自今以往。吾犹敢高谈教育教国乎。先民有言。丈夫行事当磊磊落落。特此相明。不欺其心。谨启。
>
> 古　直
钟应梅　启

这三篇很有趣的文字大可以做我的广州杂忆的尾声了。

三、广西

我们1月11日下午飞到梧州了，在梧州住了一夜，我在广西大学讲演一次，次日在梧州中山纪念堂公开讲演一次。广西大学校长马君武先生是我的老师，校中教职员有许多是中国公学的老朋友，所以我在梧州住的一天是最快乐的。大学在梧州的对岸，中间是抚河（漓水），南面是西江。我们到的太晚了，晚上讲演完后，在老同学谢厚藩先生的家里喝茶大谈，夜深过江，12日讲演完后，吃了饭就上飞机飞南宁了，始终没有机会参观西大的校舍与设备，这就是用嘴不能用眼的害处了。

12日下午到南宁（邕宁），见着白健生先生，潘宜之先生，邱毅吾（昌渭）先生等，都是熟人。住在乐群社，是一个新式的俱乐部，设备很好。梧州与南宁都有自来水，内地省分有两个有自来水的城市，是很难得的。白先生力劝我改船期，在广西多玩几天。我因为我的朋

友贵县罗尔纲先生的夫人和儿女在香港等候我伴送他们北上,不便改期。14日罗钧任和罗努生如约到了南宁,白健生先生又托他们力劝。白先生说,他可以实行古直先生们的"真电",封锁水陆空的交通,把我扣留在广西!后来我托省政府打电报请广西省银行的香港办事处把我和罗太太一家的船票都改了26日的胡佛总统船。这样一改,我在广西还可住十二天,尽够畅游桂林山水了。

我在邕宁住了六天,中间和罗努生到武鸣游了一天。钧任飞去龙州玩了一天,回来极口称美龙州的山水,可惜我不曾去。我在邕宁讲演了五次。19日飞往柳州,住在航空署,见着广西航空界的一般青年领袖。钧任、努生和我在柳州游览了半天,公开讲演一次。20日上午飞往桂林,在桂林讲演了两次,游览了两天,把桂林附近的名胜大致游遍了。22日上午,我和钧任、努生、毅夫,桂林县公署的秘书曹先生,飞机师赵志雄、冯星航两先生,雇了船去游阳朔。在漓水里走了一天半,23日下午才到阳朔。在阳朔游览了小半天,我坐汽车赶到良丰的省立师范专科学校讲演一次。讲演后坐汽车赶回桂林,已近半夜了。

24日早晨从桂林起飞,本想直飞梧州,在梧州吃午饭,毅夫夫妇约了在广州北面的从化温泉吃晚饭。但那天雾太低了,我们飞过了良丰,还没到阳朔,看前面云雾低压,漓水的河身不宽而两傍山高,所以飞机师赵先生决定折回向西,飞到柳州吃午饭,饭后顺着柳江浔江飞往梧州,在梧州吃夜饭,打电报到广州去报告那些在从化等我们吃夜饭的朋友们。在梧州住了一夜,25日从梧州飞回广州,赶上火车,晚上赶到香港。我们在梧州打电报问明胡佛船是26日早晨四点钟就要开的,前一天的大雾几乎使我又赶脱了船期!

这是我在广西的行程。以下先记广西的山水。

广西的山水是一种特异的山水,南宋大诗人范成大在他的《桂海虞衡志》里说的最好:

> 余尝评桂山之奇宜为天下第一。士大夫落南者少,往往不知;而闻者亦不能信。余生东吴,而北抚辽蓟,南宅交广,西使岷

> 峨之下,三方皆走万里,所至无不登览。……其最号奇秀莫如池之九华,歙之黄山,括之仙都,温之雁荡,夔之巫峡,此天下同称之者。然皆数峰而止耳,又在荒绝僻远之濒,非几杖间可得;且所以能拔乎其萃者,必因重冈复岭之势,盘亘而起,其发也有自来。桂之千峰,皆旁无延缘,悉自平地崛然特立,玉笋瑶篸,森列无际。其怪且多如此,诚当为天下第一。……山皆中空,故峰下多佳岩洞。

范氏指出两点特色:第一是诸峰"悉自平地崛然特立,玉笋瑶篸,森列无际"。第二是"山皆中空,故峰下多佳岩洞"。这两点都是广西山水的特色。这样"怪而多"的山都是石灰岩,和太湖石是同类;范石湖所指出的"山多中空,故多佳岩洞",也正和太湖石的玲珑孔窍同一个道理。在飞机上望下去,只看见一簇一簇的圆锥体黑山,笋也似的矗立着,密密的排列着,使我们不能不想着一千多年前柳宗元说的名句:"桂州多灵山,发地峭竖,林立四野。"这种山峰并不限于桂林,广西全省有许多地方都有这种现象。我们在飞机上望见贵县的南山诸峰,也是这样的。武鸣的四围诸山,也是这一类。我们所游的柳州诸山,还有我们不曾去游的柳州北面融县真仙岩一带的山岩,也都和桂林、阳朔同一种类。地质学者说,这种山岩并不限于广西一省,贵州的山也属于这一类。翁文灏先生说,这种山岩,地质学家称为"喀尔斯特"山岩(Karstic),在世界上,别处也有,但广西、贵州要算全世界最大的统系了。

徐霞客记广西的山水岩洞最详细,他在广西游了一年,——从崇祯丁丑(1637)闰四月初八到次年三月二十七,——写游记凡八万字,即丁文江标点本(商务印书馆出版,附地图)卷四至卷七。这是三百年前的游记,我们现在读了还不能不佩服那一位千古奇人脚力之健,精力之强,眼力之深刻,与笔力之细致。我们要知道广西岩洞的奇崛与壮美,不可不读徐霞客的游记;未游者固然应该读,已游者也不可不读。因为三百年来,还没有第二个人有这样伟大的好奇心,费这样长久的时间,专搜访自然的奇迹,作那么详细的记载。他所游的,往往有志书所不载,古今人所不知,或古人偶知而久无人到又被丛莽封塞了的。所以读过徐霞客粤西游记的人,真不能不感觉我们坐汽车匆匆游山的人真不配写游记:不但我们到的地方远不如他访搜所得的地方之多,我们到过的地方,所看见的,所注意到的,也都没有他在三百年前攀藤摩挲所得的多而且详尽。

凡听说桂林山水的,无人不知道桂林的独秀峰。图画上的桂林山水,也只有独秀峰最出名。徐霞客游遍了广西的山水,只不曾登独秀峰,因为独秀峰在桂林城中,圈在靖江王府里,须先得靖江王的许可,外人始得登览。徐霞客运动王府里的和尚代为请求,从五月初四日直到六月初一日,始终不得许可,他大失望而去。《游记》中屡记此事,最后记云:

> 五月二十九日,入靖藩城,订独秀期,主僧词甚辽缓。予初拟再至省一登独秀,即往柳州。至此失望,怅怅。

> 六月初一日,讹传流寇薄衡水,藩城愈戒严,予遂无意登独秀。独秀山北面临池,西南二麓予俱已绕其下,西岩亦已再探,惟东麓与绝顶未登。其他异于他峰者,只亭阁耳。

独秀峰现在人人可以登临了。其实此峰是桂林诸峰中的最低小的,高不过一百多尺!有石级可以从山脚盘旋直上山顶,凡三百六十级,其低可想!此峰所以独享大名,也有理由。徐霞客已说过,"其异于他峰者,只亭阁耳",现时山腰与山顶尚有小亭台可供游人休憩,是一胜。此山在城中,登山可望全城和四围山水,是二胜。诸峰多是石山,无大树木,独秀峰上稍有树木,是三胜。桂林诸大山以岩洞见奇,然而岩洞都是可游而不可入画的;独秀峰无岩洞,而娇小葱茏,有小亭阁,最便于绘画,故画家多喜画独秀,是四胜。有此四胜,就使此峰得大名!徐霞客两度到桂林,终以不得登独秀峰为憾事。我们在飞机上下望桂林附近的无数石山,几乎看不见那座小小的石丘,颇笑徐霞客的失望为大不值得!

徐霞客最称赏柳州北面融县的真仙岩,《游记》中有"真仙为天下第一"之语。可惜真仙岩我们没有去;我们游的岩洞,最大的是桂林七星山的岩洞,这岩洞一口为栖霞洞,一口为曾公岩。徐霞客从栖霞洞进去,从曾公岩出来,依他的估计,"自栖霞达曾公岩,径约二里;复自岩口出入盘旋三里"。我们从曾公岩进去,从栖霞出来,共费时五十五分钟。向导的乡人手拿火把(用纸浸煤油,插入长竹筒的一头),处处演说洞里石乳滴成的种种奇异形状:"这是仙人棋盘,那是仙人种田,那是金钟对玉鼓,这是狮子对乌龟,那是摩天岭,这是观音菩萨,那是骊山老母,……"那位领袖用很清楚的桂林话一一指给我们看,说给我们听,真如数家珍。洞中有一股泉水,有些地方水声很大。洞中石乳确有许多很奇伟的形态。我们带有手电筒。又有两三盏手提汽油灯,故看得比较清楚。洞中各处皆被油灯熏黑,石壁石乳,手偶摩抚,都是煤黑。徐霞客记他来游时,向导者用松明照路。千百年中,游人用的松明烟与煤油烟,把洞壁都熏黑了。其实这种岩洞大可装设电灯,可使洞中景物都更便于赏观,行路的人可以没有颠跌的危险,也可以免除油烟熏塞的气闷。向来做向导的村人,可以稍加训练,雇作看洞和导游的人,而规定入门费与向导费。如此则游人不以游洞为苦。若如现状,则洞中幽暗,游人非多人结伴不敢进来,来者又必须雇向导,人太少又出不起这笔杂费。

曾公岩是因曾布得名。曾布在元丰初年以龙图阁待制出外,知桂州。他是一个有文学训练的政治家,在桂时,游览各岩洞,到处都有他的刻石题名,不止此一处。

七星山的岩洞,据徐霞客的几次探访搜寻,共有十五洞,他说:

> 此山岩洞骈峙:栖霞在北,下透山之东西,七星在中,曲透西北出:碧虚岩在南,以东西上透。三穴并悬,六门各异。北又有"朝雪""高峙"两岩,皆西向。此七星山西面之洞也,洞凡五。……曾公岩西又有洞在峰半,攀莽上,洞口亦东南向。……此处岩洞骈峙者亦三。曾公岩北下同列者又有二岩。……此七星山东南之洞也,洞凡五。

> 若北麓省春三岩,会仙一岩,旁又浅洞一,则七星北面之洞也,洞凡五。一山凡得十五洞云。

我们所游,其实只是十五洞之一!我们在洞里,固是迷不知西东,出了岩洞,还是杳不知南北。看徐霞客连日攀登,遍游诸洞,又综合叙叙,条理井然,我们真不能不惭愧了!

七星山的对面就是龙隐岩,在月牙山的背后,洞的外口临江,水打沙进洞,堆积颇高,故岩上石刻题名有许多已被沙埋没了。龙隐岩很通敞,风景很美。岩外摩崖石刻甚多,有狄青等"平蛮三将题名"碑,字迹完好。

　　龙隐岩往西,不甚远,有小屋,我们敲门进去,有道士住在里面。此屋无后墙,靠山崖架屋,崖上石刻题记甚多,那最有名的《元祐党籍碑》即在此屋后。我久想见此碑,今日始偿此愿。元祐党籍立于徽宗崇宁元年(1102),最初只有九十八人,那是真正元祐(1086—1093)反新法的领袖人物。徽宗皇帝亲写党籍,刻于端礼门;后来又令御史台抄录元祐党籍姓名"下外路州军,于监司门吏厅,立石刊记"。到崇宁三年(1104)六月,又把元符末(1100)和建中靖国(1101)年间的"奸党"和"上书诋讥"诸人一齐"通入元祐籍,更不分三等"(三等是原分"邪上尤甚""邪上""邪中"各等)。这个新合并的党籍,共有三百九人,刻石朝堂。此碑到崇宁五年正月,因彗星出现,徽宗下诏毁碑,"如外处有奸党石刻,亦令除毁"。除毁之后,各地即无有此碑石刻。现今只有广西有两处摩崖刻本,一本在融县的真仙岩,刻于嘉定辛未(1211);一本即是桂林龙隐岩附近的摩崖,刻于庆元戊午(1198);这两本都是南宋翻刻的。桂林此本乃是用蔡京写刻拓本翻刻,故字迹秀挺可爱。两本都是三百九十人,已不是真正元祐党籍了,其中如章惇,曾布,陆佃等人,都是王安石新法时代的领袖人物,后来时势翻覆,也都列名奸党籍内,和司马光、吕公著诸人做了同榜!

　　广西的岩洞内外,有唐宋元明的名人题名石刻甚多。石灰岩坚固耐久,历千百年尚多保存很完整的。如舜山的摩崖《舜庙碑》,是唐建中元年(780)韩云卿所立,距今已一千一百五十五年了。又如我们从栖霞洞下山,路旁崖上有范成大题名,又有张孝祥题名,这都是南宋大文人,现在都在路旁茅草里,没有人注意。此类古代名人题记,往往可供历史考据,其手书石刻更可供考证字画题跋者的参考比较。广西现有博物馆,设在南宁。我们盼望馆中诸公能作系统的搜访,将各地的古石刻都拓印编纂,将来可以编成一部"广西石刻文字",其中定有不少历史的材料。

舜山有洞,名韶音洞,虽不甚深,而风景清幽,洞中有张栻(南轩)的《韶音洞记》石刻,字小,已不能全读了。洞前有庙,我们登楼小坐,前有清流,远望桂林诸山,在晚照中气象很雄伟。

城中人士常游的为象鼻山,伏波山,独秀峰,风洞山。其中以风洞山的风景为最胜。风洞山有北牖洞,虽曲折而多开敞之处,空气流通,多凉风,故名风凉,有小亭阁,下瞰江水,夏日多游人在此吃茶乘凉。

广西人说:"桂林山水甲天下,阳朔山水甲桂林。"我们游了桂林,决定坐船去游阳朔。一路上饱看漓水(抚河)的山水,但是因为我要赶香港船期,所以到了阳朔,只有几个钟头可以游览了。在小雨里,我们坐汽车到青厄渡,过渡后,下车泛览阳朔诸峰,仅仅能看一个大概。阳朔诸山也都是石山,重重叠叠,有作牛角双尖的,有似绝大石柱上半截被打断了的,有似大礼拜寺的,有似大石龟昂头向天的。远望去,重峰列岫,行列凌乱,在轻烟笼罩中,气象确是很奇伟。桂林诸山稍稍分散,阳朔诸山紧凑在江上;桂林诸山都无树木,此间颇有几处山上有大树木,故比较更秀丽。

但我们实在有点辜负了阳朔的山水,我们把时间用在船上了,到了这里只能坐汽车看山,未免使山水笑人。大概我们误会了"阳朔山水必须用船去游"的意思。我后来看徐霞客的游记,始知阳朔诸山都可以用船去细细游览。我们若再来,可以坐汽车到阳朔,然后雇船去从容游山。阳朔诸山也多洞岩,徐霞客所记龙洞岩,珠明洞,来仙洞,都令人神往;其中珠明洞凡有八门,最奇伟。我们没有攀登一处的岩洞,颇失望。

但我们这回坐船游阳朔,也有很好的收获。《徐霞客游记》里没有提到"光岩",我们却有半夜游光岩的豪举。光岩是刘毅夫先生前年发现的,所以他力劝我们坐船游阳朔,一半也是为了要游光岩。船到光岩时,已半夜了,我们都睡了。毅夫先生上岸去,先雇竹筏进去探看,出来时他把竹筏火把都准备好了,然后把我们都从睡梦里轰起来,跟他去游洞。光岩口洞临江,洞甚空敞,洞里石乳甚多而奇,有明朝游人石刻甚多。毅夫前年曾探此洞,偶见洞后水面上还有小洞,洞口很低,离水面不过两三尺;毅夫想出法子来,用竹排子撑进去探险,须全身弯倒始能进去。进去后,他发现里面还有很奇的岩洞,为向来游人所未曾到过。所以他很高兴,在第一洞石壁上题字指示游人深入探奇。今夜他带领我们进洞口,石壁上他的墨笔题记还如新的。我们一班人分坐三个竹排子,排子上平铺着大火把,大家低头弯腰,进入第二洞。里面共有三层大洞,都很高大,有种种奇形的石乳。最后一洞内有石乳作荷藕形,凡八九节,须节都全,绝像真藕,每一洞内都有沙涨成滩,都是江水打进来的。每过一洞口,都须低头用手攀住上面岩石,有时撑船〔排〕的人都下水去用手推竹排子。第二洞以后,石壁上全无前人题刻,大概古人都不知有这些幽境。毅夫为游此洞,在桂林特别买了一个价值十七元的大电筒,每进一洞,他用大电筒指示各种石乳给我们看。他说,最后一洞的顶上有三个小洞透入光线,也许"光岩"之名是从那里来的。晚间我们当然看不见那三处透光的小洞。但我想里洞既非前人所熟知,光岩之名未必起于这透光的小孔,大概因前洞高敞通明,故得光岩之名。此洞之发现,毅夫之功最多,最后一洞大可以题作"沛泉洞"(毅夫名沛泉)。毅夫说,此洞颇像浙西金华的双龙洞。

徐霞客记他从阳朔回桂林的途中,"舟过水绿村北七里,西岸一岩,门甚高敞,东向临江,前垂石成龙,曰蛟头岩",其地在兴平之南约三里,不知即是光岩否。

漓水的一日半旅程,还有一件事足记。船上有桂林女子能唱柳州山歌,我用铅笔记下来,有听不明白的字句,请同行的桂林县署曹文泉科长给我解释。我记了三十多首,其中有些是绝妙的民歌。我抄几首最可爱的在这里:

一

燕子飞高又飞低,两脚落地口衔泥。
我俩二人先讲过,贫穷落难莫分离。

二

石榴开花叶子青,哥哥年大妹年轻。

妹子年轻不懂事,哥哥拿去耐烦心。

三

大海中间一枝梅,根稳不怕水来推。
我们连双先讲过,莫怕旁人说是非。

四

如今世界好不难!井水不挑不得干。
竹子搭桥哥也过,妹妹跌死也心甘。

五

高山高岭一根藤,藤上开花十九层。
你要看花尽你看,你要摘花万不能。

六

要吃笋子三月三,要吃甜藕等塘干。
要吃大鱼长放线,想连小妹耐得烦。

七

买米要买一斩白,连双要连好脚色。
十字街头背锁链,旁人取笑也抵得。

八

妹莫愁来妹莫愁,还有好日在后头。
金盆打水妹洗脸,象牙梳子妹梳头。

九

大塘干了十八年,荷叶烂了藕也甜。
刀切藕断丝不断,同心转意在来年。

我们在柳州的时间太短,只游了几次名胜之地。柳州城三面是江,我们在飞机上看柳江从西北来,绕城一周,往东北去。空中望那有名的立鱼山,真有点像个立鱼。那天下午,我们去游立鱼山,有岩洞很玲珑,我们匆匆不曾遍游。傍晚我们去游罗池柳宗元祠堂,有苏东坡写的韩退之《罗池庙碑》的迎享送神辞大字石刻。退之原辞石刻有"春与猿吟分秋鹤与飞"一句,颇引起后人讨论。今东坡写本此句直作"春与猿吟分秋与鹤飞",此当是东坡从欧阳永叔之说,以"秋鹤与飞"为石刻之误,故改正了。石刻原碑也往往可以有错误,其误多由于写碑者的不谨慎。《罗池庙碑》原刻本有误字后经刊正,见于《东雅堂韩集校语》。后人据石本,硬指"秋鹤与飞"为有意作倒装健语,似未必是退之本意。

我们从阳朔回桂林时,路上经过良丰的师范专科学校,我在那边讲演一次。其地原名雁山,也是一座石山,岩壑甚美。清咸丰、同治之间,桂林人唐岳买山筑墙,把整个雁山围在园里,名为雁山园。后来园归岑春煊,岑又转送给省政府,今称为西林公园,用作师专校址。现有学生二百三十人。我们到时,天已黑了;讲演完始吃晚饭,晚饭后,校长罗尔荄先生和各位教员陪我们携汽油灯游雁山。岩洞颇大,中有泉水,流出岩外成小湖。洞中多凉风,夏间乘凉最宜。洞中多石乳,洞口上方有石乳所成龙骨形,颇奇突。园中旧有花树三千种,屡次驻兵,花树多荒死,现只存几百种了。有绿萼梅,正开花,灯光下奇艳逼人。校中诸君又引我们去看红豆树,树高约两丈余。教员沈君说,这株红豆树往往三年才结子一次。沈君藏有红豆,拿来遍赠我们几个同游的人。红豆大于檀香山的相思子约一倍,生在豆荚里,荚长约一寸半。

游岩洞时,我问此岩何名,他们说,"向来没有岩石,胡先生何不为此岩取一个名字,作个纪念?"我笑说,"此去不远有条相思江,岩下又有相思红豆树,何不就叫他做相思岩?"他们都赞许这个名字。次日我在飞机上想起这个相思岩来,就戏仿前夜听得的山歌,作小诗寄题"相思岩":

  相思江上相思岩。

  相思岩下相思豆。

  三年结子不嫌迟。

  一夜相思叫人瘦。

这究竟是文人的山歌,远不如小儿女唱的道地山歌的朴素而新鲜。

那天我在空中又作了一首小诗,题为"飞行小赞":

  看尽柳州山,

  看遍桂林山水,

天上不须半日，
地上五千里。

古人辛苦学神仙，
要守百千戒。
看我不修不炼，
也凌云无碍。

四、广西的印象

这一年中，游历广西的人发表的记载和言论都很多，都很赞美广西的建设成绩。例如美国传教家艾迪博士（Sher wood Eddy）用英文发表短文说，"中国各省之中，只有广西一省可以称为近于模范省。凡爱国而具有国家的眼光的中国人，必然感觉广西是他们的光荣。"这是很倾倒的赞语。艾迪是一个见闻颇广的人，他虽是传教家，颇能欣赏苏俄的建设成绩，可见他的公道。他说话也很不客气，他在广州作公开讲演，就很明白的赞美广西，而大骂广东政治的贪污。所以他对于广西的赞语是很诚心的。

我在广西住了近两星期，时间不算短了，只可惜广西的朋友要我缴纳特别加重的"买路钱"，——讲演的时间太多，观察的时间太少了，所以我的记载是简单的，我的印象也是浮泛的。

广西给我的第一个印象是全省没有迷信的，恋古的反动空气。广州城里所见的读经，祀孔，祀关岳，修寺，造塔，等等中世空气，在广西境内全没有了。当西南政务会议的祀孔通令送到南宁时，白健生先生笑对他的同僚说："我们的孔庙早已移作别用了，我们要祀孔，还得造个新孔庙！"

广西全省的庙宇都移作别用了，神像大都打毁了。白健生先生有一天谈起他在桂林（旧省会）打毁城隍庙的故事，值得记在这里。桂林的城隍庙是最得人民崇信的。白健生先生毁庙的令下来之后，地方人民开会推举了许多绅士去求白先生的老太太，请她劝阻她的儿子；他们说："桂林的城隍庙最有灵应，若被毁了，地方人民必蒙其祸殃。"白老太太对她儿子说了,白先生来对各位绅士说:"你们不要怕,人民也不用害怕。我可以出一张告示贴在城隍庙墙上,声明如有灾殃,完全由我白崇禧一人承当,与人民无干。你们可以放心了吗?"绅士们满意了。告示贴出去了。毁庙要执行了。奉令的营长派一个连长去执行,连长叫排长去执行,排长不敢再往下推了,只好到庙里去烧香祷告,说明这是上命差遣,概不由己,祷告已毕,才敢动手打毁神像! 省城隍庙尚且不免打毁,其余的庙宇更不能免了。

我们在广西各地旅行,没有看见什么地方有人烧香拜神的。人民都忙于做工,教育也比较普遍,神权的迷信当然不占重要地位了,庙宇里既没有神像,烧香的风气当然不能发达了。

在这个破除神权迷信的风气里,只有一个人享受一点特殊的优容。那个人就是总部参军季雨农先生。季先生是合肥人,能打拳,为人豪爽任侠;当民国十六年,张宗昌部下的兵攻合肥,他用乡兵守御县城甚久。李德邻先生带兵去解了合肥之围,他很赏识这个怪人,就要他跟去革命。季先生是有田地的富人,感于义气,就跟李德邻先生走了。后来李德邻、白健生两先生都很得他的力,所以他在广西很受敬礼。这位季参军颇敬礼神佛,他无事时爱游山水,凡有好山水岩洞之处,若道路不方便,他每每出钱雇人修路造桥。武鸣附近的起凤山亭屋就是他修复的。因为他信神佛,他每每在这种旧有神祠的地方,叫人塑几个小小的神佛像,大都不过一尺来高的土偶,粗劣的好笑。他和我们去游览,每到一处有神像之处,他总立正鞠躬,同行的人笑着对我说:"这都是季参军的菩萨!"听说柳州立鱼山上的小佛像也是季参军保护的菩萨。广西的神权是打倒了,只有一位安徽人保护之下,还留下了几十个小小的神像。

广西给我的第二个印象是俭朴的风气。一进了广西境内,到处都是所谓"灰布化"。学校的学生,教职员,校长;文武官吏,兵士,民团,都穿灰布的制服,戴灰布的帽子,穿有钮扣的黑布鞋子。这种灰布是本省出的,每套制服连帽子不过四元多钱。一年四季多可以穿,天气冷时,里面可加衬衣;更冷时可以穿灰布棉大衣。上至省主席总司令,下至中学生和普通兵士,一律都穿灰布制服,不同的只在军人绑腿,而文人不绑腿。这种制服的推行,可以省去服装上的绝大糜费。广西人的鞋子,尤可供全国的效法。中国鞋子的最大缺点在于鞋身太浅,又无钮扣,所以鞋子稍旧了,就太宽了,后跟收不紧,就不起步了。广西布鞋学女鞋的办法,加一条扣带,扣在一边,所以鞋子无论新旧,都是便于跑路爬山。

广西全省的对外贸易也有很大的入超。提倡俭朴,提倡用土货,都是挽救入超的最有效方法。在衣服的方面,全省的灰布化可以抵制多少洋布与呢绸的输入!在饮食嗜好方面,洋货用的也很少。吸纸烟的人很少,吸的也都是低价的烟卷,最高贵的是美丽牌。喝酒的也似乎不多,喝的多是本省土酒。有一天晚上,邕宁各学术团体请我吃西餐,——我在广西十四天,只有此一次吃西餐,——我看见侍者把啤酒斟在小葡萄酒杯里,席上三四十人,一瓶啤酒还倒不完,因为啤酒有汽,是斟不满杯的。终席只有一大瓶啤酒就可斟两三巡了。我心里暗笑广西人不懂怎样喝啤酒。后来我偶然问得上海啤酒在邕宁卖一元六角钱一瓶!我才明白这样珍贵的酒应该用小酒杯斟的了。我们在广西旅行,使我们更明白:提倡俭朴,提倡土货,都是积极救国的大事,不是细小的消极行为。

广西是一个贫穷的省份;不容易担负新式的建设。所以主持建设的领袖更应该注意到人民的经济负担的能力。即如教育,岂不是好事?但办教育的人和视学的人眼光一错,动机一错,注重之点若在堂皇的校舍,冬夏之操衣等等,那样的教育在内地就都可以害人扰民了。我们在邕宁、武鸣各地的乡间看见小学堂的学生差不多全是穿着极破烂的衣裤,脚下多是赤脚,偶有穿鞋,也是穿破烂的鞋子。固然广西的冬天不大冷,所以无窗户可遮风的破庙,也不妨用作校舍,赤脚更是平常的事。然而我们在邕宁的时候,稍有阴雨,也就使人觉得寒冷(此地有"四时常是夏,一雨便成秋"的古话)。乡间小学生的褴褛赤脚,正可以表示广西办学的人的俭朴风气。我在邕宁乡间看的那个小学还是"广西普及国民基础教育研究院"的一个附属小学哩。广西教育厅长雷沛鸿先生正在进行全省普及教育的计划,请了几位专家在研究院里研究实行的步骤和国民基础教育的内容。他们的计划大旨是要做到全省每村至少有一个国民基础学校,要使八岁到十二岁的儿童都能受两年的基础教育。我看了那些破衣赤脚的小学生,很相信广西的普及教育是容易成功的。这种的学堂是广西人民负担得起的,这样的学生是能回到农村生活里去的。

广西给我的第三个印象是治安。广西全省现在只有十七团兵,连兵官共有两万人,可算是真能裁兵的了。但全省无盗匪,人民真能享治安的幸福。我们作长途旅行,半夜后在最荒凉的江岸边泊船,打起火把来游岩洞,惊起茅蓬里的贫民,但船家客人都不感觉一毫危险。汽车路上,有山坡之处,往往可见一个灰布少年,拿着枪杆,站在山上守卫。这不是军士,只是民团的团员在那儿担任守卫的义务。

广西本来颇多匪祸,全省岩洞最多,最容易窝藏盗匪。有人对我说,广西人从前种田的要背着枪下田,牧牛的要背着枪赶牛。近年盗匪肃清,最大原因在于政治清明,县长不敢不认真作事,民团的组织又能达到农村,保甲的制度可以实行,清乡的工作就容易了。人民的比较优秀分子又往往受过军事的训练,政府把旧式枪械发给兵团,人民有了组织,又有武器,所以有自卫的能力。广西诸领袖常说他们的"三自政策"——自卫,自给,自治。现在至少可以说是已做到了人民自卫的一层。我们所见的广西的治安,大部分是建筑在人民的自卫力之上的。

在这里,我可以连带提到广西给我的第四个印象,那就是武化的精神。我用"武化"一个名词,不是讥讽广西,实是颂扬广西。我的朋友傅孟真先生曾说,"学西洋的文明不难,最难学的是西洋的野蛮"。他的意思是说,学西洋文化不难,学西洋的武化最难。我们中国人聪明才智足够使我们学会西洋的文明,但我们的传统的旧习惯,旧礼教,都使我们不能在短时期内学会西洋人的尚武风气。西洋民族所到的地方,个个国家都认识他们的武力的优越,然而那无数国家之中,只有一个日本学会了西洋的武化,其余的国家——从红海到太平洋——没有一个学会了这个最令人歆羡而又最不易学的方面。然而学不会西洋武化的国家,也没有工夫来好好的学习西洋的文化,因为他们没有自卫力,所以时时在救亡图存的危机中,文化的努力是不容易生效力的。

中国想学人家的武化(强兵),如今已不止六十年了,始终没有学到家。这是很容易解释的。中国本是一个受八股文人统治的国家,根本就有贱视武化的风气,所以当日倡办武备学堂和军官学校的大臣,决不肯把他们自己的子弟送进去学武备。日本所以容易学会西洋的武化,正因为武士在封建的日本原是地位最高的一个阶级。在中国,尽管有歌颂绿林好汉的小说,当兵却是社会最贱视的职业,比做绿林强盗还低一级!在这种心理没有转变过来的时候,武化是学不会的。

在最近十年中,这种心理才有点转变了。转变的原因是颇复杂的:第一是新式教育渐渐收效了,"壮健"渐渐成为人们羡慕的对象了,运动场上的好汉也渐渐被社会崇拜了。第二是辛亥革命以来中央各省的政权往往落在军人手里,军人的地位抬高了。第三是民十四五年之间,革命军队有了主义的宣传,多有青年学生的热心参加,使青年人对于"革命军人"发生信仰与崇羡。第四是最近四年的国难,尤其是淞沪之战与长城之战,使青年人都感觉武装捍卫国家是一种最光荣的事业。——这里最后的两个原因,是上文所说的心理转变的最重要原因。军人的可羡慕,不在乎他们的地位之高或权威之大,而在乎他们的能为国家出死力,为主义出死力。这才是心理转变的真正起点。

可惜这种心理转变来的太缓,太晚,所以我们至今还不曾做到武化,还不曾做到民族国家的自卫力量。但在全国各省之中,广西一省似乎是个例外。我们在广西旅行,不能不感觉到广西人民的武化精神确是比别省人民高的多,普遍的多。这不仅仅是全省灰布制服给我们的印象,也不仅仅是民团制度给我们的印象。我想这里的原因,一部分是历史的,一部分是人为的。一是因为广西民族中有苗、猺、獞、狪、狑、猓猓(今日官书均改写"猺,童,同,令,果果")诸原种,富有强悍的生活力,而受汉族柔弱文化的恶影响较少。(广西没有邹鲁校长和古直主任,所以我这句话是不会引起广西朋友的误会的。)一是因为太平天国的威风至今还存留在广西人的传说里。一是因为广西在近世史上颇有受民众崇拜的武将,如刘永福,冯子材之流,而没有特别出色的文人,所以民间还不曾有重文轻武的风气。一是因为在最近的革命战史上,广西的军队和他们的领袖曾立大功,得大名,这种荣誉至今还存在民间。一是因为最近十年中,全省虽然屡次经过大乱,收拾整顿的工作都是几个很有能力的军事领袖主持的,在全省人民的心目中,他们是很受崇敬的。——因为这种种原因,广西的武化,似乎比别省特别容易收效。我到邕宁的时候,还在"新年"时期,白健生先生邀我到公共体育场去看"舞狮子"的竞赛。狮子有九队,都是本地公务人员和商人组织的。舞狮子之外,还有各种武术比赛,参加的有不少的女学生,有打拳的,有舞刀的。利用"过年"来提倡尚武的精神,也是广西武化的一种表示。至于民团训练的成绩是大家知道的。去年萧克西窜,广西派出剿御的军队只有六团是省军,其余都是民团,结果是把萧克主力差不多打完了。去冬朱毛西窜,广西派出的省军作战的只有十一团,民团加入的有十五联队,共约二万人,结果是朱毛大败而逃,死的三千多,俘虏的七千多。广西学校里的军事训练,施行比别省早,成绩也比别省好。在学校里,不但学生要受军训,校长教职员也要受军训,所以学校里的"大队长"的地位与权力往往比校长高的多。中央颁布的兵役法,至今未能实行,广西却已在实行了;去冬剿共之后,军队需要补充,省府实行征兵八千名,居然如期满额。若在江南各省,能做到这样的成绩吗?广西征兵之法是预先在各地宣传国民服兵役的重要和光荣;由政府派定各区应抽出壮丁的比例,例如某村有壮丁百人,应征二十分之一,村长(即小学校长,即后备队队长)即召集这一百壮丁,问谁愿应征;若愿去者满五人,即已足额;若不足五人,即用抽签法决定谁先去应征。这次征来的新兵,我们在桂林遇见一些,都是很活泼高兴的少年,有进过中学一两年的,有高小毕业的。在那独秀峰最高亭子上的晚照里,我们看那些活泼可爱的灰布青年在那儿自由眺望,自由谈论,我们真不胜感叹国家民族争生存的一线希望是在这一辈武化青年的身上了!

广西给我的印象,大致是很好的。但是广西也有一些可以使我们代为焦虑的地方。

第一,财政的困难是很明显的。广西是个地瘠民贫的地方,担负那种种急进的新建设,是很吃力的。据第一回广西年鉴的报告,二十二年度的全省总收入五千万元之中,百分之三十五有零是"禁烟罚金",这是烟土过境的税收。这种收入是不可靠的;将来贵州或不种烟了,或出境改道了,都可以大影响到广西省库的收入。同年度总支出五千二百万元之中,百分之四十是军务费,这在一个贫瘠的省分是很可惊的数字。万一收入骤减了,这样巨大的军务费是不是能跟着大减呢?还是裁减建设经费呢?还是增加人民负担呢?

第二,历史的关系使广西处于一个颇为难的政治局势,成为所谓"西南"的一部分。这个政治局势,无论对内对外都是很为难的。我们深信李德邻、白健生诸先生的国家思想是很可以依赖的,他们也曾郑重宣言他们绝无用武力向省外发展的思想。白先生曾对我说:"当我们打散萧克军队之后,贵州人要求我们的军队驻扎贵州,我们还不肯留。我们决不会打别省的主意。"这是我们可以相信的。但我们总觉得两广现在所处的局势,实在不能适应现时中国的国难局面。现在国人要求的是统一,而敌人所渴望的是我们的分裂。凡不能实心助成国家的统一的,总不免有为敌人所快意的嫌疑。况且这个独立的形势,使两广时时感觉有对内自保的必要,因此军备就不能减缩,而军费就不能不扩张。这种事实,既非国家之福,又岂是两广自身之福吗?

第三,我们深信,凡有为的政治,——所谓建设——全靠得人与否。建设必须有专家的计划,与专家的执行。计划不得当,则伤财劳民而无所成。执行不得当,则虽有良法美意,终归于失败。广西的几位领袖的道德,操守,勤劳,都是我们绝对信任的。但我们观察广西的各种新建设,不能不感觉这里还缺乏一个专家的"智囊团"做设计的参谋本部；更缺乏无数多方面的科学人才做实行计划的工作人员。最有希望的事业似乎是兽医事业，这是因为主持的美国罗铎（Rodier）先生是一位在菲律宾创办兽医事业多年并且有大成效的专家。我们看他带来的几位菲律宾专家助手，或在试种畜牧的草料，或在试验畜种，或在帮助训练工作人员，我们应该可以明白一种大规模的建设事业是需要大队专家的合作的，是需要精密的设备的，是需要长时期的研究与试验的，是需要训练多数的工作人员的。然而邕宁人士的议论已颇嫌罗铎的工作用钱太多了，费时太久了，用外国人太多了，太专断不受商量了。"求治太急"的毛病，在政治上固然应该避免，在科学工艺的建设上格外应该避免。我在邕宁的公务人员的讲演会上，曾讲一次"元祐党人碑"，指出王荆公的有为未必全是，而司马温公诸人的主张无为未必全非。有为的政治有两个必要的条件：一是物质的条件，如交通等等；一是人才的条件，所谓人才，不仅是廉洁有操守的正人而已，还须要有权威的专家，能设计能执行的专家。这种条件若不具备，有为的政治是往往有错误或失败的危险的。

五、尾声

1月26日早晨，胡佛总统船开了。我在船上无事，读了但怒刚先生送我的一册粤讴。船上遇着何克之先生，下午我到他房里去闲谈。见他正在做黄花冈凭吊的诗。我一时高兴，就用我从粤讴里学来的广州话写了一首诗。后来到了上海，南京，我把这首诗写出请几位广东朋友改正。改定本是这样的：

> 黄花冈
> 黄花冈上自由神，
> 手揸火把照乜人？
> 咪话火把唔够亮，
> 睇佢吓倒大将军。

我题桂林良丰的《相思岩》山歌，已记在前面了。后来我的朋友寿生先生看见了这首山歌，他说它不合山歌的音节，不适宜于歌唱。

他替我修改成这个样子:

> 相思江上相思岩,
> 相思豆儿靠岩栽,
> (他)三年结子不嫌晚,
> (我)一夜相思也难挨。

寿生先生生长贵州,能唱山歌,这一只我也听他唱过,确是哀婉好听。我谢谢他的好意。

二十四,八,十二

附录　粤桂写影

胡政之

一　广西的一般观察

从广东到广西,最易叫人感觉到的便是广东富而广西贫,广东大而广西小,他们因为贫,所以上下一致,埋头苦干;因为小,所以官民合衷,情感融合。又因为自知其为贫而小,所以当局的人们,非常虚衷谦抑,很欢迎外省人士的合作与批评,办事虽然带一点"土气",然而诚实有朝气,是在任何地方没有如此普遍的。广西除军队多由桂省人士统带之外,其政治教育各方面,皆看得出外省人的活动。就拿第四集团军的重要僚椽说,政训处长潘宜之先生是湖北人,秘书处长邱毅吾(昌渭)先生是湖南人,顾问王吉占(恒)先生是江西人,朱佛定(文辅)先生是江苏人,他们和本省人都非常水乳。广西中学校最缺乏英数理化的教员,尤其欢迎外省人在那里当中学教员,月薪可得一百四十元,较在政界当差为优,而且地位稳固,因为教员都受省府委任,不随校长为进退。广西最好的现象是官民打成一片。从梧州到柳州桂林,随时随地都看得出上下协和,军政民团结一致的精神。广西却可说是"共苦均贫",这是广西上下融洽的原动力。美国艾迪博士前月在广西视察,认为非常满意,他有一篇文章,叙述感想,中有一段说道:"若杂处民间而随处可闻人民讴歌官吏之德政者,我惟于广西一省见之。"人民之言曰："吾省之官吏皆努力而诚实,其中多有一贫似吾辈者,彼等绝无赌博浪费贪污等弊,且早眠早起,清晨七点半即在办公室矣。"这些话都是事实。

广西是李(宗仁)白(崇禧)黄(旭初)三人合治。李以宽仁胜,涵盖量最大,白以精干胜,办事力最强,黄则绵密而果毅,处分政务事务,极有条理。要拿军事地位作譬,李当然是位总司令,白可称为前敌总指挥,黄则坐镇后方,保持着能进能退的坚实地位,这是广西最大特色。因为他们三个领袖皆能利用各人所长来以身作则,把勤俭朴质,刻苦耐劳的风气树立起来,传播到全省,于是地方虽小虽贫,而无游民,无乞丐。广西向来多匪,山深林密,素号难治,现在却做到夜不闭户,路不拾遗。我本意想从桂林到全州,过黄沙河,经湘南永州祁阳转长沙汉口北旋。因为连天大雨,汽车到了大路江口。水涨桥折,不能到达湘边。不得已折回桂林,再往柳州,迄夜晚九时方始到柳。第二天上午四点便起身上车,当晚九时赶到梧州。这两天驶行将近三千里的汽车路,以孤车在黑暗中翻山越岭,如履坦途,非治安特别良好,何敢如此冒险？所以然者,有精诚合作的好领袖,才能有安分守法的好人民,广西的特长,不在什么物质建设,实在这点苦干实干的真精神。我们再看：农村复兴,可算是近年中国的时髦口号；然而真正深入民间,唤起民众,从而组织之者,广西要算效率最佳的了。这因为在别省或者仅由学者鼓吹,或者只得局部实验,惟独广西,合军政两署的努力,在自卫自治自养三位一体的口号之下,调练民团,编制村甲,依政治的力量,硬把农村建设起来,我旅行所经,看见许多乡村,辟有乡村公路,设有公共苗圃,整洁而肃穆,足为改革力量达到下层的表征。如能循序渐进,再得三五年继续不断的工作,一定有更好的成绩。

广西的民团组织和国民教育,都另外有他的一套办法,容当另节介绍。此处我所愿特别指出者,第一是在上的人以身作则,不言而行的美德。他们不但自己努力向上,为民表率,并且设法表扬若干本省的先辈名人,鼓舞后人景仰,如刘永福,冯子材,甚至岑春煊,陆荣廷之类,把像片悬挂各公共场所,引起一般民众崇拜名贤爱国爱乡的心理，这都是振作群众精神的一种方法；第二便是弥漫社会的一团朝气。例如他们因为要训练民团，于是严格施行公务员的军训，省政府厅长委员年在四十五岁以上的人们，照章本可豁免，但是他们仍然自愿与青年们同样出操，以资民众矜式。又如在他处地方，天甫微明，一定行人稀少，广西却是上午五时，便已行人载途。广西政界虽然薪俸很薄，但因应酬甚少，无有浪费，家家都有贫而乐的气象，尤其在旧历新年中间，虽在深山穷谷，到处都有熙来攘往的光景。桂省军政人员，自总司令省主席起，人人都着五元毫洋一套的制服，我在南宁，白健生先生请我在他私宅去看剿共电影，得窥他的私生活，其简单朴实，比我辈穷书生有过之无不及，这实在是广西改革政治易于推行的一大原因。他们一般皆没有嗜好，公娼虽有，指定在特别地方营生，公务员概不许游荡；政府虽赖贵州过境的鸦片特税挹注，人民却不许吸烟。纸烟最上等的仅抽美丽牌，娱乐则象棋为最流行，此外别无消耗精神金钱的工具。

广西社会还有一大特色，就是妇女都是从事生产工作，与他处之游惰放纵者完全不同。她们不但能够种地饲畜，还能肩挑背负。我们乘车在深山中疾驶，常能遇见青年妇女，挑负重载，独身行走；甚至大腹孕妇，还可背负幼儿，肩承重担，行无所事。这等情形，不特江南少见，即在北方也很稀奇。桂省当局因为要矫正城市妇女官员眷属游惰荒嬉之习，特别在武鸣桂林等处，设立女子工读学校，招收僚佐妻女，入校读书习艺，一方减轻男子负担，一方免除打牌应酬恶习，此亦惟在广西环境乃能办到耳。广西山水，著名古今，但是不以伟大胜，而以峭拔显，其民族性亦然，多有矫矫不群不受羁勒的气慨。近代太平天国革命，主力多赖广西人士。即最近数年，广西迭遭外省军队侵入，结局悉被打出；盖因桂人有宁肯入山为盗，不肯屈服于人的气质，而山岭重重，易守难攻，尤占地利。我们只要认明此点，就可以判断广西将来的前途，而该省富于农产森林之利，宜于农而不宜于工商，更为该省政治上难期发展的铁证。桂省当轴屡向记者声明，志在修明省政，敬恭桑梓，但求能保和平，壹意亲仁善邻，按之环境，舍此本也别无可走的途径，所以广西在中国大局上，实在没有什么危险性。

二 广西的政事与军事

广西久已实行军民分治，习惯上从无军人干预民政之事，亦从来不发生军队长官向地方提款之举。一切军费，仍须按照预算，向省政府财政厅支领，此种秩序，实广西军人领袖手造之。省政府的组织，较他省为简单。主席之下，只有民财教三厅，此外有经济委员会，卫生委员会，统计局，工商局。两局局长由闽人杨绰庵君担任，干练能办事，全省许多大事，都能拿数字列表指示，该局编有广西年鉴一书，很有参考价值。广西诸事从俭，新式建筑绝无仅有，省政府却是新修的，因为要适合于合署办公，所以不惜公帑建造。从去年一月一日起已经实行合署。主席黄旭初先生每天从上午八时一定到公事房，各厅厅长办公室，非常之小，室外是秘书科长的办公室；此外科员们占用二三间大厅不等。都是一人一桌一凳，女职员颇不在少，到处是静肃无声。各厅不能直接收发文件，一概由省府总收总发。省府设有总务处，下设庶务会计和档案保管的机关，最好是物品保管处，无论何厅处需要东西，全向保管处领取。庶务采办物品，也交保管处收领后，会计方能发价。保管处所用单据簿册，很是完全，虽一张信纸一个信封，也要登记。每天用纸若干，全须列表送长官核阅，其组织和新式商业公司相仿。条理明晰，手续清楚，实为历来公务机关所罕见。据他们的比较表看来，合署以前和合署以后，浮费之节省，公文之减小，确有成效。他们全部一府三厅以及各委员会人员，不过六百人，也不能算多。

他们的行政设施，完全根据二十三年三月二十七日党政军联席会议通过的"广西建设纲领"办理。据说是最低的原则，所以并非空立的宣传，而是实际的指针，兹为介绍如下：

政治建设：（一）整齐国家民族社会力量，由地方行政集团的建设，以为复兴民族之基础。（二）以现行民团制度，组织民众，训练民众，养成人民自卫自给自治能力，以树立真正民主政治之基础。（三）树立廉洁贤明政治，肃清贪官污吏，制裁土豪劣绅，以保障人民生命财产自由。（四）以量入为出为标准，厉行预算决算制度，并严禁苛细捐税。(五)整饬行政组织,以提高行政效能。(六)厉行考试铨叙制度并确定公务人员之保障。

经济建设:(七)实施统制经济,发展国家资本。(八)在统制经济政策下,保障民族资本,奖励私人投资。(九)用累进税率,征收所得税,营业税及遗产税。(十)施行社会政策,依法保障农工利益,消弭阶级斗争。(十一)整理土地,奖励垦荒,振兴水利,以发展农村经济。(十二)推行合作事业,并兴办农民银行,严禁一切高利贷。(十三)筹措资金,革新旧式农业,振兴与农业相适应之工业,使农工业平衡发展,以达到工业化为目的。

文化建设:(十四)提高民族意识,消弭阶级斗争,为一切教育,思想,艺术,道德,法律,风俗之最高原则,以发扬前进的民族文化。(十五)实施适应政治,经济,军事需要的教育。国民基础教育,强迫普及;中等教育,注重职业;高等教育,注重建设专门人才之养成;中等以上学校,并实施军事训练。

军事建设:(十六)改革军制,由寓兵于团,达到国民义务兵役。

省府根据以上原则,实施许多政令,最要的如:(一)县政府之下,划分区乡村甲,在城市则为区镇街甲。以百户为一甲,由各户以统及个人。区乡(镇)村(街)甲各置一长,令其组织公所;同时加紧乡村镇街干部人员及民团之训练,使民众有纪律,有组织,有团结,与政府休戚相关,连成一气。(二)现任公务人员无论荐任委任,均先铨定资格,后再按级叙用,此后县长和荐任委任人员,概须经过考试,方得任用,中小学教员亦将由省县政府检定。对于公务人员,制定服务规程,实行年功加俸。经过考试任用的人员,非有过犯呈经省政府核准,不得撤换。这些都是采用各国官吏登庸的办法,使贪污无法幸进,贤良能有保障。(三)设广西卫生委员会,计划卫生行政,划梧州南宁桂林三个卫生区,每区要设一省立医院。又为防治牛瘟起见,在南宁设一家畜保育所,聘美国兽医专家罗铎博士为所长,除治疗家畜病症外,并制造防疫血清,推行全省,以保猪牛等类的健康,滋其繁殖。罗铎曾在菲律宾主持此类事业,极有成效,此事于农村生活,功德无量,广西此举,在中国还是破天荒,所以很得中外识者的好评。

我在参观该所的时候,罗铎对我解说,备见热诚。(四)广西本是农业地方,每年可收两季,现因鉴于安南冬季种植之有利,省府极力奖励冬耕,各县办法不一,大致提倡冬耕,征工劳作,收获所得,概为村街公所学校经费。此外更奖励造林,设置乡有林及村有林,用以增加乡村公共财产。广西各地都遍种榕树,据闻系美国种,极易生长,十年后可作枕木之用云。

时贤对于地方政治,近多注重县政,然而实际上政府政令真能贯彻到县者几于绝无而仅有。广西情形却不然,不但县长不敢玩忽省令,即各区乡村甲中间也可看得出政府政令的推行。不过在广西作县长,确是太苦。他们每月起码薪水仅有一百一十元,公费才得二百元,全衙门办事不过十人八人,是以县长非常劳苦。有某县长对我说:我们在广西各县官须有三大本领,一要腿能跑,因为下乡时多,在衙日少,交通工具缺乏,到处需要步行。二是嘴会讲,因为省府政令频繁,督促綦严,非时时聚乡村甲长而告之,不能推行迅捷。三要手能写,以文字继口舌之穷。惟其如此,所以任县长者以本省人为最多,因生活程度较低,性耐劳苦也。我对广西省政,殊感其求治太急,条教太繁,每与各县人士晤谈,大都同此感想。

广西全省仅有兵队十七团,可算各省裁兵之最有成绩者,但是两次剿共,成绩甚好,尤以此次朱毛过境,被俘者确有七千多人,均经遣送闽赣等省,可见兵在精不在多之说,信而有征。广西军事重心,设在柳州,有航空处,合学校工厂为一处,规模视广州瞠乎后矣。南宁虽有一军事学校,但简陋已极,人数无多。桂省近年盛倡寓兵于团,寓将于学之说,实则现已由民团进而实施国民兵役。一切办法,多依中央颁布的兵役法执行,可为遵奉该法之第一次,因为两次剿共,省军损失不少,加以老弱退伍,需要补充,于是实行征兵八千名,先期在各处宣传国民兵役之必要,事后又令各处举行盛大的欢送新兵入伍式,居然将八千额数,如限召集,现在分置柳州南宁训练。我在南宁,曾往兵营所在地的西乡塘参观,所见新兵,都是身体健壮的农村青年,天真烂缦,煞是可爱,此项八千子弟,完全补充缺额,故桂省军队,依旧为十七团,并无增加。惟因征兵办理顺利,白健生先生对我极为自负,声言足以打破宋以来"好儿不当兵,好铁不打钉"的民众心理,深信复兴民族,于兹有望云。

三　广西民团的真相

广西民团最负盛名,也就是我到桂考察的主要目的。我到南宁后就请白健生先生让我去实地参观,并且要求和办理团务负责人员详细谈话。承他派历来主持团务的卢柏松先生陪伴我到武鸣去调查。在 2 月 5 日午前八时卢君带汽车到了旅馆,约我同往武鸣。我的朋友季雨农先生也一同前往。一路上卢君便把广西办团的经过,一一告诉于我,方知道这其间还有许多历史。大致广西办团始于民国十九年冬天,初名民团总指挥部,由当时的省主席黄绍雄任总司令,而白崇禧副之。二十年初,以白代黄,而以梁瀚嵩副之。二十一年六月因省政府组织健全,特将民团事务移交省府,设团务处主之,与秘书处并行,对外以主席名义施行,对内则对主席负责。行之颇久,最近一年,感觉以民团剿匪及军团人员的互调上,省府发号施令,不甚方便,又认为宜隶总部,是以现在省府团务处已经裁撤,而民团事务概归总司令部,此为主持团务机关变迁的经过。当初办之时,桂省方苦客军土匪滋扰,为应付环境计,令各县召集壮丁,二丁出一,五丁出二,多者每县编练四队(每队约九十人),少者一队,为常备队,专司捍卫地方。一面设警卫干部训练所,以军校学生拨入一部,另招中学生,得三百人,分派各属办团。其后感于民团之需要根本编练,乃决从查户口,编村甲,练干部从新办起。一方面普遍的编制壮丁,名为后备队,而令全省常备队集中于八区训练。其作用有三:(一)将常备队调出训练,地方无恃,可以迫其认真组织后备队。(二)打破县区界限。(三)教育整齐。一方面大规模训练干部人才。方二十年冬,常备队已有五六万人,乃停止编练,而以经费移充训练干部之用。预定四五年间练出三万人,供全省之需要,截至现在,此项人才,已有九千。方萧克朱毛等两次过境时,又尝编制特种后备队,系就已受训练者,再予两月之训练,使为官军剿匪之助力,此次朱毛受创于民团者甚重,民团之牺牲亦甚巨也。按广西现行民团条例,系二十三年十一月公布，视旧章大有差别，盖旧日所谓寓兵于团者，犹尚简单，今则民团性质，政治意味有十之七，而军事作用只十之三。缘广西之办民团，先本由乡间练起，二十二年方由李宗仁在党政军联席会提议，（一）城厢民团后备队应先行着手编练，以为乡村表率。（二）公务人员亦应受军训，以为学生受军训壮丁受团训之表率。由此以后，民团进行，日益进步，而政府对于民团之期待亦愈高。在政治方面，要他们能够自治，在经济方面，要他们能够自给，在军事方面，要他们能够自卫。试看他们最近的办法，是村长街长就是国民小学的校长，后备队的队长，可见他们是要以民团来推进一切政治经济的活动力。武鸣是南宁区民团指挥部的所在地，管辖十七县，指挥官是梁瀚嵩先生，乃桂军先进，诚笃热心，向我不厌求详地说明一切。据他们列表，南宁区壮丁共有四十二万四千五百九十人，已训练人数有六万四千一百一十一人，干部训练已毕业人数在计一千五百三十九人，正在训练中者为六百四十八人。此项干部学员，由区指挥部按其人数就所属各县镇街乡村各长，平均分配，令由县府按照资格征送。其人多曾充当校长教员，在街村中为最优秀分子，中学毕业生占百分之九十八。所受教育有政治常识，经济大意，农业常识，教育法令，自治章则等等，除出操外，或上堂听讲，或在田地工作。指挥部有附属地近百亩，开路挖塘，耕地种树，以及莳花饲畜，无一不学，短衣赤足，人人作苦力装，乍见之，绝不识其为文弱书生也。指挥部内园圃整洁，亦属干部学生所治理，此等严格锻炼，历时六月方为毕业。毕业后各回原职，故能将地方自卫自给自治之事项担负起来。我在武鸣看见一部分干部生出操回部，武伐之整齐，神态之发扬，虽精兵无以过之，足征训练之认真。我于参观完毕后，又偕梁瀚嵩先生等乘汽车至灵水及起凤山一游，此皆有名的风景区，我却借此看看沿途乡村公所的真相。最妙者村与村间，居然有很好的道路，皆是村民自修。村公所多设在废庙或祠堂之内，同时即为国民小学，房屋虽不佳，内容却整洁，一村的人户多寡，交通地形，以及学龄儿童的调查，都有图表悬挂在外，令人一目了然。公所多有民众开会场所，两旁有公众苗圃园林，布置得井井有条。村长态度亦好，见梁指挥官之亲热,宛若家人父子,令人旁观,羡慕赞叹,益信训练教育之有万能功用。游至下午三时,抱着十二分满意而返南宁。我又问卢柏松先生,他省办团,动辄发生团阀,为土劣所利用,桂省何以能免此弊?据卢君言,初办民团时,即侧重训练中学生充当干部,其后查户口,编村甲,亦注意于教育程度之高低。村长街长必以本村本街众望素孚而年在二十五以上四十五以下之人应选。如本人年龄过老,即推选其子侄,或则拔选受过中学教育者出任,若再无适当人选,即选邻村邻街之人,要之严禁旧日土劣混入。抑因训练甚苦,事务甚繁,旧日土劣,实亦无此能力,似此,团务根柢清白,自不至造成团阀云。又或者以为广西编练民团,将不免于滥用其力,此亦不足为虑,因为广西共需要二万五千村长,依已训练的干部人数计算,相差尚远,至于常备队训练者亦不为多,后备队则仅受过一百八十小时的训练,自卫乡土或可有用,以之从军,断乎不能。况且干部所受教育,颇属复杂,小之保护桑梓,大之对外御侮,或可号召得动,如果滥用于内战,恐不待出境,便当瓦解。关于这一点,白健生先生还向我说过以下的几句话:"有人议论我们练民团是教揉升木,等于养成老百姓的造反能力。不知一个政府而怕人民造反,根本就不是好政府,因为只要政府好,百姓爱护之不暇,何至起来革命?如果因为怕人民革命,便不敢养成民众武力,结果也未必避免得了革命。"这是很透辟的话,值得介绍一下。再者广西民团经费,是由省府统筹,并非地方自备,村长兼后备队长,也是有给职,这又是广西民团易于推行的一因。至于省府何以能筹出几百万的民团经费,这更由于广西仅有三万军队,所以能够供给训练民众武力的经费,这一点尤其希望人们注意!

四 广西的教育事业

广西的教育事业也有许多与各省不同的地方。他们的最高学府即广西大学,设在梧州,以桂省名宿马君武先生任校长。马氏为留学日本德国的先辈,在柏林大学习化学,曾得工学博士学位。在党国资格也很老,当过中山先生的秘书长,嗣被派为广西省长,今在梧州,专办大学。西大只设理工农三院,另有一矿业专修科,主旨全在"注重建设专门人才之养成"。历史虽然仅有五年,内容却相当完善,而且因为马先生是位行家,所以科学设备,适合于最新最廉的条件。校长和教职员终日聚首,融洽异常。校内设有机械工场,装有德制的最新试验材料机器,差不多是全国任何大学所没有的。他们不但仿制了若干大学自用的仪器,并且还想要制造供给全省中学应用的物理化学各种仪器。农学院有农场林场,学生不偏重书本的研究,而在野外工作的时间较多。君武的意思,要把西大办成一所生产机关,自给自足。不必永久依赖政府供给,这是很有意味的一种尝试。

广西的中等教育,注重职业,这与中央教育最近规划,甚见吻合。他们的小学教育,很有特点。去年10月25日省府会议曾经通过了一个议案,名叫"广西普及国民基础教育六年计划大纲",兹特照录于次,俾阅者得窥全豹:

一、主旨 (一)以政治的力量为主,经济的力量及社会的力量为辅,限于六年之内普及全省国民基础教育。(二)以国民基础教育的力量,助成本省下列各项建设:1. 政治建设,2. 经济建设,3. 文化建设,4. 社会建设。

二、方法 (一)指引全省有志青年重回田园间去,商店中去,工厂中去,——学问与劳动合作方法。(二)指引全省儿童及成年民众协助政府,造成乡村建设运动及民族复兴运动——学问、劳动与政治合作方法。

三、工作 国民基础教育分为儿童教育及成人教育。(一)儿童教育:1. 八足岁至十二足岁之儿童须受两学年期间之国民基础教育。2. 十三足岁至十六足岁之失学儿童须补受一学年期间之短期国民基础教育。(二)成人教育:1. 补充识字教育,2. 推进民团训练,3. 完密村(街)乡(镇)组织,4. 促成合作运动。前项工作之实施,以国民基础学校为中心机关,从而筹划之,策动之。

四、师资 (一)尽先就师范学校毕业者任用,并分期征调训练,严予考绩。(二)尽先就民团干部训练大队毕业生合格者选用,并分期征调训练,严予考绩。(三)就初中以上学校毕业生或修业期满会考不及格者,征调训练后分别任用,继续指导,严予考绩。(四)就现任小学教员或具有小学教师资格而志愿服务者,征调训练后分别任用,并继续指导,严予考绩。(五)设法继续培植真能为国民基础教育服务之未来师资。

五、经费 (一)拨发各县原有粮赋附加二成义务教育经费。(二)拨用各县粮赋附加三成教育经费。(三)将来各县立中学改组,经费由省库支给后,原有县立中学经费,全数拨充。(四)拨用其他地方公有资产及经费。

六、进行程序 (一)研究实验,设立广西普及国民基础教育研究院。(二)督促辅导,就现在行政区划分全省为八个普及国民基础教育指导区,并于各区内设置国民基础师范学校。(三)推广实施,全省各县于一定期限内普遍推行国民基础教育。

七、期成 (一)民国二十二年十月至二十三年一月广西普及国民基础教育研究院筹备成立。(二)二十四年二月以前广西普及国民基础教育指导区及国民基础师范学校同时成立。(三)二十五年七月以前全省各村(街)国民基础学校普遍设立。(四)二十六年七月以前全省各乡(镇)中心国民基础学校普遍设立。(五)二十七年七月以前一学年期间之短期国民基础教育完成。(六)二十八年七月以前二学年期间之国民基础教育完成。(七)二十九年七月以前全省村(街)乡(镇)建设初步工作完成。

上文所说的"广西普及国民基础教育研究院"设在省城,以教育厅长雷沛鸿先生兼任院长。雷系广西人,久在英国留学,历任上海各大学教授,又曾在无锡教育学院任事,对于国民教育,极感兴趣,主持兹院,非常热心。我去参观的时候,雷先生送了我许多参考书籍,最可注意的是他们自编的"国民基础读本"。他们为便于办事起见,也同民团一样,把全省分划为八个指导区,每区设一指委会,并设一省立国民基础师范学校。各县则在相当地点设立中心国民基础学校,以每一乡(镇)设置一校为原则,此外每一村或街亦须设一国民基础学校。指导区内八足岁至十二足岁的学龄儿童,强迫入学,受二年国民基础教育,十三足岁至十六足岁的失学儿童,亦强迫入学,受短期国民基础教育,凡各县未具有国民基础教育相当程度之壮丁及成年妇女,亦同时施以三个月以上的短期国民基础教育。

此项国民基础教育,负有双重使命:一是教育改造运动,要大众化,生产化,以达到民族复兴为最后标的。一是社会改造运动,要以教育作工具,完成广西的新政治,新经济,新文化,新社会秩序。研究院主办实验中心区的三个国民基础教育学校,试办半年,据称成效都颇可观。约略说来,不外先之以对父老宣传,多劝学生入学,然后奖励学生劳作,如校容之整顿,校路之修筑,运动场之开辟,小小农场或林场之经营,都由先生带着学生去做,使学生们得着劳作的训练。同时对于学生智识,以授课与讲演并行不悖,一面利用这个学校,联络农村父老,改进农业,修治水利,建筑道路,藉为农村建设的推动机关。研究院并要试验造林,畜牧,筹设园艺场,并拟办实验工场,以作推进一切新事业的模范,假以时日,此项改造教育的大运动,结果必有异彩,而且是等教育运动,与民团组织相合,更可以增进民众自卫自养自治的能力,所以广西的国民基础教育,正与他们的民团一样,值得我们注意。